U0917938

[美]
罗伯特·J. 斯滕博格
主编

施建农　等
译

ROBERT J. STERNBERG

剑桥创造力手册

Handbook of Creativity

東方出版中心

主 编 简 介

罗伯特·J. 斯滕博格(Robert J. Sternberg),美国心理学家,耶鲁大学心理学系教授,耶鲁大学能力、技巧和专长心理学研究中心主任,曾任美国心理学学会主席。他是当前发展心理学的权威,其所著创造力以及人性发展理论的书籍对学界、商界都很有影响。

译 者 简 介

施建农,中国科学院心理研究所研究员、博士生导师,曾在德国慕尼黑大学、美国密歇根大学和耶鲁大学做访问学者,长期从事超常儿童和创造力发展研究工作,曾担任世界天才(超常)儿童研究协会亚太地区联合会主席。

自主创新丛书

编辑委员会

出版者的话

党的十八大明确提出:“科技创新是提高社会生产力和综合国力的战略支撑,必须摆在国家发展全局的核心位置。”进入新发展阶段,面对中华民族伟大复兴战略全局和世界百年未有之大变局,面对日趋复杂激烈的“贸易战”和“技术战”,如何突破“卡脖子”技术,实现科技自立自强,已成为事关我国生存和发展的关键问题。

党的十九届五中全会通过的《中共中央关于制定国民经济和社会发展第十四个五年规划和二〇三五年远景目标的建议》进一步提出,“坚持创新在现代化建设全局中的核心地位,把科技自立自强作为国家发展的战略支撑”。

策划出版这套“自主创新丛书”,旨在为我国科技的自立自强和创新型国家建设提供强有力的智力支持和精神动力。丛书包括政策研究、理论研究、创新实务、创新普及四个系列,通过系统介绍经典和前沿的理论、方法、工具和优秀案例,为政府创新政策制定者和实施者、大学工程技术及科技与经济管理专业师生、科研院所研究人员、企业管理者和研发人员,以及广大读者提供权威的指南和实务参考。

我们认为,在经济全球化的背景下,我国的自主创新必须也必然是开放合作条件下的自主创新。丛书将在系统推出国内创新成果的同时,积极引进出版国际上经典和前沿的创新著作。

随着中国进入现代化建设新阶段,我国经济已进入高质量发展时期。改革开放四十多年的实践产生了一批具有中国特色的优秀创新管理理论成果,中国特色的创新制度体系和理论体系正逐步形成并在全球产生日益重要的影响。同时,越来越多的优秀创新型企业以其卓越的产品和服务向世界展示中国的崭新形象。认真而系统地组织和筛选优秀理论成果和实践案例,向世界讲好中国的创新故事,是我们的责任。

为确保丛书的出版水平,我们邀请了中国科学院科技战略咨询研究院研究员顾淑林,中国科学技术发展战略研究院院长、研究员胡志坚,浙江大学社会科学学部主任、教授吴晓波等国内从事创新政策、创新理论研究的知名学者以及优秀青年学者、企业家,组成了丛书编辑委员会,进行丛书的选题论证策划和学术把关,以期能够保证高质量地满足读者的需要。

作为中国出版的“国家队”—中国出版集团的一员,我们将竭尽所能高质量地做好丛书的编辑和出版工作。

丛书将分辑出版。第一辑包括《牛津创新手册》《剑桥创造力手册》《创新的先知:熊彼特传》《研发组织管理:用好天才团队》《用户创新:提升公司的创新绩效》等精品力作。

期待丛书的出版能为我国的现代化建设和新时期高质量发展,为我国科技自立自强和创新型国家建设,起到助推的作用,竭尽一份绵薄之力。

东方出版中心

2021 年 3 月

原 书 导 读

《创造力手册》(本译本更名为《剑桥创造力手册》)一书的目的在于为创造力领域提供最全面的、最明确的和最权威的单卷评论文章。为此目的,本书包括22章,涵盖该领域广泛的要点和话题,作者均系杰出学者。各章有意使对各领域创造性思维感兴趣的所有读者都能理解。虽然各章作者都是一流的行为科学家,而所有学科的人都会发现创造力所涵盖的艺术与科学各领域的例证研究也是令人感兴趣的。本书第一部分展示主要论题,回顾创造力的思想史,随后各部分涉及方法、起源、自我与环境、研究专题以及结论。

译 者 序

终于完成了《创造力手册》这本书的译稿的最后校对工作。从2001年底开始算起,已有1 000个日日夜夜了。今日掩卷,独坐机前,细细想来,不禁暗笑。记得有位学人曾经说过“写书是一件吃力不讨好的事”。那么,译书更是得不偿失了。在常人眼里,翻译纯属拿来主义,纵然语言娴熟、译技高超,也难免有拾人牙慧之嫌。因此,翻译通常不被算作创造性的工作,即使翻译的内容是关于创造力的。特别是在像中科院这样强调基础研究和追求原创的机构,翻译更是被排除在评价之列的。如此说来,译者,作为中科院的专职研究人员,花了近3年的时间去翻译一本书,是不是有点自讨苦吃、不务正业。其实,不只我个人,还有我的弟子们也一起自讨苦吃,他们也参与了翻译。而更严重的是,在校译的最后几个月时间里,我竟然一再拖压他们的研究论文。尽管他们没有抱怨,但我内心不免有些歉疚。毕竟,研究论文关系到他们的毕业和学位。

不过,即便如此,每当想起自己的求学经历时,便觉得即使拾人牙慧也还是物有所值。上个世纪八十年代初,就读于一所不太有名地方高校,要找英文的心理学书籍非常困难。现在近四十年过去了,随着国家经济的日益强盛,各地方院校也已不再找不到原文的参考书了,但由于各种原因,还是有很多读者需要中文译本。

还有一个更重要的原因是,在创造力研究领域,国外做了很多的研究,而国内的情况是,几乎各行各业都嚷嚷着,要强调创新、强调创造力的培养,但在基础研究方面却令人十分担忧,特别是从心理学角度对创造力的研究,与其他领域的研究,如阅读、记忆、认知等的研究相比,真是少得可怜。《心理学报》在国内心理学界被认为是最高级别的学术刊物,然而,在这上面发表的有关创造力的文章,从 1994 年到现在,平均每年不到一篇。当然,我不否认,有些国内研究者的论文发表在国际的刊物上了。但平心而论,国内的心理学论文,不分方向,究竟有多少能在国际刊物上发表,大家心里很清楚,至少心理学同行的心里都很清楚。鉴于此,希望以他山之石攻玉就成了翻译本书的主要动机了。

其实,想把国外关于创造力的研究工作介绍给国内的动机早就有了。上个世纪九十年代初,当时我在德国访问,看到了美国耶鲁大学心理系斯腾博格主编的一本书名为《创造力的本质》的书,觉得它可以反映当时国际上对创造力研究的现状,而在国内还很少有人从心理学的角度去研究创造力。因此,很想把它介绍给国内的读者。可是,由于种种原因,这一直只停留在想法上。过了很多年,又得知斯腾博格又主编了一本反映创造力研究新进展的书,就是这本《创造力手册》(Handbook of Creativity)。就请心理所图书馆馆长吴志平老师订购了一本。后来觉得这本书挺好,撰稿的作者都是该领域很有影响的学者,比十年前的那本书又充实了很多。这又勾起了想翻译一本书的念头。其时,刚好有出版社购买版权,我就开始组织翻译。开始时,我很乐观,心想,这还不一年半载就弄完了。没想到,一旦开始却没法收场。这一拖就是近三年。更没想到的是,“物归原主”,最后的收尾工作却让我在耶鲁大学心理系完成。

正如前面赘述的那样,这样一件并不轻松的事,自然很难由一个琐事缠身的人独自完成。参加翻译的有曲小军(第 12 章、第 13 章、第 15 章和第 19 章)、刘正奎(第 10 章、第 17 章、第 18 章和第 16 章的部分内容)、程黎(第 2 章、9 章和 20 章)、周丹(第 6 章、7 章、8 章)、邹枝玲(第 4 章、第 14 章和主题索引)、李金珍(第 11 章和第 21 章)、韩茹(人名索引)、施建农(第 1 章、第 3 章、第 5 章、第 16 章和第 22 章)。除了所有上述直接参加翻译的人外,还有张琼、景晓娟和李颖也参与了译稿的审读工作。韩茹校读了本书的全部译稿完成了对全书的人名核对。最后的校对工作由我本人完成。

本书在翻译过程中得到了很多人的支持和帮忙。特别要感谢时任耶鲁大学心理系教授的斯腾博格博士。他不仅支持本书的翻译工作,还应邀为本书的中文版写了主编序。我还要感谢那些在心理上默默地支持我们工作的所有人。

让我感到欣慰的不只是译著最终付诸出版本身,而是在这3年多的时间里,我们有一个十分可爱的团体。一个亲如家人的工作小组和大家十分投入的工作热情。尽管我们每个人的能力可能十分有限,但大家都希望通过自己的努力为关心和喜爱创造力研究的同行、读者尽一点微薄之力。

最后,恳请广大读者朋友对本身在翻译中的问题和不足给以宽厚的谅解和提出中肯的批评。作为主要译者和全书的校核者,愿意为翻译中的差错承担责任。

虽然,本书中译本首次出版至今已有十余了,但不断有读者朋友,或创造力研究领域的同行告诉我,这本书对他们很有帮助,甚至在有些大学里指定给学生们的重要参考书之一。令人高兴的是,东方出版中心能重新出版这部经典著作。相信在这个对“创造力”更为关注的年代,这本书将焕发新的活力,对更多的读者有所裨益。

施建农

中国科学院心理研究所研究员

超常儿童研究中心主任

主 编 序

我很高兴地得知,心理学家施建农博士将《创造力手册》一书翻译成中文。我和你们一样,完全可以对施建农博士翻译的准确性充满信心。

中国正迅速发展成为巨大的世界经济和贸易中心,她在科学和艺术方面也享有经久不衰的声望。在我从事的心理学领域,有很多伟大的中国科学工作者,其中不少人在我们耶鲁大学的能力、技巧和专长心理学研究中心(PACE)做过研究或访问。同样,我也很荣幸地到中国去拜访过他们,访问过一些中国的大学和中国科学院心理学研究所。在我兴奋地访问中国期间,给我印象最深的是当今的中国社会充满活力和生机。

因此,我很高兴,中国读者将有机会看到翻译版的《创造力手册》。我希望该书对他们的学习和工作有所帮助,更希望他们以此来发展他们自己的创造力,就像我在自己的工作中试图做的那样。

向所有中国的读者致以问候!并允许我表达自己热切的愿望,希望在我们两个受人尊敬的国家之间建立最良好的关系。

罗伯特·斯滕博格

Robert J. Sternberg

耶鲁大学心理学系 IBM 心理学和教育教授

耶鲁大学能力、技巧和专长心理学研究中心主任

曾任美国心理学学会主席

前　　言

《创造力手册》(*Handbook of Creativity*)的目的是为创造力研究领域提供最全面、最明确和最权威的单卷综述文章。为此目的,本书包括22章,涵盖该领域的广泛要点和话题。

本书各章有意使所有对该领域感兴趣的人都能理解。虽然作者都是行为科学领域的领军学者,而大多数读者也可能对行为科学感兴趣,但那些从事自然科学和人文科学的人也会发现本书许多内容对他们具有吸引力,尤其是因为有那么多例子甚至个案研究都引自自然科学和人文科学。

本书分为六个部分,每一部分涉及创造力及其研究的不同方面:第一部分为导论,展示本书的主要论题;它回顾了对一般创造力的思考历史和特定的创造力领域;第二部分刻画创造力研究的一些主要途径;第三部分从历史进程角度和个体生命过程的角度同时审视创造力的起源和发展;第四部分考察自我和环境在创造力的本质和发展中的关系;第五部分研讨创造力研究在主流之外但也十分重要的各种话题;第六部分为总结,包含一篇概述以前各章内容的论文。

我感谢朱里亚·乌夫(Julia Hough)对此项目的支持,也感谢美国教育部研究和促进办公室加维茨项目(Javits Program, R206R50001号基金)资助我本人对创造力的研究以及资助本书的出版,我也感谢塞伊·杜芙苏拉(Sai Durvasula)在准备本书手稿方面给予协助。

本书作者名录

Robert S. Albert
Pitzer College
1050 N. Mills
Claremont, CA 91711

Teresa M. Amabile
Graduate School of Business
Harvard University
Soldier's Field Road
Boston, MA 02163

Margaret A. Boden
School of Cognitive and
Computing Sciences
University of Sussex
Brighton BN1 9QH
United Kingdom

Mary Ann Collins
Department of Psychology
Spring Hill College
4000 Dauphin Street
Mobile, AL 36608

Mihaly Csikszentmihalyi
Department of Psychology
University of Chicago
Chicago, IL 60637

Gregory J. Feist
Department of Psychology
College of William and Mary
P. O. Box 8795
Williamsburg, VA 23187

David Henry Feldman
Department of Child Study
Tufts University
Medford, MA 02155

Ronald A. Finke
Department of Psychology
Texas A&M University
College Station, TX 77843 - 4235

Howard Gardner
Graduate School of Education
Harvard University
Longfellow Hall, Appian Way
Cambridge, MA 02138 - 3752

Howard E. Gruber
Teachers College
Columbia University
525 West 120th Street
New York, NY 10027 - 6625

Michael J. A. Howe
Department of Psychology
University of Exeter
Washington Singer Laboratories
Perry Road
Exeter EX4 4QG
United Kingdom

Todd I. Lubart
Laboratoire de Psychologie Differentielle
Université René Descartes
28 rue Serpente
Paris 75006
France

Charles J. Lumsden
Institute of Medical Science
Medical Sciences Building
University of Toronto
Toronto, Ontario M5s 1A8
Canada

Colin Martindale
Department of Psychology
Clarence Cook Little Hall
University of Maine
Orono, ME 04469 - 0140

Richard E. Mayer
Department of Psychology
University of California at Santa Barbara
Santa Barbara, CA 93106

Raymond S. Nickerson
Department of Psychology
Paige Hall
Tufts University
Medford, MA 02155

Linda A. O'Hara

Department of Psychology
Yale University
P. O. Box 208205
New Haven, CT 06520 - 8205

Jonathan A. Plucker
5766 Shibles Hall
University of Maine
Orono, ME 04469 - 5766

Emma Policastro
Graduate School of Education
Harvard University
Longfellow Hall, Appian Way
Cambridge, MA 02138 - 3752

Joseph S. Renzulli
Department of Psychology
University of Connecticut
362 Fairfield Road U - 7
Storrs, CT 06267 - 2007

Mark A. Runco
California State University
EC 105
Fullerton, CA 92634

Shawn Okuda Sakamoto
Institute for the Academic
Advancement of Youth
Johns Hopkins University
3400 N. Charles Street
Baltimore, MD 21218

Dean Keith Simonton
Department of Psychology
University of California at Davis
Davis, CA 95616

Steven M. Smith
Department of Psychology
Texas A&M University
College Station, TX 77843 - 4235

Robert J. Sternberg
Department of Psychology
Yale University
P. O. Box 208205
New Haven, CT 06520 - 8205

Doris B. Wallace
Teachers College
Columbia University

525 West 120th Street
New York, NY 10027 - 6625

Thomas B. Ward
Department of Psychology
Texas A&M University
College Station, TX 77843 - 4235

Robert W. Weisberg
Department of Psychology
Temple University
Philadelphia, PA 19122

Wendy M. Williams
Human Development and Family Studies
Martha Van Rensselaer Hall
Cornell University
Ithaca, NY 14853

Lana T. Yang
Columbia University Law School
435 West 116 St.
New York, NY 10027

目录

第一部分

CHAPTER ONE

导论

第 1 章　创造力的概念：观点和范式

罗伯特 · J. 斯滕博格　托德 · I. 卢伯特

如果想挑选一个最好的小说家、艺术家、企业家或首席执行官（CEO），那么一定要挑选一个具有创造力的人。事实上，现如今，人们在挑选首席执行官时，不仅要看他是不是个讨人喜欢的人（当然，公司不得不裁员 20%时，也很难说谁是讨人喜欢的），也不仅要看他的记忆力或学习的能力（他们可以用计算机或下属来帮助记住一些细节），更要看他如何创造性地使整个公司运转良好。

创造力是一种提出或产出具有新颖性（即独创性和新异性等）和适切性（即有用的、适合特定需要的）的工作成果的能力（Lubart，1994；Ochse，1990；Sternberg，1988a；Sternberg & Lubart，1991、1995、1996）。创造力是一个范围广泛的话题，在许多问题上对个体和社会都十分重要。个体与创造力相关，体现在诸如解决工作和日常生活中的问题的时候；对于全社会来说，创造力可以促成新的科学发现、新的艺术革命、新的技术发明和新的社会规划。创造力对于社会经济的重要性是显而易见的，因为，新产品和新的服务方式会创造就业机会。而且，为了保持必要的竞争力以适应环境变化的需要，无论是个体、组织还是社会都需要创造力。

创造力是一个被忽略的研究领域

20 世纪中期，吉尔福特（Guilford，1950）在就任美国心理学会（APA）主席的就职演说中，提醒心理学家们关注一个长期被忽视，但却十分重要的品质，即创造力。吉尔福特报告说，到1950年为止，《心理学摘要》（*Psychological Abstracts*）上刊登的文献只有不到0.2%是关于创造力的。

从20世纪50年代，人们才开始对创造力研究感兴趣，一些创造力的研究机构也出现了。然而，从一些有关创造力的著作中仍然可以看出，直到最近，创造力在心理学领域仍处于相对空白的位置。我们分析了1975~1994年的《心理学摘要》中有关创造力的文献量。为了进行文献分析，我们用关键词"创造力"（Creativity）、"发散思维"（Divergent thinking）和"创造力测量"（Creativity measurement）检索了心理学文献数据库（PsychLit database）。凡是把上述关键词作为主题来探讨的文章都在被检索之列。我们还检索了更大的范围：凡是文章或摘要中出现类似"创造性词根"（creativ-）的文章也被检索了。我们随机抽查了这些额外的文献条目，结果发现，很多文献即使包含了类似创造性的词条，但通常与创造力的话题毫无关系。所以，这些文章实际上可以排除。最后的结果是，1975~1994年的《心理学摘要》中，大约有0.5%的文献与"创造力"有关。与之相比较，在《心理学摘要》中有关"阅读"的文献条目则占同期总量的1.5%。

如果我们考察有关心理学导论的教科书，我们还会发现，创造力很少被论及。在这样的心理学教科书中，通常有一章或很重要的一部分论及智力。即使有关于创造力的论述，也只是几个段落而已。尽管在有些学校的教育系，有时会提供类似创造力的课程，但在主要的心理系的课程中，却很少提供有关创造力的课程。

在学术地位方面，心理系实际上都没有列出创造力研究的位置。不像认知心理学、社会心理学或临床心理学那样，科系中通常没有创造力心理学这样的分支。在美国心理学会的惯例中，创造力研究通常被安置在"心理学与艺术（分支10）"之中，或散见于认知心理学、社会心理学或临床心理学等各分支之中。当然，美国心理学会最近对创造力的研究开始有所关注，并在1995年组织召开了有关创造力的学术会议，并于1995年8月在《美国心理学会通讯》(*APA Monitor*)出版了有关创造力的专刊。

研究一下期刊，我们就会发现，没有一本创造力的期刊被列入最常引用的期刊清单(不像知觉、学习和记忆、人际关系或人格等)。目前有两本发行量不大的心理学杂志刊登创造力研究方面的文章。《创造性行为杂志》(*Journal of Creative Behavior*)创刊于1967年，那时人们对如何教人更有创造性的兴趣开始增长。分析一下该杂志的内容，我们可以发现，非实证性研究的数量远远超出实证性研究的数量，而且创造力促进或创造力教育是最常见的主题(Feist & Runco, 1993)。另一本刊物《创造力研究杂志》(*Creativity Research Journal*)则以研究为重心，它创刊于1988年。

创造力对社会非常重要，但它历来是心理学界的一个孤儿。为什么？我们认为，从历史上看，创造力研究一直面临着至少6个主要障碍：(1) 创造力研究起源于神秘主义和灵性学(spirituality)的研究，这些有可能与科学精神毫不相干甚至相悖；(2) 出于商业目的的实用主义的创造力研究给人的印象是，这类研究缺乏心理学理论的基础或心理学研究的证据；(3) 关于创造力的早期工作在理论上和方法论上与当时的心理学理论和实践相去甚远，这就导致了创造力在整个心理学领域中只能处于边缘位置；(4) 在创造力的定义和衡量标准上存在的问题使创造性现象显得要么是深奥得让人难以捉摸，要么是稀松平常得无关紧要；(5) 把创造力作为常规结构或常规过程的特殊结果来处理的研究方法，使得人们觉得没有必要把创造力作为独立的研究话题；(6) 对于创造力研究的单学科的研究方法倾向于把创造力的局部看成是整体，结果常常是形成狭隘的创造力观念，认为创造力原本并非无所不包。

本章将逐一讨论这6个障碍，并在讨论的过程中回顾研究创造力的6种方法或范式，它们是：神秘学方法、心理分析方法、实用主义方法、心理测量学方法、认知心理学方法和社会人格方法。当然，这6种方法并非创造力研究的全部方法，要想在短短的一章中详细探讨这6种方法也不太可能。但我们相信，探讨这些方法可以涵盖创造力研究的一些主要内容。我们也认为存在着研究创造力的第7种方法，该方法有可能在未来取得丰硕的成果，这便是"汇合理论"(confluence theories)的方法，我们下面也会对此做出评论。这些理论采用多学科的方法研究创造力，融合各个单维要素并且是从这些单维观衍生出来的。

创造力研究的神秘学方法

对创造力的研究总是捎带有一些与神秘信仰相关的成分，有人也许会说是带有被它所玷污的成分。或许，最早有关创造力的论述是以神的干预为基础的。有创造力的人被看成是一个空的容器，有待神去用灵感把它填满。这样的个体再把有灵感的想法倾倒而出，形成超凡脱俗的作品。

以这种思路，柏拉图(Plato)认为，诗人的创造源于缪斯女神(the Muse)的口授。即使是现在，也常常有人把他们的缪斯女神看成是灵感的源泉。根据柏拉图的观点，一个人可能有创造合唱曲的灵感，而另一个人则具有创造英雄史诗的灵感(Rothenberg & Hausman, 1976)。有关灵感的来源多见于创造者的内省报告之中(Ghiselin, 1985)。例如，吉卜林(Rudyard Kipling, 1937/1985)认为，"暗中起作用的神魔"就活在作家的笔杆中："无论在我创作生死攸关的丛林小说，还是小精灵恶作剧的神怪小说的时候，灵感之神一直伴随着我。在我走路时，我也要小心地看护他，唯恐他离去。当你的灵感之神在工作时，不要进行有意识的思考，而要听之任之，等待并遵从他。"(p.162)

在信仰科学的心理学家看来，创造力研究的神秘主义方法是不能接受的。很多人相信，正如他们相信爱一样(见 Sternberg, 1988a, 1988b)，创造力本身根本不能进行科学研究，因为它是一个精神过程。我们认为，科学的研究方法之所以不能撼动一些人心目中根深蒂固的观念，只是因为这些科学的心理学家闯入了他们不该涉足的领域。

创造力研究的实用主义方法

在我们看来,对创造力的科学研究同样有害的是,这方面的专营者使这些方法在公众的心目中成了注重实效的方法。那些采用这种方法的人们最关心的是发展创造力,其次才是理解创造力,但几乎从来不注意检验他们对创造力的各种想法的效度(validity)。

这种方法的最先的倡导者或许是爱德华·德·波诺(Edward De Bono),他在侧向思维和创造力其他方面的一些工作上取得了似乎可观的商业成功(e.g., De Bono, 1971、1985、1992)。德·波诺关心的不是理论而是实践。例如,他建议用一种针对一个想法的某些方面的工具,该工具可以对这一想法有某种增强或减弱,及使它有趣味(例如 PMI)。或者他建议用来源于假设(hypothesis)、推测(suppose)、可能(possible)和诗意(poetry)的单词"*po*",去激发而不是判断想法。另一个工具是所谓的"思维帽"(thinking hats),比喻让不同的个体戴上不同的帽子,如白色的帽子代表基于数据的思维,红色的帽子代表直觉性思维,黑色的帽子代表批判性思维,绿色的帽子代表生成性思维,其目的是为了刺激人们从不同的角度来看待事物。

德·波诺并不是唯一从事这种工作的人。奥斯本(Osborn, 1953)根据自己在广告公司的经验,发展了一种叫大脑风暴(brainstorming)的技术,鼓励人们在一种建设性的而不是批评性和限制性的气氛中寻求许多可能的方法,从而创造性地解决问题。戈登(Gordon, 1961)也尝试过一种叫协同式思考(synectics)的方法以刺激人们的创造性思维,这种方法主要涉及类比推理。

晚些时候的亚当斯(Adams, 1971/1986)和冯·欧奇(von Oech, 1983)等人也提出,人们经常建构一系列会对创造性功能造成干扰的错误信念。例如,人们通常认为正确答案只有一个,而且无论什么时候都应该避免模棱两可,一个人如果能明确意识到这些心理上的障碍并把它们移除的话,就可以提高创造力。冯·欧奇(von Oech, 1986)认为,我们需要扮演探索者、艺术家、法官和勇士的角色来提高我们的创造性生产能力。

这些方法有可观的公众显示度,就如列奥·巴斯加利亚(Leo Buscaglia)使爱的研究有显示度一样。它们也许很有用,但是从我们心理学家的角度来看,这些方法都缺乏严格的心理学理论基础,也缺乏严格的验证它们的实证性研究。当然,即使没有心理学理论或验证支持,一些技术也是可以起作用的。但是,这些方法的结果常常让人把一种现象与商业化联系在一起,而且把有关创造力的研究看成是一种不够严肃的心理学研究。

创造力研究的心理动力学方法

心理动力学方法可以被看成是20世纪创造力研究的第一个理论方法。基于创造力来源于意识的现实与无意识驱力之间的张力这种观念,弗洛伊德(Freud, 1908/1959)提出,作家或艺术家创造作品是以公众可以接受的方式来表达自己的无意识愿望的途径。这些无意识的愿望可能涉及权力、财富、名声、荣誉或爱(Vernon, 1970)。对一些著名的创造者如达·芬奇(Leonardo da Vinci)的个案研究常常用于支持这些想法(Freud, 1910/1964)。

后来,心理动力学研究方法引入了适应性回归(adaptive regression)和刻意调整(elaboration)的概念来研究创造力(Kris, 1952)。适应性回归是一个初级过程,指未经调整的想法(unmodulated thoughts)闯入意识。未经调整的想法可以出现在活跃的问题解决过程中,但更常见的则是出现在睡眠、用药后迷醉(intoxication from drugs)、幻想或白日梦、精神失常等状态之中。刻意调整是一个次级过程,指通过以现实为导向的、经自我控制的思维对初级过程进行再加工和转换。其他理论家如库碧(Kubie, 1958)则强调,前意识(preconscious),也就是介于意识的现实与神秘的无意识之间的一种状态,才是创造力的真正源泉,因为思想是松散的、模糊的,但却是可解释的。与弗洛伊德不同的是,库碧声称,无意识冲突实际上对创造力会产生消极影响,因为,无意识会导致固定的、重复性的想法。晚些时候的一些研究工作则承认初级过程和次级过程这两者的重要性(Noy, 1969; Rothenberg, 1979; Suler, 1980; Werner & Kaplan, 1963)。

虽然心理动力学方法可能把一些真知灼见带入创造力研究中,但心理动力学理论并不处于正在出现的科学心理学的中心。20 世纪早期的科学心理学派,如结构主义(structuralism)、功能主义(functionalism)和行为主义(behaviorism),实际上对创造力研究没有任何贡献。格式塔学派的心理学家(Gestaltist)研究了创造力的一个部分,也就是“顿悟”(insight),但他们的研究仅限于给顿悟的本质贴上标签而不是刻画它的特征。

使创造力研究进一步与其他研究领域孤立的,是心理动力学方法和其他早期的研究都几乎毫无例外地建立在对杰出创造者的个案研究基础之上。这种方法之所以一直遭受批评,是因为我们很难测量所提出的各种理论的结构(如所谓的初级过程的思维),也很难测量在一项个案研究中所出现的选择和解释的数量(Weisberg, 1993)。尽管个案研究法并非先天错误,但正在出现的科学心理学更看重受控的、实验的方法。因此,理论上和方法论上的问题使创造力研究孤立于心理学研究的主流。

创造力研究的心理测量学方法

当我们想到创造力时,一些杰出的艺术家或科学家,如米开朗基罗或爱因斯坦等人物就会立即进入脑海。然而,这些高创造力的人不常有,而且难以在心理实验室加以研究。吉尔福特(Guilford, 1950)在就任美国心理学会(APA)主席的就职演说中指出,由于拥有杰出创造才能的人非常少,这就给创造力的研究带来了困难。他设想,创造力可以通过普通被试,通过心理测量学的方法,利用纸笔测验的方式来研究。其中一个测验就是所谓的非常规用途测验(Unusual Uses Test, UUT)。在这个测验中,被试常常被要求尽可能多地想出某常规物品的各种用途,如砖头的各种用途。许多心理学家采用了吉尔福特的建议,于是,“发散性思维”作业很快就成为测量创造性思维的主要工具。这些测验可以很方便地按照一个标准化的“创造力”量表来对个体进行比较。

在吉尔福特工作的基础上,托兰斯(Torrance, 1974)发展了托兰斯创造性思维测验(Torrance Tests of Creative Thinking, TTCT)。这套测验包括一些相对简单的语词和图形作业以测量发散性思维和其他解决问题的技能。这些测验可以在以下四个维度进行评分：流畅性(相关反应的总数)、灵活性(相关反应的不同范畴的总数)、独创性(反应在统计中的稀有性)和精细性(反应中细节的总数)。托兰斯测验中的一些分测验包括以下几个方面：

1. 问问题：要求被试根据画面写出他/她能想到的所有问题;

2. 产品改善：要求被试列出改善玩具猴的各种方法,以便使孩子玩玩具猴时更有乐趣;

3. 不寻常的用途：要求被试列出纸板盒的各种有趣的、不寻常的用途;

4. 圆圈画：要求被试利用空的圆圈画出不同的画并给它们命名。

心理测量学的革命在创造力测量方面既产生了积极的影响,也产生了消极的影响。积极的影响是,通过提供简练、易于操作、可以客观评分的测量工具,促进了研究的开展。而且,将创造力研究的范围从针对杰出人群扩大到普通人群。消极的影响有三个方面。第一,有些研究者提出批评,认为简易的纸笔测验对于研究创造力是不合适的,甚至是有害的(Sternberg, 1986);而那些活生生的作品(例如绘画和文学作品)更为重要,它们应该被纳入研究对象,最好以之取代纸笔测验。第二,其他批评者指出,流畅性、灵活性、独创性和精细性分数并没有抓住创造力概念的要害(Amabile, 1983)。事实上,创造力的定义和衡量创造力的标准是一个仍然充满争议的话题。而建立在统计学基础上的这种做法——把反应的稀有性看成是创造性的做法,只是各种争论中的一种,它是否真的可以代表人的创造力值得怀疑。其他的可能性还包括通过调查来判定一个作品的创造性程度。第三,一些研究者拒绝接受这样的假设,即非杰出样本能够对研究杰出水平的创造力有帮助,他们认为了解杰出样本的创造力是创造力研究的最终目的。因此,这种用纸笔测验来研究创造力的方法,始终给人别别扭扭的感觉。至少,一些心理学家为了避免陷入这种测量学的泥潭,更愿意涉足一些问题较少的话题。

创造力研究的认知方法

创造力的认知研究方法旨在了解支撑创造性思维的心理表征和过程。有些研究以人类被试和计算机模拟来研究创造性思维。以研究人类被试为基础的研究方法的典型例子是芬克、沃德和史密斯等人的工作(Smith, 1992; Smith、Ward & Finke, 1995; Sternberg & Davidson, 1995)。芬克和他的同事根据创造性思维中的两个主要过程,提出他们所谓的"生成探索模型"(Geneplore model),按照该模型,在创造性思维中存在两个主要的加工过程:生成阶段和探索阶段。在生成阶段,个体构建心理表征,称为前发明结构(preinventive structures),它们具有促进创造性发现的特征。在探索阶段,这些特征被用于产生创造性的想法。一系列的心理过程会进入这些阶段。这些心理过程包括:提取、联想、综合、转换、类比迁移和范畴还原(如在心理上把客体或要素还原为更基本范畴的描述)。采用该模型的一个典型实验是,给被试呈现一个物体的一些部分(见 Finke, 1990),如一个圆、一个立方体、一个平行四边形和一个圆柱体的一些部分。在一个既定的试验中,将给出 3 个部分,要求被试想象把这些部分组合产生一个实际的物体或装置。例如，被试可以想象一种工具、一种武器或一件家具，这样产生的一些产品由评判人根据其实用性和独特性给以等级评价。

威斯博格（Weisberg, 1986、1993）提出，创造力包括了本质上是常规的认知过程，是这些过程在产生不寻常的产品。通过对杰出创造者的个案研究和实验室研究，如利用邓克尔（Duncker, 1945）的蜡烛问题，也就是要求被试利用图片中所提供的材料将蜡烛粘在墙上，威斯博格试图告诉人们，顿悟依赖于被试把常规的认知过程（例如类比迁移）应用于记忆中已经存有的知识。

按博登（Boden, 1992、1994）的评论，计算机模拟方法的目标是让计算机模拟人的方式来产生创造性思维。例如，郎雷、西蒙、布拉德肖和济库（Langley、Simon、Bradshaw & Zytkow, 1987）等人发展了一系列程序来重新发现一些基本的科学定律。这些计算机模型依靠启发式方法，也就是问题解决的指导思想，来搜索数据组或概念空间，以发现隐含在输入变量之间的内在关系。原始程序叫 BACON，使用类似"如果两个数字同时增大，考虑它们的比率"的启发式方法来搜索数据的模式。BACON 程序的成就是，检验开普勒关于行星轨道的观察数据，并重新发现了开普勒行星运动第三定律。进一步的程序已经扩展了搜索的启发式方法、转换数据组的能力、用定性资料和科学概念进行推理的能力。还有些程序被用于艺术领域，例如，约翰逊-莱尔德（Johnson-Laird, 1988）编制了一个爵士乐即席创作的程序，在该程序谐波约束（harmonic constraints，或爵士乐的默认原则）的指导下，产生一些不同于基本爵士曲的新爵士乐。而且，当有若干种选择许可时，会随机选择已有的爵士曲。

创造力研究的社会-人格方法

与认知方法平行发展的社会-人格方法的工作则主要关注人格变量、动机变量和社会文化环境对创造力的影响。一些研究者,如阿马拜尔(Amabile, 1983)、巴朗(Barron, 1968、1969)、艾森克(Eysenck, 1993)、高福(Gough, 1979)和马肯农(MacKinnon, 1965),注意到一些人格特征往往是创造性人物的标志性特征。通过相关性研究及比较高创造力组和低创造力组(同时在杰出水平和日常水平上)的人格特征,很多潜在的相关特征得到确认(Barron & Harrington, 1981)。这些特征包括:判断的独立性、自信心、被复杂问题所吸引(attraction to complexity)、美学定向(aesthetic orientation)和冒险性。

关于自我实现和创造力的建议也可以在人格(研究的)传统内加以考虑。根据马斯洛(Maslow, 1968)的观点,大胆、勇敢、自由、自发性、自我接受(self-acceptance)和其他特征可以导致一个人实现他/她的全部潜能。罗杰斯(Rogers, 1954)则把自我实现的倾向描述为有动机的力量并受支持性的、无评价环境(evaluation-free environment)的激励。

许多理论家集中考察创造力的动机,已经提出一些假说,强调相关的内部动机(Amabile, 1993; Crutchfield, 1962; Golann, 1962)、对秩序的需求(need for order, Barron, 1963)、对成就的需求(McCllelland、Atkinson、Clark & Lowell, 1953)和其他动机。阿马拜尔(Amabile, 1983; Hennessey & Amabile, 1988)和她的同事做了一些探讨内部动机重要性的开创性研究。她们利用动机训练和其他技术来干预动机,观察动机对创造性任务(例如写诗和拼贴画)的成绩有何影响。

创造力不仅需要动机,而且也产生动机。研究表明,对学生进行创造性训练,而且他们的成绩得到积极评价时,其学业成绩也会得到提高(Sternberg、Ferrari、Clinkenbeard & Grigorenko, 1996)。给予表现创造性的机会,会使那些原先对学校教学失去兴趣的学生,也对创造性活动感兴趣。

最后,社会环境与创造力的关系也是一个十分活跃的研究领域。在社会的层面上,西蒙顿(Simonton, 1984、1988、1994a、1994b)做了许多研究,根据这些研究,在很大的时间跨度上,不同文化中杰出水平的创造力都与环境变量相关,这些环境变量包括文化的多样性、战争、英雄榜样的作用、资源的适宜性(如经济支持的程度)和同一领域竞争者的数量等。跨文化比较(如 Lubart, 1990)和人类学的个案研究(如 Maduro, 1976; Silver, 1981)的结果证明了文化变量对创造力表达的影响,而且表明,文化总之对创造性事业很重要。

无论是认知的研究还是社会-人格的研究,都对创造力研究提供了很有价值的见解。然而,只有少量的研究同时兼顾认知变量和社会-人格变量。对创造力的认知研究工作往往忽略或低调处理人格和社会系统,而社会-人格的研究则倾向于不涉及或少涉及支撑创造力的心理表征和心理过程。

出现这种现象,至少部分的原因是因为心理系和心理学杂志的组织结构。在许多心理系,认知心理学家和社会心理学家为了给自己争取资源(如经费和职位等),都尽量做到井水不犯河水。而且,除了两本专业的创造力杂志外,绝大多数著名的杂志在方法上都是单学科性的。认知心理学期刊只刊登认知研究的工作,而社会心理学期刊则只刊登社会-人格研究的工作。

跳出心理学这个狭隘的领域,威纳、奇可森特米海依和马格亚里-贝克(Wehner、Csikszentmihalyi & Magyari-Beck, 1991)检查了最近100篇有关创造力的博士论文。他们发现了有关创造力研究的一种"领域孤立"(parochial isolation)现象。相关的博士论文来自心理学、教育学、商业、历史、科学史、社会学和政治科学以及其他领域。然而,不同领域的博士论文倾向于使用不同的术语,关注不同的方面,而这些方面实际上都是一些基本的现象。例如,来自商业领域的博士论文使用的术语是"创新"(innovation),而且主要是在组织水平上考虑创造力的问题;而来自心理学领域的博士论文使用的术语则是"创造力"(creativity),主要是在个体水平上考虑创造力问题。威纳、奇可森特米海依和马格亚里-贝克(Magyari-Beck, 1991)把创造力研究的现状喻为盲人摸象。"我们触摸着同一动物的不同部位,然后从我们所知的推出对整体的歪曲图像:'摸着尾巴的人就说大象像蛇';而'摸着肚皮的人则说大象像墙'。"(p.270)

显然,原来的那种单学科方法只看到创造力研究的某个侧面而不是全部。

要真正理解创造力必须采用多学科的方法。那样我们才可以比较完整地解释我们所看到的关于创造力的现象。最近,理论家们则开始发展一种叫汇合理论(confluence approaches)的方法,我们将就此加以讨论。

创造力研究的汇合方法

最近,许多关于创造力的著作都强调,创造力的发生是多因素影响的结果(Amabile, 1983、1996; Csikszentmihalyi, 1988; Gardner, 1993; Gruber, 1989; Lubart, 1994; Mumford & Gustafson, 1988; Perkins, 1981; Simonton, 1988; Sternberg, 1985a、1985b、1996; Sternberg & Lubart, 1991、1995; Weisberg, 1993; Woodman & Schoenfeldt, 1989)。例如,斯滕博格(Sternberg, 1985b)考察了外行和专家对创造性人物的观念。关于创造力的内隐观念包括认知和个性要素的一种组合,这些要素例如有"联系想法""看出异同""具有灵活性""有审美品味""反正统""动机强""有好奇心"和"质疑社会常规"等。

在外显理论(explicit theories)层面上,阿马拜尔(Amabile, 1983)把创造力描述为内部动机、专业领域相关的知识和能力以及创造力相关的技能这三者的汇合。创造力相关的技能又包括:(1) 认知风格,包括解决问题过程中处理复杂情况和打破原有心理格局的风格;(2) 产生新想法的启发式知识,如尝试反直觉的方法(counterintuitive approach),(3) 以全神贯注的努力、有能力将问题搁置一边及以精力充沛为特征的工作作风。

格鲁伯和他的同事们(Gruber, 1981、1988; Gruber & Davis, 1988)提出了一个解释创造力的进化—系统模型(evolving-systems model)。一个人的目的、知识和情感随着时间的推移而发展,个体变异不断放大,最后导致创造性产品的产生。知识系统的发展变化,可以从记载查尔斯·达尔文关于进化的思考的例子中看到。目标代表一系列相关的目的,后者也发展并指导个体的行为。

最后，情感或心态系统则包括愉悦或沮丧对正在从事的项目所产生的影响。

奇可森特米海依（Csikszentmihalyi，1988、1996）采用了一个不同的"系统"方法，并突出强调个体、专业和领域的交互作用。一个个体从某个专业获得信息，通过认知过程、人格特征和动机把这些信息加以转换或扩展。领域（field），是由控制或影响一个专业的一群人（如艺术批评家和展厅拥有人等）组成的，这些人对新的想法进行评价和选择。专业（domain），从文化的角度看是一个符号系统，承担着把创造性产品保存并传递给其他个体和后代的责任。加德纳（Gardner，1993）做过的个案研究则表明，创造性项目的发展可能依赖于一个系统（如在一个领域内各竞争性批评之间的张力）或在个体、专业和领域之间适度的不同步状态（如在某一专业上的个别不同寻常的才能）中的一个特殊人物。

这里要探讨的最后一个汇合理论是斯滕博格和卢伯特（Sternberg & Lubart，1991、1992、1995、1996）提出的创造力投资理论。他们认为，创造性人物是那些愿意并能够把专业想法"低买高卖"的人。"低买"的意思是指寻求一种人们尚不知道的想法或人们尚不感兴趣的想法，但这些想法却蕴涵着巨大的发展潜力。通常，当这些想法首次提出时，会遇到阻力。创造性个体坚持面对这样的阻力并逐渐地以高价卖出，并转向下一个新的不为人熟悉的想法。

在这种投资理论框架中所开展的初步研究结果支持这一模型（Lubart & Sternberg，1995）。这些研究所用的任务有：（1）用不常用的标题写短篇故事（如"章鱼的运动鞋"）；（2）用不寻常的主题画一幅画（如"从昆虫的角度看地球"）；（3）给无聊的产品做一个创造性的广告（如"男子衬衫袖口的拉锁"）；（4）解决不寻常的科学问题（如"如果一个人在上个月到过月球，我们如何辨别？"）。这项研究表明，创造性成绩具有中等的领域特殊性，并可以用一些资源组合来预测，我们将在下文中讲到。

根据投资理论，创造力需要六种特征分明但彼此关联的资源汇合起来。这六种资源是：智力能力、知识、思维风格、个性、动机和环境。

3 种智力能力是特别重要的(Sternberg, 1985a):(1) 以新的角度看问题、跳出传统思维束缚的综合能力;(2) 辨认哪个想法值得追求、哪个不值得追求的分析能力;(3) 实用-情境(practical-contextual)的能力,也就是知道如何去说服其他人并以自己认为合适的价钱把想法“卖”给别人的能力。这 3 个能力的汇合也很重要。只有分析能力而不结合其他两种能力,其结果是强有力的批判性思维而不是创造性思维。单独使用综合能力而不结合其他两种能力,其结果是一些经不起推敲的新想法,因为这种推敲首先要评价它们的前景,其次要使它们能够起作用。而单独使用实用-情境的能力而不结合其他两种能力,其可能产生的结果则是传播一种想法,但却不是因为这想法好而传播,而是因为这想法得到很好且强力的展示而传播。

关于知识,一方面,一个人需要充分了解一个领域才能向前进步。如果一个人不知道自己在该领域所处的位置,那么他就不可能进步。另一方面,有关一个领域的知识可能导致一种封闭而根深蒂固的观念,从而导致一个人不能超出他或她过去看待问题的方式(Frensch & Sternberg, 1989)。

关于思维风格,立法式风格(legislative style)对于创造力是特别重要的(Sternberg, 1988、1997),所谓立法式风格也就是以自己选择的新方法来思考的偏好。这种偏好需要有别于创造性思考问题的能力:有些人可能喜欢沿着新的路线去思考,但想不好,或想得很好却不是新的路线。要成为伟大的创造性思考者,一个人需要有能力考虑局部和全局:把森林和树木分开,确定哪个问题重要,哪个问题不重要。

大量的调查研究(其概述见 Lubart 1994, 和 Sternberg & Lubart, 1991、1995)都支持一些人格属性对创造性功能得以运作的重要性。这些属性包括但并不限于:自我效能和克服障碍的愿望、进行明智的冒险和对模糊性的忍耐(tolerate ambiguity)。需要特别指出的是,低买高卖的典型含义是不从众,这样,一个人如果想以创造性的方式思考和行动的话,就应当愿意站出来勇敢地抵抗世俗。

内部动机和专注于工作的动机对创造力也十分重要。阿马拜尔(Amabile, 1983、1996)和其他人的一些研究表明这些动机对创造性工作的重要性。他们指出,一个人如果不热爱自己从事的工作,关心潜在的奖励而不是工作本身,是不可能有真正的创造性作为的。

最后,一个人需要的环境是支持性的并能奖赏创造性的想法。一个人即使拥有创造性思维所需要的所有内部资源,但如果得不到环境的支持(如提出这些想法的舞台),那么,这个人的创造力就永远也没有展示的机会。

关于各种成分的汇合,创造力被假设为不只是一个人各方面潜能水平的简单相加之和。第一,对于一些成分(如知识)来说,可能存在阈限。不管其他成分的水平如何,在此阈限以下创造力是不可能产生的;第二,在某一方面(如动机)很强,可能对另一较弱的方面(如环境)具有部分补偿作用;第三,成分之间的交互作用也可能发生,例如智力与动机的交互作用,两个水平都很高时对创造力增强所产生的作用比较复杂。

总的来说,汇合理论可以为解释创造力的不同方面提供可能性(Lubart, 1994)。例如,对科学和艺术成就的分析表明,一个专业中的工作的创造力中数倾向于落在分布的低端,而较高端(高创造力)的尾部则可能延伸很远。这种模式可以这样解释：为了达到高水平的创造性成就,一个人必须同时整合多个成分。作为另一个例子,我们经常观察到,创造力的这种部分的专业特定性,可以这样来解释：一些相对来说是专业特有的成分,如知识,与其他一些专业上较为一般性的成分,如坚持不懈的人格特征,混合成创造力的这种特性。

结　论

相对于创造力对心理学领域和对世界的重要性来说,在创造性研究上人们所投放的资源是很少的。我们试图理解这种严重的投资不足(underinvestment),

并提出种种理由来说明这些投资不足为什么会发生：

1. 创造力研究的起源是建立在传统的神秘主义和灵性(spirituality)基础上的，而这些看来会与科学精神毫不相干并可能与之对立。

2. 注重实用的观点可能给一些人造成这样的印象，以为创造力研究是受某种商业利益驱动的，但它本可以按它自己的方式取得成功，由此创造力研究就缺乏心理学理论的基础和心理学研究的证实。

3. 创造力研究的早期工作在理论上和方法论上都远离科学心理学的主流，结果使得创造力有时被看成是处于整个心理学领域的中心关注点的边缘。

4. 创造力的定义和衡量标准方面的问题导致了开展创造力研究的困难。创造力纸笔测验可以解决部分问题，但得到的批评是把创造力现象平常化。

5. 各种单一的研究方法倾向于把创造力看成是日常结构或日常过程的不平常结果，这样似乎就没有必要开展专门的创造力研究。结果是，这些方法把创造力纳入其中，作为已经做过的研究中的一个特例。

6. 对创造力的单学科研究方法倾向于把创造力现象的一部分(如创造力的认知过程、创造性人物的个性特性)看作是创造力现象的整体，结果常常导致了对创造力的一种在我们看来狭隘且令人不满的看法。

注释

此报告的工作得到“美国教育部教育研究和提高办公室”的加维茨法案项目(Javits Act, Grant R206R50001)支持。本报告所表达的发现和观点不代表“美国教育部教育研究和提高办公室”的立场或政策。本章部分内容取自斯滕博格和卢伯特(Sternberg & Lubart, 1996)。

第 2 章　创造力研究的一个历史

罗伯茨·艾伯特　马克·A. 伦克

我们这样给出本章的标题是有意要提示读者,我们这里所描述的创造力研究的历史,只是创造力研究的其他可能的各种历史之中的一个。本章确实也只展示创造力研究的一个历史而不是唯一历史。

我们试图描述创造力概念的广义的和延伸性的历史变化,这样可以较容易地与目前所描述的狭义的历史变化作对照。巴鲁、巴鲁和莫诺(Bullough、Bullough & Mauro, 1981)、格雷(Gray, 1966)、科洛伯(Kroeber, 1944、1956)、马丁戴尔(Martindale, 1992)、纳罗尔等(Naroll et al. 1971)和索洛金(Sorokin, 1947),从创造力的多指标出发比较具体的历史年代。例如,巴鲁等对 18 世纪的苏格兰和 15 世纪的意大利做了比较。创造力在其要义和抽象性上的历史性差异也暗含在对时代精神(Zeitgeist)的研究中,这就是说,有一种独特的"精神"是各个创造性时代所共有的(Boring, 1929; Simonton, in press)。

另外在对杰出创造者的发展背景和职业生涯的研究中,也包含了额外的创造力的历史观。尽管杰出的创造者可能不会影响研究和创造力的联结,但通过对这些人的调查研究,有助于丰富我们思考创造力的方式。我们自己的观点指导我们去研究一些杰出个体的工作(如弗朗西斯·培根、达尔文、高尔顿、马尔萨斯和亚当·斯密),这些人对澄清和最后得出研究和创造力概念的联结具有特殊的影响。

我们假设历史是观点树立和事件发生的媒介,这些观点和事件的某些显著效果绝少消逝(这就像历史在缓慢地沸腾)。在本章中我们采取的立场是,早期对“创造力”和“研究”的概念化过程，只是其本身的一种异常的创造性行为，就像通过深思熟虑地运用研究方法来达到最终的概念联结。这些方法不仅对人类经验中的创造力的内涵和重要性，而且对历史事件是如何以及为什么会开始运行的研究，必不可少。理解了这些，有助于我们鉴别历史上创造力的三个方面。第一，历史进步的重要性既在于其内容，也在于其时间次序。“什么时候”决定了“什么”将是重要的。第二，在对已经存在于有创造性的人的工作和思想中的各种可能性的重要方面进行选择和给出一致性的问题上，研究机构和可确认的小组是至关重要的。第三，只有当一群相关人员，专注于同一个问题、难题或一系列可能性时，观点和事件的相关性才会出现。这意味着：(1) 大量的关键信息和兴趣必须共存并位于适当的位置；(2) 事物的重要性和意义不仅是抽象的，而且也像威廉·詹姆斯所指出的，来自那些并非全都可预测的结果。从这点来看，历史是具有实验性的。

我们可以通过追踪过去 2000 年“研究”和“创造力”概念的演化，或是通过调查这些概念在经过几个世纪的分离到 19 世纪晚期的最终联结的过程，以此发现西方历史上一些最显著的创造力表现。我们在做研究时，第一步必须在思想中要有一个“什么是研究”的概念，这种概念或多或少要有自己的新意；第二步比较困难却又很重要，这就是要相信有关人类本质的研究是重要的，而且与研究物质世界的本质是一样切实可行的，而不是要去对它作思辨的推测。创造力研究的历史开始于人们认识到“研究”是我们学习和理解周围世界的一种实际有效的方法。

创造力概念的形成有其自身的历史，它独立于“研究”的制度化和概念化过程，沿着理性的道路走过了两个世纪。在发展的最初和历史进程的大部分时间中，“研究”和“创造力”被认为是没有关系的；因此要进行创造力的研究，两者的结合必须要经过几次主要的理性转变和深思熟虑的拓展，从而确定科学研究是如何定义创造力的研究以及如何运用于后者之中的。而事实上也正是这样，大约在“研究”得到了公认并取得广泛的支持和制度化的认同后，又过了 150 年，创造力的概念才从争论中完全塑造出来，并最终与所谓的想象力、原创性、天才、才能、自由和个体独特性相分离（Éngell，1981；Gruber，1996；Kaufman，1926；Singer，1981～1982）。“研究”的出现是对自然规律本质问题的长期探索，并相信无论男女都可能在没有圣人帮助的情况下去理解自然世界。这也正是我们下文将详细描述的。另一方面，当创造力的概念从制度化的教条主义中被解放出来时，就又陷入了对人类本质特征的探讨和争论中。而在这些争论的早期，人们只是对如何进行创造力调查有一点兴趣，其主要问题是自由。

以不同的方式表达创造力的意义与理解人类本质的意义同等重要。然而，我们却惊奇地发现，对这个主题产生兴趣的专业人士却只有很小的一部分。

直到近期，关于创造力方面的专业文章和书籍还很少（Albert，1969；Feist & Runco，1993；Guilford，1950），费斯特和伦克发现（1993）：

> 吉尔福特的文章中被引用得最多的内容是——从 1920 年到 1950 年，在《心理学摘要》中所列出的 121 000 条文献里只有 186 条是关于创造力的。文章少于千分之二（0.2%）。近来我们发现最近研究创造力的人大约是以前的 5 倍……在《心理学摘要》中有关创造力的文章的百分数从 1920 年左右的 0.002% 逐渐增长到 1980 年的 0.01%。从 1960 年后期到 1991 年，加入了差不多 9 000 篇有关创造力的文献。（p.272）

几乎每一位 20 世纪的心理学家（如，弗洛伊德、皮亚杰、罗杰斯和斯金纳）都很重视创造力，并积极探索什么是创造力。到现在，我们只能用“爆炸性”一词来描述这个领域的发展状况。一个专业影响力的增长度可以从其专业杂志的成长中看出来。创造力研究现在有它自己的学术杂志《创造力研究杂志》（*Creativity Research Journal*），同时也吸引着越来越多的新闻媒体。1996 年，就有 3 篇关于创造力和创造力研究的文献出现在《美国心理学家》（*American Psychologist*）上（Eisenberger & Cameron，1966；Schneider，1996；Sternberg & Lubart，1966）。

创造力的概念

前基督时期创造力的观点

早在基督教的创造力观点出现以前,人们就力图了解现在我们所谓的创造力对人类的意义了。

前基督期的理解以及几个世纪以来一直影响我们思维的一种观点是"天才"(genius)这个概念,它最初是与保护和好运(protection and good fortune)的神秘力量相联系的。当古希腊人强调个人的神魔(守护精灵)时,天才的观念就变得平凡了,并逐渐与个体的兼具建设性和破坏性的能力和欲望相联系。到亚里士多德时代,创造性具有了一种社会价值,并与愚妄和狂热的灵感相关,这种观点在19世纪的大部分时间和20世纪前叶再一次出现。当我们考察随后的罗马人的天才观时,我们发现其中增加了两项特点。他们的观念中,天才被视为杰出男人可以遗传给他的孩子的创造性能力;此种创造力是除生育能力之外的雄性能力。

早期西方的创造力观

学者们都认为早期西方有关创造力的概念是《创世纪》(*Genesis*)中关于创始(Creation)的圣经故事。自此有了工匠遵从上帝的意思在地球上造物的理念(Boorstin, 1992; Nahn, 1956)。波尔斯丁(Boorstin, 1992)写道:

> 《圣约》(*The Covenant*)是人们意识到自己具有创造能力的里程碑。这说明,通过对造物主(Creator)及其创始的信仰,人们组成了一个社会。

他们通过自己的血缘关系、分享上帝的品质、挚友以及与造物主——上帝的自愿关系来肯定自身的创造能力(p.42)。

这种关于创造力的观点一直延续到公元 2 世纪,这以后就受到很多的早期基督教作者的争论,其势力开始削弱,并被圣·奥古斯丁(354~430)在他的《上帝之城》(*City of God*)中提出的学说所取代。从长远的观点来看,“基督教在发现我们的创造力上扮演了一个领导者的角色”。(p.55)

这种信仰反映了西方和东方在考虑创造力的目标和对参与者的角色的理解方面有显著的不同。对公元前 1500 年~公元前 900 年的印度人、孔子(公元前 551 年~公元前 479 年)和道家、佛家而言,创造力最多是一种发现和模仿。早期的道家和佛教强调自然的循环、协调、规则和平衡,因此从无到有的创造观点在宇宙的阴阳中就没有地位了(Boorstin, 1992, p.17)。柏拉图认为不可能有什么新的东西,他那个时代的艺术都是努力去匹配和模仿理想形式的结果。所以,当代创造力的一个标志——原创性——并不是历史上早期之创造力的一个特点(Child, 1972; Dudek, in press)。

这些关于宗教信仰的假设在随后的 1 200 年中没有遇到真正的挑战。中世纪(Middle Ages)出现了认为创造力是个体所拥有的特殊的才能或非凡的能力(通常指男人),是一种外在精神的表现的观点。文艺复兴(Renaissance)伊始,这个观点有了显著的改变,这时,伟大的艺术家和工匠的非凡特质已经被视为并被强调为他们自身的血统,而不是神的化身。而且,这种观点的改变并不是孤立的,而是存在于广泛的社会变革之中。这些变革包括“农奴制的衰落、英语逐渐占优势、司法和医疗制的建立,以及宗教信仰自由的发展”。(Wilson-Given, 1996, p.3)

这些改变非常微妙,直到文艺复兴运动真正出现(大约 1500~1700 年)才明朗化。虽然乔叟(chaucer)早在 1393 年就用了“创造”这个词,但对创造力的概念描述一直是模糊的,有时甚至是被忽略的,直到在启蒙运动(the

Enlightenment)中出现了很多重要的哲学家[e.g., Hobbes(1588~1679), Locke(1632~1704)],才不再局限于将创造力与想象力、个体自由及人类事务中的社会权威性等同起来。

研究的发明

贯穿文艺复兴之后许多年时间,并发生了很多哲学争论,科学研究以其发现和瓦解文化及宗教范式的力量而为人所知。西方世界三位最伟大的科学家——哥白尼(1473~1543)、伽利略(1564~1642)和牛顿(1642~1727)——就是例证。当然,事实远不止这些例子。这种科学研究需要有一个很大的改变才能使人们认识到此时此地起作用的物质世界的规律,并知道这种规律如何与人类的存在相联系,同时这种规律又是如何为社会目的服务的(Shapin, 1996)。

在18世纪,两种有关个人主义和理性的深远观点形成了西方的思想:这种启蒙思想成了一种可鉴定的、具有一致性的理性哲学体系,并最清晰地从理性的角度抨击了那些被人们所信任的、无科学来源(教条式)、无根据的权威。当这种启蒙运动达到其自身的临界状态时,作为制度化的哲学和方法论的自然科学就形成了(Bronowski & Mazlish, 1960)。作为启蒙运动一部分的英语智慧运动(English intellectual movement)不仅在欧洲大陆出现,也出现在诗人和艺术家中。这些欧洲大陆科学家以“思辨”而为人注意。这种对科学的不断增长的兴趣被意为审慎的科学探究的研究这个词在英语中的出现所证实。研究一词是在1615年出现研究者这个词之后,很快于1639年在英语中出现的。

我们可以用《圣经》内容的变化,来衡量这种变化是如何对西方的文化起到深远影响的。几百年来,《圣经》是智慧和道德的神圣起源,但到了18世纪后期,《圣经》成了文学的一个永恒的模式。普里克特(Prickett, 1996)告诉我们:

> 18世纪后期《圣经》在翻译上经历了一个非常根本的转变,以至于使其成为一本不同于100年来她一直所是的书。尽管历史批评家认为《圣经》的内容远离了神化的灵感,也不是世界变迁中的一块确定的礁石,她既不稳定也不原始,但将《圣经》看作是文化的人造物的新观点变成了所有文学的一个范式。随着正规宗教的衰落,《圣经》作为文学和美学的模式的威望被提到了一个新的高度。(p.ii)

了解了启蒙运动对神权和宗教"智慧"的抵制的深度、力度和范围后,我们就不会对另一种自由形式将变成这种范式变迁(paradigmatic shift)的一部分而感到惊讶了。事实确是如此。这是个人在无制度许可和神的引导或干预下探索其世界的权利。

虽然和创造力有关的思想在1500~1700年间没有相应的变化,但其他变化的发生丰富了研究理念的背景。大约在这个时期,科学和科学的思想作为发现事物的卓越手段和思考物理世界的模式而形成。科学模式和技能合并的进展所导致的变化是如此的完备,以至被相信这是有特色的现代西方文明的开始:"从一个事物以理念特征排列的世界到一个事件按前后固有机制运行的世界。"(Bronowski, 1951)

机构和哲学先驱者对创造力的研究

同时,一种像英语启蒙运动那样更深远的理性革命正在聚集有说服力的力量,而逐渐增加的新态度和关注点的一致性正在出现。弗朗西斯·培根(Francis Bacon, 1605)所著的《学术的进步》(*Advancement of Learning*)已成为一种对实证研究的重要性而言可接受的论据。这种启蒙运动引起的在哲学上和社会学上对权威的反对(如宗教、君主政治和政治压迫)和科学本身对那些权威观点的反对是并行增长的。这些争论包括一种追求言论、新闻和人生自由的信仰。自由之所以受到争论,关键是因为个体具有基本的理性,这些理性看来在日常生活中,在科学上得到了巩固。总的来说,人们不需要人为的权威和社会的约束。

在17或18世纪,当这些观点得到公众的拥护时,体现这种观点并尽力维护它的那些社会机构就迅速地形成了。当1662年查理二世批准有约翰·洛克作为其早期成员之一的皇家学会(Royal Society)成立时,科学和科学研究得以制度化。在没有受到皇家学会影响的法国和意大利,也已经有了两个类似的学院(Academy),这样的事实说明科学才刚刚融入到英格兰中。就此而言,研究(research)取得了发现(discovery)的效果。皇家学会要迅速地成为分散于各地(常常带有敌意)的那些有历史性杰出地位的科学家和数学家的汇集地,是不容易的,但皇家学会制度性地认同了他们的成就,皇家学会的正式要求有一条是,一个科学家的工作要得到同行的评价。皇家学会不仅希望科学家们发表他们的工作,而且希望这样的工作只在学会的《哲学学报》(*Philosophical Transaction*)上发表。私人的论文不再被传播。此外,如果其他人要理解并能使用个别科学家的研究,还有其他的规则要遵守。个人的特殊用语将被回避或最小化(Bronowski & Mazlish, 1960)。任何一个科学家的陈述形式、象征,及其所用的符号系统,必须能让其他科学家理解。

在皇家学会所制订的所有要求中,最具影响力的可能是强制其成员在学会的《学报》上发表其研究成果,这很快便赋予了皇家学会以凌驾于其成员的荣誉之上的巨大权势。学会在胡克(Robert Hooke)和牛顿(Isaac Newton)间的长期而尖锐的争论中所做的调解,就可以说明它对荣誉的权势有多重要了。早期那种受个体基本动机驱使,“为了利益而发表东西”的愿望本身被学会以两种方式加以限制:1. 作为一个机构,学会有对科学的责任感;2. 对发表科学研究成果的强调。伴随这种要求的另一个目的是使科学的力量和实用性令人信服。

这些制度化的要求(留有残余)导致了两项实用性的结果。其一,减少了所发论文中表现出的个人特征。在被别人理解的同时鼓励个人的原创性和天赋,皇家学会设置了一套要求,有效地除去了许多用以标志科学信息的个人化的符号(现在的科学期刊也还有这样的要求,当然,是以一种修饰过的方式进行的)。其二,把学会早期关注的个人化,具有讽刺意味的,恰是被17~18世纪的作者们认为是天才和创造力的绝对必要条件的个人化,转变成皇家学会明确强调的法则;这种法则源于自然以及科学中对实际利益的发现。这些利益被认为强调了自然法则的效度和科学实验在物质世界(即自然)中的重要性。早期关于这个规程中的"想法"从何而来的问题的争论和思索,很快被一种逐渐增长的信心所代替,这种信心相信实证方法的创造力和自然科学显然对产生实际效益具有无尽的潜力。虽然物质世界被作为科学基本知识的来源而得到认同,人类也作为自然的一部分被接受,但这个时期对人类自然性的科学探究仍未被真正考虑。

伟大而几乎无尽的争论

在创造力概念得以发展以前,智力上的一些深入发展已经出现。18世纪后半叶,自然科学关于自然法则的信仰已广泛地被接受。在随处可见的实践发明中,每天都可看到一种不可动摇的信念的理由,自然科学成功地应用于英国经济——如纺织机和蒸汽机等的发明——加速了工业革命,并使英国成为世界竞争中手工业和商业的领导者。

从进一步的推论来看,对英国和欧洲的艺术家、诗人、作家和哲学家而言仍有两个问题在整个18世纪一直被无尽地争论着:思想自由的限度是什么?这种自由的社会和政治的重大意义是什么?这些问题成了贯穿于整个世纪的永恒话题。然而,正如我们现在所了解的,除非这些问题有了答案,否则什么是创造力是无法说清的,更不用说该怎么做了。

在18世纪中叶,对创造力和那些天赋、原创性、才能以及正规教育的含义做了最明确的区分。这些争论的核心是要努力澄清个人自由的合法性,将其与社会和政治的限制区分开。被权威利用的社会法律和专断的限制自然就成了反对“有独创性”(Original)的天然武器,并成为人民的自由和独创性的有害障碍(Addison 1711/1983)。这对推动创造力历史,以及对为理解天赋(genius)和才能(talent)的区别而进行的努力都没有什么影响。到了18世纪末,人们发现,很多人都可以有这样或那样的源于教育的才能。不过,真正的天才却是例外,他们被认为不需要去遵循一般才能者的规则、习俗以及约束。这不是一种抽象观点。正如考夫曼(Kaufman, 1926)和恩格尔(Engell, 1981)所澄清的,关于天赋、独创性、异常性、先天的能力和自由的持续争论逐渐汇合成18世纪的个人主义教条(此时,美国和法国革命就在眼前)。但在这时仍没有创造力的概念出现。

霍伯斯(Hobbes, 1588~1679)是认识到在人们的思想和规划中想象力是何其重要以及想象力如何被建构的第一个重要人物。这种观点在启蒙运动中作为讨论的出发点再次出现(Braun, 1991; Singer, 1981~1982)。

如果我们想了解形成一个创造力的概念有多么困难,只要看看接触过创造力这个概念的几代作家、哲学家和艺术家们所付出的努力就可以了。其间他们所遇到的困难,可以从18世纪30年代“创作性想象”一词产生的事实中知道,这个词是在他们有关想象力的讨论中出现的。到了18世纪后期,“想象力本身”被作为主导的艺术创造力而接受(Engell, 1981, pp.vii~viii)。

这场争论贯穿整个18世纪,尽管冗长而乏味,但终于得出了可接受的4个基本标志。这些标志成为当今我们探讨创造力的基础:(1)天才区别于超自然;(2)天才虽然罕见,但每个人都有一种潜能;(3)才能和天才是有区别的;(4)个体的潜能和运用有赖于当时的政治氛围。[对于认为这些事宜已经解决的读者,可以查阅该领域有关分离和区分(也就是区分效度)的近期研究(Albert, 1980; Baer, 1995; Bloon, 1985; Gardner, in press; Runco, 1986)。]

到了18世纪末,人们已相信无论是天才(genius)还是人才(talent)都不能在压抑的社会中生存。当自由确实存在时，根据达夫（Duff）——20 世纪中叶在天赋和才能方面最多产和最有说服力的作者之一（Kaufman, 1926）——的说法，自发性和天赋将是不可抗拒的，因为它们反映了一种先天的倾向，并且无须教育。这种观点迅速得到了卢梭和后来的浪漫派的响应。在实践水平上，有关这些差异的争论是非常重要的。它有助于对确定天才的异常（exceptional）和不可预测的力量与每天都能看到的、平凡的和可预测的才能加以区别。到了这个世纪末，人们知道，虽然很多人有教育所赋的才能，但天才是天生的。作为天才，他们的看法是前所未有的、不需要受教育的，并且不需要有适合于人才的规则和义务。［有趣而又有政治意义的是，卢梭以相同的豁免（exernption）（观）来看待每个人的天分。］

无计划和出乎意料结果的影响

到现在为止有两种模型，结合了许多与研究和创造力有关的重要观点和实践观察。其中一个理性科学（Rational Science）的模型是相当包容性的，既涉及科学的力量，又涉及研究的实际用途。另一个模型，被称为创造力的意识形态。该模型与社会价值、独创性及个人主义有关，其中独创性和个人主义对尊重权威和维护社会秩序有潜在的危险。

理性科学模型的观点总是比较正式，并能在日复一日的研究结果中体现出适当的改变。另一方面，由于有关于创造力的宗教和世俗意义的更古老的讨论，创造力因其与解释人类的自然特性和社会政治条件有关，而需要有一种意识形态。

当阿克赖特（Arkwright）和瓦特（Watt）那样的自然科学和实践的发明者正忙于证明人类理性和英语的发明能做什么时，大量的实践发明及其不断增长的力量，导致了不可预见和出乎意料的结果。农人离开土地，劳力离开村镇，拥向日益肮脏、蔓延开来的城市的迅疾的人口转移，使人震惊。有趣的是当科学家们仍忙于证明理性人类应当作什么的时候,人们已经开始从社会和政治稳定的观点出发,逐渐关心这些不可预见和出乎意料的结果最终会产生什么影响。

很快,越来越多的人特别是上层阶级和贵族们,对个人主义、不可抗拒的自发性以及科学的无限制使用有了另外的看法。他们所看见的,显然不是在工业革命早期所预想到的机器驱动社会的效率。以这种变化为特征的速度和威胁,成为社会科学发展中最重要的影响之一。来自自然科学的没有预料到的大范围混乱太明显了,以至于不可能被一个世纪以来一直认为物质世界是被理性的和可理解的法则所支配的观点所忽略。越来越具威胁性和无法理解的"无计划和出乎意料的结果"(unintended and unanticipated consequences)正进入社会,并导致了政治运动和社会运动。引起不安定的个人主义教条的蔓延,很快成为公认的解释这些无法理解的结果的理由和对这些结果担忧的原因。为了理解这些结果中的一部分,我们需要明白这些结果并不新鲜,正是亚当·斯密(1723~1790)一生中大多数时间受其困扰,他知道无计划和出乎意料的结果经常发生(与他同时代的瑞士人让·雅克·卢梭也这样认为)。

从18世纪中期起,在英国和欧洲几乎经常有动乱。缘起于工业革命的许多混乱,导致了两个迥异却又同样有影响的反应。一个是亚当·斯密的理性论据,在后面会谈到。另一个是让·雅克·卢梭的浪漫主义,这在其他社会科学中,成为艺术反击科学理性主义的根源。对欧洲工业化的这部分浪漫主义的反应体现在艺术家对内在感觉的强调上,这种内在感觉是智慧和艺术灵感的自然源泉和民主化的来源。这种理性论据和浪漫主义的冲突很快被视为理性和情感的冲突,随即过于理智的科学家和浪漫的艺术家间的冲突像是被人误解的天才一样被人格化。在100年中,这种新的认同——一种标志着艺术家的偏见和他们对中层社会的故意蔑视——将被像隆布罗索(Lombroso)这样的假内行当作一种公正的判断,去玷污普通的以及具有天赋和创造力的艺术家们。虽然这两种现象同时出现,但其所产生的结果对研究和创造力来说有时间上的不同。这种不同直到 19 世纪末才由高尔顿(Galton)和弗洛伊德(Freud)的成就而得以协调。

亚当·斯密是最早认识到需要人类行为科学的人之一。他的《国富论》(*Wealth of Nation*)体现了这种深思的努力,阐述了需要社会科学的许多理由;它"几乎成了记载人类事务的出乎意料的结果对社会所造成影响的一本大百科全书。……行为者常常事与愿违"(引自 Muller, 1995, p.85)。他的论证没有受到责备和孤立,其论述的重点是,并非所有的结果都非好即坏,而是经常出乎意料之外和不遂人愿。他指出,一个明显的无法预期的结果是,戏剧性和恐怖的人口膨胀和工业剧变,会导致美国革命。这正是斯密一直很关注的。由于这种结果,斯密等人认为,必须发展一种以系统化、政治化和社会化知识为基础、类似于自然科学的科学,此种社会科学将会使社会向着人们所期望的方向改变而免于失控。

在斯密去世 8 年后,出现了一种有助于建立社会科学的重要的理性和经验主义的发展——马尔萨斯的《人口论》的出版(1798)。它不只是简单地论述观点(其中有足够多这样的论点),而且详尽地引用经验性的证据(基本数据),论证了英国人口未受控制的增长和社会化混乱,并预测如果不采取社会和政策措施,就会产生不可预料的结果。

马尔萨斯工作的重要性是双重的,就像高尔顿之前的非物理性科学研究那样,他的研究是经验性的。40 年后,他在《人口论》中用来解释社会瓦解的一个词——"生存竞争"——被达尔文(Darwin, 1859)用于解释自然选择。这一独特的理念,有助于形成达尔文努力的成就。同时《物种起源》(*The Origin of Species*)也为此加入了新的论据,即人类的生存实际上是不稳定的,会受到意料之外、无法预期的变动和自然选择的支配。自然选择是不随个体的意愿和计划而改变的,也不体现任何道德性和目的性。自然选择是盲目的。

19 世纪后期和 20 世纪早期,对创造力理解的理性突破,体现于达尔文所提出的适者生存中。弗洛伊德理解了达尔文的观点,并接受了高尔顿的观点,在他有关防御和创造力的心理机制理论中融会了这两种观点(Albert, 1996; Ellenberger, 1970; S. Freud 1900/1953, 1908/1958)。

适应、多样性和自然选择：达尔文关于创造力的经验性公式

自从第一次被讨论起,创造力便被抽象的问题围绕着,并和远大于其本身范围的观点相联系(如个人主义是什么？我们为什么需要个人自由?),直到达尔文解释了自然选择的基本过程后,创造力的一些基本特征,尤其是其对于适应的价值才被明显地重视起来。自达尔文以来创造力的重要任务之一就是解决问题和导致个性特征的"成功"适应。

我们可以通过了解以下两点来理解这些。即进化理论的基本法则就是多样性和适应,同时它们是相互联系的,也与自然选择有关:"适应的产生和多样性的产生是单个复杂现象的两个方面,"达尔文认为,"这种统一的看法不是进化的观点,而是自然选择的原则。"此外,达尔文坚称"自然选择必然导致适应"(Dennett, 1995, pp.42~43)。这个令人难以接受的观点是最违反直觉的。因为进化在毫无预见的情况下发生,适应始于偶然(我们必须注意无目的性的),即被环境中自然选择的力量所选中。此时摆在我们面前的是,如果我们努力去观察,在受控制的日常情况下的适应性,我们就有可能去研究创造力(Campbell, 1960)。

从达尔文到高尔顿的转变

从达尔文到高尔顿的理性桥梁建于高尔顿的职业生涯早期,在两者的沟通和会面中逐渐成熟,直到达尔文去世。双方的交流通常是有关进化的。在他们的早期交往中,高尔顿就提出了他自己有关遗传和进化的见解,但这些论述在达尔文的模型中变成以自然选择、多样化的必要性和自然选择中适应的

作用时，便很快具有了有效的说服力和巨大的解释力。但是，在高尔顿手中，多样性自然很快就成了一个测量的问题。为了解决这个问题，他把多样性看成是一种已知维度的环境中的个体差异来操作。这里的环境多数是由高尔顿设计的、能被工具测量的东西构成的。这样高尔顿直接对心理学研究、间接对创造力研究所做的一个最大的贡献就是对特定的、可测量的个体差异中所表现出来的广泛的进化多样性的操作性定义。

高尔顿有两个令人瞩目的、与他职业生涯相关的兴趣，一个是对个体差异的研究，另一个是对优生学过程的探讨。他认为优生学可有助于科学地增加不列颠（Britisn）人才的数量。无论高尔顿是否意识到这一点，他都在跟随着亚当·斯密和马尔萨斯的脚步，不希望社会进入无法预料的状态中。优生学是高尔顿的一个计划，用于使自然选择中的不确定因素变到最小，因为这些不确定会对不列颠产生特殊影响。这两个研究兴趣导致了高尔顿对创造力研究做出了最直接的贡献——选择做出杰出成就的家庭作为能力遗传的例子。从此，有了选择卓越人士做具有创造力的被试和实用的统计方法，其中有些部分是由高尔顿开拓出来的。在此我们又看到了高尔顿的另一个永久性的贡献。先前说的18世纪发生的“伟大而无尽的争论”带来了四个重要的标志。就我们看来，无论高尔顿是否有意，他确实给出了将天才区别于超自然的观念的证据；尽管有例外，但天赋是每个人的一种潜能，因为能力遍布于整个人群。

从高尔顿到现在

读者可能会问，高尔顿是不是当时唯一对创造力感兴趣的人？回答绝对是否定的。只是他在被试选择中应用实证法并在测量他们的个体差异的研究中最具实力。斯滕博格和卢伯特（Sternberg & Lubart, 1996）提出，许多年中，在创造力研究上的一个障碍曾是创造力和神秘主义之间的联系，在这种观念看来，创造力有神秘的起源。高尔顿结束了这种错误。当我们了解了当时对同一问题感兴趣的人时，高尔顿的成就也就显示出来了。

贝克尔(Becker, 1995)在回顾了19世纪的研究后，得出了这样的结论：尽管19世纪的作者和文章的特征会有差异，但那个世纪的主题和20世纪的并无不同。她指出，19世纪大多数作者都关注5个基本问题：什么是创造力？谁有创造力？有创造力的人具有什么样的特征？谁能从创造力中获益？是否能通过有意识的努力来提高创造力？大家都认为这些问题对创造力来说是很重要的，但当时只有高尔顿在如何来回答这些问题的水平上真正向前推进了一步。问这些问题并没什么，虽然它们都有一定价值，但谁来回答这些问题，这是科学界最重要的事。就这点我们有两个例子可以说明。

早在1837年，贝休恩(Bethune)就对"产生新的思维联结"的能力感兴趣了，并认为创造性天才能"为将来的联结存储想法"(Becker, 1995, p.220)。贝克尔认为贝休恩预见了弗洛伊德的一些思想，即认为未来的联结只有"在联想的链接被恢复时"才能被意识到。事实上，很多作者，也都预期到了弗洛伊德思想中的基本要素，只是没有像弗洛伊德那样将它们放在一起。

在1877年，吉冯斯(Jevons)将天才定义为"非常有创造性的"，并当"老套的思维和行动中有发散性"时表现出来的才能。可以看出，这其中有些是领先于吉尔福特(Guilford, 1950)、梅德尼克(Mednick, 1963)与沃拉克和科甘(Wallach & Kogan, 1965)的，当然，这些人为发散性思维的概念也做了很多贡献。

直到读了威廉·詹姆斯(William James)的著作，我们才看见与高尔顿早期对经验主义的欣赏相匹配的对研究和经验事实的欣赏。在詹姆斯1896年所作的公开讲座中可以看到其理解的深度。在他的讲座中破除了"粗野"的专断，因而他的演讲被那些非专业的、自命为社会评论家和医学专家的人认为是异常的精神状态(James, 1896~1992)。

认识到想象的错综复杂性的珍贵，威廉·詹姆斯(William James, 1880)阐述了发散性思维，或至少是错综复杂思维的可能性的观念(Quoted in 贝克尔, 1995, p.222)：

> 不是沿着习以为常的建议一个接着一个地耐心地思考具体的事情，而是有最意外的中断和从一个想法到另一个想法的跃迁(transitions)……元素间最闻所未闻的结合，最微妙的类比联想；一句话，我们好像掉进了沸腾的想法的火炉中……在那里，时刻发生着结合或解散，没有踏车般的例行公事，而出乎意料看来是唯一的法则。

我们很难知道高尔顿的影响到什么时候，在什么地方结束。大部分同化于19世纪末不断发展的兴趣和研究中。我们知道到1879年，高尔顿已建立最早的，测量感觉功能差异的实验室。该实验室的研究是和感知觉辨别力与智力有正相关的假说相联系的。到1883年，高尔顿总结出"创造性成果"主要来自"一般能力"。在《遗传的天才》(*Hereditary Genius*, 1869)中，高尔顿认为这种一般能力是天才所必需的能力之一(Albert, 1975; Cropley, 1966)。到20世纪，测量智力的个体差异成了一项很多心理学家都感兴趣的研究。事实上，到1904年，比奈(Binet)和斯皮尔曼(Spearman)一直用比奈的测验对智力测验进行实证性研究。比奈的测验包括他认为需要的想象力和一些现在被称为发散性思维的条目(Brody, 1992; Willerman, 1986)。特孟(Terman)也在这个修订比奈-西蒙测验(Binet-Simon test)的行列中。虽然智力测试是特孟所选择的研究方式，但其概念性框架是来自高尔顿的(Terman, 1924)。

虽然高尔顿的研究不再突出，但他的影响还在继续。特孟是美国最早对天才研究感兴趣的心理学家。他对天才(20世纪的研究)的深刻理解和浓厚兴趣，可以从其著作的标题和日期中看出(Terman, 1906、1917、1924; Terman & Chase, 1920)，他有5卷《天才的遗传研究》(*Genetic Studies of Genius*, 1925、1926、1930、1947、1954)。这个研究的重要性，不仅体现在其方法论上的挑战性，也体现在它的教育和社会学含义。高尔顿和特孟都很关心自己民族的未来以及如何保护他们(我们希望读者看一下亚当·斯密、马尔萨斯、高尔顿和特孟的联系)。由于特孟只狭义地将智商(IQ)当成判定天才的标准，而排除了个体创造力和非学术成就的存在,从而多次受到批评。鉴于这个事实,特孟的研究过程总是被他自己的期望所导向,即他希望能"将美国变成一个精英社会"(Minton, 1988, p.139)。为此,需要鉴定能力的个体差异,并给有高 IQ 的儿童提供相应的教育机会。突出的一点是,特孟的研究方案与发生在欧洲的理性变革是背道而驰的,在某种程度上又回到了文艺复兴时的哲学。这些变化是反唯物主义、反精英主义、反实证主义和反理性主义的。由此,引发了柏格森(Bergson)、弗洛伊德和马克思(Barron, 1995; Hughes, 1953)对主观性、直觉和潜意识思想的力量和有效性的再发现。

吉尔福特(Guilford, 1970)敏锐地注意到多年来特孟的项目一直指向,可以用一个维度来衡量一个人(很像高尔顿和一些德国实验者对混合成就所做的处理)。特孟的方法相对简单,而创造力很复杂,很心理化,不同于同样处理下的教育成绩。凯瑟林·科克斯(Catherine Cox)的博士论文(由特孟指导)用大量资料开展了一项研究,这项研究把特孟(Terman, 1917)用自己的方法来估计高尔顿的 IQ 延伸到对 1450 年到 1800 年间做出杰出成就的个体。但这项研究中比其方法论更重要的是其发展目标,即用于确定高尔顿有关天才的结论是否可应用于那些日后取得杰出成就的儿童(Galton, 1869, p.43)。科克斯的研究的一个通常未被认识到的潜在意义,即特孟和科克斯意识到了隆布罗索的欺骗性方法和结论,并希望实证地去检验其效度(Cox, 1926, pp.14~15)。

虽然特孟的观点和对"实践"结果的强调有一定的局限性,但通过他对高尔顿的兴趣,而对科克斯的研究产生了很大的影响(1926)。高尔顿(Galton, 1869)的研究对科克斯对历史上 300 名杰出人物的研究既是激励又是榜样。像高尔顿一样,科克斯从来没有对自己的假设有过怀疑,即她认为在杰出成就和高能力之间有着高的正相关。事实上,所有这 3 个人——高尔顿、特孟和科克斯——都想当然地认为,成就是心理能力测量的一个效标。这一观点有助于解释为什么特孟和科克斯都接着高尔顿的研究进行,即认为创造力是构成智力的必要成分。高尔顿和科克斯的被试都已故去,只能从档案中选择,但科克斯用几种重要的方式改进了高尔顿的研究。科克斯的样本范围广、数最大、客观性强，并用专家评估作为所选被试杰出性的标准（自此，专家评估开始使用。它被广泛用于人格测评和研究中，比如被巴伦、黑尔森和马肯农使用）。科克斯对高尔顿研究的另一个改进是，她精心使用了传记、自传和社会文化信息——所有无遗漏的编码——根据信息，她和另外的一些心理学家估计了被试的智商和他们儿童时的特质。这使科克斯的被试显得更有活力，他们的“故事”似乎更合理。不只是还原为数字，同时也使她的结论与个人相关，还使这些被试更易于被接受。除了其样本中被试的平均智商达到154外，在科克斯（Gox, 1926）对创造力研究中最常被引用的结论是：“取得杰出成就的年轻人不仅具有高智商，更具有持久的动机和坚持不懈的努力，对自己能力的信心，以及伟大的人格力量。”（Gox, p.218）值得注意的是，科克斯所详细引证（Gox, pp.177~213）的这种特质结构（configuration），随被试的成就领域而变；这说明了领域特殊性。在科克斯的结论中得出这些特质并不意外。与高尔顿和科克斯之间的其他相似之处一样，他们对高尔顿（Galton, 1896）早期所描述的“内部动机是‘才智和性格倾向性的重要品质’，并以一种内在的刺激起作用”（引自 Runco, 1993, p.6）亦有共识。科克斯的结论的有效性可以用当前所强调和证实的坚持性、内部动机、自主性来证明（Albert & Runco, 1989; Amabile, in press; MacKinnon, 1963、1970）。

直到第二次世界大战，很难想象有其他对创造力的研究能与科克斯的贡献相提并论。我们不能忽视的一个事实是，科克斯选择了历史测量法进行研究，因为她知道创造力的研究涉及心理学和历史学共同关心的问题。这种方法也就是将对儿童心理能力的标准化测量的标准应用于历史数据（Cox, 1926, p.21）。这种方法仍在被使用（Albert, 1994、1998; Simonton, in press）。科克斯的另一方面的贡献在于她在研究工作中对时间的控制。

科克斯在20世纪20年代中期的研究和自我心理学的发展相一致。她的一些杰出被试在儿童时期的特质结构和自我心理学所关心的精熟、自信和坚持性——基本的自我驱力——是一致的。这说明,创造力不是主要由无意识驱动的。此外,科克斯所描述的被试的 IQ 和特征多样性上的微小差异,告诫人们过于强调 IQ 对创造力的影响的倾向值得警惕。科克斯的工作和自我心理学的方向的结合,证明了创造力不只具有一种简单的行为方式(精神病理学)、不只发生于某个动力学水平(无意识)上、不只表现为个体的一个(或一个显著的)特质(反社会行为),也不只是出于适应性的目的。创造力的这种观点符合心理分析的观点,即创造力和所有行为一样,是由多种因素决定的(多因素)。由此导致了当前创造力的定义是复杂的(Albert & Runco, 1989)或是综合的(MacKinnon, 1970; Mumford & Gustafson, 1988)。科克斯的结果强化了自我心理学所见的,个人的独特性与有意识的适应过程相互依赖的重要性(Erikson, 1950; Kubie, 1961; Vaillant, 1977)。在第二次世界大战后,研究焦点很快就不断集中于具有杰出能力的男女个体的人格、价值、才能和 IQ 上,同时将范例人物与更普通的对照者作比较(Barron, 1953、1955; Helson, 1968、1971; MacKinnon, 1963、1970、1992; Roe, 1953)。这些大量的研究证实,所有的差异中,对个体最有影响力的因素是,发展和家庭的差异,而在 IQ 上的差异并不是最重要的。在 IQ 高于 115 的人群中,儿童晚期之后的创造力和 IQ 是两个相对独立的能力(Albert & Runco, 1989; MacKinnon, 1963、1970; Wallach, 1983)。

黑尔森(Helson, 1996)查阅了 20 世纪 50 年代这 10 年的文献,发现有关创造性人格的研究已经开始。她提醒大家,在 20 世纪 50~60 年代,创造性人格是一个新的热门话题。不管他们是否知道,创造力的研究者处于新版个人主义的前沿。所有类型的创造性个体都是我们文化的英雄。黑尔森所观察到的是一种观念上的改变,而不是类型的范型转变。这种范型是我们试图在创造力研究的历史中加以跟踪的。

对创造力的兴趣很快进一步扩大。另一些研究者将研究重点转移到创造力的类型或风格上,还有一些研究者,如杜德克和霍尔(Dudek & Hall, 1991)描述了对参与者以及那些和参与者所做的创造性贡献一样受尊重的人的比较，取得了早期研究中所没有的刻画深度——早期的研究对缺乏创造力的人的不足过分夸大了。在过去50年中，创造力研究融合了对创造性个人的兴趣和实证的方法及对被试的人性和尊严的尊重。出于这种感觉，人们开始像尊重日常创造力那样尊重不确定性。马肯农(MacKinnon, 1963)认为：

> 自我概念的历史很悠久也非常混乱，但现在心理学理论中已经应用了相当公认的解释。在人格的功能主义心理学中，自我被认为是调节人格的子系统。另一方面，它认为个体可以在创造性行为中表现自己，这种创造性行为随着个人潜能的发展和表现会改变环境并完成自我实现(MacKinnon, pp.252~253)。

当我们回头看看达尔文，想想马肯农的观察，我们只能惊叹历史问题是多么深刻，而我们为了弄清这些问题所做的努力会随时汇入研究的深刻含义中。

现在该结束本文了。我们已经从创造力研究的历史中观察到，创造力研究作为一门科学是可以取得进展的，对于其发展的下一步，当时是不知道的，这是实验性的，正如培根(1605)所说的，科学就应该这样。

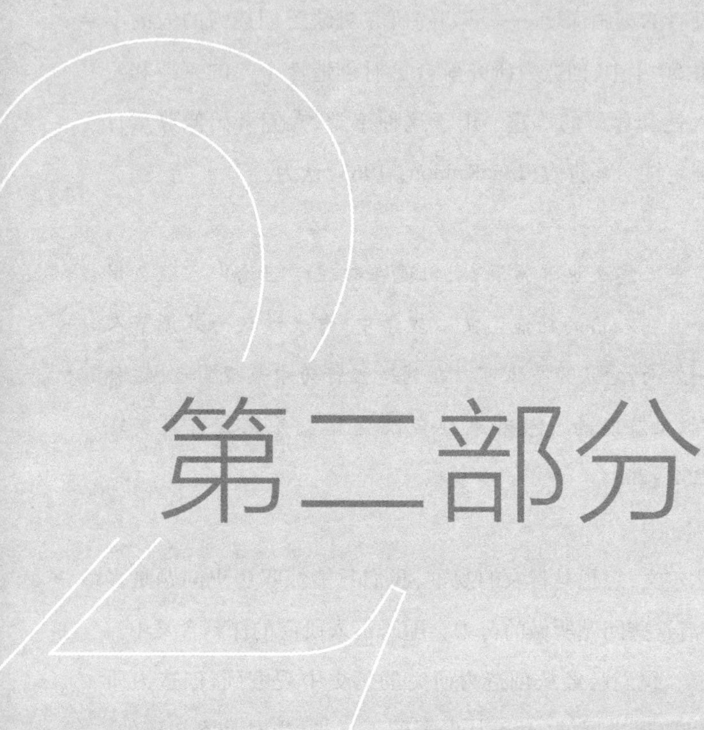

第二部分

CHAPTER TWO

创造力研究的方法

第 3 章　人类创造力研究的心理测量法

乔纳森·A. 普拉克尔　约瑟夫·S. 伦祖里

尽管有过宽广的历史，但本世纪即将结束之际①，对人类创造力的研究却正处于第二个黄金时期。具有不同背景的作者和研究者每年出版数以百计的关于创造力的文章和著作，跨学科的学术会议常常包括关于创造力的专题，而旨在提高年轻人和成年人创造力的纲领也成了基础性常设项目。并且，尽管有若干不同的方法被用于考察创造性现象，但大量讨论创造力的工作依赖于心理测量法——直接测量个体创造力以及所察觉到的相关因素。

实际上，当前有关创造力的所有研究所立足的方法论，要么本质上是心理测量学的，要么是针对创造力测量学的弱点发展起来的。依此，过去几十年所开展的对创造力的心理测量学研究就成了当前理解创造力的基础。然而，心理测量学的研究方法比它的批评者（以及它的许多支持者）告诉我们的要复杂得多，全面得多。许多试图替代心理测量法的备择方法在直接测量创造力的研究过程中遇到了同样的困难。全面回顾用于创造力研究的心理测量技术，不仅有益于那些试图测量创造力的人，也有益于那些试图用其他技术研究创造力的人。

我们的目的是用批判的眼光分析心理测量法的发展、特点、优势和不足，以便对将来用此方法或其他方法进行的研究有所启示。有鉴于此，本章由几个部分组成：第一，总体回顾心理测量法的历史发展和特点；第二，将这种方法

---

① 此书原版出版于 1999 年，此处，及书中所有相应提法均指 20 世纪。——译者注

与创造力研究的其他方法进行比较；第三，对心理测量工作的主要方面进行深入的考察；第四，分析心理测量法经常关注的研究领域——创造力与诸如智力和天赋等其他认知结构的关系；第五，考察对心理测量法的种种批评；第六，同时从心理测量和其他方法的角度，讨论以往的心理测量工作对未来创造力研究的一些启示。

心理测量法的发展

考虑到人们普遍认为创造力不可定义和不可测量，心理测量观的主导地位是令人惊异的（Callahan, 1991; Khatena, 1982）。解释心理测量法影响的各项研究通常把焦点集中在创造力研究的发展与智力研究的发展这两者的相似性上（Gardner, 1988b、1993a）。虽然心理测量技术在研究这两者的结构中都具有优势，但这种相似性还是被夸大了。例如，在早期智力研究中占优势的人类学测量（anthropometric）技术在创造力研究中就从未得到过重视。心理测量观占优势的主要原因可能是，最早开始对创造力感兴趣的研究者们用心理测量的方法处理过其他认知现象，并将他们习惯的研究方法又继续应用于他们的创造力研究中（见 Cramond, 1993; Gardner, 1993a）。

不管是什么原因，早在吉尔福特1950年的美国心理学会（APA）主席就职演说之前，心理测量法就有了。吉尔福特的演说通常被认为是真正科学地研究创造力的开始。高尔顿在1883年出版的《人类才能的研究》（*Inquiries into Human Faculty*）一书中呼吁人们关注对创造力的测量（Taylor & Barron, 1963a），结果在随后的20多年间有了一些对创造力和想象力的研究。托兰斯（Torrance, 1982）发现有证据表明惠普尔（Whipple）在世纪之交（如想象力和发明测验）、在人类工程实验室（Human Engineering Laboratories）在20世纪三四十年代都曾做过重要的研究；而巴朗和哈林顿则指出（Barron & Harrington,

1981)，比奈和亨利在 1900 年之前就编制了发散性思维测验。吉尔福特(Guilford, 1967a)也注意到在 1898~1950 年间的一些关于创造力-智力关系的研究。然而，部分地由于行为主义的出现，这些工作很少持续地得到仔细的科学考察，因此也没有产生可观的影响。

与本世纪[①]上半叶创造力研究工作较少(甚至让人遗忘)相反，在吉尔福特号召之后的 25 年中，创造力得到了广泛的研究(创造力研究的第一个黄金时期，参见 Taylor & Barron, 1963a)。几乎所有研究都是在心理测量观的指导下开展的。由国家科学基金会资助的在犹他州召开的创造性科学才能鉴别会议的会议文集就是例子(C. W. Taylor, 1964; Taylor & Barron, 1963b; Taylor & Williams, 1966)。它们集中起来可以看成是 20 世纪五六十年代创造力研究的集中体现。

在概述这一时期的工作时，托兰斯(Torrance, 1979)注意到创造力的心理测量学研究从本质上看分为两派：

> 创造力测验有两种类型——一类是包括认知-情感技能的测验，如托兰斯创造性思维测验(*Torrance Tests of Creative Thinking*)……另一类是试图了解人格特征群(a personality syndrome)的测验，如阿尔法生物学调查表(*Alpha Biological Inventory*)……一些教育工作者和心理学家试图提出一个论题：创造力本质卜是不是 种包拈经验的开放性、冒险性和自信心的人格特征群，创造性思维中的理性和逻辑思维等认知过程是否与高 IQ 儿童所用的那些认知过程完全相同(p.360)。

阿马拜尔(Amabile, 1983)、托兰斯(Torrance, 1979)以及其他研究者和理论家，提出更具包容性的创造力发展的系统理论(如 Csikszentmihalyi, 1988;

① 指 20 世纪。——译者注

Walberg, 1988),以此为基础,创造力研究的心理测量法不断成长,超出了托兰斯所提到的传统的认知和人格观点。由于少数人支配了创造力的心理测量研究几十年,当前的心理测量观,像从事研究的研究者的哲学观和经验观一样多。

例如,在过去的15~20年间,研究者们用心理测量法测量产品的创造力(参见 Besemer & O'Quin, 1986; Reis & Renzulli, 1991)、考察与创造力有关的环境特征(Amabile、Conti、Coon、Lazenby & Herron, in press)、完善对观念产生和评价的测量(Runco, 1991; Runco & Mraz, 1992),以及发展测量那些同创造性和创新性行为有关的人格特征的新方法(Colangelo, Kerr, Hallowell, Huesman & Gaeth, 1992)。但是这一时期的许多研究具有其他研究方法的特征,这些方法与心理测量法有本质的不同。

与其他研究方法的比较

几乎所有的创造力研究都可以归入五种方法范畴:心理测量法、实验法、传记法、历史测量法和生物测量法。除生物测量法以外的所有方法在本书的其他章节中都有详细的阐述,因此本节的重点放在对心理测量法与其他方法之间的比较上。

在实验研究者使用与心理测量学者用于测量创造力的许多相同工具这一点上,实验法与心理测量法是非常相似的。例如,实验法对于问题解决中的策略迁移效应的研究(Cramond, Martin & Shaw, 1990),对问题解决中接触不寻常的解决方案所带来的效应的研究(Maltzmann, Brooks, Bogartz & Summers, 1958),以及对学生作品的创造力的外部评价效应的研究(Amabile, 1979、1983; Amabile、Hennessey & Grossman, 1986)。这两种研究方法之间的主要差别在于所使用的研究设计不同。心理测量学者通常使用相关性设计和因果-比较设计,而钟爱实验法的研究者则使用准实验性和实验性设计。因此,非实验性设计的局限和实验设计的额外的后勤和经费成本决定了这两种方法之间的比较。

实验法和心理测量法之间的另一个显著差别是,实验论者倾向于在实验过程中分离出创造力的认知的方面、问题解决的方面,以及在一定程度上来说也分离出它的产品方面,以进行实验操控;而心理测量论者则除了关注创造性过程和产品外,还关注与创造力有关的人格和环境因素,对这种心理测量法我们将在下一节中详细描述。

历史测量法的特征在西蒙顿的大量工作中得到了充分的体现,他从实质上完善了几十年来在研究杰出人物时人们所使用的方法(如 Cattell, 1963; Dennis, 1956; Lehman, 1953; Roe, 1952)。像心理测量法一样,历史测量法也包括对创造力的测量。但不同的是,心理测量法测量的是当前的创造力,而历史测量学者几乎都是从历史文献中获取量化资料(如 Ludwig, 1992; Root-Bernstein, Bernstein & Garnier, 1995),而很少依赖心理测量研究中通常使用的自我报告。西蒙顿用历史测量法研究了创造力与领导才能(1988a)、发明与发现(1979)、创造力与年龄(1984a)、音乐创造力(1984b)和杰出人物(1986a, 1994)以及其他领域。

心理测量法和历史测量法之间的另一个区别在于,是否把创造者为使自己的创造性产品获得承认所扮演的角色作为创造力研究的一个领域(Simonton, 1988a)。虽然就创造性劝说的作用所开展的理论思索已经有相当长的一段历史了(Albert, 1975; Amabile, 1983; Plucker, 1993; Stein, 1974、1975),但对在创造性生产中所运用的劝说的经验性研究主要还是局限于历史测量法(并且在很小的程度上也局限于传记法)。

最近用人寿测定法(biometry)完成的有关认知的工作,可能与心理测量观的方法最为相似。加德纳(Gardner, 1993a)描述了在"亚个体"(subpersonal)水平上的创造力分析的价值,他提出:

> 人们对创造性个体的遗传学和神经生物学知之甚少。我们既不知道创造性个体是否具有独特的遗传结构,也不知道他们的神经系统的结构或功能运作是否具有任何杰出之处。然而,任何对创造力的科学研究最终都需要回答这些生物学方面的问题,我期待人们很快就开展这类研究(p.36;扩展的讨论参见 Gardner, 1988b)。

尽管一些批评家(如 Plucker, 1994a)质疑创造力研究中生物测量法的有效性和实在性,最近出版的关于脑功能与特定类型的认知功能之间关系(以及关于使人们能进行这种比较的技术发展)的科学文献(Haier & Benbow, 1995; Haier、Siegel、Tang、Abel & Buchsbaum, 1992; Larson、Haier & Hazen, 1995; O'Boyle、Benbow & Alexander, 1995; Shaywitz et al., 1995),以及随之而来的大量通俗出版物(Begley, 1995)引起了科学家、教育家和公众的普遍兴趣。简而言之,这些技术涉及监测一个个体在进行特定的认知作业时(如试图解决数学问题)大脑内的葡萄糖的代谢活动。既然葡萄糖的代谢是脑活动的一个衡量尺度,那么当脑的各个区域被用以从事认知活动时,科学家们就可以确定大脑的这一区域,并测量其中的活动。尽管与传统的心理测量法一样,"神经测量法"也会因为遇到相似的难题而踯躅不前(例如,界定一个"创造性"作业,测量的精确性),但心理测量观的这一开拓性的方法毕竟给创造力研究的未来带来了希望。

最不同于心理测量法的研究方法是传记法或个案研究法。在传记法或个案研究法中,研究者用定性研究方法对杰出的创造者进行个案研究(Gedo & Gedo, 1992; Gruber & Davis, 1988)。传记法除了具备定性调查的优点和缺点外,也因其依赖于杰出的(即无可争辩的)创造力的例证而在创造力研究中独树一帜(e.g., Gruber, 1981; Wallace & Gruber, 1989)。这种对创造力的高度专一性的界定,有助于那些传记研究者们摆脱围绕着创造力定义的一些困难或难题,而其他方法的研究者们却摆脱不了这些困难或难题。

加德纳(Gardner, 1988a、1993a)和他的同事(Feldman、Csikszentmihalyi & Gardner, 1994; Gardner & Nemirovsky, 1991)最近结合传记法和历史测量法提出了第六种技术,并为之建立了模型。由于该研究方法仍处于襁褓之中,要将此方法与其他方法进行比较还为时太早。然而,在实践中将这种方法区别于传记研究中的例证是很困难的,把它与心理测量法相比就类似于把传记法与心理测量法相比。

总之,尽管不同的研究方法在研究创造力时有许多共同特征,仍有一些基本的差异可以把它们区别开来。最显著的差异包括:常用的研究设计(如是相关性和因果-比较性研究还是定性研究和实验性研究)、研究者所关注的特定范围(人、产品、过程、环境、劝说)和收集数据的时间框架。

心理测量研究的特定方面

心理测量法应用于创造力研究的 4 个特定方面包括对以下内容的研究:创造性过程、与创造力相关的人格和行为特征、创造性产品的特征,以及培养创造力的环境的属性。本节包括回顾每个方面的开创性工作和最近的工作,然后以比较心理测量考察的这些特定领域结束。读者不会看到我们详尽列举数以百计的创造力测验、工具和评价量表,这些东西是最近几十年中发展起来的,对它们的评论可见于其他地方的文章(Callahan, 1991; Davis, 1971、1989; Hocevar, 1981; Hocevar & Bachelor, 1989; Houtz & Krug, 1995; Hunsaker & Callahan, 1995; Kaltsounis, 1971、1972; Kaltsounis & Honeywell, 1980)。

创造性过程

主要通过使用成套的发散性思维测验来寻求对创造性过程的量化,这已成为创造力的心理测量研究的一个避雷针。针对创造力测量的大多数批评和消极反应主要(但不是唯一的)针对"创造力测验"。同时,研究者和教育工作者几十年来都在广泛使用创造性过程测验,并且发散性思维测验仍然是创造性过程和潜力的一种常用测验。发散性思维测验占主导优势这种现象在我们的学校中表现得特别明显(Hunsaker & Callahan, 1995)。

发散性思维测验要求被试对特定的提示做出多种反应,这一点与其他大多数只需要一个正确答案的标准化成就测验或能力测验形成鲜明的对比。发散性思维测验强调流畅性,也被称为观念构想的流畅性或称为观念构想(ideation),这被看作是创造性过程的一个关键成分,虽然它显然不是唯一的成分。最初的发散性思维测验有吉尔福特(Guilford, 1967b)的智力结构(Structure of the Intellect, SOI)的发散性产品测验、托兰斯(Torrance, 1962、1974)的创造性思维测验(TTCT),以及沃拉克和科甘(Wallach & Kogan, 1965)与盖茨尔斯和杰克逊(Getzels & Jackson, 1962)等人的测验。这些测验几乎都还依然广泛运用于创造力研究和教育中。虽然限于篇幅我们不能对每个测验和测验组做详尽说明,但我们将对那些得到最广泛引用的工具做一简要描述。

SOI 成套测验[其总结可见吉尔福特(Guilford, 1967b)]由几个测验组成,这些测验要求被试在几个方面表现出发散性能力,其中包括语义单元(例如,列出如果人们不再需要睡眠后的各种结果)、图形类别(发现一组图形尽可能多的分类),及图形单元(取一个简单的图形如圆形,并尽可能多地对它作详细说明)。整套的 SOI 发散性产品测验包括几十个这种测验,分别对应吉尔福特的 SOI 模型中的各个发散性成分。SOI 测验已确立了代表想法的流畅性、灵活性、独创性和精致性的几种因素。米克尔(Meeker, 169)及其同事(Meeker & Meeker, 1982; Meeker、Meeker & Roid, 1985)编制了 SOI 的一个版本,即智力结构-学习能力测验(Structure of the Intellect-Learning Abilities Test, SOI-LA),用于诊断发散性思维方面(以及其他方面)的缺陷,它随后被用于医疗服务。

根据 SOI 测验的很多方面编制而成的 TTCT 测验,则是迄今为止运用最广的发散性思维测验，并继续在国际范围内应用。正如SOI一样，学生们要对图形或语词的提示做出多种反应，根据这些反应评出流畅性（或想法的数量）、与想法中表现出的观点的多样性有关，灵活性、独创性（或统计上的低频率）以及超出提示所要求的想法的精致性。在过去的几十年中，托兰斯（Torrance，1974）完善了TTCT的施行和评分系统，这也许可以解释它为何得到持久的广泛应用。

盖茨尔斯和杰克逊（Getzels & Jackson，1962）及沃拉克和科甘（Wallach & Kogan，1965）都编制了与SOI测验非常相似的发散性思维测验。例如，在举例测验中，要求学生尽可能多地列出在轮子上移动的东西（产生噪音的东西等）；在用途测验中，要求学生对诸如"告诉我，你使用椅子（Wallach & Kogan，1965）、报纸、刀子、轮胎（Wallach & Kogan，1965，p.31）、砖头、铅笔和牙刷（Getzels & Jackson，1962）的各种不同方法"的提示做出各种反应。每套测验中的其他测验则包括词汇联想、镶嵌图形、完成故事和问题建构任务（Getzels & Jackson，1962）以及相似性、图形释义及线条释义问题（Wallach & Kogan，1965）。不同测验之间最明显的主要差异在于学生参与测验时的条件。沃拉克和科甘（Wallach & Kogan，1965）的测验在实施发散性思维测验时，采取游戏式的、没有时间限制的形式，他们认为要让测量创造力明显不同于测量智力，就在于创造"一个相对来说没有时间限制的压力，也不因知道自己的行为要受到严格评价而产生压力的参考框架"（p.24）。这种在施行测验时没有约束的做法不同于其他测验式的、计时的运用大多数其他的发散性思维衡量标尺的测验程序。

发散性思维测验从开始到现在没有发生很大变化，这一事实也许表明该种研究路线并非不可穷尽。虽然SOI、TTCT、沃拉克和科甘、盖茨尔斯和杰克逊以及类似的测验（参见Cline、Richards & Abe，1962；Eisen，1989；Hoepfner & Hemenway，1973；Torrance，1981c；Torrance、Khatena & Cunnington，1973；Williams，1979、1980），其信度证据令人信服，但发散性思维测验的预测和区分效度的问题就比较复杂(参见 Bachelor, 1989; Clapham, 1996; Cooper, 1991; L.H. Fox, 1985; Renzulli, 1985; Rosen, 1985; Thompson & Anderson, 1983)。争论集中在测验的预测效度①及发散性思维测验对施行、评分和训练效应的敏感性上。

例如,对于成就或能力,样本的同质性可能对测验的结果有影响,因为,心理测量结果的某种程度的改善通常与超常或成绩好的儿童样本有联系(Runco, 1985、1986b; Runco & Albert, 1985; see Runco, 1986a, for an exception)。另外,测验施行的条件(如:像游戏还是像测验,限时还是不限时,个别施行还是集体施行,是强调"有创造性"的特定指导语还是一般指导语)看来会影响学生的独创性和/或流畅性分数(Chand & Runco, 1992; Harrington, 1975; Hattie, 1980; Renzulli、Owen & Callahan, 1974; Runco, 1986c; Runco & Okuda, 1991; Torrance, 1971)。有些批评家指出发散性产品测验的分数容易受训练和干预效应的影响(参见有关文献提供的证据,如 Clapham, 1996; Feldhusen & Clinkenbeard, 1986; Torrance, 1972a、1988)。既然许多这类测验频繁地被用于教育情景,缺乏一个稳定的创造力商(creativity quotient, CQ)也有其优点。既然大多数流行的发散性思维测验都具有相当好的信度,更好的做法也就是通过研究发散性思维的能力在时间过程中的发展来处理稳定性的问题。

自 20 世纪 50 年代后期以来,研究者们已开展了一些关于创造力的纵向研究,多数研究至少是部分地依赖于发散性思维测验所收集到的数据(Cropley, 1972; Howieson, 1981; Kogan & Pankove, 1974)。发散性思维衡量标准的预测效度的含义问题将在本章后面谈到,但对学生进行数年的追踪研究却提供了有关创造力在四年级暴跌的信息(Torrance, 1968)。托兰斯(Torrance, 1962、1965、1968)通过大量横断的和追踪的研究发现,大部分学生的 TTCT 分

① 围绕着发散性思维测验的预测效度的问题将在后面的部分与对心理测量的批评一起讨论。作者衷心感谢诸多的研究者,包括马克 · A. 伦克、特蕾莎 · M. 阿马拜尔和罗伯特 · J. 斯滕博格,是他们提供了让我们了解他们工作的机会。然而,本章中的所有解释和观点只代表作者的观点。

数在四年级时出现下降,而到五年级时又几乎完全回升到原有水平(在独创性和精致性两个方面完全如此)。其他的一些研究者和理论家则观察到在小学高年级阶段学生的创造性成绩下降的时段更长。可能的原因包括社会化和学生进入这些年级时社会氛围的变化,不过改善课堂的处理方式却可以成功地纠正学生 TTCT 分数下跌的现象(Torrance & Gupta, 1964),这就说明后者是主要原因。不幸的是,从小学中年级到高年级观念构想的思维(ideational-thinking)成绩下降的现象,在过去的 20 年中只是少数重要研究关心的主题,而且,这些研究得到的是相互矛盾的结果(Baer, 1996; Johnson, 1985)。

对发散性思维测验的各种评分系统进行分析,结果表明,有必要在有关流畅性、灵活性、独创性和精致性的传统的记分方法之外考虑其他的替代途径(如,Torrance, 1972d)。这些替代的记分方法包括计算总分(如流畅性、灵活性和独创性的总分)、罕有性的分数(少于 5%的被试给出的答案)、加权流畅性分数、百分比分数以及根据每个被试的答案整体对个体的一系列想法中的各个反应进行评分可得的分数(Hocevar & Michael, 1979; Runco & Mraz, 1992; Runco、Okuda & Thurston, 1987)。

发散性思维测验所独有的一个测量难题是,流畅性可能成为一个污染因素,尤其是在独创性分数中(Hocevar, 1979c、1979; Runco & Albert, 1985)。把流畅性影响与发散性思维测验的其他分数分离以后,霍西瓦(Hocevar, 1979a、1979c)发现独创性和灵活性信度很差。但是,这一工作在实践上(Runco & Albert, 1985)和理论上都有明显的局限性(例如,联想的等级体系在创造性个体那里的作用;见 Mednick, 1962; Milgram & Rabkin, 1980)。① 有一

① 对联想过程的测量构成了当前创造力领域的心理测量工作的一个重要基础。然而,对创造性过程中这一方面的兴趣最近日益衰落,而且,该领域的主要工具[Mednick and Mednick's (1967)远程联想测验]也不再出版。读者可参考梅德尼克(Mednick, 1962)、门德尔松(Mendelsohn, 1976)、默顿(Merten, 1995)和伦克和奇安德(Runco & Chand, 1995)的论著,以了解从创造力角度对联想思维的详细讨论,以及斯诺和亚洛(Snow & Yalow, 1982)从教育和智力角度对联想能力的分析。

个例子就是伦克和艾伯特(Runce & Albert, 1985)所做的尝试。他们同时采用语词和非语词作业,而霍西瓦(Hocevar, 1979a、1979c)只用了语词测验。伦克和艾伯特(Runco & Albert, 1985)发现,在非语词作业上,当消除了流畅性的影响后,独创性具有一定的信度,同时,不同成就水平的被试组之间有显著差异(例如超常学生与常态学生)。总之,该研究说明,流畅性的作用比原先人们想象的更复杂。

尽管很多问题阻碍着发散性思维测验的实施以及对其结果的解释,但这些障碍不是不可逾越的。这些问题在不久的将来应该都能得到处理。然而,发散性思维测验在创造性过程的研究中一直吸引着公众的几乎全部注意力。产生想法的能力只是创造过程的一个方面(见 Runco & Okuda, 1988 等对创造力成分理论的讨论),对它过分强调必然会降低创造力在问题解决中的整合性作用(Davis, 1973; Dombroski, 1979; Rickards, 1994; Speedje、Treffinger & Houtz, 1976; Stern-berg & Davidson, 1992)。伦克(Runco, 1991)提出一个其他研究者(Basadur、Wakabayashi & Graen, 1990; Osborn, 1963; Parnes、Noller & Biondi, 1977; Simonton, 1988b; Torrance, 1976)都广为接受的观点,他观察到,"创造性过程中有价值的成分很少被注意到。这很让人惊讶,因为这是创造性过程的一个重要构成部分,而且,只要某个个体在选择或表达一个想法或一组想法时都需要它"(p.312)。有利于心理测量研究的运动除发散性产品外还包括创造性问题解决的各个方面,如问题确定(Runco & Okuda, 1988; Wakefield, 1985)和评价(Okuda、Runco & Berger, 1991; Runco, 1991; Runco & Chand, 1994),这一运动也在逐渐得到关注。

对问题结果的心理测量学研究必然会包括顿悟测验。从历史的角度来看,尽管最近出版了一些比较具体的分析(Dominowski & Dallob, 1995; Finke, 1995),但无论在理论上还是在实践上,人们都很少关注顿悟与创造力之间的关系(一些例外可见 Mayer, 1995)。例如,马丁森(Martinsen, 1993、1995)开展了一些研究,在研究中对认知风格和解决顿悟问题的能力作了比较。迄今为止，研究的结果支持这样的立场，解决问题所需要的经验水平因个体认知风格的不同而不同。

从事有关顿悟研究的研究者，在设计研究时应该谨慎。通常使用的很多顿悟问题在课本、居家游戏、杂志及其他传播形式中触目可见。特别是当研究对象是年龄较大的学生和成人时，研究者必须采取非常谨慎的做法，以确认被试对这些问题以前是否接触过。艾撒克和贾斯特（Isaak & Just, 1995）及迈耶（Mayer, 1995）列出了一些常用的顿悟问题。

创造性的人

心理测量研究的第二个主要方面就是，试图测量与具备创造性的人有关的创造力的各个方面。旨在了解具备创造性的人的特征的测量手段是多样化的，包括对过去行为、个性和成绩的各种自我报告法和教师/外部评价法。

为测量与创造性行为的个性方面的相关因素而设计的工具，通常被用来研究那些高创造性个体所共有的个性特征。然后，这些特征又被用来与其他儿童或成人作比较，这种研究的假设是，具有这些特征的人更具有取得创造性成就的倾向。这种测量法在创造力研究中非常普遍，测量工具包括发现才能的团体调查表（Group Inventory for Finding Talent）和发现兴趣的团体调查表（Group Inventory for Finding Interests，见 Davis, 1989）、你是哪种人（What Kind of Person Are You?）、在人格研究与测量研究所（Institute of Personality Assessment and Research）所做的工作（Hall & MacKinnon, 1969; Helson, 1971; MacKinnon, 1965、1975、1978）、形容词核查表（Adjective Check List）的特殊评分维度（Domino, 1970、1994; Gough, 1979; Smith & Schaefer, 1969），以及 16 人格因素问卷（Sixteen Personality Factor Questionnaire：Cattell & Butcher, 1968, chap.15; Cattell、Eber & Tatsuoka, 1970）。通过分析用各种相关工具研究所得的结果，戴维斯（Davis, 1992, pp.69～72）做出结论认为，创造性个体的

人格特征包括：对自身创造力的意识、独创性、独立性、冒险性、个人精力、好奇心、幽默感、受复杂事物或新异事物的吸引、美感、头脑开放性、需要隐私、洞察力强。

对模糊情况的宽容是经常被提到的创造性个体的人格特征之一（Dacey, 1989; MacKinnon, 1978; Sternberg, 1988a）。例如，在巴伦-韦尔奇艺术测验（Barron-Welsh Art Scale）中，被试报告他们对绘画有这样的偏好，即要么喜欢复杂而不对称的，要么喜欢简单而对称的。研究表明，创造性个体通常偏好复杂的图形。人们也发展出其他几个量表来测量审美感（综述文章可见 Frois & Eysenck, 1995）或（更一般的）对模糊情况的宽容（Kirton, 1981）。

除了人格特征外，人们也研究创造性个体过去的行为，以确定某些特定的经历是否与创造性产品有关。结果是，当研究者希望收集能反映创造性潜能和成就的有关个体的活动和技能的资料时，自我报告成了一种可选择的方法。根据"对将来创造性行为的最好预测指标是过去的创造性行为"的假设（Colangelo et al., 1992, pp.1~8），一些研究者编制了自我报告的自传和活动调查表，如阿尔法生物学调查表（Alpha Biological Inventory; Taylor & Ellison, 1966、1967）、创造性行为调查表（Creative Behavior Inventory; Hocevar, 1979b）及其他核查表（Anastasi & Schaefer, 1969; Holland & Nichols, 1964; Holland & Richards, 1965; James, Ellison、Fox & Taylor, 1974; Milgram & Hong, 1994; Milgram & Milgram, 1976; Runco, 1987a; Runco、Noble & Luptak, 1990; Runco & Okuda, 1988; Schaefer & Anastasi, 1968; Wallach & Wing, 1969）。科兰格洛等（Colangelo et al., 1992）对发明者进行研究后设计了一个发明量表。该量表结合了人格特征和成就的研究方法。这些测量工具通常要求被试报告过去的成就，但也有一些工具包括一些与当前活动有关的条目，或同时包含过去和正在进行的活动。霍西瓦（Hocevar, 1981; Hocevar & Bachelor, 1989）和沃拉克（Wallach, 1976）认为，对活动和成绩的自我报告是测量创造性的可取技术。

在活动核查表和自传调查法的广泛使用方面，有两点需要特别澄清。第一，自我报告的成就和活动在技术上可以被解释为创造性产品。它们之所以被当成人格特征来讨论，是因为这种特殊的产品形式很难被直接观察或测量。评价创造性产品的技术（将在本章后面讨论）包括对产品的直接观察和判断。第二，在心理测量学上应用传记和活动调查不同于在历史测量学上应用类似的工具，因为前者基于关于当前行为和活动的资料，而后者则基于杰出人物和/或取得高成就的个体所取得的历史成就。

自我报告量表的实施在逻辑上似乎不可行，特别是对于年龄很小的儿童或是在为超常教育进行全校性筛选计划的情况下更是如此。针对这一需要，人们发展了一些研究工具，允许家长、老师、其他成人，甚至同伴来评价创造性人格和以往行为方面的相关因素（Pearlman, 1983; Runco, 1984、1987b、1989b; Torrance, 1962; Wasik, 1974）。流行的工具包括学前儿童和幼儿兴趣描述量表（Preschool and Kindergarten Interest Descriptor; Rimm, 1983）及超常学生行为特征评价量表（Scales for Rating the Behavioral Characteristics of Superior Students, SRBCSS; Renzulli、Hartman & Callahan, 1981）。SRBCSS 被频繁地用于超常教育的筛选程序（Hunsaker & Callahan, 1995）。一般来说，对于创造力或才能，由一个熟悉的人进行评价的效度是不确定的，对此既有支持的证据（Renzulli et al., 1981; Runco, 1984）也有不支持的证据（Hocevar & Bachelor, 1989; Holland, 1959; Pegnato & Birch, 1959）。

态度。测量对创造性的态度非常重要，因为正如巴萨德和郝斯多夫（Basadur & Hausdorf, 1996）在他们对商业领域之内的态度研究中所描述的那样：

> 它鉴别经理们在发明技能方面的态度……那些抱有积极态度的经理们有可能被鼓励去参与优化公司的活动。另外，具有较少积极态度的经理们可以通过训练改变态度和提高技能。于是，对这些态度概念的理解

和测量可以提供提高经理和公司成功的一种途径(p.23)。

另外,观念构想态度和观念构想思维之间的联系得到了理论和实践证据的支持。在测量创造性态度的尝试还没有广泛传播时,就有不少人花心思编制态度量表,以求评价商业中的态度干预效果(Basadur、Graen & Scandura, 1986; Basadur、Wakabayashi & Graen, 1990; Runco & Dasadur, 1993)和鉴别那些有发明或适应性倾向的个体(Kirton, 1976、1992; Kirton & McCarthy, 1988)。在这一领域最先进的研究方案之一就是巴萨德及其同事所做的工作(Basadur & Finkbeiner, 1985; Basadur & Hausdorf, 1996),他们发展了可以在五个范围内测量态度的量表[如观念构想的偏好、(不)做出不成熟批判性评价想法的倾向、珍视新的想法、创造性个体的陈规、过分忙于新的想法]。在教育和心理学领域的创造性态度研究则很有限,也许是因为缺乏可预见的应用。

内隐理论。最近,以个人为导向的各种心理测量法的一个有趣应用是测量创造力的内隐理论。内隐理论通常被界定为外行人对特定结构所持有的观念。例如,关于内隐的智力理论的研究在文献中非常突出(如 Lynott & Woolfolk, 1994; Sternberg, 1985a、1985b; Sternberg、Conway、Keton & Bernstein, 1981)。斯滕博格(Sternberg, 1993)提出研究内隐理论的一个基本原则:"在研究内隐理论时,一个人试图发现什么是陈规,人们是如何进行信息加工的。知道这一点很重要,这样就部分地知道在什么地方人们可以进行干预。"(p.16;关于内隐理论用途的详细讨论见 Sternberg, 1987)研究者们相信,关于创造力的内隐理论的知识将有利于创造力培养的计划和评价。

正如在心理测量传统中的其他探索性领域一样,关于创造性内隐理论的研究文献很少。伦克、约翰逊和贝尔(Runco、Johnson & Bear, 1993)在肯定先前的研究努力的结果时,有证据表明,老师和家长对于内隐的创造力定义是相似的,这两组人都用诸如活跃、探险、有美感、好奇、热情和有想象力等特征来描述具有创造性的儿童。另外,伦克等(Runco et al., 1993)报告说,老师使用社会性的特征(如愉快、友好、悠闲等),而家长则列出了内在的特征(如自信、足智多谋、勤勉)。

在涉及大学生的创造力、智慧和智力的内隐理论的研究中,斯滕博格(Sternberg, 1990)发现,创造力的定义具有不固守陈规、整合和理智推理、美感和想象、决策技能和灵活性、敏锐、成就和被承认的动机、好问和直觉等特征。这些研究的结果表明,创造力的内隐理论通常可与外显理论相匹配,只是有一些组间差异,而且,创造力的内隐理论明显不同于其他心理结构的内隐理论。

创造性产品

马肯农(MacKinnon, 1978)认为:"出发点,亦即所有创造力研究的基石,就是分析创造性的产品,确定是什么使它们区别于其他普通产品的。"(p.187)十多年后,伦克(Runco, 1989a)指出,对创造性产品的分析[①]或许会涉及由发散性思维测验和成人评价量表在心理测量的质上不一致状况所引起的测量问题。大量的研究者和教育者与马肯农和伦克一样相信创造性产品的重要性(如 D. W. Taylor, 1960; Treffinger & Poggio, 1972; Wallach, 1976)。确实,创造性产品的重要性就体现在它能够满足研究者所觉察到的一种外部评价标准的需要,有了这样的标准,研究者们就能够把它们与创造力测量的其他方法相比,以求达到建立效度的目的。然而目前还没有绝对的和无争议的创造力标准,因此,评价标准的问题仍然存在(McPherson, 1963; Shapiro, 1970)。

尽管人们普遍承认创造性产品的重要性,而且关于创造性产品的理论思考也在几十年间成了老生常谈的话题(Besemer & Treffinger, 1981; Ghiselin,

---

① 另外,创造性产品的心理测量分析与这些产品的历史测量研究的主要区别还在于所研究的产品的年代。例如,心理测量法可能习惯于编一个等级量表让学校老师对创造性作品进行评价(e.g., Besemer & O'Quin, 1986),而对创造性作品的历史测量分析可能需要分析历史上的专利文献和笔记本,以试图重新建构发明者的经历。当然,历史测量法也被用于考察其他一些常常与心理测量学家研究的领域相交叉的领域(如人格: Simonton, 1986b)。

1963；Guilford，1957；Jackson & Messick，1965），但创造性产品评价的心理测量研究却出奇地有限。产品分析的范围包括从直接的等级评定量表（Besemer & O'Quin，1993；Hargreaves、Galton & Robinson，1996；Treffinger，1989）到概念上非常复杂的普查测最技术（Amabile，1983；Hennessey & Amabile，1988a）。到目前为止，最常见的创造性产品评价方法都使用外部判断的等级评定，这种方法可以进一步归入教师、家长和专家等级评定的范畴。

由于很显然的原因，教师的等级评定在教育圈内得到了最广泛的关注，在过去的十几年中，贝塞默和奥奎恩（Besemer & O'Quin，1986；O'Quin & Besemer，1989）、赖斯和伦祖里（Reis & Renzulli，1991）及韦斯特伯格（Westberg，1991）等对此做出了很大的努力。每一种方法都需要教育者对学生作品的特征作等级评定。例如，创造性产品语义量表（Creative Product Semantic Scale；Besemer & O'Quin，1993）让评价者对作品的新颖性、问题解决及精致和综合特性作等级评定，而学生作品评估表（Student Product Assessment Form；Reis & Renzulli，1991）被设计用于超常教育项目的评价工具，可以对产品的9个属性（如问题聚焦、办法的合适性、独创性、活动定向、受众等）进行等级评定。韦斯特伯格（Westberg，1991）设计了一个工具来评价学生的发明，主要分析独创性、技术的好坏及审美方面等因素。尽管这些工具的效度（validity）仍然有待处理，但它们都有较好的信度（reliability）。在关于老师和家长对孩子的想法进行评价的能力的比较中，这两组都取得了相似的成功，一些儿童和成人的发散性思维测验的分数与评价技能具有中等的正相关（Runco & Vega，1990）。

根据专家们提供的判断，产品等级评定的第二个方面是以一种有趣的两分法为标志的。当依靠专家评定时，研究者偶尔提供与贝塞默和奥奎恩及赖斯和伦祖里所提出的相似的等级范畴来做判断。例如，奇可森特米海依和盖茨尔斯（Csikszentmihalyi & Getzels，1971）要求艺术家和艺术评论家根据技能、独创性和美学价值等对学生的画进行评定，但结果的信度和效度比较复杂。

与之不同，有些研究者在要求专家评价作品的创造性时很少提供额外的指导(如 MacKinnon, 1962)。该方法被阿马拜尔改善,并发展成同感评估技术(Consensual Assessment Technique, CAT)。CAT 指出有指导的作品评价法在应用于创造力的社会心理研究时所表现出的弱点:由于依赖所提供的创造力定义或标准,传统的产品评价法强调专业领域的技能(及个体差异),降低了发现影响创造力的环境因素的能力。用一个不定型的创造力定义:“在适当的观察者独立地同意这是有创造性的时候,一个产品或反应就是有创造性的。”(Amabile, 1982, p.1001),就可以避免评价标准的问题,减少个体差异,而环境对创造性过程的影响也可以得到考察。理论上看,CAT 的拥护者认为,由于强调创造力的真实世界的定义,这种方法比传统的创造力测评更有效:当人们亲眼所见时才知道什么是创造力(Amabile, 1982; Baer, 1994b)。这种观点至少得到前面提到的创造力内隐理论和定义研究的验证。随着信度证据的增加及该技术在更大的范围内应用于创造性产品(Amabile, 1996; Baer, 1994b; Hennessey & Amabile, 1988a、1988b),CAT 的研究应用越来越普遍(e.g., Baer, 1993a; Sternberg & Lubart, 1991)。CAT 甚至还被用于对创造性过程(Hennessey, 1994)及对创造力个体差异的评价(Amabile, 1996)。

然而,采用专家评判并非完全没有问题。确定做判断所需要的专业水平取决于诸多因素,包括学科技能、专业目标及评价目的(Amabile, 1996; Runco、McCarthy & Svenson, 1994; Runco & Smith, 1992)。伦克和奇安德(Runco & Chand, 1994)也提出,能对本专业作品做评判的专家并不一定具备对其他个体的创造性产品进行评判的能力。并且,虽然应用同感技术测量创造力的个体差异取得了一定进展(Amabile, 1996),但在组间进行比较的程序(当不同组的专家给每组产品评分时)却不够完善(Baer, 1994b)。对同感测评与更传统的心理测量技术之间的比较(Amabile、Phillips & Collins, 1994; Runco, 1989a),目前还没有明确的结论,而这些不同方法之间的比较将增加每一类技术的知识基础。伦克等(Runco et al., 1994)和阿马拜尔(Amabile, 1996)及其同事指出在对作品的自我评定和专家评定之间有中等的相关。一般来说,人们在评价自己的工作时要比评判者高估些,不过两者对作品的评判等级顺序相似,且有中等相关。

创造性环境及环境与个体的交互作用

在技术迁移和创新管理领域中,对创造力发生的情境(context)的研究虽然早走了一步(如,Mahajan & Peterson, 1985; Rogers, 1983; Tushman & Moore, 1988),但在心理学、教育学及其他社会科学领域,得到明显的学术关注还只是最近的事。阿马拜尔(Amabile, 1983、1996)对创造力的社会心理学研究工作为创造力研究的其他"系统"方法打开了大门,那些方法包括斯滕博格和卢伯特(Sternberg & Lubart, 1991、1992、1995)的投资理论、鲁宾森和伦克的心理经济学理论(Rubenson, 1990; Rubenson & Runco, 1992)的归因观点及阿马拜尔(Amabile, 1988)自己对组织中创新管理的研究工作。系统方法的一个共同特征就是强调创造力发生的环境。创造力教育的含意是很广泛的,研究者们开始研究将系统方法用于在教育环境中营造创造力培养的环境(Plucker, 1994b)。

了解了对创造力情境研究的最近发展,对该领域相对缺乏心理测量学的研究状况就不会感到惊讶了。研究者们最近在寻求如何确定与创造性产出有关的环境变量时,希望对这些情境因素的测量有利于设计和营造一个比学校和商界更为有效地促进创造性成就的环境。在对管理和组织创造力多年研究的基础上(见 Amabile et al., in press; Witt & Beorkrem, 1989),阿马拜尔和她的同事们(Amabile et al., in press; Amabile & Gryskiewicz, 1989)发明了一个工作环境量表,该量表可提供与工作人员对刺激或阻碍创造力的风气条件认知有关的各种分数(如管理者的鼓励、对指派任务的选择和执行的自由度、充足的资源、工作压力、组织障碍)。阿马拜尔等(Amabile et al., in press)指出了信度和效度的初步证据,并计划开展进一步的效度研究。希格尔和卡莫拉(Siegel & Keammerer, 1978)及希尔(Hill, 1991)对教室环境做了类似的研究,尽管与原先的研究相比,这些工作并没有什么进步。

情境研究也包括把工作者的动机导向(即内部动机和外部动机)同他们的那些与创造力相关的个性特征及产品的创造性进行比较。这一研究思路与加德纳(Gardner, 1993b)关于多元智力与工作偏好之间关系的理论思考没有什么不同(也见 Zuboof, 1988)。阿马拜尔、希尔、海尼西和泰格(Amabile、Hill、Hennessey & Tighe, 1994)在做工作偏好量表的心理测量研究时发现,内部动机与一定的创造性人格及创造性作品存在中等程度的正相关。在创造力分数与外部动机分数之间有负相关和没有显著性的相关。奥尔德汉姆和库明斯(Oldham & Cummings, 1996)在比较人格特质、环境特征和作品评定时提出证据表明,具有特定人格特质的人[如由高夫(Gough),1997]创造性人格量表判断的那些特质,在面临工作挑战和受到"非控制式"(p.607)的管理时能产出创造性作品。像创造性环境研究的其他方面一样,这种工作仍处于萌芽时期。随着与环境有关的心理测量工具质量的提高,我们对创造性环境-人-产品-过程之间相互关系的理解也将随之加深。

特定范围内的比较

对用于测量创造力的各种工具进行评论,强化了在试图把心理测量的各种研究努力描绘为一个总体时所遇到的困难。关于创造力心理测量的各种研究有着不同本质的进一步证据,见诸于其他心理测量法的拥护者对发散性思维测验的频繁批评之中。例如,阿马拜尔(Amabile, 1982)和拜尔(Baer, 1993b、1994c)批评发散性测量缺乏效度,并建议采用专家评定和同感评估技术。作为回应,克拉蒙德(Cramond, 1994)争辩道,专家评定也存在许多的局限性,并建议同时用不同的创造力测量技术。霍西瓦(Hocewar, 1981)和沃拉克(Wallach, 1976)赞同对成就的测量,而托兰斯(Torrance, 1995)则对在教育系统中使用这种技术持强烈保留态度。一些其他的心理测量者提出,一种测量形式并不一定比其他形式好(Davis, 1992),而少数研究者也认为不同技术的合并才最有希望(如,Cooper, 1991; Wakefield, 1991)。最后,你会感慨,研究创造力的心理测量法有着令人难以置信的多样性,它们不能轻易地被归为一个类别。

与其他认知结构的关系

创造力研究的心理测量法通常被用于研究两类特定的问题:第一类问题,在本章的开始已经描述过它的主要主题,研究者试图更多地了解创造力;第二类问题,研究者要考察创造力与其他认知结构之间的关系。到目前为止,智力是许多研究者主要关心的结构,其部分原因在于当创造力测验问世时智力是主要的认知结构,部分原因则在于研究者们要讨论创造力与智力之间是否存在联系这一理论问题。创造力与智力间的关系在创造力训练和教育应用(Gowan, 1971)中也得到相当的重视,这是在该领域开展大量研究的又一个理由。

智力与创造力的关系的主导观点可用阈限效应(threshold effect)来刻画,在该效应中,一个人为了展示创造性问题解决的行为,如问题发现、发散性思维、远程联想和辐合性思维等,必须有最低限度的智力(Guilford, 1967b)。对于阈限效应的经验性证据所涉范围很广,从热烈支持(Getzels & Jackson, 1962; Guilford & Christensen, 1973; Guilford & Hoepfner, 1966; Torrance, 1962),到适度保留(FuchsBeauchamp、Karnes & Johnson, 1993; Tannenbaum, 1983; Yamamoto & Chimbidis, 1966),再到驳斥和反对(Fox, 1981; Mednick & Andrews, 1967; Runco & Albert, 1985、1986; Runco & Pezdek, 1984; Wallach & Kogan, 1965; Ward, 1968),不一而足。一般来说,对关于创造力与智力是否有差别的研究得到了极为不同的结果(Horn, 1976; Torrance, 1967; Wallach & Wing, 1969)。

卡拉翰(Callahan, 1991)把关于创造力与智力关系差异研究的这种混杂结果归因为外在的因素,如被研究的群体、测验施行的条件、用于测量智力和创造力的特定工具,以及其他的外在因素。少数研究者甚至提出,用于分析创造力和智力数据的统计方法都对结果有直接的影响(Cronbach, 1968; Hattie & Rogers, 1986)。

但是,关于创造力与智力的关系虽然显得混乱,却并不像初看起来那样麻烦。用于解释认知结构的理论和方法并不是静态的事物,与创造力和智力有关的方法和理论当然也不例外(Anastasi & Schaefer, 1971)。随着智力和创造力理论变得越来越复杂(如,Ceci, 1990; Gardner, 1983; Steinberg, 1988b),对随之而导致的各种结构的测量也相继演变成越来越复杂的技术。例如,早期的研究支持阈限理论(Guilford & Hoepfner, 1966; Torrance, 1962),而近期的研究发现创造力与智力的关系比早先想象的要复杂得多(Hattie & Rogers, 1986; Runco & Albert, 1986)。问题不再是创造力与智力是否有关,而是这两者在什么方面相关和在什么方面不相关。智力-创造力研究的读者应该意识到研究是在什么条件下完成的,包括结构定义、测量工具、实施情况、样本和统计分析等。

对心理测量方法的批评

泰勒和霍兰德(Taylor & Holland, 1964)在他们对20世纪60年代中期以前的心理测量工作所做的总体上正面的评论中指出:“在创造力研究中需要大量预测性(追踪性)研究,这样的研究使用各式各样的潜在的预测指标,然后在一个比较合适的追踪期后,对创造力采用良好的外部标准。”(p.48)类似的,正如卡特尔和巴切尔(Cattell & Butcher, 1968)所评论的:

很少有人要求心理学开展这样一种雄心勃勃的工作,即界定创造力的评价标准。如果为“成功的公共汽车驾驶员”寻找可靠的标准也有它的困难，那么很显然，要以“创造力”的标准分，去检验我们的测验的预测力将带来巨大的观念和现实问题(pp.285~286)。

在此领域 30 多年的研究之后，标准问题，虽然在这里只是从创造性产品(即最广为使用的标准)的角度去讨论，也仍然是阻碍创造力心理测量研究前进的主要绊脚石。例如，批评认为，仍然缺乏区分效度和预测效度，以及一般的评价标准效度的依据(Gardner, 1988b、1993a; Kogan & Pankove, 1974; Wallach, 1976)。威斯伯格(Weisberg, 1993)用这种观点批评远程联想、直觉、人格和发散性思维，指出这些做法“既不能测量创造性思维也不能测量变得有创造性的能力”(p.61)。沃拉克(Wallach, 1976)在一篇被广为引用的对创造力心理测量研究的评论中指出：“被试在他们的成就方面有着广泛而系统的差异，而由在理想化的流畅性测验上表现出的个体差异所捕捉到的系统变异即使有也是很小的。”(p.60)

所提出的认为缺乏预测效度的理由相当宽泛。一些人在他们的研究中不重视心理测量法(Gardner, 1988b; Weisberg, 1993)，而其他人认为，发散性思维测验适用于辅导、测验条件和相关的行政管理问题(Hattie, 1980; Wallach, 1976)；追踪性研究的时间通常太短，本来至少应该有 7 年甚至 12 年(Torrance, 1972b、1979)，常常因偏爱数量而忽略了创造性成就的质量(Runco, 1986b)；或者说最初的社会经济条件和生活事件的干预(如四年级成绩滑坡、服役)使得只基于观念构想测验的分数来预测成年时的创造性成就，即使不是不可能，也是非常困难的(Cramond, 1993、1994)。

不管人们对心理测验法，特别是对发散性思维测验的批评，托兰斯(Torrance, 1969、1972b、1972c、1981a、1981b; Torrance & Safter, 1989; Torrance、Tan & Allman, 1970; Torrance & Wu, 1981)及其他研究者(Howieson, 1981; Milgram & Hong, 1994; Milgram & Milgram, 1976; Rotter、Langland &

Berger, 1971; Runco, 1986b; Yamada & Tam, 1996)还是做了一些研究,这些研究至少有限地提供了一些区分效度的证据,以及发散性思维测验分数与各种指标(包括成人期的创造性成就)之间关系的证据。现在有些研究者相信,发散性思维测验对于智力超常和成绩优异的学生的预测效度是最高的(Runco, 1986c),并且仅限于预测特定领域的成就(Hocevar, 1981; Milgram & Milgram, 1976; Runco, 1986b)。加德纳(Gardner, 1988b)认为可以根据自我报告来测量创造性行为,但托兰斯和波尔(Torrance & Ball, 1984)及伦克(Runco, 1986b)则指出他们的工作的明显弱点在于他们的结论很少有明显的变化。

在过去的十多年间出现的批评则针对任务特异性在创造力测量中的作用。拜尔(Baer, 1994a)强烈警告教育工作者,要避免依赖发散性思维测验,这有好几个理由,其中最明显的理由是创造性任务的特异性本质(Baer, 1993a、1993b)。然而,拜尔的研究所用的测量技术与阿马拜尔所用的相似(Amabile, 1983、1996)。给定任务的特异性通常与不同的测评方法有联系(Baxter、Shavelson、Goldman & Pine, 1992; Dunbar、Koretz & Hoover, 1991; Linn & Burton, 1994; Linn、Burton、DeStefano & Hanson, 1996),偶尔被引用来支持创造力的任务特异理论(Runco, 1987a、1989a)的其他研究的特征,以及跨专业的一般性证据(Hocevar, 1976),关于创造力的一般本质或内容特定的本质的结论都尚未得到证明。

另一种严肃的批评认为,创造力的心理测量法对教育界和研究界没什么贡献(Gardner, 1993a)。例如,威斯伯格(Weisberg, 1993)认为,对人格与创造性产品关系的研究只是揭示了关于创造性人格的直观信息。然而,对创造性实践的任何观察都显示,这种论点在教育方面是非常肤浅的。不像其他任何一种创造力研究方法,用心理测量法开展的研究提供了在学校和商界研究创造力的一种基本途径,包括创造性问题解决方案(Basadur、Graen & Green, 1982; Isaksen & Treffinger, 1985)、创造力训练方案(Renzulli, 1976)、辅导方案

(Meeker, 1969; Meeker & Meeker, 1982),及全校性才能发展模型(Renzulli, 1994; C. W. Taylor, 1988)。方法论也许远没有达到完美,但对那种认为创造力的心理测量研究工作很少影响心理学或课堂实践的批评我们决不能全信。

确实,大量针对创造力研究的心理测量法的批评可能就等于在社会科学中倒脏水连孩子一起倒掉的做法。许多关于心理测量法的抱怨是标准的对量化方法论的后现代(postmoderm)批评,而且,许多同样的批评也针对智力研究的心理测量法。尽管一些批评家的精彩观点——诸如不正确地解释推论统计数字和糟糕的研究设计——有明显的优点,但建议用以取代心理测量法的方法同样充满了严重的问题。例如,基于相对无可争辩的创造性成就样本的研究可以避免标准问题,但它像其他定性的研究和小样本研究技术一样也要面临是否具有普遍性的问题。必须承认,偏好某一方法论而排斥其他方法论,这在人类研究过程中也不奇怪,但对创造力研究有兴趣的人应该理解我们所利用的方法的优点和局限,以及每种方法最适合提供的关于创造力的信息。

创造力心理测量研究的未来

尼科尔斯(Nicholls, 1983)沉思道:

> 山本(Yamamoto, 1965)在解释创造力研究中的混乱时,把研究者比喻成寓言中的盲人,把创造力比喻成大象。然而,这个比喻太简单了。事实上是有许多这样的大象,而盲人在很多情况下都能很好地处理。然而,混乱的主要来源是大家并不认可伴随盲人一道进入大象复合体的那些家庭宠物(p.276)。①

---

① 大象和盲人的比喻在创造力文献中十分常见。例如,见斯塔克(Starko, 1995), p.327。

创造力研究者,特别是那些用心理测量法的研究者,他们所面临的挑战是,要区分大象(创造力的各种概念构架)和家庭宠物(影响创造性产出的相关结构和外在因素)。令人吃惊的是,经过了几乎 50 年的研究和发展,这种区别仍旧模糊不清。尽管下列建议绝非没有遗漏,但它们或许有助于加强心理测量对创造力研究的贡献。

第一,预测效度的追踪研究很难解决对创造力-智力相互关系的预测力问题。这一观察结论可能是由于这样的事实,即绝大多数主要的追踪研究几乎都严格依赖于双变量相关分析。这并不奇怪,因为这些研究通常发生在几十年以前。鉴于创造力与智力的差别仍是个谜,忽视这些结构之间相互关系的研究者,无论他们如何测量这些结构,都可能会漏掉解决预测效度难题的重要方面。

第二,大量关于创造力的文献都是几十年以前的,那时的统计技术还不强大(即,还不太能检测组间差异),应用上也很受限制。用最近发展的统计技术,如结构方程建模(structural equation modeling),对以前出版的数据做再分析,可让人们更严格地和更谨慎地评价创造力的心理测量研究。特别是对大量的追踪性的、预测效度的和创造力-智力差别的研究,情况更是如此。

第三,随着创造力的全面的系统理论的出现,只在特定方面(如过程、人格、产品和情境内)进行创造力心理测量分析就不再像以前那样缺少辩护理由了。关于传统心理测量研究的 4 个方面,如奥尔德汉姆和库明斯(Oldham & Cummings, 1996)提出的人格、产品和工作环境,马肯农(MacKinnon, 1978)所提出的工作氛围和产品,对它们之间相互关系的研究比那些短视的观点更能揭示有关创造力心理学的有价值的信息。思路开阔的方法可能也会增加对曾经被忽略的领域的工作,这些被忽略的领域例如,创造性的课堂环境、创造性态度,以及动机在创造性产品中的作用。正如伦祖里(Renzulli, 1991)所指出的:

> 20 世纪 90 年代和新世纪的新的研究必须开始关注那些难以捉摸的

"东西",亦即当可解释的事情都被解释后留下的东西。这种"东西"就是我们对创造性产出率的共同兴趣的真正的谜,也许能够代表 21 世纪研究前沿的方面……例如,我们对那些世界著名的创造性人物所了解的知识……无疑是我们通向认识这种神秘现象旅程中的指南针,但我关心的是我们如何促进在今天的课堂里提高创造性产出率的倾向。这种创造性产出率,在很多情况下,从来不会被记录杰出人物的年鉴所收录,但如果我们能为大量的年轻人的创造性产出率创造一种运作机制(modus operandi),那么,我们可能真的能为鼓励和开发 21 世纪诺贝尔奖获得者做点贡献(p.2)。

这种难以捉摸的"东西"只有当创造力研究者穿越传统的在心理测量观之内或之外的边界时才能被发现。

最后,研究者应该将对心理测量法的批评应用于创造力乃至一般研究之中。也许,在这一点上,最重要的批评是,关于创造力的心理测量概念过于狭隘,只关注特定的方面(如前面所提到的)及特定的创造性过程和成就(如关注发散性思维但以辐合性思维为代价)。虽然对创造力的心理测量研究显然将成为一项持久的遗产,但这种遗产是积极的还是消极的尚待确定。毕竟,拉丁语也是一项持久的遗产,却不能够再存活。选择创造力测量的研究者必须调整他们的方法,以应对针对心理测量法的严肃而且通常是准确的批评,从而避免使它成为一种固化的方法论。

第4章 创造力的实验研究

马克·A. 伦克 萧恩·奥库达·萨卡莫托

创造力是人类最复杂的行为之一。发展因素、社会因素以及教育经历等诸多因素似乎对它都有影响，而且在各个专业的表现方式上也大相径庭。艺术领域的最高成就就是它们的创造性特征，正如在科学领域中一样。创造力也普遍存在于日常活动中（Runco, 1996; Runco & Richards, 1998）。一些关于创造力的理论都试图通过把创造力定义成一个综合体（MacKinnon, 1983; Mumford & Gustafson, 1988）或复合体（Albert & Runco, 1986）来认识它内在的复杂性。

创造力的复杂性本质决定了我们要进行有意义的研究，就必须把影响创造力的诸多因素和它的各种表现形式都考虑进去。正是由于这个原因，创造力的实验研究就变得非常有用，因为实验法可以采用各种控制手段把复杂程度降低到可操作的水平。实验法在处理复杂性时可以操纵一个或一系列自变量，控制（因此就可以减少它的影响）混淆变量或无关变量，测量因变量的变化值。这些因变量就是创造力的成分、特征或指标，自变量可以是发展的、社会的、教育的、认知的和情绪的等各种影响因素。

操控（manipulation）和控制（control）是实验研究的界定性特征。正如海曼（Hyman, 1964）所描述的，实验的重点在于"行为的诱发变化……创造力是可以在某一个体身上改变或被改变的，而不是在个体间有变化的"（p.70）。这一点就把实验的研究区分于心理测量的研究，后者的焦点在于考察那些没有实验操控也实际存在的个体差异。

因为实验技术可以降低创造力的复杂性,我们才可能得到可靠的测量指标,并做出合理的因果推论。然而,这其中有一个权衡的问题。操控可能会引起"诱发的变化",而这些变化并不表示自然环境下的行为。虽然控制,或叫内部效度(internal validity),与推广(generalizability),或叫外部效度(external validity),之间的权衡问题是所有实验研究都存在的,但是,这个问题在创造力的研究中显得尤其突出。因为,创造力或许依靠的是自发性,而这种自发性和控制是决然对立的。除了自发性,创造力按其定义还必须是新颖的。新颖性就暗示着不可预测性,它和经常用来衡量一个实验研究是否成功的标尺即预测的准确性是相悖的(Skinner, 1975)。

创造力的实验研究关注的不仅仅是内部效度和外部效度的问题。为了现存的目标,它们甚至不是最重要的关注点。毕竟,本章所回顾的研究首先都是发表在一些著名杂志上的,这本身就存在着一个系统的预筛选。被出版商接受的研究肯定至少是内部效度已经达到要求,否则,该研究就不可能发表。

衡量一项创造力的实验研究最重要的一条标准是:抽样行为的代表性。这就是我们为什么要在本章的一开始就首先简要讨论创造力的复杂性的原因。实验研究的核心问题是:它能在多大程度上捕捉到创造力的各式各样的影响因素和多样化的表现形式?这个问题尤其重要,因为它是不可能在单个实验中论及的问题。只有通过广泛的综述才能涉及。某些研究通常只关注创造力复合体中的一个方面,从而进行严密的控制;但是,本章中我们可以站在这些孤立研究的背景上来考虑行为代表性这个更大的问题。

依靠传统的实验标准和对内部效度的传统假设,就会与试图开展能反映创造力复杂性的行为研究相冲突。传统的标准要求只研究创造力复合体的某些部分。在心理测量学中,这是内容效度(content validity)的问题,这时一个测验或评估中所包含的问题仅仅是反映了那些容易编写问题的材料。而当一个测验并不包含具有充分代表性的问题样本时,它就只具有可疑的内容效度。在创造力复合体的实验研究中,如果我们只考虑某些特定的成分或特征,同样存在这个问题。因为,它们或许并不是最重要的成分或特征;它们可能仅仅是那些最容易辩护、进行操作和测验的部分。

正如海曼(Hyman, 1964)所描述的那样,实验性研究应该强调:

> 影响创造性表现的直接的而不是远距离的决定因素。尽管我相信行为习惯(deposition)、人格特征,以及稳定的、长期的因素非常重要,但是我仍然相信,我们可以首先看看,通过对“暗示”“指导语”“环境”和其他指导性变量或任务变量的直接控制,我们能在多大程度上改变创造性表现,这不失为明智之举。我们只有在知道了这些较为直接的输入因素所能改变的范围之后,才能充分研究其他更远距离的因素的贡献。(p.70)

根据海曼(Hyman, 1964)的观点,本章的重点将放在创造力的最近的、直接的影响因素上。海曼自己关于指令性操控的研究就是一个好的开端。接着,我们将回顾关于知觉和意象的实验研究,然后是情感方面的,然后是唤醒和注意。本章最后两节将回顾关于内部动机的相关性操作研究和实验研究。本章的结论部分,将重新探讨代表性问题,论述实验研究方法的局限,对未来的研究提出一些特定的方向和主题,并就实验研究和一些其他方法(即心理测量学的方法和认知的方法)之间的互补提出几点建议,这将帮助我们更好地理解创造力。

信息和策略的操控

在许多实验中,研究者对被试解决问题或完成某些创造性任务之前提供给他们的信息进行操控。显然,这样的信息操控将有助于引发发散性思维、顿悟、直觉和创造性的问题解决。操控通常是以口头、文字的,甚至以视听媒体的形式出现。

开放式任务的指导语

海曼(Hyman, 1964)控制了被试在看到开放式问题之前给予他们的指导语和信息。在一项研究中,海曼以 166 名大学生为被试,采用开放式的关于旅游的问题,它本质上是一项现实的发散性思维任务。要求学生列举各种手段来促使更多的欧洲人到美国去旅游。其中,一部分学生还可以得到四种常用的或四种不常用的解决方案的信息,另一些学生则被要求在 20 分钟内进行:1. 建设性的评价(即评价这四个样本方案的强项或优点);2. 批判性的评价(讨论它们的不足之处);3. 推断(syllogism)。最后一部分被试作为非实验组(即控制组)。在学生们产生了自己的观点之后,要求他们对"各种和旅游问题相关的观点"进行评价(p.72)。最后,他们还要完成另外两项开放式任务来评估迁移能力。最后这项评估作为一项考查对已有结果的推广能力是很有效的。在此方面可以回想一下刚才我们提到的外部效度和实验结果的推广问题。

对几组学生给出的方案进行有效性排名,结果只发现很少的差异。存在差异的结果是,用 20 分钟来进行建设性评价的学生最后给出最有效的解决方案的可能性更大。然而,进一步对内容进行分析,结果表明在给出同样的指导语的情况下,被试倾向于模仿样本所给出的解决方案。被要求指出样例不足之处的那组被试,他们给出的解决方案表现出更高的独创性。这一点非常重要,因为独创性可能是创造力复合体中最广为接受的一个特质。它之所以很重要,也还是因为建设性实验条件组和批判性实验条件组学生之间的差异可能反映了两组被试在态度上的不同,而不仅仅是实验过程中接受的信息的不同。戴维斯(Davis, 1992, p.294)提出,态度是创造性复合体中最容易改变的一个方面(参见 Basadur、Wakabayashi & Graen, 1990; Runco & Basadur, 1993)。虽然戴维斯指的是由教育或训练所产生的态度的变化,但是态度同样很容易受到实验控制的影响。

海曼(Hyman, 1964)分析了批判性和指出不足评价组被试的表现,得到了一些惊喜的发现。在这之前,他曾让一组工程师“设计自动仓储系统”(Hyman, 1961),发现各组工程师之间的差别比那些学生在处理旅行问题时的差别更明显(具有统计显著性)。建设性评价条件下的一组工程师,为仓储系统问题提供了更多有创造性的解决方法,在随后的用于评估迁移能力的问题中亦是如此。海曼对此提出解释,在仓储系统中各组工程师之间的差异更大,这可能跟仓储问题与他们的兴趣的适合程度有关。这种解释和最近某个理论提出的观点一致,认为问题解决的现实意义(Baltes、Staudinger、Maercker & Smith, 1995; Runco & Chand, 1994)和问题由谁提出这两点都非常重要。该理论同时也建议,实验研究也应该将个体差异考虑进去。在这里的案例中,个体的差异,也许可以解释研究中所选的问题与参加实验的被试的适合程度。

在后来的研究中,哈林顿(Harrington, 1975)证实了外界的信息可以通过指导语的方式传达给被试,从而提高他们在发散性思维测验中的“独创性”得分。伦克(Runco, 1985)扩展了这一结果,他发现,“灵活性”得分可以独立于“独特性”得分而单独被提高,这表明二者代表了不同的认知过程。同时它也表明灵活的构思过程并不一定保证能产生独创的观点(参考 Runco & Oknda, 1991)。伦克、艾森曼和哈里斯(Runco、Eisenman & Harris, 1997)利用对指导语信息的控制,揭示出强调思维独创性的外界指导语和强调问题解决的有效性的指导语之间存在差异。这些特殊的指导语都是根据创造力的许多定义而来的,它们需要同时具有有效性和独特性指标。要了解更多有关创造力外界指导语的研究,可以参考伦克和内米罗(Runco & Nemiro, 1996)。①

信息操控对创造力的影响效力,已经在若干不同的除大学生以外的被试

① 在被试进行测试时提供给他们的信息,其最合适的术语叫“指导语”(directions),而不是常见的称谓“指示”(instructions)。当然,如果信息是程序性的,那么后者也是可以用的。两者的区别在于信息的含义。它是否像“指示”一词的含义一样,能够对被试起到真正的指导作用?

样本中得到证实(Chand & Runco, 1992; Harrington, 1975; Hyman, 1964)。例如,克拉默、特甘和克劳伯(Kramer、Tegan & Knauber, 1970),以及彼萨特(Pesut, 1990)以护士为样本检验了这些效果;马丁森和考夫曼(Martinsen & Kaufmann, 1991)对军队人员进行了实验;海曼(Hyman, 1961)对工程师进行了研究;而伦克(Runco, 1986)比较了超常和常态儿童间的效果。结果发现,所有被试看起来都从研究者提供的信息中有所受益,只是受益的程度不同而已。

伦克(Runco, 1986)的比较结果表明,恰恰是常态儿童从信息控制研究中提供的外界信息中受益最大。伦克认为,出现这一情况的原因可能是因为超常儿童已经使用到了信息中所提供的策略,所以外界信息对他们没有太大的用处。这一发现同戴维逊和斯滕博格(Davidson & Sternberg, 1983)的关于超常和常态儿童在解决专门设计用来促进信息的选择编码、选择组合和选择比较问题时的比较结果是十分吻合的。结果都显示,常态儿童从研究者在实验过程中提供的控制和预选的关键信息中获益最多。与伦克(Runco, 1986)的调查研究所指出的情况一样,虽然我们在"回归到平均值"时可能会存在误差,但是各组间仍然会存在差别,因为即使没有实验的操控,超常儿童也是经过选择的。

马丁森和考夫曼(Martinsen & Kaufmann, 1991)对分析性和探索性问题解决策略的研究中提出了其他的个体差异。在这一研究中,从挪威一军团的 148 个成员中选出四个实验组。每组分别有一个指导语。具体来说,研究者分别要求被试:(1) 言语分析和思考;(2) 借助图片进行分析与思考;(3) 言语探索和思考;(4) 借助图片进行探索和思考。实验中,当被试采用试错法策略时称之为"探索"(exploration),而应用已知的原则去发现解决方法时称之为"分析"(analysis)。给被试呈现两个顿悟型问题——二绳问题(Two-String Problem)和帽架问题(Hat Rack Problem)。另外,被试还需要接受,鉴别同化者-探索者(assimilator-explorer)认知风格的问卷、一项空间能力测试、WAIS 测验的词汇分测验和词汇类比测验(verbal analogies test)。测量认知风格主要是基于以下观点：同化者倾向于尽可能地扩展一种问题解决的方法，而“探索者”则不断变化他们解决问题的策略，即使该任务并不要求变化的时候也是如此。研究结果表明，在解决问题时，鼓励使用探索性策略的指导语能够促使问题解决取得成功。更重要的一个结果是，指导语类型和同化者-探索者得分之间存在着统计上的交互作用。这表明，同化者受益于鼓励探索和视觉化的指导语，而探索者受益于鼓励分析和口语化的指导语。

小结

马丁森和考夫曼（Martinsen & Kaufmann, 1991）的研究结果表明，认知风格代表了个体差异的一个潜在的非常重要的维度。这一具体的维度可以在实验研究中考虑进去。他们的研究发现同化者“最有可能遵循问题陈述中的外界指导语”（这意味着他们最可能对外界指导语做出完全反应）。这一发现或许也可以应用到所有关于外部指导语的研究中。关于个体差异的其他一些重要维度也将贯穿在本章的内容中。

刚才所回顾的实验研究表明，信息对创造性思维和创造性表现是非常重要的。这一观点也与策略的研究相容，因为策略依赖于程序性知识（Davidson & Steinberg, 1983；Gruber, 1988；Keegan, 1996；Root-Bernstein、Bernstein & Garnier, 1993）。同时它也与从个案研究中得到的这些结果相容，即创造性个体倾向于埋头工作于自己研究的领域（Albert, 1994），而且每位专家在成为专家以前都至少需要在该领域努力工作十年（Simon & Chase, 1973）。沉浸于自己的领域，可以使个体获得自己专业领域里格外多的信息。

具有讽刺意味的是，太多的信息将有可能导致一种思想僵化，而且，思想僵化，比如定势固着，很可能使独创性思维变得即使不是不可能也是极为困难。马丁森（Martinsen, 1995）的实践研究已经证明了这种可能性，说明创造性工作需要的经验存在一个最优值。关于视频、音频和文本信息的比较实验同样表明了这一点，下面一节将予以描述。

问 题 操 控

以上回顾的研究，主要是通过对问题解决所需信息的操控——问题的解决方法是如何被发现的，以及它们是怎样被认定为可行的。然而，也有一种可能，就是个体对问题本身理解的操控。这种研究路线具有潜在的重要性，因为创造性的成就往往来源于问题发现(problem finding, Getzels, 1975)，而不仅仅是问题解决(problem solving)，而且问题发现往往需要问题界定(problem definition)，通常就是对原问题进行重构(Runco, 1994b)。正如我们将会见到的，操控问题理解也可以允许研究者检验信息媒体的效果以及格式塔(Gestalt)命题，即对问题重构或重新界定之后立刻(而不是逐渐地)就会产生顿悟并找到问题的解决方法。

对音频、视频和文本信息的操纵

梅莱恩(Meline, 1976)、伦克和彼兹德克(Runco & Pezdek, 1984)，格林菲尔德、戈伯、比格尔斯-鲁斯、法拉和凯特(Greenfield、Geber、Beagles-Roos、Farrar & Gat, 1981)分别比较了视频、音频和文本方式的问题表征形式。这里的假设是，视频呈现是让被试看电视节目，音频呈现即让被试收听收音机，而文本呈现则让被试阅读。如果按照这种观点，那么这些研究都是将电视与另两种媒体进行对比。就我们目前的目标来说最有意义的一点是，视频信息是三类信息中最外显的：它同时提供了详细的视觉和听觉信息。正因为如此，这种研究路线就与被试在问题解决时，外界所给信息的影响问题有直接关系。

在格林菲尔德(Greenfield, et al., 1981)等人进行的这种实验研究中，学生们可以看(或听或读)一个故事。故事还没结束就停下来,然后问学生们这个故事会怎样结束。格林菲尔德等人发现:这三种媒体以不同的方式影响到孩子们所给出的故事结尾。通过视频方式得出的故事结尾其独创性的分数很低。然而,这些差别并不容易解释,因为故事的情节可能会迫使这些孩子沿着已经存在的故事情节去完成故事结尾的构思。那就会使故事结尾的选项变少,最终降低了故事结尾的独创性。本着这种观点,伦克和彼兹德克(Runco & Pezdek, 1984)重复了格林菲尔德等人的研究,只是将后半部分改为要求被试在看完故事后(也是分别以视频、音频和文本的方式呈现)针对某一选项进行回答。其问题更富于假设性,从而可以允许考虑到更多的选项。事实上,在这一研究中所给出的问题和那些被称为“如果……那么……”的测试(“what if” test)的普通测试中的问题非常相似(Torrance, 1974)。与格林菲尔德等人(1981)的结果不同,伦克和彼兹德克(Runco & Pezdek, 1984)发现,由不同的媒体方式所引出的结论,其独创性之间并不存在差异。

这一研究路线的最突出的问题就是,被试和各种媒体只有短暂的接触。例如,动画故事以视频的形式播放出来,持续时间还不到10分钟。由于这个原因,从这类研究所得的发现或许并不能很好地应用到自然状态的环境中。在自然状态的环境中,孩子们每个星期要看20~30小时的电视,这一点有可能会严重阻碍独创性的发展(Singer & Singer, in press; Sneed & Runco, 1992)。这类研究通过比较不同的媒体,的确引发了信息的潜在的阻碍问题。电视和录像或许过于显露。它们呈现了太多的细节,包含太少的空隙,从而大大减少了观众自己创造性地构建他们对这些素材的解释的机会。在下一节将要介绍的有关顿悟的研究中,也涉及一个相似的问题,即定势固着状态(conditions of fixity)。

顿悟

威斯伯格和阿尔巴(Weisberg & Alba, 1981)检验这样一种观点,即认为顿悟问题之所以十分困难,是因为被试在面对某些问题时,表现得十分僵化,或是一种定势固着,这样就限制了对问题解决方法的搜索空间。威斯伯格和阿尔巴使用含有一个对称的 3×3 矩阵的 9 点问题(nine-dot problem);行动目标是用四条首尾相连的直线将所有的 9 个点串接起来。[亚当斯(Adams, 1979)提出了用三条甚至是一条直线的解决办法。]在 9 点问题上的思维定势使得搜索总是局限在 9 个点的边界以内,而最终的解决方法是直线必须画到 9 个点的边界之外。在被试不能成功解决问题时,威斯伯格和阿尔巴(Weisberg & Alba, 1981)会给他们一个提示,建议他们试着在矩阵的边界画线。即使在得到了这种提示后,仍然还有近 25% 的被试没有成功找出解决办法,因此,威斯伯格和阿尔巴拒绝接受格式塔的关于定势固着和突然顿悟的观点。关于顿悟和重构的其他研究可见于伯恩汉姆和戴维斯(Buinham & Davis, 1969)以及埃普斯坦(in press)的论著。

贝克-塞尼特和塞西(Beker-Sennett & Ceci, 1996)确信,创造性思维需要某种形式的"跳跃"(leap)。为了检验这一观点,他们比较了在给出不同信息量的情况下的知觉和言语问题。知觉信息是以扫描在电脑中的图片形式呈现给被试的,其中有些图片省略了某些重要的信息内容,有的却很少省略。语言信息是以省略某些字母的普通单词的形式呈现的。要求被试尽可能用最少的线索(最少的信息量)说出图片表现的是什么,以及列出的单词是什么。贝克-塞尼特和塞西(Beker-Sennett & Ceci, 1996)发现,被试使用的线索模式与成功解决顿悟问题是相关的。那些进行"跳跃式思维"而且只需极少线索的被试在顿悟问题上得分较高。贝克-塞尼特和塞西还发现,小学阶段儿童对线索利用的有效性存在下降现象。在本章中的后面部分,我们将回顾关于直觉(intuition。比如:Bowers、Regehr、Balthazard & Parker, 1990)和即将完成的感觉(feeling of warmth; Jansovec, 1989; Jausovec & Bakracevic, 1995; Metcalfe, 1986)的实验研究,这些研究中关于"跳跃"的结果都与贝克-塞尼特和塞西的研究发现非常一致。

对特征和结构的操控

我们可以假定,刚才回顾的顿悟(insight)问题中所需要的问题重构就是指实验中被试所做的深层的认知重构。这种重构可能在除了顿悟之外的其他类型的创造性思维中扮演着同样的角色。

鲍夫曼和莫姆福特(Baughman & Mumford, 1995)考察了重构对范畴和概念化思维的影响。他们要求大学生利用已有的范畴样例来产生一个新的能够解释所有样例的范畴。实验运用了三种控制条件：第一种是改变原始样例范畴间的内部相关程度;第二种是改变随任务所给出的散布在范畴任务之间的指导语。指导语的意图是"在产生新范畴之前诱发被试主动运用某些特有的操作,使之成为支撑组合和重组过程的基础"。这些操作包括对特征的积极搜索和匹配(参见 Hyman, 1964)。第三种是要求某一组学生对他们自己产生的各种范畴给出详细说明。

鲍夫曼和莫姆福特(Baughman & Mumford, 1995)将范畴与样例的质量和样例的独创性指标作为测量的因变量。由受过专门培训的评价者给出这两项的评分,他们利用一个修订过的量表给出相应的排名。协方差(covariance)的分析方法使鲍夫曼和莫姆福特可以控制个体在一般性推理、发散性思维能力发现问题的能力间的个体差异。结果表明,意在引起特征搜索的实验操控"会影响独创性,但仅当它们一前一后出现时才有影响"。很明显,"有两种方式可以产生有效的运用搜索和匹配操作：(1) 包含,此时那些样例中共同的、不常见的特征都被用于构建新范畴;或者(2) 排除,此时作为构建一个新范畴的基础,由刺激范畴所共有的普通特征被剔除"(Baughman & Mumford, 1995)。另外,实验结果还发现,第三种条件,即范畴细化的效果非常有限。

这类研究是非常重要的,这部分是因为它不依赖于顿悟问题。顿悟问题长期以来一直在问题解决的研究中运用,顿悟看起来对特定的创造性行为的确很重要（Davidson & Steinberg，1983；Gruber，1988）。然而，很多的顿悟问题是封闭式的，而不是开放式的，被试很难在这些并不是开放式的任务上表现出独创性。像“九点问题”之类的问题，其解决方案是有限的，从这个意义上说，它们更多涉及的是辐合性思维而不是发散性思维（Guilford，1968；Runco，1992a）。另一方面，鲍夫曼和莫姆福特所采用的因变量测量标准是开放式的，被试在解决此类问题时可以表现他们的独创性。这样的开放式任务还有一个优点是，它们依赖的技能很可能就是自然状态的环境下的创造性表现所必需的技能。这表明，像鲍夫曼和莫姆福特的研究（Baughman & Mumford，1995）具有某种程度的外部效度。

直觉

许多杰出的创造者都曾说过，工作的时候，经常像有某种预感引领着（Gardner，1994；Schaffner，1994）。这提示我们，创造性的顿悟和创意，像问题一样，本身就不好界定，至少在开始的时候如此。一言以蔽之，它们可能始于某种直觉。

鲍尔斯等人（Bowers et al.，1990）把直觉定义成“对连贯性（形式、意义、结构）的一种初步知觉，它在开始的时候不是有意识的，然而它却引导着思想和探索指向有关问题之一致性本质的直感或假设”（p.74）。为了从经验上检验这个观点，他们让一些大学生解决一系列非言语和言语的任务。在每个任务中，学生都要找出连贯的模式，如果不确定，可以猜测。鲍尔斯等人详查了这些猜测，结果呈现出准确的直觉预感的迹象。而事实上，这些猜测经常与正确的解决方法有关。这使得鲍尔斯就此下结论说（Bowers et al.，1990），个体能够“对他们所不能够鉴别的各种连贯性做出有区别的反应”，而且对这样的连贯性的理解将“指引着人们一步一步以直感或假说的形式实现外部表征”（p.72）。

小结

在创造力研究中,使用各种不同类别的问题和任务是非常重要的。我们已经比较了发散性和辐合性思维的任务,但是贝克-塞尼特和塞西(Beker-Sennett & Ceci, 1996),还有鲍尔斯等人(Bowers et al., 1990)对几种非言语性创造力做的研究也是非常重要的。还有其他的数据支持,言语和非言语的创造力是有区别的(Runco & Albert, 1985; Smith、Michael & Hocevar, 1990; Wallach & Kogan, 1965),而且,我们也有很好的理由怀疑某些特殊技能(言语的和非言语的)对特定领域的创造性工作必不可少(Gardner, in press; Li, in press)。因此,我们对言语创造力所知的可能对非言语创造力并不适用,而且,如果要想全面了解创造力复合体中的技能和偏向,就必须对二者分别进行实验研究。

另一个类似的推理路线导致研究者去考察作为创造力基础的前言语的加工过程。正如我们在下一节将要看到的那样,前言语过程在知觉、意象和几种心智综合中都起作用。

心智综合、意象和知觉

前言语加工过程是很难控制或评估的,正因为它是前言语的。我们可以通过控制文字指导语或信息来研究言语的加工过程,但是又怎样研究前言语的加工过程呢? 实验研究为此提供了几种回答。

罗森伯格(Rothenberg, 1991; Rothenberg & Hausman, in press)介绍了一系列关于检验双面加工过程、共位空间加工过程(Janusian and homospatial processes)以及它们与创造力关系的研究。双面加工过程是以罗马两面神

（Janus，门神）来命名的，两面神“同时拥有面向两个完全相反方向的脸孔”（Rothenberg, 1991, p.183）。共位空间加工过程则被定义为“活跃地构想占有相同心理空间的两个或多个不连续的实体或元素，一种导致新特征清晰的观念”（Rothenberg & Hausman, in press）。在实验中共位空间思维可以利用幻灯片来控制，让参加研究的作家和其他艺术家观看叠印在一起的幻灯片。叠印的意图是促进共位空间的顿悟。专家评定结果表明，由叠印图片产生的隐喻，其创造性多于由其他幻灯片的呈现方式所产生的隐喻，后一种呈现方式被设计以通过类推、联想和完形加工过程来促进隐喻的产生。

芬克（Finke, 1990）指出，前发明形式（preinventive forms）对创造发明是有用的。前发明形式是指：个体在他/她现实地对某一特定产品形成概念之前使用的想法和意象。为了检验这些形式，芬克和斯雷顿（Finke & Slayton, 1988）从 15 个基本几何图形和字母组件中随机选取 3 个交给被试。要求被试利用这几个组件创造一个模式。结果产生了大量有创造性的模式，其中很多是难于预测的。在随后的研究中，芬克（Finke, 1990）要求被试用三维图形和简单物体的部分来构成一个有用的，而且“确实可行的物体”或“装置”。另外，要求被试尽量灵活多变，运用各式物体范畴构造出物体。结果，被试做出了许多发明，然后根据其实用性和独创性来评价这些发明。芬克发现，每一节实验开始时，组件或物体范畴都是随机选取的，显然那些被试能做出大量有创造性的发明。

如果在被试还不知道自己最后的产品是什么的时候，要求被试运用各部分和各组件说出图像或形式，结果会怎么样？为了考察这种情况，芬克（Finke, 1990）在后来的实验中，要求被试利用物体的组成部分来产生图像，并且告诉被试，这些前发明的形式必须是“有趣而且有潜在意义的”。给被试提供随机抽取出来的物体范畴，在他们想象并且设计出他们的前发明形式后，要求他们将其形式解决为一个实际的物品或者是装置。芬克发现，与那些在产生前发明形式之前就给出物品范畴的被试相比，这些被试的发明显然更有创造性。

这种研究路线的实用性可见于芬克所推荐的各种策略(Finke, in press;又见 Weber, 1996)。比如,芬克主张,创造性发明的产生,可能首先是产生一个前发明的图像,然后评价它的有用性和适用性。这一点类似于在头脑中的基本前提,因为判断被推迟了。像其他类型的策略一样(Runco, 1992a、1992b),或许存在很多的策略可以指导人们做什么,也有其他类型的策略指导人们不做什么,但是,正如芬克和斯雷顿所提醒的(Finke & Slayton, 1988),被试"可能永远不能在没有外在的、关于如何去想象组合物体各个部分的指导信息的情况下产生这些视觉发现……但是,这些指导信息所施加的人为的约束条件也可能会严重地阻碍被试做出创造性发现的能力"(p.252)。当然,某些类型的指导的确会错误地引导个体走向一条毫无结果的思路,或者给被试带来情绪上和态度上的障碍和禁锢,从而抑制了创造性思维。更多关于注意障碍的内容见本章关于情感和动机的一节。

首先,应该回顾一下由史密斯(Smith, 1990; Smith & Van der Meer, 1994, in press)提出的实验技术。它也涉及创造性知觉和意象,或者史密斯所称的知觉起源(perceptgenesis)。这个过程可以用面孔识别任务(identification task)来测量,在这项任务中,被试所看的屏幕上呈现一张面孔图片。面孔图片故意被弄得模糊不清,而且包括了一些阈下(subliminal)的语言描述,这使得"试验者……可以通过改变被投射脸部的人来控制呈现给被试的面孔图片(Smith, 1990, p.162)"。史密斯和凡德米尔(Smith & Van der Meer, 1994)宣称,阈下的信息"可以为观看者进行面孔识别做些准备,并影响他/她如何识别该面孔"(p.162)。史密斯的知觉起源技术的第二部分是创造性功能测验(CFT)。同样,它也需要用速视仪来呈现刺激,但是这项任务中采用的是简单刺激(比如一个碗或者一个瓶子)。刺激开始呈现的时间很短(0.01 秒),然后逐渐增加。要求被试描述他们认为自己看见的东西,即使被试对看见的物体不能确定,也鼓励他们分享印象。这项测验的假设是,创造性个体对主观的印象、多选项和顿悟非常容易感知。这个假设在创造力的理论中经常被提到(参见 Martindale、

Anderson、Moore & West, 1996)。刺激图片和呈现时间是由 CFT 控制的。史密斯发现,那些在 CFT 任务中形成印象的被试(尤其是在呈现时间非常短,因此刺激很模糊时)倾向于在面孔识别任务中给出积极的阐述,即使增加了关于疾病的阈下言语信息也是如此。被试表面上看起来是削弱了阈下控制。创造性个体在面孔识别任务中更多地使用了情绪性词汇(参见 Hoppe & Kyle, 1990)。

小结

几种不同类型的前言语加工过程已经得到研究。其中有些,比如罗森伯格和郝斯曼(Rothenberg & Hausman, in press)提出的那些过程,还有芬克(Finke, in press)推荐的策略,都反映了个体意向性的努力。其他的一些过程,比如史密斯等人研究的过程(Smith, 1990),则意向性较少,或许包含更多的自发性。这些过程和自发性之间的关联具有很重要的意义,因为这暗示着它或许可以推广到自然条件下,自然条件下的创造力普遍都是自己启动的。另外一些重要的非意向性加工过程也已经在关于创造力和情感的研究中得到了考察。

情感和创造力

已经有人设计了一些实验研究以比较和对照特定的情绪状态及其与创造力的关系(Isen、Daubman & Nowicki, 1987; Isen、Johnson、Mertz & Robinson 1985; Vosburg, in press)。其他实验研究则集中关注以那些状态为基础的影响,其中包括唤醒和注意(Martindale & Greenough, 1973; Mendelsohn & Griswold, 1964、1966)。

即将完成的感觉

梅特卡夫(Metcalfe, 1986)考察了个体在问题解决过程中经历的情绪。她每隔一段时间就询问被试,他们感觉自己离问题解决(即完成)还有多远。梅特卡夫称被试的报告是"即将完成的感觉"(Feelings of warmth, FoW)。这些数据提示,顿悟问题和非顿悟问题之间存在差异,前者的 FoW 比后者表现出更急剧的变化。

贾索维克(Jausovec, 1989、1994; Jausovec & Bakracevic, 1995)收集了 FoW 的数据,同时还有生理的数据(即心率)和创造性问题解决成绩的信息。在他的一项研究中,记录了被试在解决四种不同类型的问题时的心率。同时,每 15 秒收集一次 FoW 报告。为了控制试验条件,贾索维克和巴克拉塞维克将整个实验在一个隔音的房间内进行,室内的环境温度和实验进行的时间保持恒定不变。数据分析表明,当被试在解决所谓的内插法问题(interpolation problem,它实质上是辐合性思维问题)的时候,心率持续升高,但是在解决顿悟问题时,心率有一个突然的升高。值得注意的是,被试心率的变化和被试自己的 FoW 速度之间存在相关,至少在某些问题上是这样的。在解决开放式发散性思维问题时,心率有时升高有时降低,贾索维克和巴克拉塞维克(1995)解释说,这表明被试使用了"假设-检验"的问题解决策略。生理状态与认知表现、自我报告的情绪状态有关,这个发现或许可以作为证明 FoW 技术有效性的证据,但是,这些技术同样存在问题(见 Weisberg, 1992)。

对焦虑和冲突的操作

霍皮和凯尔(Hoppe & Kyle, 1990)操作情感状态的办法是,让不同被试群体,包括裂脑人,观看一段包含各种个人失落和悲痛情感象征性标志的短电影。这些标志包括视觉的(比如一张空的婴儿床)和音乐的。电影中不出现一个词汇。参加实验的被试看4遍电影。记录看电影过程中的EEG,每次看完电影还要收集书面的和口头资料,比如让被试用4句话概括这部电影,并且回答一系列关于该电影的问题。和控制组被试(在利用左右手的习惯上、性别上、年龄上以及语言和民族背景上相匹配)相比,裂脑人写的句子中较少使用情感苦恼方面的词汇。他们"很少使用形容词,这反映了他们的言语过于单调、知识不够、平淡无力、缺乏色彩和表情"(p.151)。他们还"往往不能对那些象征标志进行幻想、想象或理解"。他们的注意力集中在周围环境上,因此忽略了自己的感情。霍皮和凯尔因此得出结论认为,恰恰是情感缺失症(alexithymia)——缺乏情感,使得裂脑人缺乏想象力。基于用几组不同被试得到的结果,霍皮和凯尔提出假设认为,许多创造力相对低的人可能有着同样的问题,虽然这不是来自外科手术的结果,他们被称为"功能性裂脑人"(functional commissurotomy)。

史密斯(Smith,1990)等人比较了几组考试指导语,考察其对创造力测量的影响,其中一组故意诱导考试焦虑。[①] 首先,把132名学生分成实验组和控制组。用言语的、数学的和图形的(视觉的)发散性思维测验来评估创造力。诱导考试焦虑的指导语有几种方式:第一种,强调测验是要进行"严格评分的",告诉被试他们所做的每一个答案都务求"完美":第二种,给被试压力,要求他们不能修改前面自己已经做出的答案或反应;第三种,通过承诺对前三名给予现金奖励的方法引入竞争;第四种,给被试计时(每项任务2分钟),告诉时间限制,甚至出示秒表。相反,对于控制组被试,告诉他们可以随心所欲地去做(即在各项任务间随意来回)。两组的比较结果发现,只有数学的流畅性

---

① 只有在速记时,我们才把研究中所用的评估称为"创造力测验"(creativity test)或"创造力测量"(creativity measure)。我们已经充分意识到这里的前提假设是,测验和测量可以作为反映真正的创造力的有效指标,或者说由测验所引发的行为本身是有创造性的。如果两者都不是,那么这个假设就会受到质疑,因为这里的行为是诱发的,而并不是自发的。这是在本章其他地方讨论到的外部效度问题的另外一个部分。

得分受到诱导焦虑的显著影响。为了解释这个结果,史密斯等人引入了一个关于“认知干扰和注意容量理论”(theory of cognitive interference and attentional capacity; Tobias, 1985),该理论的基本思想认为,焦虑可以干扰检索过程,因而会阻碍思想的产生。由于注意容量有限,焦虑可能迫使被试把注意力从认知任务中分散到对竞争和高分的关注上(参见 Kasof, in press)。对于限制和创造力之间反向相关的关系,其他的解释(Amabile, in press; Finke & Slayton, 1988; Wallach & Kogan, 1965)表明,焦虑和限制对创造力的影响或许比史密斯等人的发现本身具有更深远的意义。当然,重复实验还很需要,尤其需要给出这些研究结果的实际应用。在本章的讨论一节将谈到它在教育情景中的一些应用。

詹姆斯(James, 1995)采用较温和的方法并关注与冲突相关的情感。这项研究在某种程度上说是较温和的,因为被试只是间接地体验冲突:他们只需要阅读冲突。虽然如此,实验结果还是支持假设。许多个体对描述冲突的文章的反应很有独创性,但是其中存在显著的个体差异。那些最有独特想法的人往往是社会定向的(social orientation),而那些没有独特闪光点的人则多数是工具定向的(instrumental orientation)。

之前我们已经指出,和创造性思维相关的信息量存在一个最优值,超过这个最优值,获得的信息越多事实上可能会越阻碍创造力。黑恩森(Heinzen, 1989)提出,对独创性思维,同样存在一个最佳的情感水平。他通过一个简短而现实的发散性思维测验发现,在问题解决中,中等水平的挑战性会导致最高水平的独创性。很可能这个关于最佳水平的结论同样适用于其他类型的情感。

小结

霍皮和凯尔(Hoppe & Kyle, 1990),还有史密斯等人(Smith et al., 1990)发现,情感可以影响创造性成绩。其他研究已经指出冲突和挑战是其中的影响因素(Heinzen, 1989; James, 1995; Sheldon, 1995),而且还提出,在某些创造性问题解决过程中起一定作用的情感,是存在生理基础的(Jausovec & Bakracevic, 1995)。

显然,用实验的方法准确地确定情感如何影响创造力是非常好的一件事情。或许,某些情绪只是选择性地阻碍或促进创造性过程中的某些关键阶段(比如,抑郁有助于检讨自己的工作)。又或许,情感的作用只是伴随某种情绪状态的唤醒或注意转移的结果。我们将在下一节中探讨这些可能性。

唤醒和注意

“唤醒”,经常是用生理学术语来定义的,而“注意”,是典型的用认知资源分配的形式来定义的。

唤醒

马丁戴尔和格里诺夫(Martindale & Greenough, 1973)通过控制问题解决过程中的噪音水平来考察了唤醒对创造性思维的影响。实验中设置了三种实验条件:低、中、高唤醒水平,共 6 组被试,其中每组有 80 名男性大学生。每种实验条件下有两组被试,一组被试进行远距离联想测验(Remote Associates Test, RAT),另一组被试做与此类似的发散性思维测验。结果发现,低唤醒和中等唤醒水平组被试在 RAT 上的得分没有显著差异。然而,中等唤醒组的被试在 RAT 上的得分显著高于高唤醒组。在类似的发散性思维测验中,高唤醒和中等唤醒组被试得分没有显著差异,但是高唤醒组明显地比低唤醒组被试的反应更多。这些发现总体上支持这个观点,即认为唤醒和创造性思维测验成绩之间有相关。在后来的用噪音进行的研究中,得到的结果却与此不大一致(Kasof, in press; Toplyn & Magnire, 1991; Voss, 1977)。

马丁戴尔和阿姆斯特朗(Martindale & Armstrong, 1974)采用皮层活动作为唤醒的指标。先给参加实验的大学生进行创造性潜能测试,然后采集了他们的皮层活动的 EEG 测量值。第一组 EEG 试验是记录 α 波的基础值。告诉被试,在测验中他们将会听到一个由某种金属发出的声音。在随后的实验中,提示音响起,该实验被当成是适应的指标。随后的三组试验是 α 波增强实验。最后一组实验要求被试试图使提示音消失。实验结果表明,在创造性测验和 RAT 测验中得分较高的被试表现出较低的 α 波值,而且当引入刺激时 α 波的消耗较大。同样是这些被试,他们在 α 波增强测试中学会控制的速度更快,但是他们在几组测验中的提高较少。另一方面,在创造力测验中得分较低的被试,他们的控制能力表现出持续的提高,而且最终也达到了高分被试的控制水平。在最后的一轮测试中,来自高分组的被试对 α 波的抑制水平明显更好。这些结果显示,高创造性被试具有较强的短时 α 波的控制能力,而且,他们只是在较短的时间内表现出良好的控制。有趣的是,马丁戴尔和阿姆斯特朗把这最后一点发现归功于对 α 波控制的内部线索的敏感性(参见 Martindale et al., 1996)。敏感性的想法是值得关注的,因为它和史密斯和凡·德·米尔(Smith & Van der Meer, 1994, in press)发现的创造性个体特征,即对潜意识表达的开放性是一致的(openness to subliminal impressions)。尽管马丁戴尔和阿姆斯特朗把实验过程中对 α 波的控制没有提高归结为实验的枯燥,但是他们承认存在"控制基因缺失"的可能性。他们还得出结论认为,创造性的被试有时候比其他人更能集中注意,他们还提出,这和进入次级加工状态(secondary process states)的能力有关。这个解释和现存的次级加工理论(theory of secondary process)(比如,Eysenck, 1993; Kris, 1952; Rothenberg, 1991)以及其他的关于注意的研究结果是一致的(e.g., Kasof, in press; Toplyn & Magnire, 1991)。

马丁戴尔和哈森法斯(Martindale & Hasenfus, 1978)进行了两项研究以进一步考察 α 波的 EEG 指标和创造力之间的关系。在第一个实验中,12 名来自创造写作班的大学生被试,被要求想象一个科幻故事中的情节,并把它写下来。

故事情节的构思被视为是创造性过程中的灵感阶段,写作则被视为精细化阶段。为了讨论创造性思维阶段理论,可以参考伦克(Runco, 1994b; Wallas, 1926)。这些被试被分在高创造性组还是低创造性组,取决于学校导师对他们的排名。两组被试的比较结果表明,高创造性组被试在灵感阶段处在低唤醒水平。在灵感阶段,高创造性被试比低创造性被试表现出更高的 α 值。

在第二个实验中,要求被试在灵感阶段进行自由联想(采用随机确定的词汇开始)。在精细化阶段,要求他们讲述一个科幻故事。根据希普利词汇测验(Shipley Vocabulary Test)、RAT 和用途测验(Alternate Uses test)的得分,从一个更大的团体中选取 32 名被试。采用这些测验是为了在匹配被试的语言能力的前提下,把他们分别分配在用途测验高分、RAT 高分、用途测验低分和 RAT 低分 4 个小组里。对其中一半的被试给予的指导语是尽量独创,而另一半被试没有给予任何要求独特的信息。记录他们的 EEG 值,结果发现,在有独特性要求指导语的情况下,高创造性被试在灵感阶段的 α 波比精细化阶段稍微少一点。其他组被试在灵感阶段比精细化阶段表现出的 α 波更少。

注意

有三个实验研究通过改变噪音来控制注意力(Kasof, in press; Martindale & Greenough, 1973; Toplyn & Maguire, 1991)。可以预见噪音会显著地影响人的注意,而注意继而将影响创造性思维。在最近的研究中,卡索夫让被试在安静的环境中作一首诗,并以此来评估其创造力。然后,再让部分被试另作一首诗,但是在这次实验过程中引入了对变量的操纵:被试将受到可预测或不可预测的噪音的干扰(为了降低被试的注意力),噪音的内容有的是可理解的,有的是莫名其妙不能理解的。控制组被试则继续在一个安静的环境下创作他们的第二首诗。结果表明,被试所作诗歌的创造性的评分与**注意广度**(breadth of attention)之间存在显著的但只是中等程度的相关,这里,注意广度通过被试的自我报告来衡量。噪音看来会阻碍人的创造力,尤其是当噪音不可预测而内容又可以理解时,阻碍效果更明显,因为此时被试的注意范围很大。卡索夫指出,广阔的注意力和平行加工的能力,对诗歌的创作都很有帮助,但二者都会受噪音的影响。

小结

借用噪音的研究结果可以用创造力的联想理论(associative theories)来解释,联想理论认为,新颖的想法是远距离的。远距离的想法处在联想链(chain of associations)的末端(Mednick, 1962)。当解决问题或进行发散性思维时,最初产生的是显而易见的想法,当这些肤浅的想法耗尽时,更加遥远的联想才被发现。广泛的注意力使得被试能够发现更遥远的想法和联想。关于注意的实验研究证实了,广泛的注意力与大量想法的产生和发散性联想之间存在相关(Kasof, in press; Mwndelsohn, 1976; Mendelsohn & Lindholm, 1972; Toplyn & Maguire, 1991; Wallach, 1970)。唤醒对创造力的影响也可以用类似的方式来解释。唤醒可能会导致被试短时的注意容量的拓宽。

卡索夫(in press)把我们刚才称之为"广泛的注意容量"定义为一种特质变量,这一定义的假设是注意广度反映了一个稳定的个体特征。还有其他的一些非认知的倾向性可能会引导被试搜索或考虑远距离的新颖的想法。其中,内部动机已经引起了人们广泛的注意,其好处已经在很多调查研究中都有说明。这些是我们接下来要考察的内容。

内部动机

内部动机长期以来一直被认为是创造性人格最主要的特质之一(如MacKinnon, 1965)。实验性研究表明,内部动机不仅与创造性人格有关,和创造性过程之间也存在着重要的关系。从这一意义上说,内部动机和创造性活动之间存在逻辑上和功能上的联系,从经验上来说也存在这种联系。(post hoc emperical one)

阿马拜尔、高尔德法布和布拉克菲尔德(Amabile、Goldfarb & Brackfield, 1990)把"合作"(coaction,通过其他人的出现来定义)与"监督"(surveillance,专家的期望值)作为内部动机和创造性活动可能的影响因素进行了研究。这一研究中的因变量包括一项文字任务(美式俳句)[①]和拼贴活动。这一操纵实质上是信息性处理——给被试的信息——但信息是由一些小道具提供的。例如,当告诉被试他们将和其他人一起工作(并测试合作性)时,被试在一个房间里工作时旁边放有一些椅子,这些椅子就暗示着稍后将有人来坐。关于作品的评估,告诉被试他们的俳句和拼贴画将分别由书写专家和专业艺术家来评分。实验结果表明,被试对评分的期望值同时影响了俳句和拼贴画。然而,非常特殊的是,它只影响创造性产品的独创性,而对其技术质量却没有影响。对实验后处理问题的分析结果表明,在有期望评估的条件下的被试往往对他们的作品相对不满意。这一点支持了一种解释,即认为这一工作既不是受内部动机的激励,也不符合个人的标准。应该注意,这里的评估只是期望中的——在这个评估条件下并没有听众在场(事实上,监督的效果可以用暗含的评估来解释)。如果事实上有听众在场,效果可能会大不相同。阿马拜尔等人发现,"合作"的效果并不明确。

赫尼塞(Hennessey, 1989)、豪(Howe, 1992)和斯多斯(and Stohs, 1992)对这一工作进行了更深入的研究。例如,赫尼塞考察了当儿童在计算机上操作时外在因素对儿童创造力的影响。她把评估源(人和计算机)作为自变量进行实验处理,并且证实了两者都会抑制儿童在计算机上的作品的创造力。而且,奖励和评估具有相似的抑制效果。小年龄儿童比大年龄儿童受影响的程

---

① 俳句,一种日本抒情诗,由三句分别有五、七、五个音节的不押韵诗行构成,通常吟诵自然或四季风光。——译者注

度更小(年龄在 7~13 岁)。豪(Howe, 1992)把计算机给出的评估性反馈作为自变量进行实验处理,对大学计算机专业和非计算机专业的学生的图形设计进行了比较。计算机专业学生的设计比非专业性学生的设计更为实际,尤其是在描述设计作品“有组织的”(ornanic)和“工艺良好”(well crafted)两个维度上更是如此,在设计作品的“逻辑性”(logic)和“价值性”(value)方面,两组差异不显著。奇怪的是,两组被试作品的独创性(originality)差异也不显著。

和阿马拜尔等人(Ambaile et al., 1990)以及赫尼塞(Hennessey, 1989)一样,豪(Howe, 1992),也依赖于评判者的等级评定,这些评判者被要求用他们自己个人对创造性的定义来进行评判。对评判者没有给出具体的标准或定义①。这一点非常重要,因为从实验的角度看,这样的自由或许会削弱实验的控制。谁知道评判者在对作品进行评估时到底是怎样想的?为什么不给他们提供准确的信息,以确保他们在评估过程中使用了相同的特征标准?这里的前提假设是,要求评判者采用他们自己的观点,这样他们就能表现得更加前后一致,也更可靠。这是主观性最容易产生的地方,当豪(Howe, 1992)、赫尼塞(Hennessey, 1989)和阿马拜尔等人(Amabile et al., 1990)仔细考察评判者的评分信度时,发现信度已经足够了。然而,这些是修正的信度,正如纽纳里(Nunnally, 1976)所描述的那样,它们只是估计值和假设值。这样修正的信度不应该用来代替实际的评判者之间的一致性指标。

小结

实验研究表明,不同的条件(如合作、监督、评估)会削弱对创造性努力有

① 至于应该告诉评价者什么信息(Runco, 1989)以及如何选择评判者,目前仍存在一些争议。正如默里(Murray, 1959)所提出的那样,由谁来评价这些评判者,以及评判者们给出的得分?甚至,在各评判者之间是否需要一致性(和信度)的问题上目前仍有不同的意见。奇可森特米海依和盖茨尔斯(Csikszentmihalyi & Getzels, 1970)曾提出,存在某些不一致是有好处的,因此它表明评判者已经考虑到了各个不同的角度。问题是任何形式的不一致都会削弱对信度指标的评估。

贡献的内部动机。其效果均已在不同来源(包括计算机)的评估中表露出来了,虽然有时候其影响是有选择性的。在一个研究中,独创性受到了阻碍而技术质量却没有。

必须承认,内部动机这个概念的解释能力存在一些问题(Runco, 1994a, 1994c),但这并不表明创造性个体不受内部动机激励。他们为内部动机的基础提供了认知上的解释(Lazarus, 1991)。就现在的目的来说,内部动机是对一个有用因变量的恰当标识①。

现在回忆一下,赫尼塞(Hennessey, 1989)发现评估和奖励对内部动机都有抑制的效果。这点看起来与一些研究结果相矛盾,它们发现强化与提高独创性和发散性思维之间有相关(如 Holman、Goetz & Baer, 1977; Moran & Liou, 1982; Ward、Kogan & Pankove, 1972)。这个问题将把我们引向使用操作性技术的实验研究。

操作性实验

在关于创造力的章节中回顾操作性研究,这或许会让人觉得有点出乎意料。毕竟,操作性观点强调的是外显性行为,而且我们已经提出,感情、态度和其他一些主观性过程都可能是创造性复合体的重要方面。那就意味着,操作性研究已经提出了几种适用于创造性行为的方法,并且从传统的实验观点来看,用操作性假设设计和进行的研究是当前存在的最好的研究方法之一。操作性研究者所需要做的是选定可靠的行为指标,例如新颖性和几种类型的灵活性。新颖性尤为重要,因为它可以用非常可靠甚至是可观察的术语(比如

① 情绪或许可以不依赖于认知的基础而存在(Zajonc, 1980),从这种观点来看,情绪体验并不传达信息。但是情绪或许能够反映一种信息,即使不是那种可以用言语来表达的信息。或者情况是这样的:情绪只有经过认知的加工和解释之后才能真正被了解(Lazarus, 1991; Runco, 1994c)。

“独特性”)来定义,而且它非常明显地与独创性紧密相关。新颖的行为是独特的,因而是独创性的。

普瑞尔、霍格和奥瑞里(Pryor、Hoag & O'Reilly, 1969)考察了海豚的新颖性行为。他们对海豚在每次训练期间表现出的特定的、新颖的游泳和跳跃动作应进行强化。一个新颖的动作只在该训练期内连续给予强化,但在其他的训练期内将不再给予强化。结果表明,海豚在每个新的训练期展现新颖行为的次数越来越多。

埃普斯特恩、科希尼特、兰扎和鲁宾(Epstein、Kirshnit、Lanza & Rubin, 1984)使用不同的强化训练让鸽子能够:(1) 将一个小盒子推到房内地板上一个彩色的圆点上,和(2) 爬上盒子啄挂在绳线上的香蕉形状的物体。这些行为分别在不同的时间进行分开训练。训练完成后,将鸽子放在它们必须先推动盒子然后再爬上去够香蕉状物体的环境下。在这个新的环境中,鸽子确实自发地综合了前面两种行为。结果出现了以前从未有过的行为链——即一个全新的行为。这个结果可以这样解释,新行为来自先前习得反应的自发整合。埃普斯特恩(in press)描述了由 3 个,甚至 5 个分离反应整合的例证。

对鸽子来说,推盒子并不是其典型行为——毕竟,鸽子没有手臂。然而,它与柯勒(Kohler, 1925)呈现给黑猩猩的任务很相似,这里暗含的假设是,在黑猩猩身上观察到的更高水平的顿悟,其实可以用操作性原理和自发整合先前所学的反应来解释。诚然,这一方法并没有也不足以解释真正的整合。埃普斯特恩描述如何用鸽子食来控制饥饿的鸽子的离散行为,但这些行为的整合却只在一定的场合才出现,一个浅显的解释是,它反映了一种类似于人们经常用来描述创造性顿悟的联想过程的认知(Mednick, 1962; Runco, 1985)。对于在鸽子的顿悟中所出现的“自发的整合”能否推广到人类仍然存在不少的疑问。

埃普斯特恩(in press)的生成理论(generativity theory)可以更直接地应用于人类的行为。它保留了关注可测量行为的操作,只是将行为定义为新颖的、流畅的和随机的。行为的随机性本质反映了可选行为以及影响行为反应的变换函数数目很大(这些观点被认为是有神经生理学基础的)。受这类函数影响的问题解决,其计算机模拟也在不断进步中。

对当前目标最重要的是,在操作性研究中采用了人类被试。这些做法通常类似于普瑞尔(Pryor et al., 1969)等人关于不同强化的工作:对新颖行为给予选择性强化。例如,格拉夫尔和加里(Glover & Gary, 1976)对强化、练习数量和给被试的指导语进行实验处理。在一种实验条件下,要求 8 个四到五年级的学生用 10 分钟时间来列举出某个物体的所有可能的用途,主试将该物体名称写在教室黑板上。在该研究的为期 5 天的基础训练部分,对每个学生给予强化。在第六天,对这批学生进行实验处理。主要包括:(1) 讨论各种不同的发散性思维(即流畅性、灵活性、精细性和独特性);(2) 在两组之间比赛(比如将一个班分为两个组),看谁列举出了最好的用途。得分最高的组得到的强化是可以提前获得休息、牛奶和饼干。研究的总时间为 25 天,在第 7 天的时候,从 4 个指标中选出一个。要求每组被试集中精力在该指标上,然后再和其他组进行竞争。不出所料,研究结果发现,当针对某个特定指标进行强化时,每个指标都有所增加。在精细性方面(它表示一个想法具有很多详细的细节)尤为如此,而在独创性方面(它表示一个想法是不常见的或者独特的)最不显著。流畅性和灵活性(分别代表想法的数量及变化)在各自指导语条件下表现出中等程度的变化。

这一研究同时还是外部指导语效果的另一个示例。然而对于格拉夫尔和加里(Glover & Gary, 1976)采用的实验设计,我们还不能推断外部指导语的独立贡献。这是因为在这个研究中采用的是三因素实验设计,它包括强化、指导语和练习。看起来格拉夫尔和加里的主要兴趣在于考察创造力的这些标准指标是否受到实验处理的影响,而不在于仔细考察到底是哪一部分的效果最显著。

在相关的研究中,戈茨和萨尔蒙森(Goetz & Salmonso, 1972)阐述了在儿童画画过程中,给孩子提供的形状数量的强化效果。它直接和创造性的讨论相关,因为绘画是一个非常明确的创造性领域,而且画中使用的形状的数量可能会是某种类型的灵活性的指标,这种灵活性和独创性一样是创造性潜能的一个常用指标(Runco, 1985)。戈茨和拜尔(Goetz & Baer, 1973)通过对学前儿童搭积木的实验说明了强化的效果。将他们所搭建积木的不同花样(diversity of block-building)作为一个因变量,这个因变量很可能也是灵活性的一个指标。

霍尔曼(Holman, 1977)等人在两个十分重要的实验中,对产生新颖性行为的习惯性倾向的泛化和保持(稳定性)进行了评估。在第一个实验中,给两个学前男孩每人 1 个画架、3 种彩色颜料和 3 把画刷。每个小孩单独画画,而且他们可以画他们所喜欢的任何东西。在每一个绘画阶段结束后,小孩就会获得一个代币和玩具。同时每个小孩还要完成搭积木的任务,在所有积木块都被用完时他也会获得一个代币和一些玩具。在这几部分没有给小孩任何形式的强化。在三组基础练习之后,其中的一个男孩将继续进行 6 组实验处理训练,此时,当他在画画过程中使用了新的形状时他将获得口头鼓励。接着再进行 5 组基础训练(没有强化),然后是 8 组带有强化的实验处理,而且同样是对使用新的形状进行强化。第二个小孩接受的是类似 ABAB 的反向设计的训练(即基础、处理、基础、处理),他的基础部分的训练次数和第一个小孩有所不同,区别在于第一个小孩有强化的训练次数。

根据使用的形状的多样性(使用形状的数量,相对预先规定的可接受的形状的范畴)和新形状(新形状的数量),对绘画作品和积木进行评分。结果表明,强化可以导致形状多样性和新形状的增加。一个小孩在基础训练部分时,每幅画中平均使用了 7 个形状,而在实验处理训练时则使用了 9~12 个形状。而另一个小孩在实验处理训练中使用了 8~12 个形状,至少比基础训练时多 5 个。同样重要的是,强化的效果可以推广到搭积木任务中。即使在搭积木的过程中,没有专门鼓励小孩使用不同的形状,但他们的形状多样性得分同样也反映了 ABAB 设计的实验处理效果。绘画中新形状的分数也因为强化而有所增加,而且遵循了反向设计的结果。但是和形状多样性分数不一样的是,其效果不能推广到搭积木任务中。霍尔曼(Holman et al., 1977)等人建议,对形状多样性的强化可以在教育环境中采用,而对新形状的强化不能产生迁移效果。因为霍尔曼(Holman et al., 1977)等人只是针对学前儿童进行了研究,其结论和建议只能直接应用于那个层次的儿童。

霍尔曼(Holman et al., 1977)等人的第二个实验将操作性过程应用于乐高拼装积木(Lego block building)和毡笔绘画(felt-pen drawing)中。这个实验使霍尔曼等人可以测出,如果非强化任务和强化任务在拓扑图形非常相似的情况下(即积木对乐高、水彩绘画对毡笔绘画),新形状的推广现象是否会出现。实验结果支持了这一假设,虽然其效果只是中等程度的。然而,其效果的持续性证据却是十分有说服力的,即强化导致了行为的长久而持续的变化。

个体差异的存在影响了操作性处理的效果。有一个例子可以说明这一点,莫兰和里奥(Moran & Liou, 1982)让大学生进行词汇广度测验(Wide Range Vocabulary Test)和标准瑞文推理测验(Raven's Standard Progressive Matrices),并且将其分成四个小组:高能力/奖励,高能力/无奖励,低能力/奖励,低能力/无奖励。对两个奖励组(实验组)施行2个发散性思维测试,并告诉他们如果他们在发散性任务上完成得很好,可以获得金钱奖励(遗憾的是,莫兰和里奥并没有报告在测试结束后多长时间内给被试奖励,这点或许是一个非常关键的问题,因为其他领域的许多研究表明:刺激距离行为的结果越近,将其作为强化或惩罚物就越有效)。结果表明,奖励和能力之间存在显著的交互作用。高能力的被试在奖励条件下比在无奖励条件下的得分更低,而低能力的被试在奖励条件下则比在无奖励条件下的得分更高。这一点对于发散性思维的3个独立的指标以及总分数都是如此。在词汇测验和智力测验中,奖励的主效应不显著。

小结

本节所回顾的操作性研究对说明实验法的好处是一个很好的例证,而且它提供了强有力的证据说明,强化是如何与新颖的、独创的和变化的(如,新形状)行为之间产生因果关系的[1]。注意,这类研究提出的是因果关系。通常,我们应该避免因果关系一词,因为揭示两者之间相关的研究并不能证明因果关系;但是,操作性研究的实验设计的力量却足以使我们相信自变量(如:强化)和因变量(如:新行为)之间存在因果关系。操作性研究的第二个优点是斯多克斯和拜尔(Stokes & Baer, 1977)所谓的"泛化和保持技术"(technology for generalization and maintenance)。这一技术起初是为临床治疗提出的——为了确保在治疗期间获得的行为能够保持并泛化到自然状态的环境中去——但霍尔曼等人(Holman et al., 1977)说明它也可以用在培训和教育问题上。考虑到整个实验研究的外部效度,沿着霍尔曼(Holman, 1977)的研究并定期考察实验处理的泛化和保持性,这对其他关于创造力的研究都是可取的。

如果把上面的研究发现直接应用于教室、家庭或组织环境中,我们就能够看到研究存在的外部效度。关于实验结果在这些情境中的应用,我们将在本章的下一节进行更多的说明。在下一节中,我们还将关注实验研究的局限性,另外还有一个问题就是,正如前面所提到的,我们将回顾一下在创造力实验研究中所使用的因变量的覆盖面和代表性问题。

讨　论

虽然大部分关于创造力的经验性研究有的也采用了某些类型的控制,但只有实验性研究才真正对变量进行了操控(manipulates)和控制(control)。对自变量的操控是实验研究的独特特点。这在档案学研究和许多个案研究中是

---

① 多年来,人们一直在讨论困扰者创造力研究的"标准问题"(criterion problem, Shapiro, 1970)。请注意,它是一个单数名词,而不是指"关于标准的问题"(problem of criteria),就像当前提出的复杂创造力的定义那样。

不可能出现的(如:Albert,1994,in press;Davis、Keegan & Gruber,in press;Ludwig,1995;Simonton,in press;Wallace & Gruber,1989),而且简直可以说是自然观察和调查研究(如:Saracho,1992)的克星。在自然主义的(naturalistic)研究中,对自变量的操控是必需的,从而降低了其外部效度,而外部效度是所有非实验研究的显著优点。非实验研究中的确也存在某些类型的控制,但通常都是基于经典统计学或是基于过去的事实,它不是一种主动的控制,而这种主动的控制正是实验研究的主要特征。

实验研究涵盖了创造力复杂性的整个范围吗?

实验研究究竟对创造力综合特征给出了什么建议?本章的回顾给出了不少详细的细节,再次重点提出其中的某些研究发现或许会对我们有所帮助:

- 外部指导语通常被当作自变量进行实验处理,它给被试提供了知识和策略,因而可以促进独特灵活的观点以及顿悟的产生。
- 发现个体差异可以影响被试对外部指导语的反应。换句话说,有些个体比其他人从外部信息中受益更多。个体差异很可能会缓和实验效果及缩减其适用的范围。
- 从指导或经验中获得的信息将有助于创造性问题的解决。但其效果可能会比格式塔理论(Gestalt theory)和突然顿悟模型(models of sudden insight)预期的更缓慢。
- 知识对创造力的影响存在一个最佳值,对创造力来说知识越多不一定越好。
- 想象可以被用来最大限度地提高产生发明的顿悟的创造性。
- 直觉,在言语和非言语性任务中都有可靠的体现。人们可以觉察到相关的信息(Browser et al.,1990),具有正确的知晓感(feeling of

knowing; Jansovec, 1989; Metealfe, 1986)，有时候甚至可以从某些局部信息直接找到解决方案和顿悟(Baker-Sennett & Ceci, 1996)。

- 创造性个体对主观的理解、潜意识、前意识、内部线索，以及前言语的信息十分敏感。这可能与直觉、知晓感(feeling of knowing)和顿悟的跳跃(leaps of insight)有关。

- 创造性个体能够控制 α 波的状态，并且能够在短时间内做到这一点(Martindale et al., 1996)。

- 创造性思维好像与广泛的注意容量有关，而注意容量的大小会受唤醒水平的影响。其中存在的个体差异是由卡索夫(in press)提出的，并将它定义为注意的特征广度(trait breadth of attention)。

- 内部动机和偶然事件都与某种类型的新颖行为和独创性作品相关。这里又一次发现了个体差异，偶然事件的效果受到能力水平的干扰(Moran & Loou, 1982)。

- 某些类型的情感，包括冲突和紧张，都和创造性问题的解决有关。积极的情感可能与另一些类型的问题的创造力相关，而且，无论是消极或积极的情感，两者看起来都存在一个最佳值。“凡事都要有个度”，这句话对影响创造性工作的(所有)因素都非常适用。

- 不同的问题与创造力的相关有所不同，而且可能会得出代表性有所不同的行为表现。

最重要的可能是关于知觉起源(percept genesis; Smith, 1990; Smith & Van der Meer, in press)、前发明形态(Finke, in press)、直觉(Browers et al., 1990)和情感(Jausovec, 1989; Jausover & Bakracevic, 1995; Metcalfe, 1986)的实验研究。如果人们认为在创造力的实验研究中存在任何关于创造性复合体各方面的偏向，那多半是针对前意识、情感和前言语过程的。

在实验研究的结果中存在几个值得一提的相似结论和一致的发现。比如,发现短时间内对 α 波的控制和创造性个体对内部线索敏感的结论(Martindale & Armstrong, 1974),与史密斯(1990; Smith & Van der Meer, 1997)关于潜意识加工的结果,以及个案研究中发现的创造性个体的敏感性(如 Wallace, 1992)等结果很好地吻合。研究还发现存在许多的最优值:一旦定义了一个创造力的重要决定因素或者对创造力有重要贡献的因素,通常的情况是在最优值(而不是最大值)取得最大收益。这一点适合于信息、经验、唤醒和冲突——很可能还有更多。伦克和萨卡莫托(Runck & Sakamoto, 1996)从心理测量学、认知、发展、教育和心理经济学关于创造力的研究中都发现了对最优的支持。任何东西都是过犹不及。这些一致的发现并不表示这些从实验研究中得到的结果可以很好地统一在一个完善的理论之下。然而,这正是我们所期望的,因为还没有一个关于创造力的模型能够解释创造力的复杂的起源及其各种不同的表达形式。更何况,这些不同的研究都是由不同的研究者各自独立完成的。关于创造力的许多不同的组成成分,人们都进行了相关的研究,但是,很少有研究把一个或两个以上的成分综合在一起考察。我们需要真正的多变量研究来考察创造力的认知过程、情感、态度,甚至生理状态。理论上,这将使我们构建一个关于创造力的通用模型成为可能,而这个模型反过来将为后来的实验工作提供理论上的可靠假设。

重复

对已有实验的重复(Replications),或许同样很有用。重复当然是传统实验研究的组成部分。然而,它们在创造力的研究中并不像在硬科学中那样经常出现。而且,硬科学中的重复往往是非常严格的;完全复制原始实验中的程序,它唯一的目的就是通过重复来检验其正确性。在创造力的研究中(还有,对我们的读者来说,大多数社会和行为科学中),很少有人进行重复。与重复最接近的做法就是对原实验进行扩展,它始于对先前实验的部分重复,然后继续扩展前面的工作。完全的重复很少出现，这是因为这种做法与追求独创性的想法是背道而驰的，而追求独创性在创造力的研究中自然而然是最主要的方面(Runco, 1996)。毕竟，如果创造力的价值大到足以值得人们去研究它，那么独特性也很可能有同样的价值。重复的确能提供一种重要的验证方法，在创造力的研究中应该认真对待，尤其是要把从实验研究中得到的发现应用于对教育和管理结构的决策时。或许，重复可以作为多维度研究实验(multiple study experiments)的一部分来进行，而进行多维度研究实验已经变得如此流行(in press)。另一种选择是，重复研究可以以简短的研究注释的方式来刊出(比如，Heinzen, 1989; James, 1995; Martinsen, 1995; Sheldon, 1995)，或者在一本专门刊登重复实验的杂志上发表。

在创造力的研究中有一种类型的扩展比较常见。这包括把某个特定的技术应用到新的人群中。实验研究已有的被试样本包括年幼的儿童(Hennessey, 1989; Okuda、Runco & Berger, 1991; Runco, 1986; Runco & Pezdek, 1984)、中学生(Smith et al., 1990)、经理(Basadur, 1994; Runco & Basadur, 1993)、老年人(Wikstrom、Ekvall & Sandstrom, 1994)①、军人(Martinsen & Kaufmann, 1991)、医务人员(health-care providers, Gendrop, 1996)，还有大学生(Baughman & Mumford, 1995; Harrington, 1975; Hyman, 1964; Kasof, in press; Mumford、Mobley、Uhlman、Reiter-Palmon & Doares, 1991; Mumford、Reiter-Palmon & Redmond, 1994)。从这一点来看，存在一种对许多实验结果的交叉验证。比如，在信息操纵过程中提供的程序性知识看来对不同的人群都有帮助。

在实验研究中有一类人群根本就一直被忽视了。我们指的是杰出的创造性人物。这些人物在更伟大的创造性文学作品中的确吸引了大量的注意。他

---

① 这一研究的一个有趣的特性是，创造性的工作是一种干扰因素。本章所回顾的大多数研究都是对创造力进行评估——把它作为因变量对待。在其他研究中，比如维克斯特洛姆等人(Wikstrom et al., 1994)以及彭尼贝克尔、基科特-格雷色和格雷色(Pennebaker、Kiecolt-Glaser & Glaser, 1997)的研究，其研究的兴趣在于创造性努力的效果。而且确实发现有令人激动的效果。比如彭尼贝克尔报告说，经常写作会促进免疫功能的显著改善。

们代表着“真正的创造力”。对他们的创造力我们毫不怀疑;他们已经展示了自己的创造力,而且经常如此,因此他们的作品通常都能经受时间的考验。从实验的角度看,杰出人物表现出的这类创造力,其效度是毫无疑问的。对此,人们已经达成了广泛的一致。但是这里要再一次提出,事实上,在实验研究中杰出人物是被忽视了的。这里再一次套用行话,这就叫取样偏差。

加强控制的问题

毋庸置疑,在硬科学(hard science)研究中使用了比在创造力实验中更为复杂的控制(control)。在硬科学研究中,借助于(实验室)装置和样品,一个典型的实验可能需要保证大量潜在的混淆变量保持恒定或者剔除这些变量。在创造力研究中,对混淆变量的控制通常仅仅涉及被试的匹配,取样,或许还包括收集(或调查)被试的背景信息等。我们的“控制”偶尔会涉及实验设备(如 Jausovec & Bakracevic, 1995; Ward, 1969),但一般说来,控制都是不够强有力的。真正的实验研究很少控制噪音、光线和其他感觉分心物。大多数关于创造力的研究差不多都应该算做准实验。

在设计创造力的实验时应该考虑再加上一些其他的控制。然而,这一点需要考虑到本章所提及到的内部效度和外部效度之间的权衡问题。这是因为,创造力需要个体身上的某些自发性。内部动机、个人的选择和时间的扩展阶段等同样也是创造力研究所需要的东西(Gruber, 1981、1988; Runco、Johnson & Gaynor, in press),而其中的每一项都有可能由于大量的实验外部控制而被排除了。或许创造力不能通过受控制太多的实验设计来研究。过度的控制可能会使得被调查的行为偏离创造性行为本身的轨道。因此,实验研究要么选择对实验进行严格的控制,要么选择创造性行为所需要的自发性和内部动机。目前在实验研究中流行适度的控制(即不是广泛而全面的控制),这或许正好反映了人们对保留自发性创造性行为的期望。

就现有的创造力研究,大多数的过度控制已经存在于所谓操作性实验研究中了。这正是前面我们所提到的为什么说从传统的实验角度来看,对新颖又可观察的行为(比如,Pryor et al., 1969)进行研究是最有前景的。这些实验不但把焦点放在新颖性和可观察的行为上,而且对新颖性的定义也十分客观,符合统计规律。他们同样也采用传统的实验设计,例如,应用了多项基线(multiple baselines),从而可以获得更可靠的推论。但即使如此,人们仍然有可能对新颖行为是不是真正的创造力提出质疑。

事实上,实验研究中存在的最普遍的质疑主要集中在因变量及其预测效度上。因变量——创造力的指标——与自然情景中创造力的关系究竟如何?乐观一点的观点认为,创造力是由这些因变量构成的:它们或许是创造力复杂体的一个组件,或至少是创造力潜能的一个指标,其前提假设是良好的环境可以让创造的潜力得以完全实现并最终以真正的创造力形式表现出来。悲观一点的观点认为,因变量只是实验时所发现的某一种创造力的一个指标,而且同样的行为不可能在自然状态的环境中出现或在自然状态的环境中没有任何用处。从这一悲观观点可以推断,在创造力的实验研究中控制得太多将导致其缺少外部效度。

由海曼(Hyman, 1964)、奇安德和伦克(Chand & Runck, 1992)以及伦克和巴萨德(Runco & Basadur, 1993),采用的现实的发散性思维问题,后来被发展成用来评估在自然情景下与此类似的行为的工具(参见 Baltes & Smith, 1990; Heinzen, 1989)。当然,要提高实验结果的外部效度,在实验研究中还有大量的工作要做。这就是为什么我们前面提到泛化(generalization)和保持(maintenance)的原因。

信息的操控和问题解决

许多实验研究都依赖于某些类型的对信息的操控。例如,外部指导语可以操控所提供的信息,在其他不同的实验研究中,提示、线索、暗示和策略也一样可以操控提供给被试的信息。在有关冲突的实验研究中(James, 1995; Sheldon, 1995),实验组和控制组被试就是根据他们所获得的信息来确定的。即使是在注意研究中(Kasof, in press)作为自变量的噪音的可理解性,也是准确理解的,因为它包含了可感知可解释的信息。操控信息的广泛流行暗示着我们有必要尽可能地了解信息的影响。

很有可能许多干扰因素是信息形式的,因为实验研究中的客观性很难保证,而对信息的操控有助于实验研究经得住测评。毕竟,一旦信息给出,我们很容易对操控的效果进行预言和判断。我们期望被试会知道得更多,而且被试行为上的改变可以直接而简单地通过引入新知识来解释(新知识可能包括陈述性知识、事实性知识和程序性知识,或称技能)。这样,就和不使用外在信息时的干扰因素形成直接对照。如果操控的信息不是一种容易清楚表达的信息,那么要预测、评估和解释其效果就非常困难了。例如,在操控冲突的研究中,先让被试处在一个紧张的环境下,然后再评估其影响效果。这种影响可能是情绪上的;此时实验者可能会发现自己处于这样一种境地,即必须用言语性评价工具来评估非言语性的结果,或者要解释其结果的唯一选择就是做出较弱的推论——远远脱离客观事实的推论。在这里请记住:在研究情绪的时候,潜在的过程(比如,唤醒和注意)经常被用来解释真正的加工。问题是现在有很多研究中都正使用着信息操控技术,因为它们完全满足实验方法所提出的假设条件。这些做法可能会使创造力研究具有严重的局限性,至少在理解创造力是否依赖于非言语的(或前言语的)过程这一点上是这样的(比如,Smith, 1990; Tweney, 1996)。

对自变量的处理不依赖于信息的呈现或缺乏,这类研究最好的例子或许要算把艺术当作一种干扰因素的研究(Wikstrom 等,1994)和关于知觉起源的工作(Smith, 1990; Smith & Van der Meer, 1994)。即便在这些领域的研究中,我们也可能会推测在干扰因素中存在某种非言语的、前言语的或符号的信息的贡献,而很可能用情绪体验的方式就可以更好地解释这种效果。

这些将艺术作为一种干扰因素的研究也很重要,因为它们代表了唯一一种以创造力为自变量的研究方法。或许,创造力是某种环境和情感状态的产物——回顾一下所有使用过创造力的各种指标作为因变量的研究——但是同样也可以说,某种情感状态也可能是创造力的产物(Rothenberg, 1990; Runco & Richards, 1998)。然而对这一点,目前的研究几乎是一片空白,除了关于艺术效果的研究可能对此做了一定的工作之外。

除了对信息进行操纵的研究存在潜在的偏差之外,还存在一种趋势就是,将研究的焦点集中在要求被试进行问题解决时对因变量的测量。在创造力的实验研究中,使用得最多的测量因变量的方法好像仅涉及某些类型的问题解决,这或许是因为如果采用问题解决任务,对"成功"进行操作定义就显得相对容易。经常,选用的问题都是经过特意设计的,对其答案的数量、质量和反应很容易评估。然而,有一个问题需要考虑,我们需要创造力的各个方面的行为样本,而且我们在此是正确的,但事实是,对问题解决的评估在创造力的研究中占有绝对的优势。在本章的前面部分,我们在提到内容效度的时候同时也提到了这个问题。正如一份拙劣的考卷所选用的问题只涉及那些书面上容易表达的材料,一个糟糕的实验研究所考察的创造力只是那些容易评估的创造力(比如,问题解决),而忽略了其他形式的创造力。

问题解决的确与某些类型的创造性工作有关,但创造力并不一定总是需要问题解决的,并且创造性的问题解决应该和其他类型的问题解决有所区别。贾索维克和巴克拉塞维克(Jausovec & Bakracevic, 1995)、梅特卡夫(Metcalfe, 1986),还有伦克和艾伯特(Runco & Albert, 1985)都发现,不同类型的问题之间存在显著差异,如果不同种类的问题对个体的认知、情感或生理上的需求差别很大,或者结构有所不同,或者缺这缺那,那么它们与创造力的关系就很可能有很大区别。正因为如此,并不是所有的有关问题解决的工作都同等程度地适合创造力的研究。

一般说来,创造性的问题解决多半发生在所选任务是开放式的,并允许独创性存在的时候。发散性思维测验就是在这种观点的指导下发展起来的,而且经常被用于关于创造性的研究中(比如,Guilford, 1968; Runco, 1991、1992a)。当然,发散性思维测验远远没有达到能够完美地测量真正的创造力的程度。它们只能对个体创造性思维的潜能进行有用的评估,而且其重点应该在"评估"和"潜能"(顺便提一下,在实验研究中描述所选用的指标的时候,这也是一种很好的方法:把创造力定义成一种潜能,并且估计它在自然环境中可能的表现;而它事实上在自然环境中是否真的会出现则是另外一个问题)。

既然并不是解决任何问题都需要创造力,所以我们可以这样说:并不是所有的问题解决都体现了创造力。问题解决或许是一种特殊类型的创造力,或者说创造力是一种特殊类型的问题解决。这两种观点都可以在文献中找到(Runco, 1994b)。第一种观点,即认为问题解决是创造力的一种类型,支持其实验的研究认为创造力是一种自我实现或自我表达(Maslow, 1971; Rogers, 1961; Runco、Ebersole & Mraz, 1991)。对这一观点的反驳者认为,创造力的表达仍然涉及了某些问题,即使是个人的问题。这些观点之间的差别在于对问题是如何定义的(Runco, 1994b)。比如,艺术家在实验时就很有可能会从策略上偏离某些主题和技术。他或她很可能不关心别人认为的问题、困难和种种障碍,即使那确实是一种障碍。然而,如果某个障碍在艺术品中消除了的话,那么它也是一种形式的问题解决(应该注意,某些问题是个人定义,换一种说法就是,个体差异、内部动机以及对经历的特殊理解都是十分重要的)。

对这一观点的另一个支持来自关于问题发现的研究,它们指出创造力不只是问题解决(Jay & Perkins, in press; Runco, 1994b)。这里的逻辑是,创造性的顿悟往往出现在某个问题被发现或被定义的时候,而不仅仅在问题的解决方法形成之时。许多关于轶事趣闻的报告也指明了这一方向,并且许多研究已经成功地定义了问题产生(Chand & Runco, 1992)、问题构建(Mumford 等, 1994)、问题提出(Moore, 1994)和问题发现(Csikszentmihalyi, in press)。其中,任意一个步骤都先于问题解决。奇安德和伦克(Chand & Runco, 1992)以及奇可森特米海依(in press)就问题发现和问题解决之间的差别提供了实证性的证据。而盖茨尔斯(Getzels, 1975)则大胆预言:答案的创造性取决于所要解决的问题的创造性。

补充的实验和非实验研究

即使在复杂的创造力的某些部分或特性不能用实验法来研究,我们仍然有可能全面理解复杂的创造力。之所以这样说是因为,创造力的实验研究中有许多方式可以进行非实验性的研究——反之亦然。下面这些例子可以说明在创造力的实验性研究中如何进行非实验性的研究。

- 关于指导语和偶然事件的实验研究很容易适用于教育的、认知的和发展的研究。例如,赫尼塞和兹科斯基(Zbikowski, 1993)就指出,儿童可以对报酬带来的负面影响产生"免疫力",从而使消极影响降至最低。这种免疫作用包括讨论和建模,从而明确如何让自己"远离偶然的报酬"并把注意集中在内部动机上。
- 关于顿悟的实验研究,在某些方面跟格鲁伯报告的个案研究(Gruber, 1998,参见 Davis et al., in press; Wallace & Gruber, 1989)和计算机模拟(参见 Holmes, 1996)的结果是一致的。例如,格鲁伯(Gruber, 1981)对历史上伟大的发现者的调查结果和威斯伯格、Mba(Weisbery & Alba, 1981)的实验发现是一致的。格鲁伯也发现创造是一个渐进的过程,而不是一个突变,这对传统的学习和信息获取有很好的提示作用。从格鲁伯(Gruber, 1981)的观点来看,顿悟不是突然的,而是长时间的,它需要很多思考、体验和酝酿(参见 Wallace, 1992)。
- 我们可以再次提到使用现实问题的实验研究,因为它对个体差异的心理测量学研究是一个很好的补充。正如前面提到的,某些个体差异能够影响被试对外部指导语提供的信息的使用。就情景认知(situated cognition)的好处所进行的认知研究(Greeno, 1989),对现实问题的心理测量学研究和实验研究都是很好的补充。

● 实验研究证明,广泛地注意广度似乎可以引发发散性思维,继而便是独创性思想的产生(Kasof, in press),这个结果同时还得到了来自创造性科学家的自我报告的支持(Chiselin、Rompel & Taylor, 1964)。自我报告表明,在问题解决的早期阶段对问题进行全局的把握是十分重要的。从这些观点看来,它有点像"头脑风暴"(brainstorming)中把各种可能性都考虑进来的做法,从而为另外的补充研究提出建议(Rickards & deCock, in press)。观察研究表明,信息丰富的环境有助于儿童的发散性思维(Ward, 1969),但是这种情况只有在他们能够将注意力分散在各个不同方向时才有可能出现。

● 关于压力的研究与外部指导语有很大关系,因为指导语提供的信息对不同的个体会有不同的影响。个体将对信息构建自己的理解,正如他们对待潜在压力源一样[这一点可以解释为什么"客观事件"和"争论"(hassles)、"感觉到的压力"(perceived)与"主观压力"(subjective stress)之间会存在很大的不同]。其他一些有用的个体差异的测量方法在关于认知风格的研究中涉及(Martinsen, 1995; Martinsen & Kaufmann, 1991),还有卡索夫使用的特质测量。

实验研究的应用和未来的研究

前面已经提到了实验研究的几种实际应用。例如,外部指导语在教育领域有其明显的应用价值。这些指导的效果在许多人群中都已经有所体现,而且适度的控制表明,它对创造性思维的特定维度有特殊的效果,如思维的流畅性、独创性和灵活性(Runco & Oknda, 1991)。虽然实验时需要考虑个体或组间差异的存在(see Houtz、Jambor、Cifone & Lewis, 1989; Runco, 1986),但是我们仍然强烈建议教师提供程序性知识和各种策略,目的是提高学生们的知识基础,从而增加学生们以独创性的方式来解决问题的可能性。

在以后的研究中,应该把指导语对态度的影响效果分离出来(参见Hyman, 1964; Runco & Basadur, 1993)。对信息的实验处理给被试提供了问题解决的程序性知识和策略,这是有可能的,但是同样可能发生的是,实验处理导致态度的变化,而态度的改变反过来影响被试的表现,而且这种影响甚至比信息本身产生的影响更大。这种实验处理的整体影响(称为霍桑效应,Rosnow & Rosenthal, 1997)并不少见,而且在本研究领域确实是可能存在的,因为,正如前面提到的,态度是创造力复合体中最敏感又是最有可塑性的一个因素(Davis, 1992)。应该进行一些研究来考察,指导语的效果产生的原因究竟是因为知识的增加,还是态度的改变,亦或二者同时存在。心理学领域的研究结果提示两者是同时存在的(Basadur et al., 1990; Runco & Basadur, 1993),无论如何,这个问题的确是实验研究最有能力回答的多变量问题。

当然,教育工作者也应该意识到紧张和压力对创造性思维的影响(Hennessey, 1989; Smith et al., 1990)。对课堂的关注可能会引导教师进行时间管理,但是他们也应该意识到这对创造力的潜在影响。与此相关的概念是"最优化"(Runco & Sakamoto, 1996): 过多的约束和过分的组织可能会妨碍学生的创造性思维,但老师们也不能因此就走向相反的另外一个极端。

操作性研究也有其明确的应用。事实上,其中某些实验研究本身就是以儿童为对象的,而且使用的是有意义的目标行为。必须承认,动机和结果会分散个体的注意力,迫使他或她去思考一些其他事情,而不考虑那些产品或能够产生该产品的过程,但是,它却有可能是来得最快的东西: 如果个体具有创造的内部动机,作为为他/她服务的人们——父母、老师和监护人——就没有必要冒险去破坏这种动机。但如果个体本身没有内部动机,那么通过强化来鼓励个体的新颖行为,或者这种努力,就显得更有意义。虽然在自然状态的环境中,内部和外部动机都有可能会影响创造性行为(Rubenson & Runco, 1992; Runco, 1993、1994c),但上面的描述可以解释为什么实验研究会得出不同的结果①。

还有一种类型的应用,是关于视频、音频和文本信息的比较研究的。设计三种媒体的实验研究实际上是为了给电视研究提供参考信息,来自设计得最好的一些研究的结果表明,视频信息可能会导致独立的、创造性思维的可选择余地缩至最小。这一结果反过来建议家长应该和孩子们一起看电视,一起讨论正在观看的节目,甚至监督孩子们看电视的时间长短。看电视是一个大家一致关心的问题,除了因为它可能会缩小选择范围之外,还有一个原因是因为它取代了孩子们其他健康而有意义的活动(Sneed & Runco, 1992)。

结论

某些关于创造力的实验研究看起来似乎很不符合常规,即使用准实验的标准来看也是如此。然而,它的主题是创造力,因而,采用实验的方法来进行一些实验,敢于突破传统,或调整这些方法以适合这个主题,这些做法都是可以理解的。别忘了,实验的结果只适合于这一主题众多方面的一个方面。前面我们已经提到过,在有关创造力的实验研究的结果和非实验性研究的发现之间存在着某种程度的一致性。如果一个领域能够接受各方观点的补充,那么它一定能够继续发展下去。完全不同的方法所提供的不同的观点,可以促

① 或许,对有关创造力的其他不一致的地方同样可以这么说。比如,在操作性研究中,竞争被用来引发人们的创造性行为(Clover & Gary, 1976),但它同样也被用来制造压力和考试焦虑,从而阻碍创造性行为(Smith et al., 1990)。而且这种压力可能真的会阻碍某些创造性的努力,但后来有些创造者似乎经受住了这种挑战(Mumford, 1984)。所以,正如内部动机和外部动机在自然状态的环境中对创造力都有贡献一样,竞争和压力也都有可能同时具有促进创造力或阻碍创造力的潜力,这取决于信息的接受者和当时的环境。

使人们对此领域获得一个较深的理解。我们同时也建议应该更加重视对创造力的实验研究进行重复。从这一点来看,许多准实验研究可以视为是探索性研究,对其结果的证实可以从更多的常规实验中获得。对我们来说,创造力的实验研究看起来已经包括了复杂的创造力中相当大的特质和成分的范围,但是毫无疑问,还有更多的工作需要我们去做。

第5章　用个案研究法和进化系统观理解工作中具有独特创造性的人[①]

霍华德·E. 格鲁伯　多里斯·B. 华莱士

导　言

以进化系统观进行个案研究的方法有三个指导思想：创造性人物是独特的，发展的变化是多维度的，创造性人物是一个进化系统。创造性人物所必需的独特性实际上抵制人们把心理描述还原为固定的一组维度。创造性人物不是那些在既定的路线上轻易“冒进的”人：她或他是以不可预料的形式表现出独特性的。确实，或许永远也不可能多归纳出几条创造人物相似的普遍性。

不幸的是，在发展理论中对心理变化的普遍看法认为，变化是一种单线性的、累积性的、可预测的和不可逆的发展，符合物种普适的标准次序。然而，对于那些采用进化系统观的研究者来说，发展并不限于单一线性的路径，因为，一个进化系统不是以线性的因果顺序来运转的，而是在其历史的任一阶段都表现为多原因的方式，而且，在系统内各元素之间及有机体与外部环境之间存在着交互作用。无论这种变化是不是累积性的，在结构上是不是发展的，研究

① 我们感谢我们的一些同事，他们所写的博士论文构成了本文的支持性结构的一部分。他们是：Richard Brower、Camille Burns、Chantal Bruchez-Hall、Anne Coddington、Ruth Daniels、Sara Davis、Nancy Ferrara、Donald Hovey、Linda Jeffrey、Robert Keegan、Roberta Mitchell、Martha Moore-Russell、Jeffrey Osowski、Alan Schwartz、Laura Tahir、Fernando Vidal、Doris Wallace、Crystal Woodward & Marta Zahaykevich。

者都必须在每一种情况下对之加以梳理。

因此,创造性人物的进化系统是多原因和不可预测的,也就是独特的。不可预测的意思是说,人们不能准确地知道一个艺术家将要创作的下一个作品是什么,也不能预告在艺术或科学方面下一个革命性的理论是什么。可预测性也许只是一个假设。非凡的创造性是不可预测的。生物学家永远也不知道如何预测骆驼的进化;但当面对骆驼并被告知其在进化的生物圈系统的位置时,他们有望理解其进化的显著特征。借助于受过良好教育的事后聪明(hindsight),我们或许能够理解为了应对生态压力的变化而产生的各种解决方案。有了足够的洞察力,我们或许能够做出暂时的"预测",如:

> 某一特定的生物如果不迁徙到气候凉爽的地带就将灭绝;
>
> 或者,
>
> 如果没有根本解决汽车污染问题的创造性方案,工业社会将会自我窒息。

在创造力研究中,作为强调预测和控制的方法论要求的一种备择方案,我们提出兼顾两者的方法:对每一个案做详细分析甚至有时做叙述性描述,同时力图把每一个案理解成独特的功能运作系统。

方法论的问题从来不只局限于探寻方法本身。在更深的层面上它们总是或隐或现地与关于知识和真理的本质信念有关。正如形式和内容是不可分的一样,认识的欲望潜伏在任何地方。尽管如此,我们的任务是要尽可能地解决这些问题。有各种有用的策略可用于组织一个创造性个案的研究。本文意在指出一条路线,实际上也许就是研究追寻的路线。然而,应该说明的是,我们不是在寻找什么能使创造力发生的魔法;我们也不是在寻找创造力的起源或创造性人格的单一模型。相反,我们想了解创造性的工作是如何运作的。当人们变得有创造性时,他们在做什么?创造性人物在做以前从未做过的事情时,他们又是如何分配资源的?

什么是创造性个案?我们所说的创造性的工作是指什么?像其他大多数的创造力定义一样,我们的定义包括新颖性和价值:创造性产品必须是新的而且按照某些外部标准被赋予价值。但我们要加上第三个标准,意图或目的——创造性的产品是有目的行为的结果;以及第四个标准,持续时间——创造性人物要花很多时间来完成艰巨的任务(事实上,他们的抱负和目的常常比他们的生命还长)。创造性工作估计需要很长时间,几个月、几年甚至几十年都有可能。贝多芬(Beethoven)曾经说过下面的话:

> 在我把它们写下来之前,想法常常很长时间在我的脑子里。我敢肯定……我不会忘记(一个主题旋律),即使很多年以后也不会。我会改变一些事情,丢掉另一些东西,一再尝试,直到自己满意;然后,在我的头脑里进一步完善这个工作……主要的想法不会弃我而去。它在上升,它在长大。我能听到并从每一个角度看到它的形象就在我的面前(Hamburger, 1952, p.194)。

持续性标准(criterion of duration)赋予目的性标准(criterion of purpose)以特殊的意义,使创造性工作随着时间的推移而拓展,并捕捉到创造性的生活观念。过一种有创造性的生活是一个创造性人物的愿望。

目的性和持续性都假设创造性工作是一个固有的时间过程,两者之中隐含了难度这个概念。如果一个特定的创造性工作是简单而明显的,我们就不认为它有什么特别的创造性,毕竟很多人都能做到。如果没有什么约束,那么,产生新颖性可能并不困难。要完成具有创造性的产品,部分的困难是要使它与人类的目的相符,与其所在的社会和文化相符。创造性人物在开始时的想法可能很狂乱。随后,在个人的领域内,变得熟悉而不再是狂乱的了。但是,要产生效果,创造者必须触及标准和其他人的信念,只有这样,产品才能被人接纳和喜爱。

即使是一个很超前的人,或多或少也需要参与一些社团活动和与人联系。例如,在达尔文最隐秘的年代(the most secretive years),他使自己孤立于科学团体,但这种孤立只限于他所做的与进化论有关的工作。在这一时期,在其他方面,他在科学界把自己安置得很好,在专业团体中有一个办公室,在学术会议上发表论文,并与生物学不同分支的专家们合作(见 Gruber, 1971/1981)。

爱因斯坦也是一个例子。在他为狭义相对论而工作的那些年里,他经常与一个自称是“奥林匹亚科学院”的非正式的三人小组会面。他们通常在爱因斯坦的寓所聚会,谈天说地,尤其是爱因斯坦的理论。

更近些时候,有一个有关物理学家兼数学家弗里曼·戴森(Freeman dyson)的故事。当他发现物理学界包括那些最聪明的成员都很难理解理查德·费曼(Richard Feynman)解决量子电动力学的问题所用的非正统方法时,他充当了桥梁的作用:他坚定地与费曼合作了好几个月,直到他掌握了费曼的图表视觉(diagrammatic-visual)方法并把它传达给其他更喜欢代数的人(Dyson, 1979; Schweber, 1994)。

当创造者与其他人之间的差距太大时,可能有两种最主要的策略:修改工作使之更能被接受或教会那些有潜能的听众以便让更多的人接受。这两种策略都是要根据当前的情况告诉别人关于将来的事。

历史、理论和方法

要想了解我们的方法在可能的方法论家族中所处的位置,我们需要做一概述。需要提到的一个例外就是大家所熟知的心理传记(psychobiography)。我们省略这个方面是因为它主要涉及一个人的人格和社会关系。我们提到这一评论其意图不是为了批评,而只是我们认可创造性过程研究和认可工作中的创造性人物的研究的一个逻辑结果。在我们的一些文章中,我们称自己的工作为"认知个案研究",并没有排斥审美的、情感的和道德的问题,而只是想避免给人留下心理传记作家的印象。

1950年通常被看作是在心理学长期寄居于行为主义的沙漠之后创造力研究重新焕发青春之时。那一年,吉尔福特(Guilford, 1950)发表了美国心理学会主席的就职演说,提出了研究创造性人物的能力和其他特征的心理测量法和因素分析法。通过建构一些创造力测验,并进行大样本测验,使因素分析成为可能。于是一些因素被发现了。因此,吉尔福特的方法集中在能力组成及对这些能力的相关性研究上,在这些研究中的一个基本假设是,被试具有的某一能力越多,他就越有可能具有总体的创造力。从大量的研究中抽取出的一个主要能力是"发散性思维"。在此,无须多言,我们至少可以说出三点内容:第一,几十年以后也很少有显著的证据表明高创造性的人与发散性思维有关(Barron & Harrington, 1981);第二,不能证明产生许多想法的能力与产生很少但却是上乘想法的能力之间有什么关系;第三,有个问题仍然悬而未决:工作中的创造性人物是如何用其才能来产生想法的?进一步的讨论参见奥奇斯(Ochse, 1990)和威斯伯格(Weisberg, 1993)。

我们的方法与因素分析法之间的区别在于,我们的"因素"是从实际创造者的言行中抽取出来的。描述能做到既是分析的又是整合的吗?是的,就如在维特海默(Wertheimer)的知觉组织定律公式中,如接近律、相似律和共同命运律(common fate)这些东西一样。为了使描述是整体性的又不致空洞,必须运用一些统计工具。

在吉尔福特的主席演说的前5年,格式塔心理学的创始人之一马克斯·维特海默出版了他那本酝酿许久的书,《产生式思维》(*Productive Thinking*, 1945)。该书论述了7个例子,每个例子占一章。其中三个例子,高斯、伽利略和爱因斯坦,是最高层次的创造性思考者。对于问题解决,维特海默强调知觉类比,运用结构概念例如转换、再聚焦、填补空白和图形-背景转换。借鉴该理论的非格式塔学者常常强调突然的顿悟,即所谓的格式塔开关(Gestalt switch)。作为对格式塔理论的一种刻画,这种做法有一些小小的误导。例如,维特海默在处理爱因斯坦(他认识爱因斯坦并做了采访)在 9 年中逐渐形成狭义相对论的过程时,将这一过程描写为 10 个阶段,其中有很多问题仍悬而未决。维特海默的观点强调结构性转换随时间而扩展的看法与我们的结构主义观点相似。A. I. 米勒(Miller, 1984)对此做出了更全面和更历史性的论述,但其基调仍与格式塔理论的主要方面相同。

尽管有深层的差异,吉尔福特和维特海默有一点却是共同的,即完全关注问题解决。有一个早期的传统,该传统的代表是铁钦纳的《思想过程的实验心理学演讲录》(*Lectures on the Experimental Psychology of the Thought Processes*, Titchener, 1909),该书重点强调思维的经验性方面,如视觉表象或对问题状态的感觉。随着行为主义的兴起,这些经验性的研究和现象学的研究逐渐隐退。近年来,对内部体验的兴趣逐渐回升,如特别强调视觉表象。然而,有关这些过程在创造性工作中的作用了解得不很具体。从所有这些情况可以看出,在创造力研究中,理论与方法之间具有密切的关系。实际上,几乎可以这么说,从某种意义上来看,方法就是理论,理论决定了什么被认为是重要和值得研究的。

每一种重要的理论观点都有其方法论的承诺和对测量的态度。在因素分析的研究方法中,测量是关键。其指导思想是,存在着的一切事物都以某种量存在,因此是可以被测量的。但是,所采取的实际立场更强硬:每一种重要的东西都应该被测量。

而在格式塔式的研究方法中,测量几乎不会出现。关键的关注点是要理解被试所面临的情境的结构,并理解创造者是如何通过一系列类似于前面所提到的那种知觉现象的步骤对情境进行转换的。尽管格式塔学派强调结构,但他们通常不能被归入“结构主义”学派。后者关心的是出现在各种情境中的结构,就好像这些结构存在于思考着的主体的头脑中,可以从某一种情境被带到另一种情境那样,由此就提出转换-情境的常模。而另一方面,格式塔派学者则强调结构是在种种情境之内被发现的,是通过进入内部而发现的,而不是通过站在外面或上面来发现的,它们直接“从思考者的内心运动到物体的内心,到其问题的内心”(Wertheimer, 1945, p.236)。

结构主义者有时也被称为建构主义者、现象遗传论者(epigeneticists)或发展论者,他们与格式塔主义者之间有着密切的关系,只有早先提到过的一个主要差异。确实,皮亚杰喜欢说,他在发现发展的问题之前,几乎成为格式塔主义者。或许可以说,维特海默倾向于更深入地探究少数的任务或问题,而结构主义者却想发现更一般性的常模,因此就必然要考察一个给定的类别中的许多问题(如处理空间、时间、因果性和机会)。当然,主要的差别在于,皮亚杰深刻地考虑发展的问题,而格式塔主义者,由于其根本性的观点是在知觉情境中形成的,所以倾向于忽略发展的问题。

在方法论方面,皮亚杰工作的最显著的特点是他对“临床法”的运用。首先,这意味着,围绕着研究者所选择的认知任务,进行深入访谈。要求儿童解决一些问题,并询问和观察他/她在解决问题时的思维过程。这一点除了更关心探索过程而不是“这个”解决方案以外,与其他问题解决的研究者没有太大的区别。这在金斯伯格(Ginsburg, 1997)的一本题为《走进儿童的心灵:心理学研究和实践中的临床访谈》(*Entering the Child's Mind: The Clinical Interview in Psychological Research and Practice*)的书中有很好的表述。

但是,除了单独访谈,临床法还有另一个特征。典型的情况是,在皮亚杰学派中,一群研究者在从事10~20个相关的问题或实验。这对结构主义的研究方法来说是必要的,因为他们的目的与其说是要找出儿童是如何解决这个或那个问题的,不如说是想理解制约整类任务的认知结构,结构的发展就是为了这些的。我们认为此工作与我们关于创造性思维的工作有密切关系;确实,有些人也许会主张,儿童发现一些概念,如改变形状时的物质守恒,与阿基米德(Archimedes)的著名的洗澡例子一样有创造性。皮亚杰自己有时也说儿童期是人生中最有创造性的阶段。

皮亚杰的发展主义与我们用个案研究法去详细阐述进化系统观,这两者之间的区别就在于我们的兴趣在于个体。皮亚杰可能认为,他的目的是要超越心理学的个体,以获得“认识的主体”,或任何认识系统都必须发展的一组制约性常模。在 1975 年的一次访谈中皮亚杰这样说道:

> 总之——我惭愧地说,我不是其的对各个个体、对特定的个体感兴趣,我感兴趣的是智力和知识的一般性发展,而心理分析本质上则是对个别情境、个别问题的分析(Bringuier, 1977/1980, p.86)。

对个体缺乏兴趣,这体现在他的整个研究工作中,而不只在于这样一个简单的事实,即参加皮亚杰的实验的每个孩子都只参加一次。他不曾做出任何努力,去刻画个体的持久特征或关注点,或试图绘出某个个体实际的发展道路。而这当然正是我们的焦点和重心,由此导致了我们运用个案研究法和进化系统观。

对创造性过程的兴趣要求我们对抓住的每一个案都做深入的考察。虽然皮亚杰和类似的结构主义者可能忽略个体赖以发展的更广阔的情境,但我们却发现密切关注这一点是必要的而且是令人激动的——但同时我们又不会忽视我们所关心的这个问题:每一个有创造性的人是如何进行创造的?并且,还必须补充一点,在我们的工作中,一组情境,就已经是我们能够从其他研究创造力的方法中学到的全部。富兰克林(Franklin, 1994)对 7 位女性艺术家的研究,是一项杰出的贡献。该项研究持续有 7 年之久,可以说明这种对某一创造性个体的长时间关注,就可以看到并捕捉住所走的发展道路。与那种认为所有的发展过程都符合唯一一组阶段的看法相反,富兰克林发现有“三种变化模式:生成式问题解决(generative problem solving)、聚焦探索(focused exploration)和聚合流(converging streams)”(p.172)。这里的要点不是让人欢呼一种新的正统,主张只有这三类发展途径;而是要鼓励人们寻找更广泛的研究,找到各种类型的途径,并且即使是在一组相互之间有许多共性的女性艺术家中也可以发现有那么多差异。

在理论意图和方法论的研究道路上类似的研究是格鲁伯(Gruber, 1974/

1981)对达尔文的研究、华莱士和格鲁伯的12个认知个案研究集(1989)以及就此进行深入研究并以《成人发展杂志》(*Journal of Adult Development*)特刊形式出版的文集(详见Gruber, 1996),此外,还有在《创造力研究杂志》特刊中对10位科学家的研究(详见A. I. Miller, 1996)。本书也是跟踪赫尔姆斯对伯纳德(Bernard)、拉夫瓦雷(Lavoisier)和克莱普斯(Krebs)的细致研究的良好出发点。特别让人感兴趣的是《创造力研究杂志》的一本特刊,其中有五位诺贝尔生物学医学奖获得者以及生物学医学领域的其他一些人的自传报告(详见O'Reilly & Holmes, 1994)。当时,根据这些报告召开了一个专题研讨会,作为一名参加者,格鲁伯得到的印象是:在生物学医学领域中的发现过程完全不同于在物理学领域中的发现过程。

一般来说,刚才列出的研究具有共同的特征,即提供的背景信息很少,而且非常关注每一个体在各研究中所展现的创造过程的详尽结构。《科学激情》(*A Passion for Science*)是沃伯特和里查德(Wolpert & Richards, 1988)创作的文集,它有效地表明,在相对简要的研究中,是有可能坚持相同的发展过程的视角的。关于科学家的传记和一些自传正得到稳步的积累,其中确实有很多保持了纯个人论题和认知-创造性论题之间的平衡。我们只引用其中的一个,选它的部分原因是因为它的标题本身就说出了很多与我们的研究相关的内容:《对有机体的感情:色色拉·麦克林托克的生活和工作》(*A Feeling for the Organism: The Life and Work of Barbara McClintock*, Keller, 1983)。把我们的"有机体"当成是工作中创造性的人,这似乎就是说我们正在朝捕捉到这种感情的方向前进。

N=1或N=许多?

在多数情况下,"个案研究法"这一标题通常被用来表示那些只有一个中心人物,也就是 N=1 的研究。这有两个目的:第一,使任务更加切实可行,如果研究是关于创造者的工作的,很显然,了解一个创造者并充分描述他/她的工作要比一股脑抓住很多问题容易得多;第二,老实说,我们对颂扬个体及个人特色的想法感兴趣,要把他们从"物种特有的行为""钟形曲线"和"认识主体"这样的概念鸟笼中拯救出来。正如我们在后面所指出的,我们相信,这样尊重个体是可以做到的,无须失去对创造者根植于其社会情境的各种方式的洞察力。确实,单个个案的研究者有必要努力在这两极之间找到正确的运动方式。做出这样做的决定,不是因为问题的解决方案本身,而只是因为一个方法论上的提议。至少,有多少个案例就有多少种解决方案。

关键点实际上并不在于 N 的实际大小,而在于个案研究的塑造形式,这样它才能坚持最关注创造性的工作。而且,研究者必须凭借自身智慧的洞察力,选择某个个案或一些个案,换句话说,须凭借其充分理解工作本身价值的信心。

当然,在一些情况下,同时着手一个以上的个案对理解工作是必不可少的。居里夫妇、莱特兄弟、马克思和恩格斯、马克斯兄弟、英海尔德和皮亚杰、布拉克和毕加索、吉尔伯特和沙立文等都是亲密合作的典范。然后还有一些情况是开始独自努力后来汇合在一起的,如前面提到的费曼、戴森、施温格和朝永振一郎等人的工作;这个个案既有合作的方面(费曼和戴森),也有独立工作的流(flow)汇合在一起的方面(费曼、施温格和朝永振一郎)。

加德纳的工作(Gardner, 1993)代表了多个个案研究的另一基本原则。他运用两个主要标准选择七个个体。第一,选出代表他以前 7 种"智力"中的一种(Gardner, 1983);第二,所有这些个体都生活在一个相对集中的历史阶段,其生命历程从 1856 年(弗洛伊德是最早出生的)到 1973 年(毕加索是最后去世的)。其余的人是爱因斯坦、斯特拉文斯基、艾略特、格雷厄姆和甘地。这 7 个人互不相识,更没有在一起工作过。但加德纳认为,他们可以被视为现时代的缔造者。当然,加德纳并没有达到人们期望于一个学者在选择比较一组较为狭小的主题时所能达到的那种水平上,进一步深入到他们实际创造性工作的细节中。但尽管如此,他还是做到了既关注工作本身,又关注它的历史情境,还关注从事工作的创造性个人这几者之间的平衡。对这项工作的更详细考察参见格鲁伯(Gruber, 1996c)。

个案作为系统:人与环境

奇可森特米海依(Csikszentmihalyi, 1988)批评格鲁伯(Gruber, 1988)在关注发展中的人时忽略了一个无处不在和密不可分的部分,即发展中的环境。该批评有一定的道理,至少对于这篇1988年的文章来说是这样的。但在格鲁伯的代表作《达尔文论人类:对科学创造力的一项心理学研究》(*Darwin on Man: A Psychological Study of Scientific Creativity*, Gruber, 1974/1981)一书中,上述要求却可以说从制度的研究方法得到了充分的满足。在论“智力背景”的部分中,有一章是关于达尔文时代的主流意识形态的情况的,有一章是关于家庭在塑造他的世界观(Weltanschauung)方面的作用的,还有一章是关于达尔文的老师的,再有一章是关于公共知识(Public knowledge)和私人知识(Private knowledge)的关系的,这在达尔文的个案以及其他危险观念岌岌可危的个案中是非常重要的。这种公共-私人的关系被扩展成附录,补充到1981年版中,虽然在最初出版的著作中被略去了(Gruber, 1974/1981),但在以后的一个版本中得到进一步扩展(Gruber, 1994)。后期的版本更深入地讨论了达尔文和华莱士的关系,特别是在公共和私人知识方面他们的这种关系。

因此,在诸系统中把人当作一个系统处理时不只有一种方式。渗透在费尔德曼、奇可森特米海依和加德纳的研究工作(Feldman、Csikszentmihalyi & Gardner, 1994)中的三分法:领域(field)、专业(domain)和人——是非常有用的方法。格鲁伯把个体发展置于一组环境中,这组环境正好对应着制度框架,而个体又是在这种制度框架内发展起来的。确实,没有哪个制度是在不锈钢中铸造的。但尽管如此,制度的研究方法有一个优点,即在多数情况下制度是相对容易界定和鉴别的:家庭、学校、工作场所和社区,这些都构成良好的起点。然后,还有一些更微妙,有时也较短暂的制度形式,如欧洲学生的流浪生涯(Wanderjahr)和"无形学院"(invisible college),一些科学社会学家对此作了描述。

这种研究方法后来以"情境框架"(Contextual Frames)为题得到扩展。就目前而言,我们想强调的一点是,有多种方式都可以把一种创造性的生活安排在它所得以展现的社会性的各种情境组织中。卡尔·马克思现在可能已经不时髦了,但在不久以前对创造力与社会这个主题的讨论或许很可能就要涉及社会阶级。在达尔文这个个案中,社会阶层似乎特别有关系(见 Moore, 1985);但在爱因斯坦这个个案中,情况又不同。或者,正如马克思的合作者弗里德里希·恩格斯(Rriedrich Engels, 1894)就"社会历史"所说的:

> 因此,任何在该领域中着手追求那些纯粹的或绝对不可变动的、最后的和最终的真理的人都可能收获甚微,有的只是陈词滥调和最可怜的平庸。(p.104)

当然,一个人的陈词滥调可能是另一个人的福音,因此,恩格斯的忠告也许并不总是恰当的。而且,关键的一点仍然是:从事创造性个案研究的学者千万不要用对情境的考察替代对个案本质的深入研究。

量　表

设计个案研究中的另一个特点是量表问题。一些个案研究只关注个别作品,如安海姆(Arnheim, 1962)对毕加索的《格尔尼卡》(*Guernica*)的研究。选择这样的关注点可能需要很深的技术知识功底和很好的理解力,研究者必须试图彻底洞悉创造者的一举一动。另一个极端是广泛地研究全部作品,这要求研究者认识到创造者思想的总体动向,把握住其人生观,理解激励其完成全部作品的生活使命。个别作品和全部作品之间的这种区别通常不被人注意到,也更少被用来指导个案研究的设计。我们试探性地建议,每一个研究者在选择最富有成果的方向进行一项特定研究时,在选择过程中至少要尝试以下几个中心议题。

多 面 性

创造性工作总是多面性的。一个给定的方面是被归之于一个创造者的描述,还是被归之于研究者的描述,这之间是有差别的。但我们要记得保持一定的谦虚:我们意识到的任何方面都起源于创造者说的或做的事情,因此,也是创造者本人最可能意识到的事情。

有时候,有些方面依赖于其他的方面。因为系统的任何进一步的等级组织都可能是非常不稳定的,我们只好简单地把将要出现的方面按照它们出现的顺序编号。对这些方面的描述一定是不完全的,因此,任何一个个案研究都必须对要加以描述的方面作谨慎的选择。这些选择要考虑研究者的科学目标、个案的独特性和研究材料的有效性。这里我们考虑的方面与建议给学生们的那些方面非常相似。经验会塑造我们的计划并表明它本身适合于指导我们研究各种各样的创造性个案。

把对创造性个案的研究看作是由大量的不同方面所组成的,这种做法确实有不把个体看成一个整体的危险。这类似外科医生的裁决:"手术是成功的,但病人死了。"然而,从几个意义上说,我们的观点是整体主义的(holistic)。

第一,我们在处理每一方面时,我们的目标指向全体。例如,在处理创造者的目的时,我们用事业网络作为考虑他或她的全部事业的一种途径。第二,我们试图把多个方面放在一起处理它们的交互作用,因为只有在这些交互作用中我们才能重新捕捉到创造者的整体品质。第三,我们认为工作中的创造性人物是由三大子系统组成的,即知识、目的和情感,这样的观念迫使研究者把一个人作为一个整体来处理。这种松散结合的概念有助于这一整体论:各个成分是联系在一起的,但任何两个个案的结合方式都不同。因此,我们必须以他们独特的方式研究他们,并根据具体的细节去了解这个创造者与另一个有什么不同。第四,我们自己对发展有兴趣,并且我们坚持这样的主张,即创造性工作随时间的延伸,这便要求研究者考察不只是时间中的某一时刻的个案。这又导致把叙事建构成为任何个案研究的一个自然成分。

我们旨在达到的分析水平与生理学家的类似。首先研究身体的某个器官,然后研究该器官对相邻的其他器官起什么作用和受到其他器官的什么影响,也就是说,把身体从整体上作为一个系统。

随着我们讨论的深入,我们会遇到一些具体的方面,每一方面都很大,至少可以写一章,类似中枢神经系统、骨骼系统、内分泌系统等那样。有些方面讨论得多些,有些只是提一下。有些很恰当地处于前面提到的 3 个子系统,即知识、目的和情感中的这个或那个之内。另有一些是交叉的。例如,隐喻通常既是认知的表达也是情感的表达,正如布拉克的诗句所言:"愤怒的老虎比言听计从的马儿更智慧。"(Blake, 1790/1946, p.254)

第 1 个方面: 独特性

默瑞和科鲁克霍恩(Murray & Kluckhohn, 1950)主张,每个人都在某些方面像所有其他人,在某些方面像某些其他人,在某些方面又不像任何其他人,这被华莱士(Wallace, 1989a)分别称为 α、β 和 γ。但正是阿尔法、贝塔和伽玛的分布和构造，可以说是它们如何得到表征和纠缠，才构成整体的一个人以及这个人的个性和独特性，称为 ω。因此，当我们研究创造性的人物时，我们就是在研究 ω 的一些方面，而不只是 γ（不像任何其他人）。大多数对创造力的心理测量学研究试图鉴别出创造性人物所共有的特征。从我们的理论构架来看，他们关心的焦点是 β（像某些其他人）。不幸的是，这把一些重要的问题弄得模糊不清。诸如志向水平高、对工作着迷及良好的问题解决技能等特征，不仅可以在世界级的创造者身上观察到，而且也可以在许多穿法兰绒制服的公司职员身上看到。

第2个方面：梗概

个案研究法中的叙述必须包括一个梗概，即简要说明创造者的成就是什么及如何将该成就与其同时代的人在同一领域的工作进行比较。这里的要点不是要决定谁是“最伟大的”，而是要理解创造者所面临的困难，以及他或她是如何克服这些困难的。更有可能引出的问题是，是什么把话题导向了所讨论的工作，这项工作随后又发生了什么？这至少要涉及该个案人物的先驱者和后继者。或许，更重要的是论述这些历史运动所发生的一般性背景。

第3方面：信念系统

从对达尔文在航海期间信念演化系统的叙事中可以勾画出一个图式化（schematization）过程。正如图 5.1 所示，达尔文的信念系统从 1831 年到 1838 年经历了大约 4~5 个阶段的演化。在 1838 年，达尔文本人构建了一个在他探索可行的进化理论的早期阶段的不同图式。在笔记本 B 也就是他的第一个关于进化的笔记本中，在 36 页的顶部，他写下：“我认为”，随后紧跟着著名的自然进化的非规则树状分支图式结构（图 5.2）。

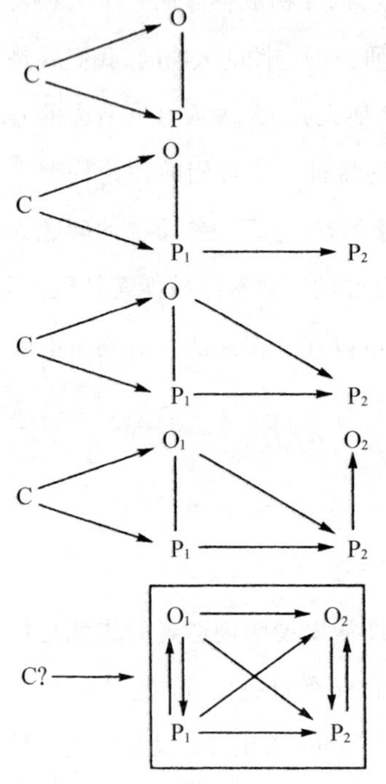

A. 1832 年以前：造物主创作了一个有机世界（O）和一个物质世界（P）；O 很好地适应了 P。

B. 1832~1834 年：在自然法则的支配下，物质世界持续不断地变化。赖伊尔（Lyell）的《地质学原理》（*Principles of Geology*）对此做了总结。在其他方面，B 类似于 A。

C. 1835 年：活的有机体的活动对物质世界的演化产生作用，例如珊瑚礁是由珊瑚组织形成的。在其他方面，C 类似于 B。

D. 1836~1837 年：如果适应继续保持，那么，物质世界的变化就预示着有机世界的变化；物质环境的直接作用导致一定的生物性适应。在其他方面，D 类似于 C。

E. 1838 年以后：物质世界和有机世界都在持续不断地演化并交互作用着。**造物主**，如果存在的话，可能创设了现有的自然体系，但他并不干涉其运转，只是在系统外部旁观。

图 5.1　1832~1838 年间，达尔文的变化着的世界观。在随贝格尔（Beagle）号航海及紧随其后的那些年里，达尔文的一般世界观经历了五个主要阶段的进化。引自格鲁伯（1974/1981，p.127）。

我们只拥有极少数个体思维的连续记载，达尔文的是其中的一个。尽管他没有在每一处都标明日期，但对我们来说，幸运的是他以一扎笔记本记录了他自己的想法和观察到的东西，并且自己编上页码。这就使人们有可能依次看到达尔文的树形图，了解其思维中的困惑及导致新构图的原因。他以两种模式记录他的思想：文字的和视觉图画的。虽然达尔文的手稿异常丰富，但我们相信，大多数创造者都会留下一些蛛丝马迹，足以使我们运用我们的事后聪明、才智和智慧来努力探索和理解这一切。个案的研究者应该足够大胆地去解释可利用的材料。

达尔文是在一种尊重牛顿的决定论的那种似乎是确定的、无所不包的和

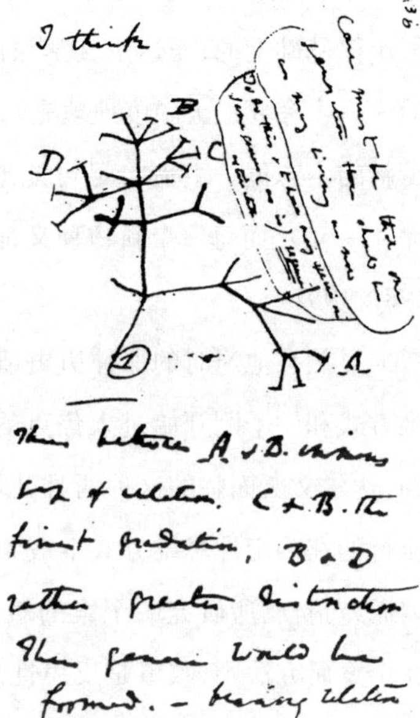

图 5.2　达尔文关于生命树的第三幅草图。达尔文关于进化的笔记始于 1837 年。第一和第二幅草图出现在第 26 页，这里给出的第三幅图则出现在第 36 页。这是更精细和更正式的一版《物种起源》(*Origin of Species*) 中所出现的唯一一幅草图，该书写于 21 年以后。选自剑桥大学图书馆。复制于 Gruber 1974/1981，p.143。

成功的决定论的知识气氛中工作的。这种态度提供了一种依靠一般法则的科学哲学，也提供了一种科学知识的体现形式，达尔文希望以这种形式把科学知识从物理科学推广到生物科学。在《物种起源》著名的最后一段中，达尔文表现了这一意图：

> 这种生命观是极其壮丽的，凭借它的几种力量，生命最初出现时只有少数几种形式或一种形式；然后，虽然这个行星按照固定不变的万有引力定律周而复始地运动，但从如此简单的一个开端出发，生命无穷无尽的、最漂亮和最奇妙的形式已经并且正在进化。(1859，p.490)

一方面，达尔文是这种决定论的主张者，而另一方面，他又是自然的一种替代性研究方法的主要创始人，既是概率论的，又是非决定论的。或者，按照施韦伯(Schweber)所提出的一种供选择的说法,牛顿学派的思想是建立在守恒定律基础上的,而达尔文学派的思想则是建立在一种最大化原则基础之上的——生命要最大限度地填充每一个可用的生态位并以不可预料的方式产生出新的生态位。生命将尽可能地越变越复杂、越变越完美(Schweber, 1985, pp.47~55),而每一个新物种又都打开了通向种种新的可能性的途径(Piaget, 1981/1987)。

显然在他当时的那种历史情况下,达尔文处于一个旧的但非常成功的思维方式和一个刚开始进入焦点的新的思维方式之间。毫无疑问,读者将注意到,达尔文所面临的这种两难处境在这一方面就类似于那些在心理学上仍然流行的在确定性思维方式下成长起来的创造性思维的研究者所面临的处境。因而,对自己所研究的个案的敏感性可以使创造性工作的研究者获益匪浅。在个案研究法中,叙事是反思性思想的一个起跳点。个案研究法不是通向最佳思维方式的金光大道;它只是有助于我们丰富我们理解创造性工作的众多途径的整套本领的一种研究道路。

第 4 方面: 思想模式

在讨论创造性工作时,一些困难而持久的问题是关于创造者思维所用的思想模式的。所有的创造性思维都是视觉性的吗?音乐创作如何?沃兹沃斯(Wordsworth)真是以抑扬格五音步的方式思维的吗?数学家都是用公式思维的吗?如果现实工作中的思维是无意识的,那么,它是否一定要以某种特定的模式出现?或是否有一种类似于米奇沃特、泰因斯和克拉贝(Michotte、Thines & Crabbek 1964)的非模式知觉的"非模式的"思想存在?亚里士多德(Aristotle)说的"隐喻"(metaphor)真的是真正思维的本质吗?而更重要的是,研究者如何找出这个个案的各个思想模式?

既然我们深入到个体经验的领域,我们就不能指望所有的问题都是可以回答的,或所有的答案都是肯定的。但我们至少可以接近一些问题。例如,A. I. 米勒(Miller, 1996)认为,在理论物理的研究史的某个特定时期,即 1923 年,"玻尔的行星原子论被抛弃了",取而代之的是一种简单的谐振子模型。"这是一种非视觉隐喻,因为每个电子都由一个无限大的谐振子来代表"(p.115)。从中我们能了解到什么?第一,隐喻是有历史的。第二,可以从一种模式转换到另一种模式(在这个例子中是从视觉的模式转换到非视觉的模式)。第三,隐喻及其转换是有后果的:在这个例子中,所讨论的这些发展导致了现代量子力学的形成。最后,在思想的谜团中取得任何一小点儿进展都可能需要相当程度的专业知识。关于更详细的对模式问题的处理参见格鲁伯(1996a)。

在研究隐喻时,有一种明显的倾向,即采用某种隐喻,作为被研究的创造者思维的指挥中心,一条道走到底。当格鲁伯在研究达尔文的隐喻应用时,他开始想象到一种分支的无规则的自然之树(tree of nature)。但他很快发现,达尔文用 4 或 5 个家族隐喻来说明通过自然选择的进化的观点。而且,在同一家族中的每个变体都是有道理的,也就是都在达尔文的论点之网中发挥一种作用。由奥塞斯基(Osowski, 1989)提出的一个类似的论点,可适用于威廉·詹姆斯在《心理学原理》(*Principles of Psychology*, 1890/1950)中的一章,"思想流"(Stream of Thought)。

这些发现把我们引向"隐喻的整体"(ensemble of metaphors)的概念(Gruber, 1978)。现在,这已经成为人们推荐的概念:研究者应该考察一个给定情境中的所有隐喻,并试图表达出如果放在一起来看它们如何代表一个意义领域。尽管这是一个有用的研究方法,但它会导致一种复杂性。如果创造者并没有提出隐喻,那么,他或她在做什么?联结想法?建构一条因果链?描述一种场景?叙述或构建一个故事?给物体或人物或事件做分类?没有某种这样的分类体系,就不可能回答这个问题,即在什么情形下一个特定的创造者会采用隐喻(不要忘记一种可能的回答是"始终如此")?

尽管如此复杂,对隐喻整体的考察是描绘一个思想过程发展的主线的一种有希望的途径。奥塞斯基(Osowski, 1989)对一个隐喻家族的分析就是这种方法的良好应用,詹姆斯最著名的隐喻即意识流就源于此隐喻家族(James, 1890/1950)。

第 5 个方面: 多维时间尺度

只运用一个时间尺度去建构一个个案研究的叙事,即使可能,也是很困难的。每个短期的活动和经历都镶嵌在长期的情境之中。安海姆(Arnheim, 1962)对毕加索一生中的某个月做了详尽的叙述。在那个月里,毕加索创作了油画《格尔尼卡》,描绘纳粹袭击一个圣洁的西班牙城市的恐怖情景。该壁画普遍被认为是毕加索最重要的作品之一。但要理解它及其创作过程,人们还需要了解西班牙的政治历史、20 世纪 30 年代巴黎的艺术界、毕加索个人的艺术生涯及点点滴滴的创作经过。这些事件都有其各自的时间进程,少则几分钟,多则几十年。

华莱士(Wallace, 1989b)对英国小说家桃乐丝·里查森(Dorothy Richardson)的研究就是一个有趣的例子,该研究发现了创造者创作的交叉时间表。在里查森这个例子中,从时间尺度上看,既有她自传体小说中所描述的几十年的真实生活,也有作者创作该部小说的更长时间过程,还有在这两个专业内的各种事件的其他时间尺度。

第 6 个方面: 目的明确的工作和事业体系

正如我们已经强调的,总体目标对创造性工作来说是非常重要的,它是长期或终身从事创造性工作的动力。由于这个过程是动态的,所以想法和方案在扩展,实现总体目标的手段也变得更多更复杂。需要精心组织,使工作井然有序，设立辅助目标，并在总体上使创造者得到经济上的收益。工作必然要求日常的活动或工作，也要求从给定的项目中确定并解决问题。这样，一个单一的项目就被有层次地组织起来了：项目、问题、任务。但工作组织还有另一个水平，即事业(enterprises)。一项事业就是一组有联系的旨在创造一系列相似产品的活动。一项事业支持一系列的项目。最典型的情况是，当一个项目完成后，新的可能性就会出现，这些将在下一步或以后去做。完成一个项目很少会导致休息状态；它倒是会触发进一步的工作，就好像完成一件事情提供了持续向前的动力一样。于是，每项事业都是自我强化的。爱因斯坦于1905年阐明了狭义相对论，接着花了11年时间在广义相对论上，然后继续为探索统一场理论而奋斗(参见Pais，1982)。且不管他对统一场理论如何痴迷，出于分析的目的，即理解他是如何组织其工作的，我们仍可以把他的工作归入不同范畴的标题或事业之中。

要构建一个事业体系，明智的做法是从简单的计划开始。例如，格鲁伯在考察达尔文在随贝格尔号航海期间的活动时发现：在航海期间，达尔文的大部分工作不是可以归入地质学就是可以归入动物学的。描绘他在航海的5年间的工作产出可以给人很好的启迪，即达尔文在地质学方面的工作远多于在动物学方面的工作。

但是前沿性工作能揭示出其他的挑战，而体系也变得越来越复杂。在达尔文发展的早期，紧随航海之后的"笔记本年代"，可在图式上表示为一个分支形结构，该结构产生一个三分格局，大致来说是地质学、一般进化理论和人类进化。这种三分格局体现在1835~1839年间达尔文的笔记本中(图5.3)。当然，这已经做了很大的简化，而笔记本中涉及的话题要广泛得多。

再看皮亚杰的例子，他的60部书和更多的论著所提供的数据库及由此所产生的体系，可由10大范畴组成——每个范畴都有其自身的起始日期和很多的交叉联系。这10个范畴为：博物学、宗教、认识论和综合、社会学、逻辑学、存在论、生物学、表征、知觉和教育。毫无疑问，如果对皮亚杰的全部作品(超

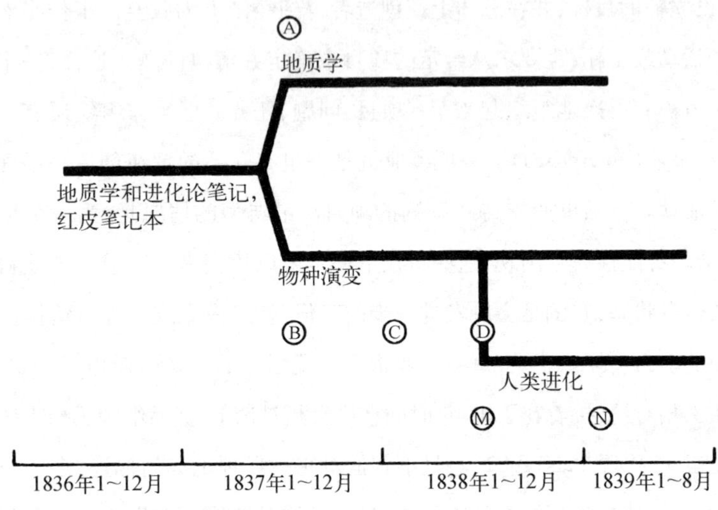

图 5.3　1836～1839 年间，达尔文事业体系的演化。对达尔文的笔记本整理后发现了其事业体系中的主要分支。引自 Herbert(1980)。

过 1 000 项)都进行处理的话，还会有新的范畴出现，其中也会出现新的联系。

如果有更敏锐的洞察力和有足够的时间思考，那么，你总能分出更多的范畴。就像在任何分类学中那样，在这里有“码头分类工”和“分拣人”。但我们的目的不是去发现一个真实的体系或分类，而是想对工作中的创造者有一个总体的认识，并发现一些对今后的研究有意思的工作路线。有时，简化是比较合适的。例如，梵高在 30 前后这几年中，逐渐放弃了他早期的宗教信仰，全身心地投入艺术创作。通过他在给兄弟特奥(Theo)的信中对这两个主题的评论文字可以很好地揭示一个漫长过渡期的这种变动和优柔寡断(Wimpenny, 1994)。一旦我们在宗教和艺术这两件(他曾)全神贯注的事情之间确立了此消彼长的关系，就需要进一步的反映材料以考察梵高是一个深沉的精神个体的观点。因此，我们必须了解和再了解每一个案如何在简单性和复杂性之间掌握方向，如何在可计算的客观性和对创造性作品的一种敏感的、文学性的解读之间掌握方向。

我们的一些同行在解释事业体系时认为，这个概念就意味着，事业越兴旺,这个人就越有创造性。这平行于并且非常类似于这样一种谬误,即发散性思维测验上的高分就是伟大创造力的标志。正如格鲁伯(Gruber, 1982)所指出的:

> 巴尔德温(Baldwin)在1898年的美国心理学会主席的就职演说"论选择性思维"中,曾嘲笑这种散弹枪式的思想图像(他把它称为"目标散失的头脑"),并把创造力看成是有目的的反思性的思想产品(p.4)。

目标组织的动态特征。根据研究者的观点,一个事业体系的目的首先是要通过以一种简单的形式概述历年工作生涯中的整个工作进程,说明种种连续性的模式以及诸事业之间的种种联系,其次,以这个体系本身作为一个对应点,用来对照取自个人的笔记本、批判性评价、自传式说明、信件及创造性产品的详尽的和晦涩不明的叙事。

描绘一个事业体系是一项站在个案的"外部"来完成的工作(见下文的一节"研究者的角色")。它能让人把创造性个体毕生事业的发展看成是一张鸟瞰图。例如,在贝格尔号航行途中,达尔文正在思考太平洋中数以亿计的珊瑚组织变成珊瑚岛的过程。航海一结束,他就提交了两篇论文,都是关于有机体活动对地球的改造方式的。第一篇论文解释其珊瑚礁形成的理论(Darwin, 1837a),第二篇论文解释数以亿计的蚯蚓的消化系统是如何持续地将植物转变成表层土的(Darwin, 1837b)。如果不了解关于珊瑚礁的论文,关于蚯蚓的论文就无从谈起。达尔文对于蚯蚓的研究一直持续到1882年,那年他那本关于蚯蚓的书得以出版,同年他去世(Darwin, 1882)。这是一个关于同时开展多个事业的绝妙例子,即在同一个时期,当关于蚯蚓的工作完成后,达尔文也完成了他在45年中所做的其他工作。

创造性工作中一个共有的模式是多个事业的同时性。创造性人物经常同时投身于一个以上的事业。正如已经指出的,在随贝格尔号航行期间,达尔文详细地记载了动物学、地质学和其他方面的话题。在这次始于 1836 年的航行结束以后，达尔文各种事业的发展经过都体现在他所保存的各个笔记本中(Gruber, 1974/1981)。图 5.3 清楚地说明了，达尔文从 1836 年开始写那个红皮的笔记本。这个本子中主要包括地质学的笔记，但也包括关于进化的早期想法。到 1837 年，达尔文开始用另一个单独的笔记本(笔记本 A)，完全是写地质学的；他开始用笔记本 B，首次记载物种演变；当笔记本 B 用完后，达尔文开始用笔记本 C 继续写物种的演变，同时开始写有关进化的想法。当这个笔记本也用完后，又开始用笔记本 D 继续关于演化的记录，并在同一天开始用笔记本 M 和 N，这两个本子涉及人类的进化，如情绪表达的进化和智人(Homo Sapiens)与其他动物之间的一致性。图 5.3 展示了这种分支情况和达尔文同时从事各种事业的情况。分化和特化的发展是引人注目的，它的发生是一个事业增长扩展到某一特定状态时的需要。

事业体系的第二个特征是连续性。通过把工作组织成为不同的事业，就有可能先把一些工作放下，重新捡起来时也就无须从头开始。写作、贴标签和归档这些日常手段，以及对应各个工作和项目的分立的社会和专业体系，它们都有利于分化和稳定这种双重需要。

事业的同时性和持续性(在我们和我们的同事所研究的个案中都发现这些特点)还有其他的优势。过了一段时间再重新着手某项事业，这意味着从其他事业中取得的成果可以应用于当前的工作；从一个事业中学到的或获得的完善的技术或知识可以应用于另一个事业中。审视这种相互关系模式的另一个途径是把它们看成是一张由中断和复位交织成的网，这样在某一事业中正在进行的一项任务或项目变成了另一事业的一个中断。由此看来，中断本身逐渐使创造者转向已中断的事业中的工作回复。这种类型的中断在短期的实验室情境中具有众所周知的动态效应(Lewin, 1935)。事业体系的概念允许我们用同样的思想尺度来衡量一个人的生平。它引发一个图景，即将创造性的头脑视为一个系统，用牛顿的话来说，就是一个“永不停息”的系统(Westfall, 1980, p.ii)。

正如前面所描述的,从研究者自己的观点来看,事业体系是由研究者引出的一种现象。但从创造者的角度来看,却还有些其他的话要说。在这种体系中的任何一个暂时的点上,创造者都很可能在看待他或她的工作的未来时,与研究者所勾画的那种贯穿一生的体系中所描述的情况有所不同,比如说从长期来看这种不同也许就不那么突出。但如果从横向的角度而不是从纵向的角度来看,那么这种体系在任何时间点上都代表创造者自己对其工作的历史、现状、未来和意义的有意识的理解。

除了在某种意义上我们可以说有几个事业可能同时都很活跃以外,有些事业已经处于休眠状态了。用休眠(dormant)而不用失去连续性(discontinued),是因为当创造者重新开始被中断了的活动时,他不是从头开始,而是从以前完成了的地方开始。毫无疑问,创造者可能有各种手段来实现他的目标,例如,笔记本和早期的研究或草稿,在适当的时候还可以去求教老同事,以及未完成的事情本身。更一般地,无论是事业体系已休眠的部分还是活跃的部分,都促进创造者维持他或她的自我概念,而这对创造性工作是必需的。

在一个经过充分设计的事业体系中,我们想要考虑它与创造者发挥作用所需的活动范式之间的关系。从多个方面看,这是一个被忽略了的问题。第一,我们不知道一个人的工作中有多少成分是符合范式的,有多少成分是有意识地站在范式之外的——例如达尔文和皮亚杰的个案——是摧毁原有范式的。第二,假设有两个或更多的创造者,他们每个人都完全是在同一组范式中进行研究工作的。但是他们的研究工作的顺序或重点肯定是不同的,或最重要的是,从总体上看,在超出范式之外的意图不是相同的。例如,在贝格尔号航行结束之后的岁月里,达尔文以非常传统的方式与多个同事一道在从事不同专业的研究。同时,他在进化论方面的工作是革命性的而且是秘密的。长远来看,较之于它的超典范等,其秘密性就不那么重要了。第三,还不清楚如何将这种两分法,也就是符合范式和具有革命性之间的两分法,应用于科学以外的创造性工作中。

事业体系是一个目标系统。其中,目标保持和管理的重要方法之一就是拟订原始草图(initial sketches)。这些临时性的产品可以采取多种形式,如给资助人的项目计划书、实际的草图,甚至是梦想。当毕加索着手画《格尔尼卡》时,他画了一幅小的粗略的草稿来表示自己的目标。在一种看似自相矛盾的说法中,毕加索说,“不管看起来怎样,‘第一眼’看上去总是完美无缺的”,但过一会儿他又说,“一个作品不会完全像设计的那样。它随着人的思想的变化而变化”(Arnheim, 1962, p.30)。如果我们认识到原始草图既有探索性的功能又有调节性的功能,我们就可以理解这两种说法之间的联系了。对于创造者是如何在这两种不同的功能之间找到平衡的,这在每个个案中都必须重新审视。绝大多数内部稳定的系统是负反馈系统:控制器是用来纠错的,以消除对设定值的偏离(例如,血液的温度等于98.6华氏度)。但创造性系统也需要一些正反馈:当某种有趣的偏差发生时,系统就会对此关注、标记和放大(Maruyama, 1963)。创造性个案研究中的这个重要问题,也就是如何估计和阐述新颖性的问题,一直很难被鉴别,也更少得到仔细审视和应用于特定的个案。

第7个方面:问题解决

正如前面讨论过的,第二次世界大战以后,创造力研究的势头越来越猛,这时问题解决成了最令人感兴趣的一个方面。实验室的问题解决研究,就其本身而言,充满了魅力,但它并不必然意味着对创造力研究这一话题有多少启迪作用。这就导致人们广泛地探索创造性过程的其他重要方面,例如,我们在本章中涉及的那些方面。兴趣的钟摆偏离了问题解决。然而,有了个案研究法,研究者有责任去研究什么对创造者是重要的,而不仅是研究什么是时髦的。我们认为,现在我们处在一个好的位置上,可以回到作为创造性过程一个重要方面的问题解决上来。

在这方面奥奇斯(Ochse, 1990)和威斯伯格(Weisberg, 1993)都给出了优秀的研究论述。问题发现、启发式方法和计算机建模以及酝酿等,都是此类研究的突出方面。沃勒斯(Wallas, 1926)的四阶段理论(准备、酝酿、豁然开朗和验证)也经常被重提。

在开展个案研究时,所有这些问题都具有潜在的重要性。同时,如果我们对时间尺度的论题给予足够的关注,那么,所有这些都有了转变。一般来说,为了解决问题,人们需要思考。杰出的问题解决者也许已经超出了那一点:问题解决来得相对容易。更恰当的说法也许是,为了思考,创造者给自己设置问题。创造者不一定是很好的问题解决者。主要一点在于发展一种新的观点,一种能看到新问题并能从新的角度看老问题的视角。达尔文或许不像托马斯·赫胥黎(Thomas Huxley)那样多才多艺、能言善辩、才智过人。达尔文所做的全部工作就是提出了一种新的观点,并决意用这种观点重新考察每一个问题。作为个案研究者,我们的任务就是去发现这个新观点是如何产生的。

第 8 个方面: 情境框架

除了着重关注创造者的工作进展的某些方面外,个案研究还应该考虑创造性工作所能进行的一系列的情境或情境体系(Csikszentmihalyi, 1988)。这些情境或情境体系中的第一个就是与正得到研究的那些方面最为直接相关的某组事业。其次则是个人的全部作品和总体目标,这些显示在事业的体系之中。第三个情境是个人的专业环境——老师、同事、合作者、批评者,等等。

第四个情境关系到被试的家庭——出身的家庭和当前的家庭,也关系到它们在被试的创造性生活和工作的支持和发展中所起的作用。沃兹沃斯的一个合作者就是他的姊妹桃乐丝,她同时帮着料理家务。希望独立从事创造性工作的许多妇女面临着许多困难,很难建立既能支持其工作又能满足其他需要的生活。伍尔夫在《一间自己的屋子》(*A Room of One's Own*, 1929/1957)中曾主张这样的论点,更晚些时候汉斯克姆和斯麦尔斯(Hanscombe & Smyers,

1987)也做过同样的事。妇女的代价是,要么放弃其他的角色,如妻子或母亲;要么在没有合适的支持下开展工作。

常常没有引起人们足够关注的是,家庭成员不仅对孩子的塑造很重要,而且对创造性过程本身也很重要。请考虑这些著名的例子:

达尔文和他的祖父伊拉斯谟

梵高和他的弟弟特奥

爱因斯坦和他的叔叔雅各布

沃兹沃斯和他的姊妹桃乐丝

安娜·弗洛伊德和她的父亲西格蒙德·弗洛伊德

莱特兄弟

勃朗特姐妹

最后,即第五个情境是社会历史环境,这对被试的工作具有重要的影响。格鲁伯(Gruber, 1974/1981)认为,达尔文之所以推迟了很长时间才出版《物种起源》,很大程度上是因为害怕反对方不接受。但这并没有阻止他的创造性工作;他也没有因此而感到伤心。弗洛伊德(Frued)和很多其他人离开了希特勒的第三帝国(Hitler's Third Reich),到别处开展创造性工作。詹姆斯·乔伊斯为了挣脱限制性环境的束缚而离开爱尔兰和天主教,前往德里雅斯特(Trieste)。[①] 有创造性的人们也许觉得自己处在边缘位置:他们在工作中开辟新的领域,锤炼新的观点;随着他们在工作上取得进步,这种新的观点也就越来越与他们的同时代人或统治者相冲突。伽利略、洛克和笛卡尔就是这样的例子。在创造性工作的历史上迫害是反复存在的特征。但也有一些创造者毫无困难地将他们的作品奉献给世界。庞加莱、亨利·摩尔、爱迪生和毕加索就是其中的例子。一个人在社会历史中的位置取决于其工作的性质,取决于这项工作能否普及,在超出专业人士之外它对一般大众有多大吸引力,以及影响

① 意大利北部的一个港口城市。——译者注

创造者的宗教和政治方面的宽容程度如何等。

这5个情境形成了个案研究法中的一系列框架。当然,被试既生产这些情境又为这些情境所塑造。但研究者也必须熟悉它们,把它们作为研究的参考框架。理想的情况是,把它们整合到个案研究之中,作为伴随并影响其工作的创造者的思想体系的一个部分。在一个时间长度合理的个案研究中,不是所有这些情境都能得到彻底的讨论。研究者必须有所选择。

第9个方面:价值观

我们把情感、审美体验和道德归入价值观的标题之下。我们认为,我们可以合理认为我们的研究方法的特点在于认知的和发展的方法。不论好坏,这意味着创造性工作的某些方面遭到了忽视,也就是遭到我们或具有相同想法的同事的忽视。在某些方面,我们已经受到人为的约束,因为数十年来大家一直崇尚"价值中立的科学"(value-free science)观念、拥护文化的和伦理的相对主义、质疑真理的意义,除非它被放到引号之内。创造力与道德的关系在研究中成了被忽略的课题。像甘地那样的例子是非常有意义的,但很少有人把提出真正的创新想法(如甘地的非暴力的精神学说)与决意的政治斗争(如甘地领导的印度解放运动)联系起来。因此,我们必须既思考伟大的道德家,也思考那些道德关注对其来说只是某种业余爱好的创造者。假设到40或50岁时绝大多数的创造者都已完成了他们最杰出的工作,余下的后半生做了些其他的事情。其他的事情会是什么呢?刘易斯·海德(Lewis Hyde)对当今世界的创造者所面临的这种两难境地做出了很好的描述:

> 在一个其价值为市场价值而其商业也几乎毫无例外由商品买卖所构成的这样一个年代,艺术家如何在精神上和物质上滋养自己呢?(引自Gablik, 1984, p.v)

在《创造力研究杂志》的一期题为“道德领域的创造力”(Gruber & Wallace, 1993)的特刊中也有一系列类似的考虑。目前,我们只是注意到有一种需要已经加在我们身上,将来这种需要完全可能会变得强化。由此我们可以得出,创造力研究者应该寻找新的途径把这些考虑纳入他们的工作。

结　论

刻意选择个案研究法,特别是在把它与其他方法相比的情况下,这会引起一些棘手的认识论问题。这里我们将考虑 3 个问题: 创造力的轨迹、研究者的角色及信度和效度的问题。

创造力的轨迹

若充分假定创造性工作出现在一个复杂的社会环境中,那么我们是否能再进一步不去强调创造性个体作为创造者的独特性,这就是创造性工作的轨迹吗? 奇可森特米海依(Csikszentmihalyi, 1994)认为我们必须这样做。首先,他提出了一个 4×3×4 的矩阵,即一个有 48 个单元的矩阵,来表示创造性工作类型的特征。然后他指出:“已经出现的数以千计的心理学研究只关心其中的一个单元,即对个体特质的量化的、经验性的方法。”(p.154)他总结道,这意味着“创造力并不是什么发生于人的头脑中的事情,而是一个更大更神秘过程的产物”(p.155)。

这种方法当然是一种选择。它所具有的优点在于,迫使我们重新审视许多创造力研究中的过度的个人主义。但是,这就相当于主张,因为一个器官存在于一个有机体中,所以该器官的特殊功能并不真正发生在该器官内。我们的方法有所不同。我们要尽可能地避免把“创造力”做简单的量化,因为我们的信念认为,更有成效的做法是问创造者做什么。我们同意,确实存在有某种像4个水平(文化、制度、工作小组和个人)的东西可以在48个单元的矩阵中得到具体指定。但可以归结为48个单元中的4个单元的某个"个人",既可以定位于地理学的空间也可以定位于概念上的空间,而其真实性也不会因此减少。至于神秘性,无论我们多么尽力去消除创造性工作的神秘性,它仍然是神秘的。

研究者的角色

客观性问题是个关键。在个案研究法中,研究者有两个核心角色,一个是现象学角色,一个是批判的角色,或换种方式说,一个是内部角色,一个是外部角色(表5.1)。在扮演现象学角色时,研究者试图进入个案被试的头脑并从后者的观点重新建构被试者的经历。这是通过把自己的偏见搁在一边以获得客观性的一种尝试。以此角色,研究者尽可能地接近个案。

表5.1 研究者角色

现象学的角色	批判的角色
从被试的内部	从被试的外部
客观性,排除自己的个人偏见	客观性,排除被试的偏见
接近被试	与被试保持一定距离
解释性的	解释性的

同样必要的批判性角色是,研究者站在个案的外面去评价资料并解释它们。这里的客观性是通过把被试的偏见搁在一边,拉开自己与被试间的距离,并"从某个高度"来评论而获得的。因此,无论是现象学角色还是批判者角色,其目的都是要客观,而且这两者都要求有解释。研究者不断地在这两个角色间变动。

信度和效度

从认知的和实验的背景出发来看,我们也许完全可以说,为了个案研究法的多变性,特别是当我们关注 N=1 的研究时,而放弃对精确性和可检验性的追求的做法是鲁莽的。我们把自己限制于一个案例时,我们怎么知道自己是对的呢?就算对某个个案来说我们是正确的,但如果它不能被推广到其他的个案,这有什么好处?一二十年以前,很少有这样的认知个案研究(cognitive case study)。由于这类研究越来越多,我们会不会面临这样一个问题,即它们在一个综合体中的相互联系更广泛、更具穿透性吗?我们怎样解决客观性问题,特别是当我们坚持认为个案研究者必须进入被研究的创造者的世界时我们怎样解决这个问题呢?对此,我们有几点答复。

第一,可以这么认为,与狭窄和枯燥乏味的其他方法相比,专心于某一单个案例,结合公正地做此研究所需要的广度和深度,能更好地反映一个已经消逝了的世界。我们断然不会采取这一立场。相反,我们仍然希望达到某种能用文件证明的综合,为此就需要纳入与同一问题相关的许多不同方法。当然,这样做,就需要重新塑造很多问题。尽管我们坚持每个个案具有其独特性,但仍然有一些很有趣的共性存在。

例如,大量的个案研究得出了所谓的 10 年规则,即一个人或一个小组要在自己的思维方式上取得显著的修正,大约需要 10 年的时间。这可不是不深入研究一个个案就可以取得的结果。从表面上看,考虑到简化和遗忘的效果,创造者容易体验到当伟大洞察力最终来临时的喜悦冲动,而在讲述中容易忽略为这一时刻的到来所从事的多年工作。如果不积累 20 个或更多恰当而显著的个案,我们是不可能得出上述结论的;如果不是一个一个地处理这些个案,我们也不可能以这种方式积累它们。想了解更多这方面的信息,参见格鲁伯(Gruber, 1974/1981、1995)以及斯滕博格和戴维森(Steinberg & Davidson, 1995)。

另一个例子是关于事业体系的观点的。作为一种潜在的实际发现,几十年,甚至几百年来我们就已经感受到了这种体系。但是要集中考察它们、指出它们并揭示它们在特定个案中的作用,则需要努力应用个案研究法,正如在本章中讨论过的,首先研究一个个案,然后研究一系列其他个案。

寻找不同个案之间的共性,这类似于高尔顿(Galton, 1883)的合成肖像描述法(composite portraiture):把脸的照片调整到同样的尺寸再通过多重曝光加以叠加。合成的结果是“一类人的肖像而不是一个人的肖像”(p.222)。高尔顿将该方法用于描述这种“类型”的人,如一类“英国人、罪犯、军官、家庭成员及种族群体”。高尔顿认为,这些“类”形象“远远不只是平均数。……它们是真实的一般概括,因为它们包含了所要考虑的整个材料”(p.233)。换句话说,它们像一个考虑了构成一个特殊类型的全部特征的大统计表。偶然的特征则被淘汰出局。并且高尔顿还补充说,减少最后的印刷品的尺寸可以消除更具个人特色的细节,因此就更好!

同时代的另一个照相技术方面的革新来自亚德维德·默布里奇(Eadweard Muybridge)的工作,这项工作始于19世纪70年代。他对身体运动特别感兴趣。他特意安置一组照相机电池,这样他就可以拍摄动物在运动时的一系列照片,如兔子或马的奔跑,或一个人走路。时间间隔很短,因此观察者可以看到每一个动作的实际顺序(de Vries, 1971)。

因此,每种方法都有它的优点,一种可以消除细节,代表一个类型的静态版;另一种则可以捕捉很小的细节,代表活动所展示的精确的动态次序。

为了完成个案研究的不同方面的这种视觉隐喻,我们必须增加一些东西,就像医学上描绘的骨球和关节或其他结构,在这些结构中,各个部分与其他部分紧密配合。各个部位的这种联接,既是在结构性上的也是在功能性上的,它是个案研究法所能做到的最重要的事情,也是心理学家已知的而绝大多数精密测量技术和统计推论所缺乏的东西。

当达尔文(Darwin, 1859)在写“成长的相关”时,脑子里就有了对这种结

构性联接(structural articulation)的评价:

> 整个有机组织在成长和发展的过程中是联系在一起的,当任何一个部分发生微小的变化,并在自然选择中得以累积的时候,其他部分也会发生调整。(p.143)

我们希望通过个案研究法实现的正是这种近乎完美的配合。现代创造力研究中所使用的相关概念离此有很大距离。在相关的研究中,$r=0.25$ 到 0.50 就被欢呼为统计显著了。

正是创造者思想的广度和深度,使个案研究者有可能找到与使达尔文和他同时代人非常着迷的优美的适应机制类似的想法。达尔文关于进化的笔记本(Barrett、Gautrey、Herbert, Kohn & Smith, 1987; see also Gruber 1974/1981)显示,他是一个对思考也进行思考的人,这些笔记本对其他个案研究提供了有用的指导。在本文中我们引用了大量关于达尔文的例子。从他早期的笔记中可以看出,在他的目的、情感和知识的各种组织结构以及他与其他科学家的那种多面性联系中,它们之间所形成的相互影响是很丰富的(Gruber, 1974/1981; Keegan & Gruber, 1983)。

在整篇论文中,我们提出的一些假设也许被认为是相矛盾的。一方面,创造者设定了一个很高层次的抱负,他期望或至少是希望有其效果,造成影响。然而,终身努力的成果可能很小。达尔文在他早期的笔记中提到了这种两难局面:

> 注意早期的天文学家所受的迫害。——个别科学工作者的主要好处只能是把他们所在时代的科学向前推进很少的几年。(笔记本 C,p.123,大约写于 1838 年 6 月;见 Barrett et al., 1987, p.276)

稍早些时候,他指出,承受这种思维的缓慢进行是痛苦的:

> 这种小手段的增加和让心灵与产生的影响做(长期的)斗争,在心灵上要付出艰难而痛苦的努力。(笔记本C,p.75,大约写于1838年5月;见Barrett et al., 1987, p.263)

无论难易,所有生命方式的这种相互联系制约着变化的速率。在我们这个时代,要让斑点猫头鹰挣扎着教导我们,要让人们接受这种约束有多么困难。对类似情况,达尔文也已经指出:"甚至一种鹰的数量出现下降也很快会影响到其他所有的东西。"(笔记本D,p.135,大约写于1838年9月28日,著名的马尔萨斯见解重要性的一部分;见Barrett et al., 1987, p.375)

我们强调个体在创造性过程中的作用,这并不意味着,只有造成巨大影响的生活才是有创造性的和有价值的生活。在即将来临的新世纪,造成小的影响,甚至是那些抵消变化的革新,也许是最重要的创造性工作。如果创造性工作是有机体式的,那么,要表达这种对有机体的情感,或许还是需要很谦虚。

在一个引人注目的段落中,维特根斯坦(Wiffgenstein)表达了这种感觉:

> 当我们首次开始相信任何事情时,我们相信的不是一个简单的问题,而是一个完整的问题体系。(黎明逐渐降临大地。)(1969, p.21)

第 6 章　用历史测量的观点看创造力

蒂恩·K. 西蒙顿

什么是创造力？创造力如何测量？有什么指标可以预测创造力的出现或表现？心理学家是怎样着手解决这些问题的？让我们从最后一个问题开始讨论,因为有很多基本问题的答案要依赖于对这个问题的回答。一段时间以来,心理学家们主要用 3 种方法来研究这些问题。

第一,心理学家可以在实验室设计和进行实验。在此创造力通常被定义为成功地解决需要一定洞察力的问题(例如 Sternberg & Davidson, 1995)。较难见的是,创造力需要独创性的想法并受某些法官陪审团或其他手段的评审(例如,Amabile, 1996；Martindale, 1973；Sternberg & Lubart, 1995)。通过仔细地控制行为发生的情形,心理学家研究出最有利于创造力发挥的条件。这些实验中的“被试”(或参与者)大多数是那些在教育心理课程中想额外挣点学分的大学生,但偶尔这些被试也可能是一些自认为有“创造力”而大言不惭的人。

第二,心理学家可以做一些关于个体的心理测量研究。通常这些研究需要根据被试在所谓的创造力测验上的表现来测试个体的创造力(Barron & Harrington, 1981)。另外较少见,但可能更有价值的是针对那些已经毫无疑问被证实是创造者的人所做的心理学测量的调查研究。经典的例证是在加利福尼亚州伯克利大学人格测评研究所进行的一系列调查研究(例如,Barron, 1969；MacKinnon, 1978)。他们邀请一些成就斐然的作家、建筑师和其他有创造性的个体,通过认知实验、个性评定、生平列表、一对一访谈和其他评估手段对其进行全面的评价,然后将他们的评分与控制组,即在年龄、经历和其他相关因素上与之相匹配的人做对照研究。最终的目的是希望分离出能预测导致个体现实生活中不同创造性表现的变量。

第三,心理学家可以考察那些具有创造性的个体,他们作为创造者的地位无可置疑,因为他们由于对人类文明有创造性的贡献而获得永久的名望(Simonton, 1984d)。换句话说,这种方法中的被试有着"载入史册"的名字——像牛顿(Newton)、笛卡儿(Descartes)、托尔斯泰(Tolstoy)、达·芬奇(Leonardo da Vinci)和贝多芬(Beethoven)等。很多关于这些杰出人物的传记和历史记录得到量化,他们的创造性产出也经常经过内容分析——所有这些都旨在筛选出那些有助于他们在社会文化上取得重大成就的个性化的特质和社会环境。在这些研究中创造力通常根据他们在不同方面的杰出程度来测量,一个像米开朗琪罗(Michelangelo)的艺术家就被认为比一个像亨德里克·布罗马特(Hendrick Bloemaert)的画家更有创造力(例如,Simonton, 1984a)。

这第三种系统的研究方法被称为历史测量法(historiometry),它构成了本章的主题。在首先准确定义这种方法的组成内容之后,我将提供它的发展的一个简短历史,然后勾勒出由这种独特的研究所讨论的一些中心话题。

界定方法论

最正式地来说,历史测量法就是"对历史人物的资料进行定量分析,以检验人类行为普遍规律的假设的科学方法"(Simonton, 1990c, p.3)。若将其三分,则更有益于理解。

1. 历史测量法尝试去检验关于人类行为的普遍规律的(nomothetic)假设。因此它的目的就是发现超越历史纪录的种种特殊的一般性规律或统计学关系——超出"姓名、日期和地点"。因此,当历史测量法应用于创造力的研究时,其探索也许检验各种推测或预测,是哪些发展的经验、个性特质或环境因素有助于特殊的创造力成就。这种普遍规律定向的方法与那种个别化的研究方法有显著的不同,个别化的方法特别强调支配特殊个体的行为的更加独特的原则,而不关心这些规律性是否可以推广至整个人群(Runyan, 1982)。

2. 量化分析为历史测量研究所必不可少。这种量化表现在两个不同层次上。首先,研究者必须将丰富、含糊而且通常是定性的历史事实转化成更确切和更清楚的数字测量,并将这些数据赋予与普遍规律的假设有关的变量。例如,研究者可能沿着某种维度来评估智力、动机或精神受创伤的童年经验,结果是沿着某种尺度分布的一系列的数字,这种尺度表示的是个性特征大小或经历的强度。然后,当获得这些测量数据后,历史测量可以进行到下一个步骤,即通过对这些变量进行数据分析使研究者证实或推翻实质的假设。这些统计技术最常运用于历史测量研究,包括多元回归、因素分析、结构方程、潜变量模型和时间序列分析。

3. 历史测量需要的被试对象是历史上的名人,而不是大学生或一般的研究对象。历史测量的样本包括在某个领域取得重要成就,"写下历史"的知名人士。在创造力研究的特殊实例中,历史测量的研究者要研究那些被赋予"创造天才"称号的个体。这意味着历史测量研究的对象常常已经去世,但这并不是一个绝对的要求。那些因文学或科学成就获得诺贝尔奖的人当然有资格包括在研究范围之内,即使那些人仍然健在。

需要注意的是"历史人物们"这一短语是复数的形式。几乎毫无例外,历史测量的研究需要大量的样本,有时候是N个,甚至接近数以千计的具有杰出创造力的人物(例如,Simonton, 1976f、1988b、1992c)。如果我们希望运用复杂的统计工具,样本数必须足够大。毕竟,在多变量分析中样本数必须比变量的数目超出很多。更重要的是,样本数必须足够大以保证经验性的结果有资格具有普遍规律的地位。我们希望能分离出普遍适用于著名创造者的研究发现结果,而不是关于某位创造者个人的特质。诚然,历史测量的研究偶尔也关注单个创造者的原型,比如贝多芬或者莎士比亚(Shakespeare),他们显示出特殊类型的创造性活动(例如,Derks, 1989、1994; Ohlsson, 1992; Sears、Lapidus、Cozzens, 1978; Simonton, 1986e、1987a、1989b、1990b)。但是,甚至在这些研究中,统计单元的数目也必须足够大,以便进行复杂的统计分析。某些技巧将被使用,比如把分析的单元从创造性的个体转变为创造性的作品(文章、戏剧、诗歌等)。

刚刚介绍的定义有助于我们将历史测量法与其他有时易混淆的方法区分开来。首要的是,历史测量法研究明显有别于心理历史学和传记心理学的方法。虽然这些学科的研究也是从历史数据开始的,心理历史学者和传记心理学者把质的分析用来证实有关特殊的人物或事件的个别问题(Elms, 1994)。在许多方面,这些研究者更多地集中在历史论题和技术上,而不是在科学的问题和方法上(Simonton, 1983d)。弗洛伊德(1910/1964)关于达·芬奇的传记心理学的经典研究很好地说明了两者在强调的侧重点上有差别,他试图将艺术家的性取向和工作习惯归结为儿童的某些早期经历。

与历史测量学紧密相关的方法论是计量历史学(cliometrics)。像历史测量学家一样,计量历史学家运用定量方法分析历史数据以得出最严谨的科学结论。但是,计量历史学因为它更关注于特殊问题而非普遍规律问题,使它在一定程度上更像历史心理学。一个很好的例证是罗伯特·佛格尔的研究工作,他由于将计量历史学引入经济历史学而获得1993年度诺贝尔经济学奖。佛格尔的开创性讨论是这样的论题,诸如以前美国南部奴隶制度的经济利益(Fogel & Engerman, 1974)和美国西部的铁路建设对经济发展的贡献问题等(Fogel, 1964)。

因此,历史测量学是以定量的和普遍规律的方式来利用历史数据的唯一方法。笼统地说,我们可以认为它融合了来自心理测量学、历史测量学和计量历史学的多种特点。正如在心理测量学和计量历史学那里一样,历史测量学致力于量的分析;但像心理历史学和计量历史学一样,历史测量学也关注历史上的重要人物和事件。最后,历史测量学与心理测量学都共同寻找那些不局限于单一时间和地点的普遍规律和事实。

该方法的简要历史

作为历史研究的一种方法,历史测量学已有较长的历史。实际上它真正代表了对创造力进行科学研究的最古老方法!最早出版的历史测量学的研究可见于奎特里特(Adolphe Quetelet, 1835/1968)的《人论》(*Sur l'homme*),他是一个比利时天文学家、气象学家、数学家、社会学家和诗人。1835 年的这个专集包括了第一个关于人的一生中创造性产生如何波动的量化研究。特别值得一提的是,通过计算英国和法国的剧作家在他们一生中创作的作品数量,奎特里特得出结论,作品是年龄单峰曲线函数,而且作品的质量与数量有较强的相关性。这些结论不仅在今天仍站得住脚(Simonton, 1997b),而且同样的本质问题几十年后,被乔治·M.比尔德(George M. Beard)重新提出。这很容易就成了由历史测量法所审查的最古老的话题。

遗憾的是,又过了几乎一个世纪这个题目才重新被历史测量研究者拿出来(Simonton, 1988a)。因此,要不是高尔顿——我们可以认为他是真正的"历史测量学之父",这种方法可能会倒退到无人知晓的地步了。这位英国的科学家、探索者和人类学家是一位著名的方法论上的革新者,他早先在行为科学方面的革新就是他 1869 年出版的《遗传的天才》(*Hereditary Genius*)一书中的历史测量分析。这本书的中心论点是有杰出成就的人倾向于按照家庭的谱系发生,这是由于智力的和动机能力的基因传递。为了提出他的理由,高尔顿广泛收集了许多著名杰出人物的家谱来举证,从而证实了杰出人物中亲属关系的出现率大大超过合理的预期。即使高尔顿的许多论点还需要经过随后的限制和提炼(Bramwell, 1948; Kroeber, 1944; Simonton, 1983c、1988b、1991c、

1996)。《遗传的天才》最终不仅成为心理学上的一部经典,而且也是关于特殊创造力的历史测量学研究的第一本真正有影响的书。

许多研究者沿着高尔顿的先驱性工作所开创的研究方向进行探索。几年之后,瑞士的植物学家坎多勒(Alphonse de Candolle, 1873)发表了一篇关于环境条件的历史测量学研究的论文,这些条件最有利于著名科学家的创造性活动。在不久之后的世纪之交,英国的心理学家哈弗洛克·埃利斯(Havelock Ellis)发表了《英国天才的研究》,该研究辨识出各种生平和社会文化的因素,支持杰出的人,包括著名的创造者的因素(见 Ellis, 1926)。大约在同一时期,历史测量学传过大西洋,在那里找到了一位倡导者——美国著名的心理学家詹姆斯·麦克·卡特尔(James McKeen Cattell, 1903、1910)。卡特尔在 1894 接手《科学》杂志之后,这种技术的传播有了巨大的进步,卡特尔编辑《科学》达半个世纪之久,使它成为出版历史测量学研究的一个主要传播媒介(例如,Dennis, 1956; Lehman, 1958)。

在该世纪前半叶《科学》出版的大量论文之中有两篇论文作者是弗里德里克·伍兹(Frederick Woods, 1909、1911),其中首次正式引用了历史测量的方法。1909 年的论文名叫《一种新科学的新名字》(*A New Name for a New Science*),里面所指的新名字就是"历史测量学"。伍兹把它界定为一种科学研究,在这种研究中"通过或多或少的客观方法对更多个人天赋的历史事实进行统计分析"(p.703),并补充说"历史测量学与历史的关系和生物测量学与生物的关系一样"(p.703)。然后伍兹在结束时列举了十多个他认为能代表这种新方法的好例子。1911 年的论文则明确地使用了《作为一门精确科学的历史测量学》的标题,继续推广这个方法。伍兹在此提到,历史测量法非常适合于"天才心理学"的研究。

遗憾的是,天才可以与杰出领袖有关,也同样与著名的创造者有关,而伍兹自己只用历史测量法研究了历史上伟大的领袖人物(Woods, 1906、1913)。虽然这个研究确实鼓舞了后来的许多研究,包括桑代克(Edward L. Thorndike)

等在内的很多心理学家的一系列研究(1936,也见于 Simonton, 1984f),但这种研究传统在此无须讨论。更密切相关的是,后来关于创造性天才的研究,这些研究被十分明确地认定为历史测量法调查。在这些不同的研究中,迄今为止最重要的是凯瑟林·科克斯(Catharine Cox, 1926)所做的具有里程碑意义的研究。为评价这一研究的重要性,我们必须把它放到恰当的情境下,这要求我们从刘易斯·M. 特孟(Lewis M. Terman)讲起。

特孟着迷于智力,包括它与成就的关系。在研究早期,他将原始的比奈-西蒙(Binet-Simon)智力量表用英语进行修订,产生了后来著名的斯坦福-比奈(Stanford-Binet)智力量表。为了证明他对具有高智商的结果的看法,特孟发起了一项针对被鉴定为有智力天赋的儿童的著名的纵向研究(Terman, 1925)。特孟希望能证明那些拥有高智商的儿童长大后将成为有显著成就的人。研究的结果被陆续汇集成书出版,书名叫《天才的遗传学研究》(*Genetic Studies of Genius*),其最后一卷在他死后才出版(Terman & Oden, 1959)。然而特孟的方法论工作并不仅仅局限于心理测量。在伍兹的鼓励下,特孟开始考虑给杰出人物评估 IQ 分数的可能性。值得关注的是,他选择了高尔顿——历史测量学方法论的一个先驱——作为研究对象,并用历史测量学的方法来获得他的 IQ 值。1917 年,特孟发表了一篇名叫《童年时代的高尔顿的智商》的论文。采用当时流行的智商作为一个精确的商数的定义——心智年龄与实际年龄的比率——他发现高尔顿这位《遗传的天才》的作者的智商差不多是 200,达到了一个天才的水平。

当特孟开始他的纵向研究时,这个试验性的历史测量分析本可以向前再进一步。科克斯是他的研究生,在准备毕业论文的选题时,她决定采用相同的手段,即特孟运用高尔顿传记的方法,测得 301 位杰出人物的可比的智商分数,其中大约有 200 人是世界著名的创造性人物。她的目标与她的导师在纵向研究中试图证明的理论正好相反。科克斯希望指出,那些在成人时获得知名度的人,如果曾对他们做过斯坦福-比奈智力测试,那么他们也许就会被挑选为有智力天才的儿童。由于这个目标的可行性,科克斯的研究成为《天才的遗传研究》系列的第二卷(Cox, 1926)。然而我们有必要认识到科克斯超出了单纯对301个智商的计算。她还选出100位杰出成就者进行特殊分析,将他们的分数评估分成67种性格特质。并且,科克斯把她的认知和人格分数与她从卡特尔(Cattell, 1903)那里获得的"取得的杰出性"联系起来(1903)。其研究结果在当时使历史测量技术得到了具体的体现。

在获得她的心理学博士学位后,科克斯转向其他实质性话题,这些话题需要更多的主流方法论。即使如此,许多心理学家接连发表了用历史测量法所得到的追踪研究结果(例如,Albert, 1971; Raskin, 1936; Simonton, 1976a; Walberg、Rasher & Parkerson, 1980),一些著名的心理学家甚至还引入了新的问题和技术,大大拓宽了经验性研究的范围(例如,Dennis, 1955; Farnsworth, 1969; Lehman, 1953; Martindale, 1990; McClelland, 1961; Suedfeld, 1985; Thorndike, 1950)。还有,相邻的行为科学的研究者,对历史测量法的其他方面也做出了极大的贡献(例如,Brannigan & Wanner, 1983a、1983b; Cerulo, 1988、1989; Gray, 1958、1961、1966; Naroll 等,1971;Richardson & Kroeber, 1940)。历史测量法也因此成为研究杰出创造力的极为成功的方法。当我们查阅历史测量文献所涉及的主题范围时,这种方法的成功之处就更明显了。

中心话题

创造力是极为复杂的现象,而非凡的创造力可能更是如此(Eysenck, 1995)。结果是,历史测量学家们在研究这个现象时就不只有一种观点,而是有3种观点主导这类研究。这些观点关注历史性创造力的发展、差异和社会基础(更广泛的讨论可见 Simonton, 1994b,笔者的历史测量研究文集见 Simonton, 1997d)。

杰出创造力的发展心理学

创造力的历史测量研究中一个非常明显的特征是他们真实的毕生活动范围(Simonton, 1987b、1988a)。对著名的创造者的研究,可以从诞生之时一直到死亡的瞬间,再加上在这个漫长的生命期间所发生的一切事情。然而为了简便起见,我们可以将生命划分为几个阶段:即个体获得创造力潜能的早期阶段和个体实现所积累的潜能的成熟阶段(Simonton, 1984a)。

创造力的基础。历史测量从诞生之时就用于研究创造性天才,这并非是一个不精确的说法。毕竟,有若干研究者紧随高尔顿(Galton, 1869)的先驱性研究,详细调查家谱以期找出创造力可能的遗传基础(Bramwell, 1948; Cox, 1926; Simonton, 1983c; Woods, 1906)。其他研究者则研究了创造者在季节循环中的出生时间对他们取得的成就类型和程度有什么影响(Huntington, 1938; Kaulins, 1979)。研究结果中特别具有挑战性的是,杰出人物往往出生在一年的前几个月份,而性情可能反映出生前的影响。

然而,历史测量研究把绝大部分注意力集中在以下的6个发展变量上:

1. 出生顺序。高尔顿(1874)是第一位提出创造性成就可能与头胎出生的儿童有相关性的行为科学家(Schachter, 1963),许多其他的研究用生平的数据沿着这个假设的方向进行(Albert, 1980; Bullough、Voight & Kluckhohn, 1971; Goertzel、Goertzel & Goertzel, 1978)。有趣的是,出生的顺序与成功的关系依赖于创造性成就的领域。那些墨守成规的科学家和古典的作曲家可能更多是第一胎的(Clark & Rice, 1982; Schubert、Wagner & Schubert, 1977; Terry, 1989),而那些革命性的科学家和创造性的作家则更可能是较晚顺序出生的(Bliss, 1970; Sulloway, 1996)。这类似于政治当权派和革命的政治领导者之间的对比(L. H. Stewart, 1977)。

2. 智力早慧。一些历史测量学家研究了专业领域相关的认知技能的早慧表现与成年期创造性成就的关系(Cox, 1926; Simonton, 1991d; Walberg 等, 1980)。与这个问题密切相关的主题是关于特定的“晶体化经验”的研究。晶体化经验对启发一个未来的创造者在适当的方向上发展有时是必要的(Walters & Gardner, 1986)。这些经验可能包括偶尔遇到的一本诗集、一本数学课本,或者一幅画都可能激发年轻天才的智慧,使他们大脑产生兴奋。

3. 童年时的精神创伤。这类研究的另一些资料还集中在精神受创伤的事件,像失去父母或成为孤儿,都可能有助于创造力潜能的发展(Albert, 1971; Eisenstadt, 1978; Eisenstadt、Haynal、Rentchnick & De Senarclens, 1989; Martindale, 1972; Silverman, 1974; Woodward, 1947)。尤其令人感兴趣的是这些经历发生的频率和强度可能帮助我们确定取得创造性成就的领域,艺术领域的创造者比科学的创造者往往来自更不幸的环境(Berry, 1981; Goertzel 等,1978; Simonton, 1986a)。

4. 家庭背景。一些影响创造力发展的其他早期因素还包括社会经济阶层、宗教信仰或家族传统、移民状况和家庭关系(Arieti, 1976; Berry, 1981; Goertzel 等, 1978; Lehman、Witty, 1931; Moulin, 1955; Raskin, 1936; Simonton, 1976a、1986b; Veblen, 1919; Walberg 等,1980)。尤其令人感兴趣的是创造者有来自某些边缘家庭环境(marginalized home environment)的倾向。

5. 教育和特殊训练。历史测量也研究了正式教育的影响,比如受教育水平或者学业优秀程度的重要性(Goertzel, 1978; Hudson, 1958; Pressey、Combs, 1943; Simonton, 1983a、1986b)。与其紧密相关的问题是特殊的专门的训练有助于创造力的发展(Gieryn、Hirsh, 1983; Hayes, 1989; Simonton, 1984e、1986b、1991b、1992b)。正是由于未来的创造性天才经常出自边缘家庭的背景,所以对大多数著名的创造者来说,他们有一种从某些不是太主流的教育和专业环境脱颖而出的倾向。

6. 角色榜样和导师。有大景的研究详细调查了置身于角色榜样、导师和专业人才之中对创造力天才的出现有影响(Sheldon, 1979、1980; Simonton, 1975d、1976f、1977b、1978b、1984a、1988b、1992c; Walberg 等,1980)。这些作用的影响比较复杂,有时它能激发创造力的发展,有时又阻碍创造力的成长(尤其是对他人工作的极度模仿)。那些正面的影响大多数可能发生在创造力天才与各种榜样和大量导师的接触之中。

创造力的表现。创造性的工作一旦开始,历史测量学家就可以研究做出创造性贡献的可能性是怎样随年龄而变化的。我们已经注意到它构成了该领域中最古老的研究话题(Beard, 1874; Quetelet, 1835/1968)。即使如此,哈维·C.列曼是第一位将毕生精力完全投入到对这个问题进行研究的历史测量学家(Lehman, 1953、1958、1962、1963、1966a、1966b)。这个工作为后来无数的研究奠定了良好的基础(例如,Bullough、Bullough & Mauro, 1978; Dennis, 1966; Diemer, 1974; Han, 1989; Simonton, 1977a、1984b、1989a; Zhao & Jiang, 1985、1986)。一些研究把注意力集中在职业生涯中创造性作品的质和量的关系上(R. A. Davis, 1987; Lehman, 1953; Over, 1988、1989; Quetelet, 1835/1968; Simonton, 1977a、1985; Wei-sberg, 1994);一些研究调查了创造性作品的影响力或内容的改变(Inhaber & Przednowek, 1976; Root-Bernstein, 1989; Root-Bernstein、Bernstein、Garnier, 1993; Simonton, 1992b);还有一些研究关注杰出人物创造出他们标志性作品时的年龄(Abt, 1983; Adams, 1946; Hermann, 1988; Lyons, 1968; Manniche & Falk, 1957; Pressey & Combs, 1943; Raskin, 1936; Simonton, 1975a、1977b、1991a、1991b、1992c、1997b; Visher, 1947; Zhao, 1984; Zhao & Jiang, 1986; Zusne, 1976)。另外,还有大量的研究者想找出创造力早慧、寿命和产出率之间的关系(Dennis, 1954b; Simonton, 1977、1991a、1991b、1992b; Zhao & Jiang, 1986; Zusne, 1976)。

这些历史测量研究工作的结果现在可以使我们很自信地得出这样的结论:(1)创造性作品的产生是年龄的函数,表现为反的倒 J 形曲线;(2)年龄应该以活跃于创造性领域的时间或职业年龄来界定,而不应该以严格的实际年龄来界定;(3) 作品的质量与它全部的数量紧密相关,所以,最具代表性的最好的创造性作品可能出现在创造者职业生涯中最多产的阶段;(4) 一般的年龄函数,包括最初、最好和最后的创造性成就的时间,是随创造性活动的专业领域而变化的;(5) 在创造性产出量上的个体差异,说明了在特定职业时期的产出上的差异,而不是年龄上的差异,所以真正高产的创造者即使在他们创作的最后几年里的作品也要比不太出名的人在他们职业巅峰期产生的作品还要多(Simonton, 1988a、1997b)。

顺便提一下创造力寿命的话题,有少数的研究对创造者一生中晚年期创造力发生的变化进行了探索(Haefele, 1962; Lindauer, 1992、1993a、1993b; Simonton, 1989c)。最具挑战性的是下列证据,艺术家可能表现出确切的"大器晚成",而作家可能呈现一种"封笔之作现象"(swan-song phenomenon)——这两者都表明他们在最后几年中的创造力类型表现出戏剧性的变化。最后,我必须记录大量关于死亡发作(onset of death)的研究。这些研究涉及诸如死亡之日的具体时间(Harrison & Kroll, 1985~1986、1989~1990; Harrison & Moore, 1982~1983; Zusne, 1986~1989),不同领域的创造者的典型的生命期(life span)(Cox, 1926; Ellis, 1926; Kaun, 1991; Raskin, 1936; Simonton, 1975a、1991a、1997a),以及寿命对创造力和遗著声望的影响之类的问题(Lehman, 1943; Mills, 1942; Simonton, 1976a、1977b、1984d)。

在创造者的一生中,创造力不仅是变化的,而且还是可以被预测的。一个创造者的根本兴趣,价值和迷恋的事情也会经历深刻的变化。这已经被几个历史测量的研究所证明(Mackavey、Malley & Stewart, 1991; Sears, 1978; Simonton, 1977a、1980b、1983a、1986e)。例如,信息处理的复杂性在整个生命期间都会发生转变,尤其是在创造者的晚年更是如此(Porter & Suedfeld, 1981; Suedfeld, 1985; Suedfeld & Bluck, 1993; Suedfeld & Piedrahita, 1984)。更富启发性的是历史测量的工作为"普朗克假设"(Planck Hypothesis)提供了支持,即关于老科学家比他们的年轻同行更不容易接受科学的革新(Hull、

Tessner & Diamond, 1978; Messerli, 1988; Oromaner, 1977; J. A. Stewart, 1986; Sulloway, 1996;亦见于 Diamond, 1980; Whaples, 1991)。

超常创造力的差异心理学

那些创立历史测量法的心理学家,如奎特里特、高尔顿、J. M. 卡特尔、桑代克和科克斯都对个体差异有着极大的兴趣。他们常想知道,特定的预测变量的组间变异是否与重要的指标变量,如创造性成就,存在相关。从历史测量的角度考察世界上最杰出的创造者,允许人们研究在判断指标上的最极端的分数。但无论如何,杰出创造力的差异心理学直到现在仍是一个谜。一些研究者研究智力,而另一些人则研究人格特质,还有人研究智力和个性的结合(Cox, 1926; Knapp, 1962; Simonton, 1976a、1991d; Thorndike, 1950; Walberg, 1980; White, 1931)。也许,在这些不同研究中最大胆的做法是那些用建立起来的心理测量工具来分析历史数据的研究。比如 R.B.卡特尔(1963)为了描绘出杰出科学家典型的轮廓图,将他的 16 人格因素问卷应用于生平数据。同样还有几位研究者为了评价文学和艺术创造中的动机使用了“主题统觉测验”(Thematic Apperception Test; Bradburn, Berlew, 1961; Cortes, 1960; Davies, 1969; McClelland, 1961、1975; Winter, 1973)。从这些不同的研究中,可以认识到一个很重要的结果,即从历史测量研究中得到的创造力天才的肖像几乎与对健在的创造者进行心理测量研究得到的图像非常类似(Eysenck, 1995; Simonton, 1994b)。

当然,研究者要能够辨识出创造性成就的预测因素,则势必有一种合适的测量指标。所以,许多研究者将注意力放在发现历史测量研究中优先选择的两种主要指标变量在心理测量上的特征。首先,一些历史测量学家们研究了终身创造性生产力。除了证明这个行为指标有相当好的表面效度和极好的信度外(Simonton, 1984h、1991a、1991b、1992b),研究者还分离出一些具有理论启迪的分布性特征(Dennis, 1954a、1954c; Lotka, 1926; Price, 1963; Simonton, 1988c; cf. Martindale, 1995; Zusne, 1985; Zusne & Dailey, 1982)。特别是,创造性的产出绝不是标准正态分布的,而是极端右偏态分布的,并且带有相当长的高端长尾。

其他的研究者也分析了杰出人物或死后成名者的心理内涵,沿着这条道路,确立了被普遍接受的跨文化和跨历史时期的稳定性(Helmreich、Spence & Thorbecke, 1981; Martindale, 1995; Over, 1982; Rosengren, 1985; Simonton, 1984h、1991c; Zusne, 1987; Zusne & Dailey, 1982; cf. J. M. Cattell, 1903; Galton, 1869)。而且,创造性成就的这两个指标被证明有较强的正相关,因而提供了相互的效度证明(R. A. Davis, 1998; Dennis, 1954a、1954c; Ludwig, 1992b; Price, 1963; Rushton, 1984; Simonton, 1977b、1991a、1991b、1992b)。实际上,无论创造者从事何种创造性活动,只有非常少的人会在作品的产量和受推崇的程度上均处于上游(Cole & Cole, 1972; Green, 1981; Oromaner, 1985)。

最后,我应该提到在最近的历史测量研究中受到关注的两个重要课题:第一,一些研究者开始关注妇女所取得的创造性成就(Hayes, 1989; Over, 1990; Sicoli, 1995; Simonton, 1992a; Stariha & Walberg, 1995);第二,有几位研究者考察了创造性天才和精神病理学的关系这一古老的话题(W. M. Davis, 1986; Karlson, 1970; Lester, 1991; Ludwig, 1990、1992a、1995; Martindale, 1972; Post, 1994; Weisberg, 1994)。在很大的程度上,历史测量研究与心理测量研究相一致,揭示了一种众所周知的“疯子天才”(mad genius)形象背后的重要真相(Eysenck, 1995)。

杰出创造力的社会心理学

创造力绝不是一种自闭的活动。即使是最杰出的创造性天才也是在社会环境中产生的(Csikszentmihalyi, 1990)。在最初的阶段,创造者必须有效地将他们的想法与其他人交流,这些人可以是他们的同事、弟子、听众或鉴赏者。成功地进行交流的行为,才能证明纯粹的独创性是真正的创造力。毫不奇怪,许多历史测量研究试图找出能让他们对其他人造成必要影响的创造性作品的属性。几乎所有这类研究都将注意力集中在艺术作品上,大多数是将客观的内容分析运用于文学(Derks, 1989、1994; Simonton, 1989b、1990b、1997e)和音乐(Simonton, 1984g、1986a、1987a、1994a、1995b)。还有对像电影这样的艺术形式的某些初步研究(Boor, 1990、1992)。最近几年,一些研究者开始试图研究科学贡献是否也可能进行历史测量(Donovan、Laudan & Laudan, 1988; Faust & Meehl, 1992; Meehl, 1992; Simonton, 1992b、1995a)。引人注目的是,已经编写出计算机程序用于辨别出创造性影响在不同题材上的根源,这些题材多样,涉及如诗歌、音乐和心理学期刊上的文章(Simonton, 1980b、1980c、1984f、1989b、1990b、1992b、1995b)。

历史测量学家们也分析到了更高的水平。例如,有几个研究考察了个体的创造性是如何被不同的社会交互作用所促进或者阻碍的(比如合作和敌视)(Jackson & Padgett, 1982; Price, 1965; Simonton, 1984a、1992b、1992c)。在比这范围更大的水平上,相互影响是指决定整整一代创造者所展示的创造力的内容和程度的社会力量(Simonton, 1984c)。这些从时代精神(Zeitgeist 或 Ortgeist)而来的大量非个人的影响可粗略地分为 4 种:

1. 文化因素(cultural factors)。比如流行的训练或艺术环境(Hasenfus, Martindale & Birnbaum, 1983; Martindale, 1975; Schneider, 1937; Simonton, 1975b、1975c、1976d、1976f、1992a、1992b、1996)。在一组因素中有一个特别的话题得到大量的经验性检验,也就是多重发现和发明(Brannigan & Wanner, 1983a、1983b; Merton, 1961; Price, 1963; Schmodker, 1966; Simonton, 1978a、1979、1986c、1986d、1986f)。这是一种令人迷惑的现象,在这种现象中两个或更多的科学家独立产生相同的创造性想法。虽然传统的解释引入了

时代精神的概念,但历史测量的研究则揭示出一种更复杂的过程(Simonton, 1988c)。

2. 社会因素(societal factors)。包括人口增长、社会结构和对少数民族的立场等变量(Hayes, 1989; Kuo, 1986、1988; Lehman, 1947; Matossian & Schafer, 1977; McGuire, 1976; Simonton, 1997c; Yuasa, 1974)。例如,有证据说明视觉艺术的风格可能极大地反映出社会系统的等级划分多于平等划分的程度(Dressler & Robbins, 1975)。

3. 经济因素(economic factors)。尤其是普遍的繁荣和直接投资(Inhaber, 1977; Kuo, 1988; Padgett & Jorgenson, 1982, Rainoff, 1929; Schmookler, 1996; Simon & Sullivan, 1989)。一个古老的观点,即经济的增长可刺激创造性活动的复兴在某种程度上是真理(例如,H. T. Davis, 1941),但只有物质财富并不能保证这种复兴的创造力被保持下来(也见于 Kavolis, 1964)。

4. 政治因素(Kuo, 1986、1988; Price, 1978; Simonton, 1976b、1976e、1976g、1980a、1986a、1986e、1987a; Winter, 1973)。在诸多因素之中,战争对创造力的影响可能引来了最多的关注(Cerulo, 1984; Price, 1978; Simonton, 1976b、1976e、1976g、1980a、1986a、1986e、1987a)。这样大规模的暴力活动不仅对当时创造性作品的多少和本性有着一种暂时的不利影响,而且合起来对创造性的影响可能会延续到数十年以后。

历史测量学文献关于文化创造力的周期性理论融合了这4个范畴(Gray, 1958、1961、1966; Klingernann、Mohler & Weber, 1982; Kroeber, 1944; Lowe & Lowe, 1982; Mar-chetti, 1980; Peterson & Berger, 1975; Rainoff, 1929; Sheldon, 1979、1980; Simonton, 1976c, Sorokin, 1937 ~ 1941; Sorokin & Merton, 1935)。这些不同的研究中最具创新性的可能是马丁戴尔(1975、1990)发表的关于艺术风格转换的触及广泛的著作。在他首次提出风格创造力的进化理论之后(Martindale, 1984b、1986a),马丁戴尔运用复杂的内容分析方法研究了实际的创造性作品,由此来检验理论上的中心预测(例如,

Martindale，1984a、1986b；Martindale & Uemura，1983）。他提出一个有说服力的证据，说明使艺术家创造出更有创造性作品的持续压力，可能成为随后美学风格出现和极致发挥的重要原因。

在结尾处我应该提到，许多社会文化变量可作为发展因素，来决定杰出创造力的出现（Simonton，1984c）。换句话说，这些因素决定了一个有才能的青年的成长环境，由此就塑造了他将来成年时所取得的创造性成就的本质和水平。

结　论

这样概述历史测量学的文献，应该已经提供了好的看法，来说明这种方法对创造力的科学研究有着重要的贡献。有时这些贡献就在于确证由更主流的方法所获得的经验性发现。有一个很好的例子，历史测量学与心理测量学针对精神病理学和创造力天才的研究取得了高度的一致性。同时，许多历史测量学文献中的经验性结果还不能被其他备选的方法（无论是实验室的实验或是心理测量研究）所证实。所以历史测量的文献绝不是冗余或多余的。另外，尽管历史测量遇到了方法论上的部分障碍，但它有几个关键的优点可以大大弥补任何的不足（例如，Simonton，1990a、1990b）。当然，在这些有价值的东西里最为显著的是它有能力对最杰出的创造力表现进行科学研究。历史测量研究的被试无疑是创造性大才的代表。仅就这一点而言，历史测量将继续对我们理解创造力这个重要的现象做出独特的贡献。

第三部分

CHAPTER THREE 创造力的起源

第 7 章　创造力的生物学基础

柯林·马丁戴尔

创造力是一种极为珍贵的特性。这可能是因为它是多种特性共同作用的结果(例如,智力、毅力、不受定势影响的能力和用特殊方法思考的能力)。这些特点并非十分鲜见,但是要在同一个人身上找到所有这些特点却很不寻常。有人推测所有这些特性都有其生物学基础。在本章中,我们将重点探讨创造性洞察力的思维模式。首先,我将描述这种思维模式的本质;然后,讨论为什么它一定要建立在特殊的生理状态之上;最后,回顾一下这种思维基础的证据。

一个创造性的想法就是那种既独特又能适用于其环境的想法。创造性的产品似乎总是由已有的心理要素经过创新组合而成。如庞加莱(1913)所指出的:"创造就是把那些有用的相关联的因素用新的结合方式联系到一起。"(p.286)他还进一步指出:"创造性的想法向我们揭示了那些众所周知的却被错误地认为相互无关的事实之间有意想不到的联系。"(p.115)

所以,创造包括了对先前没有联系的心理因素间进行的类推。在语言水平上,创造力包括了如"A 像 B"这种新奇的说法或是有关 A 的新鲜的修饰法等,雨果认为"我爬过痛苦的楼梯"比说"我爬过陡峭的楼梯"更有创造性。在这一水平上,诗歌与科学技术的唯一真正的差别在于从这样的类比所得到的是什么。诗人写诗。科技人员制造机器。迈可科马克(McCormack)发明收割机的灵感来源于谷物像头发。迈可科马克当然不是诗人,他的理由是既然剪刀可以剪头发,就应该有类似剪刀的东西可以割谷子。

科学和艺术灵感间在形式上的相似性反映在关于创造性灵感的自我描述的相似性上。无论是科学家还是艺术家,他们的新奇想法都不是来自单凭理性的推理。盖斯林(Ghiselin, 1952)通过研究总结出"仅仅通过一系列单纯而又机械的计算来产生灵感几乎是不可能的"(p.14)。除了非智力这一特点以外,创造力还被认为是自动的和不依赖于努力的。例如,作曲对于莫扎特来说相当容易,因为就他而言,这仅仅是把在脑海里"听"到的旋律记录下来。在文学创作中也一样。很多大作家说,他们是通过记录脑海中可听见的声音的心智图像或描述脑海中视觉的心智图像来进行创作的。布莱克(Blake, 1803/1906)的评论也没有特别不寻常之处:"我写的这首诗来源于即兴的听写,没有预先沉思,一次就写12、20或30行,有时甚至是违反我的意愿的。"虽然科学家是与抽象概念打交道的,但他们的创造性观念常常来源于自发的心智图像。有这样一个例子,凯库勒(Kekulé)就是因为梦到蛇咬着自己的尾巴而发现了苯环(Ghiselin, 1952)。

根据最初赫尔姆霍兹(Helmholtz, 1896)和瓦拉斯(Wallas, 1926)的建议,我们可以将创造过程分成几个阶段,分别是准备、酝酿、启迪或灵感、证实或详细阐明。准备包括思考或学习与要解决的问题相关的心智要素。赫尔姆霍兹指出除非是极简单的问题,解决方法通常不会在当时找到。他的方法是把它先放到一边。这个阶段就是酝酿期(incubation)。一段时间之后,解决方法自然会浮现出来。这就是启迪或灵感阶段;最后,在详细阐述的阶段,新观念接受逻辑的审查而形成最后的表现形式。

创造力诸理论

只有知道创造力高与创造力低的人在心理水平上的差异,我们才能知道该去寻找哪一类的生物学差异。为此先简要地回顾几种主要的有关创造力的理论。我们会发现,这些理论都提示了创造力高或低的人之间存在某些生物学差异。

认知的初级加工

克里斯(Kris, 1952)指出富有创造力的人比缺乏创造力的人更能在初级过程思维模式和次级过程思维模式间转换。认知的不同,主要表现在初级加工-次级加工的连续性上(Fromm, 1978)。初级过程的思想可见于正常状态(比如做梦和幻想),也可见于异常状态,例如精神失常和催眠状态。初级过程是以自我为中心的、自由联想的、类比的、相对于抽象概念而言,是以具体图像为特征的。次级过程的认知是抽象的合乎逻辑的,清醒意识状态下以现实为导向的思维。根据克里斯的理论,创造性灵感包含着向意识初级阶段的一种"后退"。因为初级过程的认知是相互关联的,所以它有利于发现心智要素间的新组合;另一方面,创造性的详细阐述包含着回到一种次级过程的状态。因为没有创造力的人在初级-次级过程的连续体中,某一点或多或少出现了"阻塞",所以他们不能有创造性的想法。克里斯的假设使我们想起了叔本华(Schopenhauer)的话:"一个伟大的诗人是一个能够在他清醒时做其他人在梦里才能做的事情的人。"(引自 Weber, 1969, p.94)

有些证据支持克里斯的理论,该理论认为有创造力的人更容易接近初级思维过程。有创造力的人比缺乏创造力的人有更多幻想活动(Lynn & Rhue, 1986),能更好地回忆起他们的梦境(Hudson, 1975),并且更容易被催眠(Lynn & Rhue, 1986)。王尔德(Wild, 1965)直接指出,有创造力的人更能在运用初级过程的认知和次级过程的认知之间进行转换。马丁戴尔和黛利(Martindale & Dailey, 1996)发现一个人越有创造力,其幻想故事所包含的初级过程的内容就越多。苏勒(Suler, 1980)对创造力与初级过程思维有直接或间接联系的一系列证据做了回顾。

精神分裂症——根据精神分析理论,一种初级过程状态——在很多方面和创造力有联系,因为在精神分裂症患者的亲属中,有一些人有丰富的创造力(Heston, 1966; Karlsson, 1968; McNeil, 1971),这之间可能有直接的遗传关系(Jarvik & Chadwick, 1973)。并且有创造力的人在精神失常的测验中得分相当高(Eysenck, 1995)。此外,在客体分类测验中的特殊表现方面的成绩,精神分裂症患者和有创造力的人之间没有差异(Dykes & McGhie, 1976),他们在字词联想测验中反应的距离上也是相似的(Eysenck, 1995)。

注意力散焦

门德尔松(Mendelsohn, 1976)提出注意力焦点方面的个体差异是创造力差异的原因,"注意的能力越强,就越可能进行组合跳跃,而后者通常被认为是创造力的标志"(p.366)。显然,为了得到一个有创造性的想法,一个人必须同时在注意的范围里将各元素组合起来。如果一个人能同时注意两件事情,届时只能发现一种可能的类比;如果一个人能同时注意到4件事情,就可能发现6种可能的类比,以此类推。有证据表明,与有创造力的人相比,缺乏创造力的人注意力聚焦的范围更窄(Dewing & Battye, 1971; Dykes & McGhie, 1976)。

联想层次

心理元素之间有着不同程度的联系。例如,在字词联想测验中,如果刺激词是桌子,那么最有可能的反应是椅子;以食物反应的可能性要小些,而以飞机反应的可能性则更小。由于人们对于给定刺激所做出的反应的概率是基本稳定的，我们可以描绘出一个刺激的联想层次。人们做出反应的联想层次的陡峭性(steepness)是不同的。一个联想层次陡峭的人对一个刺激只能做出几个反应。在假设上一个刺激的心理表征和其他几个心理表征是有紧密联系的。另一方面，一个联想层次平缓(flat)的人可以对刺激有更多的联想。在这种情况下，联想层次较平缓的人与联想层次陡峭的人相比，刺激与接近联想(close associates)的联结较松散，而刺激与远隔联想(remote associates)的联结更紧密。梅德尼克(Mednick, 1962)提出，有创造力的人的联想层次相对平缓，而缺乏创造力的人的联想层次则相对陡峭。他主张，这就能解释创造性的人所具有的进行远隔联想的能力，而这是创造性观念的基础。

根据梅德尼克的理论，无论有无创造力，人们在联想层次上的相对顺序是相似的，区别在于反应的相对强度。有关词汇连续联想的研究支持了该论点，首先，有创造力的人和没有创造力的人用相似的顺序做出相似的反应。但是，有创造力的人以一个相当稳定的速度连续反应，而没有创造力的人的反应很快就结束了。

小结

克里斯、梅德尼克和门德尔松的理论或多或少有相同之处，只是用不同的词语表达而已。失去焦点的注意是初级认知过程的一个特性(Martindale, 1981)。注意力散焦(defocus)和平缓联想层次是确切描述这种相同的现象认知理论和行为主义理论的方式(Mendelsohn, 1976)。

创造力与大脑皮层的激活

在理论上，人们有理由预期，创造力与大脑皮层唤醒的总体水平是相关的。有很多理论家研究大脑皮层激活或唤醒的总体水平的构造(例如,Duffy, 1962; Hebb, 1955)。唤醒被认为是一个从睡眠状态历经警觉的清醒状态再到情绪紧张状态的连续过程。唤醒与学习及成绩的相关呈倒 U 形,在唤醒的中间状态下成绩是最好的(Hebb, 1955; Yerkes & Dodson, 1908)。随着任务复杂程度的增加,唤醒的最优水平开始下降。在相对高的唤醒水平下完成简单的任务是效率最高的,而完成较复杂的任务则需要较低的唤醒水平。林德赛(Lindsley, 1960)发现脑电图(EEG)测得的皮层激活状态与意识清醒状态之间是平行相关的:当一个人从警觉的清醒状态经过幻想状态,再由幻想状态进入睡眠状态时,大脑皮层的激活程度在降低,大脑皮层的激活可直接用 EEG 的频率来测量,也可用 EEG 的振幅来测量。这表明它与次级过程-初级过程之间的连续状态是平行相关的。可以假设,皮层激活的中等水平状态对于意识清醒的次级过程是最优的,而较高或较低的唤醒水平都会与初级过程的状态同时发生。

根据这些可能的关系,我们可以将克里斯的假设转化为一种生理学假说:如果有创造性的被试在初级-次级过程的连续状态中比较富于变化,那么在唤醒的连续状态中他们也应该更富于变化。在纯理论的基础上,这种曲线式的关系不允许我们确定创造应该伴随高唤醒状态还是低唤醒状态。然而,创造天才的自述表明了创造灵感最可能在像梦一般的低唤醒状态中出现。

诱导性皮层激活

赫尔(Hull, 1943),可能是第一个暗示创造力与唤醒之间存在关系的人,尽管他没有明确表达出来。他的行为法则认为,驱动力(我们今天称之为唤醒的总体水平)的增加会使对一个刺激的主导反应更具有主导性;也就是说,唤醒的增加使行为更加稳定,而唤醒的降低会使行为更为多变。当然,赫尔自己通过对低等动物的研究为该法则提供了实验性的证据。唤醒的增加使联想的陡峭度增大,而唤醒的下降使陡峭度变平缓。我们记得梅德尼克的假说,富有创造力的人比创造力贫乏的人在联想的陡峭度方面较平缓。奥斯古(Osgook, 1960)和梅塞尔斯(Meisels, 1967)指出书面语言在唤醒增加的条件下变得更加刻板。很多字词联想任务的研究(例如 Coren & Shulman, 1971; Horton、Marlowe & Crowne, 1963)和创造力测验(例如 Dentler & Mackler, 1964; Krop、Alegre & Williams, 1969),已经证明压力一定造成独创造性的减弱。头脑风暴的技术最初被提出来是作为促进创造性观念产生的方法的,但事实上它们却降低了创造力(例如,Lindgren & Lindgren, 1965)。按照扎扬克(Zajono, 1965)的假说,这是有道理的,也就是认为只要有其他人出现就会增加唤醒的程度,强烈的白噪音——可增加皮层的唤醒——在创造力测验中已证明可以削弱创造力(Martindale & Creenough, 1973)。甚至是奖赏引起的唤醒似乎也减少了创造力(Amabile, 1983)。得出这样的结论比较有把握,诱导出的唤醒增加会导致创造力、独创性和行为灵活性程度的降低。

唤醒的静息水平

我们并没有特殊的理由来预期创造力与唤醒的基础状态或静息水平存在相关。事实上它们之间也没有很强的联系。有证据表明,创造力高的人比创造力低的人表现出较高的唤醒基础水平。那些在字词联想测验(Trapp & Kausler, 1960; Worrell & Worrell, 1965)或创造力的纸-笔测验(例如 Maddi & Andrews, 1966)中更有独创性的人在焦虑测验中的得分显著高于得分较低的对照组。马丁戴尔(Martindale, 1977)发现基础的皮电传导系数与两个创造力测验的结果之间存在正相关。弗洛瑞克(Florek, 1973)发现富于创造性的画家的基础心率较快，但他在研究中没有设置对照组。另一方面，科洛普雷、卡塞尔和马斯兰尼（Cropley、Cassell & Maslany, 1970）以及科尼特和科洛普雷（Kennett & Cropley, 1973）都报告说，有创造力的人的血清中尿酸的含量较低。这意味着低基础的唤醒，但是，血清中尿酸的含量与身体活动是正相关的，有证据表明富于创造力的人比那些缺乏创造力的人在身体上不太活跃（Maddi, 1965）。当然，不活跃本身可以理解成一种低唤醒的行为标志。

维斯皮安斯基、巴里和戴豪（Wyspianski、Barry & Dayhaw, 1963）发现高创造力的人比低创造力的人的基础脑电图 α 波的振幅较低（α 波的振幅是一种反向测量大脑皮层激活状态的方法）。马丁戴尔（Martindale, 1990）总结了涉及创造力和脑电图测量的一个系列的七个研究。其中只有两个研究在测得的皮层唤醒的基础脑电图中高创造力和低创造力被试之间存在显著性差异。但是几乎在所有这些研究中，创造力丰富的人都表现出了略高的皮层唤醒的基础水平。创造力可能与一个较高的唤醒静息状态相联系。但是我们必须在其他方面寻找创造力与神经活动间的强相关。

唤醒水平的可变性

我们根据克里斯的理论作出类比推理，预期创造力更多的是与唤醒水平的可变性有关，而不是与唤醒的基础水平有关。根据艾森克（Eysenck, 1995）的假设，如果创造力和精神失常有关，我们也能够发现高创造力的人有着更加多变的生理唤醒。有证据支持这种假说，在实验室研究中，创造性的被试表现出更多自发的皮电反应的波动（Martindale, 1977），更大的心率变化（Bowers & Keeling, 1971），并至少在一些个案中脑电图上 α 波的振幅变动性更大（Martindale & Hasenfus, 1978）。同时还有证据表明，在创造灵感的过程中，高创造力与基础条件相反，他们表现出最大的唤醒水平的可变性（Florek, 1973;

Martindale & Hasenfus, 1978)。考虑到创造力与双向精神障碍间的关系,有创造力的人可能会表现出长期的唤醒水平的波动。

创造性认知和皮层唤醒

如果创造力不是与一个人的皮层唤醒的平均水平有着密切联系的话,那么它可能与他进行创造性活动时的唤醒状态有关。事实上,情况好像就是这样的。马丁戴尔和哈恩纳斯(Martindale & Hines, 1975)测量了被试在接受操作转换测验(一种相当纯粹的测量创造力的方法)、远距联想测验(创造力和智力的一种指标)和智力测验时的脑电图 α 波——这是一种反向测量皮层唤醒的方法。高创造力的被试在 3 个测验中表现出不同的皮层激活量,而中等和较低创造力的人却没有这种区别。高创造力组在进行操作转换测验时唤醒状态最低,在进行远距联想测验时,唤醒水平有所提高,在进行智力测验时则更高。中等创造力和低创造力的人在 3 个测验中唤醒水平都是高的。如果创造性活动需要低水平皮层激活产生的注意力散焦的话。这个模式是我们可以预期的,事实上,任何需要动脑的任务都会带来皮层激活的增加,因此我们应该注意到,在这个实验中的高创造力样本在进行操作转换测验中的唤醒程度确实比在基础水平线的记录状态要低。

由这些发现可以作出这样的假设,在要求被试进行创造性活动时,比如在他们进行操作转换测验的时候,创造力丰富的人表现出与低水平皮层激活相伴的注意力散焦。另一方面,缺乏创造力的人的注意力太集中,这阻碍了他们的创造性思维。这些差异在创造过程的灵感阶段最为明显,因为在这一阶段,注意力散焦是有用的。而细化则需要注意力聚焦,因此,在这一阶段,唤醒水平应该是没有差异的。马丁戴尔和哈森法斯(Martindale & Hasenfus, 1978)验证了这一假说。他们测量了人们在想一个他们将要写下的故事时(类似于灵感阶段）以及他们在写这个故事时（类似细化阶段）的脑电波活动。他们要求所有的被试都尽可能地发挥创造力来编故事。正如预测的那样，高创造力的人在灵感阶段比低创造力的人皮层激活水平低，而在细化阶段则没有表现出差异。在第二个研究中，一半的被试被要求尽可能地发挥创造力，而对另一半被试则没有给出任何有关创造力或原创性的提示。如果被告知要有创造性，有创造性的被试在类似灵感阶段会表现出较低的皮层激活水平；但是，没有要求创造性时则没有发现被试之间的差异。

这些研究得出结论：有创造力的人和缺乏创造力的人仅在相当特殊的环境，即在创造过程的灵感阶段皮层激活是不同的，而且这种差别只有在人们致力于创造时才会产生。因此，当要求创造力高的人编故事但不向他们提及使故事具有创造性的重要性时，他们的皮层激活水平与缺乏创造力的人是没有差异的。

皮层唤醒的自我控制

我们如何解释上述结果呢？一种可能（但不正确）的解释是有创造力的人更能控制他们的唤醒水平。当被要求有创造力时，他们运用这种能力引发创造灵感所需要的低唤醒水平。卡米亚（Kamiya，1969）是最早展示人们能控制他们皮层唤醒水平的人。在他的生物反馈范式中，他要求被试控制一盏灯的开关。这盏灯的开关是由被试自己的脑电波控制的。例如，开灯的唯一方法是产生 α 波。卡米亚的结果显示被试可以在排除偶然性的条件下控制开关，并且通过练习会做得更好。

如果有创造力的人能熟练地自我控制皮层唤醒水平的话，他们应该在生物反馈任务中表现得更好。两个为了验证这个假设的实验（Martindale & Armstrong，1974；Martindale & Hines，1975）都产生了一致的结果：有创造力的人并不擅长于完成生物反馈任务。最初,他们的表现比创造力差一些的人要好,但仅仅在几分钟之后,这种优势就消失了。此后,缺乏创造力的人能越来越好地控制他们所产生的 α 波的量。另一方面,高创造力的人的表现却越来越糟。特别是在实验中,无论他们是尝试产生或抑制 α 波,α 波漂移的量都呈上升趋势。可见有创造力的人在创造灵感的过程中表现出的低水平的唤醒状态显然不是由自我控制的。

创造力、去抑制和反应性

至少回头来看,富于创造力的人在生物反馈任务中的不佳表现应该不会令人惊讶。当要求富于创造力的人进行自述的时候,他们用强调去抑制(disinhibition)和缺乏控制这样的词来形容自己(Martindale, 1972、1989)。马丁戴尔(Martindale, 1989)和艾森克(Eysenck, 1995)认为创造力是缺乏抑制的综合征。也就是说,有创造力的人是缺乏认知和行为抑制的。艾森克(Eysenck, 1995)把创造力与精神病人的人格维度联系在一起。这两个理论接近于由隆布罗索(Lombroso, 1895)和诺道(Nordau, 1895)提出的天才退行理论。退行理论的要点是退行(一种类似精神病的构造)从先天禀赋上使一个人容易犯罪,容易表现出各种类型的精神异常,也容易表现出天才。退行的概念是由莫勒尔(Morel, 1857)阐明的,并在整个 19 世纪慢慢被广泛地接受。在心智水平上,退行被看成是一种更高级的抑制性大脑中枢的弱化。这种弱化允许更低级的、更原始的功能以一种没有控制的方式出现(Talbot, 1898, p.316)。换句话说,退行是一种去抑制综合征(Martindale, 1971)。莫勒尔(Morel, 1857)和之后的理论家假设退行最初是由环境因素引起的,例如饮食、天气和毒素,然后它通过遗传基因传递下来(有时甚至会愈演愈烈)。当然,这种从环境习得的紊乱能够在遗传上传递的看法随着拉马克式的进化理论的摧毁而土崩瓦解。

退行理论不能被接受的原因似乎是因为莫勒尔(Morel, 1857)和他的追随者对于他们称之为退行的遗传传递过程的看法是错误的。但是他们这方面的错误并不意味着他们称之为退行的结构的整个本性是错误的。就像我在其他地方所指出的(Martindale, 1971),退行理论学者的追踪记录是相当好的。他们十分清楚有关创造力和精神病的关键事实,而这些事实在此后约60年内都没有被重新发现。

隆布罗索(Lombroso, 1895)列出了退行的以下特点:

> 冷漠,缺乏道德感,常常易冲动或疑虑,因拥有一些超人的能力(记忆、审美等)或是缺失其他的品质(例如,计算)所带来的心智上的不平衡,过度的沉默或啰嗦,病态的空虚,极度的追求新异,过分关注自己,愿意用神秘的语言去解释简单的事实,把滥用符号或特殊的词语作为几乎唯一的表达模式(pp.5~6)。

在描述天才的时候,隆布罗索(Lombroso, 1895)还提到了另外几个退行的特点:惯于漂泊;在"梦游状态"写作;不完整的人格特点;过度敏感;过度情绪化;健忘;执拗;精力充沛与极度疲乏的交替出现。

诺道(Nordau, 1895, pp.15~33)提出了退行的几个略微不同的特征:

1. 意志丧失(abulia);
2. 无法集中注意力和随之而来的无法区分相关与不相关;
3. "空洞的幻想"倾向:伴有难以抑制的"无关"联想的自由联想;
4. 模糊而不连贯的思维;
5. 过分情绪化;
6. "道德错乱";
7. 无法适应环境;

8. 悲观主义;

9. “自我狂躁症”。

这些特点与在精神病测试中得高分的人的特点有很大的重叠(Eysenck, 1995):好斗、冷漠、以自我为中心、抽象的、富于创造性的、冲动的、反社会的、不会设身处地、固执的,并以无边无际的思考或“广泛的联想视野”为特征。

在有高度创造力的人的自述中,几乎所有的人都强调了创造灵感得来毫不费力。创造力似乎并不是以自控力或意志力为基础的。事实好像恰恰相反。有创造力的人用许多经常是古怪的方法,但他们却相信这些方法能使他们更富创造性。这些方法中不但没有自我控制;反而包含对刺激的自动反应(Martindale, 1981)。例如,一些富有创造力的人使用麻醉药物和酒精依赖,他们误以为这些有助于他们的创造。显然,这里面没有自我控制,因为这样的物质会自动引起皮层唤醒的变化。而另一些看起来仅仅是不合常理的行为事实上却产生了生理的效果。举一个极端的例子,德国诗人席勒写作时把脚浸在冰水中,这种做法实际上有效地增加了大脑的血流量(Ribot, 1906)。创造者所使用的最普遍的方法可能是极度的远离人群,甚至于濒临感觉丧失的边缘,这是一种降低皮层唤醒水平的条件(Schultz, 1965)。这种消沉的艺术家是无处不在的:维尼主张退回到“象牙塔”里;荷尔德林把自己囚禁在图宾根的塔里;普鲁斯特把自己锁在小木屋里。

创造力,过度敏感和习惯化

为什么创造者首先会要远离人群呢?通常并不是因为他们知道这样一个程序可以促进创造力。相反,这是因为过度敏感。普鲁斯特的远离人群行为也是不得已而为之的,因为普通的光和声音对他来说都是十分痛苦的。有创造力的人经常说他们自己是敏感的或过分敏感的。虽然这样的说法经常被认为装模作样，但是，其实他们很准确地报告自己的感觉。

有证据表明富于创造力的人的确有生理反应过度的现象。马丁戴尔和阿姆斯特朗（Martindale & Armstrong, 1974）发现当产生某种声音时，高创造力的人比低创造力的人有更多的 α 波阻断。马丁戴尔（Martindale, 1977）给予被试不同级别的电击，结果发现高创造力的人对于任一级别的电击的评价都更强烈，他还发现了创造力和动觉后效任务的提高之间的相关性。这个任务的提高通常被认为是个体对刺激强度的“放大”。马丁戴尔、安德森、莫尔和韦斯特（Martindale、Anderson、Moore & West, 1996）测量了对一系列中等强度的声音的皮电反应（皮电反应被认为是直接与皮层激活共变的）。有两个发现很有趣：高创造力的被试对声音的皮电反应要大于低创造力的被试。而后，这些有创造性个体的被试在习惯这些声音上所花的时间，是不具创造性的被试的两倍。富于创造力的人习惯得较慢，这可能是因为他们习惯坚持一个问题直至将其解决而不是厌倦它然后转向其他事情。

创造力和对新奇与刺激的需求

有创造力的人表现出一种品质，这种品质看上去与他们的过分敏感和慢性子习惯不一致：他们喜欢新奇，我们已知这可增加皮层的唤醒水平（Berlyne, 1971）。法国诗人查尔斯·波德莱尔（Charles Baudelaire）关于“美总是古怪的”的评价就表达了许多有创造力的人们的看法。与这种偏向相伴的是对不新奇事物的强烈厌恶。就如英国作家乔治·摩尔（George Moore, 1886/1959）曾提到的，“平凡之物，普通之物，从本质上说是可恶的”（p.61）。科斯特勒（Koestler, 1964）指出科学的天才倾向于“在对待传统观念和教条时持怀疑态度，经常提出反传统的观点”，而“对待新概念却是开明的几近天真的轻信”（p.518）。也有实验证明，一般来说创造力与对新奇的偏向（Houston &

Mednick, 1963)和对刺激的需求(Farley, 1985)是相关的。

如果有创造力的人是过分敏感的,那他们怎么会渴望刺激呢? 原因可能是,由于过分敏感而引起的远离人群导致了一种唤醒水平的降低,而这又导致对新奇事物的渴望。请注意有创造力的人通常寻找精神世界中的刺激而不是现实世界中冒险的强烈刺激。

创造力与大脑扫描

几项令人兴奋的新技术的出现使我们能够通过测量大脑局部的血流或葡萄糖的摄入量来描绘人们的精神活动。遗憾的是,这些新技术还没有被用于创造性思维的研究。希望我们可以尽快地填补这一空白。我们可以利用正电子发射断层摄影术(PET)来测量大脑葡萄糖的代谢率(GMR)。GMR 是大脑某一部分活跃程度的一个指标。一般的发现是,GMR 与人的智力和对某个问题了解的程度呈负相关(Haier、Siegel、Tang、Abel & Buchsbaum, 1992)。也就是说,一个人越聪明或越善于解决问题,他的大脑活跃程度就越低。语言的流畅性——可能是创造力的一个方面——与 GMR 之间也存在有一种负相关(Parks 等,1988)。

通常认为这种负相关是因为突触修剪(Huttenlocher, 1979)。每一个神经元上的突触联结数目从出生后到 5 岁逐渐增多。5 岁后突触联结逐渐减少到一个较低的水平。这样 GMR 也随之下降。人们假设突触修剪与去除不相关的或多余的神经元联结有关。

黑尔(Haier, 1993)提出假说,不充分的神经修剪(即过高的 GMR)可引起智力迟障;另一方面,过多的神经修剪,即过低的 GMR,可导致精神障碍。最有意思的是,他提出假设: 处在正常水平和精神病理水平中间的神经修剪也许导致了创造力。这是一个可检验的假设,当然应该得到验证。

创造力与大脑半球的不对称

理论基础

我们有理由相信创造力与大脑左右半球的活动分工不同有关,也与皮层唤醒的通常状态有关。加林(Galin, 1974)和霍皮(Hoppe, 1977)认为右半球以初级过程运作,而左半球则以次级过程运作。他们的论点建立在这些发现的基础上,即语言的、排序的和分析的过程是由左脑执行的,而全面的、并行的和整体的过程则是由右脑执行的。如果真是这样的话,那么我们能再次将克里斯的创造力理论"神经科学化":因为高创造力的人有更多的通往初级过程的认知通路,他们和创造力较低的人相比,至少在进行创造活动时右脑较之左脑应该有更多的激活。没有理由预期在无须创造性的任务中这两类人的基线水平记录或表现有差异。

很多理论家都提出了相似的假说,但是另外一些人(例如 Britain, 1985)指出大脑半球的平衡可能是创造力的关键。这些观点的差异可能仅仅是语义上的。在静息状态,左半球通常比右半球活跃。一项能够使右半球激活同时使左半球去激活的任务绝对可以产生平衡,即两个半球是被同等激活的。但是,参照基线水平,该项任务可以解释成对右半球的激活多于左半球。

还有其他理由推测右半球应该与创造力有关。有很多证据表明大多数涉及音乐的感知和创作的大脑中心位于右半球(评述文章可参见 Martindale, 1981)。类似地,许多与视觉艺术创作相关的部位也分布在右半球。有证据表明右半球比左半球更多地参与了心智图像的产生(例如,Seamon & Gazzaniga, 1973)。根据对割裂脑患者的研究(例如,Gazzaniga & Hillyard, 1971),右半球似乎拥有一个排列混乱但十分全面的词典。也就是说,它可以理解词汇但并不知道该如何按语法或命题的形式组织起来。使用这样一个"备选的"词典，对于诗人来说当然是有用的。

潘非尔德和罗伯茨(Penfield & Roberts, 1958)做了给暴露的皮层以轻微刺激的实验。当右半球皮质的某些区域被刺激时,病人报告说产生特别清楚的声音和视觉图像。联想到很多文学创作者说过他们的作品基本上是"听写"而来的,杰尼斯(Jaynes, 1976)指出这种准幻觉体验是右半球强烈活动的一种产物。

诱导性右半球激活

一些证据表明,某些已知的能够增加右半球激活的过程可以有助于创造力。至少对于极易催眠的被试,催眠可增加右半球的激活。古尔和雷纳(Gur & Raynor, 1976)发现这些受试在创造力测验中接受催眠时要比没有催眠时表现得更好。大麻也能增加右半球的激活。至少在小剂量时它有助于人在创造力测验中的表现;但是使用较大剂量时则会造成创造力的衰退(Weckowicz 等, 1975)。音乐也被证明能促进创造力测验的成绩(Kaltsounis, 1972)。哈金斯和马克罗森(Harkins & Macrosson, 1990)研究了一项为期 10 周据称可发展右脑功能的课程对创造力的影响。这门课使人在两种创造力测验中的成绩得到显著提高,而对其他五个创造力测验的结果没有影响。

呈现在左侧视野的单词首先由右半球处理,呈现在右侧视野的单词则首先由左半球处理。呈现在左侧视野的单词比呈现在右侧视野的单词能引起更多不同寻常的词语联想(Dimond & Beaumont, 1974)。右半球的激活伴随着左向眼球运动,而左半球的激活则伴随着右向眼球运动。在测验过程中,如果给被试带上只能向左看的特殊结构的眼镜,他们会在创造力测验中表现得比带上只能向右看的眼睛的成绩稍好一些(Hines & Martindale, 1974)。

非创造性任务上的个体差异

一些研究发现,在回答问题的时候,创造力与眼球向左运动的倾向(标示右半球的激活)呈正相关(Hamad, 1972; Katz, 1983)。卡茨(Katz, 1986)比较了创造力较高和创造力较低的建筑师、科学家和数学家在纸笔测试中的表现,假定测验可以测量左右半球的优势反应。结果显示创造力较高的建筑师倾向于左半球占优势,而创造力较高的科学家和数学家则倾向于右半球占优势。卡茨把他的发现解释为创造力较高的人在与他职业需要相关的半球有充分的能力(建筑师是在右半球,而科学家和数学家在左半球),于是他们的创造力来自对侧半球的额外能力。

卡茨(Katz, 1983)和尤姆拉(Uemura, 1980)进行了一系列的研究,比较创造力较高的被试和创造力较低的被试在双耳分听和单视野速示(split-visual-field tachistoscopic)任务中的表现。在双耳分听的实验中,分别给予左耳或右耳呈现一个刺激,给予右耳的刺激首先由左半球处理,反之亦然。在这样的任务中,通常左半球对于识别语言有优势,而右半球对于识别音乐的旋律有优势。在单视野速示任务中,一个简单的刺激呈现在左侧视野或右侧视野。正如上面所提到的,左侧视野出现的刺激首先由右半球处理,反之亦然。最终的结论是对于语言刺激左半球占优势,而对于复杂的空间刺激右半球占优势。

在这两个研究中,无论是听觉呈现还是视觉呈现,创造力与左半球的语言优势正相关。也就是说,当刺激用左半脑处理时,越有创造力的人会做得越好。尤姆拉发现创造力与单视野空间任务的右半球优势呈负相关。卡茨发现创造力较高的人在双耳分听旋律识别任务中没有表现出通常的右半球优势。在所有的任务中,创造力较高的被试似乎比以前基于普通人群的调查结果所预期的要更多地使用左脑。卡茨或尤姆拉的实验都没有涉及创造性的表现。

正如在一般唤醒状态下一样,似乎所预测的差异只能在创造性活动中寻找到。

创造性活动中的半球不对称性

哈兹匹斯(Hudspith, 1985)分别测量了一个基线条件下,以及当被试试图想起与呈现两个有联想关系的词时,左右半球的活动。这项任务与梅德尼克(Mednick, 1962)的创造力远距联想测验类似。在基线记录状态下,创造力较高的人与创造力较低的人没有差异。在词语联想任务中,创造力较高的人比创造力较低的人右半球的活动更为活跃,但差异没有达到统计学意义上的显著水平。但是由于实验每组只有 10 人,统计意义不大。

马丁戴尔、海恩斯、米歇尔和科维勒(Martindale、Hines、Mitchell & Covello, 1984)报告了三个关于创造力与由脑电图的活动所测得的半球不对称性关系的实验。在安静或基础状态下,没有一个实验发现创造力较高和较低的被试在不对称性方面有显著差异。其中两个实验中的创造力是用纸笔测验评价的。在这些实验中,创造性的任务就是要求被试写或者大声讲一个幻想故事。在进行创造性活动时的两个半球的活动在这两个实验中都表现出相同的模式:高创造力的被试右半球的活动多于左半球;中等创造力者表现出与之相反的强烈的不对称,而缺乏创造力者两个半球的活动是相等的。

在第三个实验中,将学习美术的学生与未接受美术训练的被试进行比较。记录被试在画牛椎骨和读经济学文章时各自的脑电图。正如预期的那样,与对照组相比,美术学生在画画时右半球的活动多于左半球。阅读的任务之所以包括在内是为了测量在非创造性任务时的不对称性。在这项任务中,美术学生比对照组显示出更多的不对称性,这与画画任务中的结果是相反的,左半球的活动比右半球的活动要活跃,并且艺术家比非艺术家更多发生这种情况。由此看出,有创造力的人仅仅在创造过程中更依赖于右脑,而不是在一般状态下都这样。

创造力与额叶的激活

艾森克(Eysenck, 1995)和马丁戴尔(Martindale, 1989)认为富于创造力的人很可能认知抑制不足。额叶就是涉及认知抑制的部位(Bjorklund & Kipp, 1996; West, 1996)。如果艾森克和马丁戴尔的观点是正确的,那么我们可以预期,与缺乏创造力的人相比,富于创造力的人的额叶的活动水平应该较低。

哈兹匹斯(Hudspith, 1985)测量了 10 个创造力较高和 10 个创造力较低的人的大脑前后两个区域的脑电波活动。在通常状态、词语联想任务(想出一个与另两个词有联系的词语)和想象任务(想象一个物体折起来的样子)三种情况下分别进行测量,结果发现,在基线状态下并没有差异。但是在其他两项任务中,创造力较高的人表现出前部高振幅的 θ 波活动,这提示额叶活跃程度较低。在想象任务中,创造力较高的人还表现出前部较高振幅的 α 波活动,这同样表明额叶活跃程度较低。但是,由于被试的数目太少,这些差异只是邻近显著。

生理学差异的基础

有人对前面提到的生理差异是创造力高或低的人的思维模式不同的原因或结果提出了质疑。19 世纪的研究者如弗勒奇斯格(Flechsig, 1896)声称,比较天才和普通的被试,他们找到了头盖骨容积和脑解剖学方面的显著差异。这样的研究虽然在方法论上遭到批评,但还没有用现代的方法重做过。我们知道有些脑电波模式是可遗传的,但关于我们所讨论的更具体的模式还没有证据。

关于创造性测验表现的可遗传性,最新的研究却得到了矛盾的结果。尼科尔斯(Nichols, 1978)介绍了对10对双胞胎进行发散性思维的研究。在发散性思维测试中,他们的遗传度平均值是0.21。另一方面,与高尔顿(Galton, 1869/1902)的研究相反,没有证据表明创造力有家族遗传性(Bullough、Bullough & Mauro, 1981)。最近,沃勒、布查德、莱肯、特里根和布拉克尔(Waller、Bouchard、Lykken、Tellegen & Blacker, 1993)提出了对于这个矛盾的一种解释。他们主张,创造力的特征是莱肯(Lykken, 1981)所称的浮现遗传(emergenesis)。后者是指只有当所有其他特点(例如智慧、精神异常、毅力)存在时才表现出来的一种高层次的特征(例如创造力)。浮现遗传的特征具有高度的遗传性,但是并不会在家族中普遍可见,因为家庭成员不可能具备所有必需的特点。沃勒等(Waller, et. al, 1993)报道了在明尼苏达双胞胎分开抚养研究中,对被试所做的一项创造性形容词测试结果的遗传度。他们的发现表明这项测试中的分数似乎也是浮现遗传的。单卵双生子,他们的遗传度的估值是0.54,而异卵双生子,他们的遗传度的估值则与零没有显著的差别。

小　结

我们已经看到,创造性行动包含了发现以前认为毫无联系的两个或更多的想法或图像之间的类似之处。这种发现不是源于逻辑推理,而是突然出现的,好似灵光一闪。我们所评论的全部创造力理论,本质上说,都表达了相同的意思——创造灵感发生于这样一种心智状态:即散焦的注意力、联想的思维和许多心智表征同时被激活。这样的状态能通过三个方式出现:低水平的皮层激活,相对高的右半球激活和额叶的低水平激活。有创造力的人通常并不表现出所有这些特点,只有在进行创造性活动时这些特点才得以全部显现。

第8章　进化中的创造性心智：故事和机制

查尔斯·J. 拉姆斯登

是不是有一种创造的激情在推动人类，使我们完全不同于和我们生活在同一个星球上的所有其他生物？或者，是我们大大小小的创新能力，把其他物种的能力和谐地联结在一起，因此，人类的创造力确实是生命史上被无数次重复的主题的一种变化形式吗？我们是否要把自己理解为在用“地区方言”表达革新呢？——确保以其唯一而特殊的方式来表达，不过只是改变了普遍性进化策略的风格。

达尔文主义强调带有修饰的遗传（descent with modifications），这似乎在说，我们既是特殊的，也是平凡的。这是人类进化的一个事实，还是进化不能解释人类的一个事实呢？只是因我们在地球生命多样性中所处的位置而在一定程度上受到贬抑，达尔文主义者影响到普罗米修斯式的、过去的心理学，甚至过去的哲学，以一种曾用以对杂交玉米或在蚂蚁中生长的真菌进行争论的语言来解释我们的行为、心理和各种社会形态。这到底是怎么回事？

要怪就怪认知革命吧。在行为主义的平民化思潮（behaviorist populism）春风得意的日子里，进化，遵循达尔文的引导，大都满足于思辨的推测本能和驱动力的起源。这是进化论者进入心智的楔入点，此时行为主义已融入认知科学，而意识、意图、自我觉察和人类天才这些神秘之物又从科学尊重的边缘重返人类科学的中心。当然，关键在于脑科学家和心智科学家之间的争斗得到了缓和。他们之间的墙倒了。对人类进行恰当的研究成了共识，即使有争议，也是双方共同的财富(Churchland, 1995就是在行动上认识缓和的众多例子中的好例子)。正如我们将看到的,如果没有充满遗传变异的有机物,进化就会枯萎,这种变异看起来很神奇。但是,心智与脑的这种联系一旦获得它的立足点,进化的注解就迅疾而至,并且得到了人类学、动物行为学、古生物学和遗传学在人类和动物群落中卷帙浩繁的实地调查的支持。

与进化了的有机体相似到离奇的程度,我在文献中所见的创造力的种种"定义"(如,Amabile, 1983; Boden, 1991、1994; Hofstadter 1995; Sternberg, 1988; Sternberg & Davidson, 1995)也是既带有其先驱者的独特印记,又表现出一定程度的一致:创造力就是那种想出新的、大家觉得有意义的事物的能力。当然还可以做得再确切一些,但为了与我早期的用法保持一致(始于Findlay & Lumsden, 1988),我将会用创造性过程来表示那些心智事件,是通过这些事件一个有机体才有意地(Dennett, 1996)超出它先前的经验而取得一个新颖且适当的结果。创造力将指某些人所表现出的人格和智力诸特质的那种可望而不可及的汇集,这些人若被给予一定的自由,就会花大量的时间致力于创造性过程。原则上讲,创造性有机体取得的各种结果,在其新颖性和重要性上有巨大的差异。例如,莱特兄弟完全可以待在家,制作更好的自行车,而不用去进行他们飞往科蒂霍克(Kitty Hawk)的各次重要旅程(Bradshaw, 1996; Freedman, 1991),承受那些旅程必然带来的种种艰辛和损失。

成果(outcome)就是创造性过程的产物。在这个意义上,巴赫的赋格曲、哥德尔数以及我们孩子的网页,都是创造性过程的成果。创造性的过程不必有一个与有机体的原始意图相一致的成果。但它可以有这样一个成果,就如这个被发明的世界,也就是我们这个物种的家园所展示的那样。在科学上,成果常常教给我们关于这个先于我们的意图而存在的世界的某种事情,这样的成果就被称为发现。"发现"(discoveries)似乎不大适合作为绘画和摇滚音乐等作品的称谓;用"作品"(works)也许更为常见。

最后,创新(innovation),是指在社会上得到承认并得到一定程度采用的成果。成果可能无法转化成创新或是在形成转变时显得缓慢，也许是由于缺乏所归属的价值（所以只是到最近，梵高的作品从艺术市场的眼光来看其价值才达到天文数字），或是因为成果的发明者没有意识到这种突破，或是完全由于偶然因素（"市场份额"：还记得 VHS 与 Beta 制式之争吗？）。进化科学对这种多变环境中发生的事实所提供的洞察力，是否能超越现有的心理学和神经科学所提供的解释？

我想，答案应该慎重，因为进化科学处理的问题特别适合于创造力研究。这些问题是"为什么"的问题。正如在行为科学中那样，生物学关心的大部分问题是"怎么样"的问题：细胞怎样分裂；大脑里长时记忆怎样储存；父母怎样使子女社会化，等等。这些都是人们所熟悉的处理过程和机制的问题。但是，进化论者想要回答的是解剖、生理和行为方面的"为什么"而不是"怎么样"的问题：为什么细胞以某种特定的方式分裂，或者为什么父母会无私地对待子女。

"为什么"的问题需要对历史进行研究——个体的历史（发展、社会化、学习、选择），他们的文化和社会的历史，最终是种群的历史。生物过程的历史（回忆一下造成重大变化的因素，即脑生物学被进化论者推动进入到心理学研究）按定义来说是进化。让我们更仔细地考虑后面这个要点，因为最重要的毕竟是要认识人类的创造力为什么是如它所是现在这样，而不是其他可能的方式。（为什么我们不都是布莱克或者巴赫呢？）

分割和拼接

现代的进化论或称新达尔文主义的进化论（以下称为 NDT）是对达尔文的自然选择说（Darwin, 1859）与孟德尔的遗传学和群体生物学的一种综合。通过杜布赞斯基（Dobzhansky, 1937）、费希尔（Fisher, 1930）、霍尔丹（Haldane, 1932）、迈尔（Mayr, 1970）和赖特（Wright, 1968）等一系列名著的整理，到 1950

年,NDT 已经立足于广泛的经验和数学发现的基础之上,而且它们还在不断深化和细化。虽然由于篇幅所限,我不能在此详细回顾 NDT(比较强调行为的一些令人振奋的研究包括: Brandon & Burian, 1984; Dawkins, 1986; Dennett, 1995; Maynard Smith, 1982; Raff, 1996; Williams, 1966、1992; D. S. Wilson, 1980; E. O. Wilson, 1975、1978),但它的核心观点我们却可以直接掌握。

对新达尔文主义者来说,进化是一个极具创造性的同时又是非意向的自然过程,它不以人的意志为转移,这一过程的关键在于起源和原始多样性的塑造过程以及这两者之间的张力。即使其化学的理由直到 20 世纪分子遗传学出现之时才得以把握,但在达尔文的时代人们就完全了解,许多特征(举几个现在的例子,比如眼睛的颜色,或卷舌头的能力)以显性的确定的方式在父母和他们的后代之间传递。个体之间是有差异的,其中有些差异是可遗传的。

于今回顾,经过 140 年的不断提炼和注解的过滤,达尔文的核心观点现在看起来似乎只是一个很浅显的模型:如果一个可遗传的特征在个体之间变化,而且如果从这种特征的一种“变式”到另一种“变式”的变化还能够改变(增加或减少)有机体的繁殖能力,那么,随着时间的推移我们就可以预期,与较强的繁殖能力相联系的那些特征的变式在群体中会变得更常见。这是因为带有这些变式的个体将会有更多的后代,它们继承这种变式然后再传给更多的子孙后代,依次下去。此外,如果个体的生存必须为稀缺的资源而竞争,如食物、处所或配偶,那么随着时间的推移许多其他的变式就可能完全消失。这就是自然选择的活动。

例如,在一个假设存在的物种中,各个体感受一种特殊毒素的能力不同,这是由于在染色体上的一个或多个位置上有不同的基因。基因编码控制着比如细胞表面的受体蛋白质,这种蛋白质可以黏附毒素的分子并触发神经信号,因而细胞具有感受毒素的能力。但是与之相对的基因变式并不具有这种能力,因为它所编码的蛋白质受体点根本不能黏附毒素。毒素存在于食物或水中,具有“感受体”基因的个体探测到这种物质,避免它,并存活下来,而那些具有各种“非感受体”基因变式的个体会吸收毒素而死亡。结果就是，感受体变异的频率在群体中增加，使该群体中具有避免这种毒素的遗传能力的个体比例增大。这种从一代传到下一代的变化就是通过自然选择完成的进化过程。用群体生物学的专业术语讲，能感受毒素的个体被说成是有“增强的遗传适应度”，而感受性特征则被称为相对于该群体的特定环境而有“适应性”。

随着时间的变化，很多因素会改变或破坏系统的其他方面，这些变化的形式是相对丰富的。环境的改变会颠倒特定特征的繁殖效果，自身适应的那些特征也有可能相互锁定在意想不到的有害的联合形式（configurations）中。例如，感受体基因的变式也可能急剧地降低对性信息素的敏感度，以至于即使死于毒素的感受体比非感受体少，但它们繁殖得更少，结果时间一长，非感受体反而比感受体增长的速度更快。如此等等。

自然选择挑选多样性。没有可遗传的多样性，就没有自然选择。但是，有机体的多样性，进化的原材料，是从哪里来的呢？我们至少已知有四个过程可以维持在生物群体中不断出现新的基因变异或新的基因模式：

1. 突变——改变一个有机体核苷“文本”中的一个或多个“字母”的自然事件；

2. 重组——在生殖细胞的形成过程中混合和匹配父母的染色体之间的基因变异的自然事件；

3. 迁移——带有新基因变异的个体所组成的群体的到来；

4. 性本身。

对 NDT 来说，性的最主要角色要比直接繁殖或寻欢作乐更为微妙。它创造了后代间的遗传差异。无性繁殖的生物体，比如说通过孵化未受精卵来繁殖的生物体，可以精确地复制它的基因组，一个基因一个基因地复制，无须在求爱仪式上浪费时间。但是如果所有后代都是一样的（突变有助于保证无性生殖的生物体并不是完全相同的，但比起性的创造力来说却逊色很多），它们就可能经受不住环境的重大变化。性混合了至少两个曾经同意合作的参与者,并赋予后代不止一个基因副本,这使得后代彼此不同,因而可以抵挡艰难处境。从自然选择改变群体中基因频率的速率来看,有性生殖比无性生殖要慢一些,但是它提供出更为多样的基因组合,交给这个世界来选择。

性也是基因重组的基础。所谓重组,是亲代染色体之间的一种化学舞蹈,在这个过程中,来自一个亲本的脱氧核糖核酸(DNA)陷入另一个亲本的脱氧核糖核酸的沼泽里,这时染色体被分类、排列、复制,最后经转轨而进入性细胞。一个非常有力的重组事件是基因复制,在这一过程中,相同基因的两个或多个副本会在分子的这种剪切和粘贴的过程中被插入到一个染色体中。脱离它们在细胞生理中的正常角色之后,基因的这些"副本"也许会与它们的原始结构不同,这对生物体只有很少或者没有直接危害,这些副本又允许新的基因产品形成并进入细胞基质(cellular matrix)。许多控制你体内的细胞活动的蛋白质可以把它们的起源追溯到基因或基因片断中的复制事件。

NDT 的大师级设计者们把突变和重组看作是无关自然选择的创造多样性的过程:基因通过拼接,或一个核苷酸碱基变成另一个核苷酸碱基(或在基因复制中把它误作为另一个核苷酸碱基)的物质过程可以平稳地向前进行,不会因有机体的适应性斗争而有曲折。当然,从某种意义上说,突变和重组并不必然是任意的,因为仅仅一个步骤的突变式重组就可以导致一个有机体在结构和功能方面产生任何可想象的变化。发育的生化调节网可以抑制变化或将其影响转引向特定的结果。NDT 只要求,结果相对于自然选择起作用的"方向"是任意的。然后,随着时间的推移,当越来越多的突变和重组发生并在后代中传递下去时,群体中累积的突变才可能很大[一般来说,性是更令人感兴趣的;性细胞的结合所得到的与自然选择紧密联系,并产生所谓"性选择",这是达尔文(Darwin, 1871)所开创的一个主要的独立的进化论课题]。

对于一个有机体来说,使自然机制更直接地为满足其适应性需要而运转,这不是更方便吗?因为它能使那些变化后会改进相关特征的基因更经常地发生突变。当存在一个毒素可由变得更有创造性的个体所探测到或有由这样的个体取得时，为什么要在改变眼睛颜色上浪费时间呢？这些隐秘的拉马克主义是NDT的死对头。1988年秋，约翰·卡恩斯（John Cairns），朱丽·欧弗尔鲍夫（Julie Overbaugh），和斯蒂芬·米勒（Stephan Miller）在《自然》上发表的实验报告，打乱新达尔文主义的计划。他们声称，低等微生物大肠杆菌表现出受适应性"需要"所影响的突变。如果带有一个不起作用的版本的Lac基因片断的大肠杆菌（该基因的工作版本能使细胞有能力消化乳糖）被放入一个含有乳糖作为它们唯一碳来源的培养基中，细胞似乎就会偏向性地提升Lac的突变率。卡恩斯、欧弗尔鲍夫和米勒（Cairns、Overbaugh & Miller, 1988）将此情形解释为，细菌探测到乳糖的存在并将逐渐减少的资源引导到产生最可能帮助它们摆脱其适应困境的突变上。

很多人对卡恩斯等人的工作以及后来声称能证明直接突变的实验迅速提出了尖锐的批评，甚至是全盘否定。批评的焦点是在实验设计可能存在缺陷以及对数据处理和解释方面的争议。科奇兰恩（Cochrane, 1996）、凯勒（Keller, 1992）、斯尼格斯基和兰斯基（Sniegowski & Lenski, 1995）全面考察了这一活跃的主题。认识论的巨柱明显是在定向突变一边，很清楚，随机突变为零的假设将得到有力捍卫。目前，定向的或适应性突变的本质和进化显著性，虽然是令人着迷的，但最好被看成是完全临时的，因为我们对此所知甚少。

进化是微观的还是宏观的？

达尔文的观点是，环境是要能够充分稳定的，以允许自然选择在长时间内发挥作用，并在生物群体中产生渐进的但却是逐步累积的差异。在一个相对短的时间内，由自然选择创造少量的差异，已不再是一个十分有争议的问题。这就是微观进化。

有时，微观进化不是通过自然选择的方式进行的。突变会高频率地发生，以提升突变基因在群体中的百分比，而无须自然选择的影响。迁徙者可以给群体带来新的基因，其比率高到足以改变它的总体的基因组成。在小的有性分化的群体中，重组的基因组中的分类统计数字本身可以成为决定基因变体的相对丰富度的重要因素。尽管这些现象会出现，有时也有显著性，但当前的证据表明，相比于自然选择，它们在较长的时间段内引导进化的影响力要小得多。换句话说，自然选择是微观进化中引导变化的主导模式。

自然选择最终必须是慢慢地通过器官发展的细胞生物学，通过化学反应的物理法则对细胞、组织和器官的形态及交互作用的任何限制，最大限度地对基因变化起作用（如 Goodwin, 1994; Kauffman, 1993）。生物化学和物质的结构物理学的非线性特征，以及把一个有机体保持在一起的各种力，在这一方面有着特别的重要性。在非线性系统中，你所得到的和你所投入的不一定成比例；它可以经组织而变成各种特定类型的奇异模式和行为（关于非线性的精彩介绍见 Kaplan & Glass, 1995）。因此，原本基因上的微小变化，通过发育生物物理学（Goodwin, 1994）和分子生物学（Raff, 1996）的非线性"约束"而起作用，也许会对有机体的发育造成很大的影响，或者出乎预料地被非线性缓冲所抑制。

比微观进化更具争议性的是 NDT 是否有能力解释宏观进化和物种起源：NDT 的理论认为，连续的逐步积累的微小差异通过自然选择最终可以创造出新的物种（有机体种群在彼此孤立的情况下繁殖），超出这点，属于更高阶的分类主群的行为习性重新组织而形成生物的多样性。创造力的进化本身暗示着很强的宏观进化。游戏和创新行为并不是我们人类所独有的，它也会发生在许多其他的物种中，特别是那些具备大脑量、温血的和有复杂社会结构的物种（Fagen, 1981，是一个经典的综合）。人类的进化本身也是一个宏观进化的过程，它是人属（*genus Homo*）中两足动物种的后继种类，后者则逐渐演变成灭绝已久的灵长类祖先的骨骼。

宏观进化方面的争论听起来是在宣布达尔文主义的衰亡。NDT，像历史和上帝一样，被怀疑要走到尽头了（例如，Goodwin, 1995; King, 1996）。但事实并非如此。现代的工作把NDT、渐进论和自然选择概念，与各种关于在化石记载和生态多样性背后起作用的大尺度的进化机制的其他假说放到一个层面。但要声称当前的资料就足以严密地表达、检验和驳斥这些假设中的任意一个都为时过早。有迹象表明，进化的变化可能分布在时间模式的整个光谱上，即从在某些情况下平缓的渐进进展，到各种错综复杂的模式，后者是长时段内很少或没有变化（所谓的停滞）与进化创新的短期暴发交织进行（Raff, 1996）。针对环境变迁和遗传变异的发展约束的作用，也许突出地表现在停滞和变化之间的过渡中，如"间断均衡"这样的模式所揭示的那样（Eldredge, 1989; Gould & Eldredge, 1977）。正如我们将看到的，这包括了我们人类创造力的化石记录。

随着宏观进化的争论的继续，重要的一点是我们要记住变化本身和定向变化之间的区别——在时间进程中基因突变跃入一个未知的状态，还是对种群进行有系统的改型。例如，突变和重组的作用机理，在特设性跳跃中非常突出，可能混杂有机体发育的生化过程而形成真正新颖的物种形态。它们也许会出现在生命史的前后受限的中间阶段，与多样性的突然暴发相关联。

除了人们理解甚少的定向突变的机制外，通常也认为有系统的变化是自然选择产生的。然而，发育的趋向一体化的特征使得那些我们认为是适应上重要的特征实际上是"一直是在搭车"（并不重要），因为个体发生迫使它在自然选择实际作用的特征发生改变时也要发生改变。进化生物学家有时把这些"搭便车者"称为预适应性，它们之所以令人感兴趣，是因为它们可以通过突然打开与先前的适应趋势毫不相关的适应的机会，去而重塑进化。

有那种基因吗？

正如达尔文工作时没有一个适当的遗传理论一样，NDT大师级的综合者以及其随后对行为和人口动力学的应用(Dawkins, 1976; Maynard Smith, 1982; Williams, 1962; D. S. Wilson, 1980; E. O. Wilson, 1975; Wynne Edwards, 1962),也不得不在没有恰当的机体发育理论的情况下工作。基因活动和“完成的”有机体之间的联系只是通过一种几乎是模糊不清的速记,也就是完全忽略个体发生的统计概率,拼凑而成的。

如果从数学意义上来说,直接的联系就是基因中的变化和有机体中的变化(因而是它的发育模式方面的变化)之间的关系。在一个基因和一个“特征”本身之间并没有这样的联系:基因编码基因产物(其他调节基因组的分子,或者在细胞的结构和生理活动方面活跃的蛋白质);再没有其他的联系了。生物体在发育演变中将基因的信息输入到与预先存在的卵细胞材料的交互作用的矩阵中,在那里环境条件和化学物理法则开始起作用,调节和控制着物质的和化学反应的流程。发育生物学家现在已经破译了部分基因彼此交谈的分子语言,这使他们能越来越精确地跟踪在机体形成过程中单个基因产物的行为。

因此,并不存在性偏好或喜欢干净环境或音乐早慧的基因,不过有一些基因中间的一个变化可以反过来改变这样的特征,有时这样的改变甚至很显著。DNA 中信息丰富的核苷“文本”片断转译成核糖核酸(RNA),这些文本可能又依次被读成氨基酸序列,它们有折叠的形状,负责制造细胞中的蛋白质,或被读成某些点(sites),基因组中的其他 DNA 位置的转录活动就是通过这些 sites 被调节的(即被关闭或打开,或者提高或降低它们进入活跃或不活跃状态的可能性)。基因组上的调节因子的位点可以调节其他的调节因子,依次下去,形成复杂的控制链,并形成基因组在其与细胞其余部分的相互作用中(Kauffman, 1993)和在发育期间的细胞群之内进行强大的自组织活动能力。

虽然人们想以一种概念省略来简化这样一个分布的非线性遗传的相互作用和一体化的基因组活动的图景,即用基因→特征来取代基因变化→特征变化,但是这种遗传演绎是不正确的,也是草率而具误导性的。讲到起主要影响的基因(genes of major effect)意思是指,在一个目标群体之内,个体在某一特征上的差异很大程度上可以追溯到它们基因组之间的差异，而不是环境上的差异（或是维持它们的个体发育和生理过程的物理法则方面的差异）。这样一个主张并不等价于断定，特定的特征由基因本身所决定或预先规划，或是说发育的环境或化学物理过程是无关紧要的。有时，分子生物学的措辞把一个基因组的信息内容等同于一种“蓝图”（Goodwin，1994、1995；King，1996），一条带有有机体及其部分的微型快照的聚核苷酸链（就像一个没有冲印的胶卷带有看不见的影像等待冲印一样。）要建造一个有机体，我们所需要的就是这个DNA 序列和某个洗印师。但即使在像侏罗纪公园那样快节奏的幻想中，你也会记得，食肉恐龙不可能从一堆堆缠绕的 DNA 中像凤凰那样跳出来：核酸必须返回到胚胎环境的化学溶液中，结合其他生化物质才会形成一个细胞，再由细胞长成饥饿的食肉动物并获得大的利益。除非是在非正式场合作为一个用滥了的比喻，DNA 并不是一个蓝图，相反，它是发育的速度和模式的一个重要子系统，在大多数生物体中我们都是用它解释可遗传变异的起源。基因上的变化可以改变个体发育的速度和模式，有了它们才有了生理机能和行为。

短　路

透过几代人的统计相关性可以管窥到，人类的遗传变异另有根源：文化。我们生活在一个充满发明意义的世界，一个经设计的世界，这个世界是我们这个物种为自己创造的，围绕着我们自己制造的种种社会性事物。与人类复制自身的基因遗传线交叉的是文化流；如果丧失文化流，我们就只有人的身体而没有人的心智。这就是我们的小生境（niche）。大多数动物的进化由遗传信息的差异性复制引起，而人类的进化则与遗传和文化的双重信息的差异性传递有紧密联系。我很愿意承认，强迫把文化和“信息”这样一个干巴巴的术语联系在一起,这对文化来说是不公正的。我在这里这样做,只是因为手边没有其他更合适的词。① 文化信息非常宽泛地代表地球上每个社群中的人所共享的故事、想法和行为策略——没有了这些我们就不能在这个世界上以一种对大家也许也是对我们自己有意义的方式生活(Randall, 1995)。在我们这个数字时代,"信息"听起来让我们联系起像染色体组那样的颗粒,最多也只是弯弯扭扭的不连续的DNA碱基配对链。但是,文化以及作用于其上的人类的创造力的行为,却充满了连续而不可简化的信息,其潜在意义和重要性是无穷无尽的——绘画、歌词、交响乐等都是如此。这使文化有了在基因世界里所不知道的无法剥离的丰富内涵(Lumsden, 1989)。一个故事或一项创新的变式多少随时间而发生的变化,就是文化进化的最简单、通常也是最容易处理的形式。

人类学家和进化论者都必须知道,从500~700万年前我们的灵长目祖先开始,遗传的生物进化和文化进化是怎样独立进行的。我对发展心理学、认知科学和动物群体比较行为学的资料进行了研究,得出了文化传递的基本原理的初步结论(Bonner, 1980),并对下述假说提供了一种试探性的支持,即人类的文化和人类的基因组并不是沿着孤立的轨迹独立地进化的。文化学习的神经生物学使它们相互依赖,从而导致基因-文化的共同进化过程(Lumsden & Wilson, 1981)。

人类的基因-文化共同进化似乎是按照一种被称为基因-文化传递的信息遗传机制来组织的。在基因-文化的传递中,基因组的活动选择了有机体发展的一种特殊模式。基因-文化传递的神经元学习规则影响到一些变量,这些变量不是文化信息变量,而是引起儿童吸收文化模式的巨大变化的变量。信息这一术语的还原性本质使得这一点听起来就好像是在说,这种陈述处理的是

① 看起来本文作者似乎没注意到著名生物学家里查德·道金斯为文化的进化与基因(Gene)的进化作比而提出并阐释,并由他的学生进一步著书论述的"meme"这个词。参见《自私的基因》,[英]里查德·道金斯著,张岱云等译,及《谜米机器——文化之社会传递过程的"基因学"》,[英]苏珊·布莱克摩尔著,高申春等译,吉林人民出版社出版。——译者注

一些明显荒谬的供选择的模式，诸如把学习规则应用于对蓝色牛仔裤的偏好而不是黑色牛仔裤的偏好，但事实根本就不是那么一回事。核心的问题在于我们这个物种所特有的心智本质：我们依赖于文化的自我意识、我们的独一无二的人类语言的语法基础、我们对避免兄弟-姐妹之间的求爱和乱伦的跨文化偏向——这些富于意义和需要理解的系统，孩子们不需刻意教学就能很快有效地接受。

在基因-文化共同进化时，一个相互作用的回路在起作用。其中，影响神经组织的形成和文化学习的基因组子系统发生着变化，以应对文化的变迁，而文化的变迁影响着根本的基因变量的分化性传递。虽然基因-文化共同进化的数学模型分析表明，自然选择可以强有力地影响共同进化的速率和方向，但是自然选择的结果可以明显地不同于只根据遗传推理所预期的结果。例如，文化学习的发展过程，可以在基因组的变化和文化变化之间建立起非线性的耦合，产生令人惊讶的结果（例如，Findlay，1991；Findlay & Lumsden，1988；Lumsden，1984、1985；Lumsden & Wilson，1981）。进化结果的多样性可以增长，就如同它们接近的速率可以增长一样。利他行为和合作行为可以传遍整个群体而无须借助于亲选择、互惠的利他主义或任何传统上被认为与人类社会行为的进化有关的其他机制。如果进化单纯是依靠基因手段，像群选择那样的高阶进化过程，就会更为重要。

人类的创造力是促使基因-文化共同进化的导火线。创新来自创造力，这些创新是文化多样性的原材料。文化进化，无论是把它作单独考虑还是放在基因-文化的共同进化中来考虑，如果它的多样性为零，那么，文化的进化就会停滞萧条。基因-文化的共同进化作用于这种创造出来的多样性的文化使我们成为人类，这过程开始于猿人时期的文化的哪怕仅仅是最微小的发展。基因-文化共同进化随时间的推移而留下了痕迹——化石和人造物——这些物质记录提供了令人惊讶的启示，即我们这个群体对文化的创新有着离奇的，甚至是着迷的倾向。

这不是假设的故事

不幸的是,在进化心理学中大量的解释性论述包含有对假设的故事的叙述,也包括它对人类创造力的应用。由于进化论学者经常只顾自己的研究兴趣,他们的方法只能被理解为向复杂的历史资料让步的前科学方法。这样的故事一开始就采用“适应主义程序”(Gould & Lewontin, 1979):我们在有机体上所观察到的这些特征之所以存在,是因为它们有助于传播与它们相关的基因副本;换句话说,这些特征是适应性的。自然选择,进化变化的主要原动力,把它们从竞争的选项中筛选出来。为了理解种种特定的结构、功能,或者行为,我们承认它们属于适应,并试图猜测关于它们的一切,这一切在帮助基因的传播。

但是,这些特征一定就是适应吗?当然不是。我们从微观-宏观进化过程及个体发生的物理学中可以清楚地看到,所有的“力量”都在不断地塑造生物的多样性和机体的设计。自然选择只是其中的一种而已。其首要地位需要逐一进行仔细评价,用数据阐明进化机制中各元素的作用以供比较。否则就有可能陷入无根据的外推的谬误之中。这一点,再加上下面将要考虑的假设的故事的另外两个特征,说明了为什么适应主义的言论能激起这样的争论,甚至在进化论者中也是如此。

讲假设的故事的一个常见的附带物是这种极端的遗传简化论,它基于一个错误的公式,即基因→特征[参考:基因的变化→(可能)特征的变化,这在前面已经讨论过]。个体在繁殖的过程中并不是复制它们本身。它们复制它们的基因然后将这些基因散布给下一代。如果一个基因给一种特征定下蓝图,那么很容易将个体描绘成聚核苷酸复制者的被动的、基因编程的容器。一个有机体的所有特征除了能够成为遗传材料扩张性复制的手段以外就别无他用。正如我们先前所见，基因变量的分化性复制是生物进化的普遍特征，但这并不是因为一个基因等于一种特征，或是因为所有的基因聚在一起绘制一幅蓝图，使有机体具有侏儒般的特征。

就像《新约》中的寓言一样，假设的故事有教益也使人感兴趣。我们稍后会遇到这些故事中的一些。我认为，作为科学的对象，最好将其视为一门年轻科学的工作（但不是最好的工作），用它自己的方法去发现如何就生物学的历史做出可检验的预测。在同时代的同样风格的大师们的影响下（这样的学者例如，Dawkins, 1976; E. O. Wilson, 1978），该流派在引发争论时，他们将注意力集中到适应的关键论题上。但是，对可驳倒的假设并没有找到相应的替代学说，也就是说，它们这些推测不仅要使我们所知道的合理化，而且还要做出适当的预测，因此，逐一被打碎是有益的。

我们所知的

我们是一个年轻的物种，我们这个物种的“科”——它的属也只是整个街区的一个小孩子——只有 500~700 万年，只是宏观进化中的一瞬间。终身职位听证会或资格晋级委员会上的几个小时将提醒那些即使是最坚定的现代人的喜爱者：我们的社会行为如同我们的解剖结构和生理一样，也还充分保留着灵长类动物的主要特征。由当前已知的所有社会性物种的宏观进化的背景情况来看（E. O. Wilson, 1975，在此仍然是无与伦比的参考书；也见于 Trivers, 1985，以及 Tudge, 1996），我们并不是那么强硬地推掉了灵长类动物的运转能力。

在遗传上我们非常接近于我们的近亲——黑猩猩，因为我们在身体上和认知上与它们的差异是浅层的。实际上，人类和牧羊神（Pan）在解剖、生理、染色体结构、生物化学和基因序列的细节上都非常接近，这类似于许多动物的配对,比如果蝇和鸟类,据研究,它们是在过去的百万年间才彼此分化出来的!在杰拉德·戴蒙德(Jared Diamond, 1992、1995)最近对人类进化的概述中(感兴趣的读者可以去了解比在此所需的更多的背景知识,又见 Tattersall, 1993,和这里所列的参考书目),他指出,我们的基因组片断与常见的矮小的黑猩猩实际上大约只有 1.6%的差异,如果给这种细微的差异留一部分余地,即考虑所谓的闲置的 DNA(目前功能未知的自由的多聚核苷酸),那么差异的数字就降到 0.2%以下了。

这些很小的数字是值得注意的,但只有从一种极端的基因简化论的观点来看它们才值得让人惊讶,这种观点力图从基因到"成形的"有机体之间画出一条直线。你们可能还记得,在讨论发展中的非线性动力学时,我们曾指出,即使是微小的输入(对系统的变化),也会引起大的后果,超过阈值的轻轻一推可以触发很大的变化——例如,大脑体积的突然增长或喉头功能的重新调整。在非线性世界里,如果条件适宜,0.2%或者更少的差异就可以使很多事情发生。据我所知目前还没有实证性的证据支持这样一个推测,即这样一个非线性的分支使我们同我们的祖先和人科动物表兄弟姐妹们分离开来。不过,这个想法倒是很有趣的。

由前人类化石和人造物的精美排列所表达的自然进化模式提醒人们注意,在人类历史上留下的创造力印记需要仔细地阐释。用一句话来说,在史前期漫长的时间里创造力的发生显得非常缓慢。原始人类(Hominids)大约在 400 万年前开始直立成为两足动物。大约 200 万年以后,能人(Homo habilis)迁徙到东非,原始人类的脑量不断增长(大约 650 cm^3,而黑猩猩只有 400 cm^3 左右,非洲的南猿是 450 cm^3,现代人类大约是 1 200~1 400 cm^3;Tobias,1971、1979)。头盖骨容积从 150~170 万年前的直立人(粗略的估计 900~1 000 cm^3)开始爆发式地增长,直到大约 10 万年前才稳定下来,此时的直立人在解剖结构上看上去很像南非的现代智人(Homo sapiens)。

因此,在 500~700 万年前,可以说,我们仍然生活在树上;300 万年后我们开始直立行走，并开始使用简单却有效的石器工具；差不多在那之后的200万年我们仍在使用石器工具，虽然花样更多、更精巧。在这个过程中，开始利用天然火，我们中的一些人逐渐开始埋葬尸体，可能也会有用生前的身体装饰物来祭奠的送葬仪式。但是，仅根据自然证据来判断，25万代原始人类的创造力使我们这个创造的世界发生的变化，仅仅相当于一个现代儿童在从幼儿园到大学的12年左右的时间里所做的手工艺品使他们的储藏室的内容所发生的变化一样。

那么，大约4~5万年前，在西欧，也就是在出现同我们脑量和骨骼构造类似的人类之后的5万年，实质性的创造力开始腾飞：专用的和复合的工具、人造的居所、远距离贸易，以及洞穴艺术的杰作。

能人(Homo habilis)、直立人(Homo erectus)和最早的智人(Homo sapiens)的智慧，连同他们创造性活动的痕迹都已消失，除了最明显和最不朽的那些以外。所以，可用的资料偏向于能代表他们智慧的最好作品的最能持久的东西(如果有人说这几乎是无可救药的偏向，那么他也许是有理由的)。我们需要有方法来理解短暂的创造物留于这类化石和古文化物品之上的痕迹。重要的是不要低估了短暂的社会创造物，如最早的歌谣和叙事故事在我们进化中的作用(Kreindler & Lumsden, 1994)。它们在我们的童年建构了我们的心智。直到对它们的史前考古学得到了极多的发展，并充分地与关于“经久物”的资料相整合，以及将对动物的游戏和创新的实地考察资料与人类的资料相整合时，才会有严肃的关于创造力的进化论点。

然而，如果假设将来的这种工作产生了在人属中的创造力的进化的一个故事，或多或少与我们现在知道的是一致的，那么能人和直立人就是缺乏能分享的思想、传说、仪式和歌谣的，就像他们挤在一起以度过更新世之夜时缺乏各类工具一样。我们转而必须面对令人困扰的争论：从化石记载的信息可以看出古人类在进化过程中大脑容积突然增大、手指突然变得灵巧的现象与时间漫长、进展缓慢的爬行历史之间的不和谐，这种爬行因为4万年前外部世界突然爆发的革新而带来的压力下不得不终止,而后开始直立行走。

落下的喉头和吵闹的邻居

进化论者用了几个很好的传说来使人造物的多样性的发展史与达尔文的适应观点相符合。这些综合性的传说还是值得关注的,因为它们代表了一些不同的模式,在这些模式中,若把我们前面有简短介绍的证据组织起来或可支持特定功能性的阐释。而若得到恰当的发展,这些阐释或许有一天能达到这样的程度,即为人们提供新颖而可反驳的预测。让我们先看几个例子吧。

我已引用过戴蒙德最近对人类古生物学的思考(Diamond, 1992、1995),他提出我们可以下列方式来理解脑容量与创新的多样性之间的不匹配现象:退回到大约 4 万年前,假设我们基因组的 0.01% 中有的地方发生了变化,将当时的口头语言转化成其现代语言的形式。在各种现代形式的语言和语言认知的合力的推进下,创造力开始腾飞。戴蒙德以灵长类和人类为例推断,在原始人类的心智掌握现代语言之前,我们基本上也就是稍微聪明一点的黑猩猩,交流所用的话语在家族上接近于人类的洋泾浜语(pidgins)和克里奥语(creoles)。然而发生在基因组中的那一点点变化改善了我们的声道,并把它与我们已经增大了的大脑和已具备的加工能力恰当地联系在一起,这样就有了随时待命的处理能力。我们现在能更有效地交流新颖的观念,或许是因为像福多尔所说的那样装备有一种更有力的"思想语言",能够分割和拼接我们头脑里的观念,都必须首先提出更好的新鲜的观念。从早期的智人(sapiens)到创造性爆炸的 6 万年之间的时间长度,足以调整出我们发出元音和辅音的能力,并改变我们的大脑进行复杂的语法加工的方式,这使我们把直立人(erectus)和尼安德特人(neanderthalensis)远远地抛在后面。

这仅仅是一种可能。但是在这么长的时间里基因的变化也只有一小步——究竟是什么制约了那关键的0.01%呢？我们又如何可以自信地说现代人类的语法能力的复杂性是旧石器时代后期人造物多样性的一个必要条件呢？一般来说，语言真的是一般创造力的一个必不可少的条件吗？由更富创造性的社会交往的路径（Cheney & Seyfarth, 1990; Cosmides & Tooby, 1992）所提供的求爱、配偶竞争和性选择问题的适应性机会又怎样呢？是只有语言，还是有更多的原因促使创造力的产生？在旧石器时代后期之前是否有一段创造力的停滞期，因此一个爆发式的、间断均衡的说法才适合于这些资料？也许多样性一直在以通常的方式增长（如Tobias，1979，图14）。例如，更新中的许多进化趋势遵循的是指数曲线或对数曲线，后者的初始行为在本质上也是指数式的（Hamblin、Jacobsen & Miller, 1973对来自新达尔文主义的综合学说创立时期的一些例子作了非常好的概述）。但指数曲线的前部可能看起来很平坦，特别是当取样解析率不高时更是如此。一旦指数曲线的倾斜度（总是递增的）和量级（也总是递增的）超过了我们的方法所能达到的解析水平时，我们获得的信号就会像是一个脉冲信号突然出现在雷达的屏幕上那样。粗糙的取样会使一个渐变的模式看上去像一次跳跃。

约翰·普费夫（John Pfeiffer, 1982）将旧石器时期后期的认知的和创造性的进步与涉及人口增长的更宽泛的变化模式及其对人和土地带来的稳步增长的压力等联系在一起。粗略地讲，在人类历史上生活必需第一次真正成为发明之母，而创造性成果也第一次找到了越来越多的接受者：越来越多的人、越来越多因生活必需而受饥饿和烦恼困扰的人。越来越多的人传递着消息，而消息可传播的地方也越来越多。创造力带来了革新，这使得人们更快地创造人，而又进一步增加了革新的压力。（也许创造的潜力一直存在着，只是处于休眠状态，等待需要的激发。）基因-文化的联系是密不可分的，人类历史上创造力快速增强的“现代”阶段爆发了。那时人们还不会读和写，而文化信息的负荷强加于更复杂的社会联系网络，正好为人们掌握绘画创造了新的机会；其中位于拉斯科（Lascaux）的地下神殿变成了“社会化机器”，在这里，有节奏的仪式、感觉的剥夺和与“虚幻世界”的接触都被醒目地描绘在洞穴壁上，显示了曾经固有的团体社会的规范和智慧。

也许如此。创造力有助于找到一个听众，虽然即使是列昂纳多·博恩斯坦[①]或布鲁克斯也需要发行 CD 让其他人来欣赏，如果他们是为了追求未来的永恒而演唱，而不只是昙花一现地低声吟唱的话。或者，也许创造力不是停滞在毫无希望的伪大猩猩的水平上，或是单单被吵闹的邻居所触发，而是稳步地从一种模式运动到另一种模式，正如原始人类从树上迁徙下来然后稳步地住进摩天大楼一样。莫林·唐纳德(Merlin Donald, 1993)提出，我们关于直立人和早期智人的记录显示了与创造力相联系的认知和文化方面的主要变化。直立人的重大突破为他们具备(最终)横跨大陆的迁徙和使用火的能力提供了支持，身体直立后，大大提高了全身自主运动的控制能力，而不只是声道，使他们可以模仿并重新扮演、分享和计划——从而创造出唐纳德所称的“日常生活的体态语原始剧”。第二个突破则类似于唐纳德所提出的一些变化，包括声带及附属神经解剖结构的重组，更快的言语机能，以及一个更具潜力的短暂物创造的通道的突破：词汇的发明和词汇量的激增，它们支持了计划和基于叙事的文化建构(Kreindler & Lumsden, 1994)。

也许如此。但是我们怎能知道在直立人面对挑战时动态的模仿就比混合的发声更重要呢？人类的创造性是有目的的，是一个自我意识的行为。意识位于何处，它的进化与创造力的故事又是如何联系的？也许早期的适应最早也最重要的就是自我意识的需要，这样才能更好地智取游戏对手和战胜求婚者。也许意识的这种转换在旧石器时期后期就开始了，它完成它的转换时有一个意外的副产品，即声道的重塑。创造力是一种对复杂性的挑战，在想象成功的同时也要看到变化带来的风险。神经进程至少必须服务于这样一种能力，即在完成其他职责外，能够把大量的信息打包并塞入原始人类头颅的紧密

① 美国指挥家和作曲家，生于 1918 年，死于 1990 年。——译者注

空间之中。也许人类的创造力历史上就是被这样一根不及我们DNA的0.2%的基因所纺成的线长久地悬置，但也许最为关键的变化并不是声音或语言，而是大脑皮层连线的一种精致的细化，这使得旧石器时代的古人类大脑联系某些想法并检验其价值的范围突然增大。也许是需要更多睡眠来释放团体生活的种种压力，由此有利于微妙改动的REM方面的神经再连线，结果出现梦或创造力的爆发（如Feldman，1988）。进化可能就像这样，一件事情意外地触发另一件事情，表现为完全不可预期的，甚至是一环套一环的。这也是创造力进化的一种可能。也许如此。

戴蒙德，普费夫和唐纳德所提出的那些奇思妙想，可以无限组合。它们是围绕着科学的神话的一部分，我们试图通过这些来认识我们自己。即使像我们刚才举出的最好的例子，这些例子在阐述上很巧妙，它的价值在于赋予多样化的数据以一种统一，它们也只是适应主义模式的一种猜想而已。但这些例子也太经不起推敲了，总是归纳多于演绎。但我认为举例者一定很少考虑到这一点。进化是研究自然的最复杂的创造物的一门年轻科学；如果我们要论述有益于科学的创造力的进化，那么将来的工作就必须理解如何检验适应主义立场本身的有效性，以及在其中所起作用的演绎模型的有效性，当然，为了理解创造力的真正发展史，在需要的时候还要不留情面地批评和质疑它们。

一些问题

创造力的进化科学并不存在，但有一天它可能会存在，对奇妙的心理现象本质的众说纷纭和零散残缺的历史现象使这项任务很艰巨，甚至不可能——换言之，困难难以抵抗。总的来说，我认为，如果想使进化和创造力更紧密地结合，以下几个方面需要铭记在心：

1. 很显然有些事情发生在旧石器时代后期。但仍不太清楚的是，这是一个早已存在的信号在某种背景下的第一次突显,还是一次进化的突破,还是其他什么事情。我们怎么去揭示它的本质呢?

2. 在试图用数量关系来解释创造力的典型范畴时,定量建模可能越来越有用。优势的进化假说应该能够预测多样性随时间变化的曲线的数学表达形式,比如旧石器时代后期创造力的“爆炸”。它们能做到这一点吗?

3. 创造力或许根本无法计算。罗杰·彭罗斯(Roger Penrose, 1994)曾经详细地论证了人的创造性思维是不可计算的。这不是根据诸如神经细胞的数目、记忆的容量等有限的资源所做的推断。它说的是由下列算法,无论多大也无论有多复杂,所可能接近的极限。算法或它们的等价法则是心理的所有数学式研究方法的基础,包括到目前为止对创造性工作的计算机模型所使用的那些研究方法都是如此。如果彭罗斯是对的(Dennett, 1995,说明了为什么大多数人不这样想,包括彭罗斯本人),那么所有这样的努力都是徒劳的,因为创造力是无法计算的,并且在进化的某个地方,最有可能把我们引上歧途,会出现具有我们的创造性表现型的不可计算的心智。这种争论经得起实践的检验吗?

4. 可计算性可以创造。有一种理论假说与彭罗斯的观点形成鲜明对比,它认为创造力是一种算法可以得到精确的理解(Dasgupta, 1994; Langley、Simon、Bradshaw & Zytkow, 1987)。因此它能够根据算法编程并放入到计算机之中。至少从坎贝尔(Campbell, 1960)论述变异和保持的开创性论文开始,进化论的观点就一直激励着心理学家们对人类的创造力进行的推理(Gruber & Davis, 1988; Perkins, 1994、1995; Simonton, 1993; Sternberg & Lubart, 1995)。随后出现了诸如BACON(Langley et al., 1987)和AARON(McCorduck, 1991)等计算机模型。通过遵循计算机算法,这些模型确实在诸如物理学(BACON)和艺术绘画(AARON)这样的复杂的专业中做出了看上去是创造性的工作。我们人类一直引以为傲的创造力真的比我们原来想象的要简单得多吗?

5. 伟大的心智很重要,但是有多重要,对谁重要呢?创造力研究探索了几位已故者的心智的成就(Bloom，1994；Boorstin，1994；Gardner，1993；Kearney，1988；Perkins，1981；Petroski，1994；Simonton，1988)。我们的神话歌颂了荷马、牛顿、米开朗琪罗这样的人物，他们全都是天才或英雄。但我们还很少了解这些人物对社会历史的影响(Csikszentmihalyi，1988)，更不要说对进化历史的影响了(Findlay & Lumsden，1988)。在意外事故或灾难剧中，什么(或谁)是重要的(Shermer，1993)？混沌理论把“蝴蝶效应”①变成一个现代寓言。像社会和生态系统这样的非线性系统能够处于这种“混沌状态”，它们对很小的影响都是极度敏感的(Lansdown，1991)。天气就是一个很好的例子：蝴蝶在亚马逊雨林中扇动翅膀会引起得克萨斯海湾的飓风。当然情况并不总是这样的；各方面的条件都必须完全配合才能如此。我们的创造大师无论何时都在支配着文化，还是他们碰巧在历史的长河里，在适当的时候正好扇动了他们的“翅膀”呢？这是蝴蝶效应在起作用吗？

6. 游戏是为了继承吗？在进化树上与我们同处一个分支的还有许多其他物种，对它们来说，幼年时的游戏是学习和获得技能的关键机制。关于人类创造力的一种说法认为，其根源在于进化延迟，这使人类游戏和追求新奇、探索和试验的欲求一直延续到了成年，而对于许多其他物种来说，游戏仅仅是幼年的特权。人类的创造力和动物的游戏在本质上有何联系呢？

7. 只有一台还是有好多台发动机呢？进化生物学家在认识智力，特别是对特殊领域，如语言、视觉表达或社会交往(Cheney & Seyfarth，1990)等方面，开始追随心理学家的引导(Gardner，1992；Sternberg，1985)。但是创造力还是经常地被看作是铁板一块的变异和选择。创造力真的是因原始人类在某一专业如语言方面有了适应的机会才得以腾飞的吗？

值得讨论的一个重要问题是，在“我们如何获得创造性”的主题下，什么疑

① 蝴蝶效应(butterfly effect)是由美国气象学家爱德华·洛伦兹(Edward Lorenz)在1963年提出的。1963年，洛伦兹在给纽约科学院的一篇论文中对混沌理论做评论时提出了这个概念。洛伦兹通常被认为是混沌理论的第一个实验者。——译者注

难问题需要进一步考虑,比如来自大量有关适应主义传说的那些难题。除了进化之外,我看不出其他科学的、历史的或是别的解释,也就是说这种猜想能够被新的数据所检验。现在还没有理由认定,这些检验可以把自然选择当作生物多样性和有机体形式的一个关键塑造者突显出来。但更好的方法将使我们更准确地理解,在什么时候和什么地方的适应是重要的,以及它是如何与进化中的其他过程协同作用来塑造我们的创造性心智的。

第9章 创造力的发展

大卫·亨利·费尔德曼

引 言

在近期的一篇关于创造力研究的综述中，斯滕博格和卢伯特(1996)发现，当前，有关创造力的多数研究都是单维度的，即只着眼于创造力的一个或另一个方面而忽视其他方面。把创造力的一个维度分离出来探讨的这种趋势所导致的结果会歪曲研究的发现；一个单独的特征(如认知过程)被当作创造力的全部，而其他同等重要的特征(如动机和文化背景)则被忽视(Sternberg 和 Lubart 1996)。与许多其他研究一样(e.g., Csikszentmihaly, 1988a、1988b; Feldhusen Goh, 1995; Feldman, 1990; Gardner, 1993; Simonton, 1988)，斯滕博格和卢伯特(1996)提出了一种多维度的方法来研究创造力：

> 我们认为汇合理论(confluence theories)能提供一种相对更新、更有前途的方法来研究创造力。这些理论……以心理学理论为基础，易于进行实验检验；它们使用来自主流心理学理论和研究的概念。因此，汇合理论并不是将创造力看作一般的表征和加工过程中的一个特例；此外，最重要的可能是这些理论是多学科的，涉及心理学各个方面的知识(p.686)。

本章将追随新近的趋势，即把创造力从概念上理解为一个多维度的结构，并把创造性成就理解为代表着这些维度间的相互作用或汇集(Gardner, 1983/1993、1988、1989; Sternberg & Luart, 1996)。

虽然也触及了创造性成就水平更一般的工作,但我们最主要关注的是创造力更稀有和更深刻的表现。在此领域中最重要的转变,是从对可能是创造性能力的一般的潜在特质的测量和发展,转向对现实世界中创造性成就的显著事例的分析和解释。

斯滕博格和卢伯特的述评文章的另一个结论是,无论用什么研究方法与其他的研究主题如阅读习得或元认知相比,有关创造力的研究都很少。完全专注于对创造力进行测试,就好像它是与智力相类似的一种特质,这就把这个领域导向一种狭窄而有限的创造力的观念。在力图操作变量和获得对它们的实验控制时,对创造力含义的极端简化是可以容忍的。将创造力局限于一系列的能力,如流畅性、灵活性和新颖性(见 Guilford, 1950、1970; Torrance, 1962),这种趋势的一个结果是出现一种贫乏的发展的观念。发展在心理测量背景中的含义是增强已有的能力或是传授能力给那些缺乏这些能力的人(Wallach, 1971、1985)。

近年来出现了一些研究,拓展了研究中所探索的创造力概念,从而增加了大家对此领域的兴趣。依斯滕博格和卢伯特之见,尽管在过去的 20 年中对创造力的研究数量在增加,但仍然落后于心理学中的最主流的课题。本章的一个假设是,一个更宽泛和更丰富的发展观念,也必将是创造力研究领域中正在出现的多维度范式的一个中心特征(Feldman, 1974、1980、1982、1989a; Feldman、Csikszentmihalyi & Gardner, 1994; Sternberg & Lubart, 1996)。

因此,在斯滕博格和卢伯特(1996)提出汇合理论引导该领域的建议的基础上,我们将再补充一条,如果他们要充分地达到他们的目标的话,这样的理论必须是发展性的。毕竟,创造性能力不过是一种发展性转变,是知识和理解的再组织,这种重组将能够导致产品、观念、信仰及技术方面的变化(Feldman, 1974、1988、1989a)。创造力在本质上是一个发展的问题。

我们将首先描绘创造力的一些主要维度，然后探讨以这些维度的发展会增加或减少创造性产品的可能性的一些方式，创造性产品是这些维度交互作用的结果。最后，我们将试着描述这些维度内和维度间的变化轨迹和顺序怎样导致创造力的出现。创造力可以对这种结构的复杂性和重要性做出恰当的评价（Csikszentmihalyi，1989a、1989b、1990；Gardner，1988、1989、1993）。

普遍的和非普遍的发展

正如已经指出的，如果一种更宽泛和更丰富的发展观念是创造力研究的一个重要部分，那就有必要说应该用什么样的发展概念。发展科学（developmental science）的近期新进展已向人们提供了论述发展性变化的基础，从而有助于构建创造性的研究（Case & Okamoto，1996；Cole，1992；Feldman，1986、1989a、1989b、1994a、1994b；Fischer、Knight & Van Parys，1993；Karmiloff-Smith，1992；Keil，1984、1989；Sternberg，1996；Vygotsky，1934/1962、1978）。

历来，在发展心理学领域，对发展的研究倾向于关注那些在体质、心智、社会性、语言和情绪方面的自然进展。该领域在其重点上倾向于规范性，其目标在于研究我们每个人在连续的生命历程中所遇到的共同的里程碑和转折点的特征。这样全神贯注于共同的或普遍的变化顺序，就意味着发展研究有远离创造力主题的倾向。

在这种倾向中有一个例外是弗洛伊德的性心理发展理论（Jones，1961），该理论将创造性产品解释成以社会可接受的形式表现性幻想或攻击性幻想（Abra，1988）。虽然，甚至有了弗洛伊德的理论，这一理论的意图是普遍性的，也就是在于揭示产生出发现表达的来源的需要的共同冲突和经历，其中一些被称为是创造性的。不过，在弗洛伊德的理论中，对理解和解释一项特有的创造性成果或特征有帮助的内容很少,而正是这些成果和特征才能把具有较高创造性的个体与在同一个领域工作但创造性较低的其他人区别开来(Abra, 1988; Ochse, 1990)。

与此同时,随着创造力的研究焦点从整体结构转向创造性活动发生的具体领域,发展的研究也从对普遍顺序的研究转向更具有领域特殊性的变化顺序(Case & Okamoto, 1996; Feldman, 1980、1986、1994a、1995; Gardner, 1983/1993; Karmiloff-Smith, 1992; Rogoff, 1990; Vygotsky, 1934/1962、1978)。

在创造力研究和发展研究这两个领域中,越来越需要描绘不同专业中的变化进程,而这些变化进程在不同框架结构中的界定是不同的。有些发展框架选择了对那些被认为至少对人类具有普遍性的相对较广的专业,如语言、空间、数字、音乐、物理学、数学等(见 Karmiloff-Smith,1992),而其他的一些框架则已经超越了这些领域,进入了较少有共性的专业,如象棋、陶器制作、诗歌创作、计算机编程、裁缝和外科手术等(Campbell、Brown & DiBello, 1992; Feldman, 1994; Lave, 1991; Simon & Chase, 1973; Sternberg, 1984)。

例如,我们要具体构建一个发展性研究框架,去发现创造性发展变化过程与更常见的发展变化过程的关系(Feldman, 1974、1980、1986、1994a、1994b、1995)。这种非普遍性理论的一个假设是,有很多发展性变化的事例既不是普遍性的,也不是接近普遍性类别的,但满足适当的发展或大范围定性变化标准。

这种在非普遍性理论中把某些事物标示为一种发展性变化的标准包括:一种超越当前认知结构约束的趋势,相对快速的变化、相对大规模的结构重组,一种不可逆转的趋势,出现在一种或是一系列连续转变之内的位置,说明在一种顺序中从某一步到下一步的运动的独特"转换机制",以及某些情绪标志,如对新观点的鉴赏,对特殊解释的自信或审美观和批判性判断的转变(Feldman, 1980、1986、1989b、1994a、1995; Keil, 1984、1989; Perkins, 1988)。因此,创造性重组存在于在非普遍性理论之内被认定的更强大的发展进程中(Feldman, 1989b)。

既然已将创造性发展看作是很多非普遍性发展变化理论中的一部分,那我们就必须指出创造性的知识重组并不都是一样的;这种重组可以从赋予一些现有物品以机智的、创新的和新鲜的解释(如插花艺术、革新捕鼠器、音乐曲谱、理解商业信息),到构建一套全新的原理去解释和考察人类经验的一个主要领域(相对论、进化论、基因传递、意识)。创造性贡献也会根据所克服的障碍种类不同而变化,解决一个有清楚定义的问题;建立一个新的范式或概念化框架、一种新的表演绝技、一种能在社会和文化中激起重要转变的典型行动;或是创造一种新的技术或产品(Gardner, 1983/1993)。

创造性成就的每一个变式本身值得研究,也值得在一个把所有这些努力解释成多面性、交互性和发展性框架的情境中研究。首先,我们要说明创造力的几个关键维度。

创造性发展的维度

正如我们所看到的,人们通常认为创造力不仅包括问题解决、顿悟等认知过程,也包括个人的特性,如社会的和情绪的特征、可能相关的家庭和教育情况、各种领域、专业以及也许与此过程相关的社会文化背景和历史事件的关键特征,另外还有其他一些尚未被确定的方面(见 Feldman, 1990; Gardner, 1989、1983/1993; Gruber, 1981/1991; Sternberg & Lubart, 1996)。

如果我们把创造力概括为包含若干维度,那可以总结这些维度,包括:

1. 认知过程
2. 社会的/情绪的过程
3. 家庭方面:成长过程和趋势
4. 教育和预备期:正式的和非正式的

5. 专业和领域的特征

6. 社会/文化背景诸方面

7. 历史力量、事件和趋势

对创造力进行全面分析(至少)包括这7个维度或方面;显然,单个研究者只能做这个工作中的一部分,而要得出合适的解释则需要所有7个维度。因而,创造力研究的范围就显得格外宽泛,同时用一定的方法将不同研究者的发现总结成一个全面的框架就显得特别重要(见 Medawar, 1969)。为了这一目的,我们现在可以把每一个有希望的发展数据的来源放在这一过程中每一个已确定的方面边上。

在7个维度中保持某个不变(在变化发生的一个主要历史时刻或时期),霍华德·加德纳(1983/1993)来考察7个不同领域中的7位创造者的生活和工作:阿尔伯特·爱因斯坦、巴勃罗·毕加索、斯特拉文斯基、T. S.艾略特、马莎·格雷厄姆和穆罕默德·甘地。这些人都被认为是他们那个时代中最杰出的创造者,并在历史上享有重要地位。我们将应用这个研究和其他最近的研究来阐明由创造力的7个维度依次产生的各种结果以及因它们的交互作用而促使创造性成就增长的可能性。

认知过程

加德纳及其他人已经发现认知早慧并不一定是那些日后做出一流创造性工作的孩子们的特征(cf. Bloom, 1985; Gruher, 1981/1991)。除了毕加索,在加德纳研究的7个杰出创造者中没有一个是典型的天才儿童(cf. Feldman & Goldsmith, 1991; Feldman, 1994b)。然而,每个人都在他们相应的专业领域表现出惊人的认知实力,而他们也都有同样严重的智力弱点。如毕加索小时候拥有超凡的绘画能力,也是一个学业很差的学生(Gardner, 1983/1993)。

令人感到惊讶的是，在每一个例子中，这些人一旦进入自己所选择的专业，他们就能够非常投入地去发挥自己在该领域中的水平。他们投身于专业领域的时间可能从幼儿到成年早期不等，而一旦投身于其中，他们的进步幅度就陡峭直上，并迅速达到专业的顶峰。

在大量的实例中，加德纳都能确定年轻人发展进程中的一个转折点或"晶化体验"（crystallizing experience; Feldman, 1971; Simonton, 1992; Walters & Gardner, 1986）。认为有一个关键时刻，这时年轻的心智集聚到和有条理地指向一个已知的目标，这种看法首次由费尔德曼（1971，1974）用来指基本认知结构的一种整合；自此以后它被拓宽，其中包括：由于知道自己此生要做什么而得到动机和目标感，于是突然投入到一个专业。有一个当代的例子可以说明这种"晶化体验"的格式化力量：

> 像很多科学家一样，杰拉特·"盖瑞"·费尔迈伊（Geerat "Gary" Vermeij），在 49 岁时还能回忆起他决定开始他现在的学术生涯的精确时间，"那时我是大学 4 年级。我有一个老师从佛罗里达带回了一些贝壳。这些贝壳非常美——里面光滑，外面如雕刻过一样。我被震撼了。从那时起，我就知道我会是一名生物学家"（Ryan, 1996, p.10）。

某个人如何作为一个初学者进入一个领域，然后发展到越来越高的大师水平，这是创造力的发展研究引起人们极大兴趣的一个问题（Feldman, 1994a、1994b）。象棋爱好者鲍比·费歇尔（Bobby Fischer）5 岁开始下象棋，15 岁就成了一名象棋大师，他在 1958 年所达到的等级水平一直很少有人能望其项背，虽然到了 1991 年，匈牙利的象棋天才波尔加（Judit Polgar）也做到了。波尔加女士也在 5 岁开始学象棋，并在比费斯奇尔稍小的年龄达到大师的地位。用费歇尔的成就作为基准来衡量将来的发展，已经成为象棋界的普遍现象（McFadden, 1992）。

表 9.1 创造力的维度和它们的发展来源	
维　度	发展来源
认知过程	认知发展
社会的/情绪的过程	社会的/情绪的发展
家庭	家庭动力学,遗传学
教育和准备期	教育、社会化
专业和领域	学科题材史
社会/文化影响	人类学、社会学
历史影响	历史学、进化

在加德纳的 7 个案例中发现了一个现在被称为“十年规则”的模式,即在迄今为止所研究的任何一个领域中,个体要从初学者成长为一名精通者,至少要花 10 年时间。赫伯特·西蒙和威廉姆·蔡斯(Herbert Simon & William Chase, 1973)在他们研究象棋棋手的基础上首先提出了这个十年规则。在加德纳所研究的 7 个案例中,每个人似乎都在花费 10 年的努力后,才可能取得伟大成果或世界闻名的成就。

很多认知学家试图描绘不同领域中新手和专家的区别,并想解释个体是如何从初学者变成专家的(见 Chi、Glaser & Fain, 1988; Ericsson, 1996)。对不断增加的专家技能有各种可能的解释,包括认为它是大量严格训练的函数(见 Ericsson & Charness, 1994; Sloboda, 1996),和认为这更多的是基于天赋(见 Sternberg, 1996; Winner, 1996)。

要将创造力的发展以一种更有力的形式表达出来,都需要十年左右的关键期进行准备,这是一段用于掌握专业知识的时间。它不仅仅是简单地通过完成专业领域中必须完成的任务来学习知识和原理的问题。在一个特殊时期,个别初学者和独特领域之间的关系可能有助于揭示这种神秘的现象,即为什么只有少数人觉得需要转变研究领域,而多数人都满足于现有的范围和可能性(Feldman, 1988、1994b; Feldman、Csikszentmihalyi & Gardner, 1994;

Gardner，1983/1993；Simonton，1992、1996）。

对那些在一个领域中能迅速达到顶峰的人和那些一路失去优势的人来说，他们的一个区别在于，在知识发展的关键期中，个体及其所从事领域之间的匹配是否合适。在很多天才的案例中（尽管可能不是莫扎特或毕加索），儿童和专业间几乎达到了完美的匹配，可以说他们是专门为这个专业而生的。或者说，这些专业是专门为这些人设计的。对于那些天才来说，专业提供了几乎无尽的挑战、满足、表达和探索的资源，是相关品质的巧合（Feldman with Goldsmith，1991）。

对那些准备给一个专业带来变革的人来说，必须在他们的思想和专业之间产生一种明显的不同步性（asynchrony），这样，他们的思想才会对专业现状表示不满。加德纳发现，在他的7个案例中的个体都在早期表现出对他们所选专业的某些方面的不安或不满（Gardner，1988、1983/1993）；这种不同步性正是最可能导致专业变革的原因；这种不同步性成果丰富，它既不太微小而不能引起创造者足够的反应，也不会太深刻而使创造者对专业本身产生厌恶和缺乏感觉。这种在创造者和专业之间的“最优差异”（optimal discrepancy），几十年来在发展变化的研究中逐渐扩展为一个原则（见 Hunt，1961；Piaget，1970；Vygotsky，1978）。

社会/情绪过程

对创造力的心理测量研究已经显示，特定的个性品质和经历往往被评价为有创造性的人的特征。巴朗（Barron，1953），麦肯农（MacKinnon，1962）及其同事们在1950年到1960年间的以心理测量学为基础的工作，提出了一个很有吸引力的、能经得起进一步实践检验的创造者个性特征（personal profile）。他们认为更有创造性的个体倾向于反映出以下特质：“高水平的智能，……对经验的开放心态,……不拘小节,……审美敏感性,……认知灵活性,……独立性,……充沛的精力,……果断的承诺。”(MacKinnon, 1962, p.310)

以近期对更多极端案例的研究为基础,这种剖面图得以澄清,并发现它不是如早期文献认为的一种理想类型。一些研究人员,包括巴姆博格(Jeanne Bamberger, 1991)、霍华德·格鲁伯(Howard Gruber, 1989/1991)和加德纳(Howard Gardner, 1993)发现,如人们所预期的那样,这些极端案例表现出的个体品质并不完全是积极的。

加德纳的研究中 7 个杰出人物无一例外地在形成亲密友谊或深厚情感方面都遇到了困难。朋友、爱人、妻子、丈夫当然是很重要的,但他们为那些创造者获得成功所做出的贡献,远远多于他们为自己固有的角色价值所做的贡献。这 7 个人也在努力工作使他们的工作为人所知并得到承认,形成和维持作为该过程一部分的那些关系。因为他们觉得在某些方面自己处于边缘地位,所以努力在他们研究的领域获得名望就成为他们奋斗的一部分。最后,在工作取得主要突破的过程中,每个创造者似乎都得益于一种强烈的、支持性的关系,而此后这些关系就变得不太强烈或者干脆消失。

家　　庭

大量的家庭背景和动力学方面的特征表现在加德纳的 7 个案例中。这些创造者的家庭往往既不富裕也不贫困,他们远离大城市生活,但是却并没有远离他们将来所从事的领域的影响范围。家庭气氛不太温馨,但他们在儿童时代的要求总能被很好地满足。他们受到良好的道德教育,并能够一直遵循这种理念。他们的兴趣和实力一旦出现,就会受到家庭的支持和鼓励。当家庭的资源有限时,这些创造者在儿童时期也能得到额外的照顾。

虽然加德纳的案例中并没有探索创造者卷入目标领域的模式,但这种模式在其他的研究中已有所体现。布鲁姆(Bloom, 1985)发现,在若干不同的领域中(钢琴、游泳、数学等),能取得最高成就水平的人,其家族史中至少会有两代人从事相同或相近领域的工作。因此,生活在这样一个家庭环境中,能自然地接触将要从事的专业,并受到鼓励,这是很重要的。没有这些有利条件,就会使一个儿童减少他/她进入那个领域的可能性。如果家庭的传统、行为习惯和儿童的自然倾向不匹配,也会引起家长和孩子间的冲突(Feldman & Piirto, 1994)。家庭系统理论得到发展有助于揭示家长和儿童之间的相互影响的线索,各个领域的才能和评价方面的匹配和不匹配是整个过程的一个方面(Fine & Carlson, 1992; Jenkins-Friedman, 1992; Minuchin, 1985)。

才能的鉴别、鼓励、训练和方向等方面至关重要的许多家庭因素,包括:有无遗传史、为人父母时的年龄、儿童的出生顺序、孩子的性别以及孩子间的性别交替情况、父母的工作种类和社会地位、家庭经济来源的总量和种类,以及宗教信仰和宗教认同(Feldman & Piirto, 1994)。正如西蒙顿(Simonton, 1984、1988、1992、1996)指出的,出生顺序和双亲去世情况常常和他是否有杰出成就有关。在西蒙顿引用的一项对天才的研究中(Eisenstadt, 1978),大约超过四分之一的被试在 10 岁时失去父亲或母亲,在 15 岁时大约超过三分之二的人有此遭遇,在 21 岁时几乎一半人如此。[①] 一些研究还试图推测为什么出生顺序、父母去世情况和其他的一些因素会与孩子的特殊成就有关,但至今很少有清晰的解释出现(Simonton, 1984、1992、1996)。

最终,很多研究者发现,不同于童年丧父或丧母的其他创伤也会出现在那些具有伟大成就者的生活中(见 Albert, 1990; Miller, 1981、1989)。这些创伤往往会作为家庭生活的一部分发生,虽然并不总是如此。例如,毕加索在 3 岁时就遭到了一次地震的创伤(Gardner, 1983/1993)。有充分的证据支持下述

① 此处原文有误。经核实,被引用的原始文献应该是“到 15 岁时有 34.5%的人失去一个家长。到 25 岁时有 52.5%的人失去一个家长”(Eisenstadt, 1978, pp.214~215)。——译者注

信念,即早期的意外伤害经常出现在伟大的创造者的生活中;另一方面,也有一些显著的例子,其中并没有这些创伤的证据。查尔斯·达尔文显然是生活在一个既温暖又安定的家庭中(Gruber, 1981/1991)。

现在的知识状况可以合理地假设的是,要成就伟大的事业,必然要花去大量的精力,投身其中,专注如一,并坚持不懈。起到推动作用的来源也许因人而异,但是它必定来自某个地方。对某些个体而言,有一种自然而然的热情使他愿意在某个领域中奋斗,而对其他人来说,这个领域却可能是作为逃脱困难的艰难环境的避难所。对很多创造者来说,满足于从事的工作就足以成为一生的动机。对另一些人来说,他们则有需要证明一个人值得他人的尊重和仰慕,或是证明父母或姊妹低估了他的价值,或提供躲避伤害的避难所:所有这些都可能使个体一如既往地奋斗。

创伤本身并不是问题;而创伤对儿童的动机所产生的影响才是关键。如果这种意外伤害无法促进个体才能的发展和创造力表现,那么,它更可能会歪曲或干扰儿童为掌握所选专业的知识所做的努力。

教育/准备

人们想当然地认为,教师、导师、学校和其他的预备性资源对日后的创造性工作的成功是至关重要的,虽然在一些极端的例子中,人们也常常认为,有些从童年期就崭露头角的创造性天才并不需要专业领域的系统准备;但是相反的情况却更接近真理(Feldman, with Goldsmith, 1991; Gardner, 1993; Wallace & Gruber, 1989)。特别是在那些极端的例子中,合适的老师、教学安排和导师的作用是惊人的。就天才儿童来说(当然不是所有这些孩子日后都会成为伟大的创造者),老师、导师和指导者的作用已得到文献的详尽证明(Feldman, with Goldsmith, 1991; Goldsmith, 1990)。

与流行的信念相反,越是极端的天才,在领域中的良好准备就越显得重要。这在转折点上尤为重要,这时明智的劝导和支持将会在继续坚持和部分或彻底地放弃之间造成重要的差别(Bamberger, 1991; Gardner, 1993)。

正规的学校教育在伟大创造者生活中的重要性一直有争议。有一些人(像爱因斯坦和皮亚杰)声称,正规的学校教育对他们的发展是一种诅咒,而其他人(像达尔文)则发现了学校教育中积极的一面,即它能提供一个良好的学术环境而不是特定的班级或课程要求。还有一些人赞同到学校去接受教育,特别是青春期或这个时期以后,学校教育改变了他们的生活并把他们引向创造性的归宿(见 Cox, Daniel & Boston, 1985)。

显然,成为一名明星学生并不是成就伟大创造性事业的前提。在学校表现良好的重要性,因领域和个人而异。例如,弗洛伊德是一名杰出的学生,但爱因斯坦却不是。在艺术领域和那些以个人、社会和精神特点为中心的领域中,个人在学校中的成绩就没有像在科学领域那样来得重要(Gardner, 1993; Simonton, 1984、1988)。

如果在专业或学科范围之内所需的特定的准备教育有别于学校教育的话,那么,我们就可以做出一个一般的教育,说适当的预备教育非常关键。这种预备教育所必须采取的形式因领域和个人而有异;事实上,对那些教育者而言,他们所面临的最大挑战之一,就是如何为学生提供正确的预备教育。一个学生具备了多少才能,才可以支持人们把各种资源投入到他或她的训练中去?训练应当在多大程度上是正规的,通过实习又应该做多少训练?什么样的经验顺序是最优的,训练应该有多严格,工作在什么时候应该接受批判性的评价?这些以及其他的问题都需要经常沿着正确的道路去探讨和再探讨。

在哪一点上,一个人才达到了经人指导的准确能提供的极限?一个人如何遵循从学生转变成专业人员的才能发展轨迹?随着一个学生在具有挑战性的专业上达到最高水平,这样的问题就必须被明确地提出并很好地予以解答

(Albert, 1990; Feldman, with Goldsmith, 1991; Goldsmith, 1990)。

良师益友是预备教育的一个方面,常常在伟大创造力的发展中扮演重要角色。特别是在科学上,来自一个更有经验的资深人员的指导和支持对一些最著名的创造者的生活有着巨大的影响力(Cox、Daniel & Boston, 1985; Piirto, 1992)。视觉艺术中的学徒制也已成为一种持久的传统,这对一个伟大艺术家的技能发展几乎总是很关键(Csikszentmihalyi, 1988a、1988b、1990; Getzels & Csikszentmihalyi, 1976)。

在一个领域中的大多数正规训练完成之后,就可以发现创造者工作的独特形式通常是在同辈人的一个小群体中锻造成的,尤其是当一种全新的风格、方法、理论或范式出现时。加德纳研究的7个人似乎都得益于与那些对他们的研究工作和职业生涯有帮助的同辈人建立起的个人和专业关系(Gardner, 1983/1993)。这样的群体对创造性风格和内容的转换起到催化作用,有时对整个专业也起到这种作用。毕加索、巴拉克(Braque)和其他人作为一个群体创造了立体主义,虽然那时毕加索(在较低的程度上还有巴拉克)是其中的佼佼者(Gardner, 1983/1993)。

一种持久存在的信念认为,伟大的创造力大都是单独发展出来的,不需要教师、导师、同伴和亲密合作小组的协助,这一信念在很大程度上是一个神话。虽然,个体与个体之间、专业与专业之间以及年代与年代之间会有不同程度的变化,如西蒙顿(Simon ton, 1984、1988、1990、1992、1996)所指出的,只关注个体,这是对伟大创造力发展的一种扭曲的观点(Feldman, 1990; Kasof, 1995a、1995b)。

认识到伟大创造力发展的一些重要方面,即超越个体的才能、家庭和个人追求成功的动机,这并不意味着降低了个体本身的重要性;它只是表明,人际关系、社会关系和教育关系几乎始终都很关键(见 Amabile, 1983、1985、1990; Kasof, 1995a、1995b):

显然,创造力独立于情境这种流行的幻想是荒唐的,而从一开始就主导创造力研究的以资源为中心、秉性论者的实际所为只能解释创造力重要决定因素的一小部分(Kasof, 1995b, p.459)。

专 业

随着社会心理学家、社会学家以及其他人对创造力的发展越来越感兴趣,关于这一过程的个体以外的各方面的知识不断增长(见 Amabile, 1983、1985、1990; Kasof, 1995a、1995b; Simon-ton, 1984、1988、1990、1992、1996)。然而,对于专业上的专家,却不能够说同样的话,至少不是同样程度的。不过,对于一个专业的历史和该专业之内的专门技能的发展之间的关系的兴趣在日益增加(Piaget & Garcia, 1983; Strauss, 1988)。

皮亚杰对数学和物理学的发展历史儿童对它们理解的自然转换顺序之间的可能关系有着长久而深入的兴趣(Bringuier, 1980; Garcia, 1987; Piaget & Garcia, 1983)。他发现专业知识的内容和结构随时间而变化,包括这一专业的基本原则,主题范围、尚未解决的问题或课题,以及用于获得和拓展这些知识的技术和技能(Feldman, 1994a、1994b; Perkins, 1988)。这一工作有助于指出,在什么地方,一个专业知识结构方面的历史性转变往往对应着儿童对那个专业的理解的发展的自然转变。

一个领域的重大进步所必需的才能、技能和敏感性,因时间而变化。20 世纪 20 和 30 年代的经济学研究主要以宽泛的历史分析为主导,但是到了 60 年代,它的主导前沿却要求最高深的那种数学建模和统计技术。在同一时期,物理学发生了巨大变化,爱因斯坦早年专攻的场论(field theory)开始让位于强调物质的量子力学的论述(Gardner, 1983/1993)。结果,爱因斯坦发现他自己日益被孤立,并处于曾经由他亲手改革的这门迅猛发展的科学的主流之外。在宽泛的普遍性的层次上都起作用的相对论并不解释原子和亚原子的活动。这不只是一个技术问题,最主要的问题是爱因斯坦在美学和精神上的敏感性要求宇宙有一种总体的秩序和设计。量子论认为这样的秩序不存在,或者原则上不能够存在。

这一论点不是说,我们在评价爱因斯坦的杰出贡献时,不再认为它们如从前那样重要了;这一论点是说,那些贡献是由一个优缺点并存的大脑所做出的,它们完美地解决了20世纪早期物理学面对的挑战(而它们与20世纪中期的物理学并不很相称。)如果爱因斯坦的青春推迟30年、40年,甚至50年的话,我们在这里提到他的可能性就很小了。

霍华德·加德纳(Howard Gardner,1983/1993)在《创造心智》(*Creating Minds*)一书中提出了这样的观点:

> 爱因斯坦的长期秘书海伦·杜卡斯(Helen Dukas)曾经宣称:"即使爱因斯坦出生在北极熊当中,他也仍然是爱因斯坦。"我一点也不相信爱因斯坦的天资可以在其他专业上同等地实现;本世纪初的那种理论物理学是具有他这样的天赋(和局限)的人所能从事的最优领域(p.129)。

通过这些话,以及我们已经鉴别出的创造力发展的若干方面,专业在创造性过程中的作用可能是最没有得到完全理解的,这也许是因为迄今为止它所得到的关注最少(Feldman、Csikszentmihalyi & Gardner, 1994)。我们知道,专业之所以变化是因为它们被伟大的创造性工作所改造。我们也知道,密切考察某专业中的主要转变,很有可能揭示伟大的创造性工作是如何完成的。研究的焦点已经开始有了转变:原先是通过比较历史性转变所揭示的更常见的或普遍的变化,而现在逐步地转向研究杰出个体的思想和其专业上最具挑战性的问题之间独特的相互影响(Feldman, 1994a、1994b; Gruber, 1982、1981/1991)。

领　域

对于特定个体来说,创造力如何发展(或如果它可以发展的话)在很大程度上在关键期受到某个知识领域的状态的影响。领域有时是健康的、充满活力的、扩展性的和有利可图的,而在其他时期则出现完全相反的情况。某个领域有时在实践上是十分刻板的,有时又允许多样性的存在;有些地方要求符合严格的实践,而有的地方则以实验过程为准则。在某些时候,进入一个领域的障碍(如社会阶层、种族、宗教、性别等要求)是可怕的和/或专横的,而在其他情况下,进入又是开放式的,大家明显地在追求多样性(如在一种肯定性的程序或法律下)。一个领域特征的每个变化都会影响创造力如何在它的界线内发展,或者这些界线如何经过改变而容纳这一专业的新视野。

领域接受还是拒绝潜在创造性贡献的来源,也是判断一项工作是否具有长久重要性的来源。这种过程发生的机制范围很广,从正式的建立在非常仔细地概念化分级基础上对可接受质量的把关和评价过程(如芭蕾),到非常不正式的、由未经训练的评价者判断质量的市场驱动指标(如在流行音乐中)。虽然人们并没有对这些领域之间的这些变量进行系统的研究,但非正式的观察还是产生了丰富的描述(见 Ericsson, 1966; Feldman, 1994b)。

例如,盖茨尔斯和奇可森特米海依(Getzels & Csikszentmihalyi, 1976)开始了一项长达数十年的有关艺术家及其职业发展的研究(见 Csikszentmihalyi, 1988a、1988b; Csikszentmihalyi & Robinson, 1986)。作为该研究的一部分,盖茨尔斯、奇可森特米海依以及他们的合作者仔细记录了各种过程,在这些过程中,胸怀抱负的艺术家开始接触这个领域,寻找地方来表演和销售他们的作品,吸引评论家和收藏家,找到途径来影响他们并招收弟子实施他们的艺术计划,且适应艺术世界之内不断变化的口味、风格和偏见(Csikszentmihalyi, 1990)。

从奇可森特米海依分析的历史上和当代的艺术家中找一个例子：

> 与伦勃朗(Rembrandt)同时代的人，并不认为他具有杰出的创造力，而是更偏爱一些不大为我们所知的画家们的作品。伦勃朗的“创造力”是在他死后被艺术史学家们构造出来的，他们把他的作品放在欧洲绘画发展的整个背景中加以考察。关键就在于如果没有艺术史学家的比较评价，伦勃朗的创造力就不会存在。(pp.198～199)

奇可森特米海依把这个论证也拓展到科学，他指出，在进化论范式急需证据支持的背景下，孟德尔(Mendel)的豌豆实验是在达尔文的工作已经被接受很久之后才被承认具有伟大理论意义的(当然，在孟德尔死后；see Branningan, 1981)。

社会/文化影响

费尔德曼(Feldman, 1994a、1994b)的“文化有机体”(cultural organism)结构——为了发展最极端的那种创造力而组织资源的过程——与领域问题有关但不完全相同。一个文化有机体的存在可以为这样的创造力提供和保持一定的条件。一个文化有机体包括所有能够给予产生伟大成果的事业以支持的人，不管他们是否受过这个领域的正规训练或得到正式的承认。

一个高度精练的(即使大部分是非正式的)文化有机体已经沿古典音乐发展出来(见 Feldman, 1994a、1994b)：上至操纵最珍贵和最有价值的乐器[如拉斯特拉迪瓦里(Stradivarius)小提琴的人]，到举办各种音乐节和竞赛，它们可以分拣和筛选音乐天才，挑选并激励一部分人，又把另一部分人送入各部门(provinces)，下至那些最低微的音乐组织，它们被设计来尽量使人们容易入门(邻居的钢琴老师，储存和售卖乐器的商店等)，再到为保持这个“有机体”的许多底层人员得到补充和良好滋养的那些志愿者。

文化有机体所包括的不只是选择有前景的革新和确立这个领域之内的优秀标准。为一个领域提供一种非正规情境的文化有机体也可以包括一些功能,严格来说已经不属于该领域某一部分的一些人。比如,票务代理、特许权获得者、赞助者和售票小贩,都是职业体育支持系统的一部分。相似的,代理人、律师、建筑师和其他一些专业人士,都可以在这个文化有机体内扮演专门的角色,但不直接卷入这个领域本身的实践,也不起选择、准备和评估的作用。

文化有机体在它们表现出来的等级水平、总体连贯性程度、一致意见、目的专一性和完成其使命的有效性方面都有不同。又一次,没有人做过系统的比较研究,来描述各文化有机体(甚或变量的主要向量所可以是的东西)之间的差异,但很清楚,像文化有机体之类的东西的存在可以节约资源、赢得支持、抵挡威胁、共庆成就,并保证这个领域持续存在。虽然刚才所描述的这样一组相互关联的功能对最高水平上的创造力发展绝对是必不可少的,但是,有关这些实体的本质的系统性知识还是相对少的(Feldman, 1994a、1994b)。

除了与一个指定的专业有直接或间接联系的活动以外,还有很多特质体现在这些活动所发生的社会和那个社会所立足的文化中。这里,在社会学和人类学领域所做的丰富的描述性和概念性工作,可能是非常有用的。各社会当然在它们的活动如何组织和运转方面有很大的不同,而这些差别则无疑在各种水平、特别是在最高水平上的创造力的发展和表现中都起着很重要的作用。甚至有人(如 Skinner, 1972)声称,创造力是由创造力所赖以生长和发展的社会和文化背景决定的。

的确有一些例子,说明社会/文化现实在很大程度上决定创造力是否有可能在某个特定领域发展。如果社会的宗教信仰预先排斥一个专业的某些成员参与,那么,这个成员将不太可能在那个专业上发展和表达他的创造性潜力。有的宗教(如某些信奉正统派的基督教群体)禁止女子从事职业音乐的工作。有的社会(如南非在历史上的很多时候)把其成员的整个群体限制在某些规定好的社会角色中;为了追求一个被禁止的专业上的技能,一个人不得不离开自己的国家,或冒着受严厉甚至致命制裁的危险。

文化也可以通过认定其价值和重要性,来提高或降低伟大创造力在某些领域发展的概率。例如,国际象棋在冰岛得到高度评价,甚至被推崇为创造性的表现。一个有潜质的棋手(无论男女)是不太可能被埋没的。美国篮球运动的情况也许与此类似:这种文化的基调是发掘在这种运动上的潜能,把天分发展到极致,并对最高水平的才能给予丰厚的奖赏。

其他文化则投资艺术,结果产生令人惊异的作品。15世纪的前25年间意大利的佛罗伦萨是一个例子,它在雕塑、绘画和建筑方面的创造性表现无论在数量上还是质量上都几乎是独一无二的(Csikszentmihalyi, 1988a、1988b)。这个时期标志着西方文明中文艺复兴的高点。正如奇可森特米海依(1988b)所指出的:"正是因为整个共同体都深深地卷入到创造性活动中,才使文艺复兴成为可能。而这不是一个偶然的事情,而是那些有钱有势的人精心计划的一个有意识的政策。"(p.336)发展创造力的动机显然一定能成功地促进最高质量的作品的创作。

虽然我们对现存的社会和文化有了大量的了解,但是,对创造性潜能如何在各社会背景之内和之间被选择、引导、发展和回报,我们却知之甚少。历史测量学研究已经开始着手分出不同形式的社会生活如何与创造力的不同的表达形式交互作用。西蒙顿(Simonton, 1984、1988、1990)调查了创造发明在松紧不同的政府体制下上下起伏的趋势。把量化的成果(如西蒙顿的研究)与特殊案例及其背景的丰富的定性描述[如格鲁伯(1981/1991)对达尔文时代英格兰生活的研究]结合起来,应该会使我们更好地理解社会/文化背景和伟大创造力的发展之间的相互作用。

历史影响

除非一个人是某种灵魂转世说的信徒,否则,一个人在选择自己生命开始的时间或地点上是无能为力的。受孕的那一刻就是那一刻,出生前发展的这段时期大都由生物钟控制,没有多少调整的余地。并且,如果一个人可以挑选出生的时间和地点(且不提出生在什么家庭;又请参见前面几节),这就会深刻地影响到生命的每个方面:气候、安全、生活保障,还有食物、水、住处的获得,以及进入一个专业所必需的关键资源。对时空穿梭的幻想表达出人们希望能够在时间中穿梭来去,经历一个不再存在或也许只有当历史沿着某个道路前进时才会存在的地方。虽然我们也许愿意相信天才就是天才、追求成就的动力就是追求成就的动力,但有证据表明,情况要复杂得多,创造力所必需的许多条件都超出个体所能控制的范围(Feldman, with Goldsmith, 1991; Goldsmith, 1990;见 Mackenzie, 1988)。

创造力发展过程中的许多决定因素都在"机遇"事件之列,这些因素是个体出生的时间、地点、环境的一种直接函数(Csikszentmihalyi, 1994; Perkins, 1988; Simonton, 1988、1992、1996)。如果一个小孩出生在一个没有王室统治的民主国度,或生活在与世隔绝时期的一个少数民族家庭中,那么即使她生来就具备能成为一名伟大王后的所有天然的才能、倾向性和敏感性特质,她也还是无法成为一名真正的王后[美国影星格蕾斯·克里(Grace Kelly)也许是一个例外:她嫁给摩纳哥的国王而成了王后。另一个例外是丽莎·哈拉比(Lisa Halaby),美籍阿拉伯人的后代,毕业于普林斯顿大学(Princeton University),她成了约旦国的王后]。关键在于,一个人发展其才能的各种机会,受他出生的时间地点的约束和引导,而这也许是为什么在某些文化中,占星术在其预言和解释方面虽没有任何科学依据,但仍然流行并得到广泛信任的原因(Feldman, 1990)。

超出出生时间问题的是许多历史事件,一旦出生,这些事件就将潜在地影响一个人的发育过程。战争当然是最极端的例子中的一个,还有自然灾害(如地震、火山爆发、季风)也可以改变人的一生(甚至要人的命);毕加索就是在他 3 岁时受到了地震的深刻影响(Gardner, 1993)。

在研究历史事件、趋势和模式以及这些对创造性表达的效果时，迪安·西蒙顿（Dean Simonton, 1984）发现了很多有趣的关系：

> 政治分裂是创造力发展的一个最好的预报器。进一步说，我发现有理由揣想，政治分裂起到影响发展的作用……亚里士多德是亚历山大的老师，但地域狭小的雅典而非马其顿帝国才必须赞扬亚里士多德的智慧发展……看起来创造性的发展依赖于接触多样性（pp.144～145）。

由于有了如西蒙顿所做的那样一些历史测量学的工作，人们对历史模式、社会结构和创造性发展之间的相互作用了解很多。然而，我们完全可以说，这个领域最近才开始揭示一些关键的关系，并评价它们对很多创造性表达的可能形式所产生的影响（见 Simonton, 1992）。

总结和结论

我们已经看到，创造力的研究已经从能产生许多聪明或革新观念的相对适度的能力，转向在人类受重视的领域做出杰出贡献的成就。随着这种转变，人们开始对这种成就的发展过程产生兴趣，感兴趣的有创造性个体的生物背景和物质基础，广泛的历史事件的模式，这些模式在许多可能的贡献中约束和选择那些将会得到鼓励的人们。

在个体生物学和文化历史学之间，存在有某些对这个发展过程产生影响的中间领域，其中包括个体的智力、个性、社会性和情感特质；个体在家庭中的出生顺序和性别，还有家庭的历代发展传统，包括从事一个特殊的活动领域；选择一个特定的专业，每个专业都有它自己的发展史；一个专业领域在研究这个专业时，用上支持系统，选择机制以及其他各自都有一个独特历史的影响因素;这一发展过程所存在的特殊社会和文化背景,以及相关的社会和文化的历史;最后还有,影响到将来的创造性个体生活的自然事件和环境,这种影响有时非常深刻(Cole, 1992; Gardner, 1989、1993)。正如彼德·梅达沃(Medawar, 1969)所写的:

> 于是,我们就开始认识到,对创造力及其发展的研究是最广泛和最大的研究课题之一:对各种形式创造力的分析已超出了被承认的任何一个学科。它要求各种才能的集合:心理学家、生物学家、哲学家、计算机科学家、艺术家和诗人全都应该有发言权(p.46)。

我们可以轻易地在这个列表中加入智力史学家和学科史学家(在这个背景下是指"专业"),来自所有学科的发展科学家、社会学家、人类学家和生态学家。

有少数研究已经明确地支持一种多维度的交互作用的和发展的观点。霍华德·格鲁伯(Gruber, 1981/1991)对达尔文的大师级的研究是一个早期的例子,说明如何把此过程的有关方面串起来研究西方文明中的伟大创造性贡献,着眼于达尔文解决进化论问题的"洞察力"。格鲁伯称其框架为"进化系统观"(evolving systems approach),因为它清楚地标明了这种变化的系统,对达尔文产生其伟大作品来说需要长时间的富有成效的相互作用(Wallace & Gruber, 1989)。格鲁伯指出,达尔文的成就,其主要标志是1859年出版的《物种起源》(*The Origin of the Species*),如何包含许多相关层面的相互作用的,揭示出深深地影响创造性过程的复杂性和连贯性(Gruber & Davis, 1988; Gruber, 1981/1991)。以格鲁伯的框架为基础的个案研究已被大量用于研究其他杰出个体(Wallace & Gruber, 1989)。

奇可森特米海依和霍华德·加德纳提出了最突出的创造性过程的多维度模型(Csikszentmihalyi, 1988a、1988b、1990; Gardner, 1988、1993)。奇可森特米海依(1988a、1988b、1990)提出,如果想获得关于创造性过程的令人满意的观点,至少3个维度必须概括到相互作用中。奇可森特米海依所提出的3个维度包括:个体、专业和领域。当创造性工作完成时,它是由个人来完成的,但这些个人是与在一个有组织的知识体中的其他个人和群体一起工作的,有它自己的概念、词汇、技术和实践方法。而专业就存在于把它们的活动组织起来的更宽泛的领域背景之中。这就是在领域中,有关进入或接受的决定就是在领域中做出的,要求不同层次的专业技能、展示的载体、收藏的功能、商业活动以及单位和组织实体的认可。

加德纳的框架最明显地说明了什么是发展的理论;例如他选择"儿童和成年创造者之间的关系"作为我们已经讨论的"7个现代的创造者"研究的中心主题(Gardner, 1993, p.29)。奇可森特米海依的研究方法实际上更多的是交互性而不是发展性的,因为他强调有必要把个体、专业和领域看作是一组动态的交互的影响因素(Csikszentmihalyi, 1988a、1988b、1990)。发展隐含在奇可森特米海依的理论之中,但并没有得到详细的描述。而费尔德曼的非普遍性理论则明显是发展性的,但是没有被用于分析创造力的个案,因此它对这一目标的适用性如何,我们不得而知(Feldman, 1994a、1994b、1995)。

我们已经看到,一部伟大的作品总是出现在某种社会和文化的背景和约束中,包括它所改造的专业,及对其意义作出判断的领域,当然,这些也必须是整体表征的一部分,这样它才能接近一个完整的故事(Cole, 1992)。显然,我们还只能一鳞半爪地描述特定个体随时间的发展过程。

即使我们能很好地描述个体随时间的发展,在千丝万缕的发展中,新奇的观念从哪里来的和它是如何产生的,这仍然是一个问题;对这一深层次的问题,我们所能说的东西也比较少。在认知科学中正在进行一种富有成效的工作,可以更好地描述顿悟之类的过程是如何进行的(Sternberg & Davidson, 1995),也有一些在模仿伟大发现方面的杰出工作,可以更好地理解这些伟大发现最初是如何做出的(see Simon, 1986; Langley、Simon、Bradshaw &

Zytkow, 1987)。也许,当这些研究与创造力的发展维度更好地结合起来时,我们就更接近一种合理的解释,来说明杰出的创造性工作是如何以及由谁来完成的。

皮亚杰(1971)认为,解释新颖性是其认知理论的最高目标:

> 对我而言,真正的问题是如何解释新颖性。我认为新颖性,即创造,持续地在发展中起作用……我的问题的症结……是试图解释新颖性是如何可能的及如何形成的。(pp.192~194)

皮亚杰非常努力地去寻找一个充分的答案来回答这个基本问题,即新颖的思想如何能够从一个系统建构出来,而这个系统在有这种新颖性之前并不具备在这个新的层次上提出思想的能力。但是皮亚杰并没有成功地找到一个满意答案来说明他所谓的"神秘阶段"(见 Feldman, 1989b; Piaget, 1971、1975、1982; Piattelli-Palmerini, 1980),或近来人们所称的"一种奇迹般的转变"(Siegler & Munakata, 1993)。

具有讽刺意味的是,我们可以发现,如果继续保持现在的研究趋势,那我们就将更多地知道导致理解上的重大突破以及随之而来的每一件事,之后我们才能更多地知道这些突破本身。同样具有讽刺意味的是,也许是对发展变化的研究,而不是对伟大创造性个体的研究,可以更多地告诉我们创造性工作是如何完成的。不过有一点还是应该清楚的,无论研究走向哪个方向,创造力的研究和发展的研究都是难解难分的。

我们很好地了解到,仍然还有一些基本的问题要回答,即我们是如何开始成为这个星球上唯一有创造性的生物的——在此,创造性的意义是指我们能够超越我们当前思维模式的限制并从根本上设计新的模式——但我们还必须沿着最有前途的道路,尽我们所能地去进行研究、建立理论。创造力研究领域本身是一个发展的实体,它正处于急速转变的状态之中(见 Csikszentmihalyi,

1990; Feldman, 1988)。

虽然我们离对创造性进展作出充分解释还有很长的路,我们已经把它作为一个丰富的探索理论,开始了漫长而又艰辛的历程,去了解伟大的工作是如何产生的,并且是由谁,又通过什么发展过程产生的。因此,更好地理解创造力的发展,乃是人类在未来的几十年中凭借其全部的创造性能力所热切渴望达到的、更具挑战性的、长期的和更有价值的目标之一。

第四部分

CHAPTER FOUR

创造力,自我与环境

第10章　创造性认知

托马斯·B. 沃德　斯蒂文·M. 史密斯
罗纳德·A. 芬克

人类是一种极富创造性的生物,这对于本书的读者来说并没有什么奇怪的。从地质学的角度看,在一个相对较短的时间内,我们经历了从最初加工石器到建造宇宙飞船使我们能从别的星球上取回岩石的时代。许多其他的物种也使用工具,有一些物种甚至会加工它们周围的物品使之变得更具效用,但据我们所知,除人类以外,还没有任何生物能够利用它们制造工具的技巧来建造出能够摆脱地球引力的工具。实际上,人类的认知有其独特的生成能力。

当我们考虑人类的成就时,会很自然地遇到这样一个问题:人类的成就在多大程度上取决于少数以独特而神秘的方式进行思维的独行者,又在多大的程度上来自以大致相同的、简单生成的方式进行思维的众人。人类日积月累的创造性进步应归功于极少数天才人物,还是说这种荣耀应该被更多的人所分享?

我们并不妄称已经从根本上找到了这个问题的答案,但我们确实认为提出创造性思想的能力是人类认知功能运作的规则,而不是例外。我们认为:(1)正常人类认知的特征是它具有超越离散储存的经验生成能力;(2)对支撑这一生成能力的各个过程可以进行严格的实验研究;(3)人类的创造性成就,从最正常的到最超常的,至少原则上都建立在那些可观察的一般心智过程的基础之上。在理解人类的创造性方面,以上这些假设便构成了创造性认知研究方法的基础,这种创造性认知方法就是本章的重点。(Finke、Ward & Smith, 1992; Smith、Ward & Finke, 1995)

创造性认知是认知心理学的自然延伸,有两个主旨。一个是通过调整主流认知心理学的概念、理论、方法和框架来提升人们对创造性的科学理解,以使其适合于对产生创造性和非创造性思想的基本认知活动进行严格的研究和精确的刻画。人类心智拥有令人惊奇的生成性,而这类研究非常匮乏,这实在令人吃惊。创造性认知所寻求的正是填补这一空白。

第二个是通过对人在完成一般生成性任务时的认知过程进行实验观察,来拓展对一般认知的科学理解。过去对认知的大部分研究是分析人们在接受性任务中的表现,而不是人们在明确的生成性情形下的表现。由于生成性活动才是构成人类心智功能运作的主要部分,所以,我们实际上忽视了认知之谜中的关键部分。

在以下的各节中,我们重点论述一般人类认知所具有的惊人的生成性,详细阐述创造性认知方法,并给出具有代表性的深化创造性认知目的的研究例证。结尾部分是一些评论,这些评论将探讨创造性认知如何能有助于解决一些长期存在的有关创造性的争议。

人类创造力的规范性

人们通常认为创造力只限于那些有天赋或有特殊才能的人。按照这种观点,只有少数人(即“创造性天才”)能够进行真正的创造性思维,因此创造力和普通人的日常认知活动关系甚微。这一论点的必然结论是:天才所经历的认知过程与大多数个体所经历的认知过程有着本质的区别,而且他们的认知过程也许不是认知科学的种种方法所能进入的(比如,Hershman & Lieb, 1988)。

与之相反,创造性认知则强调创造性能力是正常人类认知的一个必不可少的特征,其相关的各个过程是可以进行实验研究的。虽然这些过程并不总是被这样认识的,但体现人类认知生成性的基本属性的例子俯拾皆是。除了通常被列为创造力例证的艺术、科学以及技术进展方面的明显例子之外,还有更不易察觉的,但都有说服力的与日常思想相关联的认知生成性。体现这种生成性的一个常被提及的例子是我们对于语言无可否认的灵活运用,正是通过语言我们可用相当少的一组规则制造出无限多样的新奇构造(Chomsky, 1972; Pinker, 1984)。除了语言,还有很多其他例子。比如,我们可以从正在进行的一串本不连续的经验出发构建大批具体的和抽象的概念,这个简单的事实即表明人类有一种惊人的生成能力;概念就是创造物。进而言之,我们的概念不需要经过对事物进行多次接触而逐渐建立起来。当需要它们来满足当时情境的要求时,我们似乎能够创造出这些有针对性范畴(Barsalon, 1983、1991),也能够通过采取不同的观点随时修改概念的一般特征性结构(Barsalon, 1987)。同时我们有能力组合若干概念来生产更复杂的新概念,能对某种特征进行类推以描述其他领域,能够理解并生成自然式的语言,并能够执行超出信息本身表层和直接意义的很多其他功能。

这些生成性的认知过程绝非不同寻常之物,而是很普通、很规范的。它们是普通心智规范性活动特征的一部分。而且,由于这些生成过程所产生的新颖结果服务于重要的目的,所以它们满足创造性产品的两个标准: 新颖性和效用性。更重要的是,不只是这些过程是创造性的;而且按创造性认知的观点:各种形式的创造力,从最平凡的到最高雅的,从小孩把感冒综合征叫做"迟钝的鼻子"到相对论的发展,都以这些生成过程为基础。所以,要充分理解创造力,我们必须全面了解这些生成过程。

确实,灵活性不是全部。即使是那些取得了杰出创造性成就的人,似乎也有一种同样根深蒂固的倾向,那就是囿于先验,而拾人牙慧(Ward、Finke & Smith, 1995)。因此,创造性认知的一个重要目标详细说明那些能确定现有知识中有多少,又有哪些部分将被应用于新的情形中的因素和过程,这些信息可以以哪些确切的方式促进或抑制创造性功能。

生成性是规范性认知功能的一个突出方面,但我们也不否认个体在创造性上存在有差异。毫无疑问,有些个体的创造性成果比其他人要多,少数个体取得了极高水平的成就(如见 Eyserch, 1995; Simonton, 1994)。可是,创造性认知的一个核心认为,通过使用可详细说明的过程或过程的组合、这些过程的运用强度、应用这些过程中储存的认知结构的丰富性或灵活性、记忆系统(例如,工作记忆)的容量,以及其他已知的和可观察的基本认知原则(对应论点参见 Simonton, 1997;Ward、Smith & Vaid, 1997)。创造性认知明确拒绝那种认为非凡的创造力是心智的产物的观念,该观念认为创造力是神秘的和不可观察的,其认知操作的原理不同于常规的认知原理。基于认知心理学实验的创造性认知,大最使用"规范性"创造力的基础实验研究(see Ward, el al., 1997),但也坚信平常的和超常的创造力表现之间有认知功能的连续性。

创造性认知也承认,除了认知过程以外还有一系列因素会影响一个人产生被判断为"创造性"的有形产品的可能性。这些因素包括内部动机、情境性的偶发事件、一种观点的适时性、不同文化对创新所赋予的不同价值观等等(如可参见,Amabile, 1983、1988; Lubart & Sternbert, 1995; Runco & Chand, 1995; Sterberg & Lubart, 1991)。然而,我们集中在心智运作上,这主要是因为我们假设,许多非认知因素是通过影响认知功能而产生重要效果的。例如,一个受内部动机驱动去解决难题的个体比一个动力不足的个体更有可能构思一个巧妙的解决方法,但是这个解决方法本身是从所运用的认知过程中产生的。增强的动机将影响准确应用类比推理、心智模型模拟、概念组合或其他基本过程的倾向性,但是,过程本身的变化才是造成不同思考者产生的观点有着质的差别的最直接原因。

一个启发式模型

一个早期的创造性认知研究方法的总体工作框架是创造性功能的生成探

索(geneplore)模型(Finke et al., 1992),它旨在形成一种广义描述、启发式的模型,而不是形成一种关于创造力的解释性理论。这个模型的核心是:可以从这样的角度来描述多数的创造性活动,即最初产生不同的观念或解决方法,随后是对那些观念的扩展性探索。最初产生的观念有时候被称做“前发明的”(preinventive),因为它们并不是对某种新产品的完整计划,疑难问题已得到检验的解决方法,或困难的谜题的准确答案。相反,它们只是一个未经检验的建议,或甚至仅是一个观念的种子,但是,它们有希望产生带有创造力标志的结果。这些标志就是:独特性和适当性。生成探索模型假设,在大多数情况下,人们交替进行生成和探索这两种过程,根据具体任务的要求和限定条件来精练结构。

过程、结构和限制

认知产生过程的几个常见例子有:从记忆中提取已有的结构(Perkins, 1981; Smith, 1995; Ward, 1994、1995)、对这些结构进行简单联合(Medick, 1962)或组合(Banghman & Mumford, 1995; Hampton, 1987; Murphy, 1978)、新结构在头脑中的综合(Thompson & Klatzky, 1978)、在头脑中将已有的结构转变成新形式(Shepard & Feng, 1972)、把一个领域的信息类比迁移到另一个领域(Gentner, 1989; Holyoad & Thagard, 1995; Novick, 1988),缩小范畴,在这个过程中已有的结构从概念上被还原为更基本的要素(Finke et al., 1992)。

认知探索的过程可以包括在心智结构中寻求新颖的或需要的特性(Finke & Slayton, 1988),寻求这些结构中的比喻性的暗示(Ortony, 1979),寻求结构的潜在功能(Finke, 1990),从不同的视角或不同的情境对结构进行评估(Barsolou, 1987; Smith, 1979),为描绘问题的可能答案而对结构进行解释(Shepard, 1978),并寻求结构中表现出的各种实践的或概念的局限性(Finke et al., 1992)。

创造性思维的特征体现在不同认知过程的运用及组合方式上。比如,一个作家可以在头脑中将所熟悉的和新奇的概念组合而生成一个新的情节的开始,然后再探索这些组合的衍生来充实故事的内容(见,比如Donadson, 1992; Ward et al., 1995)。同样,一个科学家可以通过生成候选的类比从而用某一专业的知识去理解另一专业。然后严格地审查这些类比,以检验它们的描述性或解释性用途(Gentner et al., 1997)。一个发明家可能会在脑子里综合不同物体的各个组成成分,然后探索这个结构如何被阐释以代表一种新的发明或新概念。所以,通过考虑各种类型的生成和探索过程以及它们之间的相互作用,我们可以在一个广泛的认知框架内研究创造性的各个不同方面。

生成探索模型对创造性认知中的认知过程和这些认知过程运作时的心智结构也做了区分。比如,芬克(Finke)等人提出一种特殊的被称做前发明结构(preinventive structure)的心智结构,它在创造性探索和发现中起着重要作用。这些结构可以被看成创造性行为的终端和外化性产品的内在先兆。在生成这些结构时,头脑中有某种特殊目标,或只把它们当成实现目的的开放式发现手段。这些结构可能是复杂的和以概念为焦点的,也可能比较简单和相对模糊。这取决于当时的情景或任务的要求。

一些前发明结构的例子包括象征性视觉模式和图形(Finke & Slayton, 1988)、三维物体和形状的表征(Finke, 1990)、基本概念的心智混合(Hampton, 1987; Murphy, 1988)、新奇或假设范畴的事例(Ward, 1994、1995)、表征物质或概念系统的心智模型(Johnson-Laird, 1995)和产生新联想、新顿悟的言语组合(Mednick, 1962)。哪种前发明结构最恰当要取决于任务或问题的本质。

生成探索模型还假设,对最终产品的约束可能在生成或探索阶段的任何时候受到影响。这就使得这个模型可以应用于许多不同的情景和不同的限制条件。比如,资源上的约束可能限制生成的结构类型,而实用性上的约束则会限制允许的解释类型。什么时间使用这些限制最好,这是一个经验问题。这个问题在创造性认知的研究中论及。

图 10.1 揭示了生成过程、探索过程、前发明结构和约束之间的关系。如图中所示，这个模型假设在大部分创造性认知活动中都用到生成和探索这两个截然不同的过程。在生成阶段，这些过程如心智综合、心智转换和例证提取产生了前发明结构，通过分析它们表现出的特征和考虑其应用，这些前发明结构在探索阶段得到应用或阐释。正如前面所讨论的，这些前发明结构可能包含所想象的三维形状、心智模型和设计以及新颖或假设范畴的例证。在探索阶段完成以后，前发明结构就可以按照可能出现的发现和启示加以精练或重新生成。如此循环往复，直到这些前发明结构产生一个最终的创造性观点或产品。

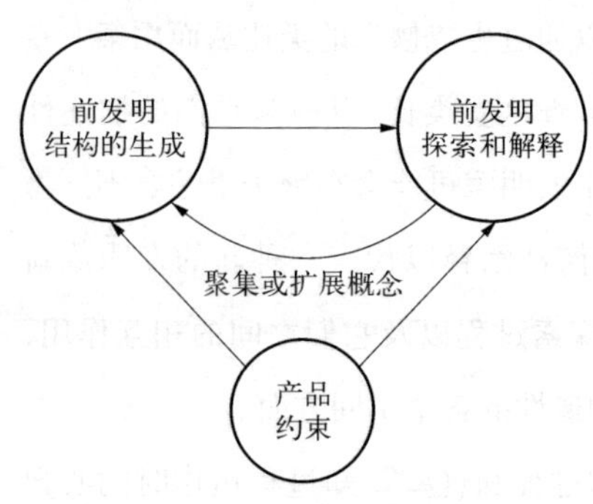

图 10.1　生成探索模型的基本结构
前发明结构建构于早期的生成阶段，在探索阶段得到阐释。通过修订“前发明”结构和重复这个循环，最终的创造性顿悟可以聚集在具体的议题或问题上，也可以在概念上得到扩展。对最终产品的约束可以在生成和探索阶段的任何时候添加进去（Finke、Ward & Smith，1992）。

创造性认知的家族相似性

在研究创造性认知的方法中，我们尽量避免使用任何绝对的方式或单一的认知过程或特征来定义创造力。相反，我们倾向于对创造性认知采用“家族相似性”（family resemblance）的研究观点，类似于用来刻画范畴成员的那种观点（Rosch & Mervis，1975）。也就是说，我们可以把创造性思维看成涉及生成和探索过程的许多分支，涉及各种类型的前发明结构，创造性思维并非一定需要出现特殊的过程和结构。因此，创造性认知的大部分例子至少会呈现出这些过程和结构的某些部分，且创造性和非创造性思维之间并不存在明显的边界。

除了认识到一般和特殊的创造性是通过一系列共同的过程连接起来的以外，这种特征描述的一个优点是，创造性思维和非创造性思维可以被看成一个连续体。生成过程、探索过程和前发明结构涉入的程度以及产生明显特征的程度只增加了一个创造性想法或产品出现的可能性。所以,在创造性和非创造性认知之间有相当大的重叠。这就是为什么我们倾向于把创造性认知研究建立在一些传统认知科学的概念的基础上,而不试图提出建立特别针对创造性思维的一些独特类型的过程和结构的原因。

创造性认知的研究方法示例

相对来说,创造性认知的研究方法较新,但已经取得了巨大的进步。在此关注创造性认知的一般框架下进行的一些类型的例子。我们将考虑创造性认知方法对顿悟、酝酿等传统的创造性课题,以及概念扩展、最近遇到的信息、概念组合和创造性想象等问题的研究。

当新的想法结出果实时,尽管可能的情况是,在想法最初开始生成的时候,我们考察的一些创造性过程更普遍,而在探索期间其他过程更明显,但生成探索模型也明确地把创造性功能描述成生成和探索步骤持续反复的过程。所以,并不总是很明确,一个特定过程是否应该被完全包含在生成过程之中而不是探索过程之中。在以下各节中,我们将描述一系列在创造力中非常关键的过程,但并不试图把这些过程分为主要是生成性的还是探索性的。

顿悟

创造性认知方法的一个典型例子就是斯库勒和梅尔彻(Schooler & Melcher, 1995)的顿悟研究,这是创造性研究界长期以来一直让人感兴趣的一个课题,但认知心理学家一向很少对之进行实验研究,直到最近才有所改观。斯库勒和梅尔彻指出,主流认知心理学可能忽视了将顿悟作为研究的一个课题,至少部分原因是由于对戏剧性顿悟的轶事报道以及对这种现象的非实验性观察,往往强调顿悟性解决方法的非意识层面。例如,可能化学家凯库勒(Kekule)从他所梦到的环行缠绕的蛇中受到启示,从而获得他对于苯分子结构的关键顿悟;数学家庞加莱则报告说,在他步入公共汽车的瞬间想到了富克斯(Fuchsian)函数的一种新的表达方法。的确,科斯特勒(Koestler, 1964)提出有意识的,特别是语言形式的思维,可能确实抑制了联结的无意识形成,而这种联结正是支撑顿悟式飞跃的基础。如果创造性顿悟以突然且不可预测的方式发生,又如果有意识的思想可能抑制了顿悟,那么它们如何能在受控的实验室条件下得到研究呢?

实验认知心理学家可能回避这种想法,这是可以理解的,因为从表面上看,顿悟似乎意味着一类可能不产生实验观察的过程。但是,斯库勒和梅尔彻继续描述了一系列巧妙的研究,阐明了这种现象。他们推断,如果有意识的言辞表达抑制了那种导致顿悟的无意识过程,那么,要求一些被试在思考的同时,进行言语表达应该会阻断顿悟的表现,而且观测的结果也确实如此。他们同时指出人们在分析性的非顿悟问题上的表现不会被同时进行的语言表达所打断,这表明,这种影响不是普遍地使问题解决能力下降。而只是一个在牵涉到有意识言语表达时顿悟性问题解决中的特定缺陷。

斯库勒和梅尔彻继而也概括了其他一些发现,这些发现把各种个体差异——比如知觉重构能力、场依存——与在顿悟问题上的表现联系起来,因而为顿悟中各种可能的无意识成分提供了启发性的证据。总而言之,斯库勒和梅尔彻的工作清楚地表明认知心理学的方法能够被用来研究创造性领域中看上去最神秘的方面,比如顿悟性飞跃(insightful leaps)。

最近,其他有关顿悟的研究也已开始把基本认知加工问题和创造性思维相联系。比如,已有研究考察了新的顿悟是在没有什么预兆的情况下,以知觉重构相似的方式发生(例如,Metcalfe, 1986; Metcalfe & Weibe, 1987),还是在先前知识的可识别性特征的基础上以一种可预料的增量方式发生(例如,

Weisberg, 1995; Weisberg & Alba, 1981)。对此问题的一种研究方法是使用一种即时的元认知监测技术来探查顿悟问题解决(Metcalfe, 1986; Metcalfe & Weife, 1987)。在解决问题时,被试每 10 秒报告一次他们对“冷”或“暖”的感受程度,也就是每时每刻与问题答案接近的程度。梅特卡夫的研究表明当人们解决非顿悟性问题时,其接近问题的感觉会不断增强,直到找到答案为止,但当解决顿悟性问题时,就会觉得找到解决方案的过程很突然,没什么预兆。这些试验为顿悟研究提供了经验性证据,这与一些自然主义的例子相对,它们用追溯的方法来考察历史上一些著名的顿悟经验,诸如庞加莱在数学上的顿悟,或是穆利斯(Mullis)对聚合酶连锁反应的无意识发现(见 Ward et al., 1995)。虽然,历史上顿悟的例子极罕见,以致可以将这类现象放在经验科学所能涉及的范围之外,但是,这些例子的研究显示了引发和研究顿悟这一突出现象的创造性途径。

扩展概念

如前所述,我们建立广泛而精细的概念结构这一简单的事实,是人类心智重要的生成能力的一个标志。进而言之,这些结构起着重要的作用,例如分类、理解和预测等,即它们具有用途,这是衡量创造性产品的一个重要标准。因此,从根本上讲,人类的概念功能是一个创造性的现象。然而,即使在这个生成性领域,概念化的某些方面对创造性认知尤为重要,在此我们突出强调其中的一些方面。

对这些概念的最常见的创造性应用之一是扩展它们以发展新的观念,沃德等人(Ward et al., 1997)将这一活动称为概念的扩展。例如考虑一个小说家、一个建筑师和一个厨师可能会有些共性。他们都可能从一个熟悉的概念入手,例如“一个不太可能的英雄”“单身家庭住房”和“炖鱼”,从该基础中创造某些新的东西。这样,他们扩展了已存在的概念的边界,各自创作出与先前的概念在本质上有相似性的产品。

以真实世界为背景的轶事叙述和历史叙述都突出了这样一个事实：新的观念，即使是十分有创造性的那些新观念，通常都来自对熟悉概念的微小扩展。有时候这个由旧到新的变换可以推动进步，像很多著名的发明（见 Basala，1988）；然而有时候却可以阻碍进步，例如，由于过分依赖过时的组织结构而导致生产力的丧失（Hammer & Champy，1993）。因为已有概念的特性会对新观念的形成产生正面或负面影响，所以理解与概念化扩展的所有形式相关的种种过程是很重要的。

由于它与概念的本质和结构方面的大量认知文献有紧密联系，所以创造性认知为理解人类创造力的各种重要变式提供了一个框架。例如，最近的一些研究，试图刻画那些已知概念或新近经验的重要特性是如何影响新观念的发展的（例如 Cacciari、Levorato & Cicogna，1997；Jansson & Smith，1991；Marsh、Landan & Hicks，1996；Smith、Ward & Schumacher，1993；Ward，1994）。

用概念扩展这种研究方法的一个例子是沃德（Ward，1994），他给被试一个任务，让他们想象生存在另一个星球上的一种动物。被试提供描述想象中动物外形的图片后，评定者可以找到我们熟悉的某些特性的存在，例如双边对称、有感觉器官、胳膊、腿等这些地球上绝大部分动物所共有的特征（例如 Ashcraft，1987；Tversky & Hemenway，1984）。

这些新奇生物的绝大部分体现了典型的地球生物所共有的许多特征。尤其是，图片中动物的绝大部分都是两边对称的，并拥有两只眼睛、两只耳朵、两条或四条腿（见图 10.2 中的例子）。尽管对这些星球的描述与地球相差很大，但这些特征都依然存在。当鼓励被试去设想外星人与地球人有很大差别，并且不要求他们所想象的东西都必须能够被描绘出来时（Ward & Sifonis，1997），结果依然如此。这些发现表明熟悉物种范畴的典型特征构成人们所想象的生物的结构，即使对不熟悉的或不寻常的物种范畴情况也是这样。知道那些被画出的范畴可以让人预测想象生物的许多特征。

图 10.2 另一个星球上的生物的一些例子，产生于结构化想象实验。来自沃德（Ward，1994）。

值得注意的是，这些构建效应可以推广到不同的概念化专业、不同年龄和不同能力的人群。例如希佛尼斯（Sifonis，1995）要求被试为一种外形像鸟类的新奇的外星人设计一个餐厅。她让一些被试设计可以让这些生物快速进食的环境，而让另一些被试设计可以让它们休闲进食的环境。她发现这些设计刚好分别体现了快餐和高档餐厅的许多重要特征。

希佛尼斯工作的另一个重要作用，是它对一个想法的最初生成和对此想法进行拓展性探索作了区别。在某种意义上说，为像鸟的外星人设计餐厅的过程是一个概念组合的过程。也就是说，必须找到一种方法将餐厅与鸟类的概念组合或整合起来。

有关概念组合的很多研究考察了人们对概念进行新奇配对的最初解释（见下文）。例如，脱离语境给定"鸟类餐厅"的这个概念组合，人们会使用生成过程来产生一系列候选的解释，例如"喂食鸟类的餐厅""只能吃到鸡或其他鸟类菜肴的餐厅"或是"形状像鸟的餐厅"。

与之不同，希佛尼斯向被试提供了"鸟类餐厅"的一个最初解释，"为鸟设计的餐厅"，从而消除了被试使用理解过程来产生前发明的候选解释。因此，通过对人们将已知餐厅特征的构图充实成新的创造，他着重考察了探索过程。

卡舍里等（Cacciari et al.，1997）将对建构效应（structuring effects）的观察扩展到儿童组，要求一些 5～10 岁的儿童画出不存在的动物和建筑，发现小年龄组的概念建构至少与大年龄组的同样多。正如沃德(Ward, 1994)对大学生所做的测试,两个年龄组的孩子都设计出极有可能拥有标准感觉器官和肢体的对称性的、想象中的生物。有趣的是,年龄小一点的孩子比年龄大的孩子更不易于突破概念的边界(如给他们所设计的房子加上眼睛之类生命化的特征),这个发现与卡米洛夫-史密斯(Karmiloff-Smith, 1990)的研究结果相一致。

只要粗略浏览一下当代大批的科幻电影和电视就会发现,即使是专业的科幻小说作家也倾向于构造出不得不让人怀疑与地球人类似的外星生物。通过对所收集的科幻作品进行内容分析,我们可以肯定的是,使用眼睛和腿这样的对称结构是很常见的(Ward, 1994)。

科幻作家所展示的结构也有助于说明约束在生成探索模型中的作用。虽然一个作家可以想象出一个与地球生物没有任何类似之处的外星生物,他或她也会潜在地受到与读者进行交流所需要的限制,从而将小说中的观念与已存在的人们熟悉的东西联系起来(见 Ward et. al, 1995)。因此,图书销量和电影上座率这些非常实际的目的会约束作家们的构思,使之不会太远地偏离地球生物存在的特性。

其后的研究也揭示想象中概念结构其他几个不同方面的重要影响。例如,沃德(Ward, 1994)探索了作为建构原则的相关属性在创造性想象中的影响。对分类的传统研究表明某组特征在自然范畴中总是倾向于一起出现的(如,Rosch、Mervis、Gray、Johnson & boyes-Braem, 1976)。例如,在动物范畴中,翅膀这一特征总是更倾向于和羽毛一起出现,而很少和皮毛一起出现。为了确定相似类型的特征相关性是否出现在所产生的创造性例子中,沃德要求被试想象并画出来自一个与地球完全不同的星球上的动物,而且不同的被试组所给的信息不一样。有的被告知这些生物有羽毛,有的被告知有鳞或软毛,或根本不给出任何信息。

与那些有皮毛或其他控制组的被试相比,在有羽毛这一条件下的被试更易于把翅膀和喙作为附加特征,而在有鳞这一条件下的被试更倾向于把鳍和腮作为附加特征。当被试画完他们所想象的动物后,收集他们自己的自我报告作品,结果表明,在羽毛组、鳞片组和皮毛组,他们总是把他们所画的动物分别与他们所熟悉的动物具体例子如鸟、鱼和哺乳动物联系起来。因此,不同的指导语导致了对地球上不同动物类型的提取。这些动物的特征又体现在新创造的实体上。图 10.3 给出了在这些条件下所生成生物的一些例子。

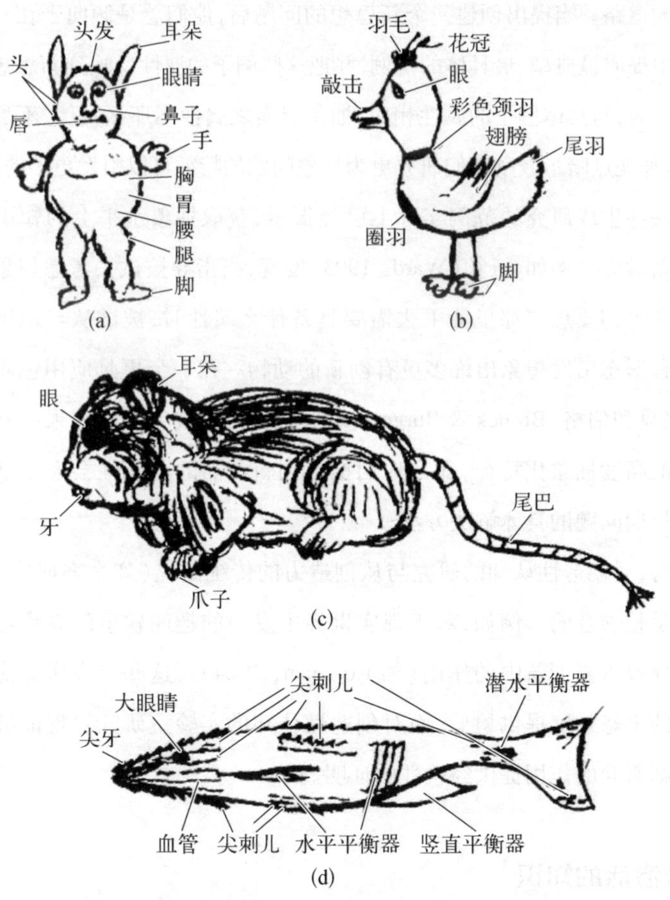

图 10.3　在结构化想象的实验中被试所产生的想象生物的实例,要么是(a) 控制指导语,要么是它所具有的各种约束:(b) 羽毛组,(c) 皮毛组,(d) 鳞片组。来自沃德(Ward, 1994)。

我们并不认为一个人现有的知识会降低他提出新观点的创造潜力。实际上,人类积累知识并在已有知识的基础上构建新观点的能力是其巨大生成能力的基础,正是这种能力使创造性成为可能。可是,有时候最好把已有概念的某种主要特征抛在脑后。创造性认知方法提供了一种途径,来考虑怎样达到这种目的。

沃德(Ward, 1994)提出,建构效应对创造者的贡献是引导他们走上一条阻力最小的道路。当提出创建一个新思想的问题后,他们总是倾向于在一个已知的概念中提取最典型、最具体的实例,并把这些例子的属性反映到新思想的空框架上。因为,与具体例子的属性相比,抽象层面之属性不那么具体、不那么有限制性,这种观点暗示鼓励人们研究更为抽象问题的特征可以引发更多的创新。

另一些生成研究的范例实际上已经揭示,获取抽象水平上的知识会使人更有创新潜力。例如,沃德(Ward, 1993)发现,当指导被试去考虑想象中星球的环境和动物要想在那里活下去需要具备什么属性时,被试从与地球动物特征的偏移形态出发想象出许多更有创新的动物。在一个更具应用色彩的专业中,布洛克和伯格(Brodck & Burger, 1993)提出,机械工程师如果一开始就考虑问题的高度抽象化特征,那么他们推出创新产品的可能性会大于从一开始就考虑早期问题的具体解决方法。

同时,对创造性认知的研究与从创造力的传统研究(如个案研究)中得到的证据是相吻合的。例如,对于现实世界中发明的趣闻轶事的观察也强调了抽象在导致重要创新中的作用(如 Rossman, 1964)。这些个案研究能够为一般原则的生态效度提供检验,而对创造性认知的实验室研究发现能够为这些一般原则所起的作用提供经验性的证明。

近期被激活的知识

到目前为止所描述的研究主要考虑了已有的长期知识结构的影响。然而,创造性认知方法的主流认知心理学焦点,自然导致对长期知识结构的影响与那些由新近知识经验的启动或激活的影响进行区分。因此,在近期的研究中所涉及的一个相关课题是创造性产品在多大程度上受到先前例子中所描述特征的影响。史密斯等人(Smith et al., 1993)设计了一项任务,在这项任务中要求被试给玩具做新的设计。史密斯等人给其中一部分被试展示了一些包含有某些关键特征的可能的设计实例,而没有给另外一些被试展示。如图 10.4 所示,每一个玩具实例中都包括一个球作为设计的一部分,包含了高度的体力活动并使用了电动设备。这个例子描述了一个称为“绳索网球”的游戏,游戏中一个人在两只球拍间击球,同时有一个电子计数器来记录成功击中的次数。

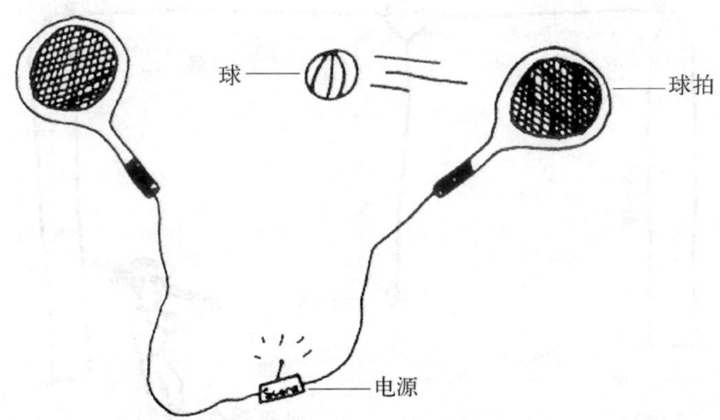

图 10.4　在创造性观点产生过程中的心理定式的研究中展示给被试的一种新玩具。所有玩具实例都包含电子设备,使用了一个球并涉及高强度体育活动。在这个称为“绳索网球”的特殊玩具中,游戏者在两个球拍间拍球,由一个电子计数器来记录成功击中的次数。来自史密斯、沃德和斯库马切(Smith、Ward & Schumacher, 1993)。

虽然两种条件下的被试生成的新设计方案的平均数目相同,但见过实例的那一组似乎更喜欢在他们的设计中包括那些在实例中描述的一些特征。即使被试事先被告知要尽量设计与实例不相同的方案,这一现象仍然出现。马希等人(Marsh et al., 1996)随后的工作对这一发现作了进一步的证实和拓展。

图 10.5 给出了一个被试的设计,他看过图 10.4 中显示的实例。这个被试

构思了一个“自动投球手”,通过它,一个人可以练习击打一个由电动控制、沿着特定路径(运动)的棒球。先前实例中所描述的 3 个关键特征全都被融入这个设计中。与之不同,图 10.6 给出的是一个先前没见过实例的被试所做的一种典型设计。这个设计称为“水力喷气式飞机”。这种玩具接在水龙头上,并且等间隔地发射小飞机。这一设计和先前图中所示的玩具几乎没有相似点。在相关研究中,詹森和史密斯(Jansson & Smith, 1991)证明职业工程师也有类似的设计定势的影响,它表明即使是设计专家,先前的实例也会影响到想象创造的内容。

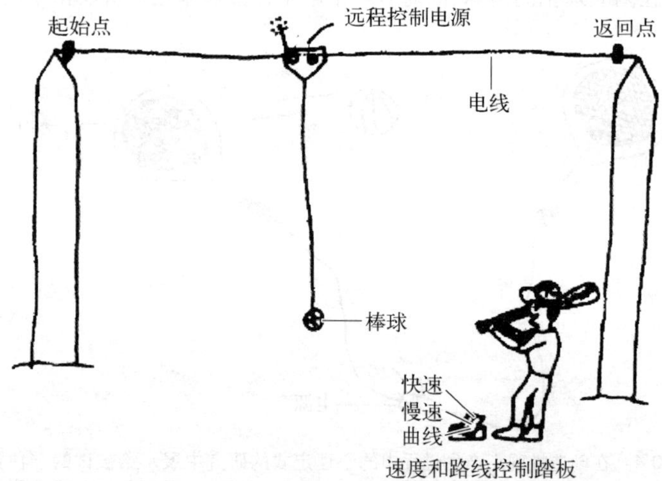

图 10.5 由先前见过图 10.4 中实例的一个被试所设计的玩具实例。这个玩具称为“自动投球手”,可以让一个人练习打棒球,这个球是由沿着一根缆线电动牵引的。注意,在这个设计中包含了先前所示实例中所描述的三个特征。来自史密斯、沃德和斯库马切(Smith、Ward & Schumacher, 1993)。

这些发现指出,在依赖实例解决问题时必须特别注意。通常在完成某项给定任务的过程中,实例都被认为是有益的帮助。然而,很明显这些实例也会阻碍创新。因此,对创造性认知的进一步研究有助于我们明确,什么时候这些实例是有用的,而什么时候这些实例是有害的。

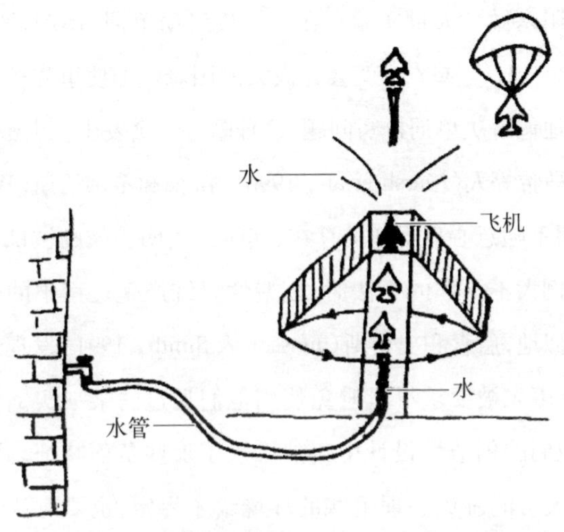

图 10.6　由先前没有见过任何玩具实例的一个被试所设计的玩具实例。在使用这个被称为"水力喷气式飞机(water jets)"的玩具时,游戏者将水管接到水龙头上,玩具飞机规则地间隔发射。注意这一设计与图 10.4 中所显示的很少有相似之处。来自史密斯、沃德和斯库马切(Smith、Ward & Schumacher, 1993)。

对记忆阻塞的研究也开始为创造性思维的本质提供新的启示。例如,对思维干涉与思维阻碍现象的研究表明,有一些方法可以促进创造性思维(Smith 1995; Smith & Blankenship, 1991; Smith et al., 1993)。这类研究也开始揭示某些认知过程,这些认知过程构成了酝酿(Smith & Vela, 1991)、直觉(Bowers、Regehr、Balthazard & Parker, 1990)和其他传统上认为不可研究的现象的基础。

一个曾得到研究的现象是,有些不由自主的和不可避免的智力阻塞会阻碍或约束创造性思维。人们在解决问题和产生创造性观念时能否避开或摆脱这样的陷阱呢?已经发现,在某些情况下只要简单地提醒就足以避免心理定式。例如,路济斯和路济斯(Luchins & Luchins, 1959)描述了如果主体事先被提醒,那么就可以避免由于重复使用一种单一的解决办法而引起的心理定式(又名 Einstellung)。然而,另外的一些研究却得出了不同的结论。在一项完成单词拼写的任务中,史密斯和丁德尔(Smith & Tindell, 1997)对由负启动引起的不随意心理阻塞做了大量实验。在见过负启动单词 ANALOGY 后,被试在解决单词碎片 A _ L _ _ GY 时就会有极大的困难。即使事先被告知这一否定信息将会妨碍他们解决单词拼写问题,这种阻塞也会发生。史密斯等人(Smith et al., 1993)、马希等人(Marsh et al., 1996)、沃德和希佛尼斯(Ward & Sifonis, 1997)也都证明不随意心理阻塞的存在,其研究表明当鼓励被试去给出一种和他们见到的实例大不一样的想法时,创造性思维产生过程中的顺从性是不会被削弱的。类似地,詹森和史密斯(Jansson & Smith, 1991)发现那些从事工程设计的学生,在事先被要求尽量避免使用他们见过的某一实例中的负面特征的情况下,在他们的创造性设计中仍然融入了那些负面特征。该领域的未来研究必须对不大可能避免心理阻塞的环境给予界定,也要对认识和克服问题解决和创造性思维中的不随意阻塞的研究方法加以界定。

概念组合

创造性过程的一些敏锐的观察者已经认定,先前分离的概念的合成与合并对人类的创造力至关重要(如 Baughman & Mumford, 1995; Koestler, 1964; Mobley、Doares & Mumford, 1992; Rothenberg, 1979),创造者自己也经常对在考虑新颖的概念组合时所固有的生成性力量做出评论(见 Donaldson, 1992; Freeman, 1993)。例如,通过将"不情愿接受虚幻世界的可能性"的概念和"麻风病患者"的概念合并。唐纳森发展了"托马斯·卡文纳特"(Thomas Covenant),异教徒(The Unbeliever)幻想系列的基础。他构造出一个人物,他不愿意去相信一个原本是快乐的虚幻世界这一明显的现实,因为他害怕放弃严格的自省程序,而这种自省程序曾帮助他避免一个麻风病患者在这个真实世界中所要遇到的各种严重的健康问题。

更通俗地讲,如果仅从产生或细化新的心智结构意义上来说,许多日常例子表明,生成和理解即使是十分简单的组合也可被看作是创造性的。以前,

“足球”(soccer)和“妈妈”(mom)是人们所熟知的两个分离的概念,而1996年的总统选举产生了“足球妈妈”(soccer moms),意即主要竞选对手都争夺其选票的人。有理由认为,在这个词产生之前,多数人都没有一个连贯的心理表征来描写选民中的这一亚群体,但是为了理解这一短语而发展出这个词。这么容易地形成新颖的心理表征足以证明概念组合的生成能力。后来,“足球妈妈”也导致了“政治击球”(political clout)这种属性的出现,而这种属性通常并不用来修饰单独的“足球”(soccer)或“妈妈”(moms)。这似乎再一次表明,如果概念组合是所共有的一个重要的深层的因果过程,那么,平常和超常形式的创造力可能是连续体上的两个端点。

与这些历史性和轶事性的叙述不同,以实验为导向的心理语言学家和认知心理学家已经仔细考察了理解概念组合所包含的各个基本过程(见Wisnieush, 1996、1997)。尽管这些研究大部分都是由与语言理解相关的问题而不是由创造力本身来激发的,但从中可得到一个明确结论,即属性常常出现在那些组成成分都不明显的组合概念中(Hampton, 1987; Murphy, 1988; Wilkenfeld, 1995)。新出现的属性是新奇性的来源,这就证实了概念组合可以促进创造性功能的推测,也强调了控制良好的实验室研究可以用来检验这种功能的事实。

人们已经发展了各种各样的模型来解释人如何理解概念组合(如Cohen & Murphy, 1984; Gagne & Shoben, 1997; Hampton, 1987; Murphy, 1988; Rips, 1995; Smith & Osherson, 1984; Thagard, 1997),而且,不断增加的经验性研究也证明了人们对这个课题的持续兴趣。在这里我们仅强调和创造性认知方法相一致的一些研究工作,这些工作严谨地考察了对创造性至关重要的一个过程的本质。

汉普顿(Hampton, 1997)分析了新的特征最有可能在什么组合中被观察到的情况,并且他指出了可能产生新属性的不同过程。他注意到,对于相对熟悉的联系,新的属性相对来说不常见,如“既是鸟又是宠物”,及已被发现的那些属性来自知识的提取，这些知识是关于已知联系的特定例子的。例如"说话"对于大多数宠物或鸟类来说并不真实，但是可以把它看成是它们的结合体——宠物鸟的一个重要属性。因为，人们在提取会说话的宠物鸟的熟悉例子时（例如鹦鹉），"说话"很有可能就从组合中突现出来。汉普顿因此总结说，几乎没有证据能证明人们所熟悉的这类组合中有创造性新意。

相反，新的属性常常出现在引起想象物的组合中。那些确实发生的创新通常以精细的问题解决和场景构建为基础。例如，当面对想象一种可作为家具的水果的任务时，被试引入了如"自我再生"（Regenerates itself）这样的属性。这种属性是作为对家具的耐久性和水果的易腐性之间的基本不相容性的一种解决办法而突现出来的。

汉普顿（Hampton, 1987）的属性继承模型（attribute inheritance model）提供了一种将这类精细的加工需要概念化的方法。该模型指出，一个合成词的任何一个成分所必需的任何属性都将为该合成词所继承，而任意成分都不可能具有的属性则不会被该合成词继承。因为家具应该是耐久的，而水果应该是易腐坏的，所以这些继承原则发生冲突，迫使理解者从超出单个概念范围的世俗知识的各个方面来推理，因此导致了突现。这一点证明的是，为说明基本认知功能而设计的模型，对于我们理解何时和如何观察创造性结果有重要的启示。

维尔肯菲尔德（Wilkenfeld, 1995）也从实验室研究中证实，概念组合能加深我们对创造性功能的理解。她试图检验这样一个命题，即差异更大的概念组合将比更相容的概念组合导致更具创造性的结果（见 Rotheaberg, 1979、1995）。维尔肯菲尔德要求被试对相似的概念组合（比如吉他竖琴）和不相似的概念组合（比如，摩托车地毯）提供两个不同的定义，并列出单独概念的和组合概念的属性。她发现，不相似的一对概念会产生较多的新意。但是，只是在第一个定义上才会如此。

维尔肯菲尔德用马克曼和简特纳（Markman & Gentner, 1993）的结构校正模型来解释以上结果。相似的一对概念有相容的结构,使得理解者较易合并它们,其结果是它们在原有概念之外的信息中很少能突现出来。不相似的一对则很不容易联合,并引起超出原有概念的探索的解决其结构中的冲突。对于相似的一对,最初容易的调整一旦耗尽,它们就会表现得更像不相似的一对,需要在原有元素概念的边界之外进行探索,以获得一个新的定义。就像汉普顿的分析一样,维尔肯菲尔德的研究揭示了,基于基本认知过程理论之上的实验室研究工作对创造力领域人们长期感兴趣的课题有很大的启示。

其他的最新研究也强调了在概念组合中概念的相似性是如何影响组合过程的。维斯尼斯基(Wisniewski, 1996、1997)已经鉴别出人们用来解释概念组合的 3 个策略: 即寻找某种关系去连接它们,将一个概念的属性构建到另一个概念中,将两个概念组成为一个混合体或混杂体。例如,臭鼬鸟可能是一种吃臭鼬的鸟,一种发出臭味的鸟或者若臭鼬和鸟能够交配繁殖而可能产生的某种新奇生物。维斯尼斯基指出,关系联结较常用于不相似的一对概念,而属性构造和混合法则更常用于相似概念构成的组合。

同时维斯尼斯基也明确指出,属性解释不是把属性简单地从一个概念复制到另一个概念。斑马钳可能带有漂亮的条纹,但是这些条纹不是对斑马条纹简单的复制。它们以任何需要的方式修改以便和我们所熟知的夹钳相容。因此,即便一个概念组合策略在表面上看没有创造性,它也显示了重要的生成属性。

最后,萨加德(Thagard, 1997)对概念组合在创造力中的作用做了一个以连贯性为基础的论述。这个模型使用了多重约束满足(muliple constraint satisfaction)的概念;每一组成成分都对组合的可能解释造成约束。认知系统寻找可以对所有约束给出最连贯的叙述的那个解释。如果可以找到的最连贯的解释仍不被认为足够连贯,那么其他能产生更富创造性的结果的过程就开始发挥作用。萨加德的重点在于评估最初几个候选解释的连贯性,因此,这是与生成探索模型所提出的看法一致了,即在产生前发明结构的生成过程和检验这些结构的可行性并根据需要去修改它们的探索过程之间有一种分裂。

创造性的想象

从历史性的论述和轶事性的论述中无疑可以看出，意象在创造性功能运作中扮演了一个重要的角色，而在创造性认知方面的研究已经对此重要现象提供了实验的证据。芬克(Finke, 1990)发展了一种新程序，能在实验室条件下探索创造性发明是如何产生的。在实验中，要求被试想象，从如图 10.7 所示的图形中随意选取 3 个，将其合并后可能得到的图形。他们的基本任务就是解释这些(合并后的)图形所代表的一个实物或设计。

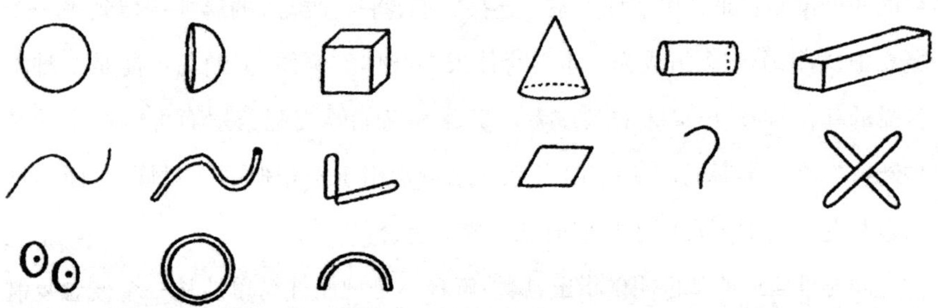

图 10.7　一组图形，从中随机选择三个以完成创造性意象任务

在一种条件下，被试预先随便选择解释性范畴。可允许的范畴包括：家具、个人物品、交通工具、科学器械、电器、工具和器具、武器、玩具和游戏。在第二种条件下，试验者提前限定范畴，并随机选给被试。在第三种条件下，解释性范畴也是随机选择的，但是，在被试已经构建了他们自己想象的图形之后才被指定。对被试最终的想象图形进行新颖性和实用性评估，并在评委协商同意的情况下将其分为创造性和非创造性两类。

结果发现，大量创造性发明是在被试完成其所想象图形以后再限定解释性范畴的情况下出现的，只有极小部分是被试随意在任何时间选择解释范畴的情况下发生。这表明，推迟寻找创造性的解释，直到在前发明结构已完成之后再这样做,可以提高人们的创造性。

显然,创新可以通过发展相对未被特定目标或任务的知识污染的前发明结构来培育。这说明除必须确保使一个想法的形式有明显价值功能的方法外,另一有价值的方法也许让该形式本身具有新的、潜在的有用功能(Getzels & Csikszentmihalyi, 1976; Perkin, 1981)。

以下两个图中显示了在这些实验中被列为创造性发明的一些物品的例子。图 10.8 展示的这个前发明结构被解释为"隐形眼镜摘除器"。它的使用方法是,把橡皮锥形体放在隐形眼镜上,盖住后面的孔,然后把它从眼睛前拿开。图 10.9 表示一个叫"万能拾物器"的发明,这个东西可以找回放到很难接触到地方的钥匙和其他物品。将线拉出球形壳,线就可以按照需要弯曲,捡到掉在某处的物品。

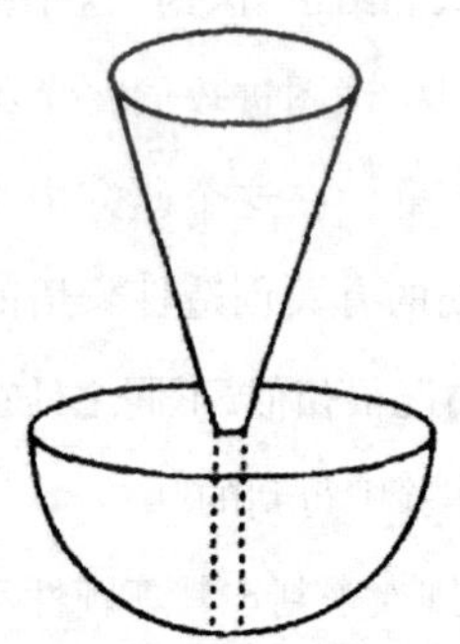

图 10.8 "隐形眼镜摘除器"

创造性心智合成的研究中所获得的一个创新性发明实例。它是由一个半球、锥形体和吸管构成。把橡皮锥形体放在隐形眼镜上,用手指盖住后面的吸管,将隐形眼镜从眼睛上拿下,然后松开盖住吸管的手指,隐形眼镜就可从锥形体上取下。来自芬克(Finke, 1990)。

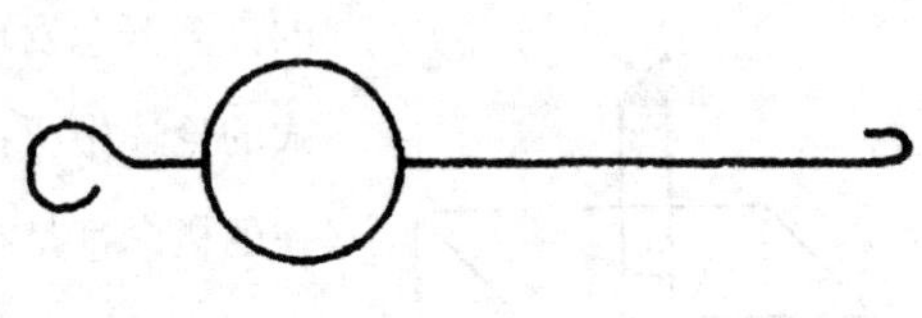

图 10.9 "万能拾物器"

创造性发明的另一个实例。由一个弯钩、一个圈和一段线组成。将线拉出球形壳,线就可以按需要弯曲,捡到掉在很难接触到的地方的物品,而同时钩必须结实,这样就可以用双手来引线。来自芬克(Finke, 1990)。

然而,值得注意的是,这些想法并未体现最终的实用发明,而应该被视为发明原型。在大部分情形下,为了能像预想的那样进行实际的工作,这些设计还需要进一步的加工和修改。

产生创造性发明的这些方法已经被拓展来检验前发明结构更抽象类型的解释(Finke, 1990)。指导被试在一个特定主题范畴内将他们的创新形式理解为抽象观念或概念表征,而不是具体物体或发明的表征。可允许的范畴包括:建筑学、物理学、天文学、生物学、药学、心理学、文学、音乐和政治科学。在被试生成了他们的概念形式以后,或者随机给他们一个范畴,或者允许他们自己选择一个范畴。最终按照新颖性和敏感性,对他们的生成概念进行评估,将之分为创新性和非创新性两类。

就创造性发明而言,当解释范畴被随机限定而不是自由选择时被试更可能发现一个创造性概念。运用意料之外的范畴显然鼓励了人们探索在前发明结构最初生成时没有得到考虑的其他可能性解释,由此促进创造性的发现。

在这些实验中获得的创造性概念的一个实例可见于图 10.10。这是"病毒抵消"的概念,这是一名被试在生成一个前发明形式和给了"医药"这个范畴后所发现的一个概念。这个结构所体现的基本观念是,试图进攻同一个细胞的两个病毒很有可能会彼此抵消,从而治疗或预防疾病。在这个研究中所获得的许多概念发现与早期的有关创造性顿悟的轶事式的论述中所报道的情况很相似,不同之处在于现在的概念都是在控制实验中得到的。

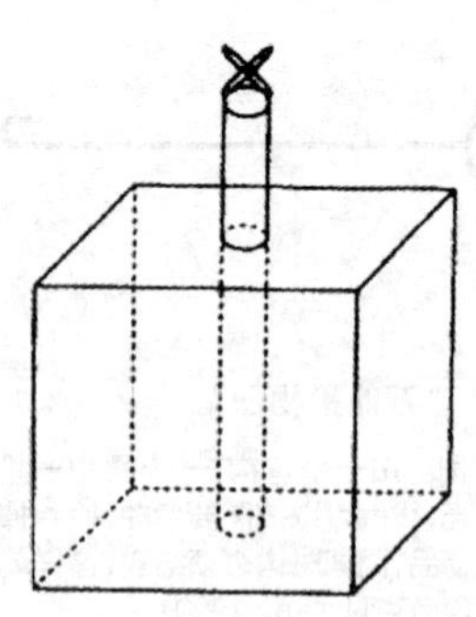

图 10.10 "病毒消除"(viral cancellation)概念

前发明结构的概念解释的一个例子。它由一个管、一个十字形和立方体体现。其观念是,试图进攻同一个细胞的两个病毒很有可能会彼此相互抵消,从而治好或预防疾病。来自芬克(Finke, 1990)。

当然,对一个要由别人来判定其新颖性和合理性的概念结构做解释,专家通常要比新手更擅长。例如,凯库勒(Kekule)著名的"蛇"形象对不懂化学的人并不意味着同样的意思。所以,尽管为了创新,在前发明结构生成时专业知识被搁置,但在随后对这些结构进行进一步研究的时候,专业知识当然还是有用的。

前面描述的这些研究只代表了创造性认知研究中已经做的和可以做的一小部分。最近的很多其他研究突出了创造性认知过程的其他方面,比如在隐喻理解中产生的种种新特性和范畴(Becker, in press; Glucksberg & Keysar, 1990; Tourangeau & Rips, 1991),在科学发现和创新中图表的作用(Cheng & Simon, 1995),在历史和当代的科学推理中远距离类比和近距离类比的重要性(Dunbar, 1997; Gentner et al., 1997)。这些和其他最近的研究表明,使用认知科学的一般方法来研究创造性思维是可能的。特别是,它们表明,在实验室条件下,人们使用认知科学传统领域内已经研究过的过程和结构,做出真正有创新性的发现。这些研究还指明如何将认知科学的许多传统理论应用于创造力,而且,从这些更富创造性的情境中得到的发现,可以对基本认知过程提出新的问题。

解决关于创造力本性的争议

关于创造性认知的研究也能帮助解决一些围绕创造力本性的经典争议。在这一节中,我们来考虑其中3个争议,以及在创造性认知研究中如何对待它们。

目标定向的创造力对探索性的创造力

在试图获得创造性思维时有清晰的目标或问题更好,还是先产生创造性思维,然后再考虑它的含义更好呢?一方面,有证据表明当人们专注于特定的问题时,其创造性的顿悟通常会有所提高(例如Bowers et al., 1990; Kaplan & Simon, 1990)。另一方面,也有证据表明当一个人采用更一般的、"找问题"的态度试图发现有趣的问题或可能性时,其创造力会提高(例如Bransford & stein, 1984; Getzels & Csikszentmihalyi, 1976)。

在创造性认知里,这显然不是一个非此即彼的问题。将特殊目标牢记于心的相对好处取决于许多因素,包括一个人是否已经生成了一个前发明结构、问题是否即将得到解决或者尚未完全成型、将要用来满足目标的知识是抽象的还是具体的。因此,创造性认知的研究将有助于识别在哪些情形下以目标为导向的研究方法会更成功,而又在哪些情形下更开放的、探索性的研究方法会更成功。

专业特定的创造力技能对普遍的创造力技能

究竟是存在能为人所掌握的一般创造力技能还是说创造力往往局限于特定的任务或专业呢?正如前面所提到的,有大量的证据表明,创造性表现与某一特定领域的专业知识联系在一起,这种专业知识使得这个人能够提取相关信息,能够识别什么时候一种新的想法可能有效或具有重要意义(如 Clement, 1989; Langley、Simon、Bradshaw & Zytkow, 1987; Perkins, 1981; Weisberg, 1986)。然而,有些人提出具有广泛意义的创造力技能。这种技能可以在许多类型的问题和情形中获取及应用(Finke, 1990、1995; Guilford, 1968; Koestler, 1964)。

创造性认知研究表明上述两种立场都是部分正确的。显然,要了解如何有效地探索开发和解释一个前发明结构取决于经验和专业知识。然而,正如创造性概念和发明的研究所表明的一样,某些广义的创造力技能很有可能存在。例如,同样的普遍性方法可以用来发现一种新型的器具,一种新型的交通工具,或一种医学新概念。当专业知识与普遍原理结合起来用于产生或探索前发明结构时它可能是最有用的。

结构化创造力和非结构化创造力

创造性顿悟通常是源于现存的认知结构和表征,还是任意碰到的呢?在这一问题上,创造力领域再次划分。一种观点认为,随机性在创造力中起着极大的作用,这导致思想上新颖的变化并使人可以偏离传统模式(例如 Bateson, 1979; Findlay & Lumsden, 1988; Johnson-Laird, 1988)。另一种观点则认为,创造性发现是系统性的、组织有序的,并以高度结构化的过程为基础(例如 Perkins, 1981; Ward, 1994; Weisberg, 1986)。

创造性认知的方法再一次清楚地说明这并不是一个非此即彼的问题。相反,创造性认知的方法允许人们去决定随机性和结构两者在创造性发现中各自所起的作用。对范例化生成和设计定势的研究表明,创造性想象力是一种高度结构化的活动,因此不是一个随意的过程,也不是仅仅来自观念的随机组合。然而,通过强迫人们放弃探索和解释前发明结构时所采用的常规方式,而随机选择成分或解释范畴却可以提高创造力。

结　　论

我们已经提出创造性认知代表了当代认知科学研究向创造性思维方向的一个自然延伸。在创造性认知中起关键作用的生成和探索过程在许多非创造性背景下已经被研究过,在更具创造性的情况下研究它们,可以对理解创造力的本质、其潜在的机制以及如何提高创造力有新的启示。

除了能帮助阐明创造性思维的本质以外,创造性认知也给传统的认知科学领域提出了经验性的新问题。举例来说,对创造性想象的研究提出了新的课题,这些课题可以在心理表象和问题解决中研究,比如前结构在表征图形信息或解决几何问题当中可能起作用。从创造性范例生成的研究中得到的发现对现在关于人们如何形成新的概念范畴的研究有很大的启示。设计定势的研究发现所提出的新问题,可以通过信息检索和干涉的传统方式来研究。因此,创造性认知的研究为认知科学的现行研究做了有用的贡献,反之亦然。

总之,我们的主要目的是要论证如何通过认知科学方法研究创造力,并且提出现在是接受创造力为该领域合法部分的时候了。正如行为主义有助于行为研究的合理化,认知心理学有助于心智研究的合理化一样,我们希望创造性认知能有助于创造性心智研究的合理化。

第11章　从个案研究到直接概括：创造力研究的一种方法

艾玛·普里卡斯特罗　霍华德·加德纳

社会科学的两种研究方法

社会科学的贡献建立在两种不同的基础上。第一个可以称之为“累积”法。在这种方法中，研究者从先前的理论家和研究者所做的最相关的科学工作出发，试图依据它们进行研究；与之相对比的研究方法可以称之为“现象”法。这种方法一般从最清晰的现象实例入手，试图在对现象彻底理解的基础上构建一种社会-科学的解释和研究规划。

智力研究提供了这两种研究方法的现成范例。在累积的研究方法中，研究者是以试图将智力可操作化开始的——典型的方式是通过标准化测验，然后他们要么把测量得到的智力与其他一些他们关心的变量（比如创造力或者工作上的成功）之间建立相关，要么以某种方式改变实际的测验。在现象方法中，研究者们从明确的智力行为的实例入手，然后设法从中得出社会-科学的原则。各种各样的实例，如维特海默（Wertheimer，1945）对于爱因斯坦思维过程的格式塔考察（Gestalt examination），以及德格鲁特（de Groot，1965）对于国际象棋棋手的认知研究，都反映了后一种方法。

这两种方法也已经同样体现在对创造力的研究中。虽然很早就有一些研究考察创造性思维和产品（Freud，1958；Ghiselin，1952；H. A. Murray，1938），但战后盖茨尔斯和杰克逊(Getzels & Jackson, 1962)、吉尔福特(Guilford, 1950)、托兰斯(Torrance, 1962)及其同事的工作才算持续的心理学研究的真正开始。该工作受到了智力测验的心理测量学传统的强烈影响,这种研究方法的基本观念是创造性思维包含着发散思维;对于一个给定刺激(例如几何图形,平常的物体,故事题目),如果一个人能在很短的一个时间段内产生许多相关的但并不常见的联想,那么这个人就被认为是有创造性的,而且研究者们认为这种能力至少在一定程度上独立于心理测量方面的智力。这种传统下的研究者接受了这个基本的操作化概念,并且试图在该基础上创建他们的研究领域。

虽然对智力的心理测量学研究方法通常被认为是心理学研究中最伟大的成功事例之一(Brown & Herrnstein, 1976),但对创造力的累积法研究却不能套用同样的说法。尽管这些测量都有足够的信度,但它们的效度却从未被充分接受,尤其是一旦超出了创造性产品的"鸡尾酒会"(cocktail party)的多样性时,情况更是如此。事实上,不仅得分很高的人并没有在被社会所赞赏的创造力方面有出色表现,而且测验所测得的"核心"能力似乎也与在对高创造力个体生活的研究中所发现的技能的长期发展和冒险态度(risk-taking stance)相去甚远。

因此,有越来越多的研究者采用现象法中的这种或那种方法。约翰-斯特纳(John-Steiner, 1985)研究了高创造性个体保存的记录;格鲁伯(Gruber, 1981、1982)研究了达尔文的科学笔记和皮亚杰的科学研究道路;安赫姆(Arnheim, 1962)阐述了毕加索在创作一部雄心勃勃的绘画作品时所付出的努力;奇可森特米海依(Csikszentmihalyi, 1996)研究了将近100位高创造性个体的后期生活。西蒙顿(Simonton, 1994)采用的策略则是利用更大的数据量,进行了许多历史测量学的研究:他试图通过审慎地收集得到公认的创造者的历史数据来回答长期存在的有关创造力的问题。

我们的工作介于现象法和累积法的惯例之间。像格鲁伯和安赫姆一样,我们从仔细研究高创造性个体的生活和工作着手。这些人包括艺术家（毕加索、T.S.艾略特、斯特拉文斯基、弗吉尼亚·伍尔夫）和科学家（弗洛伊德、爱因斯坦、诺曼·格施温德和卡尔顿·盖杜谢克）以及来自其他领域的人士（甘地）。但是在进行这些研究的过程中，我们一直在寻找原则（principles）、规范（norms）和规则性（regularities），这些又将我们推向历史测量法则的方向，这更像西蒙顿和其他研究者们如科洛伯（Kroeber, 1944）和马丁戴尔（Martindale, 1990）等人的研究方法。从这个意义上说，我们认为自己又趋近于累积研究的立场（Gardner, 1993a、1997a、1997b）。

接下来，我们将描述从明确的创造性现象入手进行研究的方法区别于心理测量学方法的四个主要特点。我们将创造性个体定义为在所从事的领域内其工作具有显著影响的人；相应地，创造性工作就是那些显著地影响该领域未来发展的工作。显然，我们受到了奇可森特米海依（1996；本卷 16 章）的“系统研究方法”（systems approach）的极大影响；不仅将创造力看成是个体心智的产物，而且是创造性个体和个体所从事的领域以及评价已完成工作的品质的裁判团之间的一种动态的相互作用。在描述了我们的总体研究方法之后，将引用我们在以现象为基础的研究中所得到的一些主要的规则性以及一些对照的情况。

基于现象的研究方法的特点

工作中的整体卷入

通过强调“整体”（holistic）一词，我们向创造力的“零星探索”（trivial pursuit）概念提出了挑战。创造性才能需要整体卷入这样一个过程，它非常复杂，对人具有非同寻常的意义，通常时间很长，并且要求很高。对于高创造性个体生活的研究表明,他们在自己的工作中投注了大量的时间和精力,倾向于完全潜心于,并着迷于他们的工作(Gardner, 1993a; Gruber, 1981)。这样的人在有意无意中就会以无论何时、无论去哪里都带着工作而著称。

想想爱因斯坦,他可以连续数小时甚至几天对于同一个问题进行研究,一些他感兴趣的题目甚至在他的头脑中维持长达数十年之久;他会利用音乐和划船来进行放松,但经常在这种时候他的思维还在继续;他通常在口袋里装着一个笔记本,一旦有任何想法他就会马上在笔记本上记下来。在相对论提出之后,有一次他向他的同事沃尔夫刚·泡利(Wolfgang Pauli)坦言:“在我的余生,我想思考光是什么。”(引自 Gardner, 1993a, p.103)

天才个体是在追求长期的、有意义的和受内部动机驱使的事业的情境中做出创造性工作的,这些事业要求全心投入。在另一方面,由于他们的使命感,个人的许多快乐和业余爱好他们都无暇顾及。例如爱因斯坦曾承认,要想成为他所希望成为的那种科学家,有许多东西都不得不放弃。他对他的朋友贝索(Besso)坦言,只有狂热才能产生科学发现。

斯托尔(Storr, 1988)则走得更远,他认为伟大的创造与正常的家庭生活两者是不相容的。他分析了康德、维特根斯坦和牛顿的例子,观察到他们都表现出“缺乏与其他人的亲密接触”(p.166)。斯托尔认为,如果这些创造者们有妻子和家庭,“他们的成就将是不可能的。因为要想达到更高的抽象程度,需要长期孤独而紧张的努力,而如果一个人受妻子和子女的情感需求支配的话,则很难做到这一点”(p.166)。同样的情形也发生在具有创造力的女性身上,比如玛莎·葛兰姆(Martha Graham):按她一个朋友的说法,“葛兰姆感觉她必须切断她生活中所有深沉的情感卷入、所有的依恋、所有的舒适,甚至所有的闲暇时刻,除此之外,还有对于家庭和孩子的爱。她把一切都给了工作,毫无保留,从不分心。她完全被工作迷住了”(Gardner, 1993a, p.300)。

诚然,爱因斯坦、弗洛伊德、甘地和毕加索等创造大师都是有妻子和孩子的,但是他们与家庭的关系确实存在一些问题。比如爱因斯坦,从生命早年就非常喜欢一个人独处，并不渴望他人的陪伴。这种对他人渴求的缺乏或许可以很好地解释为什么他的任何一次婚姻都不成功，而且他与两个儿子的关系也并不令人满意。爱因斯坦有一次回忆道，在解决问题的时候，“我孤独地生活在乡村，并且注意到单调的平静生活是如何激发创造性思维的”（Gardner, 1993a, p.103）。众所周知，甘地与他的妻子及孩子的关系都不好；我们也知道弗洛伊德经历过一些极其孤独的时期，尤其在他的重大突破之前。甘地和弗洛伊德在年轻的时候都单方面地决定放弃任何形式的性关系——显然是为了他们更重要的使命。

有一些性格外向的创造者，像毕加索，有许多社会关系和浪漫经历。但是如果你更近距离地看一下他们的私人生活就会发现，即使他们社交广泛，这些人倾向于与任何人都没有很深的交往。例如毕加索一生中有许多朋友和情人，但是他总是表现出一种以自我为中心的行为模式：在他愿意的时候，他可以非常可爱、亲切和慷慨，但同时他也随时准备着牺牲妨碍他工作的任何人，甚至每个人。所有这一切也经常表现出一种对于他人的傲慢漠视。

加德纳（Gardner, 1993a）观察到，他所研究的多数创造者都被他们所追求的工作使命所俘虏，以至于牺牲了他们作为全面的个人而存在的可能性。在加德纳看来，他们在进行一种交易，或者说是一种浮士德式（Faustian）的安排：为了换得他们超常天赋的保存，他们既要牺牲他人，也要牺牲自己与工作无关的活动。

在加德纳近年来研究的创造者样本之外，要断言这种浮士德式的交易是否可以作为一种普遍存在的模式还为时过早。不过我们可以大胆地宣称，这些创造大师对待工作都非常认真。这样的个体总是在持续面对大的挑战，对于这些挑战，他们不能肤浅地解决，而是需要深刻地集中精力和完全投入到待解决的问题中。他们似乎没有多余的精力深层次地卷入到他人或其他的活动中。

严肃的创造不是一个人在工作日朝九晚五的研究，也不是一个人能随意开启或关掉的东西。仍然存在的问题是对于那些在某种更有限的意义上来说也具有创造性的人,比如成功的企业家、创意的策划者和研发部门的发明者,这种整体模式(holistic pattern)的一些方面是否也适用以及在何种程度上适用。

完全可能,工作投入的量应当与手头任务的量是相称的,不需要极端专注的创造力的形式可能是有限的——以牺牲正常的社会交往为代价是重要创造力所必需的。

与具体领域的联系

我们知道,具有广泛而持久影响的创造性反应是与特定的专业相联系或相融合的,它包括各种技能、不同类型的知识和相当长时期的专业化训练(Gardner, 1993b)。专业(domain)一词在这里指的是:"学科化知识主体,受文化影响而建构起来的,可以经由创造活动而获得、练习和提高。"(Li & Gardner, 1993, p.4)这个定义包括了艺术、手工艺、科学和其他职业。

以专业为中心的分析对心理测量的观念,即认为创造力是某些个体具有的、与其先前经验或当前考虑的专业无关的观念,提出了挑战。研究表明,即使是创造大师,在他们取得重大突破之前,也需要在一个特殊文化专业接受相当长时期的专业化训练和实践练习(Bloom, 1985)。例如莫扎特,他在很小的时候就是一个天才儿童,但在能经常创作出得到大家公认的保留曲目之前,他也练习了至少十年的作曲。

关于创造才能和特定的专业知识之间关系的报道具有一致性(Amabile, 1996)。在一般的意义上,这种联系必定是成立的。在任何一个专业做出有价值的贡献,就意味着必须能洞悉这个专业内什么是重要的、什么是不重要的(知道是什么);还意味着能熟练地运用在某些特殊学科中可获得或可允许的工具和技术(知道如何做)。

另一方面,一些学者认为创造力是一系列与专门知识无关的、适用于各个专业的普遍特性(Torrance，1962)。这种观点有一定的道理：比如流畅性(fluency)、变通性(flexibility)和原创性(originality)等特点在各种不同的专业方面都与创新行为相联系。不过大量的创造性反应不是突然地凭空产生的。能做出这些创造性反应的个体一般也在这一专业或相关专业领域有高水平的专门知识。

诚然，创造力需要相当长时期的专业化训练：去掌握一个专业并达到一个成年专业人员所预期的技术精熟水平大约需要十年左右的时间。在入门之后，也许任何人都需要十年的经验才有可能做出极富创造性的成就(Gardner，1993a)。作为这种成就的例子，我们可以想到这样的作品，比如爱因斯坦的相对论、甘地的非暴力不抵抗的信念和实践、毕加索的《亚维侬的姑娘》、斯特拉文斯基的《春之祭》、艾略特的《荒原》和葛兰姆的《前线》。

不过还存在下面的问题：为什么特定专业的这种限制使一些专家产生了创造性的反应，而"同样的"特定专业的限制却使另外一些专家产生了虽然出色但非创造性的表现?

或许这是因为人们在认知风格上有个体差异，而认知风格会影响到我们信息解码、组织和检索的方式。这样，即使两个人是同一专业的专家，或许也会对主观结构的限制的不同方面做出反应。也可能是潜在的创造者会因挑战公认规范的经验而受到鼓舞，而一般专家则满足于追随公认的做法(Csikszentmihalyi，1990；Gardner，1997a；Sternberg & Lubart，1991)。

生成性认知风格

心理测量学家们认为发散性思维和观念的流畅性是区分创造性和非创造性人群的基本特征。然而，心理测量学家们对发散性思维和观念的流畅性的看法却无法区分想象和幻想、相关和无关材料以及情境中有效的联系和散漫的联系。

在我们看来,创造性才能包含一种生成性认知风格(generative cognitive style),它包括以下三个组成部分:(1)想象力;(2)与专业相关的感觉;(3)内省智力。想象力产生新颖性;与专业相关性的感觉导致高质量;而内省智力则检查在构建新奇而适当的表征过程中错觉和/或情绪的干扰。

想象。想象是一种游戏式的类比思维(analogical thinking)形式。类比思维的特征是把先前的经验以不寻常的方式结合起来,产生出有意义的新模式。相当多证据表明,对手边的任务用这种游戏式的研究方法能增加创造性结果产生的可能性(Amabile, 1983; Bruner、Jolly & Sylva, 1976)。显然,具有严格规则的逻辑思维没给自由游戏留下空间,而想象性思维却允许在情境限制下发生游戏式的联系,而这会导向产生出在该情境下有效的意义模式。

想象的重要性已经被很多人注意到了。例如,用爱因斯坦的话说:"提出新的问题、新的可能性,从新的角度考虑老问题,都需要想象力,并真正推动了科学的进步。"(Jay, 1989, p.40)自相矛盾的是,在西方的思想史上,"意义,可敬的意义,与人类的逻辑思维是相等同的,而人类的想象性思想,则与泛灵论的、非理性的、不合逻辑的、本能的、潜意识的和最终是危险的思想是相等同的"(E.L. Murray, 1986, p.235)。

在我们看来,问题在于许多学者把想象力当作幻想的同义词,这产生了没有根据的混淆。我们建议进行以下区分:想象力应该表示在情境上有效并能生产在功能上具有适应现实意义的模式①;幻想应该表示需要、冲突和愿望的主观表达。按照弗洛伊德学派的理解,在维持个体的内心平衡方面,幻想也具有适应性的功能。这里我们强调想象力产生潜在的创造性想法,而幻想则产生幻觉(illusion)。

与专业有关的见识。生成式认知风格的第二个组成成分是一种精确的专

① 在这一情境下,现实是指受个体的天赋、专业和大众影响的一系列情境性限制。这一定义泛指各种形式的现实,如科学的、艺术的、政治的或其他形式。

业见识；产生创造性想法的个体似乎有一种能区分什么重要、什么不重要的本领。

根据博登（Boden，1990）的观点，大多数的创造者都“比我们其余的人有更强的专业见识”。换句话说，他们似乎是“被强有力的与专业相关的原则所引领，通向一条很有前途而我们却看不到的道路”（p.254）。类似地，戴维逊和斯滕博格（Davidson & Sterndberg，1984）所研究的大科学家在从其他事情中筛选相关信息时的成绩优于一些能力差的同事。

自传中也有证据支持这个论断。例如数学家亨利·庞加莱（Henri Poincare）报告说：“缺乏想象力的组合甚至都不会在发明者的脑海中出现。”（1952，p.36）爱因斯坦也说：“在物理学中我很快就能察觉到那些会通向基本原理的事情，撇开其余的一切，撇开大量使头脑散乱的事物，并转向本质性的东西。”（引自Gardner，1993a，p.104）

内省。生成式认知风格的第三个成分是内省智力（intrapersonal intelligence；Gardner，1993a、1993b）；这种能力有助于一个人在认知和情绪过程中去辨别细微的差别，并将此作为理解和指引自己创造性行为的一种手段。

新想法的开始包含着大量内隐（implicit）的认知过程，具备创造性的个体必须能够以微妙的方式理解和处理这些过程。事实上，从其他相关联的模式——或许是内隐而误导的模式——中辨别出隐含的新思想的萌芽，需要一种微妙的内省能力。只有这种内省才会使一个人在可能产生丰富结果的想象和单纯的幻想、直觉的趋向和情绪性的反映、创造性的直觉和直觉的误解等等之间做出细微的区别。

一个人或许可以大胆地宣称，“这将得到非常好的结果”。不过，或许事实上这个人在表达一种错觉、一种愿望和/或一种感觉，而不是一种创造直觉；没有内省智力，他或她或许无法讲出其中的区别。也就是说，内省智力可以帮助我们区分我们自己内心的“疯子、爱人和诗人”，因为，正如莎士比亚所说的，他们可能看上去“都是想象的产儿”（of imagination all compact，《仲夏夜之梦》，

第五幕,第一场)。

总之,在解释创造性反应上,那种与高水平的专长相关的知识是必要的,但并不是充分的。有才能的个体还表现出生成性认知风格:具有丰富的想象力、精确的专业见识和良好的内省智力。在构建新奇但适当的表征过程中想象力产生原创性;专业见识导致高质量;而内省智力则检查错觉和/或情绪的干扰。

发展重点:宏观的和微观的

有两种发展对理解重大的创造性成就是重要的:宏观发展——事业网络的终生发展(Gardner, 1981)和微观发展——发生在做出特定创造性工作中的"从个人直觉到公共符号系统"的表征变化的发展序列(Gardner & Nemirovsky, 1991)。

宏观发展。重大成果的形成可能要用数十年的时间并需要广泛时间进程中的解释性概念。格鲁伯和他的同事们(Wallace & Gruber, 1989)在这方面做了卓有成效的研究,他们仔细地注意到生成性观念和各组观念在相当长的时期内演化和深化的方式。

在这些研究的基础上,华莱士和格鲁伯(Wallace & Gruber, 1990)提出,所有高层次的创造性工作都预设三个"演化系统":知识系统、目的系统和情感系统。虽然这些系统只是"松散结合",它们之间随时间而发生的相互作用却有助于理解一个多产的人的生命进程中创造性活动的盛衰。为了描述创造性个体在生活中的工作模式,格鲁伯和他的同事们采用了"事业网络"的组织概念。格鲁伯(1989)是这样描述的:

> 事业网络提供了一种结构来组织复杂的生活。从外部来看,一个人

在一天或一周中表现出的活动似乎是杂乱无章的。但是这个人并不是分不清目标或头脑糊涂的。他或她很容易指出每一项活动分别对应哪一项事业。(p.13)

在对达尔文的一项广泛研究中，以及在对其他科学家和艺术家的较小规模研究中，格鲁伯和他的同事们记录了他们在长时间段内的思想演化。在考察达尔文思想的长期发展时，格鲁伯注意到以下五个特征：(1) 专心于和重新回到一些重要的主题，比如人类、智力、唯物主义、变异和转化；(2) 达尔文所从事的事业网络复杂而广泛，这反映了他在数十年间对于众多不同主题的兴趣，如北极鹅、蚯蚓、地质岩层和情绪表达；(3) 大范围渗透在达尔文工作中的某些想象，比如大自然像错综复杂的银行，或者物种的多样性就像一棵有分杈的树；(4) 远大的目标激发并引导着他的日常活动和更大范围的计划；(5) 达尔文与他的计划之间热切的情感纽带，源于他小时候对所有自然事物的热爱(Gruber, 1981)。

微观发展。除了像这样的“演化系统”的宏观发展的本性以外，研究者们也区分出伟大的创造者在进行具体工作时遵循的一种微观发展序列。有才能的个体在他们热切地开始他们的创造性工作时，对最后的结果会是什么样的似乎有一种直观的感觉(Arnheim, 1962; Gardner & Nemirovsky, 1991; Gruber 1981; Holmes, 1985)；将这些最初的直觉发展成表达清晰的最终产品通常需要他们付出大量的时间和努力。这些创造性的直觉可以看作是代表知识从模糊的、融合的、内隐的形式向更分化的、完整的、明确的形式转变的发展序列中的早期步骤。

这样一种发展序列的相关例证，可见如毕加索创作《格尔尼卡》、达尔文自然法则理论的表述和康托尔对于绝对无限大的设想。以下我们将讨论达尔文和康托尔的例子。

格鲁伯(Gruber, 1981)对于达尔文的笔记本进行了详细的分析，发现在达尔文早期的文字中,似乎已隐含了一些与自然选择密切相关的想法。例如,达尔文说他对于自然选择原则的领悟来源于读马尔萨斯的《人口论》。但是据格鲁伯所言:“在他读马尔萨斯之前,这个想法在他的笔记中已经以各种形式出现过。”(p.118)虽然或许达尔文在读马尔萨斯之前没有将他的这些直觉整合成条理分明的表述,但从对他的笔记的顺序考察来看,这些观点与他思维的发展很有关系(Gruber, 1981)。

皮亚杰对于这种事实很感困惑:“即使对于像达尔文这样伟大的创造者”(引自格鲁伯,1981,p.Ⅷ),从内隐到外显的过程也是极其缓慢的。皮亚杰认为,这种迟滞意味着“使事情外显,会导致建构一个有部分新的结构,即使这种结构实际上包含在先前的那些结构之中”(p.ⅷ)。从普遍意义上说,达尔文与自然选择法则密切相关的一些想法在他的头脑中以直觉的方式呈现并表现在他的笔记中;但具体说来,他花费了大量的时间和努力才将这种隐含的知识变成一种充分分化和经过整合的理论结构。

加德纳和内米罗夫斯基(Gardner & Nemirovsky, 1991)对于西格蒙德·弗洛伊德(心理学家)和G.康托尔(数学家)的创造过程进行了详细的分析,讨论了两人相似的创造过程:对于想要探索的领域,他们都以个人的直觉开始,然后以清楚的符号化的(并且是公共的)表达结束。例如,加德纳和内米罗夫斯基(1991)将康托尔试图把他将绝对无穷大的初期直觉清晰化的复杂过程描述如下:

> 新直觉的构建绝不是线性的;他提出许多方向,其中一些是有希望的,其他方向则很快会被丢弃。对于直觉的不断清晰化(以定义、符号、陈述等等形式)使他可以展望新的探索区域,并且超越私人的领域,而走向更为公开发表的见解。当我们考虑其创造过程的三个阶段时就可以感受到康托尔在从直觉到严格的证明之间的过程中所感受到的精神紧张。这三个阶段是:构建局部一致性,设计并修订符号,形成新的主题。(p.6)

总之,在他们开始创造性工作的时候,创造大师们似乎对于他们最后的成果是什么样子会有一种直觉。但直觉并不是一切。像毕加索、达尔文、弗洛伊德和康托尔等创造大师们在直觉之后的认知过程都是极其复杂的。初期的直觉需要其他认知过程和长期不懈的工作才能成功地清晰化,最终形成有价值的成果。

创造大师们持续地致力于这种复杂的发展过程,而这个过程也在他们自始至终的努力中向前发展推进。这些大师们界定新的问题、设计原创性的产品或反应、发现未知的(或被忽略的)需要全新探索的问题。在这个领域能够看到最终的成果并认可它的创造性之前,还有很多问题需要去揭示。

创造力的模式

如果说人类心理学中有一个领域须慎防过早一般化,那么,这个领域就是创造力研究。创造性个体和创造性产品是由他们与众不同的本性所界定的;所以,由一些创造性个体或创造性背景归纳出的普遍结论很可能会被另一些基于现象的研究所推翻。

在我们的研究中,发现了创造力类型之间的一些毋庸置疑的差异,甚至在它们表现出一些明显的规律性的时候也是如此。现在让我们回顾一下这些试探性的发现。

创造性行为的种类

在我们刚开始研究的时候,参照前人的工作,我们预期所有的创造性行为都可以看成是某种类型的问题解决(Newell & Simon, 1972)。我们注意到盖茨尔斯和奇可森特米海依(Getzel, Csikszentmihalyi, 1976)的重要证明,可以通过他们发现和提出新问题的能力来区分创造者,也可以通过他们解决他人提出的问题的能力来区分。但是,我们发现,将创造性行为概括为五种形式是有益的。

第一种,一些创造者往往致力于解决问题,当问题重大而且还没有被解决的时候,这是高度创造性的任务。一个现代的例子是沃森和克里克发现DNA双螺旋结构;另一个例子是近期对费马大定理的证明。

第二种,一些创造者偏向于进行理论建构。如果创造者构造出一系列概念可以对现存的资料进行解释,并将这些资料组织起来,给他或她从事的领域带来新的阐述或指出新的方向,这种活动是非常有创造性的。比如爱因斯坦、弗洛伊德和达尔文的主要科学活动都伴随着理论建构的过程。

第三种,许多艺术家和发明家致力于创造某种用符号系统表达的永久作品。这个专业的行家可以检验、表演、展览和评价这些作品。典型情况是创造的时间与作品受人注意和得到评价的时间之间有一段距离。著名的例子包括艾略特的《荒原》、毕加索的《格尔尼卡》和贝多芬的《英雄交响曲》。

第四种创造性活动是仪式化作品的表演(performance of a ritualized work)。一些作品只有通过表演才能被人把握,在这里创造力主要存在于表演所展示的特殊风格。最典型的例子是玛莎·葛兰姆的一个舞蹈表演。虽然从原则上说这个舞蹈也可以由别人来表演,但事实上玛莎·葛兰姆能以独特而精彩的方式进行表演,这种表演才能中也有一种天赋的创造力。在表演艺术中,当符号不存在或者符号不能占据比表演更重要的地位时,表演就是作品。

第五种创造性活动涉及各种高风险行动(high-stake performance)。典型情况是,个体为了带来某些社会或政治上的变革而公开采取一系列行动。典型例子是甘地和他的追随者们所进行的抗议、绝食和非暴力对抗活动。与那种可以事先设计动作的仪式化的艺术表演不同,这种行动断然是“高风险”的,不可能在行动之前设计好细节,因为它在很大程度上取决于观众或战斗者的反应。其他的例子包括军事交战、体育竞赛和总统辩论等。

上述每一种创造力类型都与具体专业和学科有很强的（虽然不是唯一的）联系。可以发现科学家更经常进行问题解决和理论建构；而作家、画家、作曲家和发明家则经常致力于去创造永恒的作品；舞蹈家和演员投身于富于风格的表演；而政治领袖从事着高风险的活动。

是什么吸引着一定的创造者去进行一定形式的创造？这是一个复杂的问题，涉及气质、能力和人格等因素。例如精力旺盛的个体可能被一些创造性表演所吸引。如果一个人表现出某一类型的创造性行为，并不必然会在其他类型的活动中有同等的能力表现出创造性。

创造者的种类

正如可以有效地区分创造性行为一样，根据创造者在工作中的表现也可以将他们划分成几种不同的类型。这种划分有两个突出的维度：创造者在多大程度上接受现有的专业（与挑战专业的边界相比）以及创造者在多大程度上关心客体世界和代表客体及客体间关系的符号（与关注人的世界相比）。这两个轴产生四个领域，代表四种不同类型的创造者。

精通者（master），接受对于现有专业的描述，并试图将这种传统发扬到极至。典型的例子是莫扎特，莫扎特非常彻底地发挥了古典音乐时代的形式，以至唤起了（或者说可能是驱使了）一种浪漫主义的反应，这种浪漫主义在贝多芬、舒曼、肖邦和下一代的其他音乐创造者的作品中都有所体现。其他精通者包括像莎士比亚、亨利·詹姆斯和伦勃朗等艺术家。

制造者（maker），无论对当前专业掌握得如何，他的驱动力来自一种冲动，挑战现有的专业做法，并最终创造新专业或专业分支。像爱因斯坦、达尔文和弗洛伊德等科学家都被认为是最典型的制造者。在艺术领域，像斯特拉文斯基或斯克伯格、T.S.艾略特或詹姆斯·乔伊斯等人物都是传统的叛逆者,对于他们所从事的专业的通行做法提出挑战。

内省者(introspector)是指他或她的创造力表现在致力于探索自己的心灵。在20世纪的文艺家中,普鲁斯特和沃尔夫都是具有代表性的内省者。另一个来自社会科学领域、以其对于内省的创造而著称的人物是弗洛伊德。

影响者(influencer)也探索个人世界,但其创造力表现在对其他个体的影响上。政治领袖是典型的例子。我们时代有创造力的影响者有甘地、埃里诺·罗斯福和尼尔森·曼德拉。

当然,这四种类型都是理想的创造者类型。许多创造者体现了不止一种方式的创造力。这四个维度也可以彼此相互嵌套:这样,弗洛伊德是一个制造者,他的创新发生在个人领域;而莫扎特是一个精通者,他的创新集中于操纵音乐符号系统。

生活历程

我们对于创造性生活的研究发现了创造性个体的生平经历中有一些有趣的和意外的相似点——至少对于20世纪的那些人来说情况是这样的。我们从EC(典型的创造者,Exemplary Creator; Gardner, 1993a,第十章)的描绘中总结出这些规律性。这些有趣的特点包括:出生在离文化中心有些偏远的地区,常规的中产阶级式的童年,有严格、有规律的家庭制度;在青春期或青春期后迁移到一个大的文化中心;发现了其他有相似才能和雄心的年轻人;从有限的选择范围中选择了一个专业;愿意挑战权威,无论是直接挑战或者是通过创造与正统背道而驰的作品的方式;花费长达10年的时间致力于掌握一个专业;慢慢意识到这个专业的当前工作有根本性的缺陷;探索被认为是危险或生僻的领域;感觉孤立以及在取得突破时得到认知和情感支持的重要性。

即使在创造者取得突破之后，我们也可观察到某些可预测的模式。它们包括：大约间隔 10 年后取得突破；后来的突破倾向于更加综合和一体化，但不再那么突兀和反传统。创造者们注意到他们的工作的用途与自己的初衷不同，并且必须决定是否设法去改变这些不合理的用途。与这些创造者有联系的人经常要冒很大的受到个人伤害的风险，因为创造者极少为他人考虑很多。确实，当创造者上了年纪之后，他或她越来越把自己看成是与工作本身一体的。我们注意到，当除了工作之外其他都没有价值时，人就深深陷入了浮士德式的交易。

富有成效的不同步性：连续创造性生活的一个关键

我们所有人都与假设中的常规有一些偏差。坦率地说，我们中的许多人，都处在主流社会的边缘——因为我们的思维模式、我们的个性、我们出生时的偶然事件、发生在我们身上的事情、我们的家庭以及我们生活过程所在的各个社区。

很难下结论说，具备创造性的个体比我们普通人更偏离社会或处在更边缘的位置，因为对于偏离平均值的远近或不同类型的偏离，我们没有一致认可的测度方法。我们确实知道的是，有许多具备高创造性的个体在年少时失去了父母中的一方或双方（Goertzel & Goertzel，1962），并且在某些身心障碍（比如狂躁-抑郁症）和某些创造性行为（比如小说写作）之间有一些令人困惑的相关性（Jamison，1993）。但是，既然大多数孤儿和精神紊乱的个体都没有表现出突出的创造力，所以我们最多只能说，这样的条件在特定环境下或许对创造力是有贡献的。

在对高创造性个体的研究中能发现什么，这是一个不同却与之相关的现象。创造性个体突现出来不是由于他们与社会本身的“不同步性”，而是由于他们处理这些偏差的方式。面对“偏差”，创造性个体不是变得沮丧或转换到另一项工作，而是具有将差异变为优势的性格倾向。加德纳和沃尔夫(1988)把这些个体充分利用自己与常模间差异的能力，称为富有成效的不同步性。

在我们自己的个案研究中也有少数例子表现出这种特别的性质。比如弗洛伊德，一个来自较贫困家庭的犹太人，雄心勃勃地决心从事科学研究。当他发现自己不能成为世界级的研究者时，他转向了语言学和人际领域，并创造了一门新的被称为精神分析的准科学。爱因斯坦，一位在多个方面表现一般的学生，比其他科学家更突出的是他将数学和空间相结合的能力；这些成为他有关相对论发现的最重要的基础。维吉尼亚·沃尔夫作为一名女性在一个男性主导的社会中的地位，加上她的双性恋倾向，她实在是处在社会的边缘。但她将自己的内省和对于人际关系的极端敏感倾注在她的艺术作品之中。

事实上，高创造性个体至少在三个方面与其同辈有所不同。第一，他们倾向于极大地反思自己的目标、他们达到目标的成功经验以及在进展不顺利时学到的教训；第二，他们能够分析自己的优势和弱点，并能将自己的优势调整到最优的状态，他们不会执意滞留在自己不是很有天赋的领域；第三，他们显然对于打击或失败有一种特殊的承受能力，不是作为放弃的理由，而是当成取得更大成就的刺激和学习新教训的机会。欧洲经济共同体之父、法国经济学家让·莫奈(Jean Monnet)曾经宣称：“我将每一次失败都视作一个机会。”相似的措辞几乎在我们深入研究的每一位创造者的讲话或著述中都可以见到。

结　论

在被忽略多年之后，在经历了与心理测量学传统的一场相对短暂的，(在我们看来也)没有成效的罗曼史之后，近年来创造力的研究有了新的活力。这本《创造力手册》所提供的材料表明了“研究创造力的最好方法是什么”。在这一点上还远没有达成任何一致；从整个创造力研究的历史来看，我们当前的研究尚处于初期，在这一时期，各种研究途径和方法百花齐放或许有益于它的发展。

我们采用的是一种直接的现象研究方法。我们是从那些无可争议的、取得某种创造性成就的杰出个体入手。我们研究他们的生活和工作，试图发现其中的某种模式。这里的模式指的是这些人区别于其他个体，其他相似的个体，来自同一专业的个体以及在少数情况下区别于所有领域和创造性个体的模式。在这种心态下，我们希望最终在格鲁伯和安赫姆的事事都各自独立的观点到西蒙顿和马丁戴尔的事事都有联系的看法之间搭起一座桥梁：或许，在此传统中工作的我们和其他人最终能够为研究创造力的一种新的累积研究方法奠定基础。

我们得到的许多试探性的一般概括无疑需要修正甚至可能被推翻。即使是西蒙顿在大量数据的基础上所做的一般概括也未必能完全经得起挑战。但我们没有因为这样的挑战而气馁，相反，我们从创造大师们身上获得了灵感，我们发现有两点是令人振奋的：第一，如果为了解释我们研究结果中的系统误差而必须重做分析的话，这只会丰富我们的理解；第二，创造力科学应该不仅能解释各种模式，而且也能解释例外——解释那些异常的个体[例如与他人隔绝的牛顿，克服前所未有的无数障碍的玛丽·居里(Marie Curie)]。更好地理解这些异常实例，会对科学有特殊的启示，也对普通人有重要的教益。

第 12 章　创造力与知识：对理论的挑战[①]

罗伯特·W. 威斯伯格

在创造力研究方面的一个重要组成部分是有关各种支撑创造性思维机制的理论的发展。现代关于创造性思维的理论是由很多广为接受的不同观点发展起来的，从吉尔福特首倡的心理测量学理论（e. g. 1950；又见 Runco，1991），到由临床兴趣发展而来的各种理论（e. g. Eysenck，1993）。其他理论的发展则是出自格式塔心理学（e. g. Wertheimer，1982）、传统的联结主义实验心理学（e. g. Mednick，1962）、达尔文主义理论（e. g. Campbell，1960；Simonton，1988、1995），还有社会心理学的观点（e. g. Amabile，1983）、创造力的投资理论（e. g. Sternberg & Lubart，1995）及现代认知科学（e. g. Martindale，1995）。在本章中，我将运用以上理论审查一个重要论题：创造力中知识的作用。

尽管心理学家们提出的各种理论观点在表面看来是大不相同的，但是其中的很多观点（包括刚才引证的所有观点）都有一个关于知识与创造力关系的关键假设。既然创造性思维按其定义就是超出知识的，所以人们会隐含地或明白地假设知识与创造力之间存在有一种张力。知识可以提供基本元素，提供新思想的建造砖块，但为了这些建筑砖块可以利用，把旧观念粘在一起的石灰浆就不能太过牢固。因此，虽然人们普遍承认一个人如果想在某一领域弄出点新东西的话，他必须拥有该领域的知识，但人们同时也广泛地假定，太多

---

① 感谢罗伯特、斯滕博格和林哈什尔对本章初稿所提出的意见和建议。

的经验会使一个人陷入老套，从而他就不能超出固定模式的反应方式。因而，人们假设知识与创造力之间的关系像一个颠倒的“U”，拥有中等程度的知识与最高的创造力是一起发生的。

知识与创造力之间的关系存在着一种张力，这一概念在心理学界已有很长历史了。实际上，这种思想在广泛的背景中被人们频繁地提起，已经成为陈词滥调（Frensch & Sternberg, 1989）。但是，虽然这种“张力观”是现代理论中的主导观点，还是有人提出关于知识与创造力关系的另一种观点。许多研究者主张张力观的对立面，也就是说，知识是与创造力成正相关的。与“破旧立新”观点不同的是，该观点认为创造性思维是建立在知识基础上的（Bailin, 1988；Gruber, 1981；Hayes, 1989；Kulkami & Simon, 1988；Weisberg, 1986, 1999、1993、1995b）。这一观点被称为“基础”观点。

本章的目的在于讨论关于创造力与知识关系的这些互相矛盾的研究方法。本章将首先概括知识在创造力中的角色的张力观，并且要考察支持该观点的已有研究。然后，我将综述考察知识与创造力关系的研究。与这个问题相关的研究来自若干相关领域。考察该论题的一系列定量研究的集中在创造性领域的大师级工作发展的“十年规则”上（如 Hayes, 1989）。研究一致发现，富有创造力的人在他们首次接触这个领域之后仍然需要很长一段时间才能产出他们第一个重要的作品。这些研究至少间接地表明，一个人开展创造性工作的能力依赖于这个人在既定领域内深厚的知识基础。此外，大量定性的个案研究考察了在很多创造性领域内杰出个体的职业生涯发展（如 Csiksgentmihalyi, 1996；Gardner, 1993；Gruber, 1981）。这些研究都表明，一个人只有完全沉浸在他所选择的领域中，才有可能产生革新。

下一个问题是：在职业生涯发展的这么多年中，究竟发生了什么事？研究已证明，大量的刻意练习、长达数年积累有数千小时，在熟练掌握复杂技能的大师级水平方面所起的作用（如 Bloom, 1985；Ericsson、Krampe & Clemens, 1993）。此外，有证据表明，正在成为大师者们的练习达到了极致的水平。

从这一述评中得到的基本结论是：大量的专业知识对于创造性活动是一个先决条件。接受这些发现就要求我们改变对创造力与知识关系的认识。在本章的最后一节，我将讨论知识在创造性思维中的作用的其他观念。

知识与创造力之间的张力

在知识与创造力关系的一个早期讨论中，詹姆斯（James, 1880）描述"最高等级的心智"（the highest order of minds）的思维模式具有如下特征：

> 关于具体事物的想法，我们不能耐心地一个接一个地沿着习惯上建议的老路，我们只有最精密的抽象的分辨；要素间最闻所未闻的组合、最微妙的类比联想；一言以蔽之，我们似乎突然被抛入翻滚沸腾的观念的火炉中，其中，任何事都在一种令人迷惑的活动状态中，嘶嘶作响、上下翻滚；其间各种"伙伴关系"可以在某一瞬间建立或松弛，单调的例行程序是未知的，似乎不可预料才是唯一的法则。（p.456）

詹姆斯在此提出了几个重要的主张。首先，观念的"伙伴关系"可在某个瞬间建立或松弛，这表明任何既定的观念组合都与其他观念组合有相同的可能性。这就导致了下述结论，过去的特定经验并不影响各种组合的发生。从詹姆斯的表述可以得出一个类似的推论，这些"最高等级的心智"的思想过程带来了"闻所未闻"的组合，也许这种闻所未闻，既是对思考者而言，也是对听众而言的。这又是在主张，创造性思想是独立于知识的。与此相似的是，詹姆斯所认为的"单调的例行程序是未知的"这一评论则指出这种思想是独立于普通知识的。在后来的著作中，詹姆斯（James, 1908）进一步推进这一推理，并明确强调习惯对思想的负面影响：

> 习惯的力量、传统的控制，把我们控制在平庸层面上；我们意识不到我们被束缚，因为束缚是不可见的，它们的限制发生在意识水平之下。它们是集体的价值标准、行为的密码、内置有公理的矩阵，这些公理决定了游戏规则，使得我们中的大多数人在多数时间里都在习惯的沟槽中奔跑——把我们归结为技巧熟练的自动机的地位，而这正是行为主义所宣布的人的唯一状态。(p.64)

就知识在创造性思维中扮演何种角色而言，詹姆斯的观点可算是一个相对极端的主张。他说，知识与真正的创造力关系非常松散，并可能对创造力有害。

格式塔心理学家主张类似的立场(如 Scheerer, 1963; Wertheimer, 1983; 进一步的讨论见 Weisberg, 1995a)。他们提出再生性思想(reproductive thought)与原创性思想(productive thought)之间众所周知的区别。再生性思想依靠再生先前成功的行为，这种思想停留在旧有思维习惯中，在要求有真正新颖的东西时它便无能为力。而原创性思维是洞察力和思维的真正新颖性的基础。对于富有创造力或洞察力的思考者来说，重要的是如何在一般性的水平上运用过去的经验，而同时仍然能够用它自己的形式来处理每一个新的问题情形。以这种方式，一个人就不会固守原来的想法不放，也就是说，落入过去的陷阱，试图把特定的知识应用到原来不相关的情形中去(Scheerar, 1963; Wertheimer, 1982)。这样的行为可以归结为詹姆斯(James, 1908)所指的"技巧熟练的自动机"。

吉尔福特(Guilford, 1950)在他对创造性思维的先锋性分析中强调"发散性"思维在新观念发展中的作用。这种思维模式能够使思考者通过打破或偏离根深蒂固的观念来产生新观念。德波诺(de Bono, 1968)作为几乎是最有名的创造力培训的实业顾问，也说出同样的观点："在一个领域中的太多经验可能会限制创造力，因为你太知道事情应该怎么做，以至于你不能摆脱它去想新点子。"(p.228)

在创造力的讨论中,科斯特勒(Koestler, 1964)有一句常被引用的话也强调了打破知识习惯的束缚对创造性思维的必要性:

> 因此习惯是第二天性的……在成年人的生活中随时随地显现它的重要性;那时,由训练所习得的习惯抑止或扼杀了大多数原本存在的自然冲动的趋势。我们的活动,99%,或 999‰,都纯粹是自动的、习惯性的。(p.363)

在讨论什么情境有利于增加培育有创造性思维的儿童的机会时,阿马拜尔(Amabile, 1989, pp.48~49)曾这样概括她在创造力方面的观点。她提出在创造性高的成人和儿童身上经常观察到以下思维风格:(1) 突破定势,也就是说,突破你对某些事情的旧有思维模式;(2) 打破照本宣科,这大致是同一回事;(3) 以新鲜的方式来感觉世界,也就是说,改变你的旧有方式。

许多研究者已经明确陈述这样的信念:要求创造性思维的那些情况很新颖,以至于一个人过去的经验如果不做大幅修改就不能适用于这些情况。另一种表达同样观点的方法是,“真正的”创造性思维产生的结果如此新颖,以至于它们与先前发生的事物是不相关的。例如,郝斯曼(Hausman, 1984)声称,在创造性产品和过去之间有一种断裂:创造性所固有的新颖性意味着创造性产品不可能从先前所知事物的角度来掌握或分析。与此有关的,他还假定,创造性产品一定是独立于创造者的知识或过去经验而得到发展的:

> 一个被创造的物体展示了一种复杂的结构,这种结构新颖、没有先例,也出乎预料。它看来不能由它的先行者和既存的知识来解释,因而它也与它的过去没有联系。在这种意义上,它是出现在不连续之中的。(p.9)

坎贝尔(Campbell, 1960)在一篇有影响力的论文中指出类似的要点,该论文提出了一种从达尔文主义来看创造性思维的观点。这样一个观点假设，像给自然选择提供原材料的突变一样，创造性观念是一个“盲目”过程的结果。依坎贝尔之见，这是造成知识上的真正进步所必需的：

> 在一个现代实验物理学家和某个病毒类型的祖先之间，已经获得了很多关于环境的知识。……这表明从既有智慧的界限出发反复出现种种“突破”，因为如果这样的扩展只代表聪明的预料，则他们一定已经利用了已掌握的全部或部分知识。而实际上，真正的收获一定是探索未知的产物，这种探索超出预见和预知的限制，在这个意义上是盲目的。在真正有收获的例子中，成功的探索与那些失败了的探索一样，在最初的阶段都是盲目的。(pp.380～381)

西蒙顿(Simonton, 1995)提出类似的观点，他采用坎贝尔的基本观点，并把它细化成一个广泛涉及创造性发展和创造性过程的理论：

> 对于让历史上的创造者名传后世的那些难题，似乎有无数的可能性，获得解决的几率几乎毫无希望。在这一点上，问题解决变得更像一个随机过程，因为自由联想的程序必须发挥作用。只有依靠这种不强调训练的资源，创造者才能够具有真正深刻的洞察力。(pp.472～473)

我们在此看到，人们一致同意，创造性思维需要超出知识的各种边界，这样才能产生真正的进展。这之所以被看作是真正创造力所必需的，是因为必须假设环境的变化需要它。我现在选择一些研究作简要的考察，这些研究是为张力观提供支持的，我的考察将表明，研究者是如何研究这些相关论题的。我们已经指出，教育与创造性成就之间是曲线相关的，张力观所假设的也正是如此；同时我们也已经指出，过去的经验会妨碍个体对新颖情形的有效适应。

也就是说,运用一个人过去的经验,会在新的情形中导致负迁移。

教育与创造力之间的 U 形关系

西蒙顿(Simonton, 1984, chap.4)曾分析过杰出的创造性成果与正规教育水平之间的关系。他考察了出生于 1450~1850 年之间的 300 多位杰出人士的生活,有一项关于天才起源的研究中曾提到过这些人。这一研究中还包括达芬奇、伽利略、莫扎特、伦勃朗和贝多芬。西蒙顿明确了每个人达到的正规教育水平,也对每个人所达到的杰出水平打分。根据一种档案测量:在若干标准化的参考作品中,关于某个体的作品可占的量。

当把杰出性作为教育水平的函数时,我们会发现它们呈曲线关系——颠倒的 U 型,杰出水平的顶点发生在中间阶段,也就是本科训练。较短时间的训练或更长时间的训练(包括博士后训练)则与较低水准的杰出水平相联系。因而,人们可以认为,知识水平高于一定程度(假设这些知识是由研究生训练得来的),将给创造力带来负效应。

已有经验与负迁移

路金斯夫妇关于问题解决定势的著名研究(如 Luchins & Luchins, 1959)已表明:当一个人用某种特殊的方法成功解决了某问题时,在(其他的)问题解决情境中表现的效率(可能)会很差。有时,参加实验的被试面对新问题如此盲目而固执地沿用先前成功的解决方法,对更简单的解决方法则视而不见。虽然富有经验的人解决不了新问题,但新手可以毫无困难地解决它。因而,已有的成功使很多知识丰富的人陷入习惯性的思维模式的陷阱,当世界变化时,原先成功的解决方法不能奏效，他们就不能够适应新的世界。

近来弗伦奇和斯滕博格（e. g. Frensch & Sternberg, 1989）推进了这一论点，他们指出，桥牌专家比新手更难适应游戏规则的改变。弗伦奇和斯滕博格定义了两种类型的改变。表层的改变，包括名称和叫牌顺序的改变；深层或概念上的改变，包括让上一局的输家（而不是赢家）去主导下一局。测量显示，两类改变给新手与专家都带来了变化。专家受深层改变的影响更大，比新手需要更多时间适应。由上述情况可知，知识使思维更难灵活地适应周围环境的改变。从这个研究和路金斯夫妇（Luchins & Luchins, 1959）的研究都可以看出，专家如果不具备那么多专业知识，将更容易摆脱原先的束缚。

结　论

上述简短的讨论主要是为了介绍张力观和支持张力观的研究。下一节将更直接地讨论知识和创造力之间的关系问题，将考察两组相关研究。第一组研究是在不同领域内对于得到公认的专家考察其职业生涯的发展，研究发现，在一个人做出重要贡献之前需要长时间的训练（即十年规则）。第二组研究提出证据证明，训练的大部分时间被用来使训练的技能内化；只有通过多年广泛的刻意练习才能够达到精通的水平。而且，证据还显示，在能力上达到精通水平的人比中等熟练水平的人在练习时更接近人的极限，正如张力观所预期的那样。

在创造性领域中精通水平的成绩的发展：十年规则

黑耶斯（Hayes, 1989）研究了他所谓的“准备”在创造性生产中的作用。

黑耶斯研究的基本问题是要达到精通水平的表现需要多少时间。他考察了在要求创造性思维的若干领域的职业生涯发展,例如音乐作曲、绘画和诗歌。其结果具有跨领域的一致性,显示出即使是引人注目的“天才”,在他声名远扬的作品问世之前,也需要多年的准备。

作曲家

为了考察在音乐领域作曲技能的发展,黑耶斯考察了列于标准参考作品(Schoenberg, 1970)中的76位作曲家的生平,这样就有足够的信息确定他们是何时开始学习音乐的。黑耶斯计算出每位作曲家开始作曲的时间(即最初接受音乐教育的时间)到个人第一部“杰出的”作品或“大师之作”产生的时间跨度。在界定这样一部作品时,黑耶斯使用了“档案”测量法:现存作品记录的数量。

根据这个标准,黑耶斯确定了500多部著名作品,这些都是他取样的作曲家们在其职业生涯创作的作品。这些作品中只有3部是在作曲家开始作曲的前10年中完成的,且都是在第8年和第9年完成的。黑耶斯认为,作曲家的职业生涯中第一部杰作的问世通常在“十年沉默期”结束时;从最初杰作的问世,到其作曲生涯的15~25年间,杰出作品的数量有一个飞速的增长。然后,在作曲生涯的25~49年间是稳定的创造期;最后则逐步下降。

作为广泛存在的这种职业生涯的一般性例子,我们可以考察莫扎特的职业生涯,在所有作曲家中,他可以被认为是最早慧并且无疑也是最多产者之一。莫扎特创作于1777年的首部杰作是第9号钢琴协奏曲(Piano Concerto No.9, k.271),是他那种风格中的第12部作品,创作于其作曲生涯的第一个十年之后。因而,虽然莫扎特的作曲生涯开始得很早,但在他的成名之作问世以前仍需要大量的时间。

画家

黑耶斯对于画家的职业生涯发展作了类似的分析。他研究了 131 位画家的传记,以便确定每个人开始绘画的时间。然后他也确定了首部杰作问世的时间。在这项研究中,杰出作品被定义为至少在一本标准的绘画历史书中被复制过的那些作品。画家的职业生涯发展显示了与音乐家相同的模式。最初的 6 年被黑耶斯称为无创造力时期,它随着第一部杰作的出现而结束。紧跟这段时期的下一个 6 年,是杰作数量的快速增长期;然后创作水平稳定地保持约 25 年,随后逐步下降。

这里再次显示,即便是最早慧、最多产如毕加索的画家,也可以用这种函数关系描绘,他在画家父亲的教导下开始作画时刚刚 9 岁,首幅杰作创作于 15 岁。毕加索声称,他开始画画时像拉斐尔的风格,但实际情况似乎并非如此(Pariser, 1987; Richardson, 1991)。帕里塞考察了青少年时代的毕加索、保尔·科勒(Paul Klee)和图鲁斯-劳特莱克(Toulouse-Lautrac)的作品,得出结论说,所有这 3 位艺术家都经历了一种发展次序——首先学会用铅笔画画和用颜料绘画。他们必须面对并战胜如何用画笔表现事物——这个问题是所有儿童都要经历的,此后,他们才能将物体精确地表现在帆布或者画纸上。有证据表明这些艺术家处理这些问题的方式,与较少天分的儿童一样,虽然也许在步伐上更快一点。

诗人

威斯博(Wishbow, 1988;引用可见 Hayes, 1989)对 66 名杰出诗人的生平进行了研究。杰出诗歌是指曾被一部重要诗集收入的作品。我们又一次发现职业生涯发展的相同模式:在诗人创造生涯开始的前 5 年中,没有杰出的诗歌作品。而且,所考察的66位诗人,其中有55位都需要十年时间才有第一部杰出的作品问世。

结论

继彻斯与西蒙(Chase & Simon, 1973)之后,黑耶斯(Hayes, 1989)提出,准备,也就是沉浸在一门学科中,是创造性成果所必需的。作曲家、画家、诗人,像彻斯和西蒙所研究的国际象棋大师一样,都需要一段重要的时期去获取足够的知识和技能,以使在他们的领域达到世界级的水平。应该注意的是,在一个特定的专业,发展到有能力产生著名的创造性作品需要的时间量,在这一点上,不能说得更具体了。所有能够说的就是,这要包含很长的一段时间,远远超过简单了解该专业基本知识所花的时间。当然,"十年规则"的标签是有一点误差的,因为我们已经看到在黑耶斯的研究中不同专业是有差异的。

此外,关于为什么不同专业所要求的平均时间有不同,以及为什么不同人需要不一样长的时间来创作其首部杰作,(十年规则)也很少能够说明白。个体差异可能是天赋不同,即在既定专业的能力不同(Gardner, 1993)。布鲁姆(Bloom, 1985)和费尔德曼(如Feldman, 1986)也讨论了包括家庭因素在内的一些社会因素,该因素可决定个体是否可以在各自专业取得高水平的成就(又见Csikszentrnihalyi, 1996)。在这点上,所能引出的唯一结论就是:在某个领域中要想取得引人注目的成就,长时间的全身心投入虽然不是充分条件却是必要条件。

尽管有上述疏漏之处,但黑耶斯的研究结果还是在几个方面给人留下了深刻印象。首先,在学科内及跨学科研究中发现的结果具有相当显著的一致性。在每一领域内,分析中包括了完全不同的历史时期的杰出人士,发现了同样的长期发展模式。而且,在像绘画和诗歌这样不同的领域都有这种相同的模式。其他研究者也报告了类似的发现。在一个关于创造性成就的开创性个案研究中，格鲁伯（Gruber, 1981）考察了达尔文理论的发展，即通过自然选择而进化的理论。虽然对格鲁伯的煞费苦心的深入分析，在此我们说不上公道话，但达尔文的发展的总体模式支持了在一个领域深度专心的必要性。

布鲁姆及其同事（Bloom, 1985）对不同专业内（如雕刻、数学、网球）达到世界级水平的杰出人士进行了访谈研究，结果也支持“十年规则”。同样，加德纳（Gardner, 1993）展示了对各领域杰出个体的研究，7 个假设的智力范围，每个范围到举一个人：阿尔伯特·爱因斯坦（逻辑-数学智能）；巴勃罗·毕加索（视觉-空间智能）；斯特拉文斯基（音乐智能）；马莎·格雷厄姆（身体-运动智能）；穆罕默德·甘地（人际关系智能）；西格蒙德·弗洛伊德（自我认识智能）；T.S.艾略特（语言智能）。该研究的主要结论是：在每个人职业生涯的发展中，需要很长时间的全身心投入才能创作出个人的首部重要作品。也就是说，这些杰出人士的职业生涯是“十年规则”极好的例证。此外，他们每个人都创作了不止一部重要作品，如，毕加索 1907 年的作品《阿维侬的姑娘》（*Les demoiselles d'Avignon*）和 1937 年的作品《格尔尼卡》（*Guernica*）。加德纳做出的结论是，“十年规则”对每一部杰作都适用。也就是说，在每部杰作之间也需要间隔很长时期。

“沉寂”岁月：练习，练习，再练习

“十年规则”的研究未能回答的一个重要问题是：在这些发展的年月中，究竟发生了什么？正如我们已经看到的，黑耶斯（Hayes, 1989）称个人的重要作品诞生之前的那段时间为“沉寂的”或“无创造力的”时期，但必须指出，在那些年中确实发生了很多事。由于没有杰作产生，在“沉寂期”所做的事并不能给个人名望带来直接的、积极的结果，然而这些事极其重要，因为正是它们，为个体后来创作杰作奠定了坚实的基础。

人们可能推测：当人们处于沉寂期时会完全沉浸在学科之中,但黑耶斯的研究结果却没有为此提供直接的证据。加德纳(Gardner, 1993)和格鲁伯(Gruber, 1981)对传记的研究为这样一种沉浸提供了定量的证据。后面将简要提到的布鲁姆及其同事做的访谈研究(Bloom, 1985)也支持这一结论。关于沉寂期内发生的事,有些定性信息可从埃里克森及其同事最近的研究中得到(如 Ericsson & Charness, 1994; Ericsson、Krampe & Clemens, 1993),他们考查了“刻意练习”(deliberate practice)在纯熟技能的发展中所扮演的角色。

刻意练习与精熟表现的发展

“刻意练习”由一系列活动组成,这些活动是专门为提高某些方面技能的成绩而设计的(Ericsson et al., 1993)。这些活动包括：结构化方法的应用(而不是随意的工作);参与导师的工作(虽然不会参加每个环节的练习);给学生反馈;不断给学生机会去留意情形中以及他/她的表演中的关键方面。也就是说,学生可以在导师的眼皮底下一再地练习那些需要提高的技能,然后才能进一步独立工作。

刻意练习和其他两种形式的活动即玩和工作形成对比。玩,当然就是为了玩本身进行的活动。很多人报告说,在童年时代他们把一些事当作玩,但后来他们把“玩”转为“练习”,因为他们觉得那件事可能会成为自己的事业,从而变得严肃起来。玩并不具有刻意练习的结构,因而不能带来全面系统的提高。工作,则包含了成绩或竞争,是为了外在的奖赏而做的事。人们期望工作者能竭尽全力达到他/她的最佳水平,因而工作通常不会提供刻意练习的机会,因为技能中有问题的各方面不能够被分离出来加以重复。实际上,技能中的这些问题的方面可能在这样的时候还被主动地回避了。

按埃里克森的观点,任何技能,一个人能达到的表演水平是无止境的(Ericsson et al., 1993;又见 Bloom, 1985)。一些宽泛的限制是由遗传因素决定的，但若一个人能够进行这项活动，则通过足够的刻意练习，他/她可以达到成绩的最高水平。然而，这些练习必须坚持很多年，并且需要这个想有所成就的人有大量的资源，并且有支持他/她的群体（通常是家庭；见 Bloom，1985；Feldman，1986），这些资源包括时间、精力以及老师的指点。对学习者而言，刻意练习需要非常努力，因为他/她为了使练习有效，必须全神贯注。因而，这就限制了练习的长度，刻意练习每天只能在有限的时间内进行。为了使练习的进度得以保证，学习者必须能够在下一个练习开始之前从上一个高强度练习中恢复过来。对 1~8 个小时不同时间长度的练习效果的研究，发现时间长度在 2~4 个小时的练习提高的效果最好（Ericsson et al.，1993，p.370），因此，音乐教师们建议缩短每次的练习时间，中间要休息。

为了检验在纯熟技能的发展方面刻意练习起了什么作用，埃里克森等（Ericsson et al.，1993）研究了不同水平的音乐家，并评定了他们的练习数量及参加其他活动的数量。样本的组成是 3 组杰出的职业小提琴家和 3 组在著名音乐学校中学习小提琴的学生。杰出小提琴家的界定是在两个世界一流的交响乐团之一拉小提琴的成员。为了得到小提琴演奏水平不同的学生，埃里克森等人使用了间接的评判标准：他要求音乐学校的教授们挑出那些最有可能在国际舞台上成为独奏家的学生，同时要从同一个系里提名“优秀”的小提琴演奏者。最后，还要确认一组准备从事音乐教育的学生，假定这些学生的水平比前两组学生略低些。

对职业小提琴家和 3 组学习小提琴的学生进行访谈，内容包括他们从事的音乐活动和其他活动，并要求 3 组学生记录自己一周活动的日记。访谈包括对不同活动与职业的相关程度进行排序、陈述从事这些活动所付出的努力以及他们从事这些活动的愉悦程度。在排序时，小提琴家认为在所有与音乐有关的活动中“刻意练习”是与职业最相关的。而且也要付出高度努力，但却不令人愉悦。与刻意练习相比，“与其他人玩”被评定为最愉悦、不需努力但也是与职业不太相关的。这些结果支持了埃里克森等人的假设构想：他假定，刻意练习是发展技巧中最重要的，但以付出巨大努力为代价。该研究还发现，越是杰出的小提琴家练琴的时间越多，同时睡眠时间也越多。这个结果支持了这样一种观点，即刻意练习需消耗巨大的精力，而必须要求有足够的睡眠使人从高强度练习的消耗中恢复过来。

在访谈基础上，埃里克森等人确定，出色的小提琴家都是那些很早开始学习小提琴并在职业生涯中长年坚持练习的人。访谈加上个人日记可以评估这些小提琴演奏者从学琴开始到20岁期间练习的量。在这一点上，不同组之间确实有差异：最出色的小提琴手每人都已积累了超过1万个小时的练习，与之相比的是"优秀"的小提琴手大约练习8 000个小时，而音乐教师则只练习4 000个小时。

此外，根据最优秀的小提琴手的练琴时间及额外的睡眠时间的信息，埃里克森等人得出结论：最优秀的小提琴手的练琴强度已接近他们所能忍受的最大极限。另一个关于高水平钢琴家的研究也支持了从小提琴演奏家的研究中得出的这些结论。此外，被埃里克森等人引证的研究（如对作家的研究）也表明，一个人刻意练习的承受能力是有限的，而那些取得最高成就的人在这方面已接近了他们的极限。

这个结果乃是一个标志，表明"过多的练习"似乎并不会阻碍一个人获得成就。在埃里克森等人研究的多个专业中，练习与成就之间的关系似乎是练习的一个线性递增函数，而并非张力观点所假设的倒置的"U"型关系。本结论与西蒙顿（Simonton, 1984年）关于教育与创造性成就关系的研究之间的矛盾将在下文中考察。

从布鲁姆及其同事（Bloom, 1985）的访谈研究中也可得到相同的结论。他们访谈了在某个领域曾取得过高水平成就的20多人，包括运动员（世界范围内排在前十名的网球选手和奥运会游泳选手）、音乐家（钢琴独奏音乐会获奖者）、艺术家（赢得奖项的雕塑家）、科学家（在早年职业生涯发展中被认为极出色的神经学专家和数学家）。在所有这些领域，多年的悉心钻研加上得到包括父母与导师在内的人际网络的强力支持,可预示杰出成就的取得。此外,虽然所调查的领域有些可能更明显地需要创造力(如雕塑、神经学、数学比网球、游泳、弹钢琴似乎更需要创造力),但需多年准备的模式,既可见于后者,也可见于前者。

对创造力的质疑

有人可能会反对说,对刻意练习的研究与创造力的研究是无关的,因为像音乐表演与体育运动这样的领域可能只需要极少的创造力。然而,正如刚才指出的,布鲁姆及其同事(Bloom & coworkers, 1985)所调查的几个领域(雕刻、神经学、数学),即使只是在定性水平上,也不容置疑地包含了创造力。而且,我们可以主张,事实上音乐表演与体育运动也包含创造力。那些最高水平的乐器演奏家,之所以被挑选进行独奏演出,正是由于他们对所演奏的作品有个性化的阐释。也就是说,他们能够把情感传达给听众。

这种情感的传达或许表明,演奏者所学到的东西不只是一系列经过出色预演的一成不变的乐章,因为并非所有的演奏者都能在情感传达上达到同样高的水平。布鲁姆及其同事(Bloom, 1985)访谈的钢琴家报告说:在他们接受培训的最后阶段,需要向那些"大师"级人物学习,这些大师在很多场合作为独奏家都成功地赢得了国际性的声誉。这样的老师接收学生时,只收那些在试奏时表现出高水平潜力的年轻人和那些由虽然水平较低但得到备受尊敬的教师推荐的人。学生们报告说,这些大师对完善钢琴技术并不感兴趣。相反,他们倒是关心学生个人用音乐传达情感的风格的发展。因而,每一位成长中的独奏者必须"创造"他/她自己的演奏风格,故演奏音乐应当可以被视为有创造性的活动。

达到最高水平的体育运动技能也包含创造性的元素。像在网球、篮球、曲棍球中,基础运动是非结构化的,总是需要即兴发挥。在这些专业中,杰出运动员学习的不仅仅是如何每一次都以同样方式重复一套动作。因而,对音乐演奏家与体育运动员的研究结果与理解创造性思维有关。此外,正如先前提到的,布鲁姆及其同事对艺术家和科学家关于刻意练习和在某学科中长年全身心投入的研究结果,与对音乐家和体育运动员的研究发现是类似的(Bloom, 1985)。

布鲁姆及其同事和埃里克森等人的发现的潜在的重要性在于,指出了对其他领域的个体的职业生涯进行考察的必要性,而这些领域是无可争议地需要创造性思维的。下一节将提出证据说明练习和知识发展在音乐作品中的重要性(包括"实时"作品,即爵士风格即席演奏作品),这无疑是一种创造性技能。关于练习和其他活动模式的相对直接的评估在像莫扎特这样的个案中是不可能有的。然而,间接证据支持了布鲁姆及其同事(Bloom, 1985)和埃里克森等人(Ericcson et al., 1993)的研究发现;那就是,专心于某学科,是取得创造性成就的一个先决条件。

在音乐作曲中的练习及创造性

谁写出了莫扎特的前七部钢琴协奏曲?

刻意练习在音乐创作的发展中是相当重要的,支持该结论的证据来自对莫扎特创作钢琴协奏曲和管弦乐协奏曲的考查。正如先前提到的,被黑耶斯认定的莫扎特的首部杰作是第 9 号钢琴协奏曲(Concerto no.9, K.271)。这部作品诞生于莫扎特 21 岁时,他作曲生涯开始 10 年之后。莫扎特的前四部钢琴协奏曲(K.37、39、40、41)创作于 1767 年 6 月至 7 月,那时他只有 11 岁。然而,认为是莫扎特创作了这些钢琴协奏曲,这一观点实为误导,因为它们并不包含莫扎特的原创音乐:它们由其他 5 名作曲家的作品构成。

同样类型中，接下来的3部作品（K.197，nos.1～3）写于1772年，那时莫扎特16岁。这些作品也并不包含莫扎特的原创音乐：它们是约翰·塞巴斯蒂安·巴赫（J. S. Bach的小儿子）的作品，那时他已成为那个领域的重要作曲家；这些作品仅仅是被莫扎特用乐器的新组合重新安排了一下而已。这些作品并不在钢琴协奏曲之列。包含着莫扎特原创音乐的首部钢琴协奏曲是第5号作品（no.5，K.175）；创作于1773年，当时莫扎特17岁。然而，这部作品并未达到黑耶斯（Hayes，1989）认定的杰作标准。

这种发展模式表明，莫扎特最早的音乐体验包含专心学习其他人的作品，而且可能使用了更早的作曲家的作品，将它们作为样板来处理一定的作曲问题。这种活动可被认为刻意练习，这是在莫扎特父亲指导下进行的，莫扎特之父当时已是享有一定声誉的音乐家，他可被看成是一名行家教师。此外，因为小莫扎特也是一位演奏者，他可能在演出中演奏这些作品，更深地潜心其中。

相似的模式也可见于莫扎特的交响乐创作。莫扎特的第一部交响乐（K.16）于1764年在伦敦创作，那时他年仅8岁。他在随后的一年中又写了其他几部交响乐。当人们得知这件事时，被莫扎特在儿童期就取得这样的成就而折服。但是，与钢琴协奏曲的情形相同，莫扎特作为交响乐作曲家经历了发展的重要时期，这些早年的交响乐作品与后来人们耳熟能详的作品的风格完全不同。莫扎特的最后三部交响乐通常被认为达到了他的顶峰（如Zaslaw，1989），它们都是大型作品，由四大乐章组成，大约需要演奏30～40分钟。此外，每部作品都包含有在音乐史上享有很高艺术成就的创新元素。

另一方面，他早期的交响乐，在作品结构、情感尺度、创新性上与其后来的作品都有很大的不同。它们产生于莫扎特父子访问伦敦之际，在那里，这位年轻的作曲家受到约翰·塞巴斯蒂安·巴赫的提携，当时，巴赫作为一名作曲家兼音乐经纪人已站稳了脚跟。巴赫创作了大量在音乐会上演奏的交响乐，这些音乐会是他与他的搭档C. F. 阿贝尔共同在伦敦筹划的，阿贝尔是又一位在伦敦受到欢迎的德国作曲家（阿贝尔也已为他们的音乐会写了一些交响乐）。

这些“前古典期”交响乐与下一代作曲家(包括海顿、成熟的莫扎特、年轻的贝多芬)创作的作品截然不同,它们总是由三个短乐章组成,通常有着快板、慢板、快板的节奏和简单的和弦结构。

莫扎特的首批交响乐在结构和内容上几乎是以巴赫和阿贝尔为模板的。它也由3个短乐章组成,速度上也有快板、慢板、快板和简单的和弦结构。相似的模式也可见于莫扎特作为一名室内乐作曲家的发展,例如,在他的弦乐四重奏中:他的早期作品几乎全在模仿那些更早的作曲家,而创新只存在于后来的作品中。这位年轻的未来作曲家卷入了前辈的作品中,虽然这也许并不令人惊奇,但这是与知识和创造力的张力理论假设相矛盾的。如果莫扎特是靠模仿别人的作品来学习的,那么,为什么他不是注定要重复他们呢?相似的问题在对爵士音乐家发展的研究中也存在。

爵士音乐家即席创作技能的发展

爵士乐也许是所有西方艺术中最“开放”和最“自由”的。学习即兴创作似乎成为这样一件事,即它注定了人们从一开始就要学习如何依赖于先前所造成的情境(甚至依赖于你自己先前演奏的情形)而演奏。但在这个专业,创造性技能也只有在深入潜心于过去,又以刻意练习的形式之后才能产生。即使那些有着极高技巧与声望的爵士音乐家,也报告说他们学习演奏是通过录音机及从前辈那里学习名家的独奏,一个音节一个音节地学(Berliner, 1994; Kernfeld, 1995; Owens, 1995)。他们学习其他人的演奏,直到他们可以不费力地模仿演奏(经常是独奏会的全部演奏曲目与即兴的吉他独奏表演),模仿演奏成了他的发展的基础,从而有能力超越他所学习的东西,创造新的音乐。新音乐可能与他们已内化的模式有关,在某种意义上说,人们通常所说出谁影响了这个演奏者,但新音乐有时会相对彻底地超越模板音乐。又一次,人们可以在此预期,这些有抱负的爵士乐演奏者可能注定了他们要以一生的时间重复其他人的作品,但这并不是必然要发生的事情。

通过对最优秀的爵士音乐家的演奏进行分析,我们可以从中得知,即兴演奏的技巧对知识的依赖是如何表现出来的。欧文斯(Owens, 1995)已分析了查里·帕克尔(Charlie Parker, 1920—1955)独奏的录音,后者被认为是现代爵士乐中最出色的即席演奏家。帕克尔是最受尊敬的爵士音乐家,与迪齐·吉勒斯比,一起,在从 20 世纪 30 年代的摇摆乐(swing)到 20 世纪 40 年代及 50 年代初期的比巴波(bebop,爵士乐的一种)和现代爵士乐的转变中起到了最重要的作用。帕克尔富有传奇色彩,他能以令人不可思议的速度流畅地演奏,他在一些独奏唱片中,能达到每分钟 400 多下的速度(对听众来说,即使以这样的速度在同样时间里拍一下脚都是困难的)。他还被认为是永远不会重复自己的演奏家。

给帕克尔这样的荣誉也许让人意外,因为,欧文斯(Owens, 1995)报告说,帕克尔的特色是"公式化"的即席演奏家。在他的整个职业生涯中,帕克尔获得了大量演奏规则的全部技能,他在独奏中使用的音符形式,从 2、3 个音符一组到 10 多个音符一串都有。即使是帕克尔最出色的独奏的重要部分,也是由这些演奏规则构成的,其中一些可能每 8 或 9 个小节就重复一次。

帕克尔的演奏规则是从几条途径发展而来的。其中一些可追溯到先前"摇摆乐"年代的特殊音乐家。帕克尔对那些人是非常了解的。至少有一次,人们听见他在夜总会的更衣室里,趁着场间休息,演奏了记忆中的莱斯特·杨(Laster Young,一位很有名望的摇摆音乐家)的一首独奏曲。在帕克尔录制的独奏唱片中,可以听到扬与其他摇摆音乐家(如 Coleman Hawkins)的演奏片断。其他的惯用手法在帕克尔的同伴中被称为"通用货币"(common currency),他们中的许多人都运用相同的手法。其他的惯用手法是帕克尔在他的练习与演奏中由他自己发展起来的。

因而,帕克尔流畅的演奏与绝不重复的能力被分析家归功于他大量地、很好地学习了演奏规则的全部技能(Kerufeld, 1995; Owens, 1995)。有人这样主张,以帕克尔惊人的演奏速度几乎不可能真正从零开始创作新音乐;一个人必须事先创作出要运用的音乐片断。一个人能驾驭的演奏技法越多,重复自己的机会就越少。

最近,约翰逊-莱尔德(如 Johnson-Laird, e. g., 1988)发明了即兴演奏爵士乐的计算机模型,该模型以启发式为基础,也就是一套可用来产生即兴演奏的经验规则(rules of thumb)。爵士音乐家是通过模仿其他人的作品开始的,这是不争的事实。从这一事实出发,约翰逊-莱尔德开展了他们的工作。按他们的分析,爵士音乐家职业生涯的一个关键方面是,在模仿的基础上,爵士音乐家必须发展在现场演奏中可以非常有效地加以运用的即兴演奏技能,因为在爵士乐中没有修改的可能。在约翰逊-莱尔德看来,即兴演奏的技能包括音乐家从已内化的模式中对即兴演奏的原则进行抽象概括。这些原则常在演出中被用来选择某特定点的音符,这部分基于演奏片断的和弦结构,另一部分则基于演奏者刚刚演奏的内容。

约翰逊-莱尔德假定,一位即席演奏者选择音符时要满足两个评判标准:(1)根据和弦知识,演奏者选择适合当前和弦的音符或可将一个和弦和另一个和弦联系起来的音符;(2)演奏者也试图改变独奏曲的结构,例如,如果他/她已经演奏了一系列音阶小的曲调之后,就会演奏一段音阶大的曲调,这样就可能增加旋律的趣味。按约翰逊-莱尔德的观点,这种格式可合理地作为人类即兴创作的一个模板,因为它对记忆的要求最低。他已将此模板发展为一个计算机程序,当输入一系列和弦时,计算机将输出一系列即兴演奏的音符。

在回应约翰逊-莱尔德的即席演奏分析时产生了一个问题:即使是最优秀的即席演奏者在独奏中也会有演奏技法的重复出现。但约翰逊-莱尔德的模型似乎不会产生这样的模式,因为它只通过其启发式来运行。还有一个问题,也是与此相关的,就是即席演奏风格的问题。也就是说,博闻广见的听众能够在倾听演奏的基础上辨识出演奏者,这是与已讨论过的即席演奏模式相关的。关于约翰逊-莱尔德的模型是否有可辨认的风格,也就是如帕克尔那样具有风格，这一点还不清楚。这类结果表明：即席演奏可能比约翰逊-莱尔德假设的更直接地以记忆为基础。这留给我们一个问题：记忆在即席演奏时是如何“实时”发挥功能的？对此我们目前仍一无所知。

学习创作流行歌曲：甲壳虫乐队

为说明在创造力发展中“练习”所起的作用，我们再举一例，考查一下甲壳虫乐队（Beatles）的职业生涯。由列侬和保罗·麦卡特尼创作的第一首流行歌曲《爱我》（*Love Me Do*）录制于1962年，一投放市场便跻身于同年12月份英国流行榜的第17位。紧接着就有《请让我》（*Please Please Me*，于1963年1月17日发行，于同年2月22日荣登流行榜的榜首，这是他们第一首荣登榜首的歌曲），《从我到你》（*From Me to You*，1963年4月11日发行，于两周后荣登流行榜的榜首），《她爱你》（*She Loves You*，1963年8月23日发布，傲居榜首达4个月之久），《我想握住你的手》（*I Want to Hold Your Hand*，1963年11月29日发布，一周内跃居榜首，代替了《她爱你》（*She Loves You*））。是什么导致了创造性活动的这种爆发？答案与我们从莫扎特、爵士音乐家身上所得的相同：练习，练习，再练习（Davies，1968；Lewisohn，1992）。

甲壳虫乐队是从采石工（Quarry Men）乐队发展而来的，这是列侬在1957年3月他17岁的时候组建的乐队，很快他就成为首席吉他手。列侬早年曾由其母亲教授音乐基本知识。1957年7月，保罗·麦卡特尼（McCartney）在舞会上看见了他们的演奏。麦卡特尼之父是音乐家，而他自己则有小号、吉他的演奏经验。在舞会后，他与乐队碰了面、跟乐队合奏，还向他们展示如何演奏吉他和弦，那是“采石工”不太熟悉的东西。7月的晚些时候，麦卡特尼被邀请加入该乐队；到了1958年3月，年仅15岁的乔治·哈里森（George Harrison）加入了乐队；而瑞格·斯塔尔（Ringo Starr）则于1962年最晚加入该乐队，此前他已在公开场合随该乐队演出过多次。到那时为止，乐队的队名经历了几次变更，而且其音乐风格也几经变换：从噪音爵士乐（skiffle,由美国民间音乐演变而来的英国改良版）到美国流行音乐——从节奏布鲁斯，到乡村和西部音乐，再到乡村摇滚（rockabilly），最后到摇滚乐（rock and roll）。与莫扎特和许多爵士音乐家一样，甲壳虫乐队的成员既是演奏者又是作曲家。那时列侬和麦卡特尼开始写歌，当时只有为数不多的流行音乐家自己写歌：他们早年的偶像之一艾尔维斯·普莱斯利没有写歌，而他们喜欢的布迪·霍里，切克·贝里和小理查德写歌。

甲壳虫乐队的排练细节我们无从考证，但人们可从其公开演出的节目中找到对其音乐的感觉。虽然埃里克森等人（Ericsson, et al., 1993）把演出（即工作）与刻意练习作了区分，但这种区分在甲壳虫乐队中并不十分鲜明：他们似乎运用了早年的演出作为磨炼技巧的机会，这种机会包括每一次刻意练习彩排（Lewisohn, 1992, p.23）。他们在这些演出中重复演奏相同歌曲，这使他们有机会发现乐队演奏时出现的问题，同时能提高其个人演奏技巧。图 12.1 显示了截至“甲壳虫乐队狂潮”（Beatlemania）出现前，甲壳虫乐队的演出生涯中累积的演出次数。从 60 年代中期开始，他们每年约演出 400 次，平均每天超过一次。

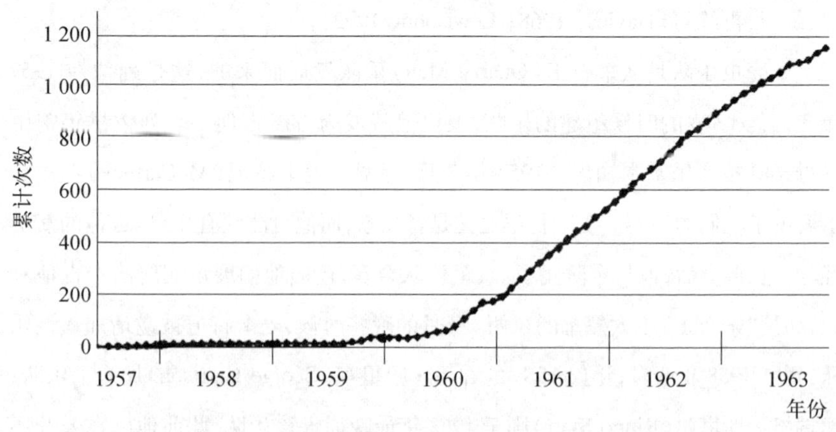

图 12.1　1964 年“甲壳虫乐队狂潮”（Beatlemania）出现前，甲壳虫乐队的累计演出情况。

图 12.1 中的频率数只是简单的演出次数,并未考虑每场演出持续的时间,其实那也是应该考虑的情况。以他们在德国汉堡的 5 次演出为例：从 1960 年 8 月 17 日~11 月 30 日,106 个晚上,在此期间他们每晚在舞台上 5 个多小时;从 1961 年 4 月 1 日~7 月 1 日,92 个晚上,合 503 个小时的演出;1962 年 4 月 13 日~5 月 31 日,48 个晚上,合 172 个小时的演出;最后两次在汉堡,1962 年 11 月和 12 月,约 90 个小时的演出。因而,仅仅是这些演出就给他们提供了在舞台上超过 270 个晚上,约合计 1 250 个小时的演奏时间。

在汉堡的演出是甲壳虫乐队演出生涯中最密集的。在 1957 年至 1962 年底之间,他们还有约 400 场其他的演出。即使后面所述的这些演出每次在舞台上只有一个小时(当然这肯定估计过低),每个成员仍可累积 2 000 个小时的演出时间,这还根本未考虑所有的台下彩排和练习时间。值得一提的是,这些累积时间少于埃里克森等(Eircsson et al., 1993)对年轻小提琴手和钢琴家所估计的累积练琴时间。甲壳虫乐队从事的流行音乐行业不像演奏、创作经典音乐需要那么高的技巧,因此想达到成功的顶点也不必累积那么多练习时间。然而,甲壳虫乐队在达顶峰前工作还是非常努力的。

我们现在可以看出,甲壳虫乐队的早年生涯是有大量练习的。下一个问题是,他们在练习什么？与前文讨论过的其他艺术家一样,甲壳虫乐队自发的、深入的努力也包含潜心于其他人创作的作品之中。图 12.2 显示了一个概况：在甲壳虫乐队的演出生涯中,列侬-麦卡特尼创作的歌曲在整个乐队的演出曲目单上所占的比例。在 1957—1962 年这最初的 6 年里,他们的演出曲目单中有超过 250 首歌曲,其中约 90%是“翻唱”别人创作与录制的歌曲。甲壳虫乐队早年的演出集中了别人的作品,而且,那些“翻唱”版的歌曲仅仅是对原创音乐极为相似的模仿,他们出现的任何“创新”几乎都是他们忘词或唱错词的结果。

与此对照,从 1963~1966 年,进入甲壳虫乐队演出曲目单的 39 首歌曲中超过 80%都是他们自己创作的。在后来的这些年中,他们自己创作了大量歌

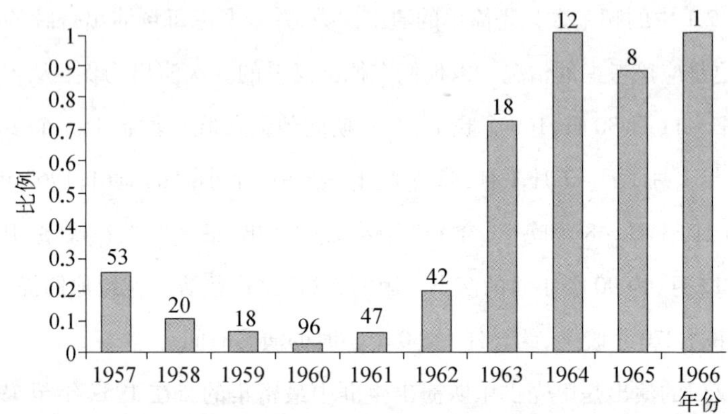

图 12.2　在甲壳虫乐队的演出生涯中，他们的原创歌曲在演出曲目单上所占的比例（按年计算）。在每个条形图顶端的数字表示每年增加到演出曲目单中的歌曲数目。

曲，并在演出中使用；他们演唱的每一部新作品几乎都是他们自己创作的。因而可见，列侬与麦卡特尼已在创作大量的作品前很好地学习了别人的作品。

从某个方面说，图 12.2 的结果并未给人留下深刻的印象。诚然，甲壳虫乐队在创作他们自己的许多作品前确实演唱了别人的歌曲，但别人还希望怎样呢？在他们的早年生涯中，他们没有足够时间去写很多歌曲，这正是他们翻唱别人歌曲的原因。从这种怀疑的角度看，在早年与后来的甲壳虫乐队演唱的歌曲之间，唯一的区别是他们自己创作歌曲的数量。长年的练习带来的影响不是别的，而是给了列侬和麦卡特尼时间写出更多歌曲。

然而，极少量的证据表明，人们认为列侬和麦卡特尼早年的歌曲比后来的歌曲质量低，这支持了这样一种说法：多年的全身心投入使得列侬和麦卡特尼学习了作曲的技巧。人们可以采用黑耶斯（Hayes，1989）的方法去调查这些情况，并可以对甲壳虫乐队公开发行的歌曲加以检验。一首歌是否能发行在唱片上，也许可作为对其质量考察、判断的结果。

首先，让我们限制对歌曲分析的范围，我们只分析那些在甲壳虫乐队的 10 年演出生涯中确实演唱过的歌曲。他们写的一些歌曲，尤其是早年的歌曲，从未在公开场合演唱过，这些歌曲可能因为质量差而被剔除了。因而，只有极少数列侬和麦卡特尼早年演唱的歌曲通过了质量筛选。然而，即使我们将分析范围限定在他们演唱过的歌曲中，我们仍然发现很多演唱了的歌曲并没有在唱片中出现，图 12.3 显示了在甲壳虫乐队演出生涯的前 5 年和后 5 年中，1970 年之前被选入唱片的原创歌曲所占的比例。在后来发行的歌曲中，有更高比例被选入唱片，它支持了甲壳虫乐队也必须学习如何作曲的观点。由数字表明，甲壳虫乐队的原创歌曲入选唱片的比例，在前 5 年和后 5 年之间有显著差别[$\chi^2(1)=26.43$, $p<0.0001$]。

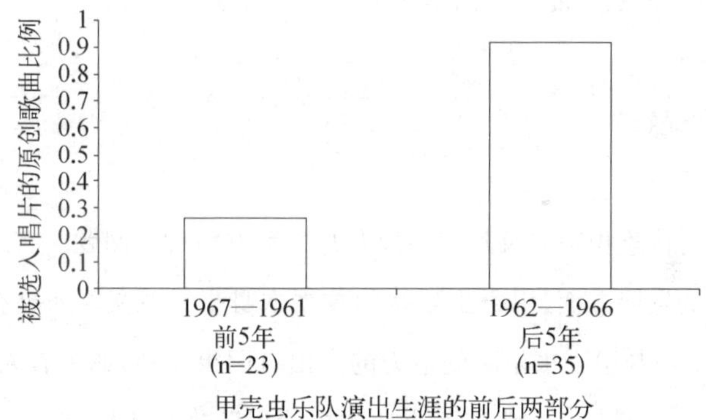

图 12.3　甲壳虫乐队的原创歌曲中被选入唱片的比例

人们可能会争辩：早年的原创歌曲没有入选唱片的理由是唱片公司的决策者并不看好他们；而一旦甲壳虫乐队站稳了脚跟，他们所创作的任何作品都可能被认为是值得录制的。因而，歌曲的质量也许并没有多大改变，甚至当甲壳虫乐队站稳脚跟，标准反而没有原先严格。然而，即使在他们站稳之后，很多早年的歌曲仍未得到重视，在此情况下，就算重新审查这些歌曲并不足以引发人们的强烈兴趣，它们也必须被重新审查。近年来，随着甲壳虫乐队各式各样专集的产生，关于他们早年原创歌曲的一些重要材料才被公布出来。

此外，人们也可参考批评家、历史学家对甲壳虫乐队不同作品的评价，去检验甲壳虫乐队这些歌曲中的创新情况。用这一标准衡量，几乎不容置疑的是：在 1965~1967 年间，甲壳虫乐队对流行音乐有着独特贡献，随着《橡皮精灵》（*Rubber Soul*）和《旋转》（*Revolver*）专集的产生而开始，以《军士佩泊尔的孤独之心俱乐部乐队》（*Sergeant Pepper's Lonely Hearts Club Band*）为标志（见 Lewisohn, 1992）达到顶峰。因而，甲壳虫乐队演唱生涯可分为 3 个阶段，分别是：（1）翻唱别人的作品；（2）在既定风格中创作自己的作品；（3）重大创新。

结论：甲壳虫乐队的发展与莫扎特及爵士音乐家的发展类似，也与布鲁姆及其同事的研究（Bloom, 1985）、埃里克森等人（Eriession et al., 1993）的研究及加德纳（Gardner, 1993）对个体的研究相仿。所有这些情况均表明：多年潜心于某一学科领域，才能具有创作新颖作品的能力。

控制组的问题

在如何看待累积练习及其与创造力的关系方面有个问题。有人会认为在创造力技能的发展方面，甲壳虫乐队的数据本身毫无意义。如果有人得出结论：长年的练习与甲壳虫乐队创造力的产出有因果关系，如果有人这样认为，那么就有必要将甲壳虫乐队与不成功的摇滚乐队进行比较，以显示前者比后者工作更刻苦。

然而，我们的假设是：大量专业领域的练习对于发展创造性成果的技巧是必需的，但练习对于创造性并不是充分条件。杰出作品的创作需要的不只是大量练习，还有很多不同类型的外部因素凑在一起，其中不少因素在研究数量上是独立的，且练习是针对指定的个体而言的。一个人的作品在被专业人士和民众接受的前提下，才能成为杰作，从而被人们放进该领域的历史书里，当认知心理学家从这些书里寻找创造性成就的证据时就会发现它们。举例说，如果在宝录风（Parlophone）唱片公司的乔治·马丁没有对甲壳虫乐队的经理放给他听的乐队示范唱片有积极回应的话，甲壳虫乐队就不会被认可，那么他们所有的练习将失去意义。关于这些问题的更详细讨论请参考威斯伯格

(Weisberg, 1986、1993;又见 Csikszentmihalyi, 1988、1996)的文章。

因此,最经得住检验的说法是:永远不会有人未经深入、自发地潜心于某学科,就能做出重要的、富有创造性的贡献。如果有人能指出甲壳虫乐队花了尽可能多的时间去磨炼他们的技能,则人们不需要去检验那些不成功的摇滚乐队,因为相关的数据应取自成功的个体。此外,虽然拉小提琴能否算一种创造性活动是一个有争议的问题,埃里克森等人(Ericsson et al., 1993)还是做了一个设有控制组的分析,他们评估了成就水平各异的小提琴家的练琴时间,并发现成就越高的小提琴家练琴时间越多。

重新检验张力观的经验性支持

在本章早些时候,我曾简要回顾了对张力观提供强有力支持的两个证据:(1) 在正规教育(formal education)与创造性成就之间的倒"U"形关系(Simonton, 1984);(2) 问题解决定势的实验室研究(即先前成功的方法在情境改变时运用,会出现负迁移)(Frensch & Steinberg, 1989; Luchins & Luchins, 1959)。既然这些结果与"在创造性工作中熟能生巧"的结论相矛盾,就有必要再一次考察它们。这些研究只是为张力观提供了小样本证据。然而,由于它们显而易见地与现行结论相矛盾,因此值得再次检验。希望支持张力观的证据并不像它显示的那样坚不可破。

正规教育与创造性成就

西蒙顿的研究(Simonton, 1984)表面上强烈支持了张力观点,但仍存有问题。西蒙顿检验了人们接受的正规教育与其终生的创造性成就之间的关系,但并未直接检验知识与创造力之间的关系。我们不知道对于有创造性的个体而言,正规教育与专业领域的知识之间存在什么关系。正规教育与知识也许并不直接相关,这一点意味着也许不能拿西蒙顿的研究结果直接反驳现有观点。

考虑到在西蒙顿的研究样本中的那些人,举例说,达尔文仅取得了学士学位,然而从贝格尔(Beagle)号航行归来之后,他掌握的关于物种发展的第一手资料可能比世界上任何人都多(Gruber, 1981)。因此,虽然他的正规教育终结于学士学位,但他获取的知识绝不仅限于此。到他提出自然选择学说的进化论为止,他已经为这个问题工作了很多年。另一个例子,法拉第 14 岁就离开学校,开始图书装订员的学徒生涯(Tweney, 1989)。然而,他对于阅读他所装订的图书感兴趣,在几年后完成了自学计划;23 岁时,他已获得给戴维(Humphey Davy)当助手的资格。戴维是位著名科学家,他在法拉第的职业发展中是良师益友,当然,法拉第很快就超过了戴维的成就。法拉第的成就建立于日复一日的科学工作中获得的扎实基础知识之上。相似的,虽然莫扎特几乎未接受过正规音乐教育,但他所接受的音乐训练起于童年,并一直延续若干年。

西蒙顿研究的另一个重要方面是:他的样本是出生于 1450~1850 年之间的杰出人物,知识在这么长的时间内发生了重大变化,并很难把在前几个世纪教育水平的基础上得出的结论推延到现代教育。举例说,既然科学领域在那段时间里发生了重大的变化,人们弄不清楚一个在 19 世纪末获得学士学位的人与 300 年前获学士学位的人是否受到相同的教育。那就是说,在某研究领域中,早年获学士学位的人所拥有的知识也许可以和现代的博士相媲美。值得注意的是,布鲁姆及其同事调查的当代神经科学家和数学家之中,所有人全部获得了博士学位(Bloom, 1985)。

因而,虽然正规教育与创造性成就间的关系可能是倒转的"U"形,并不意味着与"知识和创造力是正相关的"这一观点相矛盾。在个体的研究领域中,正规教育与知识可以是相互独立的两个变量。

知识，僵化(rigidity)，创造力：创造性思维的正迁移

无可置疑的是，在实验室条件下，问题解决的负迁移是可以证明的(Frensch & Steinberg, 1989; Luchins & Luchins, 1959)。当问题解决情形中发生了“深层”变化时，思考问题的人需要对他先前的成功反应做出重大修改，这一点使参加实验的人感到困难，此外，在某情景中负迁移的程度似乎是过去经验数量的函数；而在这种修改过的环境中，专门知识成为不利条件。

但是，我们一定要先考虑一个重要假设才能做出结论：实验室研究的证据支持专门知识不利于创造性思维的一般主张。在实验室中关于负迁移的研究很有趣，因为人们假设实验室的情形是真实世界的缩影。因而，这使我们不由得要问：在真实世界中，当周围情境发生了“深层”变化、过去的经验对现在不利时，是否真的需要创造性思维？也可以这样问：当创造性思维在现实世界存在时，周围情形是否仅仅在表面上与过去情形不同，因而过去的经验仍有价值？或许，有混合的环境(mixed circumstance)存在？

若在当前和过去的情形中存在着联系(即：若过去与现在的情形只在表面特征上不同)，则对思考问题的人来说，可以在过去经验的基础上对当前的情形做出反应。即使一个人已经掌握的知识不能完全应用于现在的情形，因为现在的确与过去不同，但知识仍然可以有一个合理的位置。此外，把过去的经验加以改动使之适应当前情形，也是合理的。近来的研究表明，与支持张力观、认为新旧情形之间存在“深层”变化的假设相反，很多产生重大创造性成果的新情形与旧情形非常相似，来自旧情形的知识也能派上用场(Weisberg, 1993、1995b)。

首先，我们来看看毕加索的两幅最具有代表性的画《阿维侬的姑娘》和《格尔尼卡》。这两幅作品中，毕加索对新作品的最初素描都建立在他自己和其他艺术家的早期工作基础之上。随着毕加索在这些画上工作的深入，素描中的想法被进一步精细化和扩展，在其中一个例子中作了根本的改变。这种根本

改变就在于对其他艺术家作品的回应。但是,对我们要讨论的问题而言,重要的一点是,这些新的艺术作品的创造并非始于对以前作品的全盘否定。相反的,新作品可以看成是对旧有作品进行了精细加工。同样的,卡尔德的汽车发展(表征的活动的雕塑,被风驱动)也建立在他早年工作的基础上,是他接触其他人的工作,然后对其进行精细化的结果。

爱迪生发明电灯也存在相似的过程。为了使自己的灯泡进入家用电器行列,他用天然气照明体系这一现存系统作为他的新系统的基础。莱特兄弟对飞行器的制造也建立在已有工作的基础上,但在这个例子中前人的工作不太有用。因而莱特兄弟在很大程度上只好自己去解决困扰他们工作的大大小小的各种问题。然而,此例中,也没有人发现自由联想思维的例子和全盘否定过去的例子。回顾蒸汽机工程与棉花机装置的发展也能得到相同的结论。

这些例子的确存在,但仅一小部分可用来支持创造性思维深深根源于过去这一结论。过去经验的正迁移可以存在,是因为在真实世界中,很多需要创造性思维的情形并不像桥牌规则的变化那样,人为地让上一局的低点数者在这一局先发牌(Frensch & Sternberg, 1989)。但是,一些情形也确实包含了深层变化,并且在当前背景下特别能够提供一些信息。

沃森和克里克提出 DNA 双螺旋模型的过程就体现了深刻变化的情形(Olby, 1974; Watson, 1968)。在早年鲍林(Linus Pauling)的工作基础上,沃森和克里克首先确定 DNA 结构可能是某种形式的螺旋。鲍林在此之前曾提出 α-角蛋白的结构是螺旋状的。这一结论为沃森和克里克做出的贡献是:让他们的研究集中于结构方面的特定问题。他们最初的工作方向便在鲍林的研究基础上。直接扩展过去的工作就可以提供某种新想法的基础。

然而,这个发现也包括负迁移,它提供了一个个案研究,指出当情境中有深层变化时,在真实世界中究竟发生了什么。DNA 双螺旋结构的两根"主链"化学成分是磷酸盐-糖,它们像螺旋式楼梯一样结合在一起,梯级是由富含氮的碱基对构成的(腺嘌呤 A、胸腺嘧啶 T、胞嘧啶 C 和鸟嘌呤 G)。在最终确定正确的碱基配对（A－T配对、C－G配对）之前，沃森花了很多时间考虑“相似配对”（like-with-like pairings）的可能性，即A－A配对、T－T配对等等。沃森对于这种结构感兴趣的原因之一，是他在攻读硕士学位期间曾学过这样的例子（Olby, 1974）。沃森花费时间在“相似配对”思想的指导下展开研究，直到证明它是错的，后来才想出正确的碱基配对方式，从本质上说这是通过试错法得到的（Watson, 1968）。

这个例子中有几点比较重要。首先，在碱基配对的特定问题上有负迁移，但在整件事情上正迁移的存在是不容置疑的。即，如果没有沃森和克里克从鲍林工作中得到的正迁移——最初假设分子是螺旋状的，整个研究就几乎或根本不会取得进步。在这个例子中，不可能对正、负迁移的数量进行量化研究，但一些相关信息可以从同时代的富兰克林（Rosalind Franklin）的行为中搜集到，富兰克林是研究DNA结构的另一位研究者。从几个来源可知（如Olby, 1974; Watson, 1968），富兰克林声明她想要用尽可能少的假设确定DNA结构。也就是说，她可能要由下至上地分析结构，而不做任何假定。也许，富兰克林没能在沃森和克里克之前发现DNA结构是件有意义的事。因此，尽管这并不是一个真正有控制组的实验室研究，其结果仍与下面的结论一致：对相似情形（包括对有机大分子的分析）的正迁移，确实从总体上帮助了沃森和克里克。

此外，虽然在沃森和克里克的DNA双螺旋模型假设中存在着一点负迁移，但需要强调的是，正确的分子模型最终还是出来了。也就是说，任何负迁移都被战胜了。沃森对新情景的反应并没有像“水-缸定势”实验的参加者那样，那些人用复杂方法成功解决了先前的问题后，却不能解决一个较简单的问题。当沃森用“相似配对”的思路建构DNA模型一再失败后，他（从克里克和其他人那里受到启发）放弃了“相似配对”的假设。因而，在“水-缸”研究中那些“盲目的”参加者与这个例子并不相似：在这个例子中，研究者克服了一切已存在的定势，取得了创造性成就。

用这种观点考察其他的例子、确定正-负迁移的比率、看成功和/或失败究竟源于哪里是件有趣的事。在DNA双螺旋结构的研究中负迁移被克服了，当然，这并不排除有巨大的负迁移最终阻止了科学发现的例子。目前没有现成的数据可说明这个问题。当前讨论的重要结论是，关于问题解决中的负迁移的实验室研究可能与创造性思维的研究之间只有极小的相关性（又见Weiberg, 1995b）。

科学发现中的知识和启发式方法的关系。西蒙及其同事（如Kulkarni & Simon, 1988; Langley、Simon、Bradshaw & Zytkow, 1987）曾提出科学发现可以用启发式方法（heuristics）来分析，有些启发式方法是从“在某一学科中全身心投入”发展而来的。举个例子，卡尔卡尼和西蒙给克雷普斯（Krebs）关于鸟氨酸循环的发现建立模型，得出结论认为在这个模型中有一半的启发式方法是建立在相关领域内已有经验的基础上。此外，克雷普斯拥有的特殊优势是他在训练过程中学到的灵巧技术。

朗雷等人（Langley et al., 1987）也主张，一些科学发现是极普通的启发式的结果，后者并不是以在某个专业领域深入潜心为基础的。例如，在对开普勒行星运动三大定律的发现进行分析时，朗雷等人假设，所需要的全部就是关于各数组模式的启发式方法。也就是说，行星运动方面的知识与定律的发现毫无关系。模拟开普勒发现的计算机模型在其数据库中没有任何关于天文学的信息。

相似的，邓巴（Dunbar, e. g., 1995）已进行了关于科学创造力的实验室模拟，其中大学新生可以在受控的实验条件下做出科学发现。学生们可得到对应于实验结果的信息，并可用一个计算机模拟来设计和实施自己的进一步实验。邓巴报告说，在其研究中的参加者能够重复曾获诺贝尔奖的莫诺和雅各布关于“校准基因”（regulator genes，它能控制其他基因的活动）的发现。被选中的学生即使只掌握了在基因领域最浅显的知识，也取得了成功。

开普勒发现的计算机模拟（Langley et al., 1987）和学生对雅各布与莫诺的模拟工作（Dunbar, 1995）引起了有关在创造性思维中如何运用知识等有趣的话题。首先，这些发现引起了这一问题，即长年潜心于某领域是否总是必需的。如果开普勒的发现可被计算机模型模拟或被不具备天文学知识的大学生模拟出来，那么开普勒还需要这些知识吗？类似地，如果大学新生可以模拟雅各布和莫诺的发现，那么雅各布和莫诺为何还需要高级的训练呢？一种可能性是，雅各布和莫诺首先需要这些知识去理解已存在于这个世界的问题。也就是说，在邓巴（Dunbar, 1995）研究中的大学生们已经从实验设计者那里得到了最终的答案。这样，分析问题及安排相关实验的很多工作都已做完，它们可以在后来的模拟练习中使用。

考虑这样的模拟是否也可用于其他科学问题这也是让人感兴趣的。例如，大学新生能发现双螺旋结构吗？双螺旋的发现包括了以下几个不同的要素：主链的数量和位置、主链的结构、螺旋的螺距、碱基的位置、碱基的配对原则。以上这些要素中除了最后一个，其他要素对于大学生来说甚至都不知道应从哪里入手。例如，为了确定主链的数量和位置，他就必须知道如何看懂X－射线衍射模式，而且必须知道这些模式是如何得来的。没有专门知识这样的东西是不可能知道的。另一方面，一旦问题范围被缩窄，确定碱基配对也就不比简单的七巧板拼图（jigsaw puzzle）难多少了。因而，不同的科学问题可能需要不同类型的知识，这是一个值得进一步研究的课题。

重新思考创造力与知识的关系：知识是如何运用于创造性思维的？

如果现在做出创造力与知识呈正相关的结论，那就仍然没有解决这个问题：知识到底是如何被用于创造性思维的。由于近来大多数关于创造性思维的理论是在张力观的基础上提出的，因此人们主要着眼于理解思考者是如何突破知识束缚的。因而，几乎没有人就知识如何扩展至新情境发表看法。所以，虽然有些推想是可能的，但在此几乎无法提供特定的建议。

了解领域

贝林(Bailin, 1998)主张,即便最先进的新产品也必须与旧有产品紧密相关,而不是像詹姆斯(James, 1880)、郝斯曼(Hausman, 1984)和其他人所主张的那样,新产品完全独立于旧有产品。贝林认为,若某产品不深深地扎根于过去,就无创造力可言,因为要想让大众理解新产品,我们必须给出参考的框架,而这只能由过去的产品提供。如果不以过去的类型作为参考,就不会有连贯性,新产品也就对我们没有意义。

贝林的观点是从大众看待产品的观点出发的,但是我们可以很容易将这一观点也扩展到创造性个体身上。当一个人进行革新时,无论想法是否激进,为了使这个产品对创造者有意义,他(她)必须能将其与过去已有的产品建立联系。因此,为了能产生出新产品,思考者必须从过去的事情着手。而且任何使产品从根本上产生新意的变化,也建立在知识的基础上。除此之外,人们还能知道其他改进产品的方法吗?

一个相关的观点是:如果一个人不懂得该学科的知识,就不能超越它。有理由假设,在创造性领域的所有人都有做出新事物的动机。因此,如果他们不知道别人已做过什么,他们就不能做出有意义的推进。然而,这并不能完全解释——为何长年潜心在某领域对于取得创造性成就来说是必需的。仅仅熟悉专业知识不能取得创造性成就吗?若一个人对某专业还算熟悉,则他也是可以辨认出某些东西是不是大家所熟知的。所以我们仍然留下了一个问题:为什么深入潜心于某学科对于创造性的产生是必需的。

潜心学习导致自动加工

一种不同类型的可能性是:深入潜心可提供大量机会来练习各种技能,例如弹钢琴，这些技能是在这个领域内有所创造所必需的，因为这些技能使他们自动化。技能的自动化对于创新的产生是必需的，例如即兴创作新旋律。但是，这种推测并不能具体指定自动化是如何导致创新的。也许当一种技能达到自动化水平的时候，一个人就可以把精力放在创新上，他/她不必考虑如何表达自己的想法，只是去做就行了，因为这些想法早已存在。这个观点提出，在某学科中深入潜心的价值是使技能趋于精熟，这样做事时就不必牵扯精力。

深入潜心也可以导致启发式的发展。可能在某些领域（如科学界），要想理解某些方法需要时间，因为这些方法比较复杂。例如，为理解X射线衍射，一个人需要有各方面的知识，一些知识是建立在另一些知识基础上的。正如前文所提到的，对创造性思维中是如何运用这一问题，在此所能提供的也只是推想。

创造性思维者与非创造性思考者的区别是什么？

知识在创造性思维中起了积极作用这一结论导致了对创造性思维中个体差异问题的不同看法。在假定动机水平等因素均相同的前提下，也许创造性与非创造性思维者的根本区别是他们带到新情境中的知识不同。一个相关的想法是，一个人如果带着创造性思维者的观点，我们就能相对直接地理解创造性想法是从哪里来的。也就是说，若我们知道创造性思维者所知道的知识，则我们也能理解这些新想法是怎么来的。举例说明，请考虑德波诺（DeBono，1968）讨论的下列情形：

> 很多年来，生理学家一直不理解长长的肾小管有何用途：他们假设肾小管并没有特殊用途，只是肾脏在进化过程中留下的遗迹。直到有一天，一位工程师看到肾小管，他立即认出它可能是逆流放大器（counter-current

multiplier)的一部分,这是一种广为人知的工程装置,其目的是为了提高流出液体的浓度。在这个例子中,外行的新鲜看法给困扰人们多年的难题提供了答案(pp.148~149)。

在这类例子的基础上,德波诺建议,为了解决一个久攻不克的难题,应当采取一个新的视角,比如这个例子中工程师的视角。也就是说,从一种经典表述的张力观来看,个体被激励着打破知识带来的束缚。当然,从工程师的视角来看,这里并不包含什么新东西:由于他所见和所知的事物之间有直接关系,因此他可以相对直接地把原来的知识应用到目前的新情境中。对工程师而言,这一反应只是对熟悉事物又添了一个例子而已。工程师的行为可用模式识别理论(theory of pattern recognition)来解释;而不必用一种创造力的理论去理解他能做什么。只有从充满困惑的生理学家的视角来看,才需要有从创造性思维角度出发的解释。

因而,如果我们能够进入创造性思维者头脑中的数据库,我们也许能理解,创造性思维是一个过程,它建立在对知识的直接应用上。只有当我们作为一个无知的观察者从外部检验这种情景时,才觉得有必要假定在创造性个体与非创造性个体之间有根本的差别。也就是说,对于创造性个体与非创造性个体,除了假定他们拥有的知识不同,没有必要假定他们在其他重要方面有区别。

我们如何能够理解创造性思维而无须假设有任何其他东西存在于外来的过程之中,对此可有一个特定的例子,如我们再一次考虑沃森和克里克提出DNA双螺旋模型的进展。包括鲍林、毛里斯·威尔金斯(Maurice Wilkins)、富兰克林在内的很多富有名望的研究者也在为DNA的结构而工作,为什么只有沃森和克里克创造性地提出了DNA结构,而其他人没有?从张力观点来看,人们可能认为:是否沃森和克里克的思维模式或人格使得他们俩得以摆脱旧知识的束缚,提出新观点?然而,我们已经看见,沃森和克里克做出创造性发现的基石正是他们已拥有的知识。这就可以直接回答为他们成功了,而其他人未成功：如果考虑到最终提出 DNA 模型所需的各种要素，那么只有对沃森和克里克而言所有要素全部都是现成的（Weisberg, 1993）。因而，他们可以构建 DNA 模型，而其他人不行。对此的解释无须更多；人们不必假设沃森和克里克的思维与其他人不同，或比其他人更好。他们仅仅是拥有建立正确 DNA 模型所需的全部现成要素，而其他人没有。虽然这种对沃森和克里克的成就的解释也许还是不能让人太满意（有人会说"实际上肯定比那要多！"），如果沿着正确的思路思考，在无假定创造性个体有任何超乎常人之处的前提下，我们至少也可以理解创造性进展是如何取得的。

与该结论有关的异议是假设一个人拥有渊博的专业知识但没有做出重大创造性贡献这样的例子。一个例子是，有一个编写教科书的人（推测他具有广博的知识），但没有什么创新。但是，写教科书所需的专家水平与经过长年深入潜心于某学科而发展出来的水平并不相同。根据在这里的知识的概念（虽然比较松散），写教科书的人并不是知识渊博的。当然，拥有了渊博的知识基础的人也可能在他/她从事的领域中永远没有创新。正如前文讨论过的，对于创造性成就而言，知识是必要条件，不是充分条件。

结　论

本章主张，创造力与知识间的关系远比创造力理论的典型假设要直接得多：一个人可以通过掌握（特定的）知识来理解创造性思维，这些知识是创造性思维者带给他/她所面临的情境的，这个人产生创新而另一个人没有的原因，可能不过在于前者懂得的知识后者不懂。而且，这些可能并非异乎寻常的知识。如果这种观点正确的话，它意味着我们并不需要特殊的理论去解释创造性思维。相反，我们只需要一种关于思维的完整理论。创造性思维的各种理论可能是搜寻各种现象并对此加以解释的过程中出现的理论。

第 13 章　创造力与智力[①]

罗伯特·J. 斯滕博格　琳达·A. 奥哈拉

创造力与智力的关系究竟是什么？创造力常被定义为产生新颖而有用的某种事物的过程。智力可以被定义为有目的的适应、塑造和选择周围环境的能力（Sternberg, 1985a）。虽然关于智力和创造力还有其他许多定义（智力的定义见“智力及其测量”，1921，Sternberg & Detterman, 1986；创造力的定义见 Glover、Ronning & Reynolds, 1989；Policastro & Gardner，本书第 11 章；Rothenberg & Hausman 1976；Sternberg, 1988），但这些定义至少在某些要素方面是与大家一致认同的上述定义有共同之处的。

智力与创造力之间有怎样的关系呢？奥奇斯（R. Ochse, 1990）说：“如果智力意味着选择与塑造环境，那它就是创造力。”（p.104）为了选择或塑造环境使之适合自己，一个人需要用想象力来设想，环境应该是什么样的，以及如何把这种理想化的环境变为现实。另一方面，适应环境的能力——改变自己以适合环境——一般就不包括或很少包括创造力，甚至不得不压制创造力——如果一个人意识到要想适应学校或工作环境就意味着自己的创造性想法只能自我保留，或者冒着分数低、工作评价低的危险将这些想法公开。盖茨尔斯和奇可森特米海依（Getzels & Csikszentmihalyi, 1972）认为，创造力与智力可能表示不同过程，且在不同领域、各个等级的创造性努力中都需要智力。例如，富有

① 本章报告的工作得到以下机构的支持：美国教育部，教育研究与促进办公室及其下属的 Javits 行动计划（Grant R206R50001）。在本章报告中列出的发现和观点并不代表“教育研究与促进办公室”或“美国教育部”的立场或政策。

创造性的艺术家可能不需要很高的智力,但获得诺贝尔物理学奖的科学家却需要它。人们也可以说:“在不同领域、不同等级的智力活动中都需要创造力。”

创造力与智力是否相同?若不相同,它们的关系如何?还是一点关系都没有?在本章中,我们将回顾涵盖该问题五种可能答案的工作:(1)创造力是智力的子集;(2)智力是创造力的子集;(3)创造力与智力是部分重叠的集合;(4)创造力与智力在本质上是相同的(即两个集合完全重合);(5)创造力与智力根本无关(不相交集合)。所有可能的关系都被提出来了。最常见的传统观点可能是第三种观点,两集合部分重叠,创造力的集合与智力的集合在某些方面重叠,而在另外一些方面不重叠。但其他观点也应该引起我们足够的重视。

我们将依次考虑它们的关系,要认识到:上述集合关系都是理想化的,这种理想化不可能充分地评判现有智力或创造力理论的复杂性和丰富性。我们将把主要的考虑限制在有关人类智力的理论和研究上,当然人工智能(artificial intelligence)也可对创造力的本质提供关键的洞见(如,Boden, 1991、1994; Johnson-Laird, 1988; Langley、Simon、Bradshaw & Zytkow, 1987)。

创造力是智力的子集

比奈(Binet, 1896,被 Brown 引用,1989)在其最初的智力测验中,运用墨迹测验来测量儿童的想象力,但比奈后来中止了这项测验,因为他无法建立可靠的评分体系。后来,在 1905 年的量表中,比奈和西蒙使用开放性的条目测量创造力,如:给出押韵的词、完成句子、用三个给定的词组成句子;但在以后的测验版本中,他再一次删去了这些测量创造力的条目(Brown, 1989)。看来比奈在创造力测验中遇到的麻烦预示了未来一个多世纪中研究者在该问题上所遭受的挫折。吉尔福特(J. P. Guilford)是一位不顾这种挫折而坚持创造力测验的研究者。

吉尔福特的智力结构模型

吉尔福特(Guilford, 1950、1967、1970、1975)给创造力的研究领域带来了巨大冲击,他指出创造力是一个被相对忽略的研究领域(Guilford, 1950),这一观点近来又被人提起(Sternberg & Lubart,1996)。吉尔福特几乎单枪匹马地引起了创造力研究中的心理测量学兴趣。

在吉尔福特(Guilford, 1967)的智力结构(Structure of the Intellect,简写为SI)模型中,他提出了智力的三个基本维度,它们构成了一个立方体:(1) 操作方式——认知、记忆、发散思维、辐合思维、评价;(2) 操作内——图形、符号、语义、行为;(3) 操作产品——单元、类别、关系、系统、转换、含义。通过 5 种操作、4 种内容、6 种产品,人们可以获得 120 种要素(要素的数目在吉尔福特后期的研究中有所增加)。与创造力最相关的是发散性思维,它包括对信息的广泛搜寻和对问题产生大量新颖的回答,这与辐合思维要求对问题仅有唯一正确答案恰好相反。由于发散性思维只是智力的五种操作方式之一,故创造力可被视为智力的子集。吉尔福特也指出,他的这种包含创造力的智力模型的各方面一般不能为传统的智力测验所测量(在半个世纪后,仍是这样)。传统的智力测验经常需要辐合性操作,在多个选项中选定唯一正确的管案。

吉尔福特(Guilford, 1975)确认了创造性问题解决中所包含的多种因素(又见 Ochse 综述,1990):(1) 对问题的敏感性——辨认问题的能力;(2) 流畅性——想法的多少;(3) 灵活性——方法的转变;(4) 独创性——不同寻常的想法。这些能力可以被进一步细化。以流畅性为例,吉尔福特区分了观念的流畅性(在对预先设定的某些要求做出反应时快速产生不同想法的能力)、联想的流畅性(由一个给定的词列出若干词汇的能力)、表达的流畅性(将单词组织成词组或句子的能力)。类似地,灵活性可细化为自发的灵活性(即使没有外界要求,也能主动灵活变通的能力),适应的灵活性(在外界要求下能够变通,如灵活解决一定类型的问题)。

吉尔福特设计了大量的创造力测验,后来被保罗 · 托兰斯(Paul Torrance, 1974)改编、扩大成一系列测验。例如,语义单元的发散性思维测验是“命名你能想到的所有白色的、可食用的物品”(Guilford, 1975, p.42)。选择关系的发散性思维测验是,“父亲和女儿有多少种不同的可发生关联的方式?”(p.42)。系统产品的测验是,“尽可能多地写出用‘甜食’和‘军队’组成的句子”(p.42)。其他测验则包括:给短篇故事命名巧妙的标题、为平常的事物(如砖头和大衣架)列举不平常的用途、为给定的事件(如人们不需要睡眠)列举一系列结果。

吉尔福特和霍普夫纳(Guilford & Hoepfner, 1966)让 204 名 9 年级学生做 45 种不同的发散性思维测验,发现在加利福尼亚智力成熟度测验(California Test of Mental Maturity,简写为 CCTM,一种 IQ 测验)和语意发散性测验之间,存在着平均 37%的相关,还发现在 CCTM 与视觉-图形发散性测验之间存在着平均约 22%的相关。他们也指出,用 IQ 和发散性思维数据作散点图求相关,发现图形呈三角形排列,与习惯上的椭圆分布不同。三角形图形表明:在 IQ 测验中得低分的学生也会在发散性思维的测验中得低分;但在 IQ 测验中得高分的学生在发散性测验中的成绩则有高有低,分布极为分散(Guilford & Christensen, 1973)。这一发现在丹尼尔 · 斯库伯特(Daniel Schubert, 1973)以军队为样本的测试中得到重复。

吉尔福特的测量方法极大地影响了创造力研究领域,但在今天它已部分地失去了吸引力,有一部分原因是这些测验与创造力的其他等级评价结果之间只存在着微弱的相关,并且它只测量了创造力现象的非主要方面(Amabile, 1996; Beittel, 1964; Merrifield、Gardner & Cox, 1964; Piers、Daniels & Quackenbush, 1960; Skager、Schultz & Klein, 1967; Wallach & Kogan, 1965; Yamamoto, 1964)。

卡特尔的模型(Cattell's Model)

虽然卡特尔(Raymond Cattell, 1971)因他的晶体智力和流体智力理论而闻名,但他也设想了一系列基本的智力能力,与吉尔福特的120因素模型相似,但没那么复杂。卡特尔列举的基本能力包括:语词能力、数字能力、空间能力、知觉速度(图形辨认)、闭合速度(视觉认知,完形知觉)、归纳推理、演绎推理、机械记忆、机械知识与技能、语词流畅性、思想流畅性、重建闭合(闭合的灵活性)、灵活性对坚定性(原创性)、一般的运动协调性、手工灵巧性、音高与音调敏感性、表征性绘画技巧、表达的流畅性、运动速度、音乐的韵律感和时间感以及判断力。卡特尔后来把原创性与观念的流畅性这些与创造力相关的能力看成是基本能力的子集。

卡特尔(Cattell, 1971)批评吉尔福特在因素分析中采用了循环程序,这导致吉尔福特高估了发散性思维在创造力中的作用(相似的批评见 Horn & Knapp, 1973)。并且,就像对吉尔福特测验的其他批评者一样,卡特尔(Cattell, 1971)认为:

> 判定一个测验所测的创造力,只是测验编制者对于什么是创造力的个人观点的投射而已。因而,在由吉尔福特的学生和在这十年从事创造力研究的其他人所编制的智力测验中,创造力仅仅被简单评价为在总体平均数基础上的相对奇特、古怪的答案,或者是每分钟输出语词的数量,等等。这实际上接近于误把影子当作事物本体。(p.409)

卡特尔认为,真实生活中的创造性成就首先取决于这个人的一般智力,尤其是流体智力(fluid intelligence,即推理能力),它与晶体智力(crystallized intelligence,即知识或习得的材料)相对应,其次取决于人格因素。

加德纳的多元智力理论

霍华德·加德纳在多元智力理论(Multiple Intelligerice,简称MI;Howard Gardner,1983、1993、1995)中提出的一系列智力,与卡特尔所提出的基本能力相似,但不及前者涉猎广泛。对加德纳而言,智力并非一元的实体,而是由8种智力组成的集合。按照这个观点,人们可以用各种各样的方式显示出智力。例如,诗人与建筑师表现智力的方式不同,建筑师与舞蹈家表现智力的方式也不同。而且,这些智力可以用不同的方式来运用(不仅限于创造性的方式)。因而,创造性只是多元智力的一个方面(一个子集)。这8种智力是:(1)语言智力(如创作诗歌或短篇小说);(2)数学逻辑智力(如进行逻辑或数学证明);(3)空间智力(如在一个陌生城市中找到某个地方);(4)身体-运动智力(如运动或舞蹈);(5)音乐智力(如创作奏鸣曲或演奏大提琴);(6)人际关系智力(如寻找有效方式去理解别人或和其他人联系);(7)内省智力(如在自我理解方面达到高水平);(8)自然观察者智力(如在自然环境中看到复杂模式)。

加德纳(Gardner,1993)对7位20世纪的杰出创造性人物的生活进行了分析,他们分别代表多元智力中的7个方面:西格蒙德·弗洛伊德(内省智力)、阿尔伯特·爱因斯坦(数学逻辑智力)、巴勃罗·毕加索(空间智力)、斯特拉文斯基(音乐智力)、T. S.艾略特(语言智力)、马莎·格雷厄姆(身体-运动智力)、穆罕默得·甘地(人际关系智力)。查尔斯·达尔文可作为具有极高自然观察者智力的例子。但是,加德纳指出,虽然这些人中大多数确实有不止一种智力强项,但他们在其他智力上确实有明显弱点(如:弗洛伊德在空间智力及音乐智力方面都有弱点)。

虽然可以用多元智力把创造力理解为产生新的、有变革性的想法,加德纳(Gardner,1993)的分析还是远远超出了智力本身。例如,加德纳指出在这些创造性巨人的行为中有两个重要的主题：其一是进行创造性突破的时刻，他们往往有一个支持的环境；其二是他们往往进行“浮士德式的交易”(Faustain bargain)，即放弃常人在生活中享受的很多快乐，换取在职业生涯中的巨大成功。

继奇可森特米海依(Csikszentmihalyi, 1988、1996)之后，加德纳进一步区分了“专业”(domain)和“领域”(field)各自的重要性，专业是指关于特定学科领域的知识体，领域是指这一知识体被研究与细化的背景，包括那些在该专业工作的人们，如评论家、出版商以及其他“看门人”。以上二者对于创造力的发展及最终对创造力的认识都是很重要的。

智力作为创造力的子集

在第二个模型中，智力可被看作创造力的子集。创造力由智力加上别的东西组成，不管加上的是什么东西。

斯滕博格和卢伯特的投资理论

持有“智力是创造力的子集”这个观点的典型理论是斯滕博格和卢伯特(Sternberg & Lubart, 1991、1995、1996)的创造力投资理论(investment theory of creativity；参看 Rubenson & Runco, 1992，一种相关的方法是理论学家假设每个人都存在创造性潜能，它是创造能力中天生的禀赋与积极投资的产物)。在斯滕博格和卢伯特的理论看来，有创造性的人就像好投资者一样，总是低价买进、高价卖出。但是他们的买卖是在观念的世界中进行的。特别要指出的是，创造者产生的观念(类似于股票以低价买进，赚取一定比率)是相当不寻常的，甚至可说是公然对世俗的挑战。他们试图使其他人肯定这些观念的价值，然后他们以高价卖出(这意味着他们让其他人追随他们已有的观念);而同时,他们自己则继续前进,寻找下一个不平凡的观念。

斯滕博格和卢伯特(Sternberg & Lubart,1995)主张,6 个基本元素汇合形成创造力:智力,知识,思维风格,人格,动机,环境。智力只是 6 种力量中的一种,在 6 种因素交汇时产生创造性思维与创造性行为。

这种理论认为,智力的 3 个方面是创造力的关键:综合(synthetic)能力、分析(analytical)能力、实践(practical)能力。这三方面取自斯滕博格(Sternberg,1985a、1988、1996)关于人类智力的三元理论。它们被看成是相互作用的,并在创造性的功能中共同起作用。

综合能力是这样一种能力,它可以产生新颖的、高质量的、对任务适合的观念。因为创造力被看成是个人-任务-环境之间相互作用的结果,而所谓新颖的、高质量的、对任务适合的想法对于不同的人、不同的任务、不同的环境而言是有差别的。

综合能力中的第一个重要元素就是斯滕博格(Sternberg, 1985a)指出的元成分(metacomponent),它是在计划、监督、评价任务中一种高度有序化的执行过程。这一元成分是重新界定问题的一种方式。换句话说,创造性个体可能把其他人以一种方式看见的问题或他们自己以一种方式曾经看见的问题用完全不同的另一种方式重新定义。在这个意义上,他们"藐视一窝蜂"。例如,他们可能认为自己的很多朋友在特定的社区里买房子不是好事,而是坏事,因为那个社区里的房子将因大量需求而价格提高。他们也可能重新定义自己曾以某种方式见过的问题。例如,他们可能决定,与其尽力赚更多钱去满足消费,不如降低花销。斯滕伯格和卢伯特指出,重新定义问题既包括能力也包含态度——能力使做事更有效率,而首先要由态度来决定做这事。

斯滕博格设计了几个辐合性思维用来测量以新的方式看待问题的能力。一类问题(Sternberg, 1982; Tetewsky & Sternberg, 1986)是在被尼尔森·古德曼称作"归纳之新谜"(new riddle of induction,见 Goodman, 1955)的基础上设计的：教给被试一些新概念，如“grue”（在2000年底前是“绿色”，其后为“蓝色”），“bleen”（在2000年底前是“蓝色”，其后是“绿色”）。然后测验被试运用旧概念和新学的概念解决归纳问题的能力。这些测验的分数与传统的流体智力测验的分数呈中等相关（流体智力测验测量的是思维的灵活性、新颖性的能力，如几何矩阵问题）。最为重要的是，信息加工包括在概念系统之间灵活地来回切换的成分，它似乎能最好地鉴别创造性思维者（一方面是 green-blue；另一方面是 grue-bleen）。①

另一类的测验条目（Sternberg & Gastel, 1989a、1989b）需要被试解决类比推理及其他类型的归纳问题，既有真实前提（如“鸟会飞”），也有与事实相反的前提（如“麻雀会玩跳房子游戏”）。与事实相反的条目得分与传统的流体智力测验得分呈中等相关，与事实相反的条目似乎更好地测量了对传统思维方式重新定义的能力。

应用于创造力的智力的综合部分，也包括三种获得知识的元素，或学习过程。在创造力背景中，这三个过程是顿悟思维（insight thinking）的基础。它们是：（1）选择性编码（selective encoding），包括将相关信息与无关信息区别开来；（2）选择性组合（selective combination），包括将相关信息以新方式结合起来；（3）选择性比较（selective comparison），包括将新旧信息以新方式建立联系。例如，玻尔（Bohr）的原子模型可看成缩微的“太阳系”，它建立在选择性比较的顿悟的基础上，将原子与太阳系联系起来。弗洛伊德思想的精神动力学模型也建立在选择性比较的顿悟基础上。

斯滕博格和戴维森（Sternberg & Davidson, 1982，又见 Davidson, 1986、1995; Davidson & Sternberg, 1984）用不同的研究检验了这一顿悟理论，包括一个人用数学顿悟解决问题（如，如果你将蓝色袜子和棕色袜子以 4∶5 的比率混放在一个抽屉里，为了确保能拿出相同颜色的一双袜子，每次你至少要拿多

① 参见《推理的迷宫》中“绿蓝-蓝绿悖论”一节，北京理工大学出版社 2005 年 5 月版。——译者注

少只袜子)。他们发现,有三种顿悟可以通过不同类型的问题而分开,而且顿悟问题的测验得分与传统的流体智力测验的得分呈中度相关。他们还发现,有可能教小学生提高他们的顿悟思维能力。

按照这个理论,智力的分析部分——可被传统的智力测验测量的部分——也包含在创造力之中。当一个人要判断自己的想法有无价值、决定哪种想法值得继续干下去的时候,需要这种能力。如果已有的一种想法值得继续下去,则分析能力可以进一步用来评估该想法的优缺点,并提出改进的方法。综合能力高、分析能力低的人很可能需要别人帮助完成判断任务,以免为了不太有价值的想法而继续干下去。

包含在创造力之中的第三种智力能力是实践能力,即一个人将智力技能运用于日常生活各个方面的能力。由于创造性想法常被拒绝,故那些有创造性的人要学会如何有效地与别人交流他们的想法及如何说服其他人明白那些想法的价值,这一点很重要。从本质上说,在“推销”(自己的)想法的过程中包括实践能力,不管这些想法是在艺术专业(在此,推销对象可以是画廊、可能的购买者或批评家)、文学专业(在此,推销对象可能是出版商或大众)、科学专业(在此,推销对象可能是相对保守的科学同僚),还是在商业领域(在此,推销对象可能是愿意冒险的资本家,他们只愿投资给最有前途的企业创新)。由于创造力存在于个体、任务、环境的交互作用之中,因此,如果不能适当地将想法推销出去,可能导致它永远不会被冠以创造性的称号,或者只有在创造者死后才被当作是具有创造性的。

斯滕博格、费拉里、科林肯比尔德和格里格伦克(Sternberg、Ferrari、Clinkenbeard & Grigorenko, 1996;参看 Sternberg, 1997; Sternberg & Clinkenbeard, 1995)都认为,由于分析能力、综合能力、实践能力仅存在着微弱相关,因此,对于那些只在上述能力的某一方面突出的学生,当教育关注的恰恰是其他能力时,他们可能从中受益很少;特别值得一提的是,创造性强的学生可能从学校教育中受益不多,因为学校教育特别强调记忆与分析能力。在一项实验中,他们发现高中学生里,那些受教育方式与自身能力类型(如:擅长分析能力、综合能力)匹配得好的学生,与那些受教育方式和自身能力类型几乎不匹配的学生相比,前者容易达到更高的水平。

讨论知识在投资理论中的作用是很重要的,因为知识本身就是智力的一个重要方面的基础,有时被称作晶体智力(如,Cattell, 1971; Horn & Cattell, 1966)。投资理论认为,知识是一把双刃剑。一方面,为了提升一个领域超出现有的知识水平,一个人需要知识去了解该领域的现有水平,甚至要对已有思想观念提出反对意见,也需要具备知识才能了解已有想法是什么。另一方面,知识可以把一个人推向保守,从而阻碍创造力。如果一个人已经习惯于用一种固定的方式看问题,当他改用其他方式看(甚至想)某些事时就会觉得有困难。因而专家可能以获得知识为代价,牺牲了灵活性。有确凿的证据表明,一个领域的专家比新手更难适应本领域的基本结构的变化(Frensch & Sternberg, 1989)。

斯滕博格和卢伯特(Sternberg & Lubart, 1995)的投资理论表明,创造力也需要其他方面的投资,如:思维风格、人格、动机、环境。思维风格是指一个人更愿意依靠自己的选择,用新方法思考问题,而不是人云亦云。更愿意运用这种思维风格的人,需要某种可挑战公众的特定人格,也需要持久坚定的动机,去战胜在任何实现创造力的努力过程中都会遇到的重重障碍。最有利于创造力的环境是指可以减少障碍、减少新想法与新行为的固有风险、给冒险者以奖赏的环境。

斯滕博格和卢伯特(Sternberg & Lubart, 1995)检验投资理论的方法是让人们在四个专业(domain)中产生创造性作品,从给定的不同题目中选择两个:写作(writing,如"锁眼"、"2983");是(are,如"昆虫眼中的地球""时间的起点");广告(advertising),如"球芽甘蓝"(brussels sprouts)、"衬衫袖口的链扣"(cufflinks);科学(science;如"如果有外星人藏在我们中间,我们怎么才能知道?")。虽然创造力的普遍性可能部分地依赖于被测试的人群,但他们发现在四个专业之间只有中等相关,对创造性作品进行等级评价的平均值与流体智力测验成绩之间也是中等程度的相关(见 Runco, 1987)。

史密斯的分层说(Hierarchy)

认为智力是创造力子集的另一个有趣观点建立在布鲁姆的《教育目标分类学》(*Taxonomy of Educational Objectives*)的基础之上,并经过了利昂·史密斯(Leon Smith, 1970、1971)的检验。分类学的基本假设是,认知过程可被放置于一个累积的、分层的连续体之中;开始时认知对象是知识,然后是理解、应用、分析、综合、评价等能力进阶性地上升。在掌握前四者的过程中需要智力,在掌握后两者(综合、评价)的过程中则需要创造力。由于连续体是累积的、分层的,对掌握综合与评价能力而言,除了需要新的行为——创造力以外,还需要潜伏于前四层(即智力)中的技能。因而,史密斯认为,智力是创造力的子集。

史密斯(Stimth, 1970)给 141 位 11 年级的学生做了一个智力测验、两个创造力测验和分类学测验,运用智力测验和创造力测验成绩,通过多元回归分析预测分类学测验的成绩。他发现在前四类的每一类中,智力占的方差的百分数都是显著的(知识—34%,理解—53%,应用—53%,分析—28%)。与此理论一致的是,创造力不能显著地解释这四类的任何更多的方差。与该理论对应,又一次可见智力(分别贡献 49%和 31%)与创造力(分别贡献 20%与 14%)都对综合与评价的分测验中的个体差异的变异提供了显著的、独立的、整体的贡献。

创造力与智力部分重叠

创造力与智力部分重叠的观点表明:在某些方式上,创造力与智力是类似的,而在另一些方式上它们是不同的。巴伦(Barron, 1963)提出二者的相似点是:

> 如果一个人将原创性定义为对刺激情景做出适应性的和不寻常的反应的能力，而将智力简单定义为解决问题的能力，则在问题解决能力的较高水平上，智力的表示形式也是原创性的。也就是说，非常困难的、极少能被人解决的问题按其定义就需要原创性的方法来解决。(p.219)

罗(Roe, 1963/1976)强调了智力与创造力的差别：

> 创造的过程可能与问题解决近似，但在很多方式上二者并不相同。在问题解决中，眼前的目标是特定的，研究方法中逻辑的、有序的模式是适宜的——即使不是总被用到。而在创造的过程中，就不存在像规则那样明确的目标，非逻辑性的思维模式也很常见。纽威尔、肖和西蒙(Newell、Shaw & Simon, 1958)认为："创造性活动可被简单地看成特殊类别的问题解决活动，其特征是问题阐述的新颖性、不落俗套、持续性和困难性。"创造过程与一般问题解决的主要区别在于思考者对问题的投入程度不同；在创造的过程中，投入程度很高，而且非认知的、情感的因素大量浮现，但这些因素对于有效地解决问题形成了障碍。(p.172)

另一种把创造力从智力中区别出来的方式是由乔治·肖克史密斯(George Shouksmith, 1973)提出的，他认为判断一个答案的正确与否，要测量逻辑推理或智力，而判断一个答案的好与坏，即问题解决与问题本身或情境的适应程度，测量的才是创造力。重叠部分则表明该答案既正确又好。

创造力与智力部分重叠的观点可能是最常见的观点，其中的一个理由是，该观点的倡导者做了大量著名的、有影响力的工作。例如，凯瑟琳·科克斯和路易斯·特曼对历史上天才的研究(Cox, 1926)，以及由人格评估研究所(Institute of Personality Assessment and Research，简称IPAR)和加利福尼亚大学伯克利分校(the University of California at Berkeley)的研究者们所指导的大量专业研究，如唐纳德·马金农（Donald MacKinnon，1962、1967、1975）、弗兰克·巴伦（Frank Barron，1963、1969）、雷文纳·赫尔森（Ravenna Helson 1971/1976），和哈里森·高夫（Harrison Gough，1957）的研究。

科克斯研究的 301 位天才

与路易斯·特孟共事的凯瑟林·科克斯（Catherine Cox，1926）发表了对生活在 1450 年至 1850 年间 301 位最杰出人物的智商评定结果。卡特尔做了预备工作，从人物传记大辞典中确定 1 000 名杰出人物，然后再由上述两位心理学家确定他们所要研究的人物名单。从卡特尔提供的名单中，他们删除了世袭贵族的人名，除非那些人确实做出了超越其显赫出身的卓越贡献；他们还删掉了生于 1450 年之前的人、在最初的列表中排名在 510 名之后的人及 11 位无资料可查的人。删除后剩余 282 人，他们的 IQ 成绩被编入 A 组。此外，他们经讨论确定了 B 组名单，从最初列表中 510 名之后的候选人中选出了 19 例各色各样的个案，A 组与 B 组总和为 301 人。

为了评价这些人的智商，科克斯、特曼和莫德·梅里尔（Maud Merrill，见 Cox，1926）通过传记、信札、其他作品和记载来寻找关于上述 301 人下列方面的证明——最初所受的教育；最初的学习情况；最早的作品；首次阅读及首次解决数学问题的年龄；典型的早慧行为；对知识不寻常的应用；对相似点与不同点的认识；阅读的数量及特征；兴趣的广度；学业等级与进步；态度及判断力的早慧程度；分辨、概括或推理能力，还有家庭地位。显然，他们的 IQ 评估是相当客观的。考虑到真实生活中的智力并不能在标准智力测验中得以体现，故这种评估具有社会生态学效度。科克斯、特孟和梅里尔所报告的 IQ 是这三位专家所给分数的平均值。其观察者内部信度：对儿童时期的评价为 90%，对青年时期的评价为 89%（根据 Cox，1926，pp.67～68 相关度计算出来）。

以对弗朗西斯·高尔顿的描述为例，可以见到促成上述评价的一些因素

(他不在名单之列;他生于1822年,并于1869年出版了《遗传的天才》一书),特孟对他的IQ评分为200。"弗朗西斯在12个月时会认第一个字母,并在18个月时会认字母表……当他两岁半时可以阅读少量书籍,如《蜘蛛网捕苍蝇》(*Cobwebs to Catch Flies*);在3岁前他就会签自己的名字(Cox, 1926, pp.41~42);4岁时,弗朗西斯会说所有的拉丁语实词、形容词、主动语态的动词,会加法与乘法,可读懂一点法语,并会看钟表;5岁时,他会引用沃尔特·斯科特(Walter Scott)的话;6岁时,他对荷马史诗《伊利亚特》(*Iliad*)和《奥德赛》(*Odyssey*)较熟悉;7岁时他觉得好玩,就开始阅读莎士比亚的作品,并在读过两遍之后就能记住那一页的内容。"显然,对高尔顿的记录表明他是一个罕见的超常儿童。

科克斯得出结论:全组的IQ平均得分——儿童时期135分及青少年时期145分——这样的分数可能太低,因为,向未经选择的总体平均值100分的人群作回归,说明无论何时数据都是不可用的(而这个群体的平均分为135和145)。而且,数据的可靠性差也可导致向平均值的靠近。科克斯解释了数据中的一个问题是在IQ与可用数据的信度之间存在77%的强相关,即数据可信度越高,IQ分数越高;IQ分数越高,建立在它基础上的数据可信度越高。她得出结论:如果能拿到可信度更高的数据,则所有IQ分数将会更高。因此她修正了最初的评价结果,使全组的平均值在儿童时期升至155、青少年时期升至165。表13.1根据职业分组显示了青少年时期的IQ分数。

表13.1 科克斯(Cox, 1926)对不同职业的IQ评估

组　别	人　数	百分比	修正后的IQ评估
哲学家	22	8%	180
科学家	39	14%	175
写实文学作家	43	15%	170
宗教领导人	23	8%	170
小说家	52	18%	165

（续表）

组　　别	人　数	百分比	修正后的 IQ 评估
改革派政治家	9	3%	165
国务活动家与政治家	43	15%	165
美术家	13	5%	160
音乐家	11	4%	160
军事家	27	10%	140
平均	282	100%	165

表 13.2 列出了在科克斯数据中的部分样本。科克斯很谨慎地指出列出的 IQ 值并非真人的 IQ 值，而是从记录中得出的 IQ 评估值。"记录在这些页上的牛顿或林肯的 IQ 值是我们所记录的牛顿或林肯的 IQ 值，但必须承认这些记录是不完全的。"（Cox，1926，p.8）

表 13.2　在科克斯（1926）的研究中被选中的人物

姓　　名	卡特尔评估的杰出性等级顺序	修正后的 IQ 估计值
拿破仑（Napoleon Bonaparte）	1	145
伏尔泰（Arouet de Voltaire）	2	190
弗朗西斯・培根（Francis Bacon）	3	180
高斯（J.W Goethe）	4	210（最高）
马丁・路德（Martin Luther）	5	170
牛顿（Isaac Newton）	7	190
乔治・华盛顿（George Washington）	10	140
米开朗基罗（Michelangelo）	15	180
亚伯拉罕・林肯（Abraham Lincoln）	23	150
托马斯・杰弗逊（Thomas Jefferson）	49	160
莫扎特（W A. Mozart）	56	165
查理斯・达尔文（Charles Darwin）	68	165
贝多芬（Ludwig van Beethoven）	121	165

科克斯(Cox, 1926, p.55)发现在IQ与杰出性等级之间的相关为16%±3.9%,这一结果是修正了数据的不可信度之后得出的。迪安·西蒙顿(Dean Simonton, 1976)用多元回归技术重新检验了科克斯的数据,并指出:科克斯发现的智力与杰出性等级之间的相关是在数据信度低的基础上得出的人工制品,尤其是时间方式取样(time-wise sampling)的偏差——晚出生的人IQ评估得分低,而且杰出性等级也较低。西蒙顿分析,如果出生年份被控制的话,智力与杰出性等级之间的关系为零。(Simonton, 1976, pp.223~224)不管怎么说,科克斯(Cox, 1926)认识到了在杰出性方面除了IQ之外其他因素所起的作用,并得出结论:"较高但非最高的智力,结合着最佳的持久力,将会比那些最高的智力结合不太强的持久力,可达到更杰出的程度。"(p.187)

人格评估研究所

人格评估研究所(Institute of Personality Assessment and Research,简称IPAR)建立于1949年,地点在加利福尼亚大学的伯克利分校。它的目标是发展心理评估技术并将此用于对健康人的研究,而不是研究有病理表现的人。曾有几位心理学家在第二次世界大战期间为战略服务办公室(Office of Strategic Services)做过评估。他们的任务是挑选间谍、反间谍官员、敌后方抵抗小组的领导、旨在瓦解敌军士气的传教总会的创始人以及其他接受非正规战斗任务的领导人(Barron, 1963; Mackinnon, 1967、1975)。正如人们预料的那样,小组的首批研究对象是伯克利分校的研究生。但若干年后,马金农研究的是建筑师及攀登珠穆朗玛峰的美国探险队员;巴伦研究美国空气动力学官员、工商管理者、艺术家及作家;黑尔森研究了男、女数学家;高夫研究了科学家,并在很多研究中使得"形容词核查表"(the Adjective Check List)及"加利福尼亚心理学量表"(the California Psychological Inventory)生效。

一项典型的研究是由某领域的一些专家提名,并给该领域内最具有创造力的人排列等级,这些专家包括教授、导师、杂志的编辑、批评家、成套测验的制订者。所制订的这些测验包括吉尔福特的发散性思维测验、一些智力测验及各种自陈式人格测验和投射测验——如主题统觉测验(Thematic Apperception Test,简称 TAT)或罗夏克墨迹测验(Rorschach Inkblot Test,简称 RIT)。这些高创造力的人同意参加在伯克利分校举行的为期 3 天的周末评估研讨会,它提供了大量场景让几个工作人员去面试,观察参加者在非正式社交场合中、情景测验中、小组讨论中、看手势猜字谜游戏中以及其他实践活动中的表现。一般的情况是,6~7 位工作人员在周末评估 10 位参加者。周末评估会上所得的分数将与那些在该领域内创造力稍逊色的专业人员的分数相比较,后者在年龄和工作的地理位置上与前者相匹配,对后者的评估办法是把一系列程序化的考核材料通过信件邮寄给他们。

描述创造力与智力评分的关系只是 IPAR 研究中的一个部分,他们更多地把研究重点放在确认创造性人物的人格变量上,其内容绝非本章所能涵盖的。一项对 343 名军官的研究发现了富有创造力的人(creative person)区别于聪明人(intelligent person)的一些人格变量。巴伦(Barron, 1963)发现,那些原创性得分高但智商得分低的人[由概念精通测验(Concept Mastery Test)测量智力,该测验包括同义词-反义词测验和语词类比推理测验]形容他们自己是"易被感动的、敢作敢为的、对人苛求的、有依赖性的、有支配欲的、有说服力的、缺乏耐心的、主动的、坦率的、善讽刺的、坚强的、易受暗示影响的"(p.222)。而那些智商得分高但原创性得分低的人形容自己是"温和的、乐观的、愉快的、安静的、不自私的"(p.222)。巴伦说:

当人们将那些既聪明又有原创性的被试的自我描述与工作人员对他们的描述相比较时,便会发现,在行为上,智力体现了现实性原则的实施,而且适当地延迟冲动性表达和有效地组织本能的能量,以便达到世间的某一目标(就像他们已经达到的那样)等特征也是由智力造成

的。(p.223)

巴朗(Barron, 1963)对IPAP的很多研究总结道:

> 在整个范围内,智力与创造力呈现较低的正相关,约在40%左右;但当IQ值超过120,对于研究创造力而言,智力因素便可以忽略,而我们的研究所强调的动机与风格的变量就成为决定创造力的主要因素。(p.242)

智力与人格或动机变量的相对重要性可由托马斯·爱迪生(Thomas Edison)的一则轶事说明。一次,听觉不好的赛勒斯·伊顿(Cyrus Eaton)让同样听觉不好的托马斯·爱迪生改进助听器。爱迪生拒绝了,他说:"我不想听得那么清楚。"(Crovitz, 1970, p.56)

关于用IQ度量的传统智力概念和创造力的3个基本发现得到了普遍的认同(见Barron & Harrington, 1981; Lubart, 1994)。第一,具有创造力的人的IQ值一般都高于平均水平,常超过120(见Renzulli, 1986)。该数字并不是一刀切的,而是表达了这样一个事实:低IQ或仅达IQ平均值的人似乎无法在高创造性人群的等级排列中很好地表现。科克斯(Cox, 1926)研究中的天才们IQ评估值都超过了165;巴伦对他研究的高创造性作家的IQ平均值做出了估计,由他们在特孟概念精通测验(Terman Concept Mastery Test)中的分数来看,他们的IQ达140或更高(Barron, 1963, p.242);IPAR研究对象中的其他小组,如数学家与科研人员,其智力也都在平均值以上。在IRAR被试组被确定前,安娜·罗(Anne Roe, 1952、1972)已对杰出科学家作了类似的全面评估,根据IQ测验的语词、空间和数学的不同方面,她评估的被试的IQ值在121~194之间,中位数在137~166之间。

第二,对IQ值在120以上的人而言,IQ对创造力的作用不像IQ在120以下者那样明显。也就是说,当IQ在120以下,创造力与IQ间存在着高相关:

而当 IQ 值在 120 以上,二者只存在微弱相关或根本毫无关系。这种关系常被称为阈限理论(threshold theory),与下面将要讨论的黑耶斯(Hayes, 1989)的证书理论(certification theory)形成对比。对建筑师的研究发现,他们的 IQ 平均值为 130(显著高于普通人群的平均值),智力与创造力间的相关为-8%,与零相关无显著差异(Barron, 1969, p.42)。但对军官的研究发现,他们具有中等智力,智力与创造力的相关为 33%(Barron, 1963, p.219)。这些结果显示,有很高创造力的人群常有高 IQ,但高 IQ 的人并不一定有高创造力。

一些研究者(如 Simonton, 1994; Sternberg, 1996)认为:极高的 IQ 可能在实际上有损于创造力。那些本来应具有极高创造力的人可能因具有高 IQ 所带来的较强技能(如分析能力)而不去发展自身的创造性潜能,故创造力隐而不现。西蒙顿(Simonton, 1976)对科克斯(Cox, 1926)研究的数据进行了再检验,结果发现:杰出的领导者在 IQ 值与杰出性之间存在-29%的显著负相关。西蒙顿(Simonton, 1976)解释说:

> 领导者在达到“杰出”之前一定要被大量的人所理解,他们不像有创造力的人,只需吸引那些智力上的精英……科学、哲学、文学、艺术、音乐领域的创造者不必在其有生之年便造诣非凡以换取子孙后代的赞誉,反之,军事、政治、宗教领域的领导者则一定要有同时代的追随者才能成就卓越事业。(p.220, p.222)

第三,IQ 与创造力之间的相关程度差别较大,通常从弱相关到中等相关均有(Flescher, 1963; Getzels & Jackson, 1965; Guilford, 1967; Herr、Moore & Hasen, 1965; Torrance, 1962; Wallach & Kogan, 1965; Yamamoto, 1964)。不同程度的相关一部分取决于测量的是创造力与智力的哪些方面、测量的方法是什么,另一部分取决于创造力显现的领域。例如,智力在艺术与音乐中的作用不同于它在数学与科学中的作用(Mc Nemar, 1964)。

三环模型

以上事实显示了另一种关于创造力与智力关系的概念,即二者部分重叠(如创造性的人需要一定的 IQ 水平)但并不完全一致。伦祖里(Renzulli, 1986)提出了"三环"模型(three-ring model),即拥有平均值以上的能力(由传统方法测量)、创造力、对任务的承诺三者交汇处产生天才。能力与创造力的圆环有一部分重叠。

伦祖里将"学校学习的天才"与"高创造性的天才"区别开来,他认为:在这方面是天才不一定等于在那方面也是天才。学校学习的天才是指在测验和学习方面优异的传统意义上的天才,而高创造性的天才是指能产生创造性想法的天才。因而,我们在用传统的 IQ 测验去辨别天才时要格外小心,因为我们常会漏掉高创造性的天才。这一点将在"创造力与智力不相关"那一部分得到进一步的讨论。

梅德尼克和他的远程联想测验

与安娜·罗和吉尔福特的测验一样,IPAR 所用的测验及 IPAR 研究者的评估有明显的缺点:施测所用的时间与经费太多对测验采用的是主观评分法。与此不同,梅德尼克(Mednick, 1962)首创了仅有 30 个条目、用客观评分法、耗时 40 分钟的创造力测验,称为远程联想测验(Rernote Associates Test,简写为 RAT)。该测验基于梅德尼克理论的基础之上,即:创造性过程就是把联想要素形成新组合,这些组合要么满足了某种具体需要,要么在某些方面有用(Mednick, 1962)。由于进行组合、拿出创造性解决方案的这种能力,必然要依靠以个体的知识为基础的组合材料(即联想要素),而且,产生创造性方案的可能性和速度都会受个体组织这种联想的影响,故梅德尼克的理论认为,创造力与智力是紧密相关的;它们是部分重叠的。

RAT 的组成内容是:给 3 个词,让被试说出远程联想到的第 4 个词。例如,所给的词为(并非真实测验中的条目;Mednick, 1962, p.227):

1. 老鼠　　蓝色　　农舍
2. 铁路　　女孩　　班级
3. 吃惊　　钱　　生日
4. 车轮　　导电的　　高的
5. 出去　　狗　　猫

我们将在后文给出答案①,读者可以先用这些例子试着玩一玩。

RAT 与 WISC(韦氏儿童智力量表)的相关为 55%,RAT 与 SAT 语词部分的相关为 43%,RAT 与桑代克语词智力测验的相关达 41%(Mednick & Andrews, 1967)。RAT 与大量智力测验的相关比这些数据要低(r = 20% ~ 34%)。RAT 与其他创造性成就测验的相关程度高低差别更大(Andrews, 1975)。

创造力的内隐理论

另一种研究方法提出创造力与智力的环状交叠模型(overlapping-circle model),该方法运用了智力与创造力的内隐理论(Implicit Theories)或民间观点(folk conceptions)。斯滕博格(Sernberg, 1985b)要求普通人群及四个领域的专家(物理、哲学、艺术、商业)给出一些信息,通过一种被称为非计量多维分级(nonmetric multidimentional scaling)的数据分析技术,通过这些信息得到了关于创造力与智力的内隐理论(对智慧也如此)。

斯滕博格发现民间的创造力内隐理论似乎包括以下 8 个主要方面:(1) 没有跨越不了的障碍(从新角度看问题);(2) 整合性和智力;(3) 美学品

① 对 RAT 样本条目的答案:(1) 奶酪;(2) 工作;(3) 聚会;(4) 椅子或金属线;(5) 房子。

位与想象力;(4) 决策技术与灵活性;(5) 洞察力(直觉,知觉的敏锐性,识别力,或理解力);(6) 获得成功和赞誉的驱动力;(7) 勤学好问;(8) 直觉。民间的智力内隐理论包括以下6种元素:(1) 问题解决的实践能力;(2) 语词能力;(3) 智力的平衡与整合性;(4) 目标定位与达到目标;(5) 情景智力(即:在日常环境中的智力);(6) 流畅的思想。可见创造力和智力有部分重叠,如:都强调设置与达到目标的重要性、都强调以灵活的(流畅的)并且非常规的方式进行思维的重要性。当要求人们给假想中描述的人评定创造力与智力等级时,斯滕博格(Sternberg,1985b)发现,在创造力与智力的等级评定间存在69%的相关。

创造力与智力是一致的集合

哈恩斯里和瑞诺尔兹(Heansly & Reynolds, 1989)认为,创造力与智力应被视为“一致的现象”,即,二者是相结合的一个集合。他们提出创造力是智力的一种表达形式。

威斯伯格(Weisberg, 1986、1989、1993)和朗雷等研究者(Langley et al., 1987)认为,创造力的潜在机制与普通问题解决的潜在机制没什么区别,当然,这些普通类型的问题是指从表面上看似乎不需要任何创造性思维就能解决的。按照这些研究者的观点,在普通过程中产生不寻常的结果就宣告了创造力的产生。帕金斯(Perkins, 1981)指出,这个观点是“没什么特别之处”的观点。根据这个观点,如果我们想要理解创造力,不需要比研究普通的问题解决走得更远。

例如,威斯伯格和阿尔巴(Weisberg & Alba, 1981)让人们解决著名的“九点问题”。该问题的要求如下:用不多于4条直线,将每行3点、共有3行的方形区域中的9个点连接起来;一个点不可重复用两次;也不允许让笔离开纸面。

人们只有让线段突破 9 个点所围成的方形边界才能解决这个问题①。一般地说，要想解决这个任务，一个人必须具有“突破方框”的顿悟（insight）。威斯伯格和阿尔巴认为，即使给人们以顿悟的思路，他们在解决这个问题时仍有困难。换句话说，无论在解决“九点问题”时需要的是什么，它们绝不只是非凡的顿悟这一类的东西。

创造力与智力是不相交的集合

许多研究者付出了大量努力，试图指明创造力与智力是不同的，即它们是不相交的集合（如 Getzels & Jackson, 1962; Torrance, 1975; Wallach & Kogan, 1965）。尽管这些研究者中没有人能够说明，并且有很多人还明确否认，创造力与智力是完全无关的，但人们还是可以清楚地看出他们所要强调的那个方向。他们的研究目的是关注依靠传统 IQ 测验去发现天才儿童。唐纳德・马金农讲述的一个故事[Donald MacKinnon, 1962；他相信这个故事是由马克・吐温（Mark Twain）首先讲述的]说明了这个问题，也说明了认识潜在天赋，并为这种天赋提供环境促进其发展和表达的重要性。这个故事讲述了：

> 一个男人去寻找曾经在世的最伟大的将军。当他询问别人在什么地方能找到这个将军时，他被告知：他要找的人已归西，并升入了天堂。他来到珍珠门（Pearly Gates），把此行的目的告诉了圣・彼得（St. Peter）之后，彼得指向附近的一个灵魂。男人质疑道：“但是，那不是最伟大的将

---

① 九点图的解决方法如下：

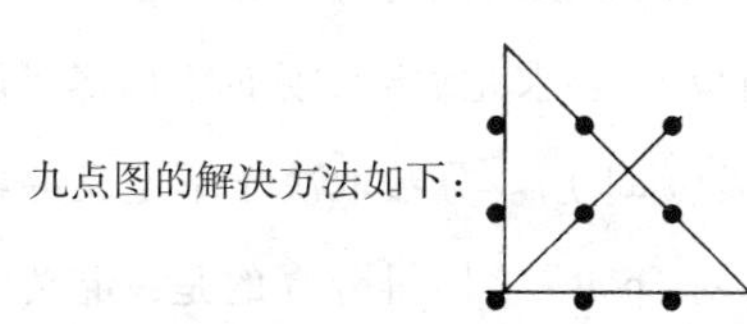

军！我认识这个人，他活着的时候只是个补鞋匠而已。”“这个我知道，”彼得回答道，“但如果他能做一个将军的话，他一定是所有将军中最伟大的。”（p.484）

在黑耶斯（Hayes, 1989）提出的IQ值120对应的阈限理论（详见前文“创造力和智力部分重叠”的观点）中，也讨论了天赋没能被发掘的可能性。黑耶斯的理论证明：创造力与IQ间并不具有内在的相关。但是，一个人为了在工作中显示其创造力，他必须取得有一定自由度的可以表达创造力的职位。例如，一位大学教授可能比一个组装流水线上的工人在工作中有更大的自由度表达创造力。享有这类自由度的职位一般需要大学本科学历，有时需要研究生学历。而学校中的学业成绩与IQ相关。因而，一个人要想获得机会表达创造性，要依赖足够高的IQ去取得一定的学历，可见，学历是获得那些能够展示创造力的工作所必需的敲门砖。

盖茨尔斯和杰克逊的研究

盖茨尔斯和杰克逊（Getzels & Jackson, 1962）给6~12年级的245名男生和204名女生做了5项创造力测量，并将结果和IQ测验（比奈测验、Henmon-Nelson测验、韦氏学龄儿童智力测验WISC中的一种）成绩作比较。他们的工作集中在辨认两组学生（高智力—低创造力组和高创造力—低智力组），并研究他们在学校中的行为、他们的价值取向、梦想及想象的作品和家庭环境。

这5项创造力测量是：语词联想、物品用途、图形隐藏、虚构故事、编写问题。这些测验曾作为创造力测验的典型例子被其他研究者使用过。

在语词联想（word association）测验中，要求儿童给常见词汇以尽可能多的定义[如门闩（bolt），狗叫（bark），麻袋（sack）]。分数取决于下定义的绝对数量及定义所涉及的不同种类数。如，对“bolt”一词得分高的是：定义中包括

“使固定(拴紧)、快速逃跑、匆忙吞咽、布匹、(马)脱缰、闪电”等不同义项(Getzels & Jackson, 1962, p.17)。

在物品用途(uses for things)测验中,要求儿童把对他们来说已有固定功能的物品给出尽可能多的用途。这一测验与吉尔福特的测验条目相似,如给出砖头、回形针、牙签的用途。测验分数取决于他们给出了多少用途及这些用途的独创性。对“砖头”的离分应当是:“砖头可用于建筑;你也可以用砖头作纸镇;用来作门挡;你可以加热一块砖头并用它来暖床;你可以把砖头扔出去作为武器;你可以把砖头中心挖空,做成一个烟灰缸。”(Getzels & Jackson, 1962, p.18)

隐蔽图形隐藏(hidden shapes)测验,也是卡特尔的目标分析测验(Cattell's objective-analytical test)系列中的一部分,在该测验中给儿童呈现 18 个简单的几何图形,每一图形后都跟有 4 个复杂图形。要求儿童找出藏在复杂图形中的简单几何图形。

在虚构故事(fable)测验中,给儿童呈现 4 个虚构故事,每一个故事结尾的最后一行都缺失。要求儿童给每个故事续上 3 个不同风格的结尾:道德的,幽默的,悲伤的。以“顽皮的小狗”为例:

> 一只劣种狗常常悄悄地跑到路人的脚后跟旁,没有任何预先警告就咬他们。于是狗的主人被迫在狗脖子上拴了只铃铛,这样无论它去哪里都会引起别人注意。这只狗想:这样真好。于是它充满自豪、丁当作响地走遍城镇每一个角落。但一只老猎犬说……(Getzels & Jackson, 1962, p.18)

虚构故事测验的分数取决于结尾的数量、适宜性、原创性。

在编写问题的测验中,给儿童呈现 4 个复杂的段落,每段中包含很多带有数字的陈述句,要求儿童根据所给信息编出尽可能多的数学问题。举个例子,一个男人花了很多钱买了一幢房子,每月要支付银行抵押贷款及其他花销。问题(1)会比问题(2)得分更高:(1)史密斯先生需要有多长时间才能还清

房子的所有贷款?(2)史密斯先生每月付完贷款后仍剩余多少钱?(Getzels & Jackson,1962,p.19)

上述五种创造力测验之间的相关性差别较大:如虚构故事与隐蔽图形测验的相关系数仅为153%,而编写问题和语词联想测验的相关系数高达488%。IQ测验与创造力测验相关系数的平均值为26%。IQ与虚构故事之间的相关最低,女生为12%,男生为13%;IQ与词语联想之间的相关最高,女生为39%,男生为38%。值得一提的是,学校里学生的平均IQ是132,超过了创造力与IQ关系的转折点120。上述不低的相关支持了布奇尔(Burt, 1962/1970)的批评:创造力测验可以成为通常用以测量一般智力因素的测验的一部分。麦克内玛(McNemar, 1964)评估了创造力的综合分数与IQ在整个样本中的相关程度,这是盖茨尔斯和杰克逊没能提供的。这一相关为40%,麦克内玛说,由于以下因素,使相关大大减弱了,这些因素包括:常见测量误差、IQ范围受到限定(平均值132)、IQ成绩是斯坦福-比奈测验、亨蒙-尼尔逊(Henmon-Nelson)测验与韦氏测验的混合结果。将以上因素修正后得到的相关值将更加支持布奇尔和麦克内玛的观点,即:用在此处的创造力测验与智力测验非常相似。

盖茨尔斯和杰克逊(Getzels & Jackson, 1962)研究中的高创造力组成员(15名男生,11名女生)是那些在创造力测验的综合指标中处于前20%,但在IQ测验中低于前20%的人。而高智力组成员(17名男生,11名女生)在IQ测验中处于前20%,但在创造力测验中低于前20%。沃克拉和科甘(Wallach & Kogan, 1965)批评盖茨尔斯和杰克逊不应把几个创造力测验综合起来,因为它们彼此间的相关不比这些创造力测验与IQ测验之间的相关更高。

盖茨尔斯和杰克逊(Getzels & Jackson, 1962)提出的主要观点是:高创造力组和高IQ组除了在IQ平均分上相差23(前者127,后者150)之外,两组在学业成绩上都优于在校学生的整体成绩。麦克内玛(McNemar, 1964)在一次尖锐的批评中说,如果作者觉得给出整个小组的IQ、创造力和学业成绩之间的相关让人糊涂,那么人们可以推断出“对于学业成绩而言,创造力并不像IQ那样重要——恰好和它们应有的位置相反”(p.879)。

盖茨尔斯和杰克逊(Getzels & Jackson, 1962)发现,高IQ组比高创造力组的学生更吸引他们的老师。在高IQ组的学生想让自身拥有的素质中,他们觉得对成功重要的东西和他们觉得教师赞同的东西是相同的;而高创造力组的学生与老师的观点则不太一致。对于可将人引向成功的事物,高IQ组学生认为自身拥有的素质与他们认为能通向成人成功的素质之间有很高的相关,r=81%。也就是说,这些学生有很高的成功定向。相反,高创造力组的学生认为自身拥有的素质与他们认为能通向成人成功的素质之间几乎没什么相关,r=10%。这些学生似乎对成功的传统标准不买账,相反他们报告了更多对不寻常职业的渴望,如冒险家、发明家、作家。相比之下,高IQ的学生更多地希望当医生、律师和教授。

在理想的素质中,高创造力组对幽默感所排的位置比高IQ组要高得多。前者在13项素质中将幽默感排在第3位,紧随“与他人相处”和“情绪稳定性”之后,作为他们理想中的自我渴望拥有的素质:高IQ组的学生只将幽默感排在第9位,而把高分数、高IQ、目标定向排在前几位。

在不同的开放式结尾的测验(open-ended tests)及画画任务中,高创造力的学生在以下方面显著高于高IQ的学生——无主题刺激(stimulus-free themes)①、出乎预料的结尾、幽默感、不协调性、顽皮,还有狂热性(violence)。高创造力的学生似乎在很大程度上将刺激作为自我表达的出发点;而高IQ的学生则认为,刺激只是有待分享的事物或有待完成的任务。下面举的一些例子值得注意。

呈现一个图片刺激,被试最常见的认知反应是:一个男人,在结束公务或学术会议的返程中,斜倚在飞机座位上。高IQ组的一位学生答案如下:

史密斯先生成功地结束了商务活动,正在回家途中。他很幸福,他正

① 即对主题没有规定,或由被试自己来确定主题。——译者注

想着家庭美满的，还有与家人重逢的美妙场景。他可以勾画出未来一个小时的情景：他乘坐的飞机着陆后，他的夫人和三个孩子都在欢迎他回来。（Getzels & Jackson，1962，p.39）

对于同样一幅画面，一位高创造力的学生则会给出如下答案：

这个男人正在从里诺①返回的飞行途中，他刚和妻子离了婚。他告诉律师，他再也无法忍受同她生活在一起，因为她总在临睡前往脸上涂那么多面霜，以至她的头会滑过枕头碰到他的头。画面中的他正在沉思发明防滑面霜。（Getzels & Jackson，1962，p.39）

当要求学生以“在学校操场上玩捉迷藏游戏”为题画一幅画时，高 IQ 组学生与高创造力组学生相比，前者更喜欢在画面中描绘细节、标记出各个部分（如画一幢建筑、标明那是学校），而且他们把注意力放在与人分享、被人理解上。反之，高创造力组的学生不易被这些特定细节所束缚，而且不太担心被人误解。例如，以刚才那个标题作画，高创造力组的一个学生交回一张空白纸，而将标题改成了“在学校操场上玩捉迷藏游戏——在暴风雪中”（Getzels & Jackson，1962，p.43）。

沃拉克和科甘的研究

沃拉克和科甘（Wallach & Kogan，1965）认为在盖茨尔斯和杰克逊（Getzels & Jackson，1962）的研究中有很严重的不足：在他们所使用的测验情景中，创造力没有得到很好的测量。为了修正这一不足，沃拉克和科甘给 151 个五年级学

① 美国有名的“离婚城市”，在内华达州西部，凡欲离婚者，只需在该市住满三个月，即可离婚。——译者注

生设计了一系列类似游戏的不限时测验。创造力的五种测量方法按独特性和数量进行等级评定，包括：

1. 列举例子——请说出所有你能想到的圆形东西、发出噪音的东西、方形的东西、能用轮子移动的东西。对于“圆形的东西”来说，独特的答案是“救生圈、老鼠洞、水滴”；而“纽扣、盘子、门把手”则不是独特的答案。

2. 改变用途——说出以下材料的所有不同用途：报纸、汽车轮胎、鞋、纽扣、小刀、软木塞、钥匙、椅子。对于“报纸”的用途，“如果愤怒，就把它撕开”是独特的回答；而“做个纸帽子”则不是(Wallach & Kogan, 1965, p.32)。

3. 类似比较——说出以下________和________所有的相似点：猫和鼠、牛奶和肉、窗帘和毯子、土豆和胡萝卜、火车和牵引机、食品杂货店和餐馆、小提琴和钢琴、收音机和电话、手表和打字机、课桌和桌子。对“牛奶和肉”而言，回答“它们都是受政府检查的”是独特的回答；而“它们都来自动物”则不是(p.33)。

4. 图形含义——“你认为这个可能是什么？请告诉我所有你能想到的。”给学生呈现 8 幅画，它们均由不同的几何形状组合而成。如：一个三角形被三个圆所包围的图形，认为它是“三只老鼠吃一块奶酪”是独特的答案；而“三个人围坐在一张桌子前”则不是(p.35)。

5. 线条含义——与图形含义相似，只不过把图形换成线条。对于一条水平方向的直线而言，“一队蚂蚁”是有独特性的答案；而“棍子”则不是(p.35)。

沃拉克和科甘(Wallach & Kogan, 1965)也有 10 项一般智力测验，它包括选自以下 3 个测验的子测验：韦氏儿童智力测验(WISC)，学校能力测验(School and College Ability Tests; SCAT)，教育进步结果测验(Sequential Tests of Educational Progress; STEP)。他们注意到，在创造力测验之间有 41%的相关,在智力测验之间有51%的相关,在创造力测验与智力测验之间有9%的相关。

沃拉克和科甘(Wallach & Kogan, 1965、1972)将学生们按各项测验的成绩分到四个小组中:高创造力-高智力组(HC-HI)、低创造力-高智力组(LC-HI)、高创造力-低智力组(HC-LI)和低创造力-低智力组(LC-LI)。

在HC-HI组中,学生们的自信程度、自我控制力、表达的自由度最高;他们善于交际、受同伴欢迎;在4个组中,他们在学习时注意广度最大、精神最集中、兴趣最强,而且对人相的刺激(physiognomic stimuli)最为敏感,这种敏感性超越了仅从身体方面和几何学方面的描述,而能对刺激的情感含义和表情含义进行讨论。他们有高度破坏性、寻求他人注意(attention-seeking)的行为,这是热情与过分渴望的表现。他们承认自己有一些焦虑,这对他们来说似乎可以使自己充满生机。

在LC-HI组中,学生们对学业成就更加用心,甚至达到上瘾的程度:他们认为只要在学业上失败就结局悲惨。他们不太爱用破坏性的方式来寻求别人的注意,也不太愿意表达与传统相左的想法,但他们仍能受到同伴们的欢迎。他们是四组中焦虑程度最低的一组,他们在有外部评价的压力下表现最好。他们似乎对犯错误特别害怕。由于对别人的期望有着清晰的理解,因此他们懂得什么是"正确"的行为方式。

在HC-LI组中,学生是在学校中处于最不利地位的学生。他们是最好奇、最犹豫不决、最不自信、最不能被同伴接受的,他们对自己的工作最自嘲、最难集中注意力。他们表现出高破坏性、寻求注意的行为,这是他们对自身处于混乱困境的一种抗议。他们在不面对社会时更容易处理好学业上的失败,当外界评价的压力不存在时表现得最好。他们似乎对于被别人评价有着极度的恐惧,与LC-HI组正好相反。与HC-HI组相似的是,他们更愿意假定某些不太相同的事件之间有某种关系。

在LC-LI组中,学生似乎在用社会活动来补偿糟糕的学业成绩。他们更外向、很少犹豫不决,而且比高创造力-低智力组学生更自信。

托兰斯的研究

托兰斯(Torrance, 1963)重复了盖茨尔斯和杰克逊(Getzels & Jackson, 1962)的研究并且发现了与他们相似的结果。他沿用了他们的样本,并发现高创造力组的人中有 55%最终从事了非常规职业,而高智力组只有 9%的人如此,这为创造力测验的生态学效度提供了支持(Torrance, 1975)。在独立的长时间的预测效度的研究中,他分别于 1959 年和 1971 年对 236 个高中学生用托兰斯创造性思维测验(Torrance Test of Creative Thinking,简写为 TTCT)进行了测试。托兰斯(Torrance, 1975)发现,一系列创造力测验的综合分数与后来的创造性成就之间存在着 51%的相关。

在发展 TTCT 的过程中,托兰斯(Torrance, 1975)用限时、不限时、不同指导语作为变量进行了测验,并发现: 在 TTCT 上千次的施测中,没有任何压力是来自测验环境的,这有力回击了沃拉克和科甘(Wallach & Kogan, 1965)的质疑,后者曾试图用类似游戏的活动代替测验以消除所谓的压力。

从大量不同的学位论文及发表的研究中,托兰斯对全部的 388 个相关研究进行了总结,发现"所有数据都支持这样一个结论: 智力与创造力这两个变量只有中等程度的相关"(Torrance, 1975, p.287)。"图形测验的 114 个相关系数的中数是 6%;语词测验的 88 个相关系数的中数是 21%;语词与图形测验相结合的 178 个相关系数的中数是 20%。"(1975,p.287)他强调:"无论选择的 IQ 测量方法是什么,如果只用 IQ 来辨别天才儿童的话,就会有 70%的最具有创造性的儿童被我们淘汰掉。"(Trrance, 1963, p.182)

练习效应

近来,一些研究者提出,创造力与智力可能是不相交的,因为各自的练习效果不同(Ericsson, 1996; Ericsson & Faivre, 1998; Ericsson、Krarnpe & Tesch-Romer, 1993)。这种观点认为,包括创造力在内的任何领域起来的专家技能正是由于长年的刻意练习(deliberate practice)才发展起来的。所谓刻意练习就是一个人为了提高自己的成绩用心进行练习。创造性专家技能与其说是什么超凡能力,不如说是在专业上——尤其是在从事该专业的创造性工作上——刻意练习的结果。实际上,很多研究者都提到"十年规则"(如 Gardner, 1993; Simonton, 1994),即重要的创造性作品的产生似乎都需要在某领域内至少 10 年的不懈工作。

埃里克森和他的同事做了大量的研究,结果显示,任何领域的专家技能确实与刻意练习有关。在不同的领域中,刻意练习都与杰出性相关。罗(Roe, 1952)在考察一些杰出科学家后得到结论:在某一特定的领域内,你做得出色与其说是因为你的才能出众,不如说是你"工作努力程度的一个函数"(p.170)。但是,目前的研究只能提供相关关系的证据,而很难确定因果关系。例如,也许那些有创造性或其他天赋的人比没有天赋的人对于刻意练习有更强烈的动机。尽管刻意练习与杰出性并无一定的因果关系,但仍不能排除用刻意练习的观点解释创造力的产生。显然,刻意练习会促进创造性作品的产生,甚至成为后者产生的必要条件,尽管它不一定是充分条件。

结　论

创造力似乎至少应包含智力的以下方面:综合能力、分析能力、实践能力。综合意味着产生想法,分析是对这些想法评估权衡,而实践是指建立一种方式,能有效地与人交流这些想法,并说服别人接受它们的价值。但在这些基本事实之外,就很难发现在该领域的各项工作中还有什么实质性的相同了。

尽管已有大量的研究,但心理学家们尚未能在创造力与智力关系的本质上达成共识,甚至连二者关系的结构是什么都不能达成一致。人们提出了创造力与智力所有可能的集合关系,而且对于每一种观点都有一些证据支持。这一事实的消极方面是我们几乎无法确定创造力与智力之间的关系,而且创造力作为一个合法研究领域的命运,仍在“硬”(hard)科学家和“软”(soft)科学家之间有争议。这种争论由来已久。1879 年,高尔顿说:“在知识的任何分支学科中,在现象能被测量、被数字化之前,无法设想该学科的地位与尊严。”(Crovitz, 1970, p.24)创造力与智力关系不确定的积极方面是:对那些寻找重要的、开放式研究问题的研究者而言,二者的关系是值得深思的。这个问题在理论上很重要,而且其答案可能会影响不计其数的儿童与成年人的生活。因而,我们需要令人满意的答案,越快越好。

第14章　人格对艺术和科学创造力的影响[①]

乔治·J. 费斯特

下面是一个4岁的小孩和她母亲之间的对话，让我们花几分钟时间来想象一下这个场景：

“妈妈，我是从哪儿来的？”

“你爸和我生的。”

“那爸爸和你又是从哪儿来的呢？”

就这个问题，这位母亲松了口气，因为，这个问题已经不需要更多更详细的解释了，她回答说“从你祖父和祖母那儿来的”。这个对话可以一直这样继续下去，直到小孩的兴趣开始转向她的玩具，而不再问下去了。

对创造力的本质感到好奇实际上也属于“我是从哪儿来的”这样的问题，人们也要问“创造力是从哪儿来的？”上面这段对话是重要的，这有两个原因。第一，它提醒我们，人类天生具有揭示事物从何而来的好奇心；第二，我们的回答也大多是还原性的。所有的人都想知道我们从何处来，同样，当我们看见一件我们以前从未见过的事物时，我们也会很自然地想知道“它是从何处来的”？最明显的和最表层的一种回答就是“来自它的创造者”。对某些人来说，比如，这个4岁的小孩，这个回答可能已经足够了。但

① 我非常感谢(Erika Rosenberg)和(John Nezlek)，他们就本章的草稿提出了很好的意见。在准备本章的过程中，得到了William和Mary学院的教工研究协会(Committee on Faculty Research at College of William and Mary)基金支持。

是对更多的人而言,并不是这样的。我们想更多地知道一些促使一个人创造出别人从未想到过的东西的过程和条件。一个人区别于他人的地方,确切地说,也就是个体差异,将成为本章讨论的主题。事实上,本章的目的就在于阐述,“创造力从哪里来以及为什么她/他能实现创造”这个问题的一个重要的答案——人格。

然而,在此之前,我想就如何定义人格和创造力谈几句。每当我告诉别人我是一个人格心理学家的时候,他们经常不知道什么是人格心理学家。正如我经常向我的学生所说的那样,对心理学家而言,“人格”这个词有独特的意义。心理学家经常用个体差异和行为一致性来定义人格,而一致性包括两种形式:情景一致性和时间一致性。行为的情景一致性强调人们在不同情景下的行为是否具有一致性。举个例子,比如说“友好”。只有当我们观察到某个人长时间地、在不同场合,而且是在别人很难表现出友好的情况下,他/她仍然表现得很友好,这样,我们才会称他/她很“友好”。

另外,如果我告诉人们我最主要的兴趣在于创造力,那么,有时他们的主张,正如许多心理学家的观点,认为所谓的创造力是神秘的,是经不住实践考验的。我们认为,如果把创造力作为一种过程来研究,这种评论或许有一定道理。但是,对创造力的另外两个重要的、可观察的研究角度——人和产品(the person and the product),这么说是不对的。人们可能永远无法直接观察创造性思维的内部操作,但是,创造者的行为结果却是可见的。然而,究竟什么是创造性行为和创造性产品,这个问题仍然没有得到解决。研究创造性过程、个人和产品(creative process, person, and product)的心理学家和哲学家在创造性是什么的问题上达成一致,认为那是新颖而适用的问题解决方法(Amablie, 1996; Feist, 1993; Mackinnon, 1970; Rothenberg & Hausman, 1976; Simonton, 1988; Sternberg, 1988)。其中,适当的标准对区别真正的创造性思维与简单的与众不同和/或病态的思维是非常必要的。

现在,让我们回到刚才的问题上来,某些人为何总是能在其他多数人做不到的情况下想出许多新颖而合适的问题解决方式呢？考虑到人格与创造力二者之间潜在的因果关系，最吸引人们兴趣的问题便由此产生了。这个问题的通用形式是，人格特征能否导致行为、态度或能力（参见 McCrae & Costa, 1995）。更具体地说，就是：人格是否会导致或影响创造性成就？本章内容最主要的目的就是，通过回顾人格和创造力的研究，根据因果关系判断的两个标准（协变关系和时间顺序）揭示出，人格对艺术和科学领域的创造性成就有影响。

如果我们现在澄清一下"因果关系"的含义，就可以避免许多因它而起的争论和怀疑。罗尔特和罗斯诺（Rosenthal & Rosnow, 1991）曾经提出，两个变量之间存在因果关系，必须首先满足三个标准：(1) 协变关系；(2) 时间顺序；(3) 不存在其他任何原因。简单地说，假设两个变量为 X 和 Y，那么，协变关系关心的是 Y 随着 X 的变化而变化的程度。如果 X 改变了，而 Y 不随之变化，那么它们之间不可能存在因果关系。时间顺序是指，如果 X 是原因 Y 是结果，那么，X 的发生时间必须在 Y 之前。最后一个标准是指，如果要下结论说 X 是 Y 的原因，必须要能够排除其他任何可能的解释——即，有且只有 X，必定产生 Y。用这种操作性的方式来定义因果关系，我们才能阐述清楚，人格在多大程度上可以被看成是创造性成就的原因。这里，"原因"和"影响"可以互换使用。

实际上，因果关系的前两个标准和人格的两个主要成分——个体差异和时间一致性非常吻合。通过研究个体差异与艺术和科学创造力的相关，我们可以检验协变关系标准。然而，我们假设创造性人格和创造性成就之间的关系是存在的，于是就笼统地谈"创造性人格"，这样合适吗？用来区分创造性艺术家的个体差异特质可能和那些鉴别创造性科学家的特质有所不同。因此，在本章的个体差异这一节中，我将分别回顾艺术创造力和科学创造力，然后，再讨论艺术家的特质是否可以推广到科学家身上。

同样，创造性人格的时间一致性可以符合时间顺序标准。时间一致性考察的是,高创造性个体在早期生活中表现出来的人格特质,后来是否依然能将他们鉴别出来?如果这些特质只能鉴别出成年以后的高创造性个体,却不能把年轻时的高创造性个体从他们的同年人中区别开来,那么,很明显,这些人格特质不可能是创造力的原因。因此,在时间一致性这一节中,我们将一起回顾一些关于创造性人格时间一致性的追踪研究。当然,一致性的另一种形式——创造性成就的一致性,也是要考察的。是不是年少时的天才儿童都能保持并实现他们的创造潜能,成年以后成为真正有创造力的天才?因此,在这一节中,我将回顾一些追踪研究,这些研究考察了创造潜能是否能实现的问题,这一部分的重点放在特孟关于天才儿童的研究上。

本章的第 3 节,我们将回顾几个关于人格和创造性成就之间内在机制的理论,从而综合前面两节的内容。换句话说,如果人格与创造力之间存在某种关系,那么,有哪些生物的和/或心理机制可以解释这种关系?我们将重点介绍最近的艾森克、鲁斯、布斯(Busse)和曼斯菲尔德的理论,还有五因素模型。本章最后一节,我会总结一下,通过 45 年的实践研究,我们已经知道了哪些、还不清楚哪些,并据此提出对将来进一步研究的几点建议。

创造性人格的个体差异:协变关系存在的依据

人格和艺术创造力

在我开始探讨艺术创造力的人格差异之前,有必要首先澄清一下艺术家是如何定义的以及是和谁相比而言的。为了操作方便,我把艺术家定义得很广泛,不仅包括视觉艺术家(画家、雕刻师、电影艺术家、摄影师、建筑师),还包括文学(作家、诗人)和形体艺术家(音乐人、歌手、舞蹈家、演员)。甚至包括中学生,只要他们表现出对艺术的兴趣和/或潜力。而且,为了揭示人格并非偶然地随艺术创造性的变化而变化,我对以往的有关研究作了回顾,而且只将那些涉及艺术家和非艺术家人格特征比较的研究列入其中。

非社会性特质:寻求新体验(Openness to experience)、幻想(Fantasy)和想象(Imagination)。虽然这一结果可能会让人觉得不言而喻,但是,同样需要来自实践研究的结果来支持艺术家比非艺术家表现得更愿意寻求新体验,更加善于幻想和想象(参见表14.1)。比如,多米诺(Domino 1974)调查了一组电影艺术家,发现他们非常愿意,而且有兴趣去发现新体验。近年的研究,比如普法尔-斯鲁兹克(Pufal-Struzik, 1992)利用卡特尔16人格特质量表(16PF),考察了177名高创造性艺术家(画家、诗人、作家和电影导演)和低创造性的同龄人群之间的人格差异,她发现高创造性艺术家趋向于美学定向、有想象力、有直觉。

非社会性特质:冲动(Impulsive)、缺乏责任感(Lack of conscientiousness)。艺术家们都显得很冲动,这可能与他们的反叛性、不墨守成规直接相关。而且,他们在责任感上得分很低(参见表14.1)。由杜德克、贝内克·贝鲁布和罗伊尔(Dudek、Bernèche Bérubé、Orne Royer, 1991)开展的一项研究可以说明这个问题,研究者利用形容词核查表(Adjective Check List)的自陈报告,考察了艺术系学生和控制组的非艺术系学生的人格特征,结果发现艺术系学生在自控(冲动性)和对顺序的需求(责任感)两项上得分显著低于控制组。另外一项研究,是由沃尔克、科斯特纳和哈姆(Wallker、Koestner & Hum, 1995)进行的,他们比较了一些杰出的艺术家和杰出的控制组人群(政治的、法律的、军事的、领导人物的)的人格特质。人格的评定是由几位评分者在阅读了每位被试的自传的后50页(主要集中在成年时期)以后,利用加利福尼亚Q分类表(California Q Sort, CQS)来排名的。CQS排名结果表明,和非艺术家同龄人相比,艺术家显得更冲动,缺乏责任感。

表 14.1　艺术家和非艺术家人格特质对比研究中一致的发现

特质分类	特　质	引用／出处
非社会性	寻求新体验 幻想 想象	Alter (1989) Bachtold & Werner (1973) Barron (1972) Barton & Cattell (1972) Cross et al. (1967) Csikszentmihalyi & Getzels (1973) Domino (1974) Eiduson (1958) Feist (1989) Getzels & Csikszentmihalyi (1976) Hall & MacKinnon (1969) Holland & Baird (1968) Kemp (1981) MacKinnon (1962) Martindale (1975) Pufal-Struzik (1992) Rossman & Horn (1972) Schaefer (1969,1973) Shelton & Harris (1973) Walker et al. (1995)
	冲动 缺乏责任感	Bachtold & Werner (1973) Bakker (1991) Barron (1972) Barton & Cattell (1972) Cross et al. (1967) Drevdahl & Cattell (1958) Dudek et al. (1991) Getzels & Csikszentmihalyi (1976) Gätz & Gätz (1979) Hall & MacKinnon (1969) Hammond an Edelman(1991) Helson(1977) Mohan & Tiwana (1987) Pufal-Struzik (1992) Schaefer (1969,1973) Walker et al. (1995) Zeldow (1973)
	焦虑 情感疾病 情绪敏感	Andreasen & Glick (1988) Bakker (1991) Barron (1972) Cross et al. (1967) Csikszentmihalyi & Getzels (1973) Dudek(1968) Drevdahl & Cattell (1958)

(续表)

<table>
<tr><th>特质分类</th><th>特　质</th><th>引用/出处</th></tr>
<tr><td rowspan="2">非社会性</td><td>焦虑
情感疾病
情绪敏感</td><td>Eiduson(1958)
Getzels & Csikszentmihalyi (1976)
Gātz & Gātz (1979)
Hall & MacKinnon (1969)
Hammer (1966)
Hammond an Edelman (1991)
Helson (1977)
Jamison (1993)
Kemp (1981)
Ludwig (1995)
Marchant-Haycox & Wilson (1992)
Martindale(1975)
Mahan & Tiwana (1986)
Richard (1994)
Schaefer (1969,1973)
Shelton & Harris (1979)
Walker et al. (1995)
Wills (1983)
Wilson (1984)</td></tr>
<tr><td>驱力和雄心</td><td>Alter (1989)
Bakker (1988,1991)
Cross et al. (1967)
Csikszentmihalyi & Getzels (1973)
Domino (1974)
Drevdahl & Cattell (1958)
Dudek et al. (1991)
Eiduson (1958)
Getzels & Csikszentmihalyi (1976)
Hammer (1966)
Helson (1977)
Kemp (1981)
Marchant-Haycox & Wilson(1992)
Schaefer (1969,1973)
Wilson (1984)</td></tr>
<tr><td>社会性</td><td>怀疑标准
不顺从
独立性</td><td>Amos (1978)
Bachtold & Werner (1973)
Barron (1972)
Barton & Cattell (1972)
Cross et al. (1967)
Csikszentmihalyi & Getzels (1973)
Domino (1974)
Drevdahl & Cattell (1958)
Dudek et al. (1991)
Getzels & Csikszentmihalyi (1976)
Hall & MacKinnon (1969)</td></tr>
</table>

（续表）

特质分类	特　质	引用/出处
社会性		Helson（1977） Holland & Baird（1968）
	怀疑标准 不顺从 独立性	Kemp（1981） MacKinnon（1962） Pufal-Stnizik（1992） Rossman & Horn（1972） Schaefer（1969,1973） Shelton & Harris（1979） Zeldow(1973)
	敌意 冷漠 不友好 缺乏温情	Barton & Cattell（1972） Drevdahl & Cattell（1958） Dudek et al.（1991） Eysenck（1995） Getzels & Csikszentmihalyi（1976） Gätz & Gätz（1979） Hall & MacKinnon（1969） Hammond an Edelman（1991） Marchant-Haycox & Wilson（1992） Mohan & Tiwana（1987） Schaefer（1969,1973） Wilson（1984）

非社会性特质：焦虑（Anxiety）、情感疾病（Affective illness）、情绪敏感（Emotional sensitivity）。人们对艺术家的另一种常见的刻板印象就是，认为艺术家都是情绪不稳定、感情丰富又敏感的（参见 Feist, 1991; Rossman & Horn, 1972; Rothenberg, 1990; Runeo & Bahleda, 1986）。然而，真正的问题是，实证研究是否支持这种刻板印象。在这里，确实如此。研究结果表明艺术家确实比非艺术家更加情绪化、更敏感（参见表 14.1）。比如，Marchant-Haycox 和威尔逊（Wilson, 1992）用埃森克人格问卷（EPQ）给 162 位表演艺术家（演员、舞蹈家、音乐人和歌手）进行测量，结果表明，他们在焦虑、自疚和抑郁几项上的得分显著高于控制组。类似的，哈蒙德和艾德尔曼（Hammond & Edelmann, 1991）也用 EPQ，发现职业演员比非演员在神经质分量表（Neuroticism Scale）上得分显著偏高。

一个与此相关而且较为一致的发现是艺术家和情感疾病的经历有关。这类研究中有一项最有影响，鲁德维格（Ludwig, 1995）考察了在 18 个职业的 1 005 名杰出人物中患有心理或情感疾病的相对比例。鲁德维格的主要发现是，所有各种形式的心理病态（酗酒、吸毒、精神病、焦虑失调、躯体化问题、自杀和其他）在艺术职业中都比其他任何职业中出现的比例更大。然而，其他的研究认为，和艺术创造力紧密相关的是双极情感失调障碍（biploar affective disorder），而不是单极的（unipolar affective disorder）[①]。安德里森和格里克的两项工作是以 30 名天才作家和 30 名控制被试为对象进行研究的。他们发现作家比控制组被试经受情感失调痛苦的可能性更大（80% 比 30%），而且，更确切地说，是经受双极障碍痛苦的可能性更大（43% 比 10%）。然而，两组被试在抑郁（unipolar depression）的比例上并无差异。

并不是所有的研究都发现创造性艺术家表现出高水平的焦虑（Barton & Cattel, 1972; Buttsworth & Smith, 1994; Feist, 1989; Walker et al. 1995）。布茨沃斯和史密斯（Buttsworth & Smith, 1994）用 16PF 对 255 名音乐系硕士生进行测量，并把他们和 296 名心理系硕士生进行比较。结果显示音乐系学生比心理系学生表现出更高的稳定性（C 因素），更少的焦虑（因素 Ⅱ）。类似地，沃尔德等人（Walder et al., 1995）也发现杰出的艺术家比那些无创造性的艺术家表现得更低沉，但并不比他们焦虑。

非社会性特征：驱力（Drive）和雄心（Ambition）。能把艺术家和非艺术家区分开来的非社会性特征的最后一条是驱力和雄心（参见表 14.1）。比如，杜德克等人（Dudek et al., 1991）报告说职业艺术家对成就的需求水平显著高于 400 余名非艺术家。类似地，巴克（Similarly, Bakker; 1988、1991）发现，青少年舞蹈演员和对比组成员相比，有更高的成就动机和成就内驱力。

社会性特质：怀疑标准（Norm doubting）、不顺从（Nonconformity）、独立性（Independence）。除了非社会性的一些特质外，和艺术家的创造力相关的

① 双极情感失调障碍，如躁狂抑郁症；单极情感失调障碍，如躁狂或抑郁。——译者注

人格特质还包括一些人际交往和社会性方面的，其中一个就是反叛性，或者说不顺从性。艺术家，或许比社会上的其他成员更愿意质疑，反对既定标准。有些人甚至可能会认为，对现已被人们接受的事物提出质疑和挑战，或许这就是现代社会艺术家的定义性人格特质。一些关于人格和艺术创造力的实证性研究也证实了艺术家的不顺从性和反叛性（参加 14.1）。比如，霍尔和马肯农（Hall & MacKinnon, 1969）发现，最有创造力的建筑师在加利福尼亚心理量表（California Psychological Inventory）的“集体主义”（communality）、“良好的印象”（good impression）、和“顺应性成就”（achievement via conformance）几项得分较低。这个结果给我们描述的人格是，充满矛盾、冲动、不遵从、怀疑规则、怀疑主义、独立，并对责任或义务很关心。相似的，采用 16PF 的研究结果表明，艺术家在顺从（G 因素）上得分低，而在激进性（Q1 因素）和自我效能（Q2 因素）上得分高。比如，巴顿和卡特尔（Barton & Cattel, 1972）以及巴奇托尔德和维纳（Bachtold & Werner, 1973）报告说，在许多关于女性艺术家的研究中，只有一项研究结果发现艺术家和激性之间存在负相关（Buttsworth & Smith, 1994），而且，它是对形体方向的音乐系学生所做的一项研究。

社会性特质：敌意（Hostility）、冷漠（Aloofness）、不友好（Unfriendliness）、缺乏温情（Lack of warmth）。许多研究结果还发现自我中心，甚至是反社会性人格特质和艺术创造力相关的（参见 14.1）。这类研究中最早的一项是由德瑞夫达尔和卡特尔（Drevdahl & Cattell, 1958）进行的，他们考察了 3 个艺术群体（作家，视觉艺术家和科幻小说家）的艺术创造力和人格的关系。所有的 3 组被试在 16PF 中的 A 因素——开朗性（温情，Warmth）的得分都比正常人群低。相似的，盖茨尔和奇可森特米海依（Getzel & Csikszentmihalyi, 1976）研究了一个成功的艺术系学生群体，发现他们在 16PF 中温情（A 因素）得分很低。进一步，埃森克的关于神经质（Psychoticism）的概念，包括一些诸如攻击、冷漠、反社会和自我中心的行为，还有思维紊乱，艺术家比非艺术家普遍得分更高（Gotz & Gotz, 1979；Hammond & Edelmann, 1991；Mohan & Tiwana, 1987）。唯一的一次"神经质"不显著的结果是由威尔斯(Wills, 1983)报告的;唯一的一次发现"温情"开朗性不显著的是由马肯农(MacKinnon, 1962)报告的;还有唯一一次发现艺术家和认同感之间存在正相关的结果是由沃尔克等人报告的(Wallker et al., 1995)。

社会性特质:内向(Introversion)。关于艺术家的人格特质,得到一致公认的结论是,他们往往比较内向(参见表14.1)。事实上,斯托尔(Storr, 1988)已经提出,能够独处、远离他人的能力是创造性活动的一个必需的前提条件。只有那些能够自己挤出时间来的人才能有足够的时间来思考和创造。

然而,有一些研究结果表明高创造性艺术家表现出高水平的外向性,不过,这些结果是以演员和戏剧歌手等形体艺术家为研究对象的(Hammond & Edelmann, 1991; Wilson, 1984)。比如,哈蒙德和艾德尔曼(Hammond & Edelmann, 1991)利用埃森克人格问卷(EPQ)、害羞量表(shyness scale)和社会性量表(sociability scale),比较了51名职业演员和52名非演员的人格特质,结果发现演员在外向性和社交能力上得分较高,而在害羞量表上得分较低。

总之,创造性艺术家的人格提示我们,艺术家是这样一个人:想象力丰富、对新思想开放、乐意接受新观念(open to new ideas)、冲动、神经质、情绪不稳定,但在很大程度上是孤僻的,有时候甚至是反社会的。

人格和科学创造力

人们可能会认为,科学比艺术包含的维度更多。也就是说,科学研究的领域包括从完全是常规的、机械的和指定的行为到革命性的、高创造性的突破。事实上,库恩(Kuhn, 1970)提出,在很多时候,科学是世俗的、"正常的",只有非常少数的科学家创造出真正的"革命性的科学"。我们姑且认为,某些艺术是无创意的，它仅仅是个技术问题而已，然而，任何一个以艺术为生的人则必须是比较有创造性的。而另一方面，科学家却更可以以一个技术员的身份来维持生计。因此，研究中用来与高创造性的科学家做对照组的最合适的人群，不是非科学家，而应该是那些较低创造性的科学家。而且，我认为“科学”范畴的样本，包括任何一个来自自然科学、生物科学、社会科学、工程学、发明或数学领域里的专家和学生群体。

非社会性特质：寻求新体验（Openness to experience）和思考灵活性（Flexibility of thought）。关于科学领域里的创造性和人格的关系，一个较为一致的发现是，那些高创造性的、杰出的科学家比低创造性的、不杰出的科学家更加倾向于对经历开放，而且思维更灵活（参见表 14.2）。这些结果很多都是来源于 CPI 中灵活性量表（Flexibility scale, Fe）的数据（Feist & Barron, 1996; Garwood, 1964; Gough, 1961; Helson, 1971; Helson & Crutchfield, 1970; Parloff & Datta, 1965）。灵活性量表考察了思维和行为的灵活性和适应性以及对变化和新奇事物的喜好（Gough, 1987）。也有一些以学生群体为样本的研究表明，科学灵活性对创造力既没有积极效果也没有消极影响（David, 1968; Smithers & Batcock, 1970）。

表 14.2 高创造性科学家和低创造性科学家人格特质对比研究中一致的发现

特质分类	特　质	引用 / 出处
非社会性	寻求新体验 思维灵活性	Feist & Barron, 1996 Garwood, 1964 Gough, 1961 Helson, 1971 Helson & Crutchfield, 1970 Parloff、Datta、Kleman & Handlon, 1968 Roco, 1993 Rossman & Horn, 1972 Schaefer, 1969 Shaqiro, 1968 Van Zelst & kerr, 1954 Wispe, 1963

（续表）

特质分类	特　质	引用/出处
非社会性	驱力 雄心 成就	Albert & Runco, 1987 Bloom, 1956 Busse & Manfield, 1984 Chambers, 1964 Davids, 1968 Erickson et al., 1970 Feist, 1993 Gantz、Erickson & Stephenson, 1972 Gough, 1961 Helmreich et al., 1980 Helmreich et al., 1988 Holland, 1960 Ikpaahindi, 1987 Lacey & Erickson, 1974 Rushton et al., 1983 Schaefer, 1969 Shapiro, 1968 Simon, 1974 Van Zelst & Kerr, 1954 Wispe, 1963
社会性	专断 自大 敌对 自信	Bachtold & Werner, 1972 Chambers, 1964 Davids, 1968 Erichkson et al., 1970 Feist, 1993 Gantz et al., 1972 Garwood, 1964 Gough, 1961 Ham & Shaughnessy, 1992 Hlmreich et al., 1988 Helson & Crutchfield, 1970 Lacey & Erickson, 1974 MoDormid, 1065 Parloff & Datta, 1965 Parloff, et al., 1968 Rossman & Horn, 1972 Rushton et al., 1983 Schaefer, 1969 Shapiro, 1968 Van Zelst & Kerr, 1954 Wispe, 1963
	自制 内向 独立	Albert & Runco, 1987 Bachtold & Werner, 1972 Bloom, 1956 Busse & Mansfield, 1984

（续表）

特质分类	特 质	引用/出处
社会性	自制 内向 独立	Chambers, 1964 Davids, 1968 Erickson et al., 1970 Garwood, 1964 Helson, 1971 Helson & Crutchfield, 1970 Holland, 1960 Lacey & Erickson, 1974 Parloff & Datta, 1965 Roco, 1993 Roe, 1952 Rossman & Harn, 1972 Rushton et al., 1987 Schaefer, 1969 Smithers & Batcock, 1970 Terman, 1955 Van Zelst & Kerr, 1954

非社会性特质：驱力（Drive）、雄心（Ambition）和成就动机（Achievement）。同样，最杰出、最有创造力的科学家比那些低创造性的同龄人更有驱力，更有雄心，有更高的成就取向（参见表14.2）。比如，布斯和曼斯菲尔德（Busse & Mansfield, 1984）研究了196位生物学家、201位化学家、171位物理学家的人格特征，结果发现科学家对工作的投入（也就是指"需要长时间对自己工作保持高度集中精力"）能够最好地对产出（出版物质量）做出预测，即使在控制了年龄和职业年龄的条件下也是如此。当然，驱力和雄心也是在其他领域里取得成功的很好的预测指标，但是，通过研究来揭示它在科学领域里的作用同样是非常重要的。黑尔姆瑞奇、斯宾塞、比安纳、鲁克和马修斯（Helmreich、Spence、Beane、Lucker & Matthews, 1980）研究了196位从事基础研究的心理学家（academic psychologist），结果发现，不同的成就和驱力成分与客观的成绩测量值（出版物和引用情况）之间存在不同的关系。利用一个自陈量表，他们测量了成就动机的3个不同方面：控制（喜欢具有挑战性的、有难度的工作）、工作（努力工作，并以此为乐）和竞争（喜欢与人竞争，并完成得比别人好）。根

据阿马拜尔(Amabile, 1996)的著名的类型说(typology),前两种可以被划分为"内部动机",最后一个属"外部动机"。黑尔姆瑞奇和他的同事发现,控制、工作与出版物和引用总数之间都存在正相关,然而,竞争和出版物有正相关,但和引用数呈负相关。内部动机驱动(控制和工作)看起来可以增加一个人的产量,并得到同伴的积极评价,然而,外部动机(总是希望比别人更好),其结果只是产量高,但是得到同伴的正面评价较少。所以,我们在此可以得出结论:科学家想超过他人的这种需要,将对自己在该领域里的发展有不好的影响。黑尔姆瑞奇和他的同事对杰肯(Jenkins)活动量表作因素分析,并分离出了一个成就需求因素和一个急躁/易怒因素。成就需求与出版物及引用次数都有正相关,然而急躁/易怒因素和出版物或引用次数之间都不存在相关。

社会性特质:专断(Dominance)、自大(arrogance)、敌对(hostility)、自信(self-confidence)。在高度竞争的科学,尤其是"大科学"(big science)领域里,那些最多产、最有影响力的人将得到越来越多的资源,因此,成功往往是属于那些在竞争环境中努力工作的人,也就是那些权威的、自大的、敌对而自信的科学家(参见表 14.2)。比如,凡泽尔斯特和科尔(Van Zelst & Kerr, 1954)收集了 514 名来自一个研究机构和一所大学的技术员和科学人员的人格自我描述。如果控制年龄恒定,结果发现和产量有显著相关的人格被自我描述成"善于辩论、武断和自信"。关于女性科学家的研究不多,其中的一项是巴奇托尔德和维纳(Bachtold & Werner, 1972)利用 16PF 对 146 名女性科学家进行的研究,结果发现,女性科学家在 16 项分量表中的 9 项得分均显著地不同于平常的女性群体,包括控制(E 因素)和自信(O 因素)。类似的,费斯特(Feist, 1993)最近发表了一个杰出科学家的结构方程,在这个方程中,由观察者排序的"敌对性"与杰出成就之间的路径是直接的,而"自大的工作方式"与杰出成就之间的路径是间接但是显著的。

社会性特质:自主性(Autonomy)、内向(introversion)、独立性(independence)。科学界精英们同样比那些低创造性的同龄人倾向于更孤僻、自我中心、更内向(参见表 14.2)。在一项涉及科学领域里高创造性人物的经典研究中,罗(Roe, 1952、1953)发现,高创造性科学家比低创造性科学家表现出更高的成就取向和较低的合作性。在另一项类似的关于科学家人格的研究中,艾德森(Eiduson, 1962)发现科学家都很独立、好奇、敏感、聪明、带着感情投入到脑力工作中,而且相对比较幸福。类似的,查姆博斯(Chambers, 1964)发现有创造性的心理学家和化学家往往被贴上“独裁、雄心勃勃、自我满足而且更主动”的标签。黑尔森(Helson, 1971)比较了高创造性的女性数学家和低创造性数学家,并且控制两组人群的 IQ 相匹配。观察者在不清楚对方是谁的情况下,把前一组人描述为“有更多的非传统的思维过程”“更具反叛性、不盲从”,而且“更少用传统的观点对自己或别人加以评价”。在更近一些的研究中,拉什顿、默里和鲍诺南(Rushton、Murray & Paunonen, 1987)以两个独立地从事基础研究的心理学家样本为对象,主要对研究性因素(和教学性因素相对)的人格特质进行因素分析,在其结果中发现:“独立”主要负荷在研究性因素上,而“外向”主要负荷在教学性因素上。

小结一下高创造性科学家的独特的特质:他们普遍地更加开放灵活、有动力、有雄心,尽管他们缺乏社会交往,但是当他们与别人交往时,倾向于表现得自大、自信、有敌意。

高创造性个体人格特质的概括

以前关于创造力和人格的大多数文献,或者没有把艺术和科学创造力加以区别,或者没有阐述清楚每个领域的独特特征(Barron & Harrington, 1981; Dellas & Gaier, 1979; Munford & Gustafson, 1988; Stein, 1968)。然而,我们已经有了关于人格和创造力的诸多研究成果,现在需要做的就是用自己发展起来的方法和方式使之更系统化、更有鉴别力。有一种做法就是,以不同领域的创造力,具体就是艺术和科学领域,比较它们的异同之处。

高创造性艺术家或高创造性科学家独有的人格特质

和高创造性科学家相比，艺术家看起来更焦虑、情绪不稳定、易冲动。因此，可以更概括地说，就是艺术领域的创造性人物看起来具有较强的情感体验的倾向（Andreasen, 1988）。引用鲁斯的一句话："艺术创造力和科学创造力之间的主要区别之一在于：在艺术创造中，深入地剖析情感状态和主题材料是非常重要的。"在某种程度上，艺术常常是内心世界的旅行，而科学则更多地关注外部事物（参见 Gardner, 1973）。因此，艺术家比科学家对内部情绪状态更敏感、更善于表达，这一点儿也不奇怪。但是，这并不是说，艺术领域的创造过程全部是情绪方面的，而科学的创造过程全部与情绪无关。研究表明确实不是如此（Feist, 1991）。科学创造的发现阶段经常是非常直觉化、情绪化的，正如艺术创造过程的精细加工阶段也可以是非常技术性、单调乏味的一样。然而，从气质上来看，艺术家和科学家总体上对他们自己和其他人的情绪状态的敏感程度是有差异的。

第二组艺术性人格特有的核心特质是：低社会化、低责任感。虽然，低社会性和不顺从性是艺术家和科学家都共同具有的特质，这是事实（Barron, 1963、1972；Cattel & Drevdahl, 1955；Csikszentmihalyi & Getzels, 1973；Hall & MacKinnon, 1969；Helson, 1971；Kemp, 1981；Ochse, 1990）。但是，两个领域不顺从性的形式可能有所不同。比如，艺术家大都是在 CPI 的"社会化""集体性""容忍性"和"责任性"分量表（比如：Barron, 1972；Domino, 1974；Zeldow, 1973）和 16PF 的 Q1 量表上（Radical；Csikszentmihalyi & Getzels, 1973；Drevdahl & Cattel, 1958；Kemp, 1981）的得分都比常模低。社会性和责任感分值低，表明他们喜欢怀疑、否定和抗争社会准则。或许，艺术家比科学家在行动上更加不守成规、更少社会交往，而科学家较少公开地表现出他们的不遵从性。人们一致认为，行为上，科学家比艺术家较少表现出反叛性，而普遍比非科学家更尽责和更有条理(Kline & Lapham, 1992; Rossman & Horn, 1972; Schaefer, 1969; Wilson & Jackson, 1994)。如果我们把诸如“有组织”“有计划”“不粗心大意”“不漫不经心”等特点当作是构成“有责任感”的几个维度(John, 1990),那么,科学家比艺术家在这些维度上得分较高也就一点儿不奇怪了。

高创造性艺术家和科学家共同的人格特质

如果说情绪不稳定、冲动、不守成规和反叛性等或许可以将艺术家和科学家区分开来,那么,高创造性的艺术家和科学家之间是否具有某些共同的人格特征呢?

有研究表明创造性的人物(包括艺术家或科学家)一般具有较高水平的自我中心取向的特质,即内向、独立、敌对和傲慢(Bachtold & Werner, 1972; Csikszentmihalyi & Getzels, 1973; Dudek et al., 1991; Feist, 1993、1994; Garwood, 1964; Guastello & Shissler, 1994; Kline & Lapham, 1992; Ochse, 1990; Rushton et al., 1987; Storr, 1988; Zeldow, 1973)。许多人认为,孤独、退缩、独立和傲慢是取得创造性成就的必须条件(Barron, 1972; Csikszentmihalyi & Getzels, 1973; Ochse, 1990; Storr, 1988)。比如,斯托尔(Storr, 1988)提出,当今西方社会过分强调人际关系是幸福安宁的来源,而对创造性成就需要的孤独却太不重视。另外,费斯特(Feist, 1993、1994)也已经指出,在高创造性科学家中,“敌对”是很常见的。在他的关于杰出科学家的模型里,评分者对“敌对”和“傲慢”的评分分别对杰出成就有着直接或间接的影响(Feist, 1993)。而且,那些进行复杂研究的科学家与那些钻研教学的科学家,他们所具有的人格特征是完全不同的(Feist, 1994)。具体地说,前者在其他人看来更加不友好、更具探索性,而后者被视为更善于社交、更热情。

第二组特征是围绕对力量和不同体验的需求的:即驱力、雄心、自信、经历开放性、思维灵活性和活跃的想象力。为了成功，为了与大众不同，高创造性个体必须要更加精力充沛，更有动力（参见 Amabile, 1996; Barron, 1963; Sheldon, 1995; Sternberg & Lubart, 1995）。从创造性个体身上，我们经常能看到，他们对自己正在从事的事情充满信念，并且总是雄心勃勃，这很可能与他们的高度自信相关。然而，从动机与自信过渡到傲慢与敌对，这仅是一步之遥而已。如果，一个人是发自内心地被一项任务吸引，而且想要独处、不愿被人打扰，正如创造性人物经常表现的那样，这时，一些社交性的事物和细节就往往不受注意了。因此，敌对和傲慢或许是全心工作的结果，而且，此时任何妨碍他们工作的人或物都可能成为他们蔑视和敌对的对象。

创造性人格的时间一致性：时间先后顺序的证据

创造性人格的一致性

可以为时间进程问题（谁先发生）提供答案的唯一方法，就是追踪研究。只有追踪研究才能说清楚，儿童早期表现出来的创造性人格特征，在成人以后是否依然能把他们从同龄人中区分出来？虽然，儿童早期表现出很强的独立、内向、开放、敌对和专断等特征，这并不意味着他们一定拥有高水平的创造力，但是，它却和人格发展的进程是一致的。因为，如果高创造性者年轻时并没有表现出明显的、区别于同龄人的人格特征，但是在后来的生活中却拥有了这些特征，那么，我们可以认为这些人格特征的出现不可能先于创造力，即创造性人格不可能是创造力的原因。另外，有没有一些追踪研究发现一系列人格特质，它们是年轻的高创造性人物区别于同龄人的特征，但是在成年以后的生活中却不再表现出来？

没有，研究结果以绝对优势支持创造性人格的一致性（Camp，1994；Dudek et al.，1990；Dudek & Hall，1991；Feist，1995；Getzels & Csikszentmihalyi，1976；Helson，1987；Helson、Rpberts & Agronick，1995；Schaefer，1973；Stohs，1990；Terman，1954）。比如，斯盖弗尔（Schaefer，1973）对一些高创造性成人进行了 5 年的追踪研究，最早对这些被试进行测验时，他们还处在青少年时期。这个青少年样本共 100 名被试，包括以下 4 个标准群体：高创造性男性艺术家/作家、高创造性男性科学家、高创造性女性艺术家和高创造性女性作家。另外有 100 名被试作为与之相对应的四个控制组。大致有一半被试参加了 5 年后的重测。结果发现，许多能将高创造性青少年从同龄人中鉴别出来的量表［即自主性（autonomy）、自控（self-control）和培育（nurturance）］，5 年后依然能够将这两组成年被试区分开来。在另外一项关于创造性人格一致性的研究中，杜德克和霍尔（Dudek & Hall，1991）研究了 3 组建筑师，并得出结论说，“显而易见，第三组（低创造性建筑师）保持着他们的社会顺从性，而第一组（高创造性建筑师），他们的自发性和独立性保持了 25 年”（p.218）。最后，黑尔森、罗伯茨和阿格勒尼克（Helson、Roberts & Agronick，1995）发现，一些高创造性女性在 52 岁时获得的由评分者给出的排名次序与她们在 21 岁、43 岁时取得的排名是一致的，她们被认为是美学定向的、有兴趣、有驱力、反叛、独立、不传统、不守旧、不顺从。

创造性成就的一致性

现在，我们已经看到，高创造性个体所具有的独特的人格特质从儿童早期或育少年时期起就倾向于比较稳定。所以，对于决定哪些超常或天才儿童能继续实现他们的潜能，哪些儿童不能，可能某些人格特征确实起着非常重要的作用。事实上，尽管有很多的资料表明，智力早慧或超常可以预示较高的学校成绩或职业成功，但是，它们却并不能系统地预言成年时的创造性。说得更具体一些就是,超常儿童(也就是高 IQ 者)比一般儿童更容易在学校取得成功、更容易获得学位,也更容易取得专业和/或商业职位(Benbow & Minor, 1986; Benbow & Stanley, 1982; Cox, 1926; Holahan & Sears, 1995; Lubinski & Benbow, 1994; Pyryt, 1992; Tomlinson-Keasey & Keasey, 1993; Wise、Steel & McDonald, 1979)。然而,很多超常儿童在成年时期没有继续留在那些他们表现出早熟才能的职业领域,或者对他们所在的领域没有做出创造性的贡献,而且,这个比例是相当惊人的(Arnold, 1992; Barron & Harrington, 1981; Cramond, 1994; Farmer, 1988; Gough, 1976; Guiford, 1959; Helson, 1987; Hudson, 1958; MacKinnon, 1966; Marland, 1972; Milgram & Hong, 1994; Simonton, 1988; Sternberg, 1988; Subotnik、Duschl & Selmon, 1993; Subotnik & Steiner, 1992; Tannenbaum, 1983; Taylor, 1963; Winner & Martino, 1993)。米尔格拉姆和洪(Milgram & Hong, 1994)的研究就是一个很好的例子。他们研究了一群中学生,并追踪了 18 年。结果发现,虽然考试分数和学业成功相关,但是和任何成年时期的成就都没有相关,包括创造性成果。然而,18 岁时表现出的创造性思维,却能够预见到 36 岁时的工作成就。正如法默(Farmer, 1988)所指出的,只有 42%的男性和 22%的女性智力早慧者会继续选择科学或数学专业的研究生课程(cf. Benbow, 1988; Benbow & Lubinski, 1993)。另外,索伯特尼克和斯特恩纳(Subotnik & Steiner, 1992)报告指出,在中学生科技大赛获奖者中(Westinghouse science Winter),只在他们获奖的 5 年之后,就有大约 20%的超常男生和 40%的女生不再从事科学职业。最后,在一项仅有的、为数不多的关于音乐早慧儿童的追踪研究中,温纳和马丁诺(Winner & Martino, 1993)发现,早期的音乐天赋通常都没有转化为成年后在音乐领域里的创造性成果。

如果智力超常对创造性成就的预测能力并不好,那么,是否存在某些稳定的心理过程可以指出谁能保持,或将来能够做出创造性贡献?有些研究表明性别(女性更容易放弃)和动机(Subotnik、Duschl & Selmon, 1993)能预言创造性成就但同时某些人格特质起着重要的作用(Albert, 1991; Butler-Por, 1993;

Helson, 1987; Lindsay, 1978; Tomlinson-Keasey & Keasey, 1993; Tomlinson & Little, 1990; Trost, 1993)。比如,黑尔森(Helson, 1987)把被教职员工提名为有创造性潜力的大学生被试分成两组。分组的依据是他们在 43 岁时的职业,其时,一部分人在专业上(如作家、舞蹈家、艺术家、精神医生等)是有创造性的、成功的,其余的则不是。前者被称为"成功的野心家"(successful careerists),而后者是"其他提名者"(other nominee)。研究者收集了两组被试在 21 岁、27 岁和 43 岁时候的人格特质的数据,因此,可以对两组人群的人格特质进行前瞻性和同时性的比较。黑尔森发现,21 岁时,"成功的野心家"更加专断、独立、成就定向、自我接受、有心理学头脑的(psychologically minded),但是比"其他提名者"社会化程度更差。27 岁时,他们依然是更多的成就定向、有心理学头脑的和较低的社会化。最后,在 43 岁时,"成功的野心家"更对立、易移情、地位定向、自我接受、负责、成就定向,而且依然比"其他提名者"的社会化程度差。

毫无疑问,最伟大、最广泛的关于超常儿童的追踪研究是始于 20 世纪 20 年代特孟(Terman)进行的一项研究。该研究对 1 500 多名智商高于 135 的超常儿童的整个生活历程进行追踪(事实上,这项研究现在仍在继续)。追踪研究平均每 10 年进行一次。从特孟的研究中得到的一项相关结果表明,青少年的人格能够预测他们后来的学业成绩(Tomlinson-Keasey & Keasey, 1993; Tomlinson & Little, 1990)。汤姆林森(Tomlinson)等人采用因素分析和结构方程模型方法,采用多项测量指标,并选取了大规模样本,结果发现,青少年时期的社会化和社会责任感(移情,empatathy)对学业成绩有直接影响。而且,智力的决定因素(即驱力或成就动机)对取得智力活动技能有直接影响。汤姆林森(Tomlison)等同时还报告,对于女性超常儿童(IQ 平均值为 148),青少年时期由观察者给出的人格排名对她们后来取得的学业成就是个很好的预测指标。那些被教师或家长提名为有最高的智力成绩和社会责任感的女孩(即移情觉知,empathy conscientiousness),她们获得大学或研究生学位的可能性更大。

总之,青少年时期表现出的天赋能否转化为成年时期的成就,答案显然是肯定的。人们都相信,高智力水平的儿童很可能比他们的同学在学校取得更好成绩、获得更高的学位,而且一般都进入收入很好的职业领域。但是,他们真正更有创造力吗?答案好像是否定的。令人吃惊的是,经常,最有天赋的儿童和青少年却过着相对没有创造性的生活。事实上,早慧的智力才能对成年时期的创造性成就既不是必要的,也不是充分的。

智力测验缺乏预测效度,这个事实或许可以用智力和创造力之间的关系较弱来解释(Barron & Harrington, 1981; Getzels, 1987; MacKinnon, 1978; Magnsson & Backteman, 1978; Milgram & Hong, 1994; Rossman & Horn, 1972; Sternberg, 1986; Wallach, 1970; Winner & Martino, 1993)。因为,要快速解决那些有已知答案的多项选择题,需要的是辐合思维和分析思维技巧,然而,创造性地解决那些没有明确答案的开放式问题,需要的是发散性思维和直觉思维技能(Guilford, 1950、1959、1987; Simonton, 1988; Sternberg, 1986)。创造力是流畅性、灵活性、有用性和联想的独创性,它不是解决言语的或数学的多项选择题。因此,创造性潜能和创造性能力比智力能力能更好地预言后来的创造性成就,这并不奇怪(Barron & Harrington, 1981; Milgram & Hong, 1994; Rossman & Horn, 1972; Sternberg & Lurbart, 1995)。

联结人格与创造力的整合理论

如果,人格的确和创造性成就有共变关系,而且创造性人格具有时间稳定性,那么,我们是否具有联结人格与创造力的理论模型?进一步讲,二者之间是否存在可信的、可验证的生物的和/或心理机制?最近,许多理论模型已经开始就这个联系提出了一些可信的、可量化的解释。我们回忆一下,艺术和科学创造力之间存在的最一致的人格特质是:内向、驱力、雄心、开放、灵活、自主或自省、敌对而自大。已经有些理论试图把这些特征和创造性成就联系起来。

或许埃森克近期提出的关于人格和创造力的理论是最具挑战性和包容性的(Eysenck, 1993、1995)。埃森克提出的创造力的因果理论(causal theory of creativity)认为,遗传的因素、海马构成(多巴胺和复合胺)、认知抑制和精神分裂,这些因素导向创造力特质,并最终导向了创造性成就。虽然这个模型的某些部分是推测性的,但它最吸引人的一个方面就是可验证的。在埃森克的模型中,最有趣的一点就是,遗传的、神经化学的过程和创造力特质(即人格)之间的关系,而这种特质是创造性成就的直接先兆。比如,在埃森克的以生物学为基础的模型中提到的一个核心成分是皮层唤醒(cortical arousal)。唤醒水平高、则注意范围缩小;唤醒水平低,则注意范围扩大。更进一步讲,埃森克和其他研究者已经发现,创造力有赖于广泛的注意焦点和认知搜索的扩大,直至包罗万象的程度,这也是精神失常(psychoticism)的一个界定性特征(Eysenck, 1995; Isen、Daubman & Nowicki, 1987; Jamison, 1993; Mendelsohn, 1976)。因此,我们可以推测,创造性思维可能和低皮层唤醒有关。柯林・马丁戴尔已经开展了一系列的研究来系统地检验这个想法,而且结果也都一致地支持这个推测(Martindale, 1981; Martindale & Armstrong, 1974; Martindale & Greenough, 1973; Martindale & Hasenfus, 1978; Martindale、Hines、Mitchell & Covello, 1984)。比如,研究者以应激来测量唤醒水平,结果发现高唤醒水平阻碍了创造性问题解决(Martindale & Greenough, 1973)。而且,利用 EEG 来测量(处在 α 波状态下的时间百分比)唤醒水平,结果表明低唤醒水平和高创造性问题解决相关(Martindale & Greenough, 1973)。然而,低水平皮层唤醒只是在灵感阶段才表现得很明显,而不是贯穿在整个创造性顿悟过程中或在基础唤醒水平的测量过程中。事实上,高创造性个体倾向于拥有更高的静息唤醒水平(Martindale & Armstrong, 1974),这和内省需要的高水平皮层唤醒以及它和创造力的关系是一致的(Eysenck, 1990、1995)。

更一般的,为了解释创造力和精神失常之间的关系,伍迪和科拉里奇(Woody & Claridge, 1977)写道:"精神失常和创造力,二者可能都触及一个共同的因素,该因素与一种想成为非传统的或投入到略微反社会的行为中的意愿有关。"(p.247)正如先前提到的一样,激进的、非传统的、缺乏社交甚至反社会的行为在艺术家身上比科学家身上更普遍,但是这些特征在高创造性科学家身上仍然比常模高(Bachtold, 1976; Barton & Cattell, 1972; Getzels & Csikszentmihalyi, 1976; Helson, 1971; Rushton, 1990; Rushton、Murray & Paunonen, 1983; Wilson & Jackson, 1994)。当然,非传统性是先于创造力还是后于创造力的问题仍然是开放性的。

然而,并不是不受控制的精神失常才与创造力有最强的相关,而是受到高度的自我力量或自我控制所节制的精神失常才如此。然而非常矛盾的是,高创造性者看似都是自发的易变的和不稳定的,同时又能够受控制和保持稳定(Barron, 1963; Eysenck, 1995; Feist, in press; Fodor, 1995; Richards、Kinney、Lunde, Benet & Merzel, 1988; Russ, 1993)。正如巴伦(Barron, 1963)30 年前所说:"因此,高创造性的天才也许一度天真又知识渊博,既精通原始的符号又懂得严密的逻辑。与普通人相比,他们更原始又更文明,更有破坏性也更有建设性,有时更疯狂同时心智又更清醒。"(p.224)

此外,鲁斯(Russ, 1993)详细地分析了情感特质在创造性过程中所发挥的促进性作用,提出了一个模型,该模型在概念上整合了许多已有的关于创造力和情感因素两者关系的研究结果。比如,她假设:充满情感的思维通道(原始的思维过程和情感幻想)和对情感状态的开放性将导致自由联想的发散性思维能力、广泛的注意、思维的流畅性,还有转换定势的能力和认知灵活性。这些路径和埃森克提出的把情感状态、包罗一切的思维(overinclusive thinking)与创造力联系起来的理论在本质上是相同的。而且,鲁斯认为,在挑战中获得快乐情感体验,受内部动机驱动,都将提高对问题和问题发现的敏感性。敏感、开放性和思维灵活性又是非常重要的与创造力相关的人格因素。总之,理论的和实证的结果都支持，情感状态、情感特征与创造性能力和创造性成就之间的联系。

虽然是来自科学的创造力的情境，曼斯菲尔德和巴塞（Mansfield & Busse，1981）也发展了一个关于创造力和人格的整合模型（参考 Helmreich et al.，1980）。他们的模型不仅包括人格与创造力之间的路径，还包括了发展的前提条件作为人格先兆（preoursors of personality）。他们在经验性研究结果的基础上提出，特定的发展的前提条件先于人格特征，而人格特征又先于创造性过程。与创造性个体相联系的这种发展的前提条件有：亲子关系中较低的感情强度、家长对自律的培养、家长对智力方面的刺激以及学徒关系（apprenticeship）。这些要先于如下的人格特征：自律、灵活性、开放性、独创需求、工作承诺、对职业承认的需求，以及对艺术的敏感性。最后，曼斯菲尔德和巴塞提出，这些特征可以促进以下一些创造性成就所包含的关键性阶段：问题的选择、增加针对这个问题的工作量、设置约束条件、改变约束条件、最后证实并细化。对这个模型有一个有趣而又难以证实的假设是，人格先于创造力的发展。

人格心理学领域最近广泛采用五因素模型（five-factor model，FFM，Digman，1990；McCrae & John，1992），该模型认为存在五种基本的、两极的人格维度：开放性（openness）、神经质（neuroticism）、外向性（extraversion）、宜人性（agreeableness）和责任心（conscientiousness）。尽管很少有研究者直接检验创造性与五因素模型之间的关系（Dollinger & Clancy，1993；McCrae，1987；Mumford、Costanza、Threlfall、Baughman & Reiter-Palmon，1993），但是人们已经积累了足够多的工作，研究了五因素中的各个独立因素和创造力，从中我们可以总结出一致的趋势。其中，与创造力关系最密切的是“开放性”，但是，也有研究报告其他 4 个维度与创造力之间的关系：神经质（Andreason & Glick，1988；Bakker，1991；Hammond & Edelmann，1991；Kemp，1981；Marchant-Haycox & Wilson，1992）、缺乏责任心（Drevdahl & Cattell，1958；Getzels & Csikszentmihalyi，1976；Kemp，1981；Shelton Harris，1979；Walker et al.，

1995)、内向(Bachtold & Werner, 1973; Buss & Mansfield, 1984; Chambers, 1964; Cross、Cattell & Butcher, 1967; Helson, 1971、1977; Pufal-Struzik, 1992; Roco, 1993; Rossman & Horn, 1972; Rushton et al., 1987; Zeldow, 1973)、缺乏宜人性(Barton & Cattell, 1972; Dudek et al., 1991; Eysenck, 1995; Feist, 1993、1994; Getzels & Csikszentmihalyi, 1976; Hall & McKinnon, 1969; Helmreich et al., 1988; Helson & Crutchfield, 1970; Lacey & Erickson, 1974; McDermid, 1965)。这并不是说,所有探索 FFM 与创造力之间关系的研究者都发现每个人格维度都与创造力相关(Dollinger & Clancy, 1993; Feist, 1989; McCrae, 1987; Woody & Claridge, 1977)。然而,许多零相关或者负相关的结果来源于普通的人群样本,而不是来源于创造性的艺术家或科学家。虽然还没有得到完全的经验证实,但或许五因素与艺术和科学创造性之间的相关要高于与日常创造力之间的相关。但是,在下这个结论之前还必须做进一步的研究。然而,至少我们知道,新体验寻求和创造性是相关的,那么如何解释这种相关呢?麦克雷(McCrae, 1987)提出有 3 种可能的原因。第一,开放的人(新体验寻求者)或许更喜欢那些开放的、创造性的问题解决任务,他们很容易在这些任务上得分较高。第二,开放的人可能具有和创造力、发散性思维即思维的灵活性和流畅性相关的认知技能。第三,开放的人也许对感觉寻求很有兴趣、有更多的不同经验,这种经验的基础或许就作为思维灵活性和流畅性的基础。这里需要再一次提出,要确定这些猜想是否有效还需要更多的研究。

结　论

对创造性天才的痴迷已经促使许多西方伟大思想家就此问题各抒己见,其中包括但绝不仅限于:苏格拉底、柏拉图、亚里士多德、康德、华兹华斯

(Wordsworth)、柯尔律治(Coleridge)、坡[①]、高尔顿、罗素、庞加莱、弗洛伊德、伯格森[②]、爱因斯坦、马斯洛、罗杰斯,斯金纳(参见 Ghiselin, 1952; Rothenberg & Hausman, 1976; Vernon, 1970)。正如斯滕博格和卢伯特(Sternberg & Lubart, 1995、1996)最近指出,对心理学来说,没有几个主题是比创造力更重要的。大学、商业、艺术、娱乐和政治——换句话说,现代社会所有的主要的制度机构——它们各自的动力都来自它们自己的独创而又适应性的,也就是是创造性地提出问题和解决问题的能力。因此,这些制度机构最终的成功与存活,都将取决于其吸引、选择并留住那些高创造性个体的能力。那么,经过了 45 年系统的实证研究,我们对创造性人格已经知道些什么呢? 表 14.3 总结了我们已经知道的和本章阐述的内容。某些人格特质是随着创造力的变化而变化的,然而还存在一些专业上的特殊情况;创造性人格的时间稳定性与那种被认为杰出的人格特质先于创造性成就的观点是一致的;最后,儿童的高 IQ 可能并不是预测成年时期创造性成就的有效指标。在这些结论中,有些看起来是非常简单的,但是,其成功地阐述了人格作为一个结构、人格的研究作为一门学科,为创造力和创造性过程的研究提供了一个独特而重要的视角。

表 14.3 主要结论的总结
艺术和科学领域的高创造性者倾向于容易接受新体验、不守传统、低责任感、更自信、自我接受、高动机、有雄心、专断、敌对、易冲动。
艺术和科学领域的高创造性者的人格特质并不完全相同:艺术家更感性、情绪不稳定、社会化程度更低、集体接受度排名更低,然而,科学家相对更有责任感。
区分高创造性儿童、青少年的人格特征基本上可以作为鉴别高创造性成年人的特征。创造性人格趋向于比较稳定。
儿童的智力(天才)对成人的创造性成就的预测性相对较低。

---

① 坡·爱德加·阿伦(1809~1849),美国作家,以其阴森可怖的诗歌如《乌鸦》(1845)和短篇小说包括《厄舍大宅的倒塌》(1839)而闻名。——译者注

② 伯格森·亨利·路易斯(1859~1941),法国哲学家、作家,其著作具有广泛的影响,如《创造进化论》(1907)和《创造性思维》(1934),主要论述直觉作为一种获得知识的方法的重要性及在所有生物中存在的生命冲动。他获 1927 年诺贝尔文学奖。——译者注

研究的空白及将来的工作

要想就创造性人格的某些困难又紧迫的问题达成一致共识,还有很长的路要走。如果说我们已经开始建立了人格和创造力之间的协变关系,那么,我们开始讨论的仅仅是时间上的进程,而几乎忽略了需要排除无关变量来做解释。比如,没有人系统地研究儿童时期的创造性潜能和能力,并追踪他们的整个青少年和成人期。这样的研究在智力和超常儿童的领域已经有了(参见 Subotnik & Arnold, 1994),但在创造力领域内没有。从儿童早期到成年,个体创造力的稳定性如何?创造力和智力是一直就分离的,还是只在某一特定年龄以后才分开的?与独创性有关的特质是如何与其他重要的与创造性成就相关的心理过程(发展、认知和社会影响)相互作用的?最后,其他心理过程能否解释人格与创造力之间的关系?只有通过实证研究系统地解决这些问题以后,才能对创造性人格的理论模型进行评价、检验和修改(Eysenck, 1993、1995; Feist & Gorman, 1998; Helmreich et al., 1980; Mansfield & Busse, 1981)。

过去 45 年的实践研究得出了一个令人信服的结论:创造性个体的行为在时间上和空间上都是稳定的,这些行为方式可以把他们同其他人区分开来。创造性人格确实存在,而且人格因素通常可以预测艺术和科学领域里的创造性成就。然而,二者是如何发展的以及彼此如何相互影响,我们知道得还很少。或许,在接下来的 45 年里,具备了必需的人格特质和创造能力的杰出人物将致力于这个主题,从而创造性地解决这个问题。

第 15 章　动机和创造力

马丽·安·柯林斯　特蕾莎·M. 阿马拜尔

对创造性人群的流行观点是,这些人的工作强度近乎疯狂,他们经常放弃睡眠、不吃东西,或者放弃其他被人们认为是生活中必需的事情,他们这样做只是为了完成他们的创造性工作。毫无疑问,这种观点是创造力产生于疯狂这一广为流传的信条的一个来源。虽然对于创造力和精神错乱之间的联系存在争议,但是,仍然有相当可观的轶事和经验方面的证据表明,产生创造性的产品确实需要很高的动机水平。例如,小说家欧文(Iving)报告说,他在写小说的时候,每天写作 12 小时,甚至还有几天熬通宵。当他被问及是什么因素驱使他在已经拥有广泛的读者群、名望斐然、收入可观之后工作还如此卖命时,他是这样回答的:"因为热爱。我对于写作如此卖力的真正原因是,写作对于我来说并不是工作。"(选自阿马拜尔报道的一次访谈,1989,p.56)

什么样的动机驱动着创造性活动?它一般都以欧文所说的热爱为基础吗?它是否起源于对名利的需求或其他动机因素呢?本章将回顾创造力动机的理论和研究,试图揭示,虽然,多种动机因素间复杂的相互作用可以引起创造力,但是,源于个体对工作的个人投入,如果你愿意,也可以说是"热爱"的动机对在任何专业取得高水平的创造力是关键性的。

对于动机和创造力的早期观点

很多创造力研究的理论家,仅以最基本的方式(fashion)来回答“是什么驱动着创造力”这个问题。人们一致同意,与创造性行为相伴随的是认准目标坚忍不拔(Cox, 1926)、热忱(Bruner, 1962)、投入(Henle, 1962)、全神贯注(Roe, 1952),及持之以恒(Newell、Shaw & Simon, 1962)。然而,究竟是什么产生了高水平的动机并没有得到研究者足够的重视。

第一种试图阐述创造力动机本质的理论来自精神动力学研究。该学派的大多数理论认为,创造性行为是一种减缓张力的途径,而这种张力来源于其他的不能被人接受的需要。例如,弗洛伊德(Freud, 1908/1959、1915/1957)断言,成年人可以将多余的性欲能量升华或转移到社会更容易接受的方向上,其中包括创造力的表达。弗洛伊德提出,正如游戏在儿童的生活中所起的作用那样,创造性的活动使成年人在工作中克服矛盾冲突,并且使人有机会带着情感上的满足沉浸在幻想的世界中。精神动力学的其他理论家们提出,创造力可能被某种为求弥补无意识的攻击性或破坏性冲动的需要所驱动(如:Fairbain, 1938; Segal, 1957; Sharpe, 1930、1950; Stokes, 1963)。另有一些精神动力学的理论家假设,以现实世界为导向的自我(ego)可能利用回归式的、不能用道德标准看待的欲望和无意识的本我(id),以求通过“对自我的回归”(regression in service of the ego)来产生创造性的想法(Bellak, 1958; Kris, 1952)。

虽然一些理论家坚信创造力提供了实现无意识的需要或者解决心理冲突的一种手段(Abra, 1995; Klein, 1976; Ochse, 1990; Storr, 1988),然而另一些理论家则认为创造力是实现更积极、更高层次需要的一种手段。例如,戈多(Gedo, 1983, in press)认为,创造力可以被健康的需求所驱使,去支配周围的环境,这就是怀特(White, 1959)所谓的效能性动机(effectance motivation)。在一项长达25年的对高创造力女性的追踪研究中,这种因支配或掌握的需要而产生的驱动力再一次得到了证实(Cangelosi & Schaefer, 1992)。该研究确定了驱使这些高创造性女性从事创造性活动的3种基本的心理需要:自我理解(self-understanding)、个人秩序及自控(personal order and control)和情感调节(emotional regulation)。

虽然心理动力学的研究方法指出,引导人们富有创造性的是大量的动机因素,但这些想法却有点偏离了创造力与动机关系之主流观点的发展。相反,理论和实践工作中的主流研究都源于这样一种信念,即驱动创造力的是个体从事创造性活动而产生的愉悦感、满足感。因此,必然有这样一种推论,如果外界压力损害了一个人从事活动时与生俱来的愉悦感,其创造力将被这些外在压力所抑制。

那些认为只有当外部规范不存在时创造力才能存在的理论家阐述了大量对于动机的看法,卡尔·罗杰斯(Carl Rogers, 1954)也是其中之一。罗杰斯相信驱动创造力的是人们自我实现的倾向,这一倾向促使他们挖掘出自己的潜能。罗杰斯认为每个人都有自我实现的动力,但要使它充分展现在创造性成就中,就必须具备一定的条件。罗杰斯特别强调创造力一定存在于自我评价的背景中,而不是关注别人对自己的评价。因而,创造性个体必须对自己的工作进行内部评价,这种情况多在没有外部评价、拥有充分自由为特征的环境下显现出来。科斯特勒(Koestler, 1964)也指出摆脱控制的自由的重要性。他认为这种自由对于一个人拥有无意识的、充满玩兴的思维形式是必需的,而这种思维他认为就能够产生创造性洞见。

人本主义学派的马斯洛(Maslow, 1943、1959、1968)清晰地说明了与罗杰斯相似的观点。他强调了自我实现的创造力既不是被追求成功所驱使,也不是像心理分析学派所主张的那样是“通过对被禁止的冲动和愿望的退行性控制而起作用”的结果(1968,p.144)。相反,他认为那些基本需求已经得到满足的人会自发地表现出自我实现的创造力。但是,马斯洛的确承认,并非所有的创造力都是自我实现的创造力。他认为,拥有一种特殊才能的人可以无须达到自我实现就具有创造性。

还有早期的其他理论家主张,创造力的关键部分是个体对其所从事的任务有深切的热爱,并对工作本身感到愉悦(Bruner, 1962; Henle, 1962; Torrance, 1962; 又见 Torrance, 1995)。托兰斯(Torrance, 1962)认为:“创造性个体认为他们所进行的创造性活动本身就是一种奖赏,而且这是最重要的奖赏。”(p.120)与此相似,高兰(Golann, 1962)认识到高度投入工作的重要性,他描述道,创造力被一种与环境充分发生相互作用的需要所驱动,以便达到他的“最充分的知觉、认知和表达等方面的潜能”(p.590)。

1962 年,在美国科罗拉多大学举办的关于创造力研究的座谈会上,产生了更多与上述想法类似的、更正规、更清晰的观点。在会议文集的几篇文章里,下述想法开始成型,即个体对工作的投入将有益于创造力,过于考虑自我(ego)的需要会损害创造力。亨勒(Henle, 1962)认为,创造力伴随着“超然的热爱”(detached devotion),其中,个体的热情、承诺、兴趣都与一种关键的超然(critical detachment)相伴。但是,她在这个观点的基础上又进一步提出,一些条件将导致“超然的热爱”:

> 如果自我只是去从事工作,而不是主宰工作,则强烈的兴趣和超然的心态可以共存。推动着工作向前的动力源于认识到任务本身的需要,而不是源于个体自身的需要。(p.46)

科拉奇菲尔德(Grutchfield, 1962)进一步明确阐述了对于创造力而言,以下两种动机的区别:牵涉自我的动机(ego-involved motives,或外部动机)与牵涉任务的动机(task-involved motives,或内部动机),前者是指“能够创造性地解决问题是达到某个远期目标的一种手段,而不是这个目的本身”(p.121);而后者是指个体创造性解决问题的推动力是“获得创造性的解决办法本身所具有的内部价值”(p.121)。他提出,虽然外部动机能在最初推动个体投入或承担某项任务,但理想的情况是,外部动机只是为了给任务与对任务的内部卷入(intrinsic involvement)之间提供充分的联系而服务。他相信当一个人从根本上是由内部动机驱使做某件事的时候,才会产生更大的创造力。科拉奇菲尔德强调,任务定向的动机(或内部动机),其特征既不是把创造力作为终极目标,也不是出于自我表达的需要而产生创造力。相反,他所描述的内部动机是积极迎接任务所带来的挑战、完全沉浸于任务之中,而不考虑未来的创造性成就对创造者可能带来怎样的奖赏。与亨勒一样,科拉奇菲尔德认为,牵涉自我的动机阻止对任务的超然态度,也影响到一个个体撇开传统的观点而选择虽不太安全却更具创造性的观点的能力。他认为要么与众人保持一致,要么坚持创造性想法,二者之间存在着根本性的分歧:他声称那些虽有独到的想法,但容易迁就、服从群体意见或信念的人,与那些在群体一致意见面前仍能够保持独立见解的人相比,前者对创造性活动有更多的外部驱动或牵涉自我的动机。在几项研究中,科拉奇菲尔德都发现,那些倾向于屈从公众压力的人比不屈从者显现出更低的创造力。

内部动机和外部动机的作用

在研究到底是什么力量推动了创造力的问题上,对两类动机(一种可以激发创造力,而另一种对创造力有害)辨析明确标志着一种突破。不幸的是,这两类动机已有将近 20 年不被人关注了,其间,研究者们将他们的精力放在识别创造性个体的人格特征(如,MacKinnon, 1962; Wallach & Kogan, 1965)与认知技能上(如:Newell et al. 1962)。后来,当内部动机和外部动机的概念重新出现时,它们已经被整合到一个模型之中。该模型显示,创造性作品的产生包含了3种重要元素：完成任务的内部动机、与专业相关的技能（在任务相关领域的专门技术和才能）、与创造力相关的过程（可以产生创新的认知技能和工作风格，Amabile, 1983a、1983b）。在罗杰斯（Rogers, 1954）和科拉奇菲尔德（Crutchfield, 1962）这些理论家奠定的工作基础上，阿马拜尔（Amabile, 1983a）提出了关于动机如何影响创造力的双歧（two-pronged）假设："内部动机对创造力有利，而外部动机对创造力有害。"（p.91）内部动机的定义是：从事该活动的动机主要针对活动本身，因为他/她认为这个活动是有趣的、吸引人的、令人满意的、具有挑战性的；内部动机的标志是个体关注工作本身的挑战性，并从工作中产生愉悦感。相反，外部动机的定义是：从事该活动的动机主要是为了达到独立于该活动之外的某种目的，如获得预期的奖赏、在竞争中获胜、满足某种需要；其特征是关注外部的奖赏、外界的赞誉和工作的外部导向（Crutchfield, 1962；Harlow, 1950；Hunt, 1965；Lepper、Greene & Nisbett, 1973；Taylor, 1960）。阿马拜尔的"内部动机假设"给她的创造力三元素模型奠定了基础（Amabile, 1983a、1983b），并且由此开始，在其他人对创造力的理论研究和实际工作中，动机的作用开始得到重视。

内部动机和创造力

在阿马拜尔创造力三元素模型的基础上，斯滕博格和卢伯特（Sternberg & Lubart, 1991、1992、1995、1996）提出了创造力的投资理论，其中动机是创造力的6个要素之一。他们认为关注任务的动机（task-focus motivation）对创造力至关重要，并提出这种取向虽然更多地由内部动机产生，然而也有外部动机的参与，后者可以提高个体对任务的注意力。伍德曼和斯肯菲尔德特（Woodman & Schoenfeldt, 1989、1990）关于创造性行为的交互作用理论也认为，内部动机是个体取得创造性成就的要素之一。伦克和奇安德（Runco & Chand, 1995）同样承认创造性过程中内部动机的必要性，当然他们认为动机是在认知过程后发生的。

近来的一些交互作用模型(interactive model)考察了个体的创造性能力是如何在社会中得到发展的。奇可森特米海依(Csikszentmihalyi, 1990a)和加德纳(Gardner, 1993)总结道,内部动机作为一种人格特性对创造力做出了贡献。继科拉奇菲尔德研究个体与公众意见的一致性之后,奇可森特米海依将这方面的工作进一步扩展,他认为,较高水平的内部动机如果伴随着相对低水平的外部动机,会帮助富有创造性的个体在其所从事的领域更加独立,因为他们不太会为了与别人保持一致而屈从于外界压力。

奇可森特米海依在关于问题发现的工作(Csikszentmihalyi & Robinson, 1986; Getzels & Csikszentmihalyi, 1976)中指出,能发现问题也就等于拥有了创造性解决问题的潜在能力,而发现问题的部分驱动力一方面是对客观事物强烈的兴趣和好奇心,另一方面是锲而不舍,它牢牢扎根于个体对信息加工本身体验到的内在奖赏。与此类似,曼斯菲尔德和布斯(Mansfield & Busse, 1981)明确指出,作为内部动机之标志的工作承诺,即充满热情地投入工作,对科学发现至关重要。

因而,当今考虑到动机在创造力中占有一席之地的理论绝大部分都同意:内部动机有益于创造力;而日益发展的实践性工作也支持了这种说法。对高创造力人群的人格特质的研究发现,这些人心无旁骛地完全献身于工作之中(Barron, 1963; MacKinnon, 1962)。在一系列纵向追踪研究中(从小学阶段追踪到成年人),托兰斯(Torrance, 1981、1983、1987)发现,在事业上更富有创造性的那些人往往从事着自己喜爱的工作。一项对数学和科学方面高天赋青少年的研究表明,这些富有创造性的青少年比同年龄的孩子显现出更高水平的内部动机(Heinzen、Mills & Cameron, 1993)。格鲁伯(1986; Gruber & Davis, 1988)运用个案法进行研究后也观察到,高创造性的人具有强烈的工作热情,他们经年累月地迷恋于工作中持续存在的一系列问题中。

研究还发现,富有创造性的人面对挑战性的任务时充满活力,这是内部动机水平高的标志。艾伯特(Albert, 1990)解释说,越是杰出的创造者越喜欢选择挑战并充满热情地迎接挑战,这使他们的天赋和才能有了用武之地,并带给他们巨大的愉悦感。帕金斯(Perkins, 1988)也描述了富有创造力的人们是如何对复杂问题感到兴奋的,他们为有机会解决富有挑战性、亟待解决的问题而跃跃欲试。奇可森特米海依在他的"奔涌体验"(flow experiences)研究中,大量描述了人们寻求那些与自己能力相匹配的挑战的情形(Csikszentmihalyi, 1990b; Csikszentmihalyi & Csikszentmihalyi, 1988)。他提出,当个体所从事活动的挑战性与自身的技能水平相匹配时,能够达到高度内部驱动的状态(Csikszentmihalyi & Csikszentmihalyi, 1988)。这种奔涌状态被描述成在活动中的最佳投入状态——心理上无比愉悦、全神贯注,甚至连时间的流逝也变慢了。当人们在某个领域的技能更加娴熟时,他们会寻找更富有挑战性的问题,以此来检验自己的能力是否有所提高,并继续感觉那种奔涌体验。奇可森特米海依(Cisikszentmihalyi, 1990b)提出,有创造性追求的人们积极寻找着奔涌体验,并且创造力似乎也多在这种状态下发生。黑恩森(Heinzen, 1989)也发现,中等水平的挑战性会导致大量问题解决方式的产生。而这种思想的流畅性已经被证明与创造力有关:想出的解决方法越多,其中富有创造性的方法的绝对数量就越多。

内部动机的力量如此强大,以至于只要简单想想完成某项任务的内部原因就足以在活动中激发创造力(Greer & Levine, 1991; Hennessey & Zbikowski, 1993),尤其是对那些已经在既定领域投入多年的人来说更是如此(Amabile, 1996)。实际上,内部动机会使人们一直投入工作。卡奈(Garney, 1986)对艺术类学生的纵向调查发现,那些在主题统觉测验(TAT)的图画想象中有大量的内隐比喻(intrinsic imagery)——对艺术创造的愉悦感体会更强烈——的人,从学校毕业后在艺术领域持续工作的时间更长,并且更容易获得最后的成功。

近来的研究认为,一个人对工作的动机取向是相对稳定的(Amabile、Hill、Hennessey & Tighe, 1994)。运用工作偏爱性量表WPI(Work Preference Inventory)

进行的研究表明,内部动机和外部动机的“特征”都可以被辨别出来。该人格量表将内部动机和外部动机的主要组成元素都揭示了出来,前者包括:自我决定(self-determination)、能力(competence)、对任务的投入(task-involvement)、好奇心、愉悦感和兴趣;后者包括:能力(concerns with competence)、评价(evaluation)、希望得到赞誉(recognition)、得到金钱或其他具体的诱因(tangible incentives)、被他人制约(constraint by others)。那些在该量表得分中对工作的内部动机更高的人在实际工作中被评定为更具有创造力,二者稳定相关(Amabile et al., 1994)。此外,在对创造性要求较高的那些领域工作的人(如职业艺术家、科研工作者、艺术类的学生)比普通人群对于工作有更强的内部动机(Amabile et al., 1994; Amabile、Phillips & Collins, 1996; Pollak, 1992)。

外部动机和创造力

削弱性效果(The Undermining Effect)。阿马拜尔“内部动机假设”中关于外部动机将削弱创造力的观点一经提出,便成为相当多研究的焦点,也引起了更大的争论。为了更好地理解该研究中出现最频繁的范式(paradigm),我们必须弄清理论界究竟如何看待内部动机与外部动机的关系。最初,创造力的内部动机假设反映出的是在学术界占优势的社会心理学观点,即内部动机与外部动机呈反相关。因而,人们认为如果外部动机强,则内部动机就弱(Calder & Staw, 1975; Lepper et al., 1973)。虽然阿马拜尔(Amabile, 1983a)承认,接受外部激励后的结果有可能附带把内部动机与外部动机结合在一起(Porter & Lawler, 1968; Vroom, 1964),但是,绝大多数的研究都是根据她当初的内部动机假设进行的,该假设认为,外部约束应该降低从事某项任务时的内部兴趣,并导致较低水平的创造力。

这类研究运用一个来自内部动机研究中的范式(Lepper et al., 1973),它的一般特点是让参加者从事一项有趣的创造性任务,把他们分在不同的组,有的组提供外部约束因素,有的组不提供这类外部因素。大量的这类研究,和来自其他范式的一些研究,已经揭示外部激励因素或外部约束因素对创造力都是有害的。在最早的这类研究中有一个是:当人们预先知道自己的工作有待评估时,是否影响创造力。阿马拜尔(Amabile, 1979)让大学女生在有外在约束(知道会有评价)和无这类约束的条件下制作"可笑的"(silly)纸上拼贴画。实验者告诉外部限制组的被试,她们完成的作品将被艺术类研究生进行等级评定;同时告知控制组的被试,实验者仅仅对她们完成任务时的情绪状态感兴趣,而不会从她们的设计中获取数据。然后,实验者请一组艺术评论家对这些拼贴画的创造性逐一评定等级。这项技术被称为同感评估技术(Amabile, 1982b),具体做法是邀请某领域的一些专家运用自己对创造力的主观判断进行评分,结果显示出很高的一致性。该研究的结果揭示,那些被告知作品将被评估的被试,创造力明显低于那些不知道其作品会被评估的被试。

进一步的研究表明,预先知道对作品要进行评价对创造力会产生有害影响(因为有外部限制):研究还有证据表明,在作品完成之前的积极评价(外部激励因素)同样对创造力产生负面影响(Amabile、Goldfarb & Brackfield, 1990; Bartis、Szymanski & Harkins, 1988; Berglas、Amabile & Handel, 1981; Hennessey, 1989; Szymanski & Harkins, 1992)。与此类似,被别人盯着看就会降低创造力(Amabile、Goldfarb & Brackfield, 1990)。巴伦(Barron, 1988)在创造性人格的研究中有一些补充结论。他报告说,富有创造性的人们在心理上与其他人保持一定距离,这样做是为了把人际侵扰的负面影响降到最小程度。

还有一些研究也是关于外部限制和外部激励的。例如,研究表明,当一个人完成任务的方式受到限制或控制时,其自治度(autonomy)和创造力都有所降低(Amabile & Gitomer, 1984; Amabile et al., 1996; Greenberg, 1992; Hennessey, 1989; Koestner、Ryan、Bernieri & Holt, 1984)。例如,实验者告诉画画的孩子们要保持画具的整洁,对其中一部分孩子说这是"必须"遵从的规定;而对另一部分孩子说这是为了方便其他小朋友能够继续使用画具,结果发现前者的作品创造力低于后者(Koestner et al., 1984)。虽然对两组儿童都强调了要保持整洁,但是当指导语是以一种限制/控制的方式呈现时,儿童创作出较低创造力的作品;当指导语中给出较多信息时,儿童的创造力较高。与外部限制相反,高度自治或自由与高水平的内部动机及高创造力相关(Amabile、Conti、Coon、Lazenby & Herron, 1996; Amabile & S. Gryskiewicz, 1987; Picariello, 1994; Ryan & Grolnick, 1986)。

在竞争中给"最佳"作品的创作者提供奖品或奖金,也会降低创造力(Amabile, 1982a, 1987)。此外,如果签订契约:个体从事了某项任务,随之而来将得到某种奖赏,也会导致创造力降低(Hennessey, 1989; Kruglanski、Friedman & Zeevi, 1971; McGraw & McCullers, 1979)。如果在从事创造性活动之前预先得到了某种奖赏,上述效应也存在。在一项研究中,让儿童在讲故事之前先得到了奖励[玩一种宝丽莱(Polaroid)照相机,一次性成像相机],那些事先被承诺在讲一个故事之后会玩照相机作为奖赏的孩子,和那些仅仅参加了没有任何连带关系的这两项活动的孩子相比,前者讲述故事的创造力较低(Amabile、Hennessey & Grossman, 1986)。

本身已经具有内部动机,但在从事活动时仅仅关注外部原因,也足以影响创造力。例如,创造力高的作家因外部原因而写出的诗歌与不考虑外部因素时创作的作品相比,前一种情况的创造力较低(Amabile, 1985)。同样,在卡奈(Carney, 1986)对艺术类学生进行主题统觉测验(TAT)的研究中,那些对画面的想象包含更多外部想象(extrinsic imagery)的学生在毕业之后较少有人能坚持留在艺术领域,除非他们在毕业后不久便立即取得了成功。

外部动机损害创造力的机制有可能是因为注意力的原因(attentional one)。阿马拜尔(Amabile, 1983b)认为外部动机会导致人们把注意力从手头的任务分散到外部目标上(又见 Lepper & Greene, 1978)。和那些对任务完全投入(这是高水平内部动机的标志)的人相比,上述情况会降低对任务的聚精会神的程度(Csikszentmihalyi, 1978; Ruscio、Whitney & Amabile, in press)。

用迷宫做比喻(Amabile, 1987)可揭示上述机制。有待创造性解决的问题好比迷宫,多个出口表示用多种方法都能成功解决问题。从入口直接通到出口的笔直路径,表示笔直前行、运用系统的算法或一步一步地解决问题的方法。只有运用更多启发式的方法,并且对迷宫或问题空间进行更多探索时,才能出现更不寻常的、更富有创造性的解决办法。那些主要由外部动机驱动的人寻找到的都是迷宫中司空见惯的、缺乏创造力的出口,因为他们并没有完全投入到任务本身去寻找更多的新出口;而那些由内部动机驱动的人则愿意花时间寻找不同的出口,因为他们喜欢做这件事。拉西欧(Ruscio)等人的实践性工作(in press)支持了这一说法。

积极影响(Positive Effect of Extrinsic Motivation)。虽然很多研究表明外部动机使得人们解决问题时缺乏创造性,但是越来越多的研究——特别是对奖赏或评价效果的研究表明,外部动机可能在某些情景下对创造力并没有害处。奖赏究竟有助于还是有害于创造力仍存在争议(Eisenberger & Cameron, 1995; Eisenberger & Selbst, 1994),一些研究表明外部动机对创造力的积极影响可以用内部动机假设加以解释(Amabile, 1983a),但近来另一些研究则对外部动机的影响有相反的看法(Amabile, 1993、1996)。

根据行为矫正学派设计的大量研究显示:在创造性作品的各个方面,奖赏都具有积极的效果(如:Campbell & Willis, 1978; Eisenberger & Sellbst, 1994; Glover, 1980; Halpin & Halpin, 1973; Locurto & Walsh, 1976; Milgram & Feingold, 1977;见 Amabile, 1983a、1996 的综述)。在上述大多数研究中,参加者被告知如何成功地或"有创造性地"完成特定类型的任务,并且能因这种行为的增加而获得奖赏。需要特别指出的是,很多研究使用了某种形式的创造力测验,认为创造力的行为包括流畅性(不同答案的数量)、灵活性/变通性(答案种类的不同)、精细性(如每个答案里包含词的多少)及独创性(在统计学基础上的低频反应)。奖赏对创造力有益的结果多数出现在以下情况中:运用系统的算法或一步一步地解决的方法就能轻易改变任务的成绩(即改变精细性、流畅性、灵活性/变通性）。当被试发现增加独创性能得到奖赏时，被试将被明确地导向尽可能去尝试不寻常的反应。相反，先前那些表明奖赏对创造力有害的研究，多数使用的是启发式或者开放式的任务情景，如写故事或制作拼贴画。阿马拜尔（Amabile, 1979）使用了启发式任务中的一种（制作抽象拼贴画），当她告诉被试如何制作出评委眼中富有创造性的抽象拼贴画（如撕成碎片、使用更多的碎片），从而原先的创造性任务变成算法式任务时，她发现外部评价会提升创造力。

当然，并非所有发现外部动机对创造力有积极影响的研究都可以用算法式任务与启发式任务之间的差别进行解释。即使对启发式的任务，也有越来越多的工作报道了外部动机的益处，其中首批研究就是前文提到的阿马拜尔，赫尼塞和格罗斯曼（Hennessey & Grossman, 1986）的实验——孩子们讲故事之前可以先玩宝丽莱照相机作为讲故事的奖赏。控制组的孩子先玩照相机再给实验者讲故事，玩相机的交换条件是必须在玩过之后要讲故事，实验者发现奖赏（玩相机）产生典型的负面效应。然而，令人惊奇的是，实验组的孩子先玩照相机后讲故事，但不把前者当作后者的奖赏时，他们所讲的故事比控制组的创造性高。孩子们可能已经认识到了玩相机是一种没有连带关系的奖赏，是额外给予的东西（bonus），这会使他们的情绪较好，并提高在讲故事活动中的投入程度。

另一系列的研究是为了以下目的而特别设计的——确定当被试对奖赏的消极效应产生的“免疫”是否能除去奖赏对创造力的负面影响（Hennessey、Amabile & Martinage, 1989; Hennessey & Zbikowski, 1993）。这种“免疫”如何完成呢？通过让实验组的孩子们观察并讨论录像中的两个富有吸引力的孩子，那两个孩子谈论自己上学的内部动机和对学校的喜爱，还谈论他们如何使用策略让自己和外部制约或激励因素之间保持一定距离；而控制组的孩子则观看其他内容的录像。几天后，所有的孩子都参加一项创造性的活动，与前文所述关于奖赏的研究一样，向一半孩子许诺如果他们愿意完成任务，就能得到某种奖赏;而另一半孩子也得到奖赏,但和参加活动没有任何连带关系。结果显示,受到内部动机训练的实验组孩子不只消除了奖赏的消极影响,而且当他们得到奖赏时,会更有创造性。

在工作场合,各种信息化的、建设性的、认可创造性成就的评价或反馈都对创造力产生影响(Amabile et al., 1996; Amabile & N. Gryskiewicz, 1989; Amabile & S. Gryskiewicz, 1987)。此外,格鲁伯(1986; Gruber & Davis, 1988)对高创造性个体的个案研究指出:尽管像达尔文、牛顿那样卓越的创造者,确凿无疑是高度关注任务本身的,但是他们也在产生创造的内部原因和一定程度的自我卷入(ego involvement)之间把握住了平衡,后者使得他们能够对世界的看法保持革命性的洞察力。

关于外部动机和创造力的新观点。随着外部动机定义的理论进展,上述工作已经使人们对外部动机如何影响创造力有了新的理解(Amabile, 1993、1996)。首先,外部动机的概念被浓缩到两个方面:控制性(control)和信息性(information, Deci & Ryan, 1985)。在很多条件下,外部动机被认为是外部控制性的,但很多时候它也被认为提供了人们需要的有用信息。考虑到这两种观点的分歧,阿马拜尔(Amabile, 1993)识别出两种类型的外部激励因素:增益性的(synergistic)外部激励因素——它能提供信息,或者帮助个体更好地完成任务,并且能够与内部动机保持一致;非增益性的(non-synergistic)外部激励因素,它使个体感觉受到控制,并且与内部动机不协调。因此,虽然内部动机与某些类型的(非增益性的)外部激励因素呈反相关,但是它可以和其他的(增益性的)外部激励因素组合到一起。这种动机增益性概念对修改内部动机假设(还不是内部动机原理)是有用的:"内部动机可以导向创造力,控制性的外部动机对创造力有害;但信息化的外部动机可以导向创造力,尤其当个体内部动机的初始水平较高时。"(Amabile, 1996, p.119)

研究创造力的其他理论家也认为,在富有创造性的个体身上,某些类型的外部动机可以和内部动机共存(Rubenson & Runco, 1992; Sternberg, 1988)。

人们认为,高创造性个体,尤其是科学家,对名誉的强烈追求和对工作深入的内部承诺可以相互共存(Mansfield & Busse, 1981)。奇可森特米海依(Csikszentmihalyi, 1988)认为,当也存在内部动机支持时,对当前专业知识的现有状态不满意可以增强发现问题的能力,这一点也可以受外部动机(如希望受到赞誉)的驱使。

阿马拜尔(Amabile, 1993、1996)描述了两种机制,阐述增益性的外部激励因素如何对创造力产生积极贡献。第一种机制可能是,外部动机服务于内部动机——即增益性的外部激励因素,它会支持个体对自身能力的肯定或提高对任务的投入程度——可以和高水平的内部动机相一致,共同提高创造力。第二个可能的机制是“动机-工作循环匹配(motivation-work cycle match)”:不同类型的动机在创造力的各个过程各自有不同的作用。例如,阿马拜尔认为当强调新颖性时,高水平的内部动机特别重要。因此,当个体在辨认问题或产生可能的解决方法时,如果更多地从内心投入工作、不被外部因素转移注意力,会有助于他们产生更有创意的想法。在创造过程的其他方面(point),越强调坚持不懈或外部评价,增益性的外部激励因素发挥的作用就越比内部兴趣发挥的作用重要。增益性的外部激励因素可以让创造者长期保持对一个问题的投入,这种长期投入可以使个体掌握必要的技能和信息来解决某领域的问题。同样,一旦个体想出了某种可能的解决方案,增益性的外部激励因素可以帮助创造者使方案生效,并与外界交流这些解决方法。

其他的理论家也一直在考虑:在创造的过程中动机因素是如何发挥作用的。其中,最早的想法是由科拉奇菲尔德(Crutchfield, 1962)提出的,他认为外部动机可以带领人们和某个他们感兴趣的课题联系起来。这个观点在一定程度上和阿马拜尔的看法一致:阿马拜尔主张,当人们在某个领域为了学会某些技能而从事枯燥的任务时,外部动机在维持动力方面起到了一定的作用;当然,她一直强调内部动机是最初问题选择的动力来源。曼斯菲尔德和布斯(Mansfield & Busse, 1981)的科学创造力模型也认为,不同类型的动机在创造过程的不同部分中分别起作用。他们提出,问题的选择受创造者以下方面的影响:希望有独特性(内部需要)、希望获得同行专家的赞誉(外部需要)。解决问题所需的大量努力源于对工作的强烈承诺,包括自愿投入问题之中的感觉。最后,工作承诺和需要得到专家赞誉都支持解决方法的多样化和精细化。持另一个观点的伦克(1994; Runco & Chand, 1995)认为,内部动机常常是发现某问题后产生的结果,它激发着个体的兴趣,引导个体自愿花费时间寻求解决方法。

在工作和课堂里的实践意义

帮助人们将创造性潜能发挥到极致的最佳途径是允许他们做自己热爱的事情(Amabile, 1996; Runco & Chand, 1995; Torrance, 1995)。选择工作的自由使得一个人有可能寻找到那些以强烈的内部动机去寻找答案的问题。这种高水平的内部兴趣将给创造性的成就奠定基础。教师可以将这种方法运用到课堂教学中,允许学生选择他们自己或所在小组的研究题目。在工作中,员工——尤其当所从事的工作非常强调创造性时——应当受到鼓励去探索那些令他激动的想法。

在课堂和在工作中的话题常常成为保持内部动机的论题之一。早先报告的免疫研究(immunization study; Hennessey et al., 1989; Hennessey & Zbikowski, 1993)表明,提高内部动机的突出性是保持内部动机的方法之一。如果家长和教师鼓励孩子讨论学习的内部乐趣,则他们的内部动机和创造性可以得到促进;成人在工作中的内部动机和创造性也可以得到促进,如果管理者建立的工作环境使人们在其中可以自由交换各自的想法,并且交流彼此对工作的兴趣。

我们所面临的任务常常是希望在面临控制性的外部制约因素时保持内部动机,而研究已经发现控制性的外部制约直接损害内部动机和创造力。这些制约因素包括：评价（evaluation）、监视（surveillance）、契约式的奖赏（contracted-for reward）、任务制约（task constraint）、竞争（competition）。保持内部动机、促进创造力的最直接方法就是在社会环境中降低对外部制约因素的强调程度。虽然在学术界和企业中，大多数情况下消除外部制约是不可能的事，但是人们还是可以努力降低其突出性或者改变其特征。例如，老师可以少在教室中谈论分数以降低等级评价的突出地位；他们也可以强调评价在信息方面的特性——而不是在控制学生方面的特性——以引导学生发展技能。这项技术（降低外部动机的重要性或者重新解释外部动机）的有效性在免疫研究中有所描述（Hennessey et al.，1989；Hennessey & Zbikowski，1993）。

动机增益性（motivational synergy）的新概念也可应用于促进创造力中的动机成分（Amabile，1993）。首先，任何支持个体的自我能力感、而不损害自我决定感的外部因素都应当对内部动机有积极的贡献，它们是增益性的外部激励因素。像黛西和瑞安（Deci & Ryan，1985）所提出的，奖赏、赞誉与能力相一致的反馈，以及对于如何提高能力有重要作用的反馈，都有上述效果。此外，那些有助于直接提高个体对工作投入程度的外部激励因素，也对内部动机有用。例如，了解项目的全面目标使一个人对任务的性质加以定位，这将增加（而不是分散）内部动机和创造力：奖赏也可能如此——奖赏意味着投入更多的时间、自由、资源去寻找激动人心的想法［麦克阿瑟基金（MacArthur Fundation）的"天才"可以作为这类奖赏的例子］。与此类似，如果对作品的反馈提供了建设性的、非恐吓性的信息，关注任务而不是关注个体，那么它也应当会促进内部动机和创造力。

动机增益性的概念引导着我们期待：在创造过程中，在创新性想法的最关键阶段（即问题确认阶段和想法产生阶段），如果内部动机是最突出的，则最终的创造性作品可以最优化。当然，在新颖性不太重要的阶段（即准备阶段和想法生效的阶段），增益的外部激励因素具有促进作用。例如，一些科学家报告：在对复杂问题产生初步想法的阶段和工作的早期确认阶段感到非常兴奋。然而,如果他们在缓慢、乏味的工作过程中遇到困难,要设计各种细节,使其充分地完善、生效,和别人清晰地交流想法,则他们在这一过程中的热情将衰减(类似的效应可以在博士论文中看到!)。一些外部动机因素(如明确的最后期限,或者承诺有外部奖赏和赞誉)在上述阶段不会有什么害处,因为在此阶段中灵活、新颖的思考并不是主要模式。实际上,这些外部激励因素只要不伤害自我决定感,就能够对个体投入工作有帮助。此外,这些外部激励因素通过使个体与社会需要相适应,确实能够促进工作的适宜性或价值。

在创造力的促进方面,重要的是不仅要考虑组成创造力的几个单独成分(专业技能、创造过程、对任务的内部动机),而且要考虑它们的交集。创造力三元素模型(Amabile, 1983、1996)的观点是:当三元素重叠程度最大时——即个体的专业技能最强、内部兴趣最高、创造性思维过程最佳的结合处——创造力将最高。换句话说,当人们在"创造力的交集"处,将最富有创造性。确认出这个交集成为促进创造力的关键步骤。这一点对超常儿童尤其重要,因为他们在很多领域都具有出色的技能,同时他们也具有高水平的创造性思维技能。他们应当努力奋斗,应当在良师益友的帮助下,去发现他们最强烈的兴趣所在。正是在他们热情最高的领域,最高的创造力将浮现出来。

未来的研究方向

关于动机和创造力的未来研究涉及许多令人激动的新问题。首先,虽然研究创造力的理论家们已经开始考虑动机在创造过程的不同阶段将发挥什么作用,但到目前为止还没有研究验证这些想法。"动机-工作循环匹配"的概念既应当在实验室研究(即拆分创造过程)中得到检验,也应当在对创造性个体的实地研究和访谈中得到检验。当教师和管理者知晓了某些类型的动机将对创造力产生最大的益处或造成最大的伤害时,他们将有意识地建立有利于创造力发展的环境。

另一个已开发成熟的领域是辨认一种特殊认知过程，它们能够调节动机对创造力的效果。最近的一项研究使用了出声报告法和对被试的行为进行微编码（microcoding）的方法，试图寻找在一系列创造性任务中内部投入程度不同的人究竟有哪些不同。内部动机更强的个体行为反映出对活动更加投入，而这种行为又能够预测他们生产的产品的创造性（Ruscio et al., in press）。还有一些认知技术可以继续解释由内部动机或外部动机驱动的个体拥有不同的策略。

也许在未来关于动机和创造力的研究中最有前途的领域莫过于考虑创造性行为的动机背景和对创造力至关重要的其他因素之间的交互作用（Amabile, 1996; Runco & Chand, 1995）。例如，在人格和经验上存在的个体差异可能会影响这个人对外部动机或激励因素的解释和反应方式（Amabile、Phillips & Collins, 1994）。奇克和斯塔尔（Cheek & Stahl, 1986）报告了评价对创造力的影响大小依赖于一个人的害羞程度，因为害羞的人如果预先知道要被评价，很容易受到消极影响。几项研究表明，技能水平会影响个体对评价的反应（Conti & Amabile, 1995; Pollak, 1992; Hill Amabile、Coon & Whitney, 1994）。技能不太出色的被试得知他们要被评价时会表现得更有创造力，而技能出众的被试在无评价的条件下表现得更有创造力。也许技能不太出色的被试者认为评价潜在地提供了对自己能力的有用信息，因而将其解释为增益性的外部激励因素。也有证据表明，对于生活优越的孩子和生活条件差的孩子而言，奖赏对他们的创造力有不同的影响（Johnson, 1974; Torrance, 1995）。除了前面描述过的个体差异外，环境和背景的差异也和动机共同作用，从而影响创造力。已有研究发现，预先知道要被评价对创造力产生的影响，依创造性任务开始之前的活动类型不同而不同（Conti、Amabile & Pollak, 1995），在实验任务开始前已经从事创造性活动的被试在不被评价时更有创造性。在预先没有从事创造性活动的被试身上没有发现外界评价的影响效应。竞争对创造力的影响也受背景的影响：非实验研究结果表明，在工作环境中当竞争存在于组间（而非组内）时，会得到创造性更高的产品（Amabile, 1988; Amabile & S. Gryskiewicz, 1987）。

在所有对创造力的研究中，不管是理论上的，还是经验上的，抑或是应用方面的研究，我们都相信应当有更加持久的推动力，向着更加一体化的研究方法迈进。我们对动机和创造力关系的理解不能仅限于它们两者，而必须完整地关注人格、才能、文化因素、认知因素和影响创造过程的其他因素。我们可以充满信心地肯定，一个人对工作的热爱是产生创造力的有利条件。我们也可以充满信心地肯定，只要有外部因素分散或降低了个体的愉悦感，创造力就会受到损害。而且，我们现在知道，外部因素并不总是妨碍个体对任务的热爱。虽然已经有研究开始辨别有损兴趣和创造力的外部条件，但是对这种复杂性的全面理解还要求有一种一体化的研究方法。

第 16 章　系统观对创造力研究的含义[①]

米哈里・奇可森特米海依

心理学家倾向于把创造力完全看成是一种心智过程(mental process)。在本章中,我将指出这种观点对于创造力是不适合的,创造力是心智事件,同时也是文化和社会事件。为了阐述这一观点,我将使用创造性过程的一个"系统"模型,该模型考虑了创造力的本质特征。

近年来创造力的研究不断从系统观得益。从莫利斯・斯泰恩(Morris Stein, 1953、1963)的观察开始到迪恩・西蒙顿(Dean Simonton, 1988、1990)所展示的广泛资料都显示,经济、政治和社会事件对创造性生产的速率存在影响,越来越清楚的一点是,如果想解释一个新的想法和产品为什么、什么时候、在什么地方会出现并被一个文化所接受,我们就必须考虑个体以外的各种变量(Gruber, 1988; Harrington,1990)。马格亚里-贝克(Magyari-Beck, 1988)则走得更远,甚至提出这样的看法:由于创造力的复杂性,需要有一门新的以彻底了解创造力"创造学"(creatology)的学科。

这里展开的系统观以前曾被描述过,并被应用于历史和轶事的例子,以及为回答各种不同问题而收集的资料(Csikszentmihalyi, 1988b、1990、1996; Csikszentmihalyi、Rathunde & Whalen, 1993; Csikszentmihalyi & Sawyer, 1995; Feldman、Csikszentmihalyi & Gardner, 1994)。在本文中,我将更严格地扩展这

① 本章部分内容的准备得到斯宾塞基金会(Spencer Foundation)的支持。

个模型,并提出一些启示以便更好地理解天才的工作如何能够得到研究。

为什么需要一种系统方法?

30 年前当我开始研究创造力时,像大多数心理学家一样,也相信它纯粹由内部心理过程构成。我认为,人们可以通过研究产生新颖性的那些个体的思维过程、情绪和动机来了解创造力。但年复一年的工作变得越来越令人沮丧。例如,在对艺术家的追踪研究中,越来越清楚的是,一些最具有创造性潜力的人停止搞艺术而追求了通常的职业,而另一些看来不太有创造性个体特征的人却坚持着,并逐渐创造了被赞誉为重要创造性成就的艺术作品(Csikszentmihalyi, 1990; Csikszentmihalyi & Getzels, 1988; Getzels & Csikszentmihalyi, 1976)。作为一个简单的例子,在艺术学校的年轻女生表现出与她们男性同学同样的创造性潜力,甚至更大。但 20 年后,这群女性中没有一个获得了杰出荣誉,而这些男性中却有一些获得了。

心理学家们早就认识到,好的想法不一定会自发地转化成被接受的创造性产品。面对这样的认识,我们可以采取下述两种策略之一。第一种策略是马斯洛(Abraham Maslow, 1963)提出的,它包括否认公众承认的重要性。根据他的观点,重要的不在于过程的结果,而在于过程本身。根据这种观点,一个重新发现爱因斯坦相对论公式的人与爱因斯坦一样有创造性。一个以新鲜的眼光看待世界的儿童也有创造性;是主观体验在决定一个人是否有创造性,而不是对世界的判断在决定。虽然我认为主观体验的品质是个人生活中最重要的一个方面,但我并不认为创造力也可以通过它来评价。如果创造力要维持一种有用的意义,那么它就必定会涉及一个能产生被其他人认同并采纳的想法或产品的过程。独创性、知觉的新鲜性、发散性思维能力,这些本身都是很好的,作为个人特质是可取的。但若没有某种形式的公众认同,它们并不构成创造力。事实上,有人可能会争辩说,这些特质对创造性成就甚至是不必要的。

在实践上,创造力研究始终承认这一事实。每一个创造力测验,无论它是涉及对发散性思维任务作出反应,还是要求儿童讲故事或用彩色瓷片来做设计,都要由评判者或评价者对这些反应的创造性进行评价。这里的深层假设是,一种被称为"创造力"的客观品质体现在产品中,而且能被评判者或评价者认识到。但我们知道,专家评判并不具有评价"创造性的"反应的外部的、客观的标准。他们的评价依靠过去的经验、训练、文化偏见、当前的趋向、个人的价值观以及特殊的个人偏好。因此,一个想法或产品是否有创造性并不依赖于其自身的品质,而是依赖于它对其他人产生的影响。因此可以得出,我们所谓的创造力是由制造者和观众的交互作用(interaction between producer and audience)建构而成的一种现象。创造力不单纯是个体的产物,而是对个体产品进行判断的社会系统的产物。

第二种策略已经用于顺应社会评价对创造力很关键这一事实,该策略不是要否认它们的重要性,而是把创造力的过程与说服力的过程分离开来,然后主张,这两者是创造性的想法或产品被接受所必需的(Simonton, 1988、1991、1994)。然而,这种策略并不能解决认识论的问题(epistemological problem)。因为,如果你不能让世人承认你有一个创造性的想法,我们怎么能知道你是否真的有呢?如果你真的能说服别人,那么,你当然就被认为是有创造力的。因此,要把创造力与说服力分开是不可能的;这两者相辅相成。这种不可能性不仅是方法论上的,也是认识论上的,甚至是存在论上的(ontological)。换句话说,如果我们把创造力看成是给文化增加新东西的能力,那么,甚至都不能考虑把它与说服力分开。

当然,有人可能不同意创造力的这个定义,而更愿意把它定义成一个内部心理过程(intrapsychic process)、一种不可言传的体验、一种主观的事情,不必留下任何客观痕迹。然而,任何追求客观性因此也就需要主体间的维度(intersubjective dimension)的创造力定义,都不得不承认这样的事实,即对于创造力的构造,观众与创造性产品的个体同样重要。

系统模型概述

于是,开始时严格地采用了创造力的个体观,但事实迫使我采纳一种包括个体运作于其中的环境的观点。这种环境有两个突出的方面:一个是文化的,或是符号的方面,在这里被称做专业(domain);另一个是社会性方面,在这里被称做领域(field)。创造力是一种只有在个体、专业和领域的横截面上才能被观察到的过程(图 16.1)。

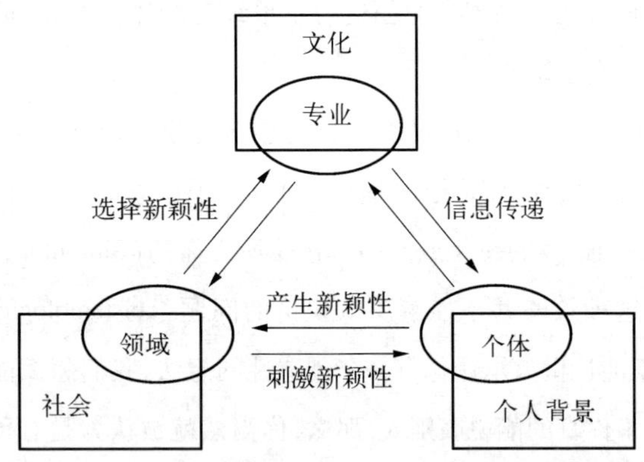

图 16.1 创造力的系统观。为了产生创造力,一系列法则和实践必须由专业传递给个体,个体必须在专业的内容上产生一种新的变异,该变异必须由该领域作选择以决定是否包含在该专业之内。

专业是创造力的一个必要元素,因为,不可能引入一个变异而不参考一个存在的模式。“新”只对“旧”才有意义。独创性思维不可能在真空中存在。必须对一个已经存在的客体、规则、表征或符号进行操作。一个人之所以能成为木匠、厨师、作曲家、化学家或牧师,是因为木工专业、烹饪学、音乐、化学和宗教专业存在,而且,可以根据其传统标准来评价一个人的表现。没有规则就不会有例外,没有传统也就没有新颖性。

当一个人在一个专业上做出改变时,创造力就出现了,这种变化将随时间而被传递出去。有些个体更有可能做出这种变化,这可能是因为个人的品质,也可能是因为幸运地处在该专业中的一个好位置——他们更容易接近它,或者他们的社会环境允许他们有大量的时间做实验。例如,直到最近,主要的科学进展都是由有工具和闲暇时间的男人做出的:牧师,如哥白尼(Copernicus);税收员,如拉瓦锡(Lavoisier);或生理学家,如加尔瓦尼(Galvani),他们有钱建立自己的实验室并集中他们的思想。并且,当然,所有这些个体都生活在这样的文化中,这些文化有一种系统观察自然、保持观察记录和数学符号化的传统,这使他们的见识有可能为那些受过同样训练的其他人所分享和评价。

但是绝大多数的新颖想法会很快被遗忘,变化要得到采用,除非这些想法能被某个有资格决定什么应该什么不应该被包括到某专业之中的团体所采纳。这些看门人(gatekeepers)在这里我们称之为领域(field)。领域这一术语经常被用于指整个学科。不过,在本文中,我想把这个术语做更狭义的界定,只用它来代表某一专业的社会组织——教师、评论员、刊物编辑、博物馆馆长、代理商主任、基金会官员等,是他们决定什么属于一个专业,什么不属于一个专业。在物理学领域,很少的几个领头的大学教授就足以认定爱因斯坦的想法是有创造性的。数以百万计的人们都接受了这一微小领域中的判定,并在不理解它到底在说什么的情况下惊叹爱因斯坦的创造力。据说,美国曼哈顿的现代艺术领域有10万人,他们决定哪些新的绘画或雕塑值得欣赏、值得购买、值得收藏——因此也决定哪些可以被加到该专业之中。

从这一点来看,从事创造力研究的心理学家也可以构成一个领域。该领域通常是由给儿童或其他学生的产品作评判的教师或研究生组成。是他们决定哪种测验反应、拼图或代表作可以被认为是有创造性的。创造力测验确实可以测量创造力——但需要认识到的是,创造力并不意味着真正的客观品质,而只意味着被特定领域的评判者接受。这样的创造力,虽然有些部分属于创造力研究的专业,但可能与在它之外的任何其他专业中的创造力没有任何关系。从考虑诺贝尔奖候选人到考虑4岁小孩的涂鸦画,在每一个水平上,每个领域都忙于评价新的产品并决定它们是不是具有创造性的——换句话说,它们是不是有足够的提高,值不值得被包括到该专业中来。

系统模型类似于学者们用于描述进化过程的模型。当某一个体的有机体产生了一种变异,这种变异被环境接受并传递给下一代时,进化就发生了(参见 Campbell, 1976; Csikszentmihalyi, 1993; Mayer, 1982)。发生在个体水平的变异好比一个人对创造力所作的贡献;选择是领域的贡献,而传递则是专业对创造性过程的贡献(参考 Simonton, 1988; Martindale, 1989)。于是,创造力可以被看成是进化的一个特例;具体地说,创造力之于文化进化,正如突变、选择和基因变异的传递之于生物进化。

在生物进化中,说一个有益的进化步骤是某一特定基因突变的单独结果而不把环境条件考虑进去是没有道理的。例如,使玉米的大小和口味得到了改善的一种基因变化,如果同时伴随着抗病能力的减弱,那这种变化是没有意义的。而且,从进化的角度来看,如果一个变化不能被传递给下一代的话也是没有意义的。同样的考虑也适用于创造力,只要把后者看成是在文化水平上发生的进化形式就可以了:为了有创造性,一个变异必须被其所在的社会环境所采纳,同时必须能够随时间被传递下去。

文化情境

我们所说的创造力总是包括一个符号系统中的一种变化,一种反过来会影响该文化中成员的思想和情感的变化。不能影响我们的思维、情感或行动的变化就不会是创造性的。因此,创造力是以一个社会中的人共享思维与活动方式、相互学习和模仿为前提的。把创造力想象成包含于谜米(meme)的一种变化是有益的。谜米是模仿的基本单位,就是道金斯(Dawkins, 1976)认为的谜米文化的建筑材料。谜米像基因,因为携带行为指令。① 一首歌曲的音符告诉我们怎么唱;蛋糕的食谱告诉我们要用什么配料及烤制多长时间。基因指令是由我们身上的染色体以化学密码的方式传递的,而包含于谜米中的指令则是通过学习来传递的。在很大程度上,我们学习谜米并不作任何改变地复制它们;当一首新歌或一个新的食谱被发明时,我们就有了创造力。

在人类历史上,谜米看上去变化得非常慢。最早的一个谜米是我们祖先创造的石头工具的形状。他们用这些工具来砍、刻、刮和敲击。这些燧石刀片的形状在旧石器时代近 100 万年里,大约占人类历史的 199/200,几乎都没有变化。直到约 5 万年前,在新石器时代,人类开始使用新的工具:具有特殊功能的刀片,以及一些用于制造其他工具的工具。工具的谜米中的第一个变化几乎用了 100 万年才发展起来;然而,这第一步一旦开始,一个接一个的新形态就迅速增长。在千万个世代里,人们看着握在手中的石头刀片,一模一样地进行复制,并将其传给自己的孩子。工具的谜米包含有它自身复制的指令。但有人发现了加工石头刀片的更有效方法,于是,一个新谜米出现了,开始在人们头脑中进行自我复制,并生成出后续谜米——也就是以前不存在的新工具,这些与其父代工具(上一代工具)日益不同。

一种燧石刮刀或一把燧石斧子的谜米是技术专业的一部分,它包括人类用于达到控制其物质环境的所有人造物。其他的早期专业还包括语言、艺术、音乐、宗教——每一个都包括一组由规则而彼此联系的谜米。当然,自 1.5 万年以前的冰川消退以来,谜米及相应的专业增长已经达到一种不可预见的程度,从进化的时间来看,即使是提前几秒钟的预见都是不可能的。今天,单个

---

① 谜米是心理和文化的基本建筑材料,就像基因是生物体的基本建筑材料一样。这一概念是由英国动物学家理查德·道金斯在他 1976 年出版的著作《自私的基因》(*The Selfish Gene*,吉林人民出版社)中首次提出的,"meme"这个词也是道金斯仿照"gene"的构词形式造出来的。——译者注

的技术专业分成了那么多的亚专业,以至于没有哪个个体能掌握其哪怕一分钟的片断。

文化作为一组专业

在这一情境下把文化看成是相互关联的各个专业的系统是有益的。这并不是主张,文化只不过是相互关联的各个专业的一个系统而已——毕竟,有数百种关于文化的定义被人类学家们使用,而没有哪个定义是没有漏洞的。这里的主张只是说,为了理解创造力,以上述这种方式来考虑文化是有益的。表16.1展示了从文化的这一定义中引出的一些问题和假设,这些问题和假设与理解创造力是有关系的。

表16.1　有关文化如何影响创造力的问题和假设

1. 信息是如何储存的?(例如,是口头还是书面记载)信息存储得越久、越精确,就越容易吸收以往的知识,因此在下一步革新中能得到很好的利用。

2. 信息是如何可接近的?(例如,有基于深奥的语言、有限的训练或继承地位的限制吗?)信息越容易接近,可从事创造性过程的个体的范围就越广。

3. 信息是如何得到的?(例如,它的传播是否由于物质的或社会的约束而受限制?)见问题2。

4. 文化是如何被分化的?(例如,文化包括多少分化了的专业,如宗教、哲学、数学?)文化所包含的专业越细化,信息就越专门化;因此,前进也就越容易。

5. 文化是如何被整合的?(例如,不同专业的内容能被相互转译成彼此的术语吗?如,科学和宗教一致吗?)文化的整合程度越高,在一个专业上的进步也越有可能与整个文化有关。这可能使在某个专业上一个个性更难以被接受,但一旦被接受,它将被很快传播。

6. 一种文化对另一种文化的开放性如何?一种文化对来自其他文化的信息和知识越开放,革新出现的可能性就越大。

文化因谜米(如技术程序、各类知识、艺术风格、信念系统)存储方式的不同而异。当它们被口头记录并从一个人的头脑传递给另一个人时,人们就必须严格遵守传统,以使信息不致丢失。因此,创造力就不大可能被人珍视,而且在任何情况下要确定它们都是困难的。新的存储和传播媒质的发展(如书本、计算机)会对新产品及其被接受的程度产生影响。

文化差异的另一个方面是信息的可获得性(accessibility of information)。

随着时间的推移那些有能力控制谜米的人会发展出围绕其知识的保护性边界,这样在任何给定的时间内就只有少数的发起者可以接近它。遍布世界各地的神职社团已经进化出来,守护着他们的知识秘密,使大众不能接近。即使在古埃及文明时期,手工艺行会(guilds)也保守着大量技术知识的秘密。在西方,直到现在,拉丁语和希腊语的知识仍被用做一种防止大众接受专业训练的障碍物。这样的障碍物越多,具有创造性潜力的个体为该专业做贡献的可能性就越小。

同样地,谜米如何获得也与创造力的比率有关。当知识只集中于少数的一些中心、图书馆或实验室,或者当书本和学校很少时,绝大多数有创造性潜力的个体会遭到有效的阻挡,不能学习足够的知识为已有的知识做贡献。

文化在其所承认的专业数量上和这些专业之间的等级关系上都表现出差异。例如,在西方文化中,哲学倾向于从宗教发展出来,而其他学术学科又从哲学中分离出来。长期以来,宗教是各门学科的女王,它指定哪些谜米可以被包括在不同的专业中;而现在的学术性的专业要自主得多,虽然也许可以认为数学已经成为其他专业得以评判的基准。

专业的多样化和逐渐解放已经成为人类历史的特征之一。在相当长的时间内,文化思想和表达的几乎每一个方面都统一在我们所谓的一门宗教专业之内。艺术、音乐、舞蹈、叙事、原始哲学和原始科学都是超自然的信仰和宗教典礼混合物的一部分。现在,每一个专业都力争独立于其他专业并建立自己的法则和合法的权威范围。

如果不同的专业之间有明显的相互联系——这些往往是比较简单的文化,那么这些文化很可能抵制任何一个方面的新颖性,因为它会涉及整个文化的一种再调整。另一方面,一旦这样一种文化中的某个专业上的一种变化被接受,其效果就可能引起整个系统的回响。

新的谜米最容易产生于这样的文化:这些文化因为地理位置或经济业务而经常接触不同想法和观念。希腊的贸易者从埃及、中东、北非、黑海、波斯,甚至斯堪的纳维亚收集信息,而这些全然不同的信息汇入到爱奥尼亚和雅典城邦这个熔炉中。在中世纪,西西里亚王宫欢迎来自中国和阿拉伯以及来自诺曼底的技术和知识。文艺复兴时期的佛罗伦萨是贸易和手工业的中心,威尼斯也是;后来,信息交流的中心转移到伊比利亚半岛(Iberian Peninsula)、荷兰和大不列颠等地区。即使是信息的传播几乎是瞬时发生的现在,有用的新想法也更可能在来自不同文化背景的人们能够相互影响和交流想法的中心地带产生。

专业在创造性过程中的作用

文化由各种专业组成:音乐、数学、宗教、各种技术等。导致创造性贡献的发明不会直接在文化中发生,而是在某一个专业中发生。表 16.2 展示了与理解专业在这一过程中的作用有关的一些考虑。

表 16.2 有关范畴如何影响创造力的问题和假设
1. 信息是如何被记录的?符号系统越清晰越精确,就越容易吸收过去的知识,因而也越容易采取革新的下一步行动。 2. 专业内的信息整合得怎样?如果信息是很紧密地整合在一起的,那么,改变它就困难;但如果它的组织太松散,那么认识到有价值的革新就困难。 3. 专业在文化中的中心程度如何?在不同的时代,一两个专业会在文化中处在先行位置(例如,中世纪的宗教、20 世纪初的物理学),而且它会吸引更多的天才人物,从而更可能产生创造力。 4. 专业的可接近程度如何?当因为意外或计划一个专业被认为是精英学科时,在其中引入创新会变得更加困难。 5. 对于文化的其他方面,专业的自主性如何?在不同的时代,一个专业可能相对于其他专业处于霸主位置(如宗教或政治比艺术和科学),在这样的情况下,在其下属的专业中产生变异就更为困难。

通常的情况是,随着时间的发展,一个专业发展出自身的谜米和概念系统。自然语言和数学是大多数专业的基础。另外,音乐、舞蹈、逻辑学以及其他一些不太正式的专业都有正规的概念体系,用以指导和评价在各门各类不同专业中的表现。例如,皮亚杰(Jean Piaget, 1965)详细描述过一些规则是如何在一个非常不正式的专业,即瑞士儿童玩的大理石游戏中传递的。这个专

业在儿童中持续了好几代,它是由不同大小、颜色和成分的大理石的特定名称组成的。而且,它包括各种不可思议的规则,在玩耍的过程中儿童相互学习这些规则。因此,即使没有一个概念体系,专业也可以通过模仿和指导从一代传递给下一代。

一个明显的因素是专业所达到的发展阶段。在这个阶段,一个专业的符号系统非常松散而杂乱地结合在一起,因而几乎不可能确定一种新颖性是不是当时的一种进步。周期表被采纳以前的化学就处于这样的阶段。元素周期表把有关元素的知识整合并加以合理化。更早的几个世纪,可能有很多有创造性潜力的化学家,但他们的工作太与众不同了,有悖于通常的标准,以至于不能得到评价。或者,正好相反,符号系统可能组织得太死板,以至于不可能有新的发展;上个世纪(19世纪)末,在量子理论带来思想革命以前,物理学的情况就与此类似。这两个例子都说明在范式革命(paradigmatic revolution)以前,发挥创造力可能是比较困难的。另外,对新范式的需要会使得更可能出现这样的情况,即如果虽有困难但一个新的可行的贡献还是已经发生,那么,它将被评定为重要的创造性成就。

在任一特定的历史时期,都有某个特定的专业比其他时期吸引更多有天赋的年轻人,这就增加了创造力的可能性。一个专业的吸引力依赖于多个变量:它在文化中的集中程度、出现新发现的前景和机会、从该专业的工作中获得的内部奖励等。例如,没有罗马遗址的发现,15世纪早期佛罗伦萨的文艺复兴就不可能发生。罗马遗址的发现产生了大量有关建筑技术和雕塑模型的新知识,它激励了许多年轻人。否则,他们将会从事其他某种职业,而不是成为建筑师和艺术家。本世纪(20世纪)初发生于物理学领域的量子革命在理论上如此令人兴奋,因为,几代人以来,一些最好的智者都集结到了物理学,或将其原理应用到相邻的学科,如化学、生物学、医学和天文学。如今,类似的兴奋围绕着分子生物学和计算机科学专业。

正如托马斯·库恩(Thomas Kuhn, 1962)所指出的,有创造潜力的年轻人是不会投身于基本问题都已被完全解决了的那些专业的,那样会显得很无聊——也就是说,从解决重要问题中获得内部和外部奖励的机会很少。一个专业,若是在其中新颖性可以得到客观的评价,又具有明确的规则,也就是一个丰富而复杂的符号系统,并处于文化的中心位置,那么它将会比缺乏这些特征的专业更具吸引力。

在可接近性方面,不同的专业也各不相同。有时,规则和知识会变成某个保护性阶层或阶级的垄断事业,不让其他人进入。基督教中的创造性思想为宗教改革所更新。宗教改革使更多的人接触《圣经》及其注解,而在以前,这些人被一个根深蒂固的僧侣等级体系排斥在外,不能直接通用《圣经》。大量英特网信息越来越容易接近,这可能会引起很多不同专业的创造力高峰,就像四个世纪前的印刷业那样。

最后,有些专业比其他专业更容易改变。这部分地取决于一个专业在文化中或在支持它的社会系统中的自主性有多大。欧洲直到 17 世纪,要在科学的很多分支上有创造性都很困难。教会对科学的保护有稳固的兴趣——伽利略就是这样的例子。在苏联,教条化的马克思列宁主义优先于科学专业,因此,很多与此有冲突的新想法都不被接受。最著名的例子是,李森科将拉马克的进化理论用于发展谷物的新品种,因为这个理论比达尔文-孟德尔理论更具有"马克思主义"的特性。① 即使在我们这个时代的社会科学中(甚至在物理学和生物学中),有些话题也被认为比其他话题缺少政治正确性,其结果就是得不到研究的支持。

创造力是驱使文化进化的引擎。进化的概念并不意味着文化的改变必

① Trofim Denisovich Lysenko,托斐姆·丹尼索维奇·李森科(1898~1976),苏联生物学家和农学家。1898 年出生于波尔塔瓦附近的卡洛甫卡,1925 年毕业于基辅农学院。曾任苏联科学院遗传研究所所长(1940~1964),他认为拉马克的遗传理论更符合马克思主义而将其理论运用于培育谷物新品种。例如,将谷物置于特殊的温度。结果给苏联农业带来了不良的影响。拉马克(Jean-Baptiste Lamarck, 1744~1829),法国生物学家。他认为从环境中获得的特征可以遗传给后代。——译者注

须沿着单一的方向,或者说,并不意味着创造力带来的变化的结果是使文化变得更好。遵循进化在生物学中的运用情况,在此情境下,进化即意味着随着时间的进程增加复杂性。而复杂性又是以两个相互补充的过程来定义的(Csikszentmihalyi, 1993、1996)。第一,它意味着,随着时间的发展,文化倾向于更加分化,这样它们便不断发展成独立的和自主的专业。第二,一种文化之内的各专业日益得到整合,也就是说,彼此联系并且相互支持彼此的目标,这类似于一个身体分化出的各个器官,它们支持着彼此的功能运作。

从这个意义上说,创造力并不总是支持文化进化的。它总体上对分化有贡献,但它容易阻碍文化整合。新的想法、技术或表达方式,经常打破现有的不同专业间的和谐,因此,至少是暂时地破坏了一个文化的复杂性。因伽利略的发现而使物理学从宗教的监护下分离了出来,这在当时引起了科学界的大量分化,但是,其代价则是相应地失去了西方文化中的整合。可以推测,如果文化的进化继续下去,种种创造性的洞见将在未来恢复当前不同专业间的联系,暂时地整合和恢复文化的复杂性,至少直到分化中的新步骤再次把它们分开。

社会情境

即使是最以个体为导向的心理学家也同意,为了被称为创造性,一个新的谜米必须得到社会上的评价。没有一定形式的社会评价,就不可能把一些怪异的想法和天才的创造性想法区别开来。但是,这种社会验证(validation)通常被看成是紧随个体的创造性活动而发生并且至少可以在概念上与之相分离的事情。在此提出的一个更强的主张是:甚至在原则上也没有办法把社会的反应与个体的贡献分离开来,也就是说这两者是不可分割的。只要这个想法或产品没有验证,那么,我们也许就只有新颖性,而没有创造力。

现如今,每个人都同意梵高的画表明他是一个非常有创造性的艺术家。嘲笑他那个时代的资产阶级不能认识梵高的天才并让他死于孤独与贫穷也已经成了时髦。这其中的含义当然是说,我们更加聪明,而且假设如果我们处于他们的位置我们会喜欢梵高的画。但是,我们不要忘了,100 多年以前,这些油画只是一个反社会隐士的幻觉式的独特性作品而已。只有在大量其他艺术家、评论家和收藏家以新的美学标准来理解它们并把它们从不合标准的作品转换成杰作时,它们才变成是有创造性的。

如果没有在评价气候上的这种改变,梵高即使在现在也不会被认为是有创造性的。但是,他是否真的有创造性?即使我们不知道这一点的话,就我个人的观点来看,这个问题太形而上学了,根本不能作为科学观念来考虑。如果这个问题原则上是不能回答的,为什么要问呢?更好的策略是去承认,在科学上以及在艺术上,创造力是不断变化的标准和新的评价标准的结果,正如它是新颖的个别成就一样。

与创造力有关的社会条件

系统模型的第二个主要元素是社会,或说是在一个时间-空间框架内起作用的所有领域的总和。领域是由从事某个特定专业并有权力改变它的人组成的。例如,以同样的规则开业的所有会计构成了会计学这一领域,那么,就是由他们来认证一种新的结账方式是不是可以作为一种创造性的提高而获接受。于是,一个社会就可以被定义为它的各个相互关联的领域中的个体的总和——从建筑师到动物园管理者,从妈妈到计算机配件的消费者。

表 16.3 指出了一个社会可能影响新谜米的频度和强度的一些途径。像前面几个表一样,这个列表既可用作一个启发式工具使读者熟悉系统观的一些含义,又可作为提供一些假说来源,以做进一步研究,这些假说也许能够丰富创造力研究的领域。

表 16.3　有关社会如何影响创造力发生的问题和假设

1. 剩余的能量是否可获得？如果社会所有的物质和精神的能量都必须用于解决生存问题，那么革新便不太可能被鼓励和认可。

2. 社会重视和鼓励创造力吗？不论物质条件如何，不同社会对革新的重视程度是有所区别的。

3. 社会和经济组织有益于变化吗？一定的经济形态（如租赁）对允许发生的变化没有兴趣，商品社会也许对变化更加开放。

4. 有多少流动和矛盾？社会外部的威胁和内部的冲突似乎鼓励新颖性产生和被人接受；社会流动也同样会产生这样的影响。

5. 社会系统的复杂性怎样？社会的分化和整合都会影响新颖性的产生和被采用的速度。

其他条件相同，一个拥有物质剩余的社会更有利于创造性过程。一个物质丰富的社会能够使信息更容易获得，允许有更大比率的特殊化和实验过程，有更好的准备来奖励和完成新的想法。而维持生计的社会则仅有较少的机会去鼓励和奖励新颖性，特别是当生产费用比较昂贵时。只有那些拥有丰富物质储备的社会，才有资金去建造大教堂、大学、科学实验室。即使是音乐谱曲、诗歌写作或绘画也需要一个市场，在这个市场里，生活必需品不是最主要的，但是，在社会影响和创造力之间经常存在时间滞后；财富的影响可能需要经过几代人才能表现出来。因此，19 世纪美国的物质剩余首先用于建立社会的物质性基础设施（运河、铁路、工厂），而不是投资于新的想法，如电话或汽车和飞机的批量生产。

但是，要实现新想法，只有物质资源是不够的，同样重要的是要对这些想法有兴趣。那些拥有巨大资源并处于贸易交汇处的社会，有时回避新想法。例如，在古埃及，在独特的创造力爆炸导致了建筑、工程、艺术、技术、宗教及城市管理方面的杰出成就之后，社会的领导者就想当然地认为，最好的政策就是顺其自然。于是，千百年来，大量的古埃及艺术在一些由牧师或官僚监管的中央作坊中生产，并根据普遍的约束性法则、共同的模型和统一的方法制造。艺术社会学家阿诺德·郝瑟（Arnold Hauser, 1951）写道："在古埃及，题材的独创性从未获得赏识，事实上还通常遭到禁止；艺术家的全部心思都集中在彻底而精确地执行任务上。"（p.36）

一个社会是否对新颖性开放,部分地依赖于它的社会组织。例如,一个具有稳定封建结构的农业社会,传统多于创新。而基于商业的社会,由于有一个渴望被贵族接受的强大的资产阶级,所以这样的社会通常更喜欢创新。不管什么时候,只要中央权威机构倾向于专制,那么,就不太可能鼓励实验(Therivel, 1995)。古代中国是一个很好的例子,说明由强大的官僚统治支持的中央集权制,多个世纪以来一直抵制新思想的传播。尽管有大量的早期文化优势和有大量的创造性个体,但中国古代社会认为,用火药做武器和用活版印刷术印书是不好的想法。当然,也许他们是对的,然而,当今的中国在试图以尽可能快的速度追赶新思想,这些思想在过去却被文雅地忽略了。

在租赁社会里,统治阶级靠土地出租、养老金或稳定的投资所取得的利益而生活,历史上这样的社会一直不愿意面对变化,因为任何新颖性都被认为会对提供寡头政治(oligarchy)生活方式的现行制度造成潜在的威胁。这种情况可能会再次变得重要,因为美国正在进一步走向一种经济,养老金和退休计划成为越来越多的人的主要收入来源。

一个不同的但也更富争议的说法是,与那些只有相对少的人控制较多的资源数量——特别是在艺术专业方面——的社会相比,平等主义的社会支持创造性过程的可能性更小。贵族阶层或寡头阶层比民主主义或社会主义政权更有可能支持创造力。原因很简单,当财富和权利掌握在少数人手里时,比较容易将其中的部分用于有风险的或"不必要"的实验上。同样,闲暇阶层的发展通常会形成优雅的鉴赏行业,而这又提供更为挑剔的评价标准,一个领域就用这些标准来评价新的贡献。

处于多种文化主流交汇点的社会更容易从不同思想的相互交融中得益,这种交融对于创造性过程十分重要。正是因为这个原因,一些最伟大的艺术和最早的科学都是在贸易中心城市发展起来的。意大利文艺复兴可部分地归因于阿拉伯和中东的影响,那里的商人和他们的随行人员给佛罗伦萨和海港城市威尼斯、热娜亚和那不勒斯带来了这些影响。社会动荡期常常伴随着创造力(Simonton, 1991)的发生,这一事实通常可能是因为不同各阶层的兴趣和观点在一起磨合时相互作用的结果。贵族、商人和手工业者在那里痛苦地争斗的那段时间是托斯卡那(Tuscan)城最有利于创造力的时期,而每隔数年,当不同的政党执政时,就会有大量的市民被流放。

外部的威胁也经常促使社会承认原本也许不会吸引很多注意的那些创造性想法。15 世纪的佛罗伦萨在艺术上使用了大量的资源,部分原因是因为城市的领导者在与锡也娜(Siena)、路卡(Lucca)和比萨(Pisa)的敌人进行竞争,企图在教堂的奢华和公共广场建设方面胜过他们的对手(Heydenreich, 1974)。高能物理在第二次世界大战后成为如此重要的领域的原因是每一个国家都希望拥有建立自己的核武器工厂的技术。

最后,一个社会的复杂性也会对其所能忍受的革新的程度施加影响。太多的分裂、太多的反对、太多的统一,都不可能产生将得到接受和获得保存的新颖性。对于创造力来说,理想的条件应该是一个社会系统高度分化为各个专业化的领域和职能,而同时它们又由迪克海姆(1912/1967)所称的"有机的团结"结合在一起。

领域的作用

承认文化和社会像个体一样包含于创造力的结构中,这可以把研究进程放在正确的位置上,但它当然不能回答所有的问题。事实上,它带来了很多新的问题。新的想法经常在艺术或科学合作的过程中出现(Csikszentmihalyi & Sawyer, 1995; Dunbar, 1993),同辈在支持个体的创造力方面起到重要的作用(Mockros & Csikszentmihalyi, in press)。

或许,这种观点引发的主要的新问题是:谁有资格决定什么是有创造性的?根据以个体为中心的研究方法,这不是一个问题。既然认为创造力位于个体内,而且表达在他的工作中,所要做的全部也就是找一些"专家"来承认它的存在。因此,如果幼儿园的老师认为一个儿童的绘画是有创造性的,或一组获诺贝尔奖的物理学家判断一个年轻科学家的理论是有创造性的,那么问题就结束了,我们所需要找出的全部内容就是这个个体如何能够画出某幅画或提出某个理论。

但是,系统模型认为,归属问题是创造性过程的一个重要部分,如果这种主张属实的话,那么,我们必须要问,一个新的谜米要被接受到某专业中需要什么？谁有权决定一个新的谜米确实是一种提高,或只是一种应该抛弃的错误？对创造力的评判是如何受归属过程影响的(Kasof, 1995)?

在系统模型中,看门人有权决定把新的谜米加到一个专业中,他们集体设计这个领域。有些专业,如亚述语言(Assyrian language)和文学,可能只有一个非常小的领域,只由十几个来自全世界的学者组成。另外的领域,如电子工程学,则可能包括数以千计的专家,在承认一种可行的新颖性方面他们的意见都重要。而对于大众市场的产品,如软饮料或动画,这个领域就不仅包括产品发展商和评论者的小圈子,而且也包括全体消费大众。例如,如果一种新的碳酸饮料(新可乐)不是文化中的一部分,那么即使它通过了饮料专家这个小领域的评价,也无法通过大众口味的检验。

表 16.4 展示了新颖性的产生和被接受的可能性受各领域影响的一些方式。第一个需要考虑的问题是某领域接近经济资源的通路。在一些专业,没有资金是几乎不可能做新的工作的。建造大教堂或制作电影需要人力和物力的合作,而这些对成为创造艺术家是必需的。即使是发表诗歌,这肯定是最便宜的专业了,也需要印刷、纸张和散发小册子。毫不奇怪,在历史上,艺术和科学的创造力在有足够的剩余资本去支持实验工作的社会中才会繁荣。佛罗伦萨的杰作是随着城市的银行家在整个欧洲获得利润而兴盛起来的;威尼斯的杰作则是城市的航海贸易的成果。在荷兰的商人开始支配海上航线后,荷兰的画家和科学家开始兴旺;随后就转向法国、英国、德国,最后是美国。当资源在某个地方累积时,它们就奠定了使创新得以可能的各种条件。

表16.4　关于领域如何影响创造的产生的问题和假设

1. 这个领域能够从社会中得到资源吗？如果一个领域不能向它的实践者提供经济和地位上的回报的话，它就有可能不景气。

2. 这个领域独立于其他的社会领域和社会机构吗？当一个领域的评判过分依赖于宗教、政治或经济时，它就不可能选择最好的新谜米。另一方面，如果完全独立于社会的其他领域也会降低该领域的效力。

3. 这个专业对该领域的判断的约束如何？当一个专业的判断标准没有具体说明哪一种新颖性是一种改进时，这个领域就在决定创造力方面有更多的判断自由。一个领域中自由度太少或太多对创造力很有可能都是有害的。

4. 这个领域如何制度化？一定量的内在组织是一个领域存在所必需的。把太多的能量用于自我保守的组织常会导致高度的官僚并且拒绝改变。

5. 这个领域支持多少变化？接受新颖性的标准过于宽松可能会以贬低该专业而告终；而标准太狭窄则会导致该专业停滞不前。

当一个领域能够为一个人提供做实验的机会并在实验成功时给予奖励时，这个领域就有可能吸引独创的想法。正如我们将看到的，尽管试图改变专业的个体通常是受内部驱动的，即热衷于在该专业工作的人是出于自己的兴趣，但外部奖励如钱和名声的诱惑力也是不能小看的。

列奥纳多·达·芬奇，从他对艺术和科学的贡献来看当属有记载以来最有创造力的人之一，他一生中不断从一个城市搬到另一个城市，以应对市场条件的变化。佛罗伦萨的领导者、米兰(Milan)的公爵、罗马的主教和法国国王，他们的盛衰可以从他们投入多少钱在新画、雕塑或刀削器的奖金上来加以衡量；随着他们的命运的变化，列奥纳多总是搬到他在工作时最少有阻碍的地方。

巴黎印象派的伟大兴盛，部分原因是由于新兴的中产阶级愿意很讲究地装饰他们的住所；这又吸引了全世界每个角落有雄心的年轻画家。诚然，这种新的富裕的第一个受益者是学院派画家；但是，由于他们的工艺品太完美以至于变得乏味——特别是因为新的照相技术使逼真的图片不再独特，于是受益的是那些打破传统并引入新的谜米的(印象派)画家。

一个领域在社会价值观中的中心地位也将决定它吸引具有创新倾向的新人的可能性。在我们这个特殊的历史时期，聪明的年轻男女被吸引到计算机科学这个领域中,因为它提供了最令人兴奋的智力挑战;还有一些人投身于海洋学,因为它可能有利于挽救地球的生态系统;一些人投身于流通贸易,因为它能提高经济实力;还有些人投身于家庭医疗,因为它是医学专业对社会需求的最直接的响应。任何一个能吸引大量聪明的年轻人的领域都更有可能目睹创造性的突破。

每一个领域都需要一定程度的自主性,以便在作出评价时,能够纯粹从专业上的杰出性出发来评价,而不是出于外在的考虑,但自主的量可能很不相同。偶尔地,一些领域会成为政治权力的延伸,主要对社会负责而不是对专业负责。例如,文艺复兴时期的艺术家的作品,不是由分立的美学领域来评价,而是必须要通过教会权威的审阅。当卡拉瓦乔①画出他的那幅有着强烈独创性的圣·马修(St. Matthew)的休闲姿态的肖像时,它并没有被先前的教会所接受,因为它看上去太不圣洁了。在苏联,受过特殊训练的党的官员,有责任根据新的画、书、音乐、电影,甚至科学理论对政治意识形态的支持程度来决定它们是否可以被接受。

在某种程度上,一个领域的自主性是其所服务的专业规范结构的函数。当专业很晦涩并有高度规范的结构时,如亚述学(Assyriology)或分子生物学,哪个新的谜米值得接受的决定是由相对小的领域做出的。这个领域将根据传统和专业法则来决定。另外,在电影或流行音乐等专业中,它们更容易接近一般公众,这一专业化的领域就显然不可能强行决定哪些作品是有创造性的。有些艺术作品对本世纪(20世纪)初的观众来说是闪耀着独创之光的,但对我们来说可能是陈腐而没有意义的。比较文学领域的诺贝尔奖获得者和科学领域的获得者是有启发意义的;与科学家相比,很少有来自过去年代的作家在现在还被认为是有创造性的。

为了建立和保持评价标准,一个领域必须最少有一个组织。然而,经常有

---

① 全名为 Michelangelo Merisi da Caravaggio,米开朗基罗·梅莉斯·达·卡拉瓦乔。——译者注

这样的情况,即一个领域中的成员不是在为该专业服务,而是在为他们自己服务,这就使得新想法很难按它们的优点得到评价。不只有教会因为害怕失去自己的特权而阻碍新思想的传播。每个行业都面临这样的问题,即更好的但需要改变现状的想法会被忽略,因为已经有如此之多的努力和资金投入到现存的生产方式之中。

领域变化所依循的另一个重要维度是,它们在意识形态上对新谜米开放或封闭的程度。一个领域的开放程度部分地依赖于它的内部组织,部分地依赖于它与更宽泛的社会的关系。在高度等级化的机构中,过去的知识往往受到很高的评价,因而这些结构通常把新颖性看成是一种威胁。出于这样的原因,教会、研究院及一些基于传统的企业,会将年长的个体提升到领导的位置上,以防止过多的变化。同样,如果有些领域的自身利益需要保持一个小的原初的骨干以执行相同路线而不管效率的话,创造力在这些领域也是不受欢迎的,有些贸易单位就是这样的。

但小心谨慎对一个领域来说是重要的,而且,这种谨慎也并不总是由自身利益所规定的。如果一个领域过于开放而不加区分地接受任何一个新颖性,它就有失去可信度的危险,而其内部结构也有可能变得混乱和不可控制。那些负责评价新颖性的人要有一种巧妙的平衡操作,以决定哪些新的想法是值得保存的。如果一个历史时期是停滞不前的,那么,这可能并不是因为没有具备创造性潜力的个体,而是因为在相关领域不称职。

可能有人会反对说,一些最有影响力的新想法或过程似乎也会出现,即使没有既存的专业或领域来接受它们。例如,弗洛伊德的思想在心理分析专业或分析家的领域去评价它们之前就已具有广泛的影响了。个人计算机在有传统和专家群体评价哪些好哪些不好之前就已被广泛接受了。但是,在这种情况下,缺乏这种社会情境更可能是表面现象而不是真实情况。弗洛伊德曾沉浸在已经存在的精神病学专业,然后他只是扩展了这个专业的界限,直到他的概念贡献能作为一个独立的专业站住脚跟。并且,第一个心理分析领域是由医务人员组成的,他们遇到弗洛伊德,同他讨论他们的想法,并确认他们自己就是这个新领域的实践者。没有同行和信徒,弗洛伊德的想法也可能是有独创性的,但它们不会对文化有任何影响,因此也就不会是有创造性的。同样,如果没有一个专业(可以用来编写软件和各种应用程序的计算机语言)和一个正在生长的领域(拥有大型机、电视游戏等的经验又有可能成为这一新兴技术的"专家"的人),个人计算机也不会被接受。

无论如何,要点都在于,在任一给定的时间里有多少创造力,这并不是由有多少试图改变这个专业的独特个体所决定的,而是由领域对革新的接纳程度所决定的。由此就可得出,如果谁要想增加创造力的频率,那么在领域层次上工作要比在个体层次上工作更有优势。例如,像摩托罗拉这样大的组织,在那里,新的技术发明是非常重要的,它花了大量的资源试图让工程师们更创造性地思考。就它现在的进展状况来说这是一个好的策略,但是,它要导致在创造力方面有所增加,除非这个领域,在这个例子中就是管理机构,能够认识到哪些新的想法是好的,并有办法实现这些想法,也就是说,把它们包括到这个专业之中。工程师和经理是在一个例如摩托罗拉这样的组织内判断新想法是否具有创造性的领域,而一旦这些新想法在该组织内加以实施,那么整个电子市场就变成了评价该组织的产品的领域。因此,在分析的某个层次上,系统组成了组织,还有作为其各部分的发明人、经理和产品工程师;但在更高的分析层次上,这个组织则变成了包括整个行业的一个更宽泛的体系的一个元素。

创造性过程中的个体

当我们转向个人层次,我们立即就到了更为熟悉的地界。毕竟,大量的心理学研究认为创造力是个体的特质,是可以通过研究个体来了解的。例如,最近对讨论该话题的博士论文的分析表明,1986 年的 10 篇心理学博士论文中有 6 篇是关注个体特质的(Wehner、Csikszentmihalyi & Magyari-Beck, 1991),而没有一篇是关于文化和社会群体影响的。认知过程、气质、早期经验和人格是最经常被研究的话题。

系统模型使我们有可能以一种理论上连贯的方式看待个人对创造性过程的贡献。首先,它使我们注意到这样的事实,即在一个人引入一个创造性的变异之前,他或她必须进入一个专业,必须学会按照它的规则来行事。这意味着,动机是重要的——这是在创造力领域中已经得到学者们充分理解的话题。但是它也表明有许多其他的因素,这些因素通常是被忽略的,例如,认知的和动机的因素与专业和领域状态的交互作用。

其次,系统模型再次肯定了个体因素在促进创造性过程中的重要性。很可能进行创新的发明家往往有愿意打破规则的人格特质,以及使他们想这样做的早期经历。在这种情境下,心理学家们已经研究过的发散性思维、问题解决和所有其他因素都是重要的。

再次,对自己创作的新事物一个人要有能力使某个领域确信它的优点,这种能力,是个体创造力的一个重要方面。一个人接触到特定领域的机会、人际关系网络、能使自己被认真对待的人格特质,能以让人理解的方式表达自己的能力,所有这些都是使一个人更容易做出创造性贡献的个人特质。

但这些个人特质没有一个是充分条件,可能它们也不是必要条件。保守而缺乏想象力的科学家在偶然的情况下,也会发现一些重要的新现象,从而做出重大贡献那些风格朴素的画家,如卢梭·勒·杜安尼(Rousseau le Douanier)或格兰德玛·摩西(Grandma Moses),他们试图保持传统但又不能以现实主义的风格作画,他们也被认为在艺术史上做出了贡献。同时,这一点也很可能成立,即那些能够精通某一专业,并想要去改变这一专业的人,他们的努力被认为具有创造性的比例更高。因此,我们现在将简要地回顾这些人的特征是什么,先从考虑与新颖性的生产有关的背景因素开始。

创造性个体的背景

我们首先要考虑的一个论题是,个体是否出生在一个有着足够剩余能量来鼓励好奇心和兴趣发展的环境(表 16.5)。尽管人们常说,需要是发明之母,但极度的贫乏看来不能导致创新性的思维。当生存都不能保障时——就像以前那样(贫困)以及现在世界上仍有的大部分地区(贫困)那样,那么就没有剩余的能量留给学习和实验。缺少书本、学校教育以及智力激励,显然会带来有害的效果。虽然一个天才也不是不可能出现在贫民窟或第三世界国家,但他会因为缺少对基本专业工具的接触而丧失大量的潜能。

表 16.5　关于个人背景如何影响创造力的问题和假设

1. 家庭和社团是否有剩余的能量可用? 如果现存的物质条件太脆弱靠不住,一个儿童可能就不会受鼓励去表达好奇心和兴趣。
2. 在儿童的环境中是否有尊重学习和文化的传统? 种族和家庭传统在孩子的兴趣指向特定的专业方面起着很重要的作用。
3. 家庭是否能将孩子引入一个专业? 文化资本(如家庭学习、学校教育)对一个儿童在某一专业上发展专门技能是非常重要的。
4. 家庭是否能成为孩子和领域的纽带? 辅导者、导师和各种联系常常是必不可少的,这些因素可以大大提前使个体的想法得到组织。
5. 早期条件是支持顺从还是支持创新? 处于边缘(社会的、种族的、经济的、宗教的)的背景似乎比保守的、中产阶级背景更有益于想打破常规。

种族群体,以及其中的家庭,对不同专业的重要性是不同的。犹太人的传统强调学习的重要性,亚裔美国人家庭则给他们的孩子灌输强有力的学术和艺术动机(Kao, 1995)。一些文化团体强调音乐能力,而另一些则关注工程或技术。这种传统有助于让孩子的兴趣集中于特定的专业,从而为孩子今后的发展提供预备条件。

文化资本存在于父母的教育志向、一个人在家里所吸收的非学术知识(nonacademic knowledge)、一个人从家庭和社区所获得的非正规学习等。此外,它还包括学习的机会,如上学、找导师的可能性、大量的书本、接触计算机、参观博物馆、接触各种乐器等。即使是在很贫困的家庭,当父母念书给孩子听时,这似乎也有助于孩子进入对知识的追求,摆脱他们的贫困状态(Beattie & Csikszentmihalyi, 1981)。家长对达到教育程度的期望也是孩子的文化资本中的重要部分。

与创造力有关的个人背景的另一个重要方面是,一个儿童是否能接触一个领域。在很多专业,对年轻人来说能尽量快地得到专家的培养训练是很必要的(Bloom, 1985)。要长时间地学习物理或音乐直到能够在该领域中做出革新,这部分地依赖于是否有实验室或音乐学校,使个体能在那里练习和学习特定专业的尖端科技(state-of-the-art)知识。家长必须有能力负担孩子家教的费用,并有足够的时间和资源不断地促使孩子学习和参加竞赛。创造性个体的生涯通常是因为幸运地遇见了一位启蒙导师而开始的,这种遭遇更可能在学术气氛很浓厚的地方,如某个大学的系、实验室,或艺术活动中心出现。

人们通常可以发现,很多创造性个体是在一个不寻常的环境中,在处于边缘的社会阶层中成长的。他们中的很多人早年就成了孤儿,不得不在贫困和受歧视的现实中挣扎,或者被排挤在同伴之外(Csikszentmihalyi & Csikszentmihalyi, 1993)。例如,加德纳(Gardner, 1993)所描述的 20 世纪中 7 位伟大的创造性天才都曾被他们所工作的社会排除在外:爱因斯坦从德国到了瑞士、意大利、美国;甘地(Gandhi)在南非成长;斯特拉文斯基(Stravinsky)离开了俄罗斯;艾略特定居在英国;玛莎·葛兰姆小时候从美国南部迁到加利福尼亚,在那里她受到亚洲艺术的影响和熏陶。弗洛伊德是犹太人,生活在天主教统治的维也纳;毕加索离开西班牙到了法国。看来一个生活在温暖、熟悉而舒适的社会中的人,是很少有改变现状的动机的。

个人特质

有一个合适的生活背景对做出创造性贡献的个体而言确实是不可或缺

的，但肯定不是充分的。因为，他或她必须还要有能力和意愿将新颖的东西带入到某个专业中去。这些就是心理学家研究得最多的个体特质，也是我们现在要谈的内容(表 16.6)。因为富有创造性的个体特质已得到非常广泛的研究，因而我就简要地点到为止，而不能充分地对待它们了。

表 16.6 关于个体素质影响创造性发生的问题和假设
1. 这个人是否有特殊的才能？在特定的专业中(如音乐、数学)，遗传可能在指导个体对专业的兴趣和帮助掌握该专业方面起着重要的作用。 2. 这个人是否表现出好奇心、兴趣或内在的动机？在激励一个人去吸收相关的谜米并坚持不懈进行革新的冒险历程时，需要大量的内在动机。 3. 这个人是不是一个对发现有兴趣的发散性思维者？如流畅性、变通性和发现倾向性这种认知能力，对成功地进行新颖创造的过程是必需的。 4. 这个人是否有相关的人格特征？为了能够成功创新，一个人需要具有合适的人格特征——这些特征会随领域和历史时期的变化而有不同。一般来说，个体必须坚持不懈并对经验持开放态度，同时又能采取表面上矛盾的行为。

天赋，或天生的能力，是指这样的事实，即如果个体生来就具有自然天分，能帮助他掌握某一专业所需的技能，他就更易表现出创造性。伟大的音乐家往往在童年时代就对声音有非同寻常的敏感性，而艺术家即使在他们开始练习手艺以前，也对颜色、光线和形状很敏感。如果我们将创造力的含义扩展到诸如篮球这样的专业——原则上没有理由不能这样做，那么很清楚，像乔丹这样有创造性的球员获益于他非凡的身体动作的协调性。在这一点上，我们对大脑组织结构与完成特殊专业中的活动的能力之间的关系所知甚少。但是，若是能够发现有些特殊专业方面的兴趣或技巧是可以被遗传的，这也不会让人奇怪。加德纳(Gardner, 1983、1993)所提出的 7 种或更多种独立的智力形式，这似乎也支持这样的看法，即我们每个人也许生来就具有对现实的不同方面做出反应的倾向，因此，我们可能会在某个专业做事比在其他专业更有效。很多创造性个体会在早期表现出非凡的能力，就像费尔德曼(Feldman, 1986)所描述的，几乎是神童水平的。另外，大约也有相等数目的曾做出可以相提并论的创造性贡献的人，看起来却只有一个很普通的童年，直到成年早期才被认

为很杰出。

显然,我们对中枢神经系统结构与创造力之间的关系还知之甚少,虽然这些年来在支持有限的情况下人们还是提出了很多观点。例如,大脑偏侧化研究已使很多人认为,左利手或双手都灵活的人,由于比右利手的人更多地使用右脑,因而他们更有创造性。左利手者显然较多地出现在艺术领域、建筑和音乐领域中;很多杰出的个体,从亚历山大到列奥纳多、米开朗基罗、拉斐尔①、毕加索、爱因斯坦以及1992年的美国3位总统候选人,克林顿、布什和派罗特,都是左撇子(Coren, 1992; Paul, 1993)。虽然这样的倾向可能有暗示性的意义,但还是有一些证据显示,左利手者更易于产生多种异常病态(Coren, 1992, pp.197~220);因此,无论神经学上的差异如何,利手本身也许与创造力没有直接的联系,而倒是与正常情况的偏离有关系,这种偏离人们要么会赋予它肯定的价值要么会赋予它否定的价值。

也许创造性个体最显著的特点是有持续的好奇心,对发生在他们周围的事物都有一种新的兴趣。创造性个体具有这种追求体验的热情,它通常被认为是“孩子气”的一部分(Csikszentmihalyi, 1996; Gardner, 1993)。没有这种兴趣,一个人就不可能足够深入地潜心在一个专业中以至于改变它。描述这一特点的另一种途径是说创造性个体拥有内在动机。他们从活动本身寻求奖赏,而不是等待外在的奖赏或承认。他们不断重复的一句口头禅有点像这样:“你可以说我生命中的每一天都在工作,同样也可以说我一生中从没做过任何工作。”在没有得到外在承认的情况下,这种态度帮助个体在漫长的创造性历程中做坚持不懈的努力。

动机对创造力的重要性很久以来就得到了承认。科克斯(Cox, 1920)忠告说,关于一个有高智商却没什么动机的人,和一个智商不高却有很强动机的人,谁更有可能获得创造性突破的问题,如果谁要和她打赌,那么她一定会选

① Raphael Santi,15、16世纪意大利画家、建筑学家。——译者注

择后者。因为要在一个系统中引入新异的思想,是一件既担风险又不讨好的事,这需要有强烈的动机去做坚持不懈的努力。近来斯滕博格和卢伯特(Sternberg & Lubart, 1995)用“经济”模型,简洁地陈述了创造性个体对冒险的意愿。

在创造性认知风格的特征中研究得最广泛的很可能是发散性思维(Guilford, 1967)和发现导向(Getzels & Csikszentmihalyi, 1976)。发散性思维通常用思维的流畅性、灵活性和独特性来表示,它是对儿童做心理学测验时的常规项目;这样的测验表现出与创造力的孩子气程度,如讲故事或画图中的独特性,有中等程度的相关(Runco, 1991)。这些测验与“真正”的成人背景下的创造力是否也有关系还不清楚,尽管有些人认为确实有关(Milgram, 1990; Torrance, 1988)。在特定的情境下,研究者测量了发现导向(discovery orientation),或发现和阐述在他人看不出什么的地方所出现的问题的倾向性,得到了一些鼓舞人的结果(Baer, 1993; Runco, 1995)。正如爱因斯坦和许多其他人所评论的,对他们而言问题解决比问题阐述要简单得多。任何一个技巧娴熟的专家都能解决一个已经得到阐述的问题;但要阐述一个问题则首先需要真正的独特性(Einstein & Infeld, 1938)。

问题发现和问题解决是不是不同的思维过程,一些学者尚有争论。例如,获得诺贝尔奖的经济学家和心理学家赫伯特·西蒙(Herbert Simon, 1985、1989)认为,所有的创造性成就都是常规的问题解决的结果。但是,他所提出的证据,因为以科学突破的计算机模拟为基础,而与这种主张没有关系,因为计算机所接受的是预先挑选的数据、预先挑选的逻辑算法和用以承认正确解决方案的一种例行程序——这些在真正的历史上的发现中是不存在的(Csikszentmihalyi, 1988a、1988c)。

人们已经对创造性个体的人格特征做了详尽的研究(Barron, 1969、1988)。心理分析理论强调,从自我能控制的意识状态退行到无意识状态的能力是创造力的特征之一(Kris, 1952)。广泛使用的多因素人格特征的调查研究发现,创造性个体往往在某些特征上表现突出,如内省和自信,而在另一些方面则较弱,如顺从性和道德可靠性(Csikszentmihalyi & Getzels, 1973; Getzels & Csikszentmihalyi, 1976; Russ, 1993)。

将创造力和心理疾病相联系,或将天才和精神错乱相联系已有很长的传统(Jacobson, 1912; Lombroso, 1891)。近期的调查给这种传统增加了新的可信度,这些调查研究相当令人信服地证明,在一定的"创造性"专业中,如戏剧、诗歌创作和音乐(Jablow & Lieb, 1988; Jamison, 1989; Richards, 1990),出现各种心理疾病,如自杀、酗酒、药物成瘾,以及因神经性疾病而被送入相应机构的人数比率比常人要高。但是,这些结果只是证明,某些在我们的文化中得到支持较少的领域之所以与疾病相联系,要么是因为这些领域吸引一些特别敏感的人(Mitchell, 1972; Piechowski, 1991),要么是因为这些领域只能提供令人压抑的职业生涯。它们也许并不说明或极少能说明创造力本身的任何问题。

我个人在研究的基础上提出的一个观点是,创造性个体不只是以单个特质为特征的,更多的是以他们人格维度的整体能力为特征的。因此,他们并不只是性格内向的,而是既可以是内向的也可以是外向的,这依赖于他们当时恰巧卷入的进程状态。在收集观点的阶段,一个具有创造性的科学家会表现出合群又友善;而开始工作时,他们又会几个星期像隐士一样生活。创造性个体是敏感而又冷淡的,支配性强而又谦卑的,具有阳刚之气而又不乏女性特色的,一切因时而异(Csikszentmihalyi, 1996)。支配他们行为的不是一种呆板的内在结构,而是他们与他们所从事的专业相互作用的需求。

要想把新颖性引入到一个专业之中,一个人首先应该对现状不满。据说,爱因斯坦解释他自己之所以花这么多时间去发展一个新的物理理论,是因为他不能理解旧的物理理论。较高的敏感性、天真、高傲、急躁以及较高的智力水平,这些全都被用来说明有些人为什么不能接受某一专业的传统智慧而觉得有必要去突破它的理由。

价值在创造性职业生涯的发展中也起了一定的作用。有证据显示,如果个体以经济或社会目标为重,那他就不太可能会长时间地坚持勇于进行不保险的创新行为,而会倾向于更稳固而保守的职业(Csikszentmihalyi、Getzels & Kahn, 1984; Getzels & Csikszentmihalyi, 1976)。一个被抽象问题(理论价值)的解决方法有秩序和美(审美观)所吸引的人,很可能会坚持不懈。

认知、人格和动机等模式是怎样发展的,我们仍然不清楚。有些也许强烈地受到遗传的控制,而另一些可能是在自我组织的人的有意识的引导下发展起来的。无论如何,如果它们有幸能和系统的其他要素,即领域和专业,结合起来的话,这些特点的存在很有可能使一个人更具创造性。

创造性系统的内化

为了在创造性系统之内很好地发挥作用,个体必须内化一个专业的规则和该领域的意见,这样他才能选择最有希望的观点去研究,从而被同事所接受。事实上,所有的创造性个体都说,他们所拥有的一个优点是他们很自信,他们能知道自己的哪些观点是不好的,这样就能忘记不好的,而不用投入过多的精力。例如两次获得诺贝尔奖的L.鲍林(Linus Pauling),在他60岁生日聚会上有人问他,他怎么能提出这样具有划时代意义的发现,他就回答道:"这很简单,如果你能想到很多点子,并将一些不好的抛弃就行了。"但是,如果个体能做到这一点,就说明他已经有很强的内在表征去辨别哪些是好的,哪些是不好的,而这种表征与能被领域接受的表征有紧密的对应关系。

说明一个人如何内化系统的一个极为清晰的例子是发明家雅各布·拉比诺(Jacob Rabinow),他拥有200多项非常不同的发明专利(Csikszentmihalyi, 1996)。他不仅是一个多产的发明家,还是该领域中的佼佼者,因为他在专利局工作,因此要决定其他人做出的哪些发明有获得承认的价值。在描述成为

一个独创性的思想家需要什么时,拉比诺首先提到了专业的重要性:

要成为一个独创性的思想家,需要具备3个条件。第一,你要有大量的信息——如果你喜欢有点奇特的话,(也可以说是)一个巨大的数据库。如果你是一位音乐家,你应当知道很多关于音乐的知识,也就是说,你要听过很多音乐,记得它们,并能在需要时重复它们。换句话说,如果你出生在沙漠孤岛,从没有听过音乐,你就不可能成为贝多芬。当然,你可以努力,但这不可能。你可以模仿小鸟的声音,但你不会写出第五交响乐。因此,你要在你能够存储大量信息的地方成长。

因此,你必须有一种记忆,你需要它来帮助你从事想做的事。而且……在做的过程中,你会越来越好,最终可能会成为一个伟大的网球运动员或者一个优秀的发明家什么的,因为你愿意去做自己能做好的事,这样做得越多就觉得越容易,越容易就做得越好,最终尽管你会变得偏向一个方面,但你的确很精通,而在其他任何方面你就做得挺糟糕,因为你做不好那些事。这就是工程师所说的积极反馈。在生命开始时的微小差异,随着时间的推移,你做它一个40年、50年或80年,就会变成巨大的差异。因此,无论如何,首先要有一个巨大的数据库。(p.48)

随后拉比诺提出了个体必须贡献什么的问题。这主要是一个动机问题,或是当一个人在玩(或工作?)专业内容时感觉到的愉快:

然后你必须愿意去想点子,因为你有兴趣。现在,确实有些人会想点子,但这并不是他们自愿的,他们的兴趣不在这上面。所以如果你要他们想,他们会给你面子,说:“好的,我会想一想的。”不过也有一些人像我这样,喜欢去思考。就会觉得提出一个想法是很有趣的,如果没有人这样想,我也不会谴责他们。毕竟,我愿意提出一些陌生的、不同的想法,只是

觉得有趣而已。(p.48)

最后他强调在个体的头脑中再生产某个领域所使用的判定标准的重要性:

> 接着你必须要剔除自己想到的垃圾。你不可能总想到好点子,或写出优美的音乐。你必须想到很多音乐,很多点子,很多诗等等。如果你有能力,你就能很快除去无用的东西。换言之,你获得了很多点子,并将其中一些抛弃,因为你受过良好的训练,你会说:"那是垃圾。"当你看见好的点子时,你说:"哦,这很有趣,让我再看看。"这样你就开始发展它……还顺便说一句,如果你没有受过良好的训练,但你又有了想法,这时你就不知道它们是好还是坏,那你就将它们送到标准局,国家标准所,我工作的地方,我们会评估这些想法。我们会把不好的抛弃。(p.49)

结　论

确实,对创造力现象感兴趣的心理学家将会继续关注个体以及他或她的思维过程。毕竟,创造性天才的独特品质是很具有吸引力的,我们不能收住对此的好奇心。但是,本章试图要指出的是,创造力只有在具有文化准则的系统中才能获得承认,并且它也只有在获得同事的支持时才能实现新的突破。如果这些结论能被接受,那么就可以推导出,创造力的出现并不只是有多少天才的一个函数,而且也是各种符号系统可理解性如何,以及社会系统对新观点的反应性如何的一个函数。不是唯一地关注个体,更有意义的做法是关注那些可能或不可能培养天才的社会。归根到底,是社会而不是个人使创造力显现出来。

第五部分

CHAPTER FIVE

创造力的专题研究

第 17 章 不同文化中的创造力[①]

托德·I. 卢伯特

创造力不是出现在真空中的。当我们在研究具有创造性的个体、创造性的产品或者创造性活动的过程时,我们常常忽视了环境或社会背景,去掉了创造力所存在的情境。然而,环境总是存在的,并且对创造力的表达产生深刻的影响。环境可以激发和支持创造力,并且能够对其进行界定和评估。

在这方面,近年来的理论普遍认为,环境变量与个体变量(智力、知识、认知风格、人格和动机)的共同作用是创造力所必需的(Amabile, 1983; Arieti, 1976; Csikszentmihalyi, 1988; Gruber, 1989; Sternberg & Lubar, 1991、1995)。关于环境,我们可以区分出一系列影响创造力而又相互联系的情境。这些包括物理环境、家庭、学校或工作场所、努力的领域和文化。本章将重点讨论文化环境对创造力的影响。

文化是指一个特定人群所共同享有的系统,它包括认知、行为、风俗、价值观、规则,还涉及一群人与他们的社会和物理环境相互作用的符号系统(Reber, 1985, Triandis, 1996)。文化能被学习并在社会上代代相传。文化群体常常以社会阶层来区分,其次是以地缘政治的边界来划分的。在这些文化群体之内,按照年龄(如青少年文化)、社会经济阶层、宗教或其他特征,文化可以进一步区分为种种亚文化。在本章中,我们将考察从社会水平来定义的 20 世纪的文

---

① 感谢 Jacques Lautrey, Marie-Helene Lavallard, Chantal Pacteau, Sophie Von Gestel 给本章提出了有益的意见。本章是在早先发表在《国际心理学杂志》(*International Journal of Psychology*)上的一篇论文的基础上修改而成的。

化。因为随着时间的流逝,文化是动态的、变化的。这里所提及的各种文化研究应当被看成是在特定的时间点对特定文化的一种快照。这些快照将表明创造力在跨文化中的主要变化方式。有些因素影响到创造力概念、创造性过程、指向一定专业活动或一定社会群体的创造力导向,以及创造力得到培养的程度。

创造力的概念

从一个西方人的观点来看,创造力被定义为产生新颖的、适当的产品的能力(Barron, 1988; Jackson & Messick, 1967; Lubar, 1994; Mackinnon, 1962; Ochse, 1990; Stein, 1953)。新颖的产品必须是原创的,不被预测的,与先前的产品有明显的不同。适当的产品则能满足问题的约束、是有用的,或者能满足一种需要。创造力可以产生于任何一个专业,包括视觉艺术、文学、音乐、商业、科学、教育和日常生活。

在西方人的眼里,创造力的一个重要特征似乎是其与一个可观察的产品的关系(Hughes & Drew, 1984)。这个产品能被一个适当的群体(同行或者是专家)评定。阿马拜尔(Amabile, 1983)提出,一个产品的创造性在很大程度上是一种社会评价。与已经提出的创造力概念相一致,当评估者评价一种产品,诸如诗歌或绘画的创造性时,主题的新颖性和适当性在他们的评价中起到重要的作用(Amabile, 1982; Lubart & Sternberg, 1995)。

广为运用的托兰斯创造性思维测验(Torrance Test of Creative Thinking)也提供证据来说明一种以产品为导向、以独创性为基础的定义(Torrance, 1974)。创造力可以通过一些任务来评估,例如,对一个情景提出问题,使用有一定色彩的图形来构造一幅画,对一个普通物品赋予不平常的用途。任务可以通过流畅性(想法的数量)、灵活性(想法的多样性)、独创性(想法的稀有性)来评分,三者的总分可以表示创造性表现的水平。

与西方人的创造力概念相比,有可能区分出另外一种观点,即东方人的观点。东方人的创造力概念似乎很少关注创新的产品。相反,把创造力看成是涉及一种个人实现的状态,一种与原始状态的联系,或是一种内部本质或最终现实的表达(Chu, 1970; Kuo, 1996; Mathur, 1982)。创造力是与冥想联系在一起的,因为它帮助人们看到自我、对象或事情的本质(Chu, 1970; Onda, 1962)。这种概念与人本主义心理学把创造力看作是自我实现的一部分的观点相似。科里普纳和艾伦斯(Krippner & Arons, 1973)说:

> [在西方,]有创造性的人是捕猎式的:他为一个[特定的]目标而捕捉灵感……罗伯特·路易斯·史蒂文森(Robert Louis Stevenson)曾说,他能够控制自己的梦境来完成种种创造性的目标,他的短篇小说《化身博士》里的主人公即是以这种能力而著称的……一个以过程为导向,而不是以产品为导向的创造性个体则使用产生顿悟的状态……去获得"启迪"。(p.121)

对155名传统印度画家的人类学实地研究进一步支持了东方人的创造力观点。在这项研究中,这些有创造性的艺术家"能够与自己灵魂的最深处接触,并努力把它表现出来。为了达到创造性,他们通过分离、冥想、自我实现,使创造力融合为一个整体。就现实意义来说,这些艺术家喜欢把他们无意识之中早已存在的潜在东西再创造或再激活"(Maduro, 1976, p.135)。

在印度教看来,创造力可以看作精神或宗教的表现,而不是对问题的创造性解答(见 Aron & Aron, 1982; Sherr, 1982)。霍尔曼(Hallman, 1979)把不够重视新颖性看作是印度人和西方人对创造力定义之间的最大区别。在印度人的宇宙观中,时间和历史是循环的。"创造力就是模仿精神,……使传统的真理有生命力,并在日常生活中变得可操作。"(Hallman, 1970, p.373)这样,从东方人的观点来看,创造力似乎就是对传统思想的重新诠释,也就是发现一种新的视点,而西方观点则认为,创造力意味着与传统的决裂(Kristeller, 1983)。

不同文化对同一个术语可能有不同的观念,然而有趣的是,创造力被广泛地看作一种积极的建构(Chu, 1970; Joncich, 1964)。这种对创造力的积极观点在西方的证据可见于学校对提高学生的创造力的需要和出版社发行的大量有关创造力方面的自助书籍(Adams, 1974)。在非西方文化背景中,独创性之神受到崇拜,有创造力的个人得到赞扬。例如,在西非豪撒(Hausa)族中,有创造性的建筑天才受到建筑者的崇拜和仿效(Saad, 1985)。在贝宁(Benin)文化中,灵感和理想主义之神欧鲁坤(Olokum)受到人们的崇敬。欧鲁坤可以通过梦境来影响艺术家并提高他们的独创性。类似的,印度的创造之神维熙瓦卡玛(Vishvakarma)被印度艺术家描述为极其重要和极有地位的神(Maduro, 1976)。然而,正如后面要描述的,不同的文化赋予创造力的重要性程度不同。万德和布莱克(Wonder & Blake, 1992)也认为东方人的观点集中在创造力活动的艺术、诗歌、日常生活等专业,因为在这些专业中,人们能够吸取个人的生活经验。

由于东西方对创造力具有不同的观点,于是就产生了它们的起源问题。现代创造力的概念可能起源于文化的创世神话(Mason, 1988; Sinclair, 1971)。换句话说,创世神话也许提供了构造人类创造力内隐概念的原型(Von Franz, 1995)。东方有关宇宙创造的观点可以被刻画为"一种正在进行的过程——一种发展,一种展示"(Sinclair, 1971, p.83)。东方的创造力概念强调相似的主题,即对宇宙本质的认识的发展和进步。如果东方的创世(和人的创造力)观点可以描述为一种不断地对初始状态的重组的轮回运动,那么,西方关于创世和人类创造力两方面的观点则似乎是一种指向新观点的线性运动(见 Von Franz, 1995)。犹太-基督教有关宇宙创造的观点认为"世上一切东西……是由一个不经创造而产生的存在者创造的,他给无形的真空带来了秩序"(Sinclair, 1971, p.84)。根据《圣经·创世纪》,创世需要 6 天的工作,每天都产生一种明显的进步(例如大地的形成)。当代西方的创造力概念与此观点一致,因为创造力被认为是由一个有始有终地从事一项工作而完成了一个富于洞见的产品(Mason, 1988; Wonder & Blake, 1992)。

为创世神话与创造力概念的联系提供进一步支持的是,在一些创世神话中创造者或神具有一定的分工,例如:工匠(陶工、纺织工、铁匠、木匠等),而人类的创造力则意味着遵循这种神的工艺。以一个非洲的创世神话为例,始祖之神诺姆(Nommo),用4种基本元素织成了整个宇宙;当代的纺织工使用织机纺出细线的活动仅被看作是再次象征性地展现这一创世事件。总之,现代的创造力观点似乎是各种文化的创世神话的回音,并且可能就源于这些创世神话。

创造过程的文化差异

除了以文化为基础的创造力概念以外,对创造力过程的描述可见于东西双方的创造力观点。在西方,最广为引用的创造性过程的描述包含4个阶段:准备、酝酿、豁然和验证(Hadamard, 1945; Poincare, 1921; Ribot, 1906; Ossman, 1931; Wallas, 1926)。准备阶段包括对问题的最初分析和初步的有意识尝试。紧接着是酝酿阶段,它包含对问题有积极作用的无意识活动,记忆中激活的自动扩散、联想游戏,或者仅仅是忘记问题中不重要的细节使精神得到休息。如果一个有价值的想法突然出现在意识中,那就进入了豁然阶段,先前头脑中的困扰开始化解。许多具有审美价值和认知连贯性的想法会爆发式地进入到意识之中。最后,在验证阶段,创造性的想法得到评价、发展和提炼。尽管四阶段过程的有效性是有争议的,但是西方创造者的自省和西方画家、诗人在创造过程中的口语记录分析则似乎支持了这种框架(Ghiselin, 1952/1985; Patrick, 1935、1937)。就我们的分析,西方创造力过程模式的最重要特征是它的问题解决的认知取向,这正好与以产品为导向的创造力定义相吻合。

与东方的创造力定义相一致的另一种过程模型,其部分证据来自先前提到过的马杜罗(Maduro, 1976)对印度画家的研究。印度画家以瑜伽经典(Yoga Sutras)为基础描述了创造性过程的四阶段模型。第一阶段是准备阶段,但不同于西方模型,“艺术家企图借助于个人的执著和不懈努力接近他思想中的主观领域……艺术家通过烧香让自己象征性地脱离平常世界……以达到神性……从维熙瓦卡玛(Vishvakarma,创造力的守护之神)那里祈求灵感”(Maduro, 1976, p.143)。第二阶段是获得与画的主题有关的内在认同感。正如一个艺术家描述一幅宗教画时所说的:“只有情感上与神性相称后,艺术家才能创造性地作画。”(p.146)第三阶段是类似于豁然开朗的一种顿悟。但是,顿悟似乎更多地以个人为导向,而不以产品或主题为导向。最后一个阶段包括个人成就的社会交流,类似于西方模式的验证阶段。

在对东方创造性过程的另一个描述中,乔杜里(引自 Chu, 1970)解释说,文艺创作者和艺术家的创作是从冥想开始的,冥想导致了“与他们要表达的主题有关的不间断的感觉印象和图像之流”。这种流可以导致“审美的灵感闪现到对象的心灵之中”。“艺术家体验到内心深处独一无二的本质,客体的灵魂……导致了创造性的灵感。”(pp.40~41)与西方的创造性过程描述相反,东方的创造性过程强调情感、个人和内在心灵等因素。

文化对创造力的导向

除了创造力的概念外,文化影响到创造力表现的几个方面:创造力的形式和专业、把创造力限制在一定的社会团体内,以及语言对创造力的影响。

创造力的形式和专业

在某些场合和对于某些主题,文化鼓励创造性,但是对于另外一些场合和主题,文化或许会打击创造性。例如,马里和卡拉亚尼(Mar'i & Karayanni, 1983)评论说,许多阿拉伯学生对于“如果骡和其他动物不再帮助人类犁田那将怎样”的问题的回答是详尽而具独创性的。但是,在回答一个宗教问题“假如朝拜的地方不复存在那将怎样”,答案则是肤浅的或者干脆拒绝回答。在非洲阿桑蒂(Ashanti)部族中,鼓励雕刻艺术以世俗对象为主题,而不鼓励以描写宗教主题的雕刻创作发挥创造力(Sliver, 1981)。对于传统的印度画家,皮奇瓦(Pichwai, Shri Nathji idol)的画或其他宗教主题的画是最重要的风格。它对基本主题的描述是没有变化的,但是创造力在亚主题的描述中起着重要作用。在风景画中,允许有更自由的风格变化。为大众日历生产的油画约有三分之一被看成为一种休闲的绘画形式,并表现出最多的创造力(Maduro, 1976)。

总起来说,创造力选择性的这些例子表明,在某一主题上允许的创造力水平,常常与这个主题在维护深层的文化模式中的角色是相反的关系。路德维希(Ludwig, 1992)引用了玛格丽特·米德在巴厘岛(Bali)的研究以证明这个理念。在巴厘岛,“艺术形式越严肃,像神的雕塑或宗教仪式的舞蹈,越少允许变化,而艺术形式越不严肃,就可以有更大的独创性,像灶神的雕刻艺术、戏剧表演中的小丑、器乐演奏或编织工艺等”(p.456)。一般来说,虽然创造力对某些主题,例如社会组织、经济和宗教是可能的,但是这种情况相对而言是很少的,因为这些主题涉及基本文化模式的保持(Bascom, 1969)。

在一个由文化所选择的专业内,创造力的表达可以进一步具体指定。以萨摩亚人(Samoan)的舞蹈为例:

> 每一个萨摩亚人可以在三种基本风格框架中发挥自己的个人风格:女性的、男孩的和丑角的。但是不论跳舞者如何发挥,他都不能创作新的步子,也不能改变各个位置的整体顺序……在萨摩亚人的文化中,舞蹈中是没有基本结构变化的。而创造力也只出现在表面水平上(有微小的变化),这是因为文化(只在这种水平上允许和鼓励变化)。(Colligan, 1983, p.42)

在约鲁巴(Yoruba)族①的人物雕刻中,耳和脸均按标准化的模式来处理;但是在人物的手里所持的东西、仪式与服装以及人物之间的排列位置方面允许发挥创造性。创造性在某一专业内受到部分限制的另外的例子可见于约鲁克-卡鲁克(Yurok-Karok)民族的篮子编织和普韦布洛(Pueblo)印第安民族的陶器制作。在这两个例子中,手工艺设计的各个方面都是非常严格的,但是在装饰上却可以变化。

社会结构和创造力

一些有关音乐创造力的例子表明了文化如何限制以社会结构为基础的创造力。在奥马哈(Omaha)人②文化中,传统要求唱歌时仅能有一种方式;如果一首宗教歌曲的调子唱得不正确,会出现哭的仪式。但是,精英们可能引入新的旋律,他们属于巫术社会的一个组成部分,通过幻想来创作歌曲。一般而言,音乐的创造力是被禁止的,但是,对于一定的社会群体则是允许的。

在巴厘岛,音乐的创造力是受不同风格限制的。音乐作曲中的创新被看成是一个群体的职责。音乐家群体被希望彼此间有不同的风格,但是音乐家个人则被希望是带着对创造力的敬重的循规蹈矩地隐匿于时代的人(Colligan, 1983; Gaines & Price-Willians, 1990)。这种影响所产生的创造性导向可能来源于文化在个人与集体这个维度上所处的位置。这个问题将在后面进行讨论。

最后,巴布亚新几内亚(Papua New Guinea)的卡鲁里(Kaluli)的例子则反映了音乐创造力依赖于社会结构的另一种方式。在这个例子中,焦点在以性别为基础的群体。男性和女性均能发挥创造性,但是属于不同的音乐风格。对于妇女而言,歌曲的价值是表达歌手的个人情感,例如,用一首歌来表

① 非洲的一个民族。——译者注
② 内布拉斯加东北部的印第安人。——译者注

达对心爱的人死去的悲伤。对于男性而言,歌曲的价值是激发集体的情感,例如,激励听众面对歌手大声叫喊,甚至攻击歌手(Brenneis, 1990)。除音乐外的其他专业内,也存在有各种以性别为基础的差异。例如,生活在南非的昆桑族(Kung San),其医术上的创造力是男人努力的目标,在纺织装饰品(小珠子)上的创造性则留给妇女,而男人和妇女均自由地编故事(storytelling)或音乐表演(Shostak, 1993)。而对于生活在美国西南部普韦布洛(Pueblo)地区的印第安人,编故事只是男人所从事的活动,制造陶器传统上是与妇女相联系的(Babock, 1993)。

在创造活动中,除了以性别为基础的类型差异以外,创造力在质和量上也可能有差异。实验的结果是混杂的,使用托兰斯创造性思维测验或类似的测验工具,对不同文化的儿童和成人进行测试,研究表明,有时男性做得比女性好,有时女性做得比男性好,有时两者则没有显著差异。马里和卡拉亚尼(Mar'i & Karayanni, 1983)认为,在阿拉伯文化中,男性往往在创造性任务中比女性做得更好,这可能是因为女性服从性别的社会角色限制了在从事职业上的机会,或者限制了在学校受教育的机会。当我们探讨创造性的性别差异时,不同的教育机会可能是非常重要的,因为教育使得学生更加熟悉测验的情境。在美国,就没有发现稳定的男女性别差异(Barron & Harrington, 1981; Kogan, 1974)。这可能因为两性之间的平等趋势不断增加。或许在女性占统治地位的文化中,女性将比男性更有创造性。

在同一文化中,研究的结果往往也是相互矛盾的,这一点也是很重要的。例如,卡里法、依德斯和阿希里亚(Khaleefa、Eados & Ashria, 1996),在苏丹考察了创造力的性别差异。来自3个主要城市和不同类型的学校近300名被试(年龄在15~20岁之间)完成了两个发散性思维测验、一个创造性活动问卷和创造性人格测验。在一项任务(轮换运用)和创造性人格测验中,男性的得分要明显地高于女性。在创造性活动测验中,女性的得分明显地高于男性。而在其他发散性思维任务中没有发现性别差异(结果)。因此,在创造性作业的质或量上,以性别为基础的差异是否存在仍然是一个有待解答的问题。

文化、语言和创造力

有关文化对创造力的影响,早期的描述是语言对创造力有导向性影响。沃尔夫(Whorf, 1956)提出,语言塑造思想。语言构成了范畴并且表达了一种文化对世界的理解(Lakoff & Johnson, 1980)。因此,语言作为文化的载体,将塑造创造力。

一些研究通过比较单语和双语群体来评估语言对创造力的影响。最近,一篇对 24 项研究的综述作出结论,大部分的研究表明创造力与双语之间有正相关(Ricciardelli, 1992)。在这些研究中,双语者有说英语和说法语,或西班牙语、或意大利语、或希腊语、或汉语、或其他语言。虽然创造力测量使用了一些别的创造性思维任务,但主要是托兰斯创造性思维测验。应该注意的是,在被综述的研究中不是在所有研究均发现双语者有创造力优势,并且不同创造性任务中也没有出现一致性。瑞奇亚德里(Ricciardelli, 1992)提出,或许存在一个双语熟练程度的阈限值,只有当达到这个阈限后,双语者在创造力上的优势才会出现。

双语优势的存在表明,语言作为文化整体中的一部分可能会限制人们创造性地表达一个问题的方式。双语优势可能有以下几种原因。第一,双语者可能用一种更灵活的方式去了解世界,因为他们有两种语言的视角(见 Lambert, 1977)。这种灵活性可能部分地出自对单词的任意的、非自然的方面以及情境对单词意义的影响有更大的元语言(meta-language)意识(Ben-Zeev, 1997; Mohanty & Babu, 1983)。因此,双语者更善于用多样的方式去编码和提取知识。第二,双语者对同样的概念可能会产生更多联想,因为同一概念处于两种不同语言的概念网络中。第三,双语者更能包容模糊性,因为当他们遇到某种基本观念有不同的微妙差异依赖于语言共同体时,不会觉得很不习惯。包容模糊是一种很重要的创造性人格特征,在解决问题的过程中,有时会出现相互矛盾的界定不清的元素共存的一个阶段。第四,双语者的创造性优势还在于双语者生活的条件:他们可以经常参加两种文化群体的活动,而相反,单语者的活动本质上是集中在一种文化群体中。因此,鉴于研究语言文化对创造力影响的复杂性,双语可能意味着二元文化的非语言优势。

创造力的培养

文化除了在创造力导向中扮演一定的角色,把它导向一定的专业和社会群体以外,文化还可能影响整个创造性活动的水平。文化的特征可能刺激和阻碍创造性,例如,世界观和对待服从和传统的价值观。

世界观是关于世界本质和人们在世界中的角色的一种文化的广义概念(Sadowsky、Maguire、Johnson、Ngumba & Kohles, 1994)。例如,在某种程度上说,美国人的世界观具有这样的特点,强调个人主义、工作和成就的伦理价值以及一种对进步和有更好未来的信念(Spindler & Spindler, 1983),并且注重创造性。

以个人主义为特征的文化,例如北美和西欧的文化,将自我界定为与集体相分离的自律者。与之对照,集体主义文化则在一个社会情境,例如家庭中来界定自我,赋予其规范和责任(Triandis, 1996)。按照特里安迪斯等人(Triandis, et al., 1993),个人主义文化重视独立、自主和创造力;而集体主义文化则强调顺从、合作、义务和接受群体内的权威。在与个体水平而非文化水平相关的工作中,个体和个性化的特征,也就是一个人区别自己与他人的意愿,与创造性活动和行为密切相关,例如提供一种新的、与大多数人的观点相对立的原创性观点(Maslach, 1974; Sternberg & Lubart, 1995; Whitney、Sagrestano & Maslach, 1994)。

关于成就和成绩的工作伦理,我们已经看到,西方的创造力定义是如何关注可观察的创造性产品的。积极主动性和卓有成效的价值观应该促进西方人的标准所衡量的创造力。值得强调的是,西方的创造力测验,如托兰斯测验,特别注重把流畅性作为创造力的一个方面,而所谓流畅性即是对一个问题产生许多的想法。

关于进步的信念和乐观主义,理论家们已经提出,有这种信念的文化能使人们努力改进这个世界(Arieti, 1976; Trachtman, 1975)。这些信念意味着这种文化接受从现状出发的变化、发展和运动,而那些没有坚持进步信念和对未来持悲观主义观点的文化一般窒息创造力。

除了不同的世界观和与个人主义-集体主义的维度相关以外,不同文化在重视顺从和传统的程度上也存在有差异(Mann, 1980)。一些文化比另一些文化更能接受偏离传统的行为(至少在一定的专业中如此)。例如,希尔弗(Silver, 1981)报告说,非洲西部阿善提人(Ashanti)中的"木雕者一般常克制自己,不公开批评他们的同行。他们通常鼓励在任何新事情上的尝试,因为他们觉得革新也许是大众化的,最坏的情况也不过是失败但不造成什么损害"(p.105)。当然,不同文化有其可允许革新的范围(Berry、Poortinga、Segall & Dasen, 1992)。一些跨文化研究表明,顺从或教条主义/开放心态的水平与创造力存在联系(见 Aviram & Milgram, 1977; Marino, 1971; Straus & Straus, 1968)。先前提及的传统印度画家的研究也为顺从传统与创造性之间的联系提供了证据。与画家的访谈揭示出,他们的阇提(jati,亚群体)[①]所要求的顺从传统的水平对创造力有明显的影响。在这项研究中,一组画家属于阿堤·伽尔(Adi Gaur)阇提,他们遵从僧侣的婆罗门世袭阶层(priestly Brahmin caste)的各种传统、限制和正统习俗。另一组画家属于吉安格拉斯(Jangiras)阇提,他们认同至上的创造之神维熙瓦卡玛(Vishvakarma),在实践中也表现出更大的灵

① 阇提是按一定行业组成的。阇提内部职业世袭,设管理机构监督成员遵守规章制度和风俗习惯,违章者要受到惩罚,直至被剥夺受保护的权利。——译者注

活性和包容性。在这个艺术团体内被评价为有创造性的画家中,属于吉安格拉斯(Jangiras)群体的占了70%,尽管阿堤伽尔群体的人数是吉安格拉斯群体的两倍。

除了重视顺从和传统的价值外,很多别的文化特征也可能影响创造力。例如,毅力、对模糊的包容性和冒险精神也曾经常作为鉴别创造力的重要方面。研究显示,在这些维度上存在着文化差异(Berry et al., 1992; Blinco, 1992; McDaniels & Gregory, 1991)。另外,文化或许包含可培养或扼杀创造力的信仰和态度。例如,科里普纳(Krippner, 1967)和亚当斯(Adams, 1986)鉴别出妨碍创造性的几个文化观念,其中包括:"幻想和反省只是浪费时间""只有小孩才爱玩"(Adams, 1986, pp.53~64);"只有一个正确的答案""推理、逻辑、数字、效用和成功是,而直觉、情感、定性思维和失败是坏的"(Krippner, 1967, pp.144~156)。

当然,一种特定的文化可能包含着促进创造力的因素,也有其他窒息创造力的因素,从而它所产生的总体影响可能是积极的、消极的或中性的。文化特征也许不会在所有人类的专业活动中都起到同样程度的作用;例如,一种文化可能在音乐的表达方面强调一致,而在视觉艺术方面却允许多样性。

讨　论

鉴于有少数国家特别是美国对创造力已经做了许多研究,所以关注创造力的跨文化研究是有潜在价值的(Raina, 1993)。超出了对创造力的单一文化观,我们能够观察到文化环境对创造力的影响。这一章主要集中在20世纪的文化上。随着媒介进入全球化,特别是电视的普及,这使越来越难以在一个孤立的文化中研究创造力。然而,我们能够从历史角度来研究文化变量。在这点上,西蒙顿(Simonton, 1984、1990)等人通过对一种文化或几种文化长期的观察,对政治、经济和地理等变量对创造力的影响进行了一系列的研究。例如,在西方文明、伊斯兰文明和印度文明的不同历史时期,政治分裂(用民族独立的普遍程度来衡量)对创造力具有催化作用。然而,在中国,文学的创造性则不支持这种效应。政变、叛乱和暗杀事件所导致的政治不稳定,似乎可以肯定地说,在政治不稳定下的一代,科学、哲学、文学和音乐上的创造性要受到负面的影响(Simonton, 1990)。通常政治的分裂和不稳定可能与文化的多样性有关,也因此与创造力有关。社会一定程度的富裕和在地理上接近一个或多个更大的文化中心则属于与创造力相联系的另一些条件(Csikszentmihalyi, 1988; Kavolis, 1964; Silver, 1981; Simonton, 1988)。只要一种文化体现或保持这些政治、经济和地理的条件,该文化应该也更有利于创造力。

关于创造力文化差异的另一点讨论是实践问题,即如何在不同背景中测量创造力。在跨文化研究中,托兰斯创造性思维测验的翻译版常常被用于跨文化研究(如 Tanwan, 1977)。然而,我们很难确定在托兰斯测验中所体现的创造力是否和在跨文化研究中实际的创造力定义相一致。托兰斯测验似乎更符合西方的创造力概念而不是东方的创造力概念。即便在这点上,托兰斯测验在何种程度上抓住了西方人的创造力概念也是有争议的。托兰斯测验提供了独创性的得分,但是在评分系统中,没有明确地考虑创造力的恰当标准。

而且,简单的纸笔创造性任务的运用(例如托兰斯测验),对于跨文化的比较产生了大量的技术问题。例如,作为测验问题的基础的图形和物体似乎是受文化约束的。卢德威茨、洛克和基托(Rudowicz、Lo & Kitto, 1995)使用中文版的托兰斯测验对香港被试进行研究时发现,"图片形式的刺激用言语的形式来呈现看来与测验中的故事有关,而对这里的故事,美国和欧洲的儿童要比亚洲的儿童更熟悉"(p.424)。在其中一项任务中,要求被试如何改进一个大象玩具,使其更有趣。接触一般意义上的绒毛玩具动物和具体的大象是有文化差异的。在一种文化中的被试,其在创造性任务上成绩很差可能是因为缺乏对任务内容的熟悉，当作无价值而拒绝，缺乏测验的实践，或者对任务的误解(见 Rogoff & Chavajay, 1995)。将来有关创造力的研究可以得益于不同背景中托兰斯测验(或别的创造力测量中)的相关性分析。在这点上，纳格伯尤西姆(Ngub'usim, 1988)提出了一种创造性测验任务，它是基于在非洲非常流行的传统谜语游戏。给被试这种谜语，如"谁(什么)不会说话，不需要呼吸，不会变重，不会长大，不会走动但却是活着的"，然后让被试尽可能地产生不同的想法。这个任务像托兰斯测验一样用流畅性、灵活性和独特性来评分，但是问题的内容与被试的文化相关。

最后，文化特有的独特性(或新颖性)的本质也对比较研究提出了一个难题。在一种文化中不常见的反应可能在另一种文化中是常见的(见 Vernon, 1967)。如果在一种文化中的评估因素或标准被用于评估另一种文化中的创造力，结果将可能存在偏差。然而，将不同文化的被试群体的反应聚在一起，使用统计频率方法对独特性进行测量会增大组别中普通反应的独特性得分，从而减少了文化特有的独特性(Jones & Shea, 1974)。用来自一个文化的评估因素或标准分析该文化中的创造力可能是最好的方法，但是被试群体将不能共同使用一个公用的参照点。

结　论

对不同文化中的创造力分析表明，创造力依赖于一定的情境。文化涉及创造力本质和创造力过程的定义。西方以产品为导向的、以独特性为基础的创造力定义与东方人用一种新的或自我发展的方式来表达内在真理的创造力观点是不同的。通过引导创造力，文化以一种次要的方式在起作用。在某些方式和专业上和一定的亚群体中，文化促进了创造力。创造力出现在萨摩亚人的舞蹈中、巴厘岛人从事音乐的群体中和阿善提人的世俗雕刻艺术中。

最后,文化提供了一系列促进和阻止创造力的条件,这些条件影响到创造性活动的总体水平。例如,一些文化比另一些更强调顺从。总之,当我们迈出自己的家门去看外界时,我们就会发现创造力是如何深深地受到文化情境的约束的。

第 18 章　创造力的计算机模型

玛格丽特·A. 博登

创造力和计算机

计算心理学(computational psychology)采用来自人工智能(AI)的思想来建构其理论以描述心智是如何运作的,并把人工智能模型看成是对那些理论的一致性和效率的检验。另外,它也把有关人类心理的经验性证据同这些模型的表现与内部加工过程进行比较。在许多以心理学为依据的人工智能模型中,有些模型的目的在于说明创造力。

创造力是指新颖的和有价值的观念的产生。在此,观念是广义的,包括概念、设计、理论、旋律、绘画和雕塑,等等。新颖性的界定,可以以有关个体先前的观念或以人类的整个历史为参照。前一种定义关注的是基于个体心理的创造力(P-creativity, P for psychological;简称 P-创造力),后一种定义所关注的是基于历史的创造力(H-creativity, H for historical;简称 H-创造力)。H-创造力以 P-创造力为前提,因为如果某人在历史上具有新颖的思想,那么这种思想对于他自己和别人都一定是新的。

这种观念也许不一定立即被人们(甚至是被原创者)认为是有价值的或新的。研究科学和艺术的历史学家曾记述了许多那些今天看来具有重要的创造性洞察力的观念,但在当时却经受了很多的自我怀疑以及社会争议。即使像发现恐龙这样明显而直接的事情,也经过了许多年后才被相关的(国际的)科学家群体普遍接受,认同确实发现了一个新东西(Schaffer, 1994)(注意,*发现*,*同创造力*一样,是一个令人充满敬意的词)。至于新颖性,有可能被错误地归结为学者对早期工作的无知。简而言之,H-创造力不是一种心理学的范畴,而是一种历史和社会的范畴(Brannigan, 1981)。对于理论心理学家来说,P-创造力是一种更基本的概念。

即使是 P-创造力也不是一个纯科学的概念,因为一个创造性观念(按定义)就必须在某些方面是有价值的,而价值是不能通过科学来辩护的:人们不能从*是*推出*应当*。有价值不是由科学来发现的,而是由社会群体来约定的(有时随着时间的流逝,这种约定会出现交替变化)。但是科学(和计算机建模者)能够考虑创造力的可评估的方面。我们可以问某一特定人群有什么样的审美(和道德)价值,它们是不是人类的普遍性[一些心理学家推断,对风景和树形的普遍的审美偏好,乃根植于我们起源于非洲大草原的进化(Heerwagen & Orians, 1993; Orians & Heerwagen, 1992)]。而且,各种价值可以包括在创造力的心理理论和计算机模型中。说来容易做来难:要详细说明审美价值是很困难的(艺术史学家仅在这方面取得很有限的成功,对数学上的“优美”或科学上的“简单”所作的定义也不是没有问题的),而把这些价值转换成计算机的术语则更困难。不过虽然困难,但还是有可能的。

一个广泛的假设(甚至被人们看作是显而易见的假设)是,计算理论不能处理社会交往、动机、情感或个性。如果这是真的,那么,一种综合性的创造力计算心理学将是不可能的,因为人性中的每一个方面都包含于创造力(Boden, 1994)之中。虽然任何一个创造性的想法仅仅产生于某一个体的头脑中,它的生成常常是群体努力的结果。它总是产生于一些文化上熟见的专业(我以后将其称为“概念空间”)。并且突现出的观念,或是与其非常接近的概念,可能已经是一个讨论的课题(Schaffer, 1994)。即使它不是,人们关于相关问题的思考也可以激发另一个体去把它重新表达[这就是为什么头脑风暴(brainstorming)能够激发创造力]。如果某人打算掌握必要的专门技术去冒险用不平常的观念来做实验，那么必须有动机、情感的参与以及自信。因此，我们看到高创造力个体具有某种人格特征，许多人被这种人格所驱使，反过来，这种人格也驱使他们周围的人，甚至于将其折磨至死：弗罗伦斯·南丁格尔（Florence Nightingale）躺在病床上的时候还口述和命令她的男助手，其中一些男助手在这种压力下病倒和死亡（20 世纪中的 7 个例子见 Gardner，1993）。

误导性术语“认知科学”的广泛使用，助长了这种常见假设（即计算心理学只能研究个体的认知）。但是，这是一种误解。原则上，计算心理学所研究的范畴要比这宽广得多。人工智能的很多早期研究就已涉及社会心理学和动机，甚至人格（Borden，1972/1987，chaps.2～4），近年来，一些人工智能研究也一直致力于探讨这样的问题（例如：Beaudoin & Sloman，1993；Sloman，1987；Wright、Sloman、Beaudoin，in press）。

但是，实际上大部分计算学者一直在关注认知心理学（与社会和动力心理学相对）。而在创造力方面，计算机建模者曾提出，个体的大脑中会产生什么样的新颖性，什么样的认知过程使创造力成为可能。在这一章，我们将看到计算概念和人工智能模型是如何阐述甚至回答此问题的。

由于创造力本身具有两类，因此，创造力的人工智能模型也可以从广义上分为两组。一方面，我们称之为“组合式”（combinational）创造力。在这里，新颖的观念是熟悉观念之间的一种不寻常的组合或者是它们之间的一种不寻常的联想。诗歌的意象、比喻和类比都属于这一类。另一方面，也存在有**探索-转换式**的（*exploratory-transformational*）创造力，它基于有着丰富结构的概念空间。**概念空间**是指在特定专业内被接受的一种思维风格，例如，在数学或生物学中，在各种类型的文学作品中，或是在视觉艺术或表演艺术中。概念空间可由一组能动的约束来定义，是这些约束使得结构可以在该空间之内生成，例如，有机化学中的分子结构式和理论。如果一个或多个这样的约束被改变（或去除），空间将被转换。有时先前看来**不可能的**（相对于原始的概念空间来说）想法就可以设想了。

对每种类型的创造力而言,都存在有一些创造力的计算机模型,其中有许多不仅仅与创造力相关。即使是现在,创造力的计算机模型仍然相对少。但是,与创造力相关的人工智能模型却很多,包括早期的人工智能模型(Boden, 1977/1987,第 11 章)。这部分原因是在给联想过程和类比建模时通常并没有明确宣称要给创造力建模,相反,它主要关注"模式匹配"(pattern matching)、"问题解决"、"线索提示"(reminding)及"事例推理"(case-based reasoning; Kolodner, 1993; Schank, 1990; Schank & Childers, 1988)等类似的问题。而且,许多从人工智能程序与概念空间(思维的专业)之间所建立的映射关系,也可以在创造力的计算机模型中运用。一个例子是对人类动机结构的工作,如由罗伯特·亚伯森和罗杰·斯坎克所开创的模型(例如 Abelson, 1973; Dyer, 1983; Schank & Abelson, 1977)。在该模型中,故事情节的生成或评估,势必要对动机结构有所理解。一个更具专业的例子是有关音乐结构的研究工作,它不仅包括音调和节拍(Longuet-Higgins, 1987),还包括表现力(Longuet-Higgins, 1994)。本章主要讨论创造力的计算机模型,但也应当记得其他计算研究的相关性。

探索-转换式创造力(简称 ET -创造力)本身可分为两种类型:探索式和转换式。有人也许说,ET 创造力包括探索式创造力(E -创造力)和转换式创造力(T -创造力)。现在绝大多数涉及 ET -创造力的计算机模型实际上只给 E 类型的创造力建立了模型。这绝非偶然,那么,为什么 T -创造力比 E -创造力更难建模(并且也更难企及)呢?主要有两个方面的原因。

首先,转换式创造力涉及一个或多个(相对基础的)维度,这些维度定义了相关的概念空间。换言之,它要求的不仅仅是沿袭在此空间中通常已被接受的思维方式,也不只是对表面维度进行简单的最小程度的"扭拧"(tweaking)。

扭拧和转换之间的区别在一定范围内是一个程度问题。正如在本章的"探索概念空间"(Exploring Conceptual Spaces)一节中所见到的那样,一个计算机模型最初仅能描绘有两只手臂的杂技演员,随着模型对人体的生成式模型之内所包括的数字进行扭拧(替代),它就能够画出有1只、6只,甚至26只手臂的形象。于是有人可能不禁会说,模型的概念空间已经得到“转换”:因为毕竟它现在可以描绘大量的、充满想象力的类人的形象,这是它以前所不能的。但是,如果该模型中所包含的唯一的生成变化仅仅是用一只手臂/数字代替另一手臂/数字的话,那么,这些新的图片都能够以原先相同的方式完全被描绘出来。也许现有手臂的数量会令人吃惊,但整个风格则不会令人惊奇。而转换是要改变一般描绘方式中某些相对基础的方面,这样所产生的图形属于一种虽然相关但本质上不同的类型。所谓基础的维度取决于相关概念空间中的“生成语法”[见本章“探索概念问题”一节中有关“草原屋”(prairie house)的讨论]。

给T创造力建立模型(还有达到这种创造力)之所以有困难的第二个理由在于,那些适用于非转换组的值也许不可能完全满足于新的被转换组。这意味着,为了避免生成无法接受的结构,该系统(程序或人)必须调整原有的值和/或采用新的值,这些值能够接受新的结构类型。当前几乎所有的计算机程序中的值都是“固定”的,这限制了程序给转换式创造力建模的能力或评价它的能力。一个能够生成却无法评价转换式产品的系统并不具有科学家和艺术家所具有的那种转换式创造性。这样的一个模型充其量只能产生出新颖的转换式观念,其价值也许由他人来承认和发展。无论相关系统是一个计算机模型(如在“转换式创造力”一节中所讨论的有些模型)还是一个人类个体(例如,一个精神分裂症病人,他以一种不可控制和不加辨别的方式生成单词“色拉”或“油画”),这一点都成立。因此,毫不奇怪,转换式计算机模型仍然很少。

在探讨任何具体的例子之前,我们应该指出,心理学家所面临的最主要问题不是“这些计算机真的是创造性的吗?”(我在别的地方已经讨论过这一哲学问题,Boden,1990,第11章)。而是“对它们是否可能探索人类的创造力这个问题有什么样的启示?”这种(科学)探索不仅由于那些明显的成功,而且由于它们的失败而获得了进步。正如卡尔·波普(Popper,1963)指出的,科学的发展不是被那些不可挑战的真理所推动的,而是被那些相继不断的猜想与反驳所推动的。知道哪些理论不合理,以及为什么不合理,这是发现正确理论的先导。因此,如果本节讨论的大多数模型不符合人类创造力行为(甚至在探索式创造力方面也是如此),也无碍于它的理论意义。在人类与计算机两者之间的创造力竞争中,人类将赢得每一次胜利,是的,几乎是每一次胜利。然而,在这里,我们的目的不是竞争,而是理解。

联想和类比的计算机模型

联想和类比是组合式创造力的范例。例如,在一些诗歌想象中,一个新颖的联想产生,然后得到交流又被放弃。或者这个联想也许得到保留和强化,这要么通过重复(当一个诗歌图像仅仅伴随有几个其他图像时,每一个都形成本质上相同的联想),要么,通过系统比较两个联想观念的内部结构。后一种情况涵盖了一些类比,这些类比因为修辞或问题解决的目的而被保留下来并得到探索。有时联想的发生完全是出乎意料的,突然间你的头脑中便有了一个图像或类比。有时候它们并不是自然发生的:人必须主动地去想象 x 的一个图像或 y 的一个类比。

(学会)识别和区分输入模式的,"联结主义"的计算机模型,提出了这样的联想式思维可能发生的一些方式。一个联结主义的模型,或人工神经网络,一般由简单的计算单元组成,这些单元平行运算,每一个计算单元又通过其兴奋通路和抑制通路与邻近的单元相联系。一种引起心理学家高度关注的联结主义,就是分布式平行加工(PDP, Parallel Distributed Processing; Rumellhart & McClelland, 1986),在这种加工过程中,不同的概念由截然不同的均衡的活动模式来表征,而这种活动模式则由整个网络来定义。系统的知识不是以"比特”的方式存贮于数字化的内部存储器中;而是以(可变的)权重或强度等方式存贮于无数的联结中。

PDP 系统具有联想式思维所特有的某些“自然的”特性(主要源于它们的基本结构)。例如,它们能够在仅有部分活动模式的情况下重新生成整个熟悉的活动模式;它们能够识别两个相似但不同的输入模式;它们能够在噪音存在的情况下识别一个熟悉的输入。PDP 的这些能力提醒人们创造力个体具有多种技巧,如在仅有少量信息作为线索时回忆事物的能力(“晚安,可爱的女士……”),发现不同事物之间相似性的能力(太阳像一盏明灯),识别那些部分被噪音掩盖的事物的能力[一个现代业余艺术家修改过的伦勃朗(Rembrandt)的画],举一反三的能力(通过人体在浴盆中的浮力能够想到可用金属王冠来替代),以及思考和/或评价类比的能力(“心脏有如水泵”)。

当然,类比不只是联想。类比思维包括在涉及的两个想法的内部结构之间或多或少相同的比较。类比可以进行探索、发展和评价,然后予以肯定或否定(“心脏真是一个水泵吗? 我们应当如何判定呢?”)。一般而言,当前的联结主义并不提供延伸的结构比较。而且,在 20 世纪 80 年代之前尚没有强有力的联结主义系统。人工智能关于类比的许多研究因此并不使用联结主义的方法,即使使用,它也是把联想的联结主义(提供在语义网络之内概念之间的联系)与结构化的思维方法组合起来,后者以经典的人工智能模型中所特有的方法为模板(Holyoak & Barnden, 1994)。

最早的 AI 类比模型比较了先前提供的几何模式的结构,像在 IQ 测验中呈现的那些模式(Evans, 1968)。近期的研究重点则放在更“开放”的问题上,要求程序能够找出(或评价)项目间的类比关系。但是,正如我们将要看到的,这一描述是有问题的。概念和问题的描述是以一种鼓励,甚至要求进行有意比较的形式提供给程序的。以某种适当的方式提供概念当然是不可避免的:两个概念之间必须相互联系或者结构化,从而才能进行类比。然而,由于事先对有关可分类的项目进行了结构化,就不切实际地增加了模型的容易度和直接性。在以上的事例中,这些模型开放的搜索过程与 IQ 测验是可比较的,在这些过程中,必须对一组封闭的、事先经过仔细设计的项目进行最好的类比。

已在各个领域内得到广泛应用的一种类比模型是结构映射引擎(SME, Structure-Mapping Engine; Falkenhainer、Forbus & Gentner, 1989)。SME 基于简特纳(Gentner, 1989)的类比理论,该理论强调,结构相似性的重要作用在于能使一个概念中的对象和关系系统地映射到另一个对应概念上。这种共享的内部结构比表面特征的差异更重要,高一级的关系(关系之间的关系)要优先于低一级的关系(对象之间的关系)。例如,在心脏和水泵之间的类比中,液体有力喷出和在一个封闭的系统环里循环是心脏和水泵这两者间的映射,而一些不相关的特性(例如颜色)则可以忽视。

SME 系统能够建构和评价概念间或其他输入之间的各种总体匹配(例如,图形)。这些匹配能够提供备选推论,在这种推论中,适用于一个概念的谓语可以假定应用于另一个概念。(威廉·哈维在提出心脏是水泵时,就假定了一个当时不可见的、联系动脉和静脉的毛细血管网,因为一个封闭的水压系统有相联结的管道)。部分是由于将一个领域的知识"迁移"到另一个领域的能力(一般以事例为基础的推理的最主要特征),SME 常被应用于对科学解释的计算机建模中(Falkenhainer, 1990)。SME 也被用于基于相似性检索的双重加工模型的第二阶段(Forbus、Gentner & Law, 1994)。MAC/FAC 系统模拟一个事实,即人类主体在从长时记忆中检索概念时主要依靠表面的相似性,但也更多地依靠在工作记忆中各项目之间对相似程度进行判断时所得出的结构共同性。因此,在双重检索的第一阶段运用表面相似性,在第二阶段则运用 SME 评价更深层的相似性。

SME 系统不把思考者的计划和目标包括在类比匹配的重要标准之内,但是如果情境合适却可以包括这些实用的标准。简特纳和他的同事们对主要依靠当前目标的类比计算机模型提出了批评,如 PI 系统(Holyoak & Thagard, 1989、1994,第 10 章,Thagard, 1992)。在 PI 系统中,对类比有 3 个一般约束:

以实用为中心,语义相似和结构一致,这3个限定以第一个为优先级。一个非分布式的联结主义系统根据多重约束条件的满意度来进行归纳式的问题解决。PI系统包括两个模块,即产生类比的模块(ARCS)和解释类比的模块(ACME),以及一个庞大的语义网络(WordNet),其网络单元由这样的特征相联系,例如上层/下层、部分、同义和反义等。

PI系统运用多重约束条件满意度来判断不同类比的强度。当PI受到两个项目间存在着对应性的特别提示,或者当某一成分是母结构的核心而必须找到某种映射时,它就会选择映射。例如,ACME被用于解释苏格拉底(Socrates)所谓的哲学家与助产婆之间的类比。孩子是助产婆的核心概念,ACME必须为之找到一个匹配概念,即使这一概念与孩子在语义上相去甚远。在ARCS模型中的类比产生受到实用性的极大约束,这种约束能从众多的相似概念中评价出最佳匹配。这种模型的程序员所引用的例子包括伊索或莎士比亚的故事情节,以及如何用X射线杀死肿瘤又不损伤周围的组织这样的问题。然而,SME研究小组宣称MAC/FAC能有效地以在心理学上更具有现实意义的方式来解决这些问题。

基于事例的推理(例如,Kolodner, 1993)是类比问题解决的一种形式,它能记录到当前问题情境与某一熟悉的事例间的相似性,并且将后者的一些方面(如果必要的话还做某些创造性的修改)迁移到前者。例如,一种产生故事的计算机模型能够将原来一个人谋杀了另一个人的想法改编为某人自杀的一出连续剧(Turner, 1994)。

当前在计算心理学领域,多数的类比模型都重点研究原有概念的检索与映射,而不去研究新概念的创造性建构。必须承认,有人会说,上面所提到的这种讲故事的程序构建了一个真正全新的概念——"自杀"。但是程序所构建的"自杀"概念在语义上与原始概念"谋杀"十分接近:凶手和受害人的"位置"仅仅由同一个人而不是由两个不同的人来填充。并没有发生对原有概念的根本性重构。在道格拉斯·霍夫斯塔特看来,这种对概念流畅性的缺乏是传统人工智能(大多数的联结主义)研究中的一个严重问题(Hofstadter & FARG, 1995)。他认为,人的概念化有着固有的流畅性,类比不仅包括事物间的比较,还常常包括对原有概念的重构。他对类比模型如 SME 模型以及 PI 模型提出了批评,认为它们依靠一些精心预设的(正式的、无意义的)结构特征,以便使预期的结构映射发生。而且,它们的概念表征是固定不变的,即在做出类比之后仍然不会更改。与此相似,科学发现的计算机程序(见"探索概念空间"一节)也运用了程序员所提供的事先设置的概念和推理原则,因此与其说此类模型建模的是新颖的类比顿悟,倒不如说建模的是有意识(和完全没有风险的)的科学推理。霍夫斯塔特自己的方法则有明显的不同。

他强调人的所有概念在本质上的"流畅性"(可变性、可重新配置的能力)以及人的感觉与类比之间的紧密联系。他认为,不仅感觉包含类比(相似性的识别),类比同时也包含感觉,而且,我们的概念,因此还有我们的感觉,都可以因类比思维而有显著的改变。在类比识别中,最初的(感觉)描述可能得到适应,也可能被拒绝。(他把这一过程与科学中的概念革命进行比较:最初的解释被抛弃,然后一个根本不同的解释取代原先的解释。)他对自己的意识现象学提出了详细的理由,在他看来,"正常"和"创造性"思维过程基本上是相似的。他认为,它们的不同之处在于概念的流畅性受鼓励的程度,允许有关概念摆脱平常约束的程度,以便使一些相对牵强的相似性得到认可。虽然相似性是多维的,但问题在于在特定的情况下会注意到哪些相似性。霍夫斯塔特提出有各种途径使不同类型和不同层次的相似性得到鼓励、发现和比较。

霍夫斯塔特的理论在各种不同的领域以大量的联结主义系统(而不是 PDP)形式得到广泛应用(综述可见 Hofstadter & FARG, 1995):"Copycat"发现按字母顺序排列的字符串之间的类比(又见 Hofstadter, 1994);"Tabletop"考虑餐具的摆放问题(又见 French, 1995);"Letter Spirit"识别以字母顺序排列的字母的各种字体(又见 McGraw, 1995)。[在对各种字形识别进行创造力设计的宏大计划中,Letter Spirit 迈进了第一步:每个字母不仅要与其交叉字体的表兄弟姐妹(同一字母的不同字体)相似,如所有的字母 B,而且,还要与同一字体的其他 25 个兄弟姐妹(同一字体的另外 25 个字母)有一定的相似性。这些约束条件是复杂的、微妙的,在某种程度上是冲突的。]

这些程序是非决定性的平行处理器,它把大量竞争性的自下而上的加工过程与(不断改变的)自上而下的影响因素组合起来。最低水平的加工考虑很小的细节,但随着加工的进行,低水平的活动模式逐渐发展,起到了大规模中介的作用。每一个程序同时考虑对其概念或感觉输入的许多不同的、处在各个层次上的描述。在这个过程中辩证地建立起概念表征,每一步都会受到当前上下文关系所需要的类比映射的影响(并且也影响到这种类型的类比因素)。如果一个局部建构的解释能够很好地映射发展中的类比,那么它将被保留并进一步发展;否则,原有解释将被抛弃,并根据目标概念的不同特征来尝试一种替代的解释。

可解释的范围取决于可以获得的描述符。有些涉及相对表面的特征,有些则涉及一个概念的内部结构或者概念的相邻关系。潜在的类比及其目标之间匹配的接近程度可根据每一套描述符进行评价,而关注特定匹配的概率是变化的——并可能受自上而下的指导的影响。因此,通过分别允许较少或较多的概念滑移(conceptual slippage),这些模型就能或者以相对刻板的方式或者以更具"创造性的"方式来引出类比。

霍夫斯塔特曾抱怨,大多数的类比程序映射的是预先结构化的概念,实际上程序员已经完成了真正创造性的工作。这一批评受到了尖锐的反驳,在他的程序中,程序员也不得不提供描述符,以及程序中比较和"选择"的过程。他对其他的模型过于简单化的批评同样招来了反驳,即他仅将自己的模型限制在"玩具"的范围,每一个都配有仔细选择的特定领域的描述符。因此,霍夫斯塔特的方法是否能够应用于更大的概念网络而不至于引起组合爆炸,这一点还需要进一步验证。另外,他指责某些类比模型只能以预先结构化的概念起作用,这种指责可能更适用于 PI 系统而不是 SME 系统,后一系统不仅适用于事先设计的某种结构,而且也已经应用于自动生成的结构。

这些不一致让人想起联结主义的人工智能与经典人工智能之间的冲突(Boden, 1991)。从根本上讲,人的大脑是某种"联结主义"的引擎。与此事实不相容的心理学理论是不可接受的,那些试图从联结主义的根基建构高层次的加工过程的理论应当得到认真的对待。现象学证据也表明,我们许多的思维过程是相对短暂的、流畅的和无秩序的。但(如 PDP 的联结主义的泰斗所允许的)我们的更具"逻辑性的"思维并不像这样,而似乎与经典人工智能的系列加工过程更为接近。对类比的系统探索(不管是对问题的解决还是对持续的修辞性的说明)与 SME 或 PI 更加接近,而离 Copycat 及其姊妹计算程序较远。另一方面,霍夫斯塔特的方法能对最初的类比发现做更好的建模,特别是在问题规则还没有建立时。因此,正如在人工智能的其他领域一样,以上两种相互竞争的研究方法却有不同的、在很大程度上互补的力量。也许将来有关人类思维的模型能够将二者综合起来。

持续的类比性思维最接近探索-转换式创造力中的组合式创造力,因为这两者都关心概念结构。但是,组合式创造力的类比重点在于个别概念或思维的结构,而探索-转换式创造力则以结构化的概念领域或思维风格为基础。以下两节就考虑这种类型的创造力。

探索概念空间

探索式创造力的计算机建模必须界定有关的概念空间,并且提供通过概念空间的探索从而达到心理新颖的(P-novel),甚至历史新颖的(H-novel)方法。AI 研究的专业包括(例如)物理、化学、讲故事、画图、建筑设计和音乐等。在这些 AI 系统中,评价有时发生在自我批评之后,但更多的是隐性地包含在界定约束和/或路径搜索的过程中。就它们想作为人类创造力的模型而言,缺乏反思性自我批评显然是目前(大多数)程序的一个弱点。

探索式(和转换式)创造力计算机程序的一个局限在于,它们忽视了评价的社会性质。正如在第一节中所指出的,即使是恐龙的“发现”也需要一个很长的社会磨合期,才被社会承认(或者被社会建构)为一个“发现”(Schaffer, 1994)。科学发现的计算机模型使用(默许或明示)的评价标准,也不是以新的方式得到协商,而是想当然的。对该类模型歪曲了“真正”创造力的本质的这种指责,AI 建模者对此做出了如下回答:其一,它们感兴趣的是心智中某种新颖的观念是怎样产生的;其二,它们所用的评价标准是经过去的科学家协商过的并且现在也得到普遍接受。

科学发现的计算机模型包括早期的“专家系统”(树状算法-DENDRAL①)模型,该模型能搜索有机化学中的一个较小的空间并提出相应的新的(包括 H-新颖性)分子结构(Lindsay、Buchanan、Feigenbaum & Lederberg, 1980)。以下是一个关于“强作用力”(brute force)发现的例子:计算机的计算能力使程序能够彻底搜索预先界定的问题空间,这是人类化学家所无法完成的。相同程序的一个新版本[元树状算法(meta-DENDRAL)]也能够通过发现化学数据中以前不知道的模式来提出新的假说。例如,如果它发现一定类型的分子(在一定的实验条件下)会在特定的位置断裂,那么它就会在靠近这个断裂点附近搜索一种更小的结构;如果找到了这种结构,那么元树状算法就会提出,在这个子结构附近的断点也会在其他类型的分子中发生。与仅产生可能化学结构的树状算法模型不同,元树状算法模型要冒犯创造性错误的风险:虽然,所有的假说看似合理的,但有些被证明是错的。尽管如此,这种程序的创造力是非常有限的,可能性仅限于化学这个狭窄的专业。

---

① “DENDRAL”是一个研究项目的名称,该项目开展于 1965~1980 年,其主要研究者是斯坦福大学的勒德伯格、爱德华·费根鲍姆、布鲁斯·布卡南和卡尔(Carl Djerassi)。DENDRAL 是由 DENDRitic(树状的)Algorithm 和(算法)两个词合并而成的。意思是“树状算法”。这是一种与化学价法则相一致的,穷尽而无冗余地列举一组原子所有可能的排列,这些排列必须在拓扑学上都是绝然不同的。——译者注

一种试图获得更大应用范围的科学创造力模型是 BACON 系列程序(Langley、Simon、Bradshaw & Zytkow, 1987; Langley & Shrager, 1990; Simon, 1995)。BACON、BLACK、GLAUBER、STAHL 和 DALTON 等程序,顾名思义,主要关注物理和化学基本原理的发现。这些程序包括函数依存或守恒的用数学表达的法则(如开普勒定律,波义耳定律和欧姆定律)、定性分析(如酸和碱)、成分分析(如水由氢氧两种元素组成)和结构分析(如在一个水分子中有两个氢原子)等。

这些程序采用启发式搜索寻找对输入数据的最简单的描述。譬如,BACON 程序采用数学启发式算法,首先搜索简单的线性关系,然后才是复杂的线性关系(它可以通过采用最相匹配的方程式、忽略那些外来的、或缺失的数据,从而能在一定的水平上适应干扰数据)。因此,它能提出,检验所得的测量数据是成正比的或成反比的,以及与这些测量数据相关的方程式中是否包含有任何常数。如果没有找到这样的函数关系,那么其他的启发式算法就会提出从相关的测量数据出发来定义的新的理论概念。然后,程序再去寻找涉及新概念的简单的数学关系式。或许它就是一个常数?或许得到的结果又和另外的第三概念系统相关?或许第三概念本身就是由观察变量定义的一个新的理论结构?BACON 可以根据以最初测量为基础而形成的统计图表的斜度和交叉情形来定义概念。到这时候,它就可运用数学对称关系作为选择这一种方程式而不是另一种(数学上等价的)方程式的标准。BACON 甚至还可以把一个事物作为标准从而引入一种新的测量单位(科学家们常常选择水)。

赫伯·西蒙(Herb Simon)及其同事仍在开发 BACON 系列程序。他们将以上提到的众多的早期程序加以整合(一个系统的输出成为另一个系统的输入),并与基于定性物理学和知识表征的人工智能研究结合起来,成为整合发现系统(IDS, Integrated Discovery System; Langley & Shrager, 1990, chap.4)。整合发现系统可以产生心理上新的层次分类体系、定性规律和定量规律;可以拟定实验计划[通过结合有着紧密联系的 KEKADA (Kulkarni & Simon,

1988)],将令人惊讶的结果作为表述新假说的线索,对这些假说它又拟定新的实验检验;并且它能够设计新的测量工具,这种工具会在计划进一步的实验时加以采用(Langley & Shrager, 1990, chap.8~10)。这项工作与机器学习、知识表征方面的研究有密切的关系(Simon, 1995; Zytkow, 1995)。

西蒙相信,他所编制的发现程序原理——即产生和评价心理的新观念的方法——具有普遍的适用性。因此,他把整合发现系统应用到古代和现代获得的资料中。给定数据,提到"铁矿石""盐酸"和"燃素",STAHL 系统有关化学反应的推论就会用类似的老式词汇来表达(部分受到误导)。这样做的目的不是对过去那些离奇或愚蠢的事作有趣的回顾,而是将其作为科学的历史心理学加以研究。西蒙的研究小组援引过去的科学家的原始的笔记,并宣称将要揭开新观念产生的历史发展的面纱,包括各种新形式的科学式论证(如对守恒定律的探索),今天任何一个中学生都理解的道理。

他们还描述了许多其他的机器发现(机器学习)系统的情况。其中一些也已经应用到科学史中[例如,它能提出分析化学家是如何一步一步寻找结构模型,所找到的结构又是怎样影响他们的发现的(Gordon、Edwards、Sleeman & Kodratoff, 1994)]。但所有此类科学程序都被批评为回避了很多有关创造发明的重要问题,甚至有人也说是最重要的问题。

诚然,BACON 等程序可以发现测量结果之间的线性(或其他)关系。但是,它们有一种内置的预期,即这样的关系是存在的,是可以发现的。在科学研究史上,仅提出问题本身就是一个非常具有创造性的(也非常有意义的)步骤。而且,这些程序不必决定哪些特征需要测量,然而,在科学研究史上,这一点绝不是显而易见的。诚然,我们绝大多数科学家都在从事"常规科学"的"解决难题"研究(Kuhn, 1962),他们不是提出新问题的先驱或者新"规律"的发现者:而只是继承了那些已写入历史的先辈们的启迪与期望。但是要是按照培根和道尔顿这样的名人来命名这些程序就必然导致这样的比较。

联结主义者批评这类模型采用了不现实的僵化的争论和概念化

(Churchland, 1989; Hofstadter & FARG, 1995)。这些批评认为,如果它们给科学发现的全过程建立模型,它们只能抓住能意识到的、深思熟虑的问题解决的某些方面——而对那些顿悟式的发现中所包含的不断转换的感觉和概念化却无能为力。也许将联想性的思维和审慎的思维结合起来的某种形式的混合系统能够对人类的创造力进行更好的建模[例如,癌症诊断的一个混合模型就结合了联结主义的模式匹配和用符号表达的解释性规则(Downs、Harrison & Cross, 1995)]。当然,这样的模型还不具备现实意义,或者实际上还不具备现实的实验程序的意义。

尽管有关科学发现的计算机程序还有较大局限,但该程序的应用也还算是成功的。然而,这种程序与诗歌创作或者(特别是)撰写故事的程序则不同。原因在于,与之相关的概念空间——从广义上说是人类动机、世界知识和自然语言的空间——要更丰富,在理论层次上的理解就更少了。毫无疑问,这就是为什么西蒙的模型建构优先选择科学领域的原因。但是,西蒙(Simon, 1994)认为,他的计算理论也与文学和其他艺术的创造和理解相关。

西蒙关于文学批评的论述涉及对意义有争议的("内在论的")一种研究方法,这种方法,与他对特定文学作品例子的评论一道,既受到文学界的批评也受到人工智能专家的质疑(Franchi & Guzeldere, 1995; Guzeldere & Franchi, 1994)。并且,他对一般认知的论述也受到类似的挑战,因为,他认为人们无法把事物的意义恰当地赋予可设想的计算机程序(因为计算机程序必定是"全是句法而无语义的"),或者无法把意义赋予机器人(Dreyfus, 1992; Searle, 1980)。有关这个问题的哲学争论,这里不作进一步的评论,因为,我们这里关心的是不同专业内计算机模型能够在多大程度上体现创造性(但请参见 Boden, 1990, chap.11)。但是,它们有力地提醒人们注意这样一个事实,在文学创作领域要求个体有按照我们对自然和文化世界的经验来阐释文本的强大能力。

诗歌(更恰当地说,一定类型的诗歌)比有一定章法的散文对人工智能模型提出了更大的挑战。因为读者习惯于将相对不受约束的诗句赋予意义。在

20 世纪 60 年代,一个非常简单的诗歌俳句[①]程序就已经能生成一首在人类感觉上可接受的小诗(Masterman, 1971; Masterman & McKinnon Wood, 1968)。这一程序的成功完全归功于人类读者理解的丰富性。20 世纪末,与之相比相对逊色但同样意义重大的是编故事的计算机程序也获得成功。

编故事程序主要关注的不是语言表达是否优美(有些程序则完全忽视这一点)。在一个人工智能模型中,句法结构和对前置词的选择与“故事”的语义内容有微弱的相关——这个模型关注的是在连线游戏(tic-tac-toe)[②]中的竞争性策略(Davey, 1978)。相反,故事的自动编写程序主要关注的是故事情节的生成。这意味着问题解决(计划)主要基于描述固定行为的“脚本”,以及推动性概念的表征(包括帮助、友谊、竞争、复仇和背叛)(Boden, 1977/1987, chap. 4, 11; Schank & Riesbeck, 1981)。换句话说,编故事的计算机程序所用的最主要的审美评价标准是情节在推动故事中的合理性和趣味性。

通常只有这种程序使用这样的评价标准。大多数的故事自动编写程序很少注意到构建一个令人信服的和/或生动有趣的故事所包含的语言修辞问题。相反,关注的焦点完全是在故事中人物的活动。因此,这类程序的先驱 TALE-SPIN(Meehan, 1976、1981)模型表征计划时只是让它发生在人物的头脑中(拟人化的动物,类似于伊索寓言中的那些人物)。但是,近期出现的程序,MINSTREL(Turner, 1994),将作者的(修辞)目标和人物的目标做了清楚的区分。人物的目标可能会因为叙述者的兴趣或连贯性而被拒绝,或者它们的表达在最后的故事叙述中遭到抑制。其结果就不是审美上的生动,而是任何一个(修辞和人物)都不可忽视:通过“单盲”测验(被试不知道故事的作者是一个程序)有人称 MINSTREL 编故事的能力相当于一个高中生的水平。

MINSTREL 在两个意义上模拟了创造力:它生成故事(常被认为是创

① 由五、七、五共 17 字组成的短诗。——译者注

② 一种双人游戏,游戏双方在 3×3 的 9 个方格中依次添入 0 或×,先把 3 个 0 或×连成直线者为胜。——译者注

造力的一个例子),同时它构造解决熟悉问题的新颖方法。要做到以上这两点,它依靠名叫TRAMS(Transform、Recall、Adapt Methods,转换、回忆、调整方法)的25条创造性启发式算法。这些算法包括"忽略动机"(ignore motivations)、"泛化行动者"(generalize actor)(这是MINSTREL最常用的两种策略)、"忽略子目标"(ignore subgoal)和"以死相逼"(thwart via death)(这两种策略极少使用)。例如(如前一节所提到的自杀故事情节),MINSTREL从杀人中生成自杀的概念。这一转换过程不受纯粹随机的反身代词的影响[从"他"转到"自己"(self)],而是受人物对自我惩罚的合理搜索的影响,在这种搜索中,原来(成功地)与"恶龙"或其他敌人对抗转换成了有意失败的一场战斗。随着时间的推移,TRAMS策略逐渐积累,计算机程序开始生成与它最初的努力完全不同的故事。

即使在MINSTREL高度受限的世界中,它的TRAMS-启发式算法也可导致一致性和/或组合爆炸问题。一些TRAMS的策略要比另一些程序更麻烦。例如,"受限回忆"(limited recall)和"忽略邻居"(ignore neighbors)这两者都与先前的问题描述有联系,这样,许多记忆中的情节将与当前问题的各种要求相匹配。其中,第一个要求只去除远距离的联系,这很有帮助,因此,记忆中的活动的最重要的结果被保留了下来,而第二个要求则常常使MINSTREL提出一种毫无约束以至于毫无意义的"解决方案"。

以本章中常用的探索和转换的语言来讲,我们可以说,MINSTREL探索,甚至是转换,它的故事空间,而不是真正地转换它。因为当它的确试图对故事空间做一种基本转换时,它会丢失大量的初始结构,以至于结果(常常)不可控制。例如,由"忽略邻居"所造成的动机空间的变化几乎总是太大以至于无法补偿。因此,编故事的程序就限定在通过相对微弱的变化来探索故事空间(如从谋杀中生成自杀,或更一般地,以一个行为者替代另一个行为者)。MINSTREL的程序员所命名的"转换",如果成功,就是一种相对表面的变化:它们不会在根本上改变MINSTREL占据的故事空间的结构。

当前的视觉艺术计算机模型像 TALE-SPIN 系统,而不像 MINSTREL 系统,因为它们内置的审美假设只在生成新的结构时运用,而不在评价相继的各阶段的新结构和在修改它们时运用(偶尔,有些程序根本没有内置的审美标准,它们完全依赖由一个人所做的人机交互的评价: 见下一节的希姆斯程序)。尽管如此,这类模型在许多方面存在差异,这种差异可以通过比较 3 个例子证明: 其中两个与建筑设计有关,另一个与描绘线条有关。

首先让我们来思考这样一个程序,该程序能够生成帕拉第奥(Palladian,意大利建筑师)式的建筑设计图和这种别墅的“匹配性”外观(Hersey & Freedman, 1992)。帕拉第奥别墅的轮廓呈矩形,突出其各部分的比例和空间维度。在平面图上,它的内墙分为许多小矩形,房间以某种方式按比例地摆放。帕拉第奥曾经按照一个基本主题设计了一些变形形式的建筑,有的建筑还存在,有的则只有图样保留至今。他还留下一些评论,描述他的设计技术,如他的垂直“分割”和水平“分割”矩形的习惯。但是,艺术史学家很久以来都未能就这种深层的规则到底是什么达成一致。帕拉第奥式的程序则试图使这一点明确化。这一程序是否成功必须按以下 3 个评价标准来判断: 该程序生成或最接近实际由帕拉第奥制作的设计;它具有可以提出被认为是帕拉第奥风格的新设计的能力,这种风格也许帕拉第奥可以想出但实际上未曾想出;以及它也具有避免产生非帕拉第奥式风格的建筑设计的能力,这些设计是帕拉第奥不可能会产生的结构。

后两种标准要求审美判断以及历史的证据。但是,许多这样的判断是很少有争议的。一些无可争议的非帕拉第奥式的特征出现在它的模仿者所设计的住宅中,另一些则产生于早期版本的程序中。这些包括: 隔间(甚至是矩形的隔间)从矩形边缘伸出;内部走廊;狭长的房间;很多的房间;一些大小迥异的房间;许多内部无窗的房间;最大的房间位于中轴线上。其他的“偏离”则更有争议性。例如,帕拉第奥几乎从来没有设计过圆柱形的房间,以及很少放弃镜像对称。我们是否应该问,一个这样做的建筑师(或程序)是忠于还是不忠于帕拉第奥的灵感？扭拧(tweaking)是在什么时候才相当于转换？无论我们的答案如何,我们判断的基础已经清楚。因此会有更多机会进行富有成效的争论,甚至也有更多机会达成一致。

然而,该程序也受到了一些批评,说该程序提供的是帕拉第奥式的设计的一种相对无原则的模型。如上面提到的,在早期版本的模型中,程序产生的设计许多都令人无法接受,每一个这样的设计都及时提出一个"固定项"以确保无法接受的设计特征不再出现。一些批评家倒是提出了一种帕拉第奥式的形状语法,通过这种语法,那些不可接受的设计就不可能产生(Stiny & Mitchell, 1978; 形状语法常被描述为遵循规则的纸笔练习,但它能用计算机程序来表示)。

另一个建筑的形状语法描绘了弗兰克·莱伊德·赖特[1]的草原屋(Prairie House; Koning & Eizenberg, 1981)。该程序所生成的三维结构包括"重复"由莱伊德·赖特设计的建筑实例和H-新颖的住宅(Koning & Eizenberg, 1981)。一位研究莱伊德·赖特作品的世界级专家用整整一章的篇幅来讨论他的草原屋,宣称它们的建筑平衡是"古怪的"(Koning & Eizenberg, 1981, p.322)。我们的意思是要推测,它们的风格单元是一种只有通过美学直觉才能接近的奥秘,也只有弗兰克·莱伊德·赖特的直觉天才才能把它们设计出来。但是,说我们直觉地做某些事情,这并不意味着其中包含有某种直觉的力量。相反,这意味着,我们不知道如何做这件事。"直觉"是问题的命名,而不是问题的答案。而且,这是一个有时可以借助计算机模型来回答的问题。

在这种建筑语法之内草原屋的概念空间的各个维度或多或少可以被清楚地确定为根本性的。是否有阳台、阳台的数量及特征,是后来才做出的决定,所以,不会影响整个房屋的设计。因此,增加阳台被认为是风格上的(以及也是真正意义上的)表层设计。与之不同,壁炉(或多个壁炉)则必须及早做出决定,其他设计决策都取决于这样的设计。因此,"增加"一个壁炉,就可能从根

① Frank Lloyd Wright, 1869~1959,美国建筑家。——译者注

本上影响这个建筑的整个结构。但是如果按照建筑语法,它将仍然可以看成是一种(不寻常的)形式的草原屋。

因为建筑语法在每个选择点上都允许一个选择范围,所以我们可以运动到概念空间的各个区域,这些区域与其邻近区域或多或少有根本的区别。房屋的独特“家族”占据该空间的不同区域,而我们对相似性和相异性的直感就可因此而得到具体指定。统一的原则不再神秘,而是被弄清楚了。

第三个视觉计算机模型的例子是 AARON,这是能生成线条画的一个程序(更准确地讲是一系列程序: McCorduck, 1991),最近该程序也可用来给线条画着色(Cohen, 1995)。不同于一般的计算机作图程序,AARON 程序不重视表面特征。相反,它能生成一个三维核的某种表征,然后在其周围画线。该程序的那些能够画出各种特殊的肖像画的版本,是利用 900 个控制点来具体指定这个三维核,其中 300 个控制点是用来具体指定脸和头的结构的。AARON 的作者是哈罗尔德·柯恩(在 20 世纪 60 年代就已经是一个广受称颂的画家),该程序的画作曾在伦敦泰特美术馆等世界著名美术馆中展出过。AARON 产生的作品给人审美上的愉悦,甚至让人觉得有趣,换句话说,它们被展出不只是因为它们有满足人们好奇心的价值。艺术馆长尤金·施瓦茨曾说:“我们现在发现,有一种新型的艺术家智能在我们身旁创作着……[AARON]将首先引起震撼,然后如一股爆炸的力量席卷整个艺术世界。它对未来艺术的影响就像照相机的发明一样。”(Simon, 1994, p.145)

直到最近,AARON 的作品的着色画还是由柯恩本人手绘完成的,他仍然没有设计出一个满意的着色程序。但是,1995 年他在波士顿计算机博物馆展示了一个着色程序。这一 AARON 的升级程序通过色调(浓和淡)而不是色彩来选择颜色,不过它能够决定精选某种特殊的色彩。该程序通过画笔来画出轮廓,通过应用 5 个不同大小的圆形“颜色块”来给画纸着色。由此所导致的绘画风格的一些特征要归于染色和着色块的物理性质,而不是引导其使用的程序。像 AARON 画线程序一样,AARON 画画程序仍然在继续开发中。

对于程序所画的线,从个别的来看是不可预测的(因为它是随机选择的),但一个给定版本的 AARON 系统所产生的所有线条都具有同样的风格。例如,某个版本的 AARON 程序画一个走钢丝的杂技演员,运用的是内置的人体解剖学知识(人的头、躯干、手和脚),以及人体各部分从不同的角度看或以不同姿势呈现的形态。这种 AARON 程序的评价能力是有限的,不能自我更正。它的某些评价标准(如美学上的平衡)被建构到它的生成过程之中,并且它可以考虑已经做了什么后决定下一步做什么事。但是 AARON 不能对其作品进行反思,也不会调整作品使之更好。

虽然 AARON 的画线能力最初给人留下的印象深刻,但这些能力还是很有限的。例如,它不可能画出一个只有一只手臂的杂技演员(虽然它能画出仅能看见一只手臂的杂技演员,但这只是因为另一条手臂被遮蔽了)。相关的概念空间不允许有只长一只手臂的人的可能性。对这个程序来说,这些情况是不可想象的。如果 AARON 能"减少"一个肢体,正像一名作曲家可以忽略当前风格的约束,那么程序就能画出只有一只手臂的人物(不过只要在身体平衡规则上增加一点变化就能维持 AARON 风格的现实性)。

如果在程序中加入数字 2 来表示手臂的数量,那么将会产生一个更强的转换程序。假如有一个启发式算法,它能使程序在必要时用一个数字来代替另一个数字,2 有时可以被 1,或其他数字来代替(凯库勒之后的化学家就这样做:他们问任何一个环状分子是否有 5 个原子)。如果通过使用一个"替代数字"(或"改变变量")的启发式算法使得现在的程序第一次能够画出只有一只手臂的杂技演员,那么这一程序(明天)也就能够画出七条脚的杂技演员。而一个仅仅通过"减少左臂"的程序则不能够这样。这个例子使人回想起发展心理学有一项研究曾提出,通过已有技能的外在表征(在相继水平上的)的发展,就可以使灵活性和想象力的增长成为可能(Karmiloff-Smith, 1992)。

你也许觉得,建筑学,即使不是画线,也相对容易使用计算的术语来讨论。毕竟,帕拉第奥风格的审美特征总可以用数学的规则性和比例的术语来描述,而莱伊德·赖特的草原屋也是一个唯一的、最简的建筑范式的例子。或许我们应该考虑更具自发性而不太"清楚和枯燥的"东西?

爵士乐的即席创作如何呢?它通常被认为是自发创造力的表现顶峰之一,对许多人来说,它看起来甚至比最没有限制的建筑更不受约束。前一种观点是有道理的,而后一种观点则不是。爵士乐即兴创作的概念空间可以部分地通过两个程序来映射,所写的每个程序都是为了理解人类的音乐是如何进行即兴创作的。

其中一个程序设计是用来教人即兴创作爵士乐的(Boden & Hodgson; Hodgson, 1990; Waugh, 1992)。它清楚地定义了音乐概念空间的不同维度及其通过概念空间的各种方法。程序能够在这个空间中自由游荡,通过同时对多个维度做出(随机的)选择,它就按照一个给定的旋律、和声和节奏进行即兴创作。通常情况下,当程序以这种方式创作时,它能产生新颖的音乐理念,这些能使专业的爵士乐家觉得有趣,并且是他们在演奏中所希望表达的理念。或者这样来说,人类用户能使程序在某个时间内集中于一个(或更多的)维度,用一种非常简单的方式来探索它(或它们)。这就是为什么它能够帮助爵士乐初学者,使他们能集中于目前给他们带来困难的爵士乐的某个方面。

爵士乐的即兴创作者对音乐空间进行多维度的探索。例如,程序能够产生上升或下降音阶片断(长度是随机的),以确保所选择的音阶是与在某个特定点上的和声相关的。它能够提供"唤起"和"响应"超过两个或更多的小节。它能够通过取自同一个音阶的另一个音符来代替当前的曲调音符,或者在这个曲调和下一个曲调音符之间提供一个半音急奏。它能够"剪切或粘贴"曲调和节奏模式库,或零碎地演奏在前头或在后面的拍子。如果音乐模式库来自一个特定的爵士乐家的风格,那么乐曲听起来就会强烈地让人想起这位艺术家。倘若这些数据能够使程序探索音乐概念空间,那么不仅是一般的爵士乐,而且可用于查里·帕克或路易斯·阿姆斯壮的音乐。

因为主题旋律、和声、韵律以及音乐模式库在程序开始前已被提供,所以这个程序不只局限于爵士乐。它能够处理其他形式的音调音乐。假如它的"曲种"来自巴赫或莫扎特,或一个拉丁美洲的波萨诺伐舞曲,它也将因此能即兴创作。在某种意义上,这是它的强项。但这也是它的弱点,因为该程序不能创作出它自身的曲种。它不仅不能建构出一种巴赫那样的创意曲或德彪西的前奏曲,而且也不能创作出一个爵士乐的主旋律。

然而,另一个程序能够做到以上两点,它不仅能即兴创作出一个可接受的旋律,而且能够写出基本的和弦次序(Johnson-Larid, 1991)[据记载,有另一个程序,它能模仿巴赫或德彪西,或者任何其他西方或非西方的作曲家,但它却不能"从零做起":从分析它所要模仿的作曲家所写的音乐的数据库开始(Cope, 1993)]。

由于第二个爵士乐程序是从零做起的,所以它有一个更具挑战性的任务[或者,它的程序员,约翰逊-赖尔德(Johnson-Laird),有这样一个任务]。它的演奏仅仅相当于一个中等初学者的水平,而第一个程序有时能够演奏出听起来像高水平的专业爵士乐家的表演。但是它告诉我们更多的是关于所涉及的概念空间,并暗示出人类音乐家通过这种空间的一些特定方式。

例如,它可以区分能够快速形成的创造性旅程和要花更多时间的旅程。人类的短时记忆是非常有限的,而好的爵士乐家能够尽可能快地进行即兴演奏。这暗示着他们即兴创作时所使用的规则对它们的记忆的负荷是非常小的。相应地,当该程序即席创作旋律、和声、韵律、和弦及进行转调时(所有这些都必须是相互一致的),它从来不倒退出它刚才的音符或和弦。与之不同,人们却不能很快地创作和弦次序(在即兴创作前这些次序就要达到一致)。其理由在于,爵士乐的和弦次序可以有一个复杂的、等级式嵌套的结构,就很像句子的结构。一个简单的和弦次序"可比之于衣服是紫色的"(The dress is purple),而有趣的和弦次序则更像是"女孩上星期六所缝的被狗咬了、被猫抓破了的裙子是深紫色的"(The dress that the girl the cat the dog bit last Saturday scratched sewed is a very deep shade of purple)。最后一句不容易口语表达:需要花一些时间(和思考)去产生这样的话。因此,从零开始生成爵士乐的程序由两个部分组成。一部分创作复杂的和弦次序,它是通过使用明显的时间和曲调去完成的。然后它的输出被反馈,作为另一部分的输入,这一部分在前者的基础上进行实时的即兴创作,它所使用的规则要求的记忆很少。

正如在建筑学中一样,在爵士乐中,计算心理学能帮助我们理解在创造性思维中发生了什么。并且像在爵士乐中一样,在其他音乐形式中也一样:有关计算机作曲和音乐分析的研究正在增多(一组有用的综述见 Smoliar, 1995)。科学能够帮助人文学者去定义有关的概念空间,它也会告诉我们实际上如何去进行探索。

但是转换又如何呢?我所提及的这些程序,虽然通过混合数据库,其中一些程序能够产生"混合"风格[例如巴赫和斯克特·乔普林(Scott Joplin)],但没有任何一个程序能将一种风格转换成另一种风格(Cope, 1991)。并且,能"发现"许多科学规律的 BACON 程序并不来源于寻找线性关系或守恒原则的理念:这些科学研究的风格是无偿提供给它们的。这或许并不偶然?或许一个计算机模型要转换其工作方式在原则上就不可能?

转换式创造力

目前,只有极少数计算机模型声称自己有转换式创造力,其理由只是大致合理,更不用说让人信服了。这类程序能够使自己改变预置的规则,其中有一些也能够对程序产生的新颖结果进行评价。该类程序绝大多数采用"遗传算法"(genetic algorithm, GAs)——一种采用迭代进行自我修改的方法,其启发来自生物学中的遗传变异和交换,它能够在每一"代"进行自动的(有时是人机交互的)选择。但是一些明显的转换式创造力程序使用具有自我修改的启发式算法设计,以在所涉及的概念空间中产生转换。

针对心理的转换式创造力的启发式算法是由道格·勒纳特(Doug Lenat, 1977、1983)所设计的,其代表程序有AM和EURISKO。这两个程序都包括改变概念的启发式算法,后一个程序也包括改变它自己的启发式算法(以便改进它自己的处理风格)。

以AM为例,程序的任务是通过对大约100个左右的非常简单的数学概念进行任意的组合,从而产生新颖的观念(并将新观念添加到数据库中)。然后对最有趣、最新颖的观念进行识别,并进一步改变和使其精细化。该模型中,概念变化的种类包括概念的一般化(generalizing)、特殊化(specializing)、概念的颠倒(inverting)、例证(exemplifying)及组合(combining)等。这些是专业中性(Domain-neutral)的概念,但该程序的(约300个)启发式算法也包括许多特殊的数学概念。什么对AM系统可算作是"有趣的",这是由一些启发式算法所决定的,例如,"如果两个集合的并集具有每个原始集合所具有的某一特性,那么它就是有趣的";"如果两个集合的并集具有每个原始集合所缺乏的某种特性,那么它就是有趣的"。这两种启发式算法都是专业中性的(分别注意到守恒和突现)。但是它也提供特殊的数学标准。

勒纳特把AM系统描述成创造性的,这是因为它能够生成许多不可否认的、十分有趣的、P-新颖的观念。程序从100个理论性概念的集合开始,生成许多算术观念,包括加法、乘法、素数和哥德巴赫猜想。它甚至提出一个很小的H-新颖的定理(在数学的一个领域中,它能产生设计者勒纳特所不知道的最大的可约数)。

但是,勒纳特程序的创造力是可疑的(Rowe & Partridge, 1993)。一方面,AM所挑选的大量观念中,有不少是人类数学家认为枯燥无味甚至是没有价值的。当然,创造性的人也有愚蠢的想法,但是不至于有如此之多,人类常常能够依靠一些切近的评估方法来排除这些想法。一些批评者(Ritchie & Hanna, 1984)又主张[虽然勒纳特在Lenat & Seely-Brown,(1984)中加以否认],一个极少使用的启发策略在AM系统发现素数之前已经包括在300个启发式算法之中,因为该策略有潜力辅助这一重要观念的发展。同时,AM 程序的加工过程有时候部分是人机交互的,因为人类可以引导它去探索一个 P-新颖的概念,这一概念的潜在有趣性对人类数学家来说是显而易见的,但对该程序来说却不是如此。此外,AM 系统所运用的 LISP 编程语言其句法隐性地约束了 AM 的 P-新颖的观念的结构,因为这些观念很可能在数学上是可理解的(不管它们是否也是有趣的)。严格地说,这些可理解的约束本来应该是明确的。最后,AM 系统不能改变它自己的赋值:它对什么是“有趣的”所使用的标准从来不变。

EURISKO 在本质上是与 AM 系统相似的,但是它不仅允许概念的转换而且还允许启发式算法的转换。例如,如果一个启发式算法虽然被多次使用却没有产生有趣的结果。那么,一个元启发式算法可以降低它的使用概率。另一个元启发式算法是寻找那些很少有用的启发式并以不同的方式使它们专业化。其他的元启发式把启发式算法加以推广,或通过已有材料中的启发式进行类推建立新的启发式的算法(使用各种方法去构造推广形式或类推形式:EURISKO 监控它们的成功和选择最有用的)。这些启发式有许多可以反身应用。例如,专业化的启发式算法能被应用于它自身,因为它有时有用,有时没用。

EURISKO 提出了各个专业内的 H-新颖的想法。一个这样的程序——一个计算机芯片构成的三维单元,同时执行两个逻辑函数——被授予一项美国专利,这通常被看成是创造性的革新。另一个则在全美游戏比赛(使用战舰进行的战争游戏)中成功地战胜了人类选手,以至于它促使一项防御规则发生变化;当策略无法充分证明会使 EURISKO 失败时,将加进一个额外的规则:不允许任何程序加入竞争!尽管 EURISKO 很成功,但不能被广泛地使用。其主要原因是这一系统所具有的能力主要基于专业特定的启发式算法,它的识别和表达要求大量的研究努力和专业技能。

遗传算法(GA)来源于人工智能,它们被用于最优化和归类问题的解决

(Holland、Holyoak、Nisbet & Thagard, 1986)。它们也广泛地使用在人工生命领域(A-life)。人工生命是研究秩序的新形式的自发突现,它常常(虽然并不总是)是复杂性增加的秩序。

使用 GA 的通常方法之一是从一个初始规则集合或程序开始,这个初始规则集合或程序执行相关任务能力较差,甚至没有(有时初始规则是随机组成的和/或选择的)。为了产生下一代,GA 对一个或多个初始规则进行随机变化,这些可以是点突变(在一个规则的一个或多个点上的替换)或进行或多或少的复杂的特征交换(两个规则之间固定的或随机长度的序列被交换)。然后,子程序尝试去解决问题,它的表现将被自动地评估以估算每个规则对整个问题解决成功做出了多大贡献(无论这种成功是多么有限)。相对有用的规则将用于"繁殖"孙程序。多次进行这种变异选择循环的迭代,进化出的程序可能就是高度有效的或者甚至是最优的。另一种使用 GA 的方法是从对初始程序进行大量的复制开始,在每一个复制的程序中进行随机变化,然后使用最成功(最少不成功)的"子孙"作为下一代的"父母"。在这儿,评估选出整个的程序(不是单个规则),并且可以是自动的或人机交互的。

一般来说,GA 程序是与转换式创造力相关的(也和探索式创造力有关),因为它们都能修改一些加工的初始风格而最终产生另一种风格。即它们都能逐渐地转换其问题空间,增加它们的价值(效率)。它们可以在何种程度上被恰当地看成是创造力的模型,这是有争议的。当它们被应用于相对单调的目的时,例如优化和分类问题,它们通常不会被描述成创造力模型(或人们有意图让它们这样)。然而,甚至在这些条件中,程序的设计者有时也强调在科学中归纳的分类与理论形成之间的相似性(Holland et al., 1986)。当它应用于艺术专业时,这些专业通常被看成是包含人类创造力的,它们就更有可能被描述为创造力的模型。并且,对进化的 GA 研究也可能被看成是创造力的模型,虽然人们很少从这样的角度来描述它们。以后要提到的例子包括计算机动画生物的自动进化,以及(真实的和模拟的)机器人的新颖结构和行为的进化。

在图形艺术领域内,作为创造力的模型的 GA 例子包括两个程序。卡尔·希姆斯(Karl Sims, 1991)和威廉姆·拉萨姆(Todd & Latham, 1992)曾开发出一些 GA 程序,它们能生成很多着色的图像(分别生成两维的图案和三维的形状)。这个程序的选择是人机交互的:在每一个阶段,人选择(一个或两个)最有吸引力或最有趣的图像去"繁殖"下一代。这两个程序都满足创造力的"新颖性"这个标准,在每一步中都做出 H-新颖的图像。从评价的角度来看,这两个程序似乎都是可接受的:希姆斯的模型能够生成许多有吸引力的图案,而拉萨姆系统的作品被世界艺术画廊收藏,尽管不适合每个人的口味。

对这些程序创作的图像检验表明拉萨姆的程序(如 AARON,在前一节中讨论过)仅涉及 E-创造力,而希姆斯系统则实现了 T-创造力。换句话说,希姆斯的程序比拉萨姆的程序似乎"更具有创造性"。如果人们问这两个程序哪一个更有创造力,许多人(在我的经验中,是大部分人)会选择希姆斯模型。

这种判断的主要理由在于,希姆斯模型比拉萨姆的程序能够生成更多也更深刻的令人惊奇的作品。人们甚至不能预测其产生的下一代的一般形式(决不要注意细节)。更确切地说,在一个希姆斯图案和其母系图案之间,要看到任何的家族相似性有时是不可能的。检查相关代码也不总是有帮助的:就连希姆斯本人也不总能解释为什么母系图案和子系图案之间的明显差异是由产生它们的微程序之间的差异引起的。换句话说,希姆斯模型有时将图像的空间转换得特别深刻,以至于子系图案与其母系图案几乎没有关系。相反,拉萨姆的程序创作的所有图案立即可认出是"拉萨姆形式"的,它的母系图案和子系图案之间有非常强的家族相似性。人们把希姆斯模型看作是"更具有创造性的"另一个理由是该程序总能提出一些有吸引力的图案,而拉萨姆的程序则不能这样。实际上,很多人发现拉萨姆图案与软体动物和蛇有相似性而感到反感。

然而,我们也看到(在"创造力和计算机"一节中)E-创造力和 T-创造力两者均产生于一些结构化的概念空间之内,其约束条件使得仅能产生某些类型的想法。而且,我们赋予 ET -新颖性的“价值”取决于人们应用于特别概念空间的评价标准。这些一部分可能是外部的(一个科学的假设应该与经验数据相符合),但大部分始终是内在的,因为我们评价一个新的想法部分是从它与相关的空间(先前想法)的关系出发的。也就是说,ET -创造力(不像组合式创造力)所涉及的不仅是新颖性的外表,而且还有其发展过程。有创造力的艺术家和科学家一般以训练有素的方式思考,即使他们有时拒绝用惯用的思维风格的某些方面和/或依靠机遇来提出一些新观念。这类思维者可能贪玩,但不只是玩。当他们玩的结果出现了某种(潜在)有趣的东西时,他们将集中于其上——以专业性的方式接受、修改和发展它。只有当它失败,或当其潜力的局限显现出来时,他们才将目光转向别的事情。

人类创造力的这一特点使我们有根据否认希姆斯程序的 T -创造力具有优越性。因为这种程序实际上只是玩。这甚至不是建构于一个有着审美结构的空间之内的玩,因为,没有内置的标准去引导它生成某一类图案而不是另一类图案。T -创造力的形式出现,是因为在希姆斯程序的每一代中,它能随机改变定义母系图像空间的核心代码。例如,系统可以将一个完整的图像生成程序嵌入到另外一个程序或是将两个不相关的程序连接起来。所产生的图像可以令见到该程序运行的人们感到极其吃惊,但是这些图像不是被“捕捉”到的,无法对其集中(探索)。虽然它能被用来繁殖下一代,但是繁殖的过程可能如以前一样将之彻底地转换。现在,没有一种方法能指导程序发生某种变化而不是另一种变化。在每一个阶段选择母系程序的人类评估者很快会对这样的发现厌烦:被选择的图像的“有趣”特征可能立即消失,而且它们不能得到逐步的发展或系统的探索。

与希姆斯不同,拉萨姆是一个专业艺术家,他仅仅允许他的 GA 程序改变当前程序的一些参数,而不是转换它的核心。其结果是他能使用该程序去探索特定方向上的一个特定类型的概念空间,发现这些概念空间在美学上是有趣的——常常能够达到他平时难以达到的程度。其代价是不能在根本上给人以惊奇。拉萨姆自己的审美的“声音”体现在他的程序的所有图像中——这就是为什么事实上有些人比较抵制该程序的所有作品,而有些人却受其吸引的原因。

是审美的而不是生物学的原因使生命的形式成为拉萨姆的灵感。但是许多 GA 的研究者的目的主要是为了弄清生物的进化。(例如)GA 已经用于使实际运动的机器人的“大脑”——感觉运动的形态学、行为和硬件——发生进化(Cliff、Harvey & Husbands, 1993; Thompson, 1995),它们也被用于使模拟机器人上的捕食者-猎物的行为发生进化(Cliff & Miller, 1997; Miller & Cliff, 1997)。它们也可以使好斗的有关节的生物的生理解剖结构和“像生命的”行为发生进化,它们是在一个有着与我们相似的物理原理的虚拟世界中被模拟的(Sims, 1994)。

生物的进化可以看成是一种 T -创造力。它的产品不是想法,而是形态和/或行为。它的评价并不受到社会群体之间的协商的影响,而是受环境中某个小生境(niche)的自然选择的影响。并且,在生物空间(可能的基因型和表现型空间)之内的变化总是“偶然的”和“盲目的”,而概念空间的探索和转换则常常是有意进行的,有时还需要意识去引导。

因此,进化的计算机模型提出了各种有关心理创造力的观点。例如,早期提到的两个“生物进化”的例子就显示了一种形式的偶然发现:实际的(Thompson, 1995)或模拟的(Sims, 1994)物质世界中的缺陷不仅得到补偿,而且还得到积极的利用,这样才能使作为进化结果的生物去做那些在一个完美物质系统中不可能实现的事情(有效率要求的任务)。

A -生命的工作再一次证实了达尔文的看法,即共同进化能够使某一物种比它在孤立状态时进化得更远和更快(Ray, 1992、1994),这里的共同进化是指两个(或多个)相互依存的物种的进化,每一种适应其他种的变化。这种建模的方法可以帮助我们去思考批评、竞争和合作在促进以及阻碍人类创造力方面的效果。

最后,这些计算机模型提供了一个例子,在这个例子中,一个系统的评估标准(它的适应度函数)不是固定的,而是对变化的环境做出反应的一种进化。人类的创造力也涉及评估函数的变化。有时候这些变化的出现是与空间结构不相关的,完全出于偶然的原因,所以我们说它是孤立的“变化”而不是进步的“进化”。例如,一幅戴着一顶奇异帽子的明星照片会突然地和“无结构”地引起头饰时尚的变化。但是有时在评价标准中变化是渐进的,更多与所涉及的空间结构相关。一个例子是,单键发出的音调会渐渐地使人厌烦,而变调即增加和声的不可预料性则让人更喜欢。A-生命有关适应度函数的进化的研究可以帮助理解我们所看到的由人类社会群体所执行的评估标准方面的变化。

总　结

本书的一些读者也许在开始阅读本章前(或根本就忽略本章)会有这样一种共同的信念,即认为计算机模型与创造力是不相关的。在本章的前几节我们已经提出,这种信念是错误的。但是没有提到支撑该种信念的一个普遍假设。这种观点认为,在科学领域内创造力是不能被研究的,因为它在本质上是不可预测的。

简要地说(更加全面的讨论见 Boden, 1990, chap.9),科学并不必然包含着预测,或者详细地根据解释而必然推论出结果。它的目标是去理解自然世界中的事件是怎么来的、产生可观察的表面现象的深层结构是什么,以及这些现象是如何相互联系的,简而言之,去发现结构的可能性。通过事实来详细地预测和解释只在一些领域内是可能的。它们一般不会发生在非线性系统和进化领域内,然而,这些都是正当的科学研究的主题,物理学和生物学之内的相关理论已经对此给出了许多启发。

至于创造力,是有许多理由来预期的,在一般的情况下,详细的预测和解释是不可能的。这一点在组合式创造力方面特别明显,但是 ET -创造力大部分都是无法预测的(H -创造力按其定义就是不能被预测的)。虽然有人有时能够有意识地引导他人进行某种特别的 P -创造性活动(好老师经常这么做),但在通常情况下这是不可能的。很多偶然因素是事先无法预测的,例如,不经意发现新奇事物的天赋。当它们发生时,其作用可能是神秘的(甚至对拥有这种天赋的人而言也是如此),这是由于人类心智有着特异的、在很大程度上是无意识的复杂性。因此,有时可以用此来解释 HT -创造力,甚至在回顾时似乎(觉得)这是必然的。其理由是,定义任意概念空间的限止(条件)为探索、扭拧和转换提供了特定的可能性。但是为什么个体关注于这个约束而不是那个约束,为什么它们就正好造成了这个改变而不是某个其他改变,这通常来说也许是不可解释的。尽管如此,我们能够理解新的和旧的概念空间是怎样联系的,理解为什么在创造性转换之前不会出现 P -创造性观念[类似地,我们能够看到各物种的化石是如何联系的,为什么一个特定的结构上的变化会使得一种特殊的行为适应成为可能。但是,这不是说我们能够解释现在的马是如何起源于始祖马的(*Eohippus*),或者现在马的未来又将怎样]。

总之,创造力心理学有一个合理的目标,它能够整合认知、社会、动机和人格因素,它使我们能够理解创造力是如何成为可能的,甚至(到某一点时)能够理解它是如何被培养和促进的。但是预测创造性观念,(或)甚至详细地解释它们,一般来说都是不可能的。

第 19 章　组织中的创造力

温迪·M. 威廉姆斯　拉娜·T. 扬

在你制造一个更好的捕鼠器之前，了解那里是否有老鼠出没对你是有帮助的。

——莫提摩·B.朱克曼(Mortimer B. Zuckerman)

那个制造更好的捕鼠器的人这些天陷入了困境：缺少材料、打专利侵权官司、工作中断、合伙投标、折扣歧视(discount discrimination)，还要上税。

——马尔茨(H.E. Martz)

个体的创造力和团体的创造力是两回事。设想一位疯狂的天才科学家，长时间不吃不睡不洗澡不喝水，在走廊里踱来踱去，直到凌晨 4 点，忽然"啊哈"一声，灵感迸发。他刚刚解决了近代物理学中一个基本问题，是有关亚原子运动行为的。如果他能够通过数学方法证明他的逻辑，而且如果他的逻辑能够预言可观测到的数据，那么他就不必担心他的终身教职了。当然，他要确信能在杂志上发表他的观点。但是，即使他的想法没有被同事很快接受，随着科学共同体的精英们认识到该观点的重要性，这位科学家的未来就相当稳定了。

现在，想象一个年轻天才，她的天分和那个物理学家相当，她在企业工作。具有非凡的洞察力，可以给其行业带来重大革新。与物理学家不同的是，物理学家面临的主要挑战是完成和发表他的数学证明，而这位企业中的科学家还面临其他挑战：她要面对同事和层层上司，他们有可能支持她的想法，也可能不支持(他们还可能出于某种不良的居心，想要窃取她的想法或压制它)，她要对持怀疑态度的人讲述这个想法的实际用途和效益;她要证明这个想法可以在小范围内检验;还要指出这种检验不会给企业的正常业务带来负面影响,也不会疏远客户;并且,在一般意义上,她还要在业务低谷期保护她的想法。由此例中可以清楚地看到,在组织环境中制造一个更好的捕鼠器,所要求的不仅仅是觉察到老鼠的存在。

本书探索创造力概念及其研究方法,以及影响创造力的多种因素。本章则要讨论组织中的创造力,并指明为什么组织环境中的创造力不同于工作中出现的、简单的个人创造力。首先,要讨论关于组织的经典理论,展示组织结构如何影响员工的创造力;还要回顾关于创造力的正式理论及如何从个体、环境或系统和组织角度理解创造力,强调如何用这些方法理解组织中的创造力。(最后)我们将以讨论如何提高组织中的创造力来结束(本章)。

影响创造力的组织特征

当今社会,商业领域的白热化竞争迫使组织重新检验关于组织结构和组织运作的传统理论所做出的假设。已建成的决策公式变得不那么实用了,因为这些公式是建立在先前时代促进和反映稳定状态的各种原则基础上的。在阶层分明的官僚化的体系中,在常规的问题解决过程中,使用传统的程序正受到挑战,并被指明为不充分的。因此,基于传统的组织概念而制定的政策暴露出局限性。通常,上述缺点根源于传统理论不能与时下的组织所需要的灵活性和适应性相整合,而灵活多变的国际市场和新产品、新技术、新思想在持续不断地改造着各个实业。

由于当今的组织面临着这些挑战,创造力和问题解决、决策、研究及发展的重要性日益清晰。为了保持竞争力,企业不能再跟着以往“由时间检验”的公式走了,企业必须善于创新并接纳创新,而这和组织背景中的创造力说的正是同一件事。

对组织性质的研究如何能够帮助我们理解一个组织对创造力的影响呢?首先,我们来考虑关于组织结构和组织行为的传统模型。这些模型通过强调理性思维和决策反映了组织环境中的不确定性和人际关系。在这些模型中,组织的目标之一是减少不确定性,并代之以日常惯例。因而,人们认为,为了使可预见性和有序性达到最大限度而设计的程序和规定对组织产生了积极的影响。针对特殊功能和权限,严格定义了组织中的各种角色,这样可以避免权限重叠,使产量和效率最大化,而且使得业绩的评估更加容易。随之建立起来的层层等级可以保证高层领导对手下每个员工的责任和义务做到心中有数,高层领导要对组织的宏观前景有更为敏锐的直觉,而且他还要懂得如何把工人的能力发挥到极致,以深化组织的目标。

一般来说,传统的组织观点把有效地使用控制视为如何从组织中获益最多的方法。在本章中,我们会经常回到这个话题: 如何使组织环境有益于创造力的表达? 但是,简而言之,传统的组织概念如此强调控制,其结果使员工的创造力被压至最低。

上述传统的组织观点,其本源究竟在哪里,又在何处发挥了最佳功能呢?我们不得不提到亚当·斯密(Adam Smith, 1776/1996),他在探索组织最优化结构的早期工作中,具有重要影响。1776 年,他提出劳动分工的概念,从而革命性地改变了生产力的观念。今天,劳动分工对我们而言早已司空见惯,以至于人们很容易忘记它曾经是一个革命性的想法。劳动分工是给每个员工分配特定的工作角色,取代了前亚当·斯密时代普遍推行的让每一个工人完成全套复杂任务的做法,因而提高了劳动效率。由于从事简单工作的工人能够集中全部注意力在某项任务的一个方面,过去浪费在任务间来回转换的时间被节省下来。工人从发展专业化的经验和知识之中受益,于是在所从事的工作中熟能生巧,因而有更高的生产力。

多年后,韦伯(Weber, 1922/1996)将亚当·斯密在早年关于重建组织结构的想法加以补充,韦伯提出的关于官僚化(bureaucracy)的经典概念奠定了传统的组织理论的基础。韦伯刻画了组织机器的功能特色,他指出组织的领导原则是“固定的、规定了权限的领域……其秩序一般来自规则……法律或管理条例”(p.80)。工作的角色得到严格界定,分等级权威的各个层次所组成的系统运作起来,确保“低层员工由高层职员监督”(p.80)。所有关系的制约和控制都是非人身的,并且被还原为一组先行的已经确立的规则。在韦伯的概念结构中,官僚化系统中的一位官员应当“献身于非人身的、功能性的目标”(p.82),用来换取长年的任期、固定的收入和一笔可观的退休养老金。一般来说,官僚化系统中的官员沿着这种等级体系向上运动,从低层职位到高层职位,而这种运动通常以资历为基础。

因而,韦伯对亚当·斯密关于劳动分工的观点做了更加精细化的说明,他所定义的最佳组织具有高度可控的、固定不变的以及等级分明的工作环境,在这种工作环境中,每个工人都清楚自己的位置,并完成有着清楚界定和明确规定的义务。又一次,我们可以清楚地看出,这种对组织的传统观点,仍然可以描述今天许多组织的结构和功能,但其描述的环境却是不支持创造力表现的。具体地说,传统组织究竟是如何阻碍创造力的呢?我们将考察在组织框架中阻碍创造力和创新的两类因素——结构方面的因素和人员方面的因素。

阻碍创造力和革新的结构障碍

斯密和韦伯无意中促成了阻碍组织环境中的革新和创造性进程的许多结构性障碍。他们所提倡的组织结构鼓励人们严格遵循规章制度。这种强调鼓励了保守的思想,并且会阻碍有效的问题解决方案的产生,也阻碍了信息的流动。在组织内部的不同部门之间持久的、开放式的交流对创造性生产是一个基本要素(Kanter, 1988)。然而,斯密和韦伯所提倡的严格分工的区域式结构往往造成这样一种情况,“任务”和“等级”遮蔽了新概念的发展,也不利于产生解决问题的方法。斯密和韦伯所提倡的组织环境培育的是一种既定的思维模式,它拒绝不寻常的、潜在的创造性想法。

事实上,下属产生的某些创新性想法很可能被上司拒绝,这是传统的组织结构直接导致的结果,因为上司对下属各个专业化的领域并不熟悉。人们早已认识到每个人从事专业化的劳动所带来的负面影响——尽管任务专业化和权威等级带来了工作效率的提高,但西蒙(Simon, 1946)提出,以命令的统一为基础的权威是"与专业化的原则不相容的"(p.114),因为每一位高级主管的知识仅限于他/她所专注的领域。所以,那些可能有价值的想法也许没有机会证明其价值所在。有些上司在下属从事的领域缺乏下属所拥有的专业知识,他们很可能会否决一些有价值的想法,因为那些想法看起来有风险。一般来说,在一个按经典理论建立的结构化组织中,创造性想法的价值对管理者而言可能并不明显。

在现代的商业世界中,除了更加精细的专业化分工会产生创造力,对工人而言需要经常在不同任务间进行转换也会产生创造力。今天,工人必须能够快速适应从一种专业化工作转换到另一种同样专业化的工作。正如亨特和施米特(Hunter & Schmidt, in press)所指出的:"现在,产品的生命周期比工人的生命周期要短得多——大多数规模制造的产品每5~10年就必须在根本上重新设计(在高技术产业领域,周期是6~12个月)。这就意味着工人必须放弃旧的策略,学习不相容的新策略。"(p.5)也许对工人来说,发展创造性想法,使它不断完善是有困难的,因为他们把大部分时间和精力仅放在了熟悉工作的基本内容上。一些工人把这种普遍存在的情形描绘成要求他们一直追着学习曲线不停地跑。

阻碍创造力和革新的个人壁垒

传统的组织除了在结构上对创造力有阻碍之外,还具有其他特点:在思维模式上效率明显低,其结果是形成了阻碍创造力(creativity)和创新(innovation)的个人壁垒。莫顿(Merton, 1957)在一篇经典的他所谓的官僚人格的研究论文中提出了与韦伯式的分析相对比的观点。(这一研究虽已有40年历史,但研究中所描述的人的类型无疑是我们现在的每个人都非常熟悉的!)人格上具有官僚倾向的人主要关心的是获得稳定的任期和薪水。这种对稳定的需要使得他们对变化充满敌意。事实上,组织中的创新威胁到了这些人原本稳定的未来。

莫顿解释说,在组织中具有官僚倾向的人任期很长,这些人炫耀自己在组织中的地位和资历,这使得尊崇官僚地位的倾向得以滋生。任期很长也增加了过度的受规则束缚导致反生产力思维的可能性。人们发现,不假思索地遵从规定和惯例将导致目标取代(goal displacement)——在这种情况下,规则就是自在目的,或是终极价值,而不是迫使组织迈向更大的目标(比如商业竞争)的工具性载体。因此,具有官僚倾向的个体经常是引入和发展组织创新方面的最大障碍。

说明个人壁垒如何阻碍创新的一个例子可见于米特罗夫(Mitroff, 1987)的研究,他研究传统结构下的组织如何向以团队为基础的组织进行转变的。当旧有结构阻碍了组织对新市场做出响应,并加速组织的衰弱时,这种变化才会产生。尽管旧有结构带来很多问题,但是由于组织中那些害怕丧失控制权的人的强烈反对,组织不得不终止试图在部门间而非上下级之间进行的水平的结构调整。这些当权派维护着他们的地位,试图将企业的问题归咎于“个人能力差”,而不是组织结构出了问题。

很快可以清楚地看到:这样的变化只有从长远来看才是可能的,如果企业招聘了不同类型的员工,他们能够进行整合性的思维;同时,企业又对现有的员工进行重新培训,使他们的思维能够突破传统职责的界限。此外,企业内部的信息结构必须加以改造,以便打破组织内不同部门间的壁垒。米特罗夫(Mitroff, 1987)总结道:“似乎越来越多的企业要面临这样一种事实,即它们再

也不会把内部管理体系与最终的产品分离开来。”(p.271)

为等级体系辩护

传统结构下的组织就一律不好吗?绝对不是。本章关注的是组织中的创造力以及阻碍或促进创造力的因素。从我们的视角来看,传统的组织结构和等级划分是组织的组成要素,它可能会阻碍创造力。但是,这些传统结构在面对其他组织目标时还是具有优势的。例如,雅克(Jaques, 1990)为管理上的等级化辩护,宣称寻找等级化组织结构的替代品是误入歧途。他认为等级化的反对者主要有以下抱怨:(1) 庞大的官僚层;(2) 对于下属的工作,上层管理者贡献的附加值没有意义;(3) 官僚主义者在职业中表现出的贪婪和迟钝。

雅克认为等级体系确保每个工人和监管者对他们的任务以及整个组织负有不可推卸的责任。雅克提出了一个有效的论点,本章后面所提出的证据表明,等级体系的表现确实在一些条件下要比其他条件下更好。然而考虑到我们的目的是要理解组织中的创造力,因此我们的结论是,传统的组织结构和等级体系只能在有限程度上鼓励和接纳创造。

正式的组织理论能解释组织中的创造力吗?

在传统的组织理论背景下,创造力被视为一个非理性的黑暗闯入者和一支分裂性的力量,动摇了受规则约束的思维,使它不能安稳。在经典理论的背景下,创造力只能靠机遇存在。让我们来看看组织解决问题时的废品罐头(garbage can)模型(March & Olsen, 1976)。在这个经典的模型中,输入的变量包括问题、参与者、解决方法、可选择的机会等,它们统统掺杂在组织环境中。而这种混杂导致了所要引出的结论和所要制定的决策。人们认为:这些结果之所以满足了参与者,更多的是因为巧合;而不是因为它们是一种以推理为基础的体系的功能设计。在废品罐头模型中,决策的制定并没有系统地遵循首要的组织目标。这种组织功能模型是极少数传统组织文献中的一例,通过这种模型,创造性的问题解决过程就可以开始起作用。但是,该模型的名称提供了一种洞察力,说明人们是如何认识它的,人们又看到它是如何运作的,以及它的各个过程如何得到高的评价。

更晚近的关于组织功能和决策的观点更有力地强调"非理性的"因素和资源的作用。人们越来越意识到,在当代企业环境中,已经建立的原则和程序不再像以往那样有效。因而,员工利用非理性资源的能力的高低变得越来越重要。在综合复杂信息方面的创造力更加必不可少,因为快速变化的组织生活需要个人包容模棱两可的情况,而不是永远只做保守的决策(Krantz, 1990)。因而,当今的组织普遍认为,员工应当能够创造性地解决问题,而组织则要努力发展员工的创造力,把这种创造力视为当今公司环境中一种必要的技能。当代组织理论认识到,由"非理性"的创造过程提供的潜能能够也应该被利用(Krantz, 1990)。实际上,康特尔(Kanter, 1988)把创新和野花做比较,强调应培育和培养创新的组织特性和潜力,以产生丰富的回报。

但是,我们究竟对组织中的创造力的原因知道什么呢?已有的哪些理论可以帮助我们理解组织中的创造力——是广泛关注一般意义上的创造力,还是集中关注组织中的创造力?下面我们将转到这些问题上去。

创造力的理论及其在组织中的运用

创造力的研究起源于很多学科,包括心理学、组织行为学、教育学、历史学和社会学。本书扼要描述了在创造力研究中的许多流派。实际上,对创造力的科学思维的发展遵循着与智力研究相似的轨道:早期强调单独的个体及其内部特质与能力，然后逐渐关注个体与环境的交互作用。最初的"个体"观点在后来的"系统"观点中被详细阐述。因而，创造力的研究一直在寻找以下几个问题的答案：(1) 什么是创造力(个体创造力的要素)；(2) 创造力在个体与环境的界面上是如何工作的；(3) 在组织内部，系统(系统由小组组成，小组由个人组成)是如何作用于创造性产品的。在个体基础上和系统基础上的研究方法同时继续着。事实上，每种方法都提出它自己对创造力本质的见解。

以往的创造力研究主要集中在个体创造者及其人格、特质、能力、经验和思想过程等问题上。在这种焦点范围内，创造力常常被视为特殊个体在突然顿悟时创造的产品，普遍被认为是难以训练和培养的，因为创造性产品是自发的，它因人而异，因情境而异。创造力的中心点在个体内部，其创造性产品受到随机因素(与机遇有关)的影响。后来的研究关注环境中的个体。这些系统观点以对在社会和历史环境中创造性个体的分析为基础。因而，这些观点就包含了对创造力的环境影响因素。一些研究者却选择关注导致创造性结果的思想过程。这些研究者一直试图给创造性思维所要求的各种具体过程和输入建立模型。还有一些研究者试图直接给组织中的创造力建立模型，把它作为组织功能运作宏观分析的一部分。

正像你能看到的，这些类型的研究方法范围广泛，而且分析的层次也有很大差异。鉴于本书对这些方法中的很多方法做了详细的描述，在此我们只是简略地介绍它们。我们的目标是举例说明创造力研究中的主要方法在我们对组织创造力的不断理解中的重要性。

创造力的个体观

首先考虑在严格意义上的以个体为基础的创造力研究方法：心理测量学方法。在心理测量学的观点中，研究者在实验室测验中测量创造力，并且将其与人格和智力变量相联系。这一思路的创始者是吉尔福特(Guiford, 1956),他发展了发散性思维的测验。后来,托兰斯(Torrance, 1987、1988)的工作是把测量创造力的测验精细化,并且指明在这些创造力测验上的表现能够预测这些人在多年以后在现实生活中的创造性表现(又见 Plucker & Renzulli,本书第3章)。从心理测量观点出发的组织创造力研究究竟有什么含义呢?这种高度以个体为导向的观点可以在研究后得到下列数据:什么类型的人格及其他个体特征与在实验室任务上的创造性表现的关系最密切?因此,一些人可能会得出结论,组织要想具有创造力是可以实现的,例如,雇佣的员工具有一定的智力,还具备特定的人格。

但是,得出上述结论,却存在着一些问题——首先,组织中的个体必须在以团体为导向的组织文化中发挥作用,因此可能无法像在实验室中那样表达创造力。无法表达潜在的创造力正是汉特(Hunt, 1995)指出的"能"和"愿意"的区别。其次,对于在实验室数据基础上得出的结论,我们不知道实验室的结果在何种程度上和现实的组织环境中的创造力之间有关。例如,格鲁伯(Gruber, 1988)质疑,如果在创造力测验中得到高分,是否意味着在后来的生活中有明显的创造性成就?一般来说,用心理测量学的方法对理解组织中的创造力的贡献是很有限的。

其他人运用计算机模拟法建立创造性思维的模型。在这些模拟中,计算机被装上相关的信息,然后它试图把创造性灵感复制下来(Kulkarni & Simon, 1988)。这样的做法很有趣,因为它们复制了创造性的发现,并且提供了一些在创造性思想过程中的确切步骤的一些想法。但是,在这一点上理解组织创造力的含义还不甚清楚。一种可能性是,创造性思维风格方面的确定的信念可基于对所包含的确切步骤的理解而引发。一些研究表明,创造力可以通过直接干预和教授思维策略进行培训(Davidson & Sternberg, 1984)。但是考虑到不同的创造性发现所包括的过程和方式不同,因此还不清楚用计算机模拟法进行的培训是否可以真正提升创造性思维。

创造力的系统观点

用心理测量学和以计算机模拟为基础的方法去研究创造力,这种做法关注的是个体及其与创造力相关的特质、能力和思想过程。但是,这些以个体为取向的研究方法的一个问题是,它们经常忽视循环关系(cyclical relationship),而这种关系能够在个体和环境之间发展,能够导致个体修正外界条件以增加创造力。历史学和人类学领域的经典研究(如:Kroeber, 1944; Toynbee, 1936/1954;又见 Csikszentmihalyi, 1994)支持了下列想法:可以控制环境来刺激文化,而文化又随后产生大量抽象的、具体的创新。(如前文所述,在制度背景下可以建立一种能接受新思想的环境,但不幸的是,这一目标与传统组织理论的那些基本信念相冲突;传统的组织寻找如何建立固定程序和规则,而不是把"不理性的"元素引进到组织功能中。结果就是创造力遭到窒息。)

因而,鉴于创造力研究的个体观点的局限,新的研究开始从一种更以系统为导向的观点来考察创造力。与"创造力的原子论观点"相对照,这种观点被称为整体化的观点(Gardner, 1988a, p299;又见 Gardner, 1994)。在以系统为基础的观点之内,创造力仍然被视为"个体化的现象"(Lubart & Sternberg, 1988, p.63;又见 Sternberg & Lubart, 1991、1995a、1995b);但是,人们认为创造过程发生在特殊的背景中,而不是发生在真空中。很显然,以系统为导向的观点与理解组织中的创造力有关,因为根据定义,组织就是一个系统。系统化的观点可以帮助我们运用概念来明确组织环境中影响创造性表现的多种因素。

在系统理论家看来,创造性个体受下列因素的激励,例如朋友圈、在研究领域的进步以及所处社会的动态发展。这些紧密交织、相互作用的社会化网络和研究领域或事业所处领域组成的系统使创造性的产品成为可能。这个系统迫使富有创造性的个体为现有知识中的空白寻求答案。格鲁伯(Gruber,

1988)特别把这种研究方法称为“多元的”(pluralistic)和“经验上敏感的”(experientially sensitive, p.33),因为它注意到影响创造力的多种因素,注意到一个学科中既有工作的贡献;也因为它集中考察了每一个创造性个体在其社会交往和情感世界的背景中的独特经验。

格鲁伯(Gruber, 1981、1986)是用进化系统的研究方法(evolving systems approach)研究创造力的奠基者之一,这种研究方法促成了基于系统的范式的进一步发展。奇可森特米海依、加德纳和西蒙顿都是一直用系统的方法进行研究的理论家。奇可森特米海依(Csikszentmihalyi, 1988、1994)用这种范式提出了创造力的定义,他认为创造力是这样的一些想法或产品所具备的一种属性,它们是独创性的(在统计学上是低频的、不可预测的),对文化或研究领域有价值,并且一旦完成就是有用的。他将创造力视为3种成分交互作用的产品:某一个人给专业(domain)内容上带来的变化在某一领域(field)内得到了接受。因而,奇可森特米海依承认,与某个人在同一领域工作的同行是其创造性努力的评判者。在组织中,大多数人被同行所包围,这些成员作为评判者都在发挥不容忽视的影响。一个人期望别人将自己视为哪种类型的人,以及别人依靠哪些标准做出评判,是对组织产生影响力的两个领域。那么鼓励采用最优方式来评判行为和态度的组织将激发创造力。

加德纳对创造过程的理解表现在认知分析的4个层次上:(1)基因、神经生物学因素的亚个体(subpersonal)层次;(2)在某些智力形式上发展的个体(personal)层次;(3)在知识或专业领域中取得进步或发展的超个体(extrapersonal)层次;(4)通过同事之间在专业上的相互影响而产生的探索某领域的社会背景下的多个体(multipersonal)层次(Gardner, 1988、1994)。和奇可森特米海依一样,加德纳也认识到在创造过程中多个体输入的作用,如前文所述,它是组织环境的一个方面,这种环境至少部分地处于组织控制之下(又见Policastro & Gardner,本书第11章)。

与之相似,格鲁伯(如:Gruber, 1981、1986、1988)完成了对杰出创造者一生的细致研究。例如,他调查了像达尔文这样的出色人物,其目的是为了追踪他的心路历程,并研究在其一生中促使他提出进化论的影响因素。这些对创造性天才或奇人的研究贯穿着我们的这种愿望——想要了解某些个体是如何取得杰出成就的(如: Gruber, 1981; Howe,本书第 21 章)。综观这些杰出创造者的生活,可以发现他们常常在早年遇到重重障碍,但他们通常具有超常的努力和灵感。有时,从详尽的和有完整档案的个案研究中可以引出对于影响创造力的组织因素的洞察力。

对创造性个体生平的研究有时被称为历史测量学的方法(Simonton, 1984、1988、1989;本书第 6 章)。历史测量学的研究采用一种系统的观点,具体做法是在一定的自然历史背景下调查创造性个体。因此,这种方法可以深入考察在组织中工作的个人的创造性思维,并且通过外推法,可以对某个组织环境在本质上究竟是促进还是阻碍创造力有深入的了解。

如果目标在于促进组织中的创造力,以系统为导向的理论对于在组织中的创造性表现,到底有哪些不合宜的含义?很多持系统观的理论家相信,只有当社会因素、个人因素、问题解决因素以适当的方式混合并且擦亮火花,创造力才能出现。因此,很多同意这一观点的人(还有以个体为基础的观点的支持者)都并不认为当培训对象本身尚未具备创造性倾向时,就可以对创造性过程进行提高或培训。但是,正如对智商(IQ)的情况一样,人们指出创造力可以在练习后得到提升(Sternberg, 1987)。

有趣的是,当我们从组织的观点考虑员工特点时,我们发现观点的一种类似的演化。在 19 世纪 70 年代,人被视为是受天生能力限制的,对员工的看法就是以因为员工的内在原因而导致失败这种概念为基础的。然而到了 20 世纪 30 年代,员工的失败被看作是因为管理者处理不当而造成的后果,这个观点是外部因素导致失败的观点。与此相似,创造力的观点也是经过演化,才形成如今这个概念的:创造力既作为天才个人的天生特质,又作为可以通过某些技术如建立模型和环境刺激加以培训的特质(Sternberg & Williams, 1996)。

创造力的思维过程观

既然我们已经回顾了关于创造力的以个体为中心的观点和以系统为导向的观点，现在我们将要考虑其他理论，它们强调思维过程，这些思维过程导致了创造性表现。当研究者们把目光集中在创造性思维过程、被迫直接面对鼓励或阻碍创造性思维的背景问题时，他们就会对背景或环境在创造性功能中的作用有更实质的认识。

鲁本森和伦克（Rubenson & Runco, 1992）提出了创造性过程的心理经济学（psychoeconomic）模型，该模型认为创造力是一种由经济学决策产生的产品，做决策的可以是个人，也可以是系统，该模型看重的是他们究竟愿意在创造性潜能上投资多少人力资本、物质资本和时间。时代背景和社会环境能提供一定的条件，也需要特定的产品，这些决策的引导来自社会和时代的供求参数，该概念支持创造力产生的系统观。这些供求特征影响到外部强化（即奖励或惩罚），都是创新者可利用的。正如阿马拜尔（Amabile, 1988）指出的（后文还要讨论），这些供求的特征界定了环境条件，正是这些环境条件可以或多或少地给创新以外部回报。

阿马拜尔（Amabile, 1983、1988、1996；又见 Amabile & Hennessey, 1987）发现，有证据表明这些外部利益将损害内部动机（而内部动机本身是保证创新数量和质量的核心），虽然她承认，在某些情况下，外部动机和内部动机可以合并累加以增强动机。心理经济学模型更强力地提出外部和内部激励因素起的累加作用：“外部需要和内部需要的同时增长，暗示着个体对创造性活动的整体需要在增长。”（Rubenson & Runco, 1992, p.136）

组织创造力的心理经济学模型的含义很广泛。特别是，如果组织把员工的创造性产出用明确的概念表示、直接跟奖惩系统挂钩，这种做法可以建立具体的指导规范，鼓励和奖励创造性行为。通过建立一种有助于创新的环境，管理体制可以带来导致创造力产生的结构上和政策上的变化,例如,管理体制可以对有风险的项目设立经济援助;一旦员工提出的想法没有获得成功,不管这些想法最初承诺如何,都应消除对这些员工的负面评价。

另一个通过经济学比喻所提出的模型是斯滕博格和卢伯特(Sternberg & Lubart, 1995)的创造力投资理论,它以认知心理学研究为基础。该理论假定,要想产生创造力,必须有6项资源一起出现:智力过程、知识、智力风格、人格、动机、环境背景。这一理论断言,创造性的思考者,如同优秀的投资者一样,低价买进、高价卖出,只不过不是在财经界,而是在观念的世界。具体来说,富有创造性的人们产生的想法就像被低估的股票。起初其他人常常认为这些思想怪异、无用、愚蠢,因而拒绝它们:但产生想法的人却坚信,这些思想之所以遭到拒绝,正是因为富有创造精神的创新者挑战公众,并且由于坚持了既定的兴趣而让人们感觉不舒服。大多数人并非恶意地(或是蓄意地)拒绝创造性的观念,相反,他们之所以拒绝,是因为没有认识到或者不承认新的观念代表着有效的并经常是更优秀的替代方案。

按照斯滕博格和卢伯特的观点,有证据表明,创造性思想在事实上经常遭受拒绝。例如,对文学和艺术领域内的大多数作品而言,最初的评价常常是消极的。有影响力的科学论文经常在一开始遭到不止一家杂志的拒绝,后来才最终出版,再后来被人们奉为经典——家喻户晓的例子便是麦克林托克(McClintock)获得诺贝尔奖的研究,它最初就被顶尖的生物学杂志拒绝过。按照投资理论,富有创造性的人提出一种想法,起初遭到拒绝和嘲弄,这相当于低价买进。然后这个人试图使其他人信服该想法的价值,这样就提高了投资的价值。当其他人信服了该想法的价值后,富有创造性的人把它高价卖出、留给别人,自己则去寻找下一个不太流行的想法。虽然人们普遍倾向于让其他人欣赏自己的想法,但是如果一个新想法受到广泛的赞同,则通常就意味着它不是很有创造性的。

组织中的创造力的投资理论含义也很广泛。第一,这一理论建议,组织应当积极鼓励员工在观念的世界中低价买进、高价卖出,并且对这样做的员工给予奖赏。第二,组织应当创造一种环境,使得该环境中的员工感觉提出某些新想法是安全的。第三,组织不应当让那些直言不讳的员工和敌对的员工感到窒息,而应当利用这些人的想法给组织带来利益。第四,组织应当认识到创造性业绩更多的是由那些有正确态度的员工创造的,而不是那些天生能力强的员工创造的。第四,组织应当记住以下事实,很多富有创造性的人从来不愿将自己的创造灵感和其他人分享,更不会劝说别人认识这些灵感的价值。给创造性生产提供激励的组织气氛(如:"每月创意"竞赛)可以刺激这样的人。

创造力的组织观点

现在我们转向关注组织的宏观层次的创造力模型。这些模型讨论了在组织环境中产生创造力必需的资源。我们首先要考虑的是有影响力的阿马拜尔的工作(如:1983、1988、1996, Collins & Amabile,本书第15章),她对组织创新的定义是"在组织中成功地执行创造性想法"(Amabile, 1988, p.126),该定义突出了效用(utility)和行动(action)在创新中的核心角色。在阿马拜尔看来,管理一定要把行动导向促进创新,并且资源应当配置给创新的发展和实施,她同时描绘了在个体水平和组织水平上抑制和鼓励创新的特殊条件和性质。

阿马拜尔(Amabile, 1988、1996)认识到不同的环境模型要么促进、要么阻碍创造力。她以她在个体水平上的创造力理论为基础,从深度和广度两个方面讨论了这些环境条件,以求建立"创造力交集"(creativity intersection)模型。用3个相互套住的圆圈表示创造力的3个要素(与专业相关的技能、与创造力相关的过程、完成任务的内部动机),她举例说明,这些元素重叠的领域是"个体最高的创造力和组织最大的创新所在的领域"(1988,p.157)。正是在这个重叠程度最大的地方,人们的专业相关的技能、最强的内部兴趣及创造性思维过程重叠在一起。对组织而言,关键是为每一个人确认创造力的交集,而且能够使技能、过程和动机同时得到发展,这三者乃是创造性表现的核心要素。

阿马拜尔提出了组织创新模型的4条标准:(1)一定要让个体创造力的全过程一体化;(2)一定要考虑组织对创造力的所有影响因素;(3)一定要有组织创新状态的大致轮廓;(4)一定要描述组织创造力对个体创造力产生的影响。在组织创造力这一概念形成的基础上,阿马拜尔的研究揭示出,促进创造力的组织环境都具有下列特征(按重要性程度降序排列):相当程度的自由(决定要做什么、如何去做)、良好的项目管理、充足的资源、鼓励、合作与共事的气氛、足够的承认(ample recognition)、足以产生创造性思维的时间、挑战性的感觉、完成重要目标的内部压力。

康特尔是我们将要讨论的最后一位组织学理论家,她的工作涉及企业及组织行为专业(如:Kanter, 1983、1984、1985、1986、1988)。她所做的关于组织创新的工作从深层检验了产生创新必需的结构的、集体的和社会的条件。在康特尔(1988)看来,创新开始于个人完成任务,可能是独自工作,也可能是整个团队一起工作。接下来,组织中的宏观条件可以促进或妨碍组织革新。康特尔相信,某些组织因素和社会因素在特定的阶段比其他阶段显得更重要;她提出模型的目的是为了阐明在创新过程中的不同阶段,这些组织因素和社会因素及其对创新的影响。她试图将创新过程中的任务与推动任务完成的结构安排、社会形式联系起来。她所考察的几个阶段包括:想法的产生、联合建造、想法的实现、转移或散播。特别要提出的是,她的模型强调了组织中的灵活性和整合性。

康特尔指出,创新过程的特点是不确定、不可预测的;需要深入的知识;充满了争议;需要突破条条框框。因而,人们看到在下列情形中创新行为比较活跃:条件灵活、快速的行动和精心的保护、联合构成、相互关联。康特尔表明,创新在组织中应当是:(1)有一体化的结构;(2)强调多样性;(3)在组织内外有多重结构上的连接;(4)有交叉领域;(5)人们心目中有集体荣誉感和集体信念;(6)强调共同合作、团队工作。产生创新的组织具有"在多种方式上把人们连在一起的复杂结构;在战略高度引导下,在一定限度中鼓励人们去做需要做的事,而不是把他们限制在工作条文规定中”(1988,p.172)。

康特尔也指出,不同种类的创新在发展的不同阶段刻画了不同类型公司的特点。例如,产品的革新容易在新组织中产生,而过程的创新容易在已有根基的组织中产生。简而言之,康特尔相信,虽然创新源于个人的才能和创造力,但是有了组织环境才使个人的潜能有了释放空间,才引导它成为创造性的产品。

促进组织中的创造力

在任何一个对促进组织创造力的方法的讨论中,认清反馈循环很重要,它把组织文化(或组织氛围)、个人创造力、组织创新相联系。例如,一个组织如果对解决问题时提出不合正统的方法的人给予惩罚而不是奖励,那么在这个组织的革新者或内部企业家(*intrapreneurs*,即在已有组织中工作的企业家,见Pinchot, 1985)的数量就会很少。创造力几乎没有,这种情况究竟源于这样的公司所吸引到的员工是什么类型,还是源于政策使得创新者不太愿意发挥其创造潜能,这一点仍有争议;但无可争议的是,这种低创造性的表现对维持一个稳定而停滞的组织有影响。

创新得以被接受

如前所论,改变组织结构最大的障碍根植于人们心理上对组织运作中戏剧性、根本性的变化产生的反抗。组织中有很多人要靠组织谋生,有些人还要靠组织确定其社会地位。因而,在维持不平等的等级方面的自我投资也许就会成为推动组织变化的最强力的反对者。

让我们来看看日本天皇的谨慎明智的计划,他在20世纪的转折点上,在政府内部实现了戏剧性的转变。在新的政府结构中,他把关键角色给了力量强大的日本武士,他们原本构成天皇管理的最大障碍,由此日本天皇以和平方式转变了日本的权力结构。与潜在敌人共同应对根本变化,这种做法预见到有抵抗并压制这种抵抗。那些想为所在的组织引进巨大变化的当代改革者们应当考虑这一明智的例子,正如谚语所说:"要靠近朋友,要更靠近敌人。"当然,运用这种策略的潜在危险是被逼急了的敌人可以推翻组织领导,并夺取控制权。

塞尔兹尼克(Selznick, 1948)对如何让人们接受创新的经典分析支持了日本天皇的例子。塞尔兹尼克把组织看作一个系统,既有正规的结构,又有非正规的小团体,它运作起来是一种合作的系统,并有适应性的社会结构。他相信,之所以组织会发生变化或出现张力,是正式的权威(formal authority)和社会权力(social power)之间发生冲突的结果。由塞尔兹尼克的观点可见,如果反叛的成分在被组织承认、做出让步的过程中渗入,组织对于系统稳定性受到威胁的恐慌将会减少,从而使变化更有可能被接受。

科奇和弗伦奇(Coch & French, 1948)的另一个经典研究对此概念也提供了额外的支持。他们发现,在改变组织的计划中如果有各方面的人组成小组参加讨论,会减少工人对变化的反抗,从而推动转变。根据这一理论,人们之所以极力反抗改变,根源在于动机上的阻碍,而不是因为对新技术感到陌生或不愿意接受新技术。因此,作者推荐工人和管理者共同参加小组会议,在会上可以交流对变化的需求、刺激大家参加计划制定的过程,从而达到提高动机的目标。

与在某个领域中不熟悉而产生的障碍相比,另一种类型的屏障根植于对某一领域过于熟悉或知识过于丰富:过于熟悉会导致严格的思维定式,有了定式,就无法接受创新。斯滕博格(Sternberg, 1997)讨论了这种情况:专家技能的这些代价如何可以导致在灵活性强的问题解决中效果差,这是由于人们过于信任专家们纯熟无比的程序化知识。专家们可能只和特定的智力框架牢牢结合在一起,其代价是对其他方面一概不理睬,因为专家们将他们的智力投资和情感投资倾注到了他们通常认可的观点上(Frensch & Sternberg, 1989)。

实际上,康特尔(Kanter, 1988)指出,被社会学家称做训练有素的缺乏能力者(trained incapacity),其症状是完全只关注某个领域,例如不能有效理解跨领域的想法与各学科间的交流,而这对创造性灵感是至关重要的。将从前相互分离的多个概念或领域结合起来,会比仅仅关注其中一个领域产生更有效或更有价值的创新。为了促成这种概念上的交流,有必要在不同水平、不同专业、不同部门之间进行持续的信息沟通。

如何才能确实让组织更容易接受创新呢? 正如前面讨论过的,强调在组织环境中的创造力和发散性思维,可能遭到那些对固定的思维模式习以为常的人的怀疑。因此,如何才能让新想法被接受呢? 斯滕博格和卢伯特(Sternberg & Lubart, 1992)和霍兰德尔(Hollander, 1958)提出了不同的却相互补充的接受途径。斯滕博格和卢伯特提出的创造力的投资理论认为,获得正当性的成功想法不仅仅是新颖的,而且适用于当前的情景,用它可以产生高质量的产品。可以看到,聪明的"投资者",也就是在这个范式中的创造性个体,知道如何明智地承担风险,这样,他们的想法也许不被欣赏,但前途看好,一旦成功,回报丰厚。

霍兰德尔(Hollander, 1958)的经典分析则认为,接受新想法的过程是通过特质信任(idiosyncrasy credit)而进行的。在这种观点看来,如果一个人希望在组织中引进有创意但是陌生的想法,一定要先符合小组准则、建立起社会地位。只有这样,这个人才有可能使别人心悦诚服地接受巨大转变。他一旦进入了领导阶层,获得了权力、影响力,就具备了提出转变的能力。虽然用这种方式的人要承担失去一切地位的风险,但这个模型还是认为,只有那些一开始就在小组或领导阶层中占有一席之地的人,才有可能施加影响,促成转变(当然,这种主张假设组织结构是等级式的)。

鼓励创造性思维风格

个体的思维风格究竟会促进还是阻碍创造力,对此我们知道哪些内容呢?斯滕博格(Sterberg, 1988、1997)的"思维风格"(thinking style)模型(它整合了智力、智力风格和人格),可用于解释个人对创新所采取的认知方式有哪些不同。斯滕博格提出了三种类型思维风格的功能:立法的,执法的,司法的。按照他的模型,创新者具有立法风格,这反映在其有更强的趋势去系统阐述问题,创造新的、常常是全面的观点和规则系统。与立法风格相比,具有执法风格的人喜欢执行规则系统(也许是前文所述莫顿提出的官僚人格的温和面),而具有司法风格的人更喜欢评价系统、评价规则和个人。

根据斯滕博格的理论,为了鼓励创造性思维风格,必须让员工更多地使用能带来创造性产出的思维风格。只要员工对创造性思维进行了尝试,即使不成功,他们也必须得到奖赏,而不是受到惩罚(但不幸的是,很多组织都在使用惩罚)。显然,对于天生具有创造风格的员工来说,这种方法会更有效:而对于任何员工,组织对于他们运用这些风格进行鼓励而不是打击都是可能的。此外,在决定员工是否被雇用和升迁时,组织也希望能以员工已有的创造性成就作为依据,并考虑进行创造性思维风格的趋势。

组织应当把目光集中在创造力培训上吗?

确切地说,员工是如何受到鼓励而变得更富有创造性的呢?正规的创造性思维技能的培训有效吗?当代组织行为学理论支持:对创新的培训、把动机因素转换到内部工作动机是有可能成功的。正如彼洛(Perrow, 1972)对复杂组织的经典研究工作中描述的那样,员工的概念已经成为组织中可锻造的元素。本章在前面已经讨论过,过去人们认为决定工作行为更多的是员工本人,因而,将员工的失败归因于他们先天能力不足。然而,从20世纪30年代以来,员工被看作需要巧妙处理的力量。这种视角改变了培训者对员工业绩的责任感,而不是责备局限员工自身的短处。

然而,把人们更多地看作是组织中的"雕塑品"而不是"雕刻家"(Bell & Staw, 1989),这低估了员工自身的能动性。在组织中,员工被看成是等待浇铸的材料,而忽略了他们自我效能感(self-efficacy)的需要(即员工相信他们能够做成他们想要做成的事)和被授予权力的需要。但是这种自我效能感和被授权的需要,与机构内员工的内部动机和参与程度有直接的关系,这两个因素与创造性表现是积极相关的。因而,过分强调培训的做法可能适得其反。

有关员工培训的概念演化可以通过麦克格里格(McGregor, 1960)提出的经典范式来理解。他把管理上对员工的传统的"胡萝卜加大棒"观点称为"X理论"。他将针对员工的X理论和他提出的Y理论进行了对比,后者反映出对人类本性和动机复杂性的不同假设。麦克格里格并不把一般员工看成有点愚笨、天生懒惰、缺乏雄心、喜欢被领导、拒绝改变,也不很聪明的人;相反,他认为管理常常集中在外部动机,而排斥了其他动机。这种趋势导致人们忽视员工动机的其他组成成分,例如,在安全需要、社会需要、自我实现需要基础上的各种心理要求。

Y理论考虑了激励因素,例如交往和归属的需要、对成功和地位的需要、实现自身潜能的需要。这一观点并不将管理的角色看成是建立以外部因素(例如经济关系或某种强制关系)为基础的动机,而是看成认可和开启已存在的内部动机的一种途径。麦克格里格提出,通过组织的分权形式(decentralized form)来提高员工的自我指导的方法,可以通过权威机构的授权得以运作,这样做将会提高员工对组织的参与程度,因而能满足员工的社会需要和自我需要。此外,强调自我评价和个人目标设定,而不是让管理者以装配线方式(assembly-line style)来评价业绩,这样也能提高员工的自我中心感和自我实现的需要。

祖波夫(Zuboff, 1988)在阐述以技术为导向的组织的层级局限性时,更加强调了麦克格里格的转换成内部奖赏的主张,指出由于工作变得更抽象、智力化程度更高,而不是体力化程度更高、更容易观察,因此要想保证产品的质量和数量,内部动机和承诺变得越发重要。就诸如创新和创造性成就这样的高智力产品,这一评论尤其正确。那些难以观察到的智力工作阻碍了对一个等级体系中对下属成绩的评价,因此,日复一日的运作很大程度上是自我调节的。但是,组织只是勉强承认,对创造性目标和创造性表现来说,有实在证据证明每天有进步是不可能的。如果组织准备让员工的创造性变成现实,并且准备促进这种创造性的话,必须对创造性产出所需的时间和努力具有清醒的认识——创造性不是用日复一日的图表来计算的。

改进组织结构,促进创造力

可以把一个组织设计成为鼓励员工创造力的组织吗?在不牺牲生产率和员工责任的情况下,可以抛弃传统的组织结构和严格的等级系统吗?一般来说,为了鼓励创造力而重新设计组织要经历一个过程,这个过程包括了组织结构和组织哲学的重大转变。经典的组织理论学家用传统智慧的支持建立了官僚等级制度,把它作为组织结构的模型;然而,越来越多的研究揭示了传统组织结构的缺点,在当今的市场中,它已经变得越发笨拙。

例如,威廉姆森(Williamson, 1970)提供了数学证明,层次等级使得组织内部效率低下。这一分析表明,随着基层生产线和官僚顶层之间距离的增长,对组织的有效控制和组织目标、组织承诺的潜在势能越来越低。因而,大官僚组织不仅使得沟通迟缓、控制松弛,而且维持庞大的人员费用会导致高额的支出。组织目标,应当是增长员工动机的一个关键因素,却由于官僚阶层的存在而有丧失的可能。沟通的延迟,不断增长的官样文章使这种延迟增强,阻止了知识的"交叉滋养"(cross-fertilization of knowledge)所必需的信息流,而知识的交叉滋养本可以推动创新(Kanter, 1988)。

因而,在公司的氛围中增进交流使重建组织结构成为必要的事情,从等级化结构变为一个扁平的结构,在后者中强调的是团队工作,而不是地位高低。当消除了组织内不同等级之间的屏障后,员工之间的网络化沟通日益增长,并且创造性想法开拓得更广。屏障的消除意味着所有员工都有机会去产生新想法、试验新想法。一定要鼓励开放式的讨论,一定要建立内部奖赏(如工人之间的相互支持),这样做的目标是替代传统的外部激励因素,例如职位晋升、工作有保障。

但是,员工的内部动机要能够产生,则势必要有一种支持性的外部环境,该环境反映出组织致力于并且也期望员工进行创新。康特尔(Kanter, 1988)指出,这些预期可以通过为创新性的努力保留实在的资源来体现。为了使组织致力于创造性产品,员工之间的相互支持、"顶头上司"的资助都必须有保证。这一组织承诺既要有资金上的保障,也要有时间上的支持——经常要富有耐心——创造过程经常受挫,几乎不可能立即得到回报。

还有哪些可供选择的组织模型呢?这些结构又是如何影响员工创造力呢?博恩斯和斯塔尔克(Burns & Stalker, 1961)提出的经典理论探索了组织的等级化形式和其他可供选择的形式之间的相对价值,考察了两种组织形式,一种是机械论的模型(mechanistic model),它建立在组织的固定条件基础上;另一种是有机模型(organic model),它反映了组织的动态条件。他们主张,任何一个模型都可以是恰当的,这取决于一个组织所面对的具体条件。

在传统的情况下(其特征是外部环境稳定),以传统的、自上而下层层等级的结构,以及也以正规制度和正规的决策制定为基础的机械论模型提供了更高的安全性。而有机论模型则更多考虑了环境上的不确定性。但是,有机论模型可以更有效地处理这样的条件:环境迅速变化、进入组织的工人数量增长、不太依赖于严格的规章制度也不太看重权威的关系。过去,机械论模型可以充分服务于组织目标。但是,在当今不确定的商业世界中,在不断进步的技术刺激下,组织的有机形式可以更好地满足组织需要。这种有机形式也支持康特尔(Kanter, 1988)所描述的“创新的花朵”①和创造性想法的产生。

卡斯特和罗森茨威格(Kast & Rosenzweig, 1972)支持了博恩斯和斯塔尔克在其组织理论的普遍系统中的分析,后者认为组织既能在开放系统中运作,也能在封闭系统中运作。在封闭系统中,平等和保持稳定是至高无上的目标,这个目标是清楚明了的、统一的。另一方面,像生物系统和社会系统(还有现在的全球市场体系)这样的开放系统,由于物资、能量、信息的恒定流入,因此整个系统在动态平衡中运作。开放的系统是不安静的、不稳定的,并且向多个目标前进,这些目标起源于不同的需要。卡斯特和罗森茨威格、博恩斯和斯塔尔克都认识到,如果给这两种系统的研究方法标记上好或坏,会使得问题过于简化;他们还声称,每一个系统都适合于特定类型的条件。他们的理论具有预见性,刻画了当我们迈向新千年时全球化市场的演化特征。

什么样的具体技术可以用来重建组织结构以促进创造力呢?奥斯本、莫兰、穆塞尔怀特、曾格和帕瑞恩(Orsburn、Moran、Musselwhite、Zenger & Perrin, 1990)主张“自我领导的工作团队”,它与传统的工作小组有所不同,因为工作团队是由训练有素的员工组成的,这些员工自己就行使很多自我监督的职责。这种工作团队依靠的是奖惩系统,后者建立在技能获得(skill acquisition)及技能侵蚀(skill erosion)的基础上。作者认为:生产力、灵活性、质量、员工承诺、客户满意度和流水线的生产能力(streamlining capacity)是由于实施了自我指导的工作团队(self-directed work teams)系统的结果。

奥斯本、莫兰、穆塞尔怀特和曾格(Orsburn、Moran、Musselwhite & Zenger, 1994)推荐,组织正式的承认和奖赏团队工作,并且采取各种步骤建立团队精

① 如前文所述,康特尔(Kanter, 1988)把创新和野花做比较,强调应培育创新的有机性质和潜力,以产生丰富的回报。——译者注

神。他们推荐,组织要达到上述目标,可以通过提供专门的 T 恤衫(和类似的物品)、在公司的体育赛事中让团队竞争、为标志团队发展的关键事件举行庆祝活动等措施。然而,一个以自我指导的工作团队为基础的体系的缺陷在于,需要较长的时间(2~5 年),员工需要在这段时间内成为技术和各方面足够成熟的人,成长为自我指导的团队中的一员。在起步状态和最终达到自我指导的团队状态,其间有 3 个转变阶段:混乱阶段、以领导为中心的团队阶段、紧密结合的团队阶段。在转变过程中,特别需要强调的是获得 3 个领域内的技能:技术领域、管理领域、人际交往领域。

彼特斯和沃特曼(Peters & Waterman, 1982)声称"松紧结合型组织"(loose-tight organizations)是在传统官僚化组织之外的另一种选择。最佳的例子是,这种组织允许"严格的集权式领导和最大限度地自我管理共存"(p.508)。作者发现这种情形在惠普(Hewlett-Packard)、万豪(Marriott)、宝洁(P&G, Proctor & Gamble)这样的公司中都存在。与此类似,奥奇(Ouchi, 1981)提出的他称之为"Z 型组织",这是以日本公司为模型的,可作为另一种选择。这样的组织强调的不再是获得更高的地位,而是认为双方自愿进行的参与式的决策很重要,因为所有员工的价值都必须得到考虑。因而,集体的承诺(collective commitment)也是明显可见的,组织内部的员工把组织看成是定位于组织目标和全体员工的。

Z 型公司的氛围大力培养了平等主义的关系:由于组织结构没有分割,部分地阻止了非人性化、权威化关系。员工们不再严格区分"我的"责任和"你的"责任,而是受到鼓励在相互信任和目标一致的环境中共同合作。虽然也有层次等级的控制,但是自我指导是主要的激励因素,这使得 Z 型组织更像"家族"而不是官僚机构。但是,奥奇确实也考虑到了这种组织的缺点,例如在 Z 型组织中,由于不再强调专门技术而导致职业化的降低;还有,这些组织有种族主义和性别歧视的趋势,因为在如此密切工作的团队中人们心照不宣地接受同质性的个体。

结　论

在动态的企业环境中，当今的组织对变化以及对灵活性日益增长的需求，使得在问题解决和决策制定中创造力从来没有像现在这样重要过。人们认识到，公司如果想保持竞争力，就需要重建结构，其直接结果是导致管理咨询产业(the management consulting industry)的兴旺发达。随着对组织要想生存就要适应变化的认识，很多公司不断招聘员工，作为以微弱优势战胜对手的一种手段。因此，组织在重建结构方面所做的努力尝试，强调了员工需要更多的自治、内部动机、承诺，从而也质疑传统的组织理论是否适用于当今的商业世界。毫不夸张地说，现在市场就是世界，组织结构必须反映出这一不断发展的重要性所带来的影响。

森格(Senge, 1990)的“第五项修炼”(fifth discipline)概念，是在整体化、系统化思想下提出的，它整合了其他学科，并且看重未来发展而非短期回报，这一概念包含了当今组织必须追求的目标。森格相信，公司需要团队学习，然后分享观点。要能实现上述进步，则必须要根本转变过去对组织的观点，这种观点依赖于固定的、可预测的原则。相反，森格提出的“学习型组织”要能响应并且适应开放式系统不断的信息流入和资源流入的特点。

但是，正如森格所指出的，在组织中高创造性工作的个体发现自己的人格特点是和组织中的其他人有距离感的，自己孤立、动机水平高、受到某种驱动倾向于自我关注。森格认为创造力所需的这种智力活动类型，可以与组织背景中所需要的那种以团队为导向的思维有所不同。他把创造性的人群看作是倾向于关注想法的，有时甚至着迷于此。

因而我们又一次看到，好似拔河比赛中的双方，一方是创造性的思想者，他们通过孤独的、专注的工作而使创造性想法得以培养；另一方是以团队为导向的组织领导者,他们坚定地关注整个系统内部如何与别人一起工作。对组织的挑战是在这两类思想和做法之间达到一种平衡,以便既能让创造性想法得以存在,又能让它在组织环境中得到培养。正如希斯里奇(Hisrich, 1990)所指出的,应当鼓励试验,要允许错误和失败。只有通过这种态度和政策的转变,创造力才能成为组织生活中的一种常规,而不是例外。为了保持竞争力,组织必须认识到,成功依赖于他们在开放性实验及在探索革新和变化方面的经济和精神投资。

第20章 促进创造力

雷蒙德·S. 尼克尔森

关于创造力的下述假设,我认为即使不是特别令人信服的也是大致合理的:(1) 先天禀赋和后天培育都是创造性表现的重要决定因素;(2) 关于哪个因素更重要的争论已经不再有意义了;(3) 一般而言,所有具有正常智力水平的人都有一定程度的创造性潜能;(4) 就这点而言,很少有人实现了接近其潜能的东西;(5) 表现出创造性是人们普遍渴求的,因为它通常对参与创造性活动的个体的生活质量有积极的贡献,也会丰富其他人的生活;(6) 在没有有力的证据证明探索增加创造力的方法是无效的情况下,这种探索——帮助人们更好地发展他的潜能——是一个合理的追求;(7) 尽管有些单薄,但有证据表明创造力是可以提升的;(8) 人们还没有完全理解如何提升创造力,但是有些可能性值得探索。

本章旨在解决两个问题,这两个问题直接与上面的后两个假设相关:创造力是否能提升,如果可以,如何提升?在前面陈述假设的过程中,我已经表明,我对第一个问题的回答是一种谨慎的肯定,并且我认为在第二个问题方面也可以说出一些有用的东西。正如我一开始所坦言的,我必须说,很多东西都是推测性的。而我所提到的很多文献也是推测性的。虽然,长期以来创造力一直是研究的一个焦点,但有关创造力的少数实证性研究已经直接涉及这样的问题,即创造力是否可以提升,如果可以,又如何提升。我将会提到一些我所知道的与这一问题最直接相关的研究,但我也会提出研究者和思想家对这个话题所持的各种意见,并斗胆提出我自己的一些想法。

首先,我将简要评论与创造力的构成要素相关的几个话题,这些话题中,有些在本书的其他章节有更为广泛的讨论。在此我只希望能提供一个直接的参考框架,用于讨论创造力是否可以提升,如果可以,又如何提升?

创造力是什么?

创造力通常由活动的结果来界定:据说具有创造力的人是指那些能产出创造性成果的人。虽然不是每个人都认为有可能简单而清楚地说明鉴别创造性成果的一个清晰而客观的标准,但新颖性通常被认为是创造性成果的显著特征之一,而某种形式的效用——有用性、适合性或社会价值——则是另一个特征。“创造力反映在产出新颖的有社会价值的成果上。”(Mumford、Reiter-Palmon & Redmond, 1994, p.3)“创造性成果,虽然也许是诗歌、科学理论、绘画和技术进步,但都是新颖的,并且在某种方式上是有价值的或有用的。”(Gillhooly, 1982, p.123)“依我看,最好把创造力描述为人类常规性地解决问题的能力,或者人类在一个专业中取得成果的能力,而在其方式上则开始是新颖的,但最终在一个文化中又是可接受的。”(Gardner, 1989, p.14)

布鲁纳(Bruner, 1962)强调的是惊奇要素:“一种能产生有效的惊奇的行为——我将其看成创造性工作的标志。”(p.3)但他也指出,只有惊奇是不够的;所产出的东西必须既是令人惊奇的,也是有用的。帕金斯(Porkins, 1988)将具有创造力的人定义为能够经常产出创造性成果的人,这种创造性成果要具有原创性和合适性。阿马拜尔和泰格(Amabile & Tighe, 1993)说,一个具有创造性的“成果或反应不能仅仅是为了差异而有差异,它还必须是合适的、正确的、有用的、有价值的或能表达意义的”(p.9)。其他人也提出了相似的定义(Albert, 1975; Besemer & Treffinger, 1981; Bowers、Farvolden & Mermigis, 1995; Ghiselin, 1963; Jackson & Messick, 1973; MacKinnon, 1962; Sternberg,

1985、1988)。

我认为,无论我们怎样来构想创造力,都不应该墨守成规。按定义,虽然我们没有看到那些被埋没了的创造力,但是,我们有各种理由相信创造力是存在的。很多在科学和艺术界被认为具有非凡创造力的成果直到很久以后才被承认。很多最终被社会认定是有用的、有价值的成果,在出现的当初都被认为是无用的、没有价值的。当然我们不能排除这种可能,即我们也可能会忽视任何一项最终被认为是有价值的创造性成果。

在人们逐渐地将新颖性和原创性作为鉴别创造力的标准的过程中,我们应当注意,尽管那些具有高度新颖性和原创性的成果和观点已经被广泛地认为是非常有创造性的,但这并不表示这些东西完全脱离过去,而是建立在过去的成果和观点之上的(Ward, 1995; Weisberg, 1995)。作为一项被认为在科学领域具有创造力的活动或成果,就必须是新颖的,但不必偏离主流观点太远;如果这项活动及成果和现存的理论没有联系,就很可能被忽视。就历史的事实而言,没有一项科学理论能够独立于科学数据,不依靠先辈们的研究和思想而产生。“科学家所做的每一件事都离不开在他之前的其他科学家所做的工作:过去体现在每一个新的概念中,甚至体现在构想新概念的可能性中。”(Medawar, 1979, p.30)科学家们总是不断地将自己的研究建立在前人的基础之上,这一原则甚至在他们创造出在当时被认为是革命性的进步时也成立。爱因斯坦也承认如果没有先前伟大物理学家们的发现,他就不能构想出相对论(Holton, 1981)。

类似的这种法则在艺术界也同样适用。例如西蒙顿(Simonton, 1980)指出,那种被视为具有创造性的音乐作品,往往是在某种程度上偏离主流规范才显示出原创性,但这种偏离并不会太极端以至无法被大众所接受。就像沃德(Ward, 1995)说的:“创造性思维仅仅是缓慢地超越已有的东西,当它超越时,它更多的是对过去的一种修改而不是完全的拒绝。”(p.71)一个人完全可以质疑斯特拉文斯基的音乐被社会评价为亲切的音乐,他只是紧跟巴赫的脚步,而没有利用200年来不断出现的革新者的作品。当然,同样也值得怀疑的是,一个人能够直接跟随另一个人。不仅仅是因为斯特拉文斯基运用的某些乐器在巴赫的时代并不存在,而且也因为斯特拉文斯基的思想受到了包括巴赫在内的所有先辈们的作品的影响。然而,在此我要强调的一点是,斯特拉文斯基在创作音乐时,其所有的作品并没有强烈地偏离当时的传统,正如它没有很大地偏离巴赫的音乐一样,因此社会就不太可能因它极大地偏离主流规范而拒绝它。

根据产品的新颖性和实用性来定义创造力的另一种方式是把它视为思维的特性。有时创造力被视为能想到很多观点的一种能力,特别是新的有原创性的观点(Cropley, 1992; Feldhusen & Treffinger, 1986; Gallagher, 1975)。科洛普雷(Cropley, 1992)认为要有创造性就是要在思想上敢于革新。他区别了创造力的内涵(意味着被知名人士认为有创造性的最终产品)和(通常由老师所给予的)强调要有发明性、原创性和革新性趋势的内涵。科斯特勒(Koestler, 1964)是从形成联系能力的角度来定义创造力的——把以前没有联系的"参照框架"放在一起。

我喜欢这种内涵,特别是它的这个观点,即原创性应该被理解为对所涉及的个体来说是原创性或新颖的,这样,一个想法要被认为是具有创造性的,其条件就是它对产生这种想法的人来说是新颖的,不管有多少其他人已经考虑过这种想法。因此,如果有人重新发现毕达哥拉斯定理,我们也认为他具有创造力,尽管事实上这种发现对世界来说并不是新东西。而且,这种内涵承认在日常生活的很多方面或多或少都具有创造性的可能。例如,它承认有这样的可能性:用或多或少具有创造性的方式来读故事,或者可以从具有一定新颖性的视角来看待平淡无奇的事件或事物,或者在个人时间的分配上或多或少地体现出创造性。

创造力与解决问题或发现问题

很多研究者认为,创造力和问题解决的关系非常接近。吉尔福特(Guilford,

1964)主张,这两个术语指的是本质上相同的心智现象。有些研究者持这样的立场,即创造力是解决问题的一种特殊形式。例如纽威尔、肖和西蒙(Newell、Shaw & Simon, 1962)将创造性活动描述为“一类特殊形式的问题解决活动,是以新颖性、非传统性、坚持性和问题表述上的困难性为特征的”(p.66),并提出意见说,在他们创作时所获得的资料并不表明创造性思维所包含的过程和非创造性思维所包含的过程之间有什么特殊的差异。莫姆福特等人(Mumford et al., 1994)也指出创造性思维是问题解决的一种形式。菲德赫逊和特里芬格(Feldhusen & Treffinger, 1986)则把创造力和问题解决结合成“一个单独的复杂概念”,他主张说:“像流畅性、灵活性和原创性这样的创造性能力……实际上是现实主义的和复杂的问题解决行为中不可缺少的成分。”(p.2)

很多学者提出了问题解决的概念模型,其中有人明确指出创造性问题解决就是以阶段性和逐步性为特征的过程(如,Bransford & Stein, 1984; Dewey, 1910; Hayes, 1989; Johnson, 1955; Noller, 1977; Polya, 1945/1957; Rossman, 1931; Torrance, 1988; Trrance & Myers, 1970; Wallas, 1926/1945)。一般而言,这些模型认为问题解决过程可分为4~6个阶段,开始于发现问题、认识问题、定义问题或精练问题,途经某些与寻求可能的解决方法或实现最终的目标有关的各种阶段,最终对各种供选方案进行评估,找出一个最好的,有时还需要反思这个过程或者寻找各种办法来检验结果。

典型的问题解决实验室研究,开始于对被试提出定义良好的问题。因此,一些学者怀疑,这样的实验室研究是否可以说明人们在现实世界中如何对问题进行反应的,因为现实社会中要解决的问题往往是没有良好结构的,或者是有待人们去发现和阐述的(Getzels, 1982; Mumford et al., 1994)。奇可森特米海依和盖茨尔斯(Csikszentmihalyi & Getzels, 1971)区别了已提出的问题和所发现的问题,并特别将创造力与第二种问题联系起来。凯(Kay, 1994)将创造性思想定义为“个体寻找、定义或发现一个未由环境或任务预先决定的观点和问题的过程”(p.117)。

很多研究者强调问题发现、问题定义和问题表述的重要性——不同于问题解决——这是创造力的一个重要方面(Campbell, 1960; Getzels & Csikszentmihalyi, 1975、1976; Mackworth, 1965; Oknda、Runco & Berger, 1991; Runco, 1994; Runco & Nemiro, 1994; Starko, 1989)。有证据显示,艺术作品的质量在一定程度上是可以由艺术家从事创造性工作之前所进行的探索性行为来预测的(Csikszentmihalyi & Getzels, 1970、1971; Getzels & Csikszentmihalyi, 1976; Kay, 1991);已经学会用不同方法去定义一个问题的学生,也可能在长期的学习过程中,从事更具有创造性的问题解决活动(Baer, 1988)。

与问题发现和问题解决间的区别紧密相关的是假设产生和假设检验之间的区别,以及观念产生和观念探索之间的区别。假设产生和检验间的区别在科学中是很重要的。研究者对假设检验关注较多,对这个过程的理解也比假设产生要好。假设检验的过程包括按照观察结果和控制实验来考察假设的因变量,和人们感兴趣的其他变量间的关系。科学家们一般都同意,对于假设检验,其基本规则是检察程度必须是公开的和可重复的。假设产生则是一个更私人化的事情,还没有得到很好地理解。假设是从哪里来的,如何去唤醒假设,对创造性研究来说是挑战性的问题。

观点产生和观点探索之间的区别是芬克、沃德和史密斯(Finke、Ward & Smith, 1992)这些人所提出的创造力生成探索(Geneplore)模型的基础。“生成探索”一词来自“生成”(generate)和“探索”(explore)的合成。芬克等人主张,创造性思维以循环的方式使用生成性认知过程和探索性认知过程。在生成阶段的一个循环周期中,“个体建构各种心理表征,我们把它称之为前发明结构,它具有促进创造性发现的各种特征。然后这些特征在探索阶段被利用,在该阶段中个体试图以各种有意义的方式来解释前发明结构。这些前发明结构可以被认为是内在的先行者,为个体最终产出外在的创造性成果奠定基础。它可以在整个创造性探索过程中产生、再产生和修正”(p.17)。芬克等人指出,他们所构想的生成探索模型,承认人们有可能以不同的方式体现创造性。

我认为,创造力和问题解决之间的关系在很大程度上依赖于个体如何构想问题解决。如果个体把问题解决的概念扩大到足以包括应用各种算法来解决问题,或包括用已知的或记忆中的程序来解决问题的话,那么,一些问题解决也可以被看成是创造性的例子,即使不是所有的问题解决都这样。如果只将那些需要独创性思维的问题解决看成是真正的问题解决,那么按照定义,所有的问题解决都是创造性的。根据后一种观点,在专家使用专业领域中所熟悉的算法技术来解决问题时,就不需要创造力。但当他们想要解决自己领域外的问题时,因不能使用所熟悉的技术,就需要创造力。

有人可能会说,问题发现包括去思考我们究竟要思考什么的问题。让我们借用斯滕博格和卢伯特(Sternberg & Lubart, 1991)的比喻,问题发现就像是决定将自己的认知资本投资到哪里。很少有人怀疑,把时间专门地花在问题发现上很可能会增加产生创造性成果的机会。但不幸的是,问题发现不是教育的主要焦点(Getzels, 1982; Houtz, 1944);老师总是给学生问题,让他们去解决,而很少教他们自己寻找问题。

创造力和顿悟

顿悟——当个体突然悟到了一个问题的解决方法或以一种新的、更有成效的方式领会了一个熟悉的情景时所产生的一种经验——总是与创造力相联系的。顿悟是发现的一种形式,但它区别于发现的主要特征在于它发生的突然性。顿悟和创造力是如何联系的——到底哪一个对另一个来说是必不可少的——是一个有争议的问题。有些研究者贬低了来自在意识水平以下的加工过程中所出现的突然启发的重要性,而主张所有的问题在本质上都包含着同样的逼近问题的过程(Perkins, 1981; Weisberg, 1986、1993; Weisberg & A; ba, 1981);另一些研究者则认为,那些需要用顿悟来解决的问题要比不需要顿悟的问题,更能产生不同的解决策略(Metcalfe, 1986a、1986b; Schooler & Melcher, 1995)。

对顿悟的主观体验令人信服。在某时的某一点上,有人"看到"一个问题的解决办法,或者没有看到这种解决办法。一个人不可能在解决问题必需的顿悟出现前感觉到自己正在不断接近答案;而当解决的方法好像是在"宣告它自身"的时候,它就这样突然而来,毫无预兆。在人们研究一些不需要顿悟就能解决的问题时,温觉(feeling-of-warmth)判断就会随时间而增加,而在需要顿悟的问题解决中则不会如此(Metcalfe, 1988b; Metcalfe & Weibe, 1987)。顿悟的经验经常被描述为一种"啊哈!"的经验。斯库勒和梅尔彻(Schooler & Melcher, 1995)认为顿悟和分析性问题解决的途径可能共有某些心理过程,但不是全部过程。

创造力和智力

创造力和智力的关系也一直很有争议。在我看来,虽然有些研究者将智力看成是创造力的必要条件,但没有一个人认为它是创造力的充分条件(Amabile, 1983; Getzels & Jackson, 1962)。帕金斯(Berkins, 1988)对激发创造力的特征与促进创造力的特征做了区分,特别是对能激发和促进特定创造力的特征与能激发和促进一般成就的特征做了区分。中等智力和创造力间有适度的相关,而高水平智力和创造力间相关很弱,帕金斯指出,这表明智力可能在一定程度上可以激发创造力,但是它并不能够保证有创造力。

我自己的观点——和帕金斯的观点相类似——高智力的人比低智力的人更可能具有创造性,但高智力既不是创造力的必要条件,也不是充分条件。虽然许多很有创造性的人同时也是智力很高的人,但这样的人在人群中所占百分比并不大(Cropley, 1967; Torrance, 1962),显然,有很多高智力的人并没有非同寻常的创造力。可能平均起来,高智力的人比智力较低的人也许有潜力发展出更高水平的创造力,或者能以更令人瞩目的方式来表现他们的创造力,但这并不能排除另一可能,即无论在什么智力水平上,很多人可能会比他们的自然发展有更大的创造性潜能。

创造力和伦理

创造力,像智力一样,既可以被视为一种内在的善,也可以被视为满足其他目的的一种手段。若其他条件相等,更高的智力和更高的创造力显然要比其较低的情况更为可取。但是,智力和创造力都可以既用于善的目的,也用于恶的目的。罪犯也可以是有智力和创造性的。具创新精神的反社会分子和罪犯使用计算机网络技术的能力在迅速地增长,这是近期对此事实的令人信服的一个证明。因此,成功地使人们具有更高的创造性,并不意味着能使他们具有较好的伦理意识。

一些研究者在定义中排除了创造力用于坏的目的的可能性。例如,麦克里奥德和科洛普雷(McLeod & Cropley, 1989)列出了他们认为的创造力所必需的5个要素中的道德上的可取因素。根据这个观点,任何在伦理上不可取的行动都不应该被认为是创造性的;正如科洛普雷(Cropley, 1992)所指出的:"与创造力这一术语相联系的积极的社会价值,以及在评价时所存在的伦理要素,使得我们对给一个骗子、大谋杀犯,或可恶的政治煽动者冠以创造力的美名,产生反感。"(p.49)

是否从定义上把伦理可取性作为创造力的一个方面,这是一个语义学问题。我认为,更具实质性、更重要的问题是要认识到一个人有学得聪明而不学好的可能性。我相信,创造力,至少如其在创造力测验中所表现出来的创造力,可以既用于好的目的也用于坏的目的,而最终,如果我们要以一种摆脱价值的方式来促进创造力,那就有点像教一个孩子如何瞄准和开枪,而不提供任何关于什么可以射击、什么不可以射击的指导一样。

创造性思维与批判性思维

创造性思维和批判性思维通常是相对的。创造性思维是易扩张的、创新的、发明的、不受约束的思维。它与探索和观点产生相联系。它是大胆的、不受禁止的、幻想的、想象的、自由的、不可预测的、革命性的。批判性思维则是焦点集中的、有自制的、有逻辑的、受约束的思维,是脚踏实地的、现实的、实践的、固定的、可依赖的、保守性的。有时创造性和批判性可看成是对立的两极。根据这种观点,当我们接近一种思维特征时,就必然意味着远离另一个特征。从本章的焦点问题来看,这就意味着,要促进创造力就必须要减少批判性。

而我倾向于将创造性和批判性看作是两个独立的维度(Nickerson, 1990),并认为我们有理由假设,一个特定个体的思维可以同时在很大程度上具有这两种思维特性。事实上,我不仅认为,同时促进一个人的创造性和批判性思考是可能的,而且还认为,如果不这样做还是一种不明智的表现。

在此重要的一点在于区分持久性特征和为达到特定目的所采用的暂时性心理策略。一个人可能在短时间内采用一种特殊的非批判性心理构架,例如,促成与某种目标相关的大量观点的产生(见下文对头脑风暴的评论),或者当必须对一些观点进行评估以便从中选出一个行为过程时,他就会具有非同寻常的批判性。当我说我认为一个人可以同时具有创造性和批判性时,我是用创造性和批判性来刻画一个人在相当长一段时间内思维的两种不同特征。

或许有些人相对具有创造性,但是不太有批判性,而有些人相对具有批判性却不太有创造性,有些人既没有创造性又没有批判性,还有一些人则同时具有创造性和批判性。创造性和批判性是相关的(正相关/负相关),还是在人群中相对独立的,这个问题是一个实证性问题。我并不知道有任何数据可以排除这种可能性,即两者间的相关性很低,或者创造性-批判性空间的所有部分或多或少被同等地占有了。或者,情况会是,一些高创造性的人——也就是他们习惯有创造性的思维——却往往并不具有批判性思维者所具有的高度技巧,反之亦然。当然所有这些可能性,都不能打消我们合理地期望能同时擅长于这两种思维或尽力帮助学生从知识上去同时发展这两种思维。

可以主张,良好的思维能力既要求创造性能力,也要求批判性能力,这两者是相辅相成的。那种完全放弃批判性思维的创造力——不管是否与情景相适应——可能都不会很有用。吉尔福特(Guilford, 1983)主张,创造力需要同时包括辐合性思维和发散性思维。其他学者也强调在创造性思维中评估(evaluation)的重要性(Basadur, 1994; Farnham-Diggory, 1972; Runco & Chand, 1994)。伦德斯丁(Lundsteen, 1968)提出了这样的问题:"是否可以自主地协调使用创造性思维和更具逻辑性的推理就是区别精神疾病和创造力的关键。"(p.133)

反过来看,个体是不可能在没有创造性思维参与的情况下而具有有效的批判性的。例如,为了成功完成某项目标,而对一项新的策略或方法提出批评,这个过程就要求人们想出各种办法去证明这种策略或方法会失败或导致不符合预期的结果。我们很容易找出许多例子,说明有一些有良好意图的创新,却在种种途径上发生错误,都是因为人们缺乏足够的想象力去预知这些错误。

我们通常不会把创造力和演绎联系起来,但创造力通常会在数学证明的发展中扮演重要角色。乔治·康托尔(Cantor, 1915/1955)对于实数系列的独创性证明就是一个例子。他认为实数不仅是无限的,而且,不像有理数分数,它还是不可计数的。为了构建这个证明,康托尔发明了斜角数概念。他假设有一列在 0 和 1 之间的有限小数。想象我们可以把它们列出如下,不按特殊顺序:

0.773 584 36……

0.846 639 25……

0.164 869 02……

0.539 921 75……

0.354 872 50……

0.948 826 04……

0.043 274 89……

0.364 981 05……

我们可以从这些数中构造出新的(斜角)小数。将第一个小数的第一位数(7)作为新数的第一位数,将第二个小数的第二位数(4)作为新数的第二位数,将第 n 个小数的第 n 位数作为新数的第 n 位数。这样,这个新数(斜角数)的前 8 位按上面这组数来定义就是

0.744 976 85……

现在,假设我们再构建一个新数,它在每一个小数的斜角数上有所不同,比如在每位小数上加 1,并将 9 变成 0。这样我们就可以确定这个新数为:

0.855 087 96……

这个数和原来这列小数中的每一个都不一样,因此就不属于这列数。所以不管原来的数列中有多少数,都有可能定义出这样的数。这样,认为在 0 和 1 之间的小数是有限的假设就一定是错的。康托尔的证明属于演绎证明,但构建这一证明需要一种惊人的创造性顿悟;同样的说法对许多演绎证明也成立。

简而言之,创造性和批判性思维是一枚硬币的两面。好的思维就需要同时具有这两种特性,并要求达到平衡。创造性思维最多能产生独创性的观点,非同寻常的解决方法和因环境而异的新颖的观点;而批判性思维可以评估创造性思维所提供的东西,使各种可能性经受可接受性尺度的检验,同时从中选出可做进一步考虑的观点。观点产生和观点评估,在任何广义的创造性活动的例子中或多或少是同时或连续进行的。对此过程的一个恰当比喻是两个行为者之间正在进行对话的比喻,一个人自由地提出没有任何限制的观点,而另一个在评估这些观点。不同的人在特殊的环境下可能会扮演不同的

行为者角色，但作为教育的一个合理目标就是要提高同一个人同时扮演这两种角色的能力。

创造力的类型和等级

创造力有时被看成是一个全或无的实体——一个人要么是创造性的要么不是——但很多研究者有不同的观点。阿马拜尔（Amabile, 1983）认识到创造力有等级区分的可能性，持同样观点的还有卡特尔和布奇尔（Cattell & Butcher, 1968）、泰勒（Taylor, 1975）、格鲁伯、特瑞尔和维特海默（Gruber、Terrell & Wertheimer, 1982）以及卢伯特和斯滕博格（Lubart and Sternberg, 1995）。有些研究者提出假设，认为几乎任何人都可以表现出创造力，虽然在表现方式或创造力等级方面并不相同（Amabile, 1983; Cropley, 1992; Treffinger、Isaksen & Dorval, 1994）。

奇可森特米海依（Csikszentmihalyi, 1996）区别了 3 种通常被描述为有创造性的人：(1) 表达出不同寻常思想的人；(2) 以新颖的或原创性的方式来检验这个世界的人；(3) 对他们的文化产生巨大影响的人。他将第一种类型的人看作是有才气的（令人感兴趣和激发人思想的），第二种是个人创造性，第三种是不可估量的创造性。他认为，第三种意义上的创造力不只是前两种的进一步发展的形式，而是有质的不同；这 3 种类型被看成是相对独特的——“它们实际上是不同的创造性方式，大体上每一个都与其他类型没有关系”（p.26）。奇可森特米海依将第三种创造力类型定义成“能改变现存专业或将已有的专业转变成一个新的专业的任何行为、观点或成果”，并将创造性个体定义为“其思想或行为能改变一个专业或建立一个新专业的人”（p.28）。

加德纳（Gardner, 1993b）对比了“‘小 C’创造力——我们所有人在日常生活中表现出来的创造力，和‘大 C’创造力——只是非常偶然才发生的能造成突破的创造力”（p.29）。大 C 创造力可见于这样一些人，如 T.S.艾略特、爱因斯坦、毕加索以及其他在塑造其文化的观念和标准方面发挥重要作用的人。而对日常惯例的微小偏离则是小C创造力的表现。

同理,博登(Boden, 1991)区分了心理性创造力(P—创造力)和历史性创造力(H—创造力):

> 心理学意义上的创造力关注的是这样一些观念(不管是在科学、刺绣、音乐、绘画,还是文学等任何领域中),这些观念对具有该观念的个体的心理来说具有根本的新颖性。如果马利·史密斯有了一个她以前从来没有过的想法,那么她的这个想法就是P—创造力——不管有多少人已经有了同样的想法。而历史学意义上的创造力则适用于对整个历史而言具有根本新颖性的观念。马利·史密斯令人惊奇的想法是H—创造力,因为这个想法以前从未有人有过(p.32)。

根据这种观点,H—创造性观念是P—创造性观念的一个子集。

博登提出,一个具有P—创造力的人有能力在一个或多或少具有持续性的基础上产生P—创造性观念。一个P—创造性观念是否能和H—创造性观念一样被社会认同,这要取决于创造者之外的其他因素,包括历史事件和社会风气。P—创造力和H—创造力就像一个连续统一体的两端,这中间还有很多等级的创造性成就:一个P—创造性的想法对拥有这个想法的个人来讲是新颖的,而一个H—创造性的想法对整个人类来讲都是全新的,但在这两个端点之间还有很多创造性观念,相对于另一部分人而言,它们的新颖性对一部分人可能更大。曼德勒(Mandler, 1995)捕捉到新颖性等级的想法:“一个特殊的行为可能对整个人类而言具有新颖性,也可能对一个特定的社会文化单元或是对一个个体而言具有新颖性。”(p.10)

H—创造力是一种由社会决定的品质。出于至少两个理由,我们无法回答这个问题,即一些已经被社会忽略的P—创造力想法和成果是否与人们所认为的H—创造力成果一样有价值:(1)按假设,以前那些已经被后代忽略的P—创造力想法多数都已经没有了,(2)H—创造力改变了评价标准。理论上,杰出性应该是H—创造力的指标,但事实上,这种关系并不简单,特别是对科学而言,因为后人总是倾向于将个人杰出成就看成是由很多人的贡献结合而发展出的产物。

通常当我们想到创造力时,我估计我们往往会想起这样一些人——毕达格拉斯、阿基米德、米开朗琪罗、达·芬奇、莫扎特、牛顿、陀思妥耶夫斯基、冯·诺伊曼——这些人的名声来自他们的创造性(H—创造性)工作,这些工作已经成了人类有价值的遗产的一部分。毫无疑问,与这些人有关的创造性成果,有助于决定我们生存在何种世界。同样不可否认的是,这个世界也强烈地需要这样的人才,他们能用创造性的方法来解决当前所面对的问题。想要知道如何促进创造力的原因之一是,期望能在各处启用和唤起有利于整个社会的创造力。到时,有人可能会惊奇,有这么多伟大的艺术作品或科学成果被这个世界错过了,就是因为个体为产生它们所必需的潜能从未得到发展。

但是以一种更温和的方式来表达创造力也是很重要的。能以不同寻常的观点来看待平淡无奇的事物,能看出不经心的观察者看不到的种种联系,这种能力可以给人们的日常生活增添色彩和激情。个体能从写诗的过程中体会到巨大的满足感,尽管没有其他人来看他的诗;也能从一个顿悟的想法中获得满足,尽管他并不是第一个产生这个想法的人。奇可森特米海依(Csikszentmihalyi, 1996)强调,这种满意感也能从参与一项创造性工作中获得:"当我们在从事创造性工作时,会发现自己比生命的其他时候活得更充实。"(p.2)我发现我们很容易相信自己有一种天生的创造冲动,我们会从创造性行动中得到满足,不管我们所创造的东西是否符合一项创造性成果的标准——一首诗、一幅画、一个科学假说,——或一些更隐秘而不太容易捉摸的东西——一种具有个人色彩的对一个问题的创新性解决方法,或一种看待熟悉情形的新颖方式,一种很难找到的幽默感。

创造力能被促进吗?

很多人都相信创造力是可以通过训练而提高的(Amabile, 1983; Amabile & Tighe, 1993; Cropley, 1992; Dominowski, 1995; Finke、Ward & Smith, 1992; Guilford & Tenopyr, 1968; Hennessey、Amabile & Martinage, 1989; Stein, 1974、1975; Sternberg & Lubart, 1996)。阿马拜尔(Amabile, 1983)主张,任何一个有正常认知能力的人都很有理由渴望在其专业中做出某种程度的创造性工作。科洛普雷(Cropley, 1992)则坚持认为,所有的学生,无论智商高低,都能进行发散性思维和辐合性思维,尽管他们可能因经验而更倾向于其中一种思维方式(他认为更有可能是辐合性思维)。吉尔福特和特那派尔(Guilford & Tenopyr, 1968)认为,一个语言智力低的人是不可能有高创造力的,但他们也承认这些人的创造力在一定程度上是可以提高的。帕金斯(Perkins, 1990)主张,独立于此问题的经验性证据,以及理论上的考虑就可以支持创造性思维能够传授这种假设。

一直以来人们多次尝试去发展促进创造力的课堂教学法。在一些案例中,创造力的促进已经成为努力提升思维进行更一般性思维能力的一个子目标。有少数研究已经进展到足以为提高创造力的课堂教学提供材料,有些材料已经至少在实验的基础上加以运用。以下就是促进创造力的一些方法。

头脑风暴和创造性问题解决

最早提出的用于促进创造力的一种结构化方法,是奥斯本(Osborn, 1953、1963)促进创造性过程的头脑风暴(brainstorming)法。这种技术是特地为小组设计的,它意在通过给人们提供一个促进其想象的自由空间和强化想象运用的社会情景来激发各种观点。这些规则鼓励参与者去表达观点,不管他们的观点多奇怪或多不切实际,并禁止在头脑风暴期间批评他人的观点。在此情景下假设,人们的想象力可以受到他人观点的激发,而且他们又将能够以一种相对不受抑制的方式来表达自己的观点。

人们一直在争论,头脑风暴法能否通过降低所表达内容的标准,也就是降低自我批评的正常水平,来提高创造力或单纯增加观点的表达(Parloff & Handlon, 1964)。这种方法是想在观点引发阶段降低一个人自我批评的倾向——去掉对"似乎要出局的"观点的表达的抑制;这里的假设是,在这些因放松传统的限制而产生的观点中,确有一些在后来的批判性评估中被认为是可靠的。此外,我们希望通过头脑风暴法,能比在批判性评估中产生更多的好想法。

我们很容易想象为什么会有这样的效果。小组的一个成员所表达的观点,不管有多奇异或没前途,都可以激发其他成员的思考,这样就会唤起很多原本就不会出现的想法。尽管在全部被激发的观点中只有一小部分值得反思,但这个过程仍然是有利的。同时,头脑风暴法的有效性得到了实验研究的证明,那些使用头脑风暴法的小组通常比不运用这种办法的控制组能想出更多更好的点子(Meadow、Parnes & Reese, 1959; Parnes & Maeadow, 1963)。

头脑风暴法已经被融合为人们所指的创造性问题解决的一个多步骤过程中的要素(Isaksen & Treffinger, 1985; Osborn, 1963; Parnes, 1981; Treffinger、McEwen & Wittig, 1989)。这个过程由3个主要部分组成:理解问题,产生观点和计划行为。第一部分由3个阶段组成:发现混乱、寻找数据和找出问题;第二部分只有一个阶段:找出观点;第三部分有两个阶段:找出解决方法和寻求别人赞同。每个阶段都包括一种头脑风暴式的活动,这种活动意在识别出许多可能性以供考虑,随后是更具评价性的阶段,旨在从所产生的各种可能性中挑选出那些值得进一步考虑的东西。

虽然头脑风暴这个术语通常意味着一个小组的活动,但个体可以自己做一些类似的活动。从某种意义上讲,一个人进行头脑风暴法就是,无论何时个体都要试着去想一系列解决问题的行为或方法,保留对这些想法的批评和评估直到所列出的各方面相对完整为止。因此,当这种方法用在个人身上时,就是一种延迟判断原则(Parnes, 1963)。有证据证明,头脑风暴法有时在名义小组中——从个人头脑风暴的结果中将想法汇集,而形成类似小组头脑风暴法的结果——比在真正的小组中更有效(Diehl & Stroebe, 1986; Dunnette, 1964; Dunnette、Campbell & Jastaad, 1963; Stein, 1975; Taylor、Berry & Block, 1958)。为了区分生成探索创造性思维模型中两个阶段,芬克、沃德和史密斯(Finke、Ward & Smith, 1992)提出了头脑风暴法的一种形式,即个体在缺乏小组影响的情况下产生各种观点,然后将这些观点放在小组中进行探索和评价。

头脑风暴法可以被看成是一种搜索过程,搜索的目标是新颖、有用的观点。很多研究决策形成和问题解决的研究者都强调搜索的重要性,搜索过程是一个人产生待决定的备选项或找出能够解决问题的各种选择所必不可少的过程。有些研究者强调不充分搜索,把它作为人类思维的一种普通的失败表现(Baron, 1985、1994; Kanouse, 1972; Perkins、Farady & Bushey, 1991; Pyczynski & Greenberg, 1991)。

生产式思维项目

生产式思维项目(Covington、Crutchfidld、Davies & Olton, 1974)是一种自我指导项目,总共有一套15本书,为五六年级学生设计。这个项目的目的是提高学生的一般思维能力,主要是提高发明性或创造性思维。一些特定的目标包括,例如,使学生能想到更多的点子,尤其是不同寻常的点子。

对该项目效度的评价结果各式各样(Mansfield、Busse & Krepelka, 1978; Torrance, 1987)。成功与否受到很多因素的影响,如课堂的规模和教师的激情。毫不奇怪,进行小班化教学和一位激情高涨的老师,一定能得到最大的收益。一些评价研究已经显示,参与该项目的人增强了他们解决扩展性问题的能力,这些问题类似于在训练材料中所涉及的那些问题。他们常常要求探索多种可能性,考虑几个假设。但是支持这种能力是否可迁移到有本质不同的问题解决方面的证据却一直不容易获得(Olton & Crutchjield, 1969; Treffinger、Speedie & Bruner, 1974; Waldrop et al., 1969)。

这些成果推广的限制在于测验时使用的问题与训练材料中的问题相似,同样的问题也出现在多数发散性思维测试中(Ripple & Dacey, 1967; Treffinger & Ripple, 1969、1971)。对这个结果的合理解释可能是,该项目所提供的训练量相对小,并把学习的情境限制在解决神秘问题方面(Nickerson、Perkins & Smith, 1985)。

CoRT 项目

CoRT(Cognitive Research Trust)代表认知研究信托,这是由爱德华·德·波诺建立并指导的一家英国机构,他曾写过几本书论述如何促进思维,特别是"横向思维"(lateral thinking)。德·波诺(Edward de Bono, 1970、1992)将横向思维区分于纵向思维(vertical thinking);这种区分在许多方面类似于创造性思维和批判性思维之间的区分。

德·波诺(1973)所描述的 CoRT 项目是由 6 个单元组成的,每个单元包括几节课,每节课基本上一个课时。其中一个单元(CoRT 4)的内容主要是和创造力有关的,并提供一些策略性建议,使学生能想到一般情况下不会产生的观点。

和其他单元一样,这个关于创造力的单元提供了一些解决问题的结构化方法,让学生能使用一些特定的"操作"或记忆术,提醒他自问自答有关一个情境的特定问题。这些问题旨在使一个人考虑多种可能性,并对一种情境采取一些他原本不大可能去考虑或采取的观点。但对 CoRT 项目效度的客观数据,特别是对 CoRT 4 在促进创造力方面的效度的客观数据,还很少。

早在1980年,在委内瑞拉就对CoRT项目的适应性进行了测试。当时是在委内瑞拉政府的赞助下,作为一项创新教育实验进行的。在这个研究开始时,取用的被试多数是10~11岁的委内瑞拉学生。给他们设置适应性课程(一周两次课);所有的学生至少上一年,有些学生上两到三年。评价数据显示,那些接受一年课程训练的实验组学生在问题解决中产生针对性的观点要比控制组学生的多;而那些接受3年训练的实验组学生所表现的成果,按其所产生的观点的抽象性和精细性的判断标准来看,也很可观(de Sanchez & Astorga, 1983;简要的概述可见Nickerson、Perkins & Smith, 1985)。

提升智力

采用量表法对课堂教学效果进行研究,发现通过课堂教学,能有效地提高某些思维能力。在委内瑞拉政府的赞助下,也进行了一项提升智力(Project Intelligence)的研究,其核心是设计一年的训练课程,让7年级的学生参与讨论和思想激发等形式的课堂活动,主要是围绕少数主题,着重于某些类型能力的锻炼,如观察和分类,批判性地和仔细地运用语言,演绎和归纳推理,问题解决,创新性思维和决策形成等。这一课程是由来自美国和委内瑞拉的一组研究人员和教育者提出、教学和评估的。这项课程的大部分材料在美国已经使用过,并以《奥德赛》(*Odyssey*)为名出版(M.J. Adams, 1986)。

委内瑞拉巴基斯蒙图地区(Barquisimeto, Venezuela)的463名学生在1982~1983学年接受了一部分课程的训练(约100节课中的60节),课程效果由一套测试来评估——奥提斯-列侬学校能力测试(Otis & Lennon, 1977)、卡特尔文化公平智力测试(Cattell & Cattell, 1961)、一组一般能力测试(Manuel, 1962)和一个大约有500个条目组成的、特别针对该课程所要达到的目标而设计的能力评估测试。最后这些测试被看成是目标能力测试;每一个分测试都和一个课程主题相对应。测试分3次进行,开课前、课程期间以及结课后。结果显示,所有测试参加该课程的学生的得分都要高于没参加课程的相匹配的控制组学生。该计划的细节内容可见于哈恩斯坦、尼克尔森、德·桑切和斯威茨(Herrnstein、Nicherson, de Sanvhez & Swets, 1986)、尼克尔森(Nickerson, 1994a)及帕金斯(Perkins, 1995)的研究。

与本章主题最为相关的是,这项课程中最直接针对创造力的那一部分——也就是关于创新性思维的部分,由大卫·帕金斯和拉塞纳指导其发展(Perkins & Laserna, 1986)。这一部分由两个单元组成,着重于设计观念。第一个单元包括9节课,第二个单元有6节课(每节课占1小时课堂教学时间)。在1982~1983学年只进行了第一个单元的9节课。这些课程,从普通物体的设计分析(如一支铅笔),要求理解设计特征的功能作用,逐渐进展到发明可以满足特定功能目标的新设计。

不同课程单元对提高标准化测试成绩的相对贡献还没有确定。但与相匹配的控制组学生相比,参与课程训练的实验组学生在目标能力测试的所有分测试中的得分都较高。为了进一步体现发明创造性思维训练课的效果,给学生一些开放性的问题(为一间小得容不下任何标准尺码家具的公寓设计一张桌子),让他们来思考。其结果由两位鉴定者,根据14个变量分别来评估,他们事先并不知道学生的分组情况。结果发现,在这14个变量上,实验组的学生所设计的方法明显要比控制组的学生好。

这些研究结果的一个严重的局限是,它们只代表短期的课堂教学效果;该研究课程没有要确定长期效果。但是,就这个研究而言,结果还是支持了以下观点:创造力可以在适当的、精心准备而目标明确的课堂教学中得到促进。

其他努力

一些研究者已经提出关于观点产生的结构化辅助方案。归因表

(Crawford, 1954)和形态学综合理论(包括维度表或客体属性列表和考虑客体间的新颖组合的可能性);艾伦(Allen, 1962)、科伯格和巴格纳尔(Koberg & Bagnall, 1974)相关的例子。菲德赫逊和特里芬格(Feldhusen & Trefinger, 1986)、芬克、沃德和史密斯(Finke、Ward & Smith, 1992),斯塔克(Starko, 1995)讨论了促进新颖想法产生的各种研究方法——包括强迫性概念组合和比喻运用。

共同研讨,是由戈登(Gordon, 1961、1966、1981)发展的一种刺激观点产生的技术,强调运用类比和比喻;这与大脑风暴类似,因为它鼓励个体有一个充分自由的想象空间,并且在问题解决的观点产生阶段持非批判性态度。这种方法已经在一系列指导用书中有清楚说明(Gordon & Poze, 1972、1975、1979、1984)。桑德斯和桑德斯(Sanders & Sanders, 1984)已经提出了一种完全围绕着运用比喻而建立的创造性教学方法。

近来,人们已对头脑风暴法的某些方面和相关技术进行了改善,将其应用在全面质量管理(TQM)和全面质量控制(TQC)中,从而更适于在工业生产环境下提高生产力。著名的美国工程师邓明(W.E. Deming)和朱兰(J.M. Juran)介绍了1950年日本工业界所用的质量控制技术,从而形成了该方法。它包括一些特殊的"改进步骤":问题鉴别,事实收集和分析,主要原因鉴别,设计和补充改善计划,结果证实,过程标准化和对以往活动的回顾及对将来工作的计划,这些步骤有时可以缩写为"计划、执行、检验和行动"的循环。

人们确定或发展了各种程序来帮助完成这些步骤,或帮助管理者评估对提高产品数量和质量的方法的有效性。这些程序包括检验单、帕累托图(Pareto diagram)、原因—效果图、亲和力图和程序决策项目表(Shiba, 1989)。那些为小组成员在解决问题时设计的程序与奥斯本、戈登及其他人所提出的那些程序很相似,因为它们被设计出来,用以先鼓励相对不受约束地产生想法,然后再通过结构化的小组操作批判性对这些想法进行筛选,以达成小组一致的执行计划。美国很多公司和美国国防部都采用该方法,但是这种方法到底多有用还不清楚,意见很多但是缺乏客观数据。

由菲德赫逊(Feldhusen, 1983)所发展的普度创造性思维计划(Purdue Creative Thinking Program),是一个由 32 节录音磁带课所组成的,并附有作业本和老师参考用书。一盒磁带中的每一节课(大概 15 分钟)分别关注一个主要观点或创造性思维的规则,一般是通过描述历史人物的故事来表现的。学生的作业本包括练习题——每节课 3~4 题——以帮助学生在他们思维时练习独创性、变通性、流畅性和精细性。

斯滕博格和威廉姆斯(Sternberg & Williams, in press)给高中生开了大学水平的心理学课程。他们将学生分成两部分,对其中一部分人进行创造力激发教学——让他们产生理论,设计实验,进行思维实验,等等,而对另一部分人则不进行这种干预。结果是那些在创造力测验中得高分,且在创造力激发组中的学生在课堂上的表现要比没有得高分的人好。

创立于 20 世纪 70 年代的儿童哲学项目(Philosophy for Children Program; Lipman、1991; Lipman、Sharp & Oscanyan, 1980),通常被认为是关注批判性思维发展的项目,但它瞄准的许多技能中还有构建假说、发现备择方案、阐述问题、处理模糊情况、建立联系和运用类比来工作。这与该理论奠基人兼指导人利普曼的观点一致,即如果离开了创造性思维就不可能进行有效的批判性思维,或者更一般地说,要想有良好的思维能力就必须同时运用创造性思维和批判性思维技巧。"高层次的思维包括经常地前后跳动,经常地在理性和创造性间进行对话。"(Lipman, 1991, p.216)我发现这种方法有很多地方值得肯定,但我认为还是有必要提出更多的数据来证明其在实现其目标方面的有效性(Nickerson, 1993)。

前面提到的这些研究方法和项目都是具有典型代表意义的被用来促进创造力的研究,但事实并非止于此。还有很多其他的研究(J.L. Adams, 1974; Allen, 1962; Bransford & Stein, 1984; Cropley, 1992; Eberle, 1977; Feldhusen & Treffinger, 1986; Isaksen & Treffinger, 1985; Parnes 等,1977; Ruggiero, 1984;

Sanders & Sanders, 1984; Torrance, 1972; Treffinger, 1979; F. Williams, 1972)。提高创造力的几个项目或结构化方法,有时候只作为与提高一般性思维能力相关的许多目标中的一个,对它们的描述可见尼克尔森等(Nickerson et al., 1985)、奇安斯(Chance, 1986)、帕金斯(Perkins, 1995)和斯塔克(Starko, 1995)。

结构化方法的有效性

有关创造力是否可以被提高的确切数据并不像我们想象的那样丰富。其中的一个原因是,对这个问题的研究充满了概念上和实践上的困难。什么样的表现才能使个体相信创造力被提高了,这在一定程度上依赖于个体把哪些东西作为创造力的证据或作为创造性行为的例证,而这是一个有争议的问题。很多人认为的良好的创造力测试工具,其实并不精确。因此,对结果的解释也不止一种。提高创造力的各种努力所要达到的行为是在现实世界中(而非实验室中)的行为——自然的行为和典型的观察不到的行为。这种行为很难直接测量,而正规的创造力测验,到底能在多大程度上测得非实验情景下的能力或倾向,是值得质疑的。

以提高特殊任务的成绩表现为目的的训练和那些用在创造力测试中的任务一样,总能有效地提高测试分数,但是所学到的东西是否可以一般性地推广到非训练的情境中,并且是否可以长期维持,这样的资料极少。科洛普雷(Cropley, 1992)指出短期进行的创造力教学在产生长期效果方面的成绩正好与人们所期望的相反:

> 孩子可以在训练课程中意识到老师喜欢某些特定的行为,这样他们就会依此而改变自己的行为。虽然孩子们可能会因受训练的激励,而努力地完成当前的各种任务,但在这个过程中,他们学到的是,只要用挑剔的眼光、不着边际的答案、全然不顾准确性或相关性,或者以创造性的名

义提出一些老生常谈的想法,就可以容易地给出"原创性的"答案。这样,"创造力"很快就退化成一种特殊形式的合乎要求的状态。(p.9)

我们也必须承认,在学校测试或活动中被认为是创造性天才的人,长大后并不一定会有创造性成就(Nicholls, 1972; Renzulli, 1986)。对此有很多可能的解释。也许那些对个体成年期所做的创造性成就有影响的因素,并不能在学校经常运用的许多创造力测试中测得到(Dudek & Caote, 1994)。

在创造力方面,教育的目的当然是要提高个体长期的创造性能力和倾向,同时个体可以决定是否或在什么程度上实现这个目标。他希望在儿童期对孩子的创造力培养可以提高个体成年期的创造力,但很少有研究者愿意或能够做足够长期的研究,来获得对此问题的直接证据。对于应当找什么样的人作控制组,以及什么可以作为创造力是否被提高的恰当的基线测量尺度,从而按照它们的变化才能得到恰当的评价,这些是毕生研究的难点。

重要之处在于,尽管我们缺少数据来支持创造力能够被提高到一定水平的假设,但也没有数据来支持创造力不可以被提高的假设。事实上,这个问题还没有被广泛地研究。但是,还是有足够的正面证据可以支持下述信念,即至少提高有些类型的创造性表达是可能的。而且,在研究创造力的人中,那些相信可以造成创造力的一定水平的提高的信念,是非常强烈的。然而,我们对一般认知能力以及对创造力的具体决定因素的无知,就对这种信念提出了严峻的挑战。

很多关于创造力的研究主要关注对人格特征的鉴别,这些特征将高创造力的人与较低创造力的人区分开来(Eysenck, 1993; Lubart, 1994; Mackinnon, 1965)[见 Amabile(1983)所列的对鉴别创造力发展很重要的特征]。探讨与一般创造力相关的特殊人格特征,并不能使我们明白到底创造性人格和创造力之间是否有因果关系,如果有,那么哪个是因哪个是果。例如,我们可能会相信,具有创造性的人通常会有非凡的好奇心,然而同时也会疑惑是这些人因好奇心强而具有创造力呢，还是他们之所以会好奇，其实是因为他们具有创造力，或者因为有其他原因而好奇且具有创造力。简而言之，尽管有很多人格特征是与创造力相关的，但没有哪一组特征已经被鉴别为是创造力所必需的条件(Stein, 1968)。

如果已经确定有些特定的人格特征是创造力的原因，那么我们还是会问，这些特定的特征，又在多大程度上受到遗传决定或者受环境塑造呢？显然，现有的证据还不能精确地回答在决定人格特征的过程中自然天性(nature)和后天培育(nurture)的相对重要性，但是，这并没有留下多少空间去怀疑这两种因素都发挥某种作用。如此，我们就应该去培养一些与创造力有关的特征。但是我们在关注人格特征的同时，不应该忽视环境因素在决定创造力上的重要性。否则就好比只研究创造性个体，而忽视创造性环境(有助于创造力的环境)，阿马拜尔(Amabile, 1983)认为，这实际上是在鼓励人们相信创造力或创造性潜能的决定因素主要是天生的。

阿马拜尔指出有大量以第一人称叙述的非正式证据，说明情景因素对被社会评价为创造性的个体的创造性发展和成果多少有一种非同寻常的重要性。虽然他们承认对创造力而言重要的技巧和个人风格的一些方面是天生的，但是阿马拜尔和泰格(Amabile & Tighe, 1993)主张，通过教育和经验大量地发展创造力是可能的。

我认为，任何这样的信念——认为有些人生来就具有创造性能力，而另一些人没有，或者认为有相对较少的人会从遗传上就禀有伟大的创造性潜能，而多数人都只有很少一点点——都不具有一种坚实的客观基础。一个同样似是而非的信念是，创造性潜能是一种相对普遍的天赋，甚至每个人都有表现非凡创造性的潜能。但这不是认为不存在那些至少部分依赖于不同寻常的遗传而产生的创造性天才。因此我们很难相信，所有人都有成为莫扎特或高斯或牛顿的潜能。相反这种观点提出，我们很多人之所以都不能实现自身所拥有的也许是伟大的潜能，最主要是因为我们很少接触有利于这些潜能发展的环境或条件。

如果创造力能被促进的正面证据的说服力弱于反面证据,那么我们是否应该试图促进创造力呢?考虑这个问题的一条途径是同时否定这两种可能性:那么我们否定哪种可能性会导致更严重的错误呢——我们确实去促进创造力,而事实上它是不可以被促进的,或者我们没有去促进创造力,而事实上它是可以被促进的。我认为后者是更应遗憾的错误。并且,我相信我们可以提高创造力,挑战就在于如何发现更多有效的方法,我自己将提高创造力的努力看作是一种如何将促进创造力做得更好的学习机会。

如何促进创造力?

对于如何促进创造力这个问题,在任何心理学文献中找不到一个清晰的、绝不含糊的和毫无争议的答案。有些研究者已经走得如此之远,竟然主张从当前的认知文献中几乎很难学到关于创造力的知识(Finke et al., 1992)。尽管就我而言,对创造力知识现状的评价已经过于严厉,但我认为,人们所说的在实践中显著而持久地促进创造力的方法,在很大程度上是间接的,和/或需要进一步证实的。

在一些关于创造力的文献中提到了很多变量:能力、兴趣、态度、动机、一般智力、知识、技能、习惯、信仰、价值和认知风格,很多研究者认为,这些因素在决定个体创造性程度方面扮演着重要角色。吉尔福特(Guilford, 1950)在出任美国心理学会主席的演讲中激发对创造力研究的兴趣。他区分了创造性潜能和这种潜能的实现,提出创造性能力决定了个体能否将创造性行为发挥到一个显著的程度,但个体能否真正地做到这点还要看其他因素。

近期和当前研究创造力的学者基本上都同意创造力受很多因素的影响,包括人格特征和特点,以及社会的文化的和环境的因素(Amabile, 1983; Csikszentmihalyi, 1988; Perkins, 1981; Simonton, 1984、1990; Sternberg &

Lurbart, 1991、1995; Williams, 1972)。总的来说,有文献支持这个假设,即不同的人不仅表达创造力的方式不同,而且人格特征和决定创造力表现的情景因素也不同。

以下推荐的促进创造力的方法就是围绕这样的特征和因素而提出的。它们只作为建议。在大多数情况下,我们还无法获得它们如何起作用的确凿证据,但鼓励性的证据却是有的。我相信,我们认为所有这些已知的对创造力及对其发展的认识,尤其是与从创造力的课堂教学努力中所学到的东西是一致的。

建立目标和意向

目标是创造力表达必不可少的——没有人会放无的之矢。而且,与被动地去做别人要求的事相比,如果是个体自己要做时会表现出更大的创造性——产生更多的创造性成果,甚至在缺乏如何做的指导意见的情况下也一样(Ironson & Davis, 1979)。但我要提出,在进行创造性活动时,有些东西要比暂时的意向更强。所谓目的,在此我指的是,一种深切而坚定地想要发展自身创造性潜能的意向——对某种形式的创造性表达的一种长期兴趣。

杜德和科德(Dudek & Côté, 1994)强调了这个因素的重要性:"创造性视野更可能是个人在认知的和情感的层次上缓慢发展的结果。要得到一个新颖的观点,也许必然要求有多年的持续发展,而这与发散性技能或快速的信息加工过程没有关系。"(p.132)其他指出树立这种长期意义上的目标的重要人物包括帕金斯(Perkins, 1981)和希迪(Hidi, 1990)。

有些人相信,搜索创造性的想法是不会有什么成果的。例如,亨勒(Henle, 1962)认为我们不可能通过有意的寻找来得到创造性想法;但是她也主张,如果我们不准备接受创造性想法,那就不可能会说——创造性想法的产生是要求我们有一种恰当的态度。因此甚至从这种观点来看,创造性的意向对创造性活动来说都被认为是重要的。

我认为很少有人会质疑目标和意向的可塑造性。如何最好地使学生有创造性的意向——以产生创造性行为目标——是一个正当的问题,并且以下有些内容也提到了它,但是创造力在现代社会中是一份得到充分评价的资产,很多学生会发现只要他们相信创造力是可以被促进的,那么就很容易以其为目标去努力。

构建基本技能

在基础教育的基本技巧方面打下坚实的基础,这对创造性潜能的发展即使不是必不可少的也是很有益的。一些有关创造性的概念模型明显地认同了各种水平的创造性活动,并认为高水平的能力是建立在低水平能力的基础上的(Feldhusen & Kolloff, 1978; Renzulli, 1977; Treffinger, 1979)。

例如,菲德赫逊和科洛夫(Feldhusen & Kolloff, 1978)提出一个创造力的概念模型,该模型区别了创造力发展的3个水平或阶段。他们也设计了一个程序,主要用于有天赋的学生,包括适于个体发展的各水平的活动。在第一个水平上,所设计的活动主要围绕加强学生的基本语言和数学技能,并鼓励他们使用想象力。第二和第三个水平上的活动主要建立在基本技能之上,并首次包括学习创造性问题解决的各种结构化方法,如在本章后面所描述的内容,最后是独立完成自我指导计划。

鼓励特殊领域知识的获得

一个专业的知识并不总是导向创造力的,但这样的知识的确是它的一个相对必要的条件;那些在任何专业中做出突出创造性工作的人总是对这个专业的知识很了解。只有当你对一个专业已有的或被认为是对的东西彻底了解了,才会做出对整个科学界有影响的工作。科学界伟大的革新家们都已经彻底地熟悉了他们那个时代的科学。意外发现广泛被认为是在很多科学发现中扮演了非常重要的角色;但同样大家也都承认,只有当一个人充分认识到什么是好的知识财富时,才会充分地利用它。在数学界,熟悉自己的领域是创造性工作的一个必要条件,这一规则也许有极少的例外存在,如拉马努金(Ramanujen)。相对于几乎普遍适用的原理来说,它们确实是例外。

同样的原则在艺术领域也成立。伟大的艺术家都是在已经掌握了最主导艺术形式的技术之后才开始革新并影响到艺术的进一步发展。黑耶斯(Hayes, 1985)提出证据证明,那些被认为对音乐有创造性影响的古典作曲家,至少要在自己的创作领域奋斗 10 年,才有可能创作出音乐杰作。每种艺术形式都是手工艺的一部分,作为一名艺术家要有成功的作品,就必须熟练地掌握表达该艺术形式的工具和技术。这不仅要掌握陈述性知识还有程序性知识,这个学习和实践的过程需要延续一定的时间。艺术表现也要依赖于在另一种意义上的知识。一个人,如果没有深切的领悟就表达,便不可能写出一篇对生活有深刻领悟的诗文。正如维克菲尔德(Wakefield, 1994)所说的:“使一个诗人的思想转向内心,这并不必然会作出更好的诗。首先要理解生活,才会真正具有诗意。”(p.114)

我认为,我们普遍低估了特定专业的知识作为创造力的一个决定因素的重要性,尽管很多研究者都很强调它的作用(Cropley, 1992; Csikszentmihalyi, 1996; Gardner, 1993a; Mecka, 1986; Weisberg, 1988、1993)。有些人认为,任何个体在某个特定的专业中会比在其他专业更有可能表现出创造性。如,伦克(Runco, 1987)就在天才儿童身上发现了这个事实。奇可森特米海依立足于对多个专业的 91 名杰出创造性个体的广泛访谈,总结出“想做出创造性贡献的个体不仅必须在一个创造性体系中工作,而且他或她还必须在自己的思考中再造该体系”(p.47)。换言之,在一个个体希望合理地希望转换专业之前,他必须熟练地掌握这个专业现有的知识。

这里要警示一下。一些研究者认为具有太高水平的专业知识,也会降低创造力。也就是说,一个领域中的专家,会对自己专业领域中的问题解决持有一个标准化或所谓正确的方法,这就使他们不会考虑其他备选研究方法的可能性(Frensch & Sternberg, 1989; Simonton, 1984)。我认为这点很容易接受,并且由于个人的专业知识而对新的可能性视而不见,确实也有这样的事;但是我认为,总而言之,证据还是支持知识太少要比太多更可能造成问题。

对好奇心和探求欲的激励和奖赏

研究者认为高创造性儿童比其他儿童更顽皮(Lieberman, 1965; Wallach & Kogan, 1965)。芬克和他的同事证明了游戏在产生创造性观点模式中组合图形部分的重要性(Finke, 1990; Finke & Slayton, 1988; Finke、Ward & Smith, 1992)。益智游戏——在思维游戏中获得乐趣——也经常是创造性成人的特点。科学家在很多思维活动中,会产生大量的怪念头并以思考为乐,也就是大量的观念游戏和幻想,例如想象自己乘着一个光子在一束光的发源处畅游。再次要强调好奇心,这是一个持久的态度特征,根深蒂固地决定一个人的生活风格。

能引起创造力表达的那种好奇心体现在坚持不愿对事物抱想当然的态度,对各种解释的一种深切渴望,以及对"显然"解释的怀疑中。正如布鲁纳(Bruner, 1962)所说的"不拘泥于明显的解决方法的确是产生有效奇迹的先决条件"(p.12)。从不同的视角来看待事物的能力,尤其是从新颖而不同寻常的视角看事物的能力、改变自己观点的意愿和能力、当进展不大时重新表述问题,这些被很多研究者强调为创造性思维的重要方面(Gilhooly & Green, 1989; Perkins, 1990; Sternberg & Lubart, 1992)。

像儿童那样天真的态度在伟大的科学家中不是没有。爱因斯坦在一定程度上把相对论的形成归因于他能像小孩子一样不断地问一些关于时间和空间的问题(Holton, 1973)。罗素(Bertrand Russell, 1955/1984)认为爱因斯坦有这种"从不以熟悉事物为必然的能力",他提到爱因斯坦的说法:"'惊讶地感激'四根相同的棒可以构成一个正方形,而在他能想象到的宇宙中,还没有正方形这样的东西。"(p.48)奇可森特米海依(Csikszentmihalyi, 1996)也认同好奇心作为创造力的一个重要因素,并指出"要想生活得更有创造性,首先要做的是培养好奇心和兴趣,也就是说,对各种事物按其自身来分配自己的注意资源"(p.346)。

我们能激发自己或是他人对世界的好奇心吗?我相信:(1)要增长个体对世界的好奇心是可能的,只要简单地通过训练自己去多多观察,去仔细观察日常生活中我们往往视而不见从而遗忘的东西;(2)好奇心是有感染力的;(3)对一个立志提高其学生在整个成年期中知识生活品质的老师来说,没有什么比培养学生对世界和现存事物的深层的怀疑感更重要的了。

可能有些人天生就比其他人有更强的好奇心。也有可能所有孩子都有好奇心,而他们成年后是否有,在很大程度上就依赖于在生活早期得到的鼓励或抑制的程度。不管是否有可能激励或促进好奇心,压制好奇心倒是非常容易的。应该不会令人惊奇的是,如果孩子们经常不表现出好奇感,或总是一味地接受"因为就是这样"作为对他们"为什么"问题的回答,那么,其结果就是他们会对探索身边的神秘事物不再感兴趣。

我们需要严肃地考虑这种可能性,即孩子们天生就有好奇心,而在成长的过程中,他们逐渐地学会不再好奇。我曾经提到下述事实,即爱因斯坦将他自己的思考过程看作有明显孩子气的特征。也许为什么没有更多的人具有爱因斯坦这样的创造力的原因是,教育过程的僵化扼杀了我们对这个世界的绝大部分的好奇心?否则,我们又怎样来说明那些绝大部分的人对我们这个难以置信的世界缺乏好奇心以致达到让人惊奇的程度呢?孩子们提的问题,大人可能会很难回答。看起来,在达到成年期时,我们学会了不再问问题,因为这些问题将会揭露我们的圆滑世故,揭开我们对世界无知的面具。

奇可森特米海依(Csikszentmihalyi, 1996)对此是这样看的:

> 我们每个人都是生来就有两套矛盾的指令:一种是保守倾向,由自我保存的本能、自我扩张和能量储蓄的本能组成,另一种是扩张倾向,由探究、对新奇事物和冒险的兴趣等本能组成,导向创造力的那种好奇心就属于后一种倾向,我们同时需要这两种程序。但是,尽管第一种倾向不太需要外部动机行为的激励,但第二种倾向却会因为缺乏这种激励而萎缩。如果给好奇心的发挥提供太少的机会,如果在冒险和探究的道路上设置了太多的障碍,那么从事创造性活动的动机就会很容易被扑灭。(p.11)

那种认为孩子天生就有好奇心,而早期教育的经历钝化了他们的好奇心的想法是一种令人非常困扰的想法。希波克拉底誓言(Hippocratic oath)第一条——不要造成伤害——就如同对医学一样对教育也是恰当和重要的。如果我们知道如何在教育情境中遵循这种忠告那就太好了!我发现有一点非常能够启发思想:阿马拜尔(Amabile, 1983)在一本关于社会因素如何影响创造力的书的倒数第二章中,从一个回顾性的观察开始,她说,虽然这并不是她的意图,但是她的大多数研究都揭示了毁灭创造力的方法。看起来有许多途径可以毁灭创造力。因而决定在何种程度上特定的教育实践阻碍创造力是一个很值得注意的目标。

如果我们并不清楚什么在决定孩子们的兴趣导向,那就似乎有理由假设,无论对此问题的回答是什么,那些经常因为置身于创造性成果中而受到激励、体会到愉悦的孩子比那些没有这种经验的孩子,更有可能发现一些能激起他们浓厚兴趣的东西。而且,好奇心有一种有趣的特征,即越被纵容,就越易生长。当一个人发现生活中的某些方面值得用充分的兴趣去学习,那么他就有可能发现他所学的东西会激起更多的学习欲望。这时个体就会去问更多以前从未想过的问题。

建造动机

动机对创造力的贡献有多少？相对于灵感来说努力有多重要？一些研究创造力的学者相信动机对创造力而言很有价值(Amabile, 1983；Golann, 1963；Nicholls, 1972)。“激情”通常用来描述有成就的科学家和艺术家对他们工作的态度。帕金斯(Perkins, 1994)指出,创造性突破通常在若干年的一心一意的努力之后才会出现。

伟大数学家的传记作者经常描写他们迷恋数学。贝尔(Bell, 1937/1956)这样描写高斯对数学的着迷:“高斯在年轻时就被数学‘抓住’了。在和朋友交谈时他会突然变得沉默,被自己无法控制的思维所震慑,睁大眼睛站在那里,完全忘记了周围环境。”(p.326)高斯将他的巨大成果归功于自己持之以恒地思考数学问题,他提出一个不太容易让人相信的声明,说如果其他人也能像他那样深入而又经常地思考数学真理的话,他们也能获得同样的发现。

凯恩斯(Keynes, 1942/1956)提出,牛顿的独特天赋是对一个问题有持久关注的能力,几个小时,几天甚至几个礼拜,如果必要的话,都是可能的,直到他最后解决这个问题。牛顿自己认为,在他对数学和科学做出最伟大贡献的过程中(在他20出头的几年)他自始至终地思考他正在研究的问题。乌拉姆(Ulam, 1976)强调下列因素对数学创造力的重要性,他指出这些因素是“‘荷尔蒙因素’或性格特征:顽固、体质和工作意愿,有人称之为‘激情’”(p.289)。在这一方面,对创造性数学而言成立的,似乎对其他领域的创造性工作也同样成立。罗(Roe, 1952、1953)、麦克莱兰(McCelland, 1962)和高兰(Golann, 1963)等很多作者都强调了创造力艰巨性的一面。动机的重要性也隐含在这些影响因素中。

特殊的内部动机

内部动机和外部动机的差异在文献中经常被强调,研究者间已经达到了相当广泛的一致,即对创造力而言,内部的或内在的动机比外部的或外在的动机更有效(Amabile, 1983、1990; DeCharms, 1968; Deci, 1975、1980; Golann, 1962; Hennessey & Amabile, 1988);有研究者认为外部动机在一定条件下会破坏创造力(Deci, 1971、1972a、1972b; Greene & Lepper, 1974; Kruglanski、Friedman & Zeevi, 1971; Lepper、Greene & Nisbett, 1973)。

有证据表明,对原本内部动机高的孩子,外部奖赏会降低他们的这种动机,而原本内部动机低的孩子,会从外部奖赏中激发较高的内部动机(Loveland & Olley, 1979),尽管这中间可能有回归平均数效应。也有证据表明,外部奖赏对内部动机的作用要依赖于个体是怎样感知这种奖赏的。如果这种奖赏被感知为一种参与活动的理由,那这种奖赏就可能会对内部动机产生消极影响,但如果不这样被感知的,可能会有助于维持兴趣(Amabile, 1983; Calder & Staw, 1975; Kruglanski 等,1971;Lepper、Sagotsky、Dafoe & Greene, 1982)。

有观点认为,内部动机和外部动机的区别,至少一部分在于对控制源的感知。当个体认为在受他人控制的情况下参与活动,就产生外部动机。这就暗含着对创造性活动的外部评价效应:“如果评价传达了接受活动的外部控制,那么内部动机就可能会降低,如果传达的是正面的胜任信息,那么内部动机就会增加。”(Amabile, 1983, p.114)换言之,关键不在于不应评价产生创造性的努力,而是说,在提高学生内部动机以激发创造力的课堂环境中要谨慎地去评价。

科拉奇菲尔德(Grutchfield, 1962)提出了中间派对内部和外部动机的看法。他们认为外部动机的特征是,“将创造性解决方法的成就看作是一种达到进一步目的的手段,而不是这个目的本身”,而内部动机是“将创造性行为本身看成一个目的,而不是一个手段”(p.121),他承认每种动机都能产生创造性活动,但认为内部动机,也就是使人们为了获取快乐而从事创造性活动的动机,可能对高水平的创造性成果更重要。当然也有承认外部动机有激发高水平创造力可能性的其他人,包括奥斯本(Osborn, 1963)、托兰斯(Torrance, 1965)、奥奇斯(Ochse, 1990)、卢伯特和斯滕博格(Lubart & Sternberg, 1995)。

卢伯特和斯滕博格(Lubart & Sternberg, 1995)提出,动机对创造力的影响遵循耶基斯-多德森原则(Yerkes-Dodson principle),按照该原则,一个中等程度的动机比很高或很低程度的动机效果要好。对内部动机和外部动机的不同,他们认为关键在于激发创造力的因素是任务还是目标;典型的内部推动因素关注任务,而典型的外部推动因素则关注目标,而创造力在后一种情况下会受到损害。卢伯特和斯滕博格提出,动机和创造力成果之间的倒 U 型关系,就来自这个事实,即高水平的动机使个体过于关注目标而不能够有效地集中在创造性工作本身上。

简而言之,动机在创造力中的重要性已经得到完全的证实。一个有强烈创造性愿望的人,会比没有这种愿望的人更有可能做出创造性行为。缺少强烈的动机,个体的创造性潜能就不可能充分地得到发展,因为创造所要求的艰难工作此时并不是可持续的。创造力研究者普遍认为不仅动机对创造力而言是必不可少的,而且与外部动机相比内部动机是创造性成果的一个更有效的决定因素。我认为,动机,包括内部动机,部分的是由于渴望获得被承认成就而产生的。这种被认同的渴望的重要性不容置疑。即使那些最富于创造性成果的科学家也希望自己的发现得到承认和赞誉。艺术家同样也希望自己作品的价值得到大众的认可。但是,正如与卢伯特和斯滕博格所提出的倒 U 型关系的看法所示,如果个体对得到认可的欲望太强,就会对创造力造成损害;毕竟如果个体缺乏对创造性活动本身的兴趣,外界的认可就不太可能有效果了。

到底外部推动因素是如何被运用的,对研究者来说是一个持续的挑战。我知道,没有一个人声称外部刺激因素不应当被运用,但是许多人都力劝人们慎而用之,要注意的是,如果外部推动因素得到不加判断的运用,从长期来看就会失去推动作用。我想说,若慎重使用外部推动因素(诱惑、认同、回报),就会有效地唤起或维持创造性行为。我所谓的慎重使用,是指外部推动因素应该以这样一种方式使用：如果它存在的话,要确保它们能够鼓励自然能力的表达,并增强现存的内部动机。我的想法并不是要试图推动人们去参与一些他们没有兴趣和力所不及的活动。是否能逐渐给人们灌输本来没有的内部动机是一个有待解决的问题;但现有的证据支持这种假设,即只要原来已有一定程度的内部动机,就可以使之强化,并帮助它生长。我们的目的应该是增强或强化内部动机并为此目的而使用外部推动因素。

激励自信和冒险的意愿

胆怯无助于创造力。害怕则被看作是为什么孩子迟迟不表达他们的观点,特别是非传统的观点的一个主要原因(Freman, 1983)。害怕失败、害怕暴露自己的局限、害怕遭人讥笑,对创造性思维而言或者至少对创造性成果的公开化,是一个极大的障碍。那些很容易受到压力影响而屈服的人,往往并不具有创造性(Crutchfield, 1962)。

自信来自成功经验。特别是那些过去很少有这种经历的人,所需要的是一种激励和奖励创造性努力的环境;即使没有非常成功,努力本身也应当得到奖励。很多研究者都强调了对创造性思维有普遍激励作用的环境的重要性(Cropley, 1992; Feidhusen & Treffinger, 1986; Rogers, 1954/1970; Treffinger、Isaksen & Firestein, 1983; E.E. Williams, 1976)。

研究者已经强调成功是进一步努力的推动因素,而失败会使人失去动力(Deci, 1975; Deci & Ryan, 1980)。这并不意味着,学生绝不允许有失败的经历,而是指出,应当鼓励他们为其能力所及的目标而努力,特别是当他们的自信很弱时,而由于真正的努力所导致的失败则应当被看作是学习的机会,而不是让人难堪的窘境。

自信的建立需要谨慎。重要的在于要认识到，那种认为所有的人都可以变成他所希望的人的假设是天真幼稚的(naïveté)，并且可能是有危害的。预期应该足够高但不能高不可攀。在自信和狂妄自大之间没有明确的界限，正如愿意进行合理的冒险与一种不顾后果的非理性行为之间没有明确的界限一样。正如科拉奇菲尔德(Crutchfield, 1962)所指出的，过多地表现不一致或叛逆会损害创造力。通常情况下，我们很难在理智地持有已见和完全地漠视权威之间，在愿意表现得不合传统和为了表现与众不同而强迫自己变成一个叛逆分子之间，在好奇和不受控制的冲动之间划分界限，但这些界限是必须划分的。

受内部的而不是受外在强加的目的和标准指导的倾向有时被看作是创造性个体的一种显著特点(Houtz、Jambor、Cifone & Lewis, 1989)。创造性个体倾向于不被权威压倒而更多地愿意坚持非传统的观点(Barron, 1969; Dellas & Gaier, 1970; MacKinnon, 1962、1965; Perkins, Jay & Tishman, 1993)；他们通常被看作是叛逆者(Barron, 1968; MacKinnon, 1962)，并且创造性个体不是风险规避者(Glover, 1977)。

创造性儿童可能比那些不那么具有创造性的儿童更不易管理，因此对老师和家长来说他们是一个更大的挑战(Getzels & Jackson, 1962; Cetzels & Smilansky, 1983)。“创造性学生通常是非传统的，个人主义的，不服从的，一般被看作是‘棘手’的儿童，但这些看上去困难的倾向可能在功能上和创造性行为紧密相连。”(Runco & Nemiro, 1994, p.239)在课堂中不能成功地提高创造力，完全可能是因为有时候我们难以容忍那些富于表达创造性的儿童对课堂秩序和教师权威不断构成挑战。

关注掌握和自我竞争

有证据显示，将提高成绩看成是自己的目标，并将他们当前的成绩和过去的成绩做比较的人,与那些以胜过他人和以传统意义上的取胜为目标的人相比,可能更愿意接受挑战性任务,并更愿意在失败时做出持久的努力(Grieve、Whelan、Kottke & Meyers, 1994; Nicholls, 1984; Orlick, 1986)。这并不是说,结果,即在竞赛中赢得奖项,发表自己的诗,举办一个成功的个人展览等,是不重要的,或是没什么值得赞赏的,而是说,我们应当更强调掌握(mastery)本身和自我竞争(self-competition)。一种以结果为导向的做法,也许对那些有非凡的先天能力并经常在竞赛中取胜的人会起作用,但对那些天生才能不是很突出,很少在竞赛中得奖的人来说就不大可能有效了。

除了从一些实验证据可以看出,与以结果为导向相比,以掌握为导向对保持个体的动机去提高目标任务更有作用,对于这一事实我们还可以在实验室外看到令人信服的例证。大多数参加竞赛的人(而且多数人是有规律地参加的),如参加马拉松竞赛的人都没有获胜的希望。但"打破自己的记录"这种想法,对很多选手来说是一种有力的激励。而其他人从参与本身就可获得满足。喜欢写诗的学生中很少有人将来会由此而赢得普利策文学奖,虽然有些人确会获奖,但是更多的人从写作以及写出更好的诗中就能够得到快乐。学生们需要明白以掌握为导向和以结果为导向的差异,并从自我竞争中获得满足。

提高对创造力的支持性信念

有研究者已经强调信念是影响个体取得思维和智力成果的重要决定因素(Andrews & Debus, 1978; Baron, 1991; Deci & Ryan, 1985; Dweck, 1975; Reid, 1987)。信念有时能变成自我实现的预言。这些信念都是成立的,即人们掌握着自己能力的决定权,而老师则掌握着学生的能力能或不能得到促进的程度,这都是课堂上所做的事情的结果。

一个不会让人吃惊的事实特别与增强创造力的目标有关,即认为一个人的智力潜能由遗传决定,不会因其他影响而得到提高的信念会降低动机,而相反,认为一个人的潜力可以通过学习得到提高的信念则可以激励努力(Dweck & Eliot, 1983; Stevenson、Chen & Lee, 1993; Torgeson & Licht, 1983)。由此得出结论,在一定程度上,创造力是由动机决定的,而认为创造力不能够通过努力来增强的,这种让人失去动机的信念就变成顺其自然的信念了。

信念力量影响行为的一个极端例子是习得性无助现象,个体相信人的命运是由自身无法控制的环境决定的(Pdterson、Maier & Selgman, 1993)。幸运的是,在乐观主义者看来也是可以习得的(Seligman, 1991; Seligman、Reivich、Jaycox & Gillgam, 1995)。

学生们需要相信,创造力在很大程度上是由动机和努力决定的。他们需要明白,没有主观意图和努力是极少有创造性成果的。已经有大量证据证明这样的信念,即大多数人有他们从来就不曾实现的潜力,如果坚持努力地去发展这种潜力,就有可能会成功。很难想象,还有什么信念比相信发展和利用自己的心智对创造力更重要了,这是一个人的责任。

学生也需要知道,尽管我们有理由相信,中等程度的努力就可能足以增加我们在日常生活中的创造力水平,但在科学界和艺术领域中,真正杰出的创造性工作经常需要花很多年,有时甚至是一生中大部分的时间。开普勒经过20多年持续不断的计算,一次又一次地尝试错误,终于发现了他的行星运动定律;歌德花了大约20年的时间写《浮士德》这本小说;纳皮尔(Napier)也花了大约同样长的时间找出了对数的特性。查尔斯·巴比奇(Charles Babbage)花40年的时间完善了他的解析引擎。我们可以列出一长串这类例子的清单,说明做出创造性成就需要坚持不懈的努力。

我并不是说,学生要遵循这样的例子,即除非他们花几十年的努力去实现一个目标,否则他们就没有希望做出创造性成就,而是要他们知道很少有那种具有永久性价值的创造性成果是可以被既快又不费多少力地做出来的。很多创造性成果需要在很长一段时间内经过超乎寻常的坚持不懈的努力才能获得。他们要明白如果一个人真想做出实质性的创造性成就,就必须要时刻准备去努力工作。

提供选择和发现的机会

毫不奇怪,有相当令人信服的证据表明,人们对自己选择的活动,就是有更多的内在动机去从事,比由他人选的活动或不受自己控制而被迫去从事的活动,要更有兴趣(Dudek & Cote, 1994; Kohn, 1993)。这说明不仅仅要选择自己喜欢的活动,还要回避自己不喜欢的。一些特殊的活动,当人们自己选择去参与时,他们就会乐在其中,而当被别人要求去做时就不会有这种体验。

在学校环境中,学生一般是要解决别人选择的问题;他们很少会挑战性地自己找到问题去解决。导致这种现象的一个可能原因是,让学生去做这种"设定的"问题,比让他们去解决自己所发现的问题,对管理和评价所提出的挑战会小得多。我不是贬低这种考虑在实践上的重要性,或主张学生应该只解决自己选择的问题:我的建议是,如果想要他们有一个好的机会去发展创造性潜能,那么他们会需要一些发现问题和选择问题,以及解决问题的经验。

他们也需要机会去做出真正的发现,从个人的体验中了解到,发现的体验是多么令人喜悦。在科学史上有很多科学家因做出发现而兴高采烈。或许程度低一些,但任何人都可以在当他发现某种对自己而言真正新的东西时体验到同样的感觉。芬克、沃德和史密斯(Finke、Ward & Smith, 1992)强调,给人们提供机会,令他们能做出真正的发现是促进创造力的一种重要手段。

发展自我管理(元认知)技能

近年来人们对元认知的研究越来越有兴趣,自我管理(self-management)作为其中重要的一部分已经慢慢受到重视(Jausovec, 1994; Kitchener, 1983)。有研究显示,与自发的练习相比,人们可以通过学习,从而在各种情境下更好地控制自己的表现。伦克(Runco, 1990)强调了自我评价的技能和元认知对创造性思维的重要性。

自我管理指个体成为自我认知资源的一个**积极的**管理者。这部分是关注自己思想过程并对自己的思维承担责任的事情。它包括了解自己作为一个创造性思维者的长处和短处,并想方设法去使用这些长处,减少或绕开那些短处。这意味着个体要主动地努力去寻找能促进自己创造性工作的条件。

很多创造性个体发现,他们在特殊的环境或条件下可能最多产。帕金斯(Perkins, 1981)给出了大量的例子。我从这些例子中得出的结论是,对每个人来说并不只有一个特殊的环境或特定的条件才能促成他们的创造力,但这种创造性表达是一种习惯和常规性的行为,这和我们原来想的不同。

创造性追求是很消耗时间的。如果一个人想写诗或作曲,他必须要找出时间,而且是大量的时间,去写或创作。毫不奇怪,我们发现很多杰出的创造性个体会规划他们的生活从而确保有足够的时间去进行有规律的创造性活动。时间管理(time management)是可以学习的。学习时间管理对那些希望更有效地进行创造性努力的人来说是很重要的。没有时间管理的技巧,我们会很容易发现自己经常处于反应状态(react mode)中,或总是从事以“消磨时间”为目的的那些活动。

传授有利于创造性表现的技术和策略

人们已经提出各种有助于提高思维和问题解决的技术(策略,启发式方法)。尼克尔森(Nickerson, 1994b)对其中一些做了简短的描述——建立子目标,逆向工作,爬山法,手段-目的分析,向前链接,考虑类似问题,专业化和一般化以及考虑极端例子。研究者通过观察人们如何成功地解决问题,基本确定了这些策略。尽管这些策略并没有被用来提高创造力,但正如前面已经指出的,有些研究者将创造力看成是问题解决的一种形式,当然,问题是可以用或多或少具有创造性的方法来解决的。人们提出很多建议,来做一些事情激发特定的创造性思维,例如,打破一种定势,增加新颖观点的产出,获得新视角或视点。

使用首字母缩写作为智力检查单,提醒人们去问一些特殊的问题或做出特殊的操作,这些都是用于辅助创造性的较简单而更为人们所熟悉的技术。艾伯尔(Eberle, 1977)整理了奥斯本(Osborn, 1953)推荐的问题,以使得它们可由首字母缩写的SCAMPER来触发,SCAMPER是为了向人们提出这样一些问题,处理诸如替换(Substitution)、组合(Combination)、适应(Adaptation)、修饰(Modification)(尤其是放大的或缩小)、移作他用(Putting to other uses)、排除(Elimination)和重新安排(Rearrangement)等智力问题。德·波诺(de Bono, 1983)使用首字母缩写表示特定的操作:例如CAF(Consider All Factors)就是指考虑所有的因素;PNI指列出特定情景下所有积极的(Positive)、消极的(Negative)和有兴趣的(Interesting)方面。布兰斯福特和斯泰因(Bransford & Stein, 1984)用首字母缩写IDEAL表示他们对问题解决和创造力研究方法中的各个步骤:鉴别问题(Identifies the problem)、定义和表达问题(Define and represent the problem)、探索可能的策略(Explore possible strategies)、执行策略(Act on the strategies)以及回顾并评估活动效果(Look back and evaluate the effects of your activities)。

在文献中受到重视的另一种提高创造力成绩的简单技术是,对已经尽了很大努力还不能有所进展的问题采取临时搁置的方法。有些研究者已经指出顿悟或"突破",也就是向一个目标的大跃进,经常会在长期努力思考某个问题而解决无望,不再思考或转而进行其他无关的活动时,却突然出现。在文献中也有很多关于不同寻常的创造性个体的例子,在他们并未主动思考某种灵感的主题时,他们突然有了灵感,得到新颖的和富有成果的启发,但这是在他们长期努力思考一个问题而不太成功之后发生的(Ghiselin, 1952)。沃拉斯(Wallas, 1962/1945)首先根据这种现象想到,创造性工作一般包含着一个"潜伏"期,在这个时期个体没有有意识地思考他的任务,但他们的思考还继续在潜意识水平工作着。

这些认为潜伏期一般要先于顿悟经验的观点并没有被所有的心理学家接受(Ericsson & Simon, 1980; Perkins, 1981; Simon, 1966; Weisberg, 1986)。而且,试图在实验室获得潜伏期存在的证据不太成功(Domnwski & Jenrick, 1978; Murray & Denny, 1969)。对此概念的一些反驳意见是立足于拒绝这种假设,即当个体没有有意识地关注一个问题时,他的思维还继续在无意识的状态下处理他感兴趣的问题。然而,关于在认知强度很高的任务上的成绩可以因中间休息而得到提高的事实,也有其他的解释。

有人提出一种可能性,即在解决一个问题方面的进展可以因为固执地考虑一些并不会使人更接近解决问题的各种观念,以及因为没有能力使自己摆脱这种思维定式,而遭到阻碍。而暂时停止思考这个问题,为摆脱思维定式提供了机会,这样就会更有可能接近导向某一种解决方法的知识(Finke et al., 1992; Smith, 1995)。伍德沃斯和施洛斯伯格(Woodworth & Schlosberg, 1954)提出了相似的看法。不管对其效果的解释如何,将久攻不下的问题先搁置一会儿的策略得到了很多人的提倡(Poincaré, 1924、1952; Simon, 1966、1986; Smith & Blankenship, 1989)。

在本章的前面几节中也提到了创造力的特殊程序和结构化方法等方面的其他技术。形态学综合(morphological synthesis)和属性列表就是其中的好例子。具他以促进创造力为日的、可传授的、用干课堂或个人的策略和活动的例子,也可见于很多论创造性思维或问题解决的书籍。在此列出一部分资料,包括J.L.亚当斯(Adams, 1974)、布兰斯福特和斯泰因(Bransford & Stein, 1984)、芬克等(Finke et al., 1992),黑耶斯(Hayes, 1989)、勒文(Levine, 1987)、迈克尔(Michael, 1968)、米歇尔、斯图尔克和维尔肯斯(Mitchell、Stueckle & Wilkens, 1976)、帕恩斯等(Parnes et al., 1977),普尔亚(Polya, 1945/1957)、伦祖里和卡拉翰(Renzulli & Callahan, 1973),鲁杰罗(Ruggiero, 1984)、桑德斯和桑德斯(Sanders & Sanders, 1984)、特里芬格(Treffinger, 1979)、威克尔格伦(Wicklegren, 1974)和F.威廉姆斯(Williams, 1972)。

提供平衡的环境

孩子需要在不怕被嘲笑和训斥的课堂中参与创造性表达。这并不是说为了不抑制创造力的发挥,孩子就可以为所欲为。创造性对组织、纪律、自我约束和尊重传统与习俗的需要,与对自由、自发性、创新性和承担风险的需要一样实在和重要。尽管创造力可能会被一种压抑的环境所窒息,但它也并不一定要在完全缺少约束的情况下培养(Marjornm, 1988);太少的结构约束同太多一样,都会抑制创造力(Runco & Okuda, 1993)。其挑战就在于找到适当的平衡——教会孩子去认识和尊重规则、边界和限制,同时又不抑制他们的创造力。这就是说不仅要教什么是规则,而且要教为什么规则是必需的,以及为什么特殊的规则会有意义。

找到要求和支持间的正确平衡点也是一种挑战。孩子需要有一个拓展他们能力的目标,但他们也需要一种支持性的环境,在他们不成功时对他们的努力做出奖励。我们有理由相信同时具有要求性的和支持性的环境比具有其中一种特征多些而其他特征又少些的环境更有利于孩子发展他们的创造力(Knapp, 1963; Thistlewaite, 1963)。

榜样教学法

很多研究者强调了态度和价值观对创造性思维和有效思维的重要性(Barell, 1991; Baron, 1985、1994; Ennis, 1985、1987; Mumford、Connelly、Baughman & Marks, 1994; Newmann, 1991; Schrahg, 187; Tishman、Jay &

Perkins, 1993)。帕金斯(Perkins, 1988, 1990)区别了潜力(天生能力,才能)、计划(或思维模式)和价值等可能决定创造力的因素,并提出,有证据证明尽管潜力会使创造力成为可能,但计划,特别是价值更有可能促进创造力。“所有最清晰的证据都证明了创造性思维和广义解释的各种价值(个人的承诺和志向)之间的联系。”(Perkins, 1990, p.421)帕金斯主张:“创造是受个体价值观影响的一种有意图的努力,这点远超出了我们通常的假设。”(p.422)

公平意识、接受证据、追求清晰、尊重他人意见、好奇和反思精神,这些都属于态度方面的品质,也就是属于思维习惯,他们与好的思维广泛联系,并被看作是传授思维的教学目标。“心思缜密”(mindfulness)很好地表达了这种观点,即好的思维依赖于一种深思的而非冲动的解决问题的习惯性倾向(Langer, 1989)。

我认为,要传授态度和价值这些对发展和使用创造性潜能来说最关键的因素,教师们最好以自己为例子。我怀疑,如果一个人并不具有一些品质又如何可能有效地传授它们。例如,我们很难想象,如果一位老师自己对世界没有深深的好奇心,他怎么去教学生让他们对世界产生好奇心呢?如果自己的思想很闭塞,又怎么教学生开放接受新思想?如果自己并没有反思的迹象,又怎么教学生重视反思呢?等等。提高创造力目标的实现,需要有大量而合适的课堂教师。

总　　结

总的来说,有大量的特征、能力、特点、态度和其他因素与创造力有关联。除了一般智力以外,我还提到了目的和意图,基本技能,领域特殊性,好奇心与勤学好问,动机、自信与承担风险的意愿,以掌握为导向与自我竞争、信念、选择与发现的机会,自我管理技能和特定的辅助创造力的技术。我也许还提到了对模糊和非传统的容忍(Barron & Harrington, 1981; Golann, 1963; MacKinnon, 1962)、类比思维和远距离联想的能力(Genter & Grudin, 1985; Mednick, 1962; Poya, 1954; Rothenberg, 1990)、思想的灵活性(Guilford & Hoepfner, 1971; Wallch, 1970)、心理图像的视觉化和控制的得心应手(Koestler, 1964; Mansfield & Buss, 1981),以及其他的一些因素(Tardif & Sternberg, 1988)。

我并不是想说所有这些因素对任何创造性思维和行为的贡献都是一样的,或者所有这些都总是在某种程度上包含于其中。如果我们能够确定一些决定性因素对创造力来说是必要和充分的,这就非常有用。我还不能做到这点。我认为很可能在人们表现创造性时,其方式不同、程度不同,理由也不同。斯滕博格和卢伯特(Sternberg & Lubart, 1991、1992; Lubart & Sternberg, 1995)在他们的投资比喻中体现了这种观点,根据这一比喻,人们把各种认知资源和意志力资源投资到创造性事业中,创造性的产品就来自这些资源的不同汇合。

虽然是这样的,但对我来说似乎还不够,假设一个个体至少拥有智力和创造潜力,那么决定他在何种程度上实现其创造潜力的最基本因素,是情感性的或意志力的(态度的、动机的),而不是认知的。我认为欲望、内部动机和承诺比任何专业特定的知识或特定的提高创造力的技能或启发式方法都重要。有了足够的动机,个体就可以获得必要的知识,去发现有用的启发式方法;而没有这样的动机,任何一种知识都不大可能产生大量好结果。

结尾的评论

我在本章开始陈述了有关创造力的几个假设。我相信所有这些假设都与创造性个体和创造性行为的研究相一致,并且有些得到了这些研究结果的强烈支持。虽然有关于“不必学好就可学聪明”的告诫,但如果我们不相信试图促进创造力的合理性而且也没有这样的决心,就很难接受这些假设。我认为这一目标可以从多条途径来得到辩护,但尤其是通过这种信念能够得到最强烈的支持,即创造性表达一般都对那些有创造性的人的生活质量有积极的贡献,也常常丰富其他人的生活。个人的生活质量其实与任何其他事情一样都是一个观点的问题;提高个人的创造性思维能力——假设这样做是可能的——看上去是拓展该视角的一种合理方法。

我已经指出促进创造力的几种研究方法,在我看来它们已经在这个领域中的很多研究者的假设和思考中被提出了。多数情况下,对于这些方法是否有效,还缺乏直接而非常有说服力的实验证据;我的主张是对创造力所已知的东西足以使这些方法值得尝试。我认为,如果在使用这些方法的过程中,又辅之以良好的判断,那么它们起作用的可能性就大,而产生危害的可能性就小。

就我的知识而言,并不存在有很容易的、按部就班的方法,可以确保将创造力提高到非凡的程度。下面的评论是鲁宾(Rubin, 1968)在大约 30 年前提出的:“遗憾的是,研究证据并没有表明,如果使用一些指定的设计,我们可以任意地产生创造性。相反,它表明,每个人的创造力都有比他已使用的更多。不同的环境对不同的人有不同的影响,而一个特定的程序只能培养创造力的一部分,而不是全部。”(p.88)我相信这一评论不仅与当时所存在的研究证据相一致,而且与此后所积累的研究证据相一致。我们现在对创造力及其如何培养的了解要比我们希望的少得多。另一方面,现有的研究已经揭示了很多对那些希望提高(他们自己的或别人的)创造力并准备长期坚持的人来说值得尝试和有很大指导作用的途径。

本章最主要关注的是,通过指导和学校教育来促进创造力的可能性。在此我并不是故意要忽视家庭生活包括学前期对创造性潜能发展的重要性。追踪研究的数据表明,学前儿童的教育对他们创造力的影响会在青春期体现出来。早期家庭在塑造那些成年期取得杰出成就的人的性格和能力方面的重要性也得到了完全的证实(Goertzel、Goertzel & Goertzel, 1978)。前面提到的很多促进创造力的建议既可以在家庭环境中应用也可以在课堂环境中使用,但很显然,即使是简单地有规律地给孩子阅读,也可以提高他们的想象力(Singer & Singer, 1976)。然而,我们也不宜贸然高估榜样教学在家庭环境中的重要性。

最后,必须要提到这一事实,即研究和发展那些将会提高智力表现的工具在有些时候已经成为许多技术专家的一个目标。计算机软件包可以从商业上获得,这些软件包旨在帮助人们书写、作曲、证明数学定理、设计器械并完成其他的有高智力要求的任务,包括许多一般被认为是创造性的任务。我们是否可以假设,这样的工具——至少它们中间最好的工具——可以促进创造力?并且如果是这样的,那么这种促进只是一个增加创造性产出数量的问题,或者这也能提高创造性产出的质量?

一个好的文字处理器(word processor)是否能改进莎士比亚的著作?一台复杂的可以辅助作曲和做数学题的计算机,是否能帮助莫扎特或高斯?假设对这些问题的回答是否定的。也不能就此得出,这样的工具不能促进创造力。我们可以想象这些工具对提高那些潜能不太杰出的人的创造力,会比提高像莎士比亚、莫扎特和高斯这样的人的创造力要更有效。我怀疑事实正是如此,但是这也是有可能的。我之所以怀疑它,是因为我设想那些没有强大工具辅助而体现出创造性的人,也可能在这些工具的辅助下会有更好的成就。现在我们只是在猜测,这是因为关于技术辅助提高创造力的问题还没有得到研究者的足够重视;随着越来越多的专门为提高创造力而设计的工具的出现并投入使用,这种情况可能会改变。

第21章　天才和创造力

米歇尔·J. A. 豪

关于天才儿童(child prodigy),人们问得最多的问题或者与遗传有关,或者与天才的可能后果有关。例如,要想长大后成为一个高创造性的人,在儿童期他必须是一个天才吗?如果答案是否定的,那么童年的天才对于以后的成长是有利的还是不利的?激励和支持性的早期养育环境是不是使一个儿童成为天才的基本要素?这些问题都值得关注,因为它们提出了一些重要的论题,关系到创造性成就的原因。了解天才儿童是很重要的,因为这有助于我们理解为什么某些人能取得杰出的创造性成就,以及他们是如何取得这些创造性成就的(Feldman, 1986; Howe, 1982、1997; Radford, 1990)。小时候是天才儿童,与成年后成为一个有创造性的人,这两者之间并不存在必然的关系,但是在早期的发展和成年后达到的成就之间确实有一些启发性的联系。

我将考察天才儿童以及在这之前和之后所发生的事件之间的一些可能的关系。我的考察不是以一种零碎的方式来处理这些问题,而是要采用一种更为有利的系统方法,引入总的框架来帮助组织整个讨论。为了探索各种不同的联系和关系,我试着根据以下3种情况的各种可能的组合方式来将个体区分为不同的种类:

1. 个体早期的家庭背景条件(激励和支持的背景和非激励、非支持的背景),众所周知,它们会影响儿童早期的学习和发展。

2. 儿童期的超常发展(天才儿童或普通儿童)。

3. 成年后的成就（创造性成就或创造性成就的缺乏）。

将可能的情形加以组合就会得到8种不同类型的人。一类人在早期的成长中没有激励和支持的环境、不是天才儿童，并且在成人后没有取得创造性成就，在此，我们对这一类人不太感兴趣。其余的7类中，最普遍的一类是有激励和支持的成长环境，但是没有成为天才，也没能在成年后取得创造性成就，相对来说，这一类人能提供的信息量也非常少。但是其他6类的信息可能会有所启发。

其余6类如下：

1. 享有激励和支持的早期成长环境，在儿童期是天才，成年后取得创造性成就。

2. 享有激励和支持的早期成长环境，在儿童期是天才，但在成年后没有取得创造性成就。

3. 享有激励和支持的早期成长环境，不是天才儿童，成年后取得创造性成就。

4. 没有激励和支持的早期成长环境，但在儿童期成为天才，成年后取得创造性成就。

5. 没有激励和支持的早期成长环境，在儿童期是天才，成年后没有取得任何创造性的成就。

6. 没有激励和支持的早期成长环境，在儿童期不是天才，成年后取得创造性的成就。

虽然把人归为这6类，看来是一种相当粗糙的程序，因为它忽视了在所涉及的3个因素中各个因素的等级（gradations），因此它无法做到完全客观地划分。这里有许多问题。例如，并不存在这样的情况，即要么有直接的测量要么有公认的必需的分割点，来判断一个人是不是天才，或判断一个特定个体的童年是不是激励性的和支持性的，甚或一个人成人期的成就是否值得被认为是创造性的。有一些例子也许可预期得到一致的公认：几乎很少有人会否认爱因斯坦是有创造性的，否认约翰·斯图亚特·米尔（John Stuart Mill）有一个激励性的和支持性的早期成长环境，或否认年幼的莫扎特是一个天才儿童。但是在很多情况下，这些因素更模糊，把个体放到哪一类在某种程度上不得不依赖于主观判断。

有两点考虑需要注意。第一点涉及在确定一个孩子是不是天才儿童时需要考虑与哪些因素有关。原则上，确定一个孩子是否符合某个特定的标准，是一个相对简单的问题。而在实际操作上，却非常困难，这是由于实际上不可能做出跨技能和知识领域的比较。例如，我们怎样将一位12岁的优异的小提琴手与另一位10岁的杰出的小数学家进行比较？

另一个问题是，在一个年轻人的成就真正优异到什么程度与该个体被标示为天才儿童这两者之间，并不存在完全的关系。主要原因在于，有一些能力较其他能力更可见，也就是说更容易引起他人的注意。例如，对于一位年幼的音乐表演者、一位棋手或者一位经常参加比赛的网球运动员，如果孩子能力真的超常，认识这个孩子的老师或其他成人很容易觉察到这一点。而一旦超常的能力得到广泛的确证和承认，这个孩子很可能就会被称为天才儿童。对一个像爱因斯坦这样的年轻科学家，或者对一个有着超常哲学理解能力的早慧儿童来说，就不同了。在这种情况下，与个体的超常能力有关的智力活动相对来说是私人化的，很少展示给他人，所以除了少数见多识广的人之外，大家并不会认为他是超常的。因此，这种孩子被称为天才的可能性相应地就减少了。简而言之，被称做天才的个体中也许有相当数量的人可能还不如一些没有被称为天才的个体优异。因此，某人是否被称做天才并不能准确地预示这个年轻人真实的杰出程度。

意识到这些局限性可以帮助我们避免对此可能造成的一些歪曲。例如，对于像爱因斯坦这样的个体,尽管在他童年时,老师们普遍地不认为他是天才,但是只要存在证据证明作为一个青少年,他读的书和他表达的思想都表明在他那样的年龄,他的科学理解力是超常的(R.W. Clark, 1979),我们就可以合理地假定他是天才。

在我们转向考察上述 6 类人之中的每一类里的特殊个体前需要注意的第二点,与下面即将讨论的 3 种现象的第一个相关,也就是有(或无)激励和支持的早期养育环境。"激励性"这一词不会让人怀疑,早期养育环境里提供丰富的刺激对于创造性个体的影响即使不是关键的也是有益的,对此,应该不存在任何惊奇或者争论。归结到一点,学习的机会越多、越能鼓励儿童获得新技能、学习新知识,对智力发展就越好。有大量的经验证明早期的丰富刺激和鼓励学习是有价值的(Howe, 1990)。

然而,对于孩子的早期养育环境是否必须是支持性的,并没有得到公认。一些专家认为,重要的是孩子的智力在何种程度上得到刺激,而提供支持仅仅是次要的、不太关键的因素。我坚持认为一定的支持和结构是儿童早期环境的必要元素,理由是,只有一个激励性环境本身是不够的。这一理由源于奇可森特米海依和他的合作者们(Csikszentmihalyi & Csikszentmihalyi, 1993; Csikszentmihalyi、Rathunde & Whalen, 1993)所获得的研究结果。他们想知道为什么一些有才能的年轻人能够全神贯注于某类学习活动,这种活动对于一个年轻人在一个困难的领域取得成就是必不可少的,而另一些人却不能如此。这些研究者们注意到,许多年轻人觉得很难独自去做需要付出努力的事情,特别是当这些事情需要持续地集中精力时。因为对于许多年轻人来说,即使是能力较强的人,专心学习和练习都是他们最不愿干的事。

奇可森特米海依的研究方法是鉴别那些能独立学习和练习的青少年,并考察他们与那些不能这样做的年轻人之间的差异。根据家庭背景将参加调查的年轻被试分为 4 组,激励的程度(即父母在多大程度上提供给孩子学习的机会,以及父母对于孩子接受高等教育的期待程度)和支持的多少是分组时划分等级的依据。后一个维度指的是在家庭背景中可获得的知识和组织结构的量。例如,一个有清晰规则和明确任务分工,并且家庭成员之间都相互依赖的家庭,就被认为是支持性的。在这样的家庭中,人们知道他们必须要做什么,也能去完成需要他们做的事情。一个不可能得到结构化支持或支持不可靠的家庭,会使年轻人花费大量的精力去抱怨、争论、谈判,或说"这不公平"或者"这不该我做"这样的话。

每个年轻人的家庭背景都被划分到以下4类中的一类:既无激励也无支持;有支持但无激励;有激励但无支持;既支持又激励。研究者观察年轻人在不涉及学习和研究时(比如与朋友谈话或看电视)的感觉和行为,结果发现不同的家庭背景环境并没有造成什么差异。但当让这些被试报告他们如何经历学习和研究活动时,却得到了很有意思的发现。其中3类人的反应总体来说很消极:不喜欢这些活动、警觉水平也很低。但是家庭环境既激励又支持的那一类被试却有很大的差异。这些青少年对于学习的态度通常是积极的,比其他人更能享受到其中的乐趣,与其他年轻人相比,他们独立学习时,主观报告注意力更集中,也更警觉。

因此年轻人参加这些使其能力出众的活动时,活动方式与家庭背景关系密切。来自既激励又支持家庭的人似乎已养成了学习习惯,这使他们受益匪浅。其他组的年轻人在活动中至少暂时处于劣势。现在让我们来详述6类中的每一类人,并讨论一些相应的问题。

第一类　享有激励和支持的早期成长环境,在儿童期是天才,成年后取得创造性成就

我们认为是创造性天才的人中有相当大的比例属于这一类,其中包括许多诺贝尔奖获得者(Zuckerman, 1977)。人们首先想到的常常是莫扎特的名字,其他著名的例子还有伟大的小提琴家梅纽因(Yehudi Menuhin),19世纪最伟大的思想家之一约翰·斯图亚特·米尔,以及开创控制论科学的数学家诺伯特·维纳。后两位都写了自传,在自传中相当详尽地描述了他们的早期生活。

值得注意的是莫扎特和梅纽因都是音乐家。许多世界级的伟大音乐家都属于这一类,有很多伟大的作曲家在他们的青少年时期就是非常有成就的演奏者。即使在今天,如果在儿童期没有打下坚实的基础,他很难成为一名职业古典音乐家,更不用说是创造力出色的音乐家了。其中的一个理由在于,如果要掌握必需的专业技能就需要学习非常多的东西,而这需要大量投入时间和培养强烈的动力,一个延迟到成年期才开始接受音乐教育的人很难有充分的时间投入必需的训练和练习。他们如果想赶上那些在儿童期就开始对音乐有强烈兴趣的人,就必须付出坚持不懈的长期投入,而这很难做到。假如一个年轻人在很有才能、态度认真,并且有专家指导的情况下,要达到业余演奏的较高水平,大约需要3 000小时,而成为一个专业的演奏家约需要1万小时的训练和练习(Ericsson、Krampe & Tesch-Römer, 1993; Sloboda、Davidson、Howe & Moore, 1996)。即使是那些从小就开始学习并取得相当大的进步的人,这样一种投入所要求的牺牲也是很大的。

因为对于音乐家来说有一个良好的早期开端是非常有益的,而且音乐表演是一种很难不为其他人注意的活动,所以一个年轻音乐家超常的音乐才能很容易被他人发现。因此,在天才儿童中小音乐家相对多也就不足为奇了。但由此就推论“所有非常成功的成年音乐家在儿童时期都是天才”却是极端错误的。劳伦·索斯尼亚克(Lauren Sosniak, 1985、1990)的研究结果很明显地说明了这一点。她深入地研究了25名优秀的美国钢琴家。当时,她与他们及他们的父母进行了交谈,这时这些钢琴家在30岁刚出头的时候,在成功钢琴家的排名中,他们尚处于职业的边缘。

索斯尼亚克的研究对象都是非常有才华的音乐家群体中的极其成功的个体。对于每一个成功的职业钢琴家来说,都有成百上千的与他怀着相似的抱负、前途远大的年轻演奏者。索斯尼亚克的目的之一是想弄清楚是什么将这少数的成功者和其他不太成功者区分开来。或许有人会说最好的演奏者在年龄很小的时候就已经开始鹤立鸡群了,但索斯尼亚克发现在大多数情况下不是这样的。在她精心挑选的极有才华的音乐家样本中,多数人直到较晚的时候才脱颖而出。即使他们到了青春期,已经弹了大约七八年钢琴,而且确实弹得很好的时候,在多数情况下他们的进步也没有比其他数以百计的年轻钢琴手更大。他们中的大多数人到30岁的时候已经极其成功了,但在早期并没有明显迹象来预示他们最终能走在同伴的前面。对于年轻音乐家的早期发展的其他研究也发现,在这些最终极为成功的演奏者中,多数人在早期并没有表现出超常的迹象(Howe、Davidson、Moore & Sloboda, 1995; Sloboda & Howe, 1991)。当超常个体确实超出他们的对手时,似乎并不存在某一个特殊的原因;有许多不同的影响因素,其中也包括纯粹的运气和家庭殷实,似乎在决定哪些少数个体最终极其成功方面发挥了部分作用。

一个音乐家的家庭背景能有多重要?在作曲家的自传论述中,也有少数个体报告他们是在父母的反对下取得成功的,但那是非常稀少的情况。在劳伦·索斯尼亚克的研究中被调查的极优秀音乐家中,以及在约翰·斯洛伯达、珍妮·戴维逊和笔者的近期研究所调查的更大样本的年轻音乐家中(Davidson、Moore & Sloboda, in press;Howe 等,1995;Sloboda 等,1996),没有一例是在缺乏大量的支持和鼓励的情况下达到极高水平的。在绝大多数情况下,这种支持和鼓励大部分来自孩子的家庭。参与调查的这些年轻人的父母自身并不都是音乐专家,有一些甚至对音乐并没有很强的兴趣。但是,他们几乎毫无例外地都尽心尽责地支持孩子,确保他们有学习和练习的机会,并对于孩子的进步保持强烈的兴趣。相比于那些参加音乐课但是没有非常成功的孩子的父母,这些成功的孩子的父母更喜欢与教师交换信息,也更愿意在孩子练习的时候给予他们帮助和鼓励。

这种在学习过程中父母的密切参与显然是有回报的,我们的一些研究(Sloboda & Howe, 1991)表明,在缺乏父母参与的时候,年轻人中极少有人会成为好的音乐家。例如,我们已经证明,对于一个想获得音乐演奏能力的年轻人来说,花费相当长的时间去练习是绝对必不可少的,在我们的调查中,几乎所有成功的年轻音乐家的父母都对子女的练习有热切的兴趣,我们问孩子们:如果小时候没有父母鼓励他们的练习将会怎样?被问到的多数孩子都告诉我们,如果没有父母的鼓励,他们的练习频率可能会降低或者干脆停止练习。当然,如果那样的话,这些孩子在与我们谈话的时候也根本就不会是成功的年轻音乐家了。

研究音乐家的发展所展示的画面是,成为一个有创造性的成人音乐家,紧密地依赖于可能会导致一个人被标识为神童的异常的早期专长;依赖于由学习机会和尽心的父母提供的支持所带来的刺激(这些家长们严肃负责地帮助他们的孩子);依赖于高程度的早期发展(这可能被表示为神童的标志)。这些,即使不是充分条件,也是必要条件。我们永远无法知道莫扎特如果没有他父亲的热切指导和强制练习将怎样发展,在没有父母鼓励的条件下若能获得超常的音乐才能是极其罕见的。可以毫不夸张地说,在缺乏早期激励的环境中,一个人是不可能成为音乐天才的,并且,一个人也不可能成为有创造性的音乐家,除非他在儿童期就有精湛的技术和大量投入,即便他还不是天才。

正如我们将看到的,在创造性成就的另外一些方面,前述的 3 个阶段并没有很紧密的联系。同样,有相当数量做出创造性成就的个体确实拥有激励和支持的早期环境,在儿童中期已经具有某种可以被称做天才的超常才能。莫扎特显然属于这一类。

约翰·斯图亚特·米尔的生活也验证了这一模式。米尔生于 1806 年,是家中 9 个孩子的老大,父亲詹姆斯·米尔是一个勤勉自立的人,他着手将自己的大儿子培养成天才(Mill, 1873/1971; Packe, 1954)。在努力建立自己的学术声誉并最终被授予政府中的一个荣誉职位之余,詹姆斯·米尔给了他的大儿子极好的智力基础,这在约翰·斯图亚特·米尔的《自传》中有详细的描述。另一个关于天才儿童早期生活的描述来自数学家维纳的自传,他在儿童期的超常天赋一部分来自父亲为他提供的强化的早期教育(Wiener, 1953)。维纳的父亲将一位学者卡尔·威特早期生活的记录译成了英文,卡尔·威特也是一位具有创造性的个体,他的父母曾着手将儿子打造成能力杰出的人(Witte,1914/1975)。很有意思的是,在这些例子中,没有谁的父母认为他们的孩子天生才能出众。米尔报告说:“说到我自己,我能想到的就是在学习上我相当差,因为我经常发现自己离父亲的期望值很远。”(Mill, 1873/1971, p.35)年老的威特也深信,他儿子的基本智力只是普通而已,类似地,维纳的父亲也认为他的儿子本质上是一个普通的孩子,他不寻常的才能是超常训练的结果。

第二类　享有激励和支持的早期成长环境,在儿童期是天才,但在成年后没有做出创造性成就

并不是每一个很有前途的年轻人在成年后都会实现自己的抱负,更不用说取得创造性的成就了。这其中有很多原因。当然,谁也不能保证一个天才儿童一定会发展出取得超常成就所必需的品质。一个音乐家可能在技艺上非常突出,但是缺乏一些成为杰出并且有创造力的演奏家所需的情感资源或智力资源;或者,一名数学家具有非常好的智能和知识,却缺乏动力点燃这些能量,或者缺乏努力去克服前进过程中的困难和障碍。

在某些环境中,有一些因素可以促使年轻人取得巨大的进步并成为天才儿童,但这些因素却也有可能降低他们在成年期取得创造性成就的可能性。例如,设想一位父亲,他对于自身的生活和职业都很失望,急切地盼望他的孩子能够成功,所以想让孩子在早年就获得超常能力。这样期望并不少见,在这种情形下,孩子的成功有很大的成分是父母认定的结果。

在这种情况下,尽管大家公认有一个良好的早期开始很重要,但就孩子而言,在他们身上也可能投入过多了,或许会减少他充分发挥自己能力的可能性。一种可能的负面影响是,过于热切的父母或许会在无意中使孩子丧失了重要的经验。一个早期生活总是塞满了学习的孩子或许没有足够的时间跟别的孩子玩,也没有时间学习怎么交朋友。一个缺乏看电视等常规活动的孩子最终可能会缺乏社会交往、缺乏如何与人相处的常识。如果一个孩子的活动大多是由父母的意愿所决定的,那么他可能会过度地注意去取悦他人,而无法发展他自己的热情和兴趣。

特别是对于那些在超常的早期发展中大部分受父母指引的孩子,或许他们不能独立,没有意识到要有自己的方向,不知道自己在生活中想要做的是什么。而他们所缺乏的这些特征恰恰是那些做出创造性成就的人所具有的。有一些年轻人被剥夺了机会,自己不能做选择和决定,不能选择他们自己的朋友、没有机会自己去犯错,还有一些人没有学会照料自己的生活,离开家后不能独立生活,这样的年轻人在成年后可能没有生活目标,也毫无追求自己目标的自信和决心可言。相反地,那些被鼓励要有责任感,并学到了能使人独立、自知和自信的各种技能的人能够坚定地去追求他们的目标。

对有些创造性个体来说,他们确实有足够的理由感激父母帮助培养他们的智力,但如果父母试图将孩子培养成人中之凤时,必然会带来一些负面效应,也就必然会有一些孩子受到相应的负面影响。约翰·斯图亚特·米尔是第一个意识到早期教育积极意义的人。在 20 岁出头的时候,他也经受了一段时期的消沉和严重的精神危机,在这个过程中他意识到自己缺乏创造性工作所需要的深切情感和强烈的目标感。他也知道他的一些熟人把他看成一个经过加工制造的人,只能对于别人的观点进行再制造。约翰·鲁斯金(John Ruskin)的父母对他的要求很高,也习惯于要求他和控制他,在以后的生活中他遇到了或许是因此而带来的一些严重的问题。维纳在还是一个年轻人的时候就发现生活非常困难,这其中很大部分是由于父母的过度保护造成的,这种保护使他很难充分独立起来并按照自己的意愿行动。

米尔和维纳最终都设法渡过了这种由于早年人为的强烈的“温室”环境而导致的危机。有一个名叫威廉姆·西迪斯的人(Wallace, 1986),他与维纳相识,却没有做到这一点。与维纳一样,西迪斯的父母也是移民到美国的俄罗斯裔犹太人,他们为了给儿子提供最好的早期教育而耗费了巨大的努力。西迪斯的父亲和母亲都是精力充沛、充满了求知热情,并且略微有点控制欲的人。与维纳一样,年轻的威廉姆·西迪斯也是一个非常聪明的孩子,但不一样的是，他从未实现早期的愿望；他短暂的成年生活既不快乐也没有什么成果，他也从未能使其非凡的能力得到适当地运用。

西迪斯早期养育中的缺陷从本质上来说与维纳是一样的，有些地方还要更强。虽然威廉姆·西迪斯的父亲从许多方面来说都是一个开明的教育者，他声称要避免任何强制和压力，但他所关心的只是智力发展，西迪斯的父母对于他们儿子的情感需求都注意不多。小维纳被鼓励去进行户外活动，他经常与父亲一起远足，但是威廉姆·西迪斯的父母则认为所有的非智力的嗜好都是愚蠢的，或者是在浪费时间。这位急于向世人宣扬他培养出一名超常儿童的父亲曾经引起了媒体对他儿子超常才能的注意，但是，西迪斯的父母都没有帮助他们的孩子去有效地应付这种未经孩子同意的公众注意。

虽然维纳想要脱离父母的控制并创造自己生活的努力最后成功了，但西迪斯却从未真正成功地完成这种转变。他几乎没有什么社会技能，甚至连自己穿衣服或保持整洁都很困难。他依赖于他的父母，但是自己又极其憎恨这种依赖，最终发展到厌恶自己的母亲，并拒绝参加父亲的葬礼。威廉姆·西迪斯在他46岁的时候去世了，终其一生都很不幸，他的智力能力大部分都从未用过。他对自己几乎没有什么信心，并且对于科学、数学，以及所有他父母支持的东西都怀有憎恨。

第三类　享有激励和支持的早期成长环境，不是天才儿童，成年后取得了创造性成就

我们已经看到，在某些领域——比如音乐——除非在童年末期已取得相当可观的进展，否则一个人极难获得杰出的成就，但并不是在所有的领域都是如此。比如小说家托尔斯泰和心理学家威廉·詹姆斯，在儿童期几乎没有什么迹象能够表明他们在成年后会表现出那种杰出的创造力。查尔斯·达尔文则提供了另一个典型的例子，他虽然出生在一个富裕并且开明的家庭，接受了很好的早期教育，但是他童年的能力却是全然平常的。尽管如此，成年后他最终还是展现了杰出的创造性。

当学生的时候,达尔文最引人注意的就是他的不值得注意。他的祖父和外祖父(祖父伊拉姆斯·达尔文,以他的植物诗而闻名;而外祖父约瑟亚·威季伍德,则是革新实业家和陶器制造商)都属于他们那一代最具创新精神的人;他的父亲,一位具有非比寻常的探求精神的医生,给了他许多关心;他的姐姐也同样对他非常关心(Bowlby, 1990; Browne, 1995; Desmond & Moore, 1991)。达尔文在学校里没有获过奖,在体育上也从不出色。对于任何相信人的智力固定不变的人,又有谁会想到极其普通的学生查尔斯·达尔文会成为伟大的科学家查尔斯·达尔文呢?

但达尔文的同学们也的确注意到,达尔文虽然在功课上表现平平,但他知道大量的有关自然史的东西,并且擅长分辨同学们所带来的东西。到16岁离开学校的时候,达尔文已经对自然史有强烈的兴趣,并且成为一名热心的业余收集者。达尔文对自然史的兴趣早在10岁之前就开始了,而且这种热情一直贯穿于他的整个童年和青少年期。与许多小男孩一样,开始的时候达尔文收集东西时满怀热情但不加选择,小达尔文富裕的家庭生活为他的最终职业发展提供了准备的机会。他对收集甲虫特别感兴趣,这种热情一直持续。他也是蝴蝶、蛾子和其他昆虫的一个热情的收集者。在10岁的时候,他就已经知道在威尔士海岸(Welsh coast)能见到在希罗普夏(Shropshire)见不到的蛾子。他也是一位热情的鸟类观察者。在整个的童年时期,他都有许多收集的机会,家中也有大量关于自然史的书籍。他没有必要成为一名孤独的博物学者,因为对于自然世界的好奇几乎是他们家庭的特征,对于达尔文来说,找到分享他兴趣的朋友从来都不困难。

达尔文童年时一直对自然史非常感兴趣,但随着知识的增长和观察技能的提高,他的收集活动改变了性质。当然,从一个不加选择的收集者到见多识广的博物学者,或者说是从一个完全业余的博物学者到一名严肃的生物学家并不是一种突然的转变。他的活动和兴趣的改变是渐进的,反映了知识在稳定加深:在10岁的时候使他激动的蝴蝶和甲虫在他20岁的时候依然令他着迷,不过是出于完全不同的理由。在他的青春期要结束的时候,儿时的爱好已经开始变成了一种生活方式。他逐渐成为一名专家,但从未将自然史作为一门学科进行有意识的研究。

查尔斯·达尔文受他的哥哥伊拉姆斯的影响很大。在查尔斯只有13岁的时候,他和伊拉姆斯(当时就读于剑桥大学)在家里花园的工具房中建立了一个简单的化学实验室。表面上是伊拉姆斯在掌管并下达指令,查尔斯仅仅是一位助手,但实际上,安装和进行实验室实验的所有日常安排都完全交给了查尔斯来做。从保存下来的这两个兄弟间的通信中可以很清楚地看到,对于弟弟对一切必需的安排充分负责这一点,哥哥伊拉姆斯从未有任何的疑问。

达尔文的发展过程表明,对于一个有创造性的人来说,在儿童期的早熟并不总是必需的。虽然达尔文从来不是天才儿童,但他最终能成为一名伟大的生物学家也并没有任何特别神秘或者难以理解的。他的发展是从容不迫的、渐进的但是稳定的。其中部分原因是他身处富裕的环境,这种环境使他有可能历时多年去构建他所需的知识和技能。作为一个孩子,他并不必去竞争或依靠赢取的荣誉和奖励。学校里不讲授科学,他的校长认为达尔文对于自然史和化学的兴趣完全是浪费时间。这或许是有益的,它确保了达尔文在生物学上的追求与学校之间没有不愉快的联系。

第四类　没有激励和支持的早期成长环境,在儿童期成为天才,成年后取得创造性成就

迄今为止,我们提及的所有个体都有激励和支持的良好家庭背景,父母在给予孩子良好的生活开端方面起到了建设性的作用。缺乏这样的开端对于一个年轻人显然是一种不利因素,并且足以阻碍个体发展成具有高创造性的成人。然而事实上,有一些做出伟大创造性成就的个体早期的生活背景并没有特别的有利条件。

在描述杰出个体早期养育环境不利或者丧亲的书面报告中,适当的怀疑有时是必要的,尤其是当这些描述是自传的时候。一些成功的人急于强调他们生活中"从破烂王到富翁"的经历，把自己描述成从一个可怕的开始最终达到了一个伟大的高度。例如，虽然萧伯纳对于自己早期生活的描述强调了当年的贫困，并暗示他的母亲不接受他并忽视他，但实际上按照大多数人的标准，他的童年是活泼的和激励的。与此相似的是，威尔(H.G. Well)曾相当精确地报告说，他的父母都是工人阶级，他们贫穷负债，经常吵架，家中潮湿并且肮脏。我们不得不将这些描述与其他相关信息进行对比，例如他的父亲是一位优秀的板球运动员，并且可以说是当地的名人，还是一个很喜欢读书的人；而关于他母亲的情况则是，虽然几乎没有受过很好的教育，但她却每天写日记，并且在他小时候很认真地教他阅读(Mackenzie & Mackenzie, 1973)。

但是，也有可能找出一些属于这样一类的人，他们虽然没有激励和支持的早期养育环境，却是天才儿童，并且在成年后确实做出了创造性成就。科学天才法拉第就属于这一类。法拉第有许多伟大的成就，其中包括发现了电磁感应，这个发现使电动机的发明成为可能。法拉第确实来自一个贫困的家庭，没有什么特别的有利条件，而最后做出了无可争议的伟大的创造性成就(Cantor, 1991; Pearce Wiliams, 1965)。孩提时，他非常聪明并且好奇，即使这样，把小法拉第描述成是一个天才儿童也有些夸张。尽管由于家庭贫困，法拉第不得不在13岁的时候就离开学校，但他坚持自学并最终成为一名伟大的科学家。他获得如此的成就大部分是通过他自己的努力，这需要巨大的自律和决心，以及承受艰苦工作的巨大能力。

不过这也靠一定的运气。开始时他在一家书商兼书籍装订商那里做学徒，这个人和善并且具有同情心，他帮助他的许多学徒在事业上取得了成功。对于一个热爱读书、求知欲强的年轻人来说，书库是个不错的工作环境，显然，法拉第可以在工作中与书籍打交道，并在那里有机会聆听一些可爱的和受过良好教育的人的谈话，这些都使他获益颇多。

法拉第很好地利用了这些机会。他贪婪地读书，并去参加许多课程和讲座。从13岁以后他就没有接受正规的学校教育了，对于一个想要成为科学家的人，在今天来说这是一个很大的劣势,但在那时却不同,因为当时即使在很好的学校,比如达尔文上的那所学校,都不讲授科学。虽然部分依靠自学,但法拉第的进步还是得益于18世纪的一本教人如何学习的优秀著作,即伊撒克·瓦特(Isaac Watts, 1801)写的《思想的提高》(*The Improvement of the Mind*)。从这本书中,法拉第学到了有效的学习技巧和怎样最充分地利用书籍,以及如何组织和计划学习活动。

考虑到他的学习非常刻苦,所以似乎并不能说法拉第比其他热情的学生学习得更快。令人印象最深刻的也是有助于解释他迅速进步的,是他无穷的精力、自律和在学习上非凡的坚持性。他投入到艰苦的学习过程,并且似乎从未放松过努力。我们尚不完全清楚是什么能使他在十几岁时就如此有决心、自律和专一。但很显然他为科学所激动,尽管从事科学生涯的可能性看起来非常遥远。

法拉第的家庭背景对他的这种决心的来源提供了一种可能的解释。虽然他的父母都很贫穷并且没有受过很好的教育,但他们是一个宗教教派的成员,在教会中人们的相互支持起着重要作用。结果,从广义上来说,我们可以在法拉第身上看到环境的作用,而奇可森特米海依在他的研究中指出这种环境支持对个体取得杰出成就是必需的。法拉第的家庭或许无法提供其他的必要要素和智力刺激,但是从他开始当学徒起,工作场所的激励和活跃的气氛就已弥补了这些缺陷(Howe, 1996)。结果,至少在法拉第的个性形成时期,他已经体验到了智力刺激与家庭支持的结合,而这种结合在他的童年早期是不能获得的。

乔治·彼得是19世纪英国杰出的工程师,他也提供了这样一个虽不太出名却同样有趣的例子:虽然没有良好的早期家庭环境,但也成了天才儿童并且拥有了创造性的职业生涯(E.F. Clark, 1983)。彼得出生在德芬希尔(Devonshire)的一个石匠家庭,从6岁起就对心算(mental arithmetic)感兴趣,他在这方面的技能很快引起了人们的注意。他的父亲意识到自己可以从乔治的表演中赚钱,于是就开始让他在当地的市场上展示。所以乔治·彼得在 9 岁前一直就这样在整个国家四处展示。他成了闻名整个英格兰的“计算神童”。那时,富人资助有前途的年轻人接受教育并不罕见,彼得的事迹最终引起了注意,有人愿意资助他接受更好的教育,这种教育原本是他这么一个贫穷的工匠家的孩子不可能获得的。约翰·斯图亚特·米尔的父亲詹姆斯·米尔也曾经从这种资助中获益,使他能在爱丁堡大学就读。巧合的是,彼得也是在爱丁堡接受的教育,从那之后他开始了一个成功的工程师的职业生涯。

第五类　没有激励和支持的早期成长环境,在儿童期是天才,成年后没有取得任何创造性成就

可以想见,属于这一类的个体并不常见。一个难得的例子是一个可与乔治·彼得竞争的男孩,他是一个美国人,名叫泽拉·科本(Zerah Colburn),出生于佛蒙特州,在彼得 12 岁的时候他们俩相遇了,那时科本大概 14 岁(Howe, 1990)。与彼得一样,科本小时候也是一个天才的心算者,在 6 岁时他父亲听到他反复地念诵乘法表,从那以后他就引人注意。科本像彼得一样四处表演他的心算才能,由此赚到一大笔钱。作为一个小孩子,科本似乎显得比彼得早熟,据报告说,在 6 岁时他就能解决诸如 1 449 的平方、12 225 乘以 1 223 等问题,并能说出 2 000 年内有多少秒。

不幸的是,虽然科本被公认是一位开朗、讨人喜欢和聪明的人,先后当过演员、教师、牧师,后来还作为数学家受雇进行天文计算,但在他 35 岁英年早逝之前,他既不成功也不快乐,尽管他在早期表现得非常有前途,但他从未创造出任何可以传世的伟大成就。

第六类　没有激励和支持的早期成长环境,在儿童期不是天才,成年后取得创造性成就

与前面一类相似,这一类也没有大量的例子,一个人如果既没有早期环境的优势,又没有迹象表明是天才儿童,在成人后做出创造性成就的可能性实际上几乎为零,这并不奇怪。然而,这第 6 类也并不完全是空白的。一位英国天才，乔治·史蒂文森(George Stephenson)，就是这一类人，他对于实现乘坐蒸汽机旅行，起到了巨大的作用。

史蒂文森生于1781年，在相当贫困的环境中长大。他的父亲是英格兰东北部纽卡斯特(Newcastle)附近矿区的一个低薪工人。他的父母在一个小村子里的一间房子中把6个孩子抚养成人。因为没有钱送任何一个孩子上学，所以史蒂文森直到18岁才终于能挤出一些钱来上课学习读书和写字。

尽管有这些严峻的阻碍，乔治仍然是一个活跃的孩子，并对蒸汽机用于从附近的煤井泵水并将煤桶从煤井提到地面很好奇。在十一二岁的时候，他就用黏土、软木、细绳和木片等废料做出了矿机的引擎和机器的巧妙模型。到18岁的时候，他已有了一个要求相对较高技能的工作，做司泵工，或者说是技工，他负责泵机的正常运转和小故障的维修。那时他已被他的工友们看作是一个不寻常的足智多谋的年轻人。当机器出现严重故障的时候，技工通常的反应就是去找总工程师。但据史蒂文森的第一位传记作者塞缪尔·斯迈尔斯(Samuel Smiles, 1867/1881)描述，他却：

> 勤奋学习机械和机械传动装置的知识并取得了成功——他在空闲的时间清洁机器，把机器拆开并了解不同的零部件——很快他就掌握了机器的结构和工作模式方面的非常实用的知识，几乎不需要去寻求矿上工程师的帮助。他的机器成了他的宠儿，他从来都怀着赞赏之情不知疲倦地看护和检查它。(p.9)

史蒂文森坚持关注机械操作的详情，兴致勃勃地密切注意它们的运转，连续观察不同的零部件是如何协同工作的，并乐此不疲。即使在今天，这些特征也是机械发明家的典型写照。他还坚持自己早期在建造模型方面的兴趣。有时在听说一些科学发现的时候，他会做一些小实验来检验自己产生的想法。对于一个19世纪的工程师来说，这一类实践活动对他的能力增长是至为关键的,这种长期有规律投入的结果,从某些方面来说与音乐家必须持续不断地训练的结果,或是与在其他技术领域为求领先而需要的长期训练和准备活动的结果,并无不同。塞缪尔·斯迈尔斯(1857/1881)对于这种平淡无奇的背景活动对获得某种特殊技能的重要性有非常清醒的认识,他说:

> 经常关注蒸汽机,以及照料它稳定运转,本身就是对于一位聪明而有思想的人的一种教育。一个引人注意的事实是,几乎所有已完成的对于这种机器的改进都不是由哲学家和科学家完成的,而是由工人、机械师和技工完成的。确实,这似乎是实践科学的一个门类,在这其中人类思维的高级力量必须服从于对机械的洞察。(p.10)

但是史蒂文森如果不想仅仅当一名熟练工人,他还有很长的路要走。一个主要的局限是他完全是一个文盲:在18岁的时候他甚至还不会写自己的名字。那时他已经听说了由瓦特和其他人所做出的对于蒸汽机的新改进,但是由于他不能阅读,所以无法获取这些他急于掌握的信息。那时他甚至连简单的算术也不会,更无法看懂对于一个工程师来说最为基本的图表和平面图,对于物理学同样也一无所知。

尽管长时间的工作使他很少有闲暇时间,他也只是勉勉强强能负担得起每周4便士的学费,但史蒂文森还是在18岁的时候开始去邻村上课,每周3个晚上,学习读写和做简单的算术题。他是抱着巨大的决心来做这一切的。他的一个朋友在解释为什么史蒂文森能"成为这么伟大的人物"时说:

> 乔治的秘密在于他的坚持不懈。他在工余时间做算术题,充分利用自己空闲的每一分钟,他总是待在发动机的炉火旁钻研老师在他的石板上留的数学题。晚上,他将做完的算术题交到罗伯逊那里,并拿回罗伯逊布置的第二天要做的新题目。就这样,他进步神速。(Smiles, 1857/1881, p.11)

最终,史蒂文森自学的坚定决心和刻苦努力得到了回报。他曾在多个场合向他的老板证明他愿意并且有能力让矿机运行得更好、更经济,这正是老板在寻找的。他在 32 岁的时候得到提升,负责向他工作的矿场引进新的运输系统。1814 年,在当时还没有明显的理由让人们相信机车并非笨重低效的机械时,史蒂文森已经深信安全而经济的铁路运输是可能的。他也相信自己能在把这一可能性变为现实的过程中扮演一个相当重要的角色。他在由工人提升到工程师之后不久就精确地预言:"在接下来的时间里我要做一些震惊整个英格兰的事情。"当时,蒸汽机车已经发明了,大家对蒸汽机车应用的可能性也有相当大的兴趣,但是那些机车既笨拙又不可靠,为了能让乘车旅行变得切实可行仍然需要做出大量的改进。

史蒂文森花了很长时间才完全准备好,成为一名发明家做出真正的贡献。那时他已经年过 30 了。在这个年龄,达尔文已经整合出自然选择学说,而查尔斯·狄更斯在 24 岁的时候就已写成《匹克威克外传》(*The Pickwick Papers*),并已成名好几年了;舒伯特在 32 岁之前就去世了。在绝大多数的事例中,做出伟大创造性成就的个体的准备期都大致对应着他们的童年期和青春期,但史蒂文森是个例外。

结　论

广义地说,天才儿童是那些在生活中具有非常好的开始的人。就他们中的一些人最终取得成熟的创造性成就的可能性而言,一个在儿童期是天才的人这一事实之所以很重要,不是因为它表明这个人的一些特殊的遗传品质,而只是因为它提供了一种迹象,表明在这个人年轻时就已经取得了重要进步。早期取得非凡的进展并不能保证这个人最终能取得非凡的创造性成就,但是有许多事例说明这无疑有助于增大取得成就的可能性。特别是在那些需要长时间倾注精力和训练方能掌握该领域专家所必须具备的知识和技能的领域，尤其如此。因此在这种领域——例如音乐、数学和国际象棋——取得杰出成就的成人在孩提时是天才或准天才是极为寻常的事情，这一点也不令人吃惊。而且，由于我们前面提到的原因，这些领域的创造性个体在孩童时非常出色但是并没有被看作是天才也是完全有可能的。

在另外的一些领域，成熟时期的成就并不那么依赖于个体是否已经掌握某些特殊的或具体的知识或基本技能。以文学为例。无疑它需要个体具有丰富的想象力、知识渊博、"善于文辞"等，但是没有一套设计好了的特定的训练形式能使一个人获得写作必备的基本素质，或者能保证一个人有资格在文学上成功。这并不是说，创造性的作家就没有共同的早期体验：大多数的小说家报告自己的儿童时代在阅读上花费了大量的时间，也有许多人描述了他们在孩提时喜欢讲故事。但是他们早期的学习和成年后的成就之间远没有在音乐家和数学家身上的联系那么直接，而且与这些人相比，小说家和剧作家的早期生活更加多种多样。小特罗洛普喜欢做白日梦；小查尔斯·狄更斯对于他感知到的世界极度警觉；乔治·艾略特是一个勤勉甚至可以说有点古板的女孩，比其他人更接近我们想象中的儿童天才；勃朗蒂姐妹童年时创造了一个共享的想象世界，这个想象世界依赖于家庭成员之间的亲密关系，这些成员个个聪颖且受过良好的教养。

但是，正如我们前面已经看到的，正是这种有助于一个孩子在某一特定领域或专业表现出早慧特征的、好的早期环境，有时也会有消极的影响。虽然对于许多具有创造性的个体，承认他们早期的成就、把他们当作天才儿童，这些虽不是必需的但也是有益的，但就他们在成年期的成就而言，有些儿童天才也确实体验过一些个人生活的困难，这些困难至少可部分归因于他们儿童期不寻常的环境。在一些这样的事例中，其中记录完整的是威廉姆·西迪斯的例子，孩提时严格的训练体系的压力和父母没能使他们智力早熟的孩子有机会去获得非智力能力，而这些能力是人们享受独立和自我导向的生活所必备的，从而产生了不幸的后果。比如西迪斯,成年期“天才不再”(ex-prodigy),并没有准备好有效地利用他在早期所获得的杰出的智力能力。

当父母对于孩子的成功有过多的期许时,更容易出现这种不幸的后果。这样的父母没有认识到,年轻人必须体验到独立成长的种种经验,创造性个体需要自己把握方向。天才的父母也可能没有意识到,个体需要具备许多品质去享受美满的生活,而这些品质可能是一个为了获得某些非凡技能或知识,在温室中度过童年的孩子很少有机会去获得的。出于这样那样的诸多原因,包括给孩子施加太多的成功的压力,结果是孩子在童年期获得不寻常的技能,都在成年时未能付诸建设性的使用。

曾经是一位天才儿童显然并不是在成年时取得创造性成就的必要条件。在激励和支持的早期家庭环境下,有时一个人即使在童年期没有表现出任何早熟的能力也有可能最终成为一位天才。比如查尔斯·达尔文的例子,他是一个公认的天才,但在孩提时却似乎毫无出众之处,重要的是他童年时的兴趣为他以后的发展提供了他以后可仰赖的知识和技能的储备。

或许,令人惊讶的是,少数人尽管既没有特别激励和支持的家庭背景,也不曾是天才儿童,但仍然取得了杰出的创造性成就。在某些情况下,一个背景明显不利的人依然在童年期表现出非凡的才能。有时候,比如在乔治·彼得的例子中,这有助于使年轻人获得他们原本根本就不可能接受的教育的机会。有时候,比如在乔治·史蒂文森的例子中,有些人实际上在成人前没有接受过什么正规教育,但仍然成了创造性天才。

这并不是说,缺少良好早期开端的情况下能取得多高的成就是没有限度的。史蒂文森能自学成材成为一名伟大的工程师,这是因为在19世纪初,工程师所需的大部分技能可以在日常生活中获得并得到练习。今天,像史蒂文森这样的人非常罕见,虽然在特别出色的爵士乐和其他非古典音乐家中也有一些人几乎没有受过什么教育或正规训练。即使在史蒂文森的时代,像他这样完全缺乏学校教育的人也不可能成为像法拉第或达尔文那样的伟大科学家,因为科学不是完全能从日常经验中获得的：它需要对书本的有意学习。今天，即使像法拉第那样的经历也是很难想象的。他能在没有学校教育的条件下成为一名成功的科学家,但现在这或许是根本不可能的,今天,在学校里可以接受科学教育,年轻的科学家为了能做出具有独创性的贡献,必须打下知识和技能的坚实基础。

通常的情况是,一个人在年少时就有超常的能力是有益的,这表明他已经取得实质性的进步,也证明此人已经养成一些良好的工作习惯,重大的成就就是建立在这些习惯之上的,同时也说明此人能胜任创造性成就所需的艰苦而持续的努力。但是要想使伟大的创造性成就成为可能,其他许多不同的方面也都必须很好。使一个人被称为天才儿童的进步,并不足以确保创造性成就的产生,而增加一个年轻人成为天才儿童的机会的环境,有时也可能会减少而不是增加这个人表现出充分的独立性和自我动力以取得高水平创造性成果的可能性。那些有良好开始的个体,并不总是以爬升到顶点而告终的。

第六部分

CHAPTER SIX 结 论

第 22 章　创造力研究 50 年

里查德·B. 迈耶

大约 50 年前,吉尔福特(Guilford, 1950)唤醒了人们对创造力这个曾经被忽略的领域的兴趣,作了强有力的阐述并提出了研究议题。在很多方面,《创造力手册》对创造力研究在过去 50 年里的发展做了进展性报告。在其内容丰富的 20 余章中,包含了创造力研究领域的领军人物所做的总结,这些研究者代表着看似无序的多样化研究的方法论和研究问题。

创造力与智力有什么不同?我们如何才能测量一个人的创造力?在创造性思维中涉及哪些认知过程?一个创造性产品是如何产生的?什么样的经历会造就一个创造性的人?创造性人物具有什么特征?是什么在激励着创造性的人?创造力的生物和进化基础是什么?社会或文化情境是如何影响创造力的?创造力是少数精英的特权?还是每个人都可以有创造力?创造力是如何发展的?人们可以通过学习而变得更有创造性吗?这些就是本《手册》所涉及的问题。

这些都是很深刻的问题,需要创造性研究的方法论。尽管本《手册》总结了回答这些问题的一些重要步骤,但创造力研究者们正面临的挑战是要创造新的和有用的研究方法论。在本章中,笔者将探讨奠定创造力研究日程基础的两个问题——研究什么和怎么研究。

研究什么

研究创造力的一个合乎逻辑的着手处是界定创造力的含义。简单地讲,提出这样的问题是合理的:什么是我们试图研究的?在本《手册》中,作者们对创造力提供了引导性的定义,大多数人都赞同这样的想法,即创造力意味着产生独特而有用的产品。格鲁伯和华莱士(Gruber & Wallace, Chapter 5)指出:"我们所说的创造性工作是指什么?像其他大多数创造力的定义一样,我们的定义包括新颖性和价值。创造性产品必须是新的而且按照某些外部标准被赋予价值。"马丁戴尔(Martindale, Chapter 7)指出:"一个创造性的想法就是那种既独特又能适用于发生的环境的想法。"拉姆斯登(Lumsden, Chapter 8)在对文献作总结时说:"创造力就是那种想出大家觉得有意义的新事物的能力。"费斯特(Feist, Chapter 14)指出:"研究创造性过程、个人和产品的心理学家和哲学家在创造性是什么的问题上达成一致,认为那就是新颖而适用的问题解决方法。"卢伯特(Lubart, Chapter 17)指出:"从西方人的角度看,创造力可以被定义为产生新颖且合适的作品的能力。"博登(Boden, Chapter 18)指出:"创造力是生成既新颖又有价值的想法。"尼克尔森(Nickerson, Chapter 20)指出:"虽然不是每个人都认为有可能清楚说明鉴别创造力产品的一个清晰的客观标准,但新颖性通常被认为是创造性产品的显著特征之一,而某种形式的效用——有用性、适合性或社会价值——则是另一个特征。"总之,看来大家一致同意确定创造力的两个决定性特征是独创性和有用性,如表22.1所概括的那样。

尽管对创造力的基本定义取得了一致意见,但本《手册》的作者们对一些需要澄清的问题仍有不同的回答,这反映了该领域的多样性。首先,创造力是人的特征?产品的特征?还是过程的特征?认为创造力是人的特征的作者们,倾向于关注创造力的个体差异(如Plucker & Renzulli, Chapter 3)或关注创

表 22.1　创造力的两个界定性特征		
作者(章)	特征 1：独创性	特征 2：用途
Gruher & Wallace (5)	新颖性(novelty)	价值(value)
Martindale (7)	原创的(original)	合适(appropriate)
Lumsden (8)	新(new)	重要的(significant)
Feist (13)	新异(novel)	适用的(adaptive)
Lubart (16)	新异(novel)	合适(appropriate)
Boden (17)	新异(novel)	有价值(valuable)
Nickerson (19)	新颖性(novelty)	用途(utility)

造性的人的显著特征(如 Simonton, Chapter 6; Feist, Chapter 14; Policastro & Gardner, Chapter 11)。认为创造力是产品的特征的作者们,倾向于关注创造性产品的个案研究(如,Gruber & Wallace, Chapter 5)或对创造性生产的计算机模拟兴趣浓厚(如,Boden, Chapter 18)。认为创造力是认知过程特征的作者们,倾向于关注创造性思维过程中的步骤(如,Runco & Sakamoto, Chapter 4; Ward、Smith & Finke, Chapter 10)或创造性认知过程的教学(如 Nickerson, Chapter 20)。

创造力的这一主导定义看来支持这样的想法,即创造力包括新颖的和有用的产品的创造,这种产品包括想法也包括具体的物品;然而从这个定义却可以得出,创造性的人就是那些创造有用的新产品的人,而创造性认知过程则发生在有用的新产品被创造的过程中。即使一个人持创造力是个人属性的观点,他也仍然有可能关注创造性的人的生活事件,如儿童时期的经历与成人期的创造力之间的关系(Howe, Chapter 21)或创造性的人在创造性情境中的认知过程(Gruber & Wallace, Chapter 5)。总体上看,本《手册》的作者们代表了所有这三种观点。

第一,创造力是一种个体的现象还是一种社会的现象?根据个体的观点,创造力即生产一些对进行创造活动的个体来说是有用的新东西(如,Runco & Sakamoto, Chapter 4; Ward、Smith & Finke, Chapter 10)。例如,沃德、史密斯和芬克(Ward、Smith & Finke, Chapter 10)认为,“创造性才能是正常人所具有的一种认知的特征”,因此,看上去平常的事件,如从“正在发生的、不同的和不连续的经验中”形成一个概念,都是个人的创造性活动。根据社会性的观点,创造力即生产一些对社会和文化环境有用的新东西(的能力)(如,Csikszentmihalyi, Chapter 16; Lubart, Chapter 17)。例如,奇可森特米海依(Csikszentmihalyi, Chapter 16)采取了这样的立场,即创造力就是“给文化增加新东西的能力”,因此,某一个体的创造必须“得到那些有资格决定什么应该什么不应该包含于某个领域的群体的认可”。一种可能的调解办法是认为“以个人为中心的”和“以环境为中心的”观点对理解人类创造力都很重要(Lubart, Chapter 17)。不幸的是,科学上这种调和的有效例子在本《手册》或更广泛的创造力文献中很难发现。

第二,创造力是普通的还是稀有的?一方面,一些创造力研究者把创造性思维看成是日常认知中一个普通的方面,因此,所有人都有创造性能力(Runco & Sakamoto, Chapter 4; Ward、Smith & Finke, Chapter 10; Weisberg, Chapter 12)。这类研究的目标通常是考察普通人在解决创造性问题时的认知过程。另一方面,一些研究者把创造性思维看成是非常稀有的事,只有非常少数独特的人群才有(Gruber & Wallace, Chapter 5; Simonton, Chapter 6; Howe, Chapter 21)。这类研究的目标通常是认识创造性人物的独特特征及创造性事件发生所需的先决条件。尽管本《手册》中的主要观点似乎认为创造性与非创造性的人有重要差异(与稀有观一致),但其中也包含了许多平常人的创造力的例子(与普通观一致)。

第三,创造力是专业普适的(domain-general)还是专业特有的(domain-specific)?根据专业普适的观点,创造力是一种一般性的技能、属性或特征,可以广泛用于各种不同的情境。在经典的创造力心理测量研究中,内含的观点是专业普适的观点,这些研究是通过使用一系列测验来测量人们的创造力水平(Plucker & Renzulli, Chapter 3)。相反,专业特有的创造力观则认为,不同领域需要不同类型的创造性能力,例如,在艺术作品中所包含的创造力不同于科学发现所包含的那种创造力(Gruber & Wallace, Chapter 5; Policastro & Gardner, Chapter 11)。与之类似,威斯伯格(Weisberg, Chapter 12)提供了支持专业特有观的证据,他指出专业知识是如何与创造性成就关联的。尽管认知科学家们的主导观点认为(Gardner, 1983、1994),认知能力至少在某种程度上是专业特有的,但本《手册》却同时反映了两种观点。

第四,创造力是量的(quantitative)还是质的(qualitative)?量的观点认为创造力包括一个或多个因素,对于这些因素,人们可能具有不同的量。量的观点是创造力心理测验研究的基本原则(Plucker & Renzulli, Chapter 3)。相反,质的观点则认为,创造力在每一个创造性的人或创造性的情境那里总是以它独特的方式表现出来的。例如,格鲁伯和华莱士(Chapter 5)指出了"创造性的人所必需的独特性",并争辩说:"要力争把每一个案例理解成独特的运作系统。"尽管量的观点占据主导地位,但本《手册》包括了两种观点的丰富例子。

总之,在关于研究什么的问题上,创造力研究界比较一致的观点是:当一些人创造出独特且有用的产品时,创造力就出现了。然而,对于创造力指的是产品、过程或是人;创造力是个人的还是社会的;创造力是普通的还是稀有的;创造力是专业普适的还是专业特有的;以及创造力是量的还是质的等问题,还缺乏一致的认识。

如 何 研 究

或许,最有争议的问题就是如何研究创造力。本《手册》突出了创造力研究的一些有代表性的方法:心理测量法、实验法、传记法(包括个案研究法和历史测量法)、生物学法、计算法和情境法(包括文化的情境和进化的情境)。对创造力研究的历史回顾(如,Albert & Runco, Chapter 2; Runco & Sakamoto,

Chapter 4)，指出 3 种最广泛使用的研究方法是：心理测量法——50 年前吉尔福特(Guilford, 1950)首先大力提倡的方法；实验法——经典认知心理学研究的核心，即试错法(Albert & Runco, Chapter 2; Runco & Sakamoto, Chapter 4)；还有传记法——包括量的分析，如西蒙顿(Chapter 6)所谓的历史测量观。尽管生物学的方法(或认知神经科学)、计算的方法(或人工智能)和情境的方法不像这"三大"方法那样发展得很好，但它们在未来可能会成为很重要的研究方法。

另外，这 6 种方法的每一种都关注 3 个研究范式之一：描述创造力的本质(如确定如何测量创造力、分析包含于创造性问题解决中的认知过程或描述创造性的人的创造事件)，比较创造力与非创造力(如比较在创造力测验或其他认知测量上得分高的人与得分低的人，比较在创造性或非创造性问题解决任务时的认知过程，或比较创造性人物与非创造性人物的特征)，寻找与创造力有关的因素(如确定创造力测验分数与其他认知测量之间的关系，确定对创造性产品有促进或阻碍作用的因素，或鉴定助长或阻碍创造性人物发展的生活事件)。

由 6 种研究方法和 3 个研究领域可产生一个含有 18 种具体研究方法的创造力研究矩阵。表 22.2 列举了 18 种研究方法的例子以及描述这些方法的对应各章的序号。

表 22.2 3 个研究范式的 6 种研究方法的描述

方法和范式	描 述 (章)
心理测量法	
描述	发展测量创造力的测验(3)
比较	比较创造力分数高与低的人(3、13)
关联	确定创造力测量与其他测量之间的关系(1、3、13)
实 验 法	
描述	描述创造性思维中的认知过程(10)
比较	比较创造性思维与非创造性思维中的认知过程(10)
关系	确定影响或促进创造性思维的因素(10、14、19)

（续表）

方法和范式	描 述 （章）
传 记 法	
描述	提供关于一个创造性人物个案历史的质的叙述(5、9)，提供关于一个创造性人物个案历史的量的分析(12)
比较	提供关于创造性人物个案历史共性的质的描述(11) 提供关于创造性人物个案历史共性的量的分析(6)
关系	确定在一个创造性人物的个案历史中对其发展有促进作用的生活事件(5) 提供在一个创造性人物的个案历史中对其发展有促进作用的生活事件的量的分析(6、9、20)
生物学法	
描述	描述与创造性思维有关的生物因素(7)
比较	比较创造性人物与非创造性人物的生物特征(7)
关系	确定生物损伤是如何影响创造力的
计 算 法	
描述	创作计算机码以模拟创造性产品(17)
比较	比较计算机程序的创造性与非创造性
关系	确定程序中的变化是如何影响创造力的
情 境 法	
描述	描述社会和文化情境中的创造力(15)
比较	描述不同文化关于创造力的概念(16)
关系	确定在文化情境中能克服创造力障碍的技术(18) 确定塑造人类创造力的进化过程(8)

心理测量法

根据心理测量法对创造力的研究，创造力被看成是一种可以用恰当的测量工具加以量化的心理特征。基本观点是，创造力是一种心智特征：创造力最好的理解途径，是把它作为一种可测量的人类因素或特征。这一方法的最重要的几个特点是：量化的测量（quantitative measurement），因此，一个人的创造力可以用一个数字来概述;受控环境(controlled environment),因此,测验发生于一个人造的情境之中;和以能力为基础的分析(ability-based analyses),因此,人的创造力依赖于一个人能力成分的水平。

所有创造力心理测量的起点是吉尔福特(Guilford, 1950、1967)的发散性思维测验。该测验后来得到托兰斯的改善(Torrance, 1974)。发散性思维测验成了创造力研究的中心,斯滕博格和奥哈拉(Sternberg & O'Hara, Chapter 13)断言:"吉尔福特几乎独自引起了对创造力研究的心理测量学兴趣。"这些测验包括斯滕博格和奥哈拉(Sternberg & O'Hara, Chapter 13)所描述的"对问题产生大量新的解决方案而不是唯一的正确答案"。例题中包括列出一种常用物品的可能存在的用途,如一块砖头;或列出特定情境的可能出现的结果,如人要是有6个手指而不是5个手指。根据反应的独创性和流畅性以及灵活性和精细性给予评分(如Plucker & Renzulli在第3章中所描述的那样)。

当关注描述创造力时,心理测量法主要处理工具的发展,以测量个体拥有的创造性能力。托兰斯创造性思维测验就是一个里程碑式的成就(Torrance, 1974),它被认为是"最常用的发散性思维测验"(Plucker & Renzulli, Chapter 3)。

当关注做出比较时,心理测量法比较创造力测验得分高与得分低的人。例如,普拉克尔和伦祖里(Plucker & Renzulli, Chapter 13)和费斯特(Feist, Chapter 14)回顾了以往的一些研究,这些研究表明创造性的人倾向于表现出与非创造性的人不同的人格特征——这些人格特征即由心理测验法的人格测验所测得。

当关注发现关系时,心理测量法考察创造力测量与其他测量之间的关系。例如,斯滕博格和奥哈拉(Sternberg & O'Hara, Chapter 13)回顾了关于创造力测验得分与智力测验得分之间关系的研究,而普拉克尔和伦祖里(Plucker & Renzulli, Chapter 13)以及费斯特(Feist, Chapter 14)考察了特定人格特质与创造力关系的程度。

从积极的方面看,在表 22.1 中所列的心理测量法研究家族代表了创造力研究方法树上发展得比较好的那些分支。例如,普拉克尔和伦祖里(Plucker & Renzulli, Chapter 13)指出,“大量的创造力研究依赖于心理测量法”,还指出“主要通过发散性思维测验来寻求量化创造性过程,这已成为创造力的心理测量研究的避雷针”。从消极的方面看,纯粹的心理测量法并不能帮助人们更好地理解人类的创造力。批评者争辩道,发散性思维测验不能真正测量或预测创造性思维。发散性思维测验的任务太具体了,而且对认知理论或教育实践没什么帮助(Plucker & Renzulli, Chapter 13)。从折衷的角度看,最合理的做法似乎是,在各种不同方法中选择心理测量法时,要认识到它的优势和劣势。

实验法

创造力研究的实验法关注包含于创造性问题解决中的认知过程。基本观点是把创造力看成是一个认知加工过程:创造力最好的理解途径,是分析人们在解决给定的创造性问题时进行的创造性思维中的认知加工过程。实验方法的 3 个重要特征是,受控环境,研究者在这样的人工情境中给被试提供创造力问题;量的测量,研究者开展量的测量;以及认知任务分析,研究者分析包含于创造性思维任务中的认知成分。

最早期的一些创造力实验研究集中在顿悟的本质上(Steinberg & Davidson, 1995),包括头脑风暴(brainstorming)对创造性产品的影响(Runco & Sakamoto, Chapter 4; Nickerson, Chapter 20)和创造性思维技能的教学(Nickerson, Chapter 20)。经典格式塔(Gestalt)心理学对顿悟的解释包括这样的观点(Mayer, 1995),即创造性思维发生在人们能够以更多产的方式重新建构问题的时候,因此,创造性思维包括一系列的不连续状态。正如沃德、史密斯和芬克(Ward、Smith & Finke, Chapter 10)所总结的那样,寻找创造性思维中的这些状态仍然是当前创造力研究者所面临的挑战。

当关注描述创造力时,实验方法使用认知任务分析以详细说明创造性思维过程中的成分。例如,沃德、史密斯和芬克(Ward、Smith & Finke, Chapter 10)指出,创造性思维可以被分解成两个基本的次级过程:生成过程(generative processes),诸如对现有知识的提取或迁移;探索过程(exploratory processes),诸如寻找潜在的功能或评价。

当关注比较时,实验法比较了创造性思维和非创造性思维中的认知过程。例如,沃德、史密斯和芬克(Ward、Smith & Finke, Chapter 10)总结了能说明学生的创造性思维与非创造性思维差异的研究,如梅特卡夫的研究发现(Metcalfe, 1986; Metcalfe & Weibe, 1987),学生能预测他们离非顿悟性问题(noninsight problems)的答案有多近,但不能预测顿悟性问题,还有,斯库勒和梅尔彻(Schooler & Melcher, 1995)的研究发现,要求学生在思考时说出来会影响顿悟性问题的成绩但这不影响非顿悟性问题的成绩。

当关注发现关系时,实验法考察的是能促进或阻碍创造性思维的因素。例如,尼克尔森(Nickerson, Chapter 20)回顾了许多勇敢地教人们如何创造性地思考的尝试,包括头脑风暴(brainstorming; Osborn, 1953)、多产性思维方案(Covington、Crutchfield、Davies & Olton, 1974)、CoRT方案[①](de Bono, 1973)及提升智力(Project Intelligence; Nickerson, 1994)。这些研究的目的都是要确定:学习如何运用创造性思维的策略是否能提高人们的创造性问题解决的成绩。柯林斯和阿马拜尔(Collins & Amabile, Chapter 15)评述的一些研究表明,内部动机能促进创造性问题解决,而外部动机则损害创造性问题解决。例如,柯林斯和阿马拜尔(Collins & Amabile, Chapter 15)评述的一些研究表明,当人们期望得到他人的好评时,会变得比不期望他人的好评更缺少创造性。

从积极的方面看,实验法提供了内部效度,也就是研究是得到很好控制的以允许有效的推理。通过关注人们如何解决研究者所设定的特定创造性问

---

① CoRT方案是美国爱德华·德·波诺(Edward de Bono)于20世纪70年代提出的一种思维训练法。——译者注

题,实验法"降低了围绕创造性的复杂性,从而允许有关于因果关系的推论"(Runco & Sakamoto, Chapter 4)。从消极的方面看,实验法缺乏外部效度,即研究结果不能普及到真实的创造性思维情境。伦克和萨卡莫托(Runco & Sakamoto, Chapter 4)指出:"控制与可一般化(generalizability)的取舍(trade-off)问题是所有实验法所固有的问题,而这个问题在创造力研究中尤为严重。这是因为创造力可能依赖于自发性,而这正好与控制是相对的。"解决这一两难问题的办法是应用多种方法来关注同样的现象。

传记法

传记法是根据创造性人物的个案历史进行分析来研究创造力的。基本观点是,把创造力看成一个生活故事:理解创造力的最好途径,是通过考察一个创造性人物的生活事件,包括对创造性情节的详细考察。简而言之,传记研究者"考察的那些创造性个体的创造性地位是毫无疑问的"(Simonton, Chapter 6)。相反,对于那些在心理测量法和实验法中所使用的受控环境来说,传记法的一个显著特征就是在各种真实环境中进行研究。与心理测量法和实验法广泛使用的量化测量相反,传记研究者既可能依赖于质的描述(如格鲁伯和华莱士在第5章所描述的个案研究),也依赖于量的测量(如西蒙顿在第6章所描述的历史测量法)。

传记法中的一个主要流派关心个别的质的描述和分组的量的描述的相对优点。在个体的质的描述方面,格鲁伯和华莱士(Gruber & Wallace, Chapter 5)认为,"创造性的人是独特的"而不是"沿着一些预先描绘清楚的道路方便地走得很远的",因此,要"对一组固定的维度做简化的心理描述"是不可能的。奇可森特米海依(Csikszentmihalyi, Chapter 6)强调在对创造力个案历史进行描述时社会情境和文化情境(social and cultural context)的作用。与心理测量和实验法的量性分析不同的是,格鲁伯和华莱士(Gruber & Wallace, Chapter 5)提倡“对每一个案做详细的分析和叙事描述”。在分组的量的描述方面，西蒙顿(Simonton, Chapter 6)赞成基于量性分析的历史测量法，在这种方法中，可以设法对创造性人物的个案研究进行比较，以发现“超出特定历史记录的一般性的规律和统计关系”。

传记法的历史可追溯到高尔顿(Galton, 1869)的《遗传的天才》(*Hereditary Genius*)。该书考察了那些具有杰出成就的人们的生活中的共同特征。西蒙顿(Simonton, Chapter 6)回顾了特曼(Terman, 1925)对天才个体的著名追踪研究和科克斯(Cox, 1926)对著名天才个体的追溯研究，这些研究被认为是现代创造力研究中传记研究传统的开始。当关注描述创造力时，传记法可以提供对创造性人物的个案历史的详细的叙事描述。质的传记研究的例子包括华莱士和格鲁伯(Wallace & Guber, 1989)的12个案例研究集和加德纳(Gruber & Wallace, 1993)的7个案例研究集，如第5章(Gruber & Wallace)和第11章(Policastro & Gardner)分别描述的那样。

当关注比较时，传记法包括对许多创造性人物的个案历史的共性作定量总结。定量传记研究的例子包括发现“创造性产出与年龄的关系倾向于表现为一条翻转的倒J型曲线”(Simonton, Chapter 6)，而第一个重要的创造性产出通常需要创造者在某领域至少有10年的经验积累(Hayes, 1989；如威斯伯格在第12章所描述的那样)。采用更加定性的方法，普里卡斯特罗和加德纳(Policastro & Gadner, Chapter 11)能够把个案史归入4种创造性人物的范畴。

当关注发现关系时，传记法试图确定每一个案史中促进创造性人物发展的生活事件，或者在一组个案史中对促进创造性人物发展的事件定量的分析。例如，一个重要的问题是：“为了成为高创造性的成人，就一定要是神童吗?”(Howe, Chapter 21)。通过考察那些成为创造性成人的神童个案、没有成为创造性成人的神童个案、成为创造性成人而不是神童的个案，以及没有成为创造性成人也不是神童的个案，豪(Howe, Chapter 12)得出结论说：“在成为神童和成为有创造性的成人之间没有必然的联系。”与之类似，费尔德曼(Feldman,

Chapter 9)回顾的一些个案研究则证明“成为明星式的学生显然不一定是成就伟大创造性工作的前提条件”。

传记法研究的优势在于它的丰富性和真实性。通过仔细地用文件证明创造性人物的生活历史,传记法可以提供心理测量法和实验法不能相比的详细程度和真实性。然而,传记法的劣势在于缺乏控制和代表性。我们怎么能从选出的少数个体的高度详细的个案历史中得出一致的创造力理论呢?西蒙顿(Simonton, Chapter 6)的历史测量法代表了由个案史所提供的丰富而缺乏控制的数据库与更量化的方法所获得的狭隘但有控制的数据库之间的一种妥协。平衡来看,传记法可以为其他方法提供一种有用的辅助,但它仍需要符合科学研究的评价标准。

生物学法

生物学法(或认知神经科学法)对创造力的研究是要确定与创造性问题解决有关的生理因素。其基本观点认为,创造力是一种可以测量的特质:创造力最好被理解为伴随着创造性问题解决而发生的生理变化。该观点的一个最显著的特点是关注生理测量,如 EEG 测量皮层的激活和 PET 对脑的葡萄糖代谢率的测量,其中内容可见马丁戴尔的描述(Martindale, Chapter 7)。

当关注描述创造力时,生物法考察的是当人们从事创造性思维时的大脑活动。马丁戴尔(Martindale, Chapter 7)总结了一些证据,如“创造性灵感发生在注意力不集中、思想呈联想模式及大量心理表征被同时激活时”,其迹象是“皮层的活动水平低、右脑半球比左脑半球更活跃,及前额叶的激活水平低”。

当关注做出比较时,生理法比较创造性个体与非创造性个体在进行创造性思维时的大脑活动。马丁戴尔(Martindale, Chapter 7)展示了集中的证据表明“创造性个体只有在从事创造性活动时才表现出所有这些特点”。例如,马丁戴尔(Martindale, Chapter 7)指出,“创造性个体倾向于在认知抑制(cognitive inhibition)中表现差”,其特征是在创造性思维中“与非创造性个体相比,(他们的)前额叶激活水平较低”。当关注发现关系时,生物学方法关注生物学因素(如脑损伤)对创造力的影响。这个问题在《手册》中没有直接提出。生物学法(认知神经科学法)对创造力研究的优势在于能提供集中的证据,而这些证据却不能通过其他方法获得。其弱点在于长期争论的话题,即认知活动能完全还原为生理活动吗。对这一批评的另一表述为,对创造性思维过程中大脑活动的彻底描述不能构成完整的创造力理论。总之,对创造力的生物学研究成果将不断增加,但不能取代其他主要方法的研究结果。

计算法

计算法对创造力的研究基于这样的想法,即采用人工智能技术可以把人的创造性思维变成计算机程序。其基本观点是,创造力就是心理计算:创造力可以用一个可运行的计算机程序得到最好的表征。这种方法的显著特征是关注形式建模,可见于博登的描述(Chapter 18)。

当关注描述创造力时,计算法企图产生能模拟创造性产品的计算机编码。在对人工智能研究的评论中,博登(Boden, Chapter 18)指出:“创造力的计算机模型是相对少的”,但也有一些模型的基础是“联合式创造力”,即在想法之间“创造不寻常的联系”及“探索性-转换型创造力”,即搜索和操作一个“充分结构化的概念空间”。回顾的程序既有能进行科学发现的程序,也有能即席创作爵士曲的程序。当关注做出比较时,计算法企图对创造性和非创造性个体的思维过程进行建模。当关注发现关系时,计算法关注正式的模型特征,如程序的组织方式,是如何影响创造力的。这些问题在本《手册》中没有强调。

计算法的优点是,通过计算机模拟提供创造力研究中少有的精确和对创造力理论的客观检验。即,通过运行一个计算机程序,有可能评估程序对真实创造性思维的建模程度。其弱点则包括,认知能够被还原成数学的假设,以及难以把非认知的因素纳入创造力之中。平衡来看,计算法似乎能提供一种独特的证据来源,以配合创造力研究的其他方法论。

情境法

情境法对创造力的研究关注创造力的社会的、文化的或进化的情境。其基本观点是把创造力看成是基于情境的活动:创造力不能与其社会的、文化的或进化的情境分离。该方法的显著特征是关注情境,而不只是简单地关注个体的创造性思维。

当关注描述创造力时,情境法试图描述社会、文化或进化情境下的创造性思维。例如,奇可森特米海依(Csikszentmihalyi, Chapter 6)宣称,创造力"是心理事件,也是文化和社会事件"。而且,奇可森特米海依赞成创造力的系统模型,这种模型包括文化(或专业)、社会(或领域)和个体。在系统模型中,"要使创造力发生,一系列的规则必须从专业转移到个体,随后,该个体必须产生该专业的一种新的变化","该变化然后必须由该领域选择是否被包括在该专业中"。

当关注做出比较时,情境法可以比较不同文化中的创造力观念。例如,卢伯特(Lubart, Chapter 17)考察的是"创造力的文化环境",他指出"东方的创造力观念比西方的创造力观念更少注重创新性的产品"。特别是,卢伯特指出,在东方的一些观念里,"创造力还包含个人的满足感"。

当关注发现关系时,情境法关注的是在社会背景里如何克服对创造力的障碍或确定能塑造人类创造力的进化过程。例如,威廉姆斯和扬(Williams & Yang, Chapter 19)指出组织如何给创造力制造障碍,并提出一些克服障碍的建议。采取一种进化的观点,拉姆斯登(Lumsden, Chapter 8)谈到了进化可能塑造人类创造力的途径,包括创造力可能是专业特有的想法。

情境法的一个主要优点就是拓展了创造力研究的范围。心理测量法和实验法狭隘地概括认知的观点应该得到拓宽,以认识创造性认知的社会的、文化的和进化的情境。卢伯特(Lubart, Chapter 17)在他的简单却有说服力的观察中总结道:“创造力不能在真空中产生。”情境法的一个主要弱点是缺乏精确的数据。拉姆斯登(Lumsden, Chapter 8)指出了这一弱点在于它“就像要求任何科学,即历史科学或其他科学那样要求进化,即要求可根据新的数据来证明的猜测”。虽然拓展创造力研究的呼吁受到欢迎,但要求文化的和进化的创造力研究能建立在可检验的理论和可靠的实证基础之上是实施上的一个主要障碍。

总之,这些方法的区别在于,它们是强调量的测量(反映在心理测量研究和实验研究中)还是强调质的测量(反映在一些传记研究中),是采用受控环境(反映在大量的心理测量研究和实验研究中)还是采用真实的环境(反映在传记研究中),以及是注重创造性人物的生活故事(反映在传记的研究方法中)还是注重创造性思维的单一活动(反映在实验的研究方法中)。

创造力研究的过去和将来

虽然创造力研究者已设法提出一些深层的问题,但总的来说他们没能成功地回答这些问题。费尔德曼(Feldman, Chapter 9)指出:“在过去的20多年中,创造力研究的数量有所增加,但这种增加仍然远远落后于心理学的大多数主流话题。”尼克尔森(Nickerson, Chapter 20)在一开始就承认,他要说的多是推测性的。他还指出,他所引用的大量文献也都是推测性的。总之,本《手册》的读者有时要面对那些仅与实证资料有松散关系的推测,面对一些得不到严格实验证据支持的笼统的概括,还要面对太模糊以至于难以产生可检验预测的推论。

创造力研究今后50年所面临的一个重要挑战是要发展出一个更明晰的创造力定义,并要综合采用各种研究方法,把该领域从推测前进到具体说明。第一,经典创造力定义中的产品的新颖性和实用性需要澄清并应扩展而超出心理测量的最初定义。创造力是产品的属性、过程的属性、还是人的属性？创造力是个体的现象,还是社会的现象？创造力是所有人共有的,还是只是少数人独有的品质？创造力是专业普适的活动,在所有情境中本质上一样的,还是专业特有的,仅依赖于所考虑的那种情境？创造力最好是被构想为一组特征,在人与人之间有差别,还是被构想为在每个创造性个体中都有独特的体现？在澄清创造力的定义时,可能出现一种新的研究议程。

第二,创造力研究需要以研究方法论的创造性应用为基础,集中关注经得起实践检验的创造力理论。3 种经典的方法,即心理测量法、实验法和传记法,都有各自的优点和弱点。有时,心理测量法和实验法看来太硬,因为它强调精确的测量在所设计的背景之下的创造力,而传记法可能又太软,因为它强调对少数严格选出的真实背景之下的个案进行定性描述。需要有一种能把心理测量法和实验法的科学的可尊重性与传记法的真实性相结合的方法。这些比较新的方法,即生物学法、计算法和情境法,虽然还没有对该领域的研究产生根本性的影响,但在将来却可能提供有用的汇合性证据。虽然没有哪一种方法能单独提供一种完整的创造力理论,但我们需要一种创造性的合并或融合,以应对创造力研究的独特需要。

在 20 世纪三四十年代,格式塔心理学家认为创造力是认知心理学的核心(Duncker, 1945; Kohler, 1929; Wertheimer, 1959)。对这些研究者来说,动机问题包含着理解顿悟的本质,也就是说,创造性的想法是从哪里来的(Mayer, 1995)。然而,当认知心理学在 20 世纪 60 年代选择精确的信息加工方法时,对顿悟的关注消失了(Mayer, 1996)。尽管有这样的变迁,但创造力研究在认知心理学中总有其立足点,虽然很小很弱。例如,艾伯特和伦克(Albert & Runco, Chapter 2)报告说,新近的心理学文献中只有 0.01%是关于创造力的。如果本《手册》能在人们如何创造性地解决真实问题这个伟大而悬而未决的问题上,重新激起人们的兴趣的话,那么,它将起到历史性的重要作用。

参考文献

第 1 章

Adams, J. L. (1986). *Conceptual Blockbusting* (3rd ed.). New York: Addison-Wesley. (Original work published 1974)

Amabile, T. M. (1983). *The Social Psychology of Creativity*. New York: Springer-Verlag

Amabile, T. M. (1996). *Creativity in Context*. Boulder, CO: Westview

Barron, K. (1963). *Creativity and Psychological Health*. New York: Van Nostrand

Barron, F. (1968). *Creativity and Personal Freedom*. New York Van Nostrand

Baron, F. (1969). *Creative Person and Creative Process*. New York: Holt, Rinehart & Winston

Barron, F. & Harrington, D. M. (1981). Creativity, Intelligence, and Personality. *Annual Review of Psychology*, *32*, 439~476

Boden, M. (1992). *The Creative Mind: Myths and Mechanisms*. New York Basic

Boden, M. (Ed.). (1994). *Dimensions of Creativity*. Cambridge, MA: MIT Press

Crutchfield, R. (1962). Conformity and Creative Thinking. In H. Gruber, G. Terrell & M. Wertheimer (Eds.), *Contemporary Approaches to Creative Thinking* (pp.120~140). New York: Atherton

Csikszentmihalyi, M. (1988). Society, Culture, and Person: A Systems View of Creativity. In R. J. Sternberg (Ed.), *The Nature of Creativity* (pp.325~

339). Cambridge University Press

Csikszentmihalyi, M. (1996). *Creativity*. New York: HarperCollins

De Bono, E. (1971). *Lateral Thinking for Management*. New York: McGraw-Hill

De Bono, E. (1985). *Six Thinking Hats*. Boston: Little, Brown

De Bono, E. (1992). *Serious Creativity: Using the Power of Lateral Thinking to Create New Ideas*. New York: HarperCollins

Duncker, K. (1945). *On Problem Solving. Psychological Monographs*, *68* (5), whole no.270. Eysenck, H. J. (1993). Creativity and Personality: A Theoretical Perspective. *Psychological Inquiry*, *4*, 147~178

Feist, C. J. & Runco, M. A. (1993). Trends in the Creativity Literature: An Analysis of Research in the *Journal of Creative Behavior* (*1967~1989*). *Creativity Research Journal*, *6* (*3*), 271~286

Finke, R. (1990). *Creative Imagery: Discoveries and Inventions in Visualization*. Hillsdale, NJ: Erlbaum Finke, R. A., Ward, T. B. & Smith, S. M. (1992). *Creative Cognition: Theory, Research, and Applications*. Cambridge, MA: MIT Press

Frensch, P. A. & Sternberg, R. J. (1989). Expertise and Intelligent Thinking: When Is It Worse to Know Better? In R. J. Sternberg (Ed.), *Advances in the Psychology of Human Intelligence* (Vol.5, pp.157~158). Hillsdale, NJ: Erlbaum

Freud, S. (1964). *Leonardo da Vinci and a Memory of His Childhood*. New York: Norton. (Original work published in 1910)

Freud, S. (1908/1959). The Relation of the Poet to Daydreaming. In *Collected Papers* (Vol.4, pp.173~183). London: Hogarth

Gardner, H. (1993). *Creating Minds*. New York: Basic

Ghiselin, B. (Ed.) (1985). *The Creative Process: A Symposium*. Berkeley: University of California Press

Golann, S. E. (1962). *The Creativity Motive. Journal of Personality*, *30*, 588~600

Gordon, W. J. J. (1961). *Synectics: The Development of Creative Capacity*. New York: Harper & Row

Gough, H. C. (1979). A Creativity Scale for the Adjective Check List. *Journal of Personality and Social Psychology*, *37*, 1398~1405

Gruber, H. (1981). *Darwin on Man: A Psychological Study of Scientific creativity* (2nd ed.). Chicago: University of Chicago Press. (Original work published 1974)

Gruber, H. E. (1988). The Evolving Systems Approach to Creative Work. *Creativity Research Journal*, *1*, 27~51

Gruber, H. E. (1989). The Evolving Systems Approach to Creative Work. In D. B. Wallace & H. E. Gruber (Eds.), *Creative People at Work: Twelve Cognitive Case Studies* (pp.3~24). New York: Oxford University Press

Cruber, H. E. &Davis, S. N. (1988). Inching Our Way up Mount Olympus: The Evolving-systems Approach to Creative Thinking. In R. J. Sternberg (Ed.), *The Nature of Creativity* (pp.243~270). Cambridge University Press

Guilford, J. P. (1950). Creativity. *American Psychologist*, *5*, 444~454

Hennessey, B. A. &Amabile, T. M. (1988). The Conditions of Creativity. In R. J. Steinberg (Ed.), *The Nature of creativity* (pp. 11 ~ 38). Cambridge University Press

Johnson-Laird, P. N. (1988). Freedom and Constraint in Creativity. In R. J. Sternberg (Ed.), *The Nature of Creativity* (pp.202~219). Cambridge University Press

Kipling, R. (1937/1985). Working-tools. In B. Ghiselin (Ed.), *The Creative Process: A Symposium* (pp. 161 ~ 163). Berkeley: University of Califomia Press (Original article published in 1937)

Kris, E. (1952). *Psychoanalytic Exploration in Art*. New York: International Universities Press

Kubie, L. S. (1958). *The Neurotic Distortion of the Creative Process*. Lawrence: University of Kansas Press

Langley, P., Simon, H. A., Bradshaw, G. L. & Zytkow, J. M. (1987). *Scientific Discovery: Computational Explorations of the Creative Process*. Cambridge, MA: MIT Press

Lubart, T. I. (1990). Creativity and Cross-cultural Variation. *International Journal of Psychology*, *25*, 39~59

Lubart, T. I. (1994). *Product-centered Self-evaluation and the Creative Process*. Unpublished doctoral dissertation. Yale University, New Haven, CT

Lubart, T. I. & Sternberg, R. J. (1995). An Investment Approach to Creativity: Theory and data. In S. M. Smith, T. B. Ward & R. A. Finke (Eds.) *The Creative Cognition Approach* (pp.269~302). Cambridge, MA: MIT Press

MacKinnon, D. W. (1965). Personality and the Realization of Creative Potential. *American Psychologist*, *20*, 273~281

Maduro, R. (1976). Artistic Creativity in a Brahmin Painter Community. Research monograph 14, Berkeley: Center for South and Southeast Asia Studies, University of California

Maslow, A. (1968). *Toward a Psychology of Being*. New York: Van Nostrand

McClelland, D. C., Atkinson, J. W., Clark, R. A. & Lowell, E. L. (1953). *The Achievement Motive*. New York: Appleton-Century-Crofts

Mumford, M. D. & Gustafson, S. B. (1988). Creativity Syndrome: Integration, Application, and Innovation. *Psychological Bulletin*, *103*, 27~43

Noy, P. (1969). A Revision of the Psychoanalytic Theory of the Primary Process. *International Journal of Psychoanalysis*, *50*, 155~178

Oclise, R. (1990). *Before the Gates of Excellence: The Determinants of Creative Genius*. Cambridge University Press

Osborn, A. F. (1953). *Applied Imagination* (rev. ed.). New York: Scribner's

Perkins, D. N. (1981). *The Mind's Best Work*. Cambridge, MA: Harvard University Press

Rogers, C. R. (1954). Toward a Theory of Creativity. *ETC: A Review of General Semantics*, *11*, 249~260

Rothenberg, A. (1979). *The Emerging Goddess*. Chicago: University of Chicago Press

Rothenbeing, A. & Hausman, C. R. (Eds.). (1976). *The Creativity Question*. Durham, NC: Duke University Press

Rubenson, D. L. & Runco, M. A. (1992). The Psychoeconomic Approach to Creativity. *New Ideas in Psychology*, *10* (2), 131~147

Silver, H. R. (1981). Calculating risks: The Socioeconomic Foundations of Aesthetic Innovation in an Ashanti Carving Community. *Ethnology*, *20* (2), 101~114

Simonton, D. K. (1984). *Genius, Creativity, and Leadership*. Cambridge, MA: Harvard University Press. Simonton, D. K. (1984). Age and Outstanding Achievement: What Do We Know after a Century of Research? *Psychological Bulletin*, *104*, 251~267

Simonton, D. K. (1994a). *Greatness*. New York: Guilford

Simonton, D. K. (1994b). Individual Differences, Developmental Changes, and Social Context. *Behavioral and Brain Sciences*, *17*, 552~553

Smith, S. M., Ward, T. B. & Finke, R. A. (Eds.). (1995). *The Creative Cognition Approach*. Cambridge, MA: MIT Press

Sternberg, R. J. (1985a). *Beyond IQ: A Triarchic Theory of Human Intelligence*. Cambridge University Press

Sternberg, R. J. (1985b). Implicit Theories of Intelligence, Creativity, and Wisdom. *Journal of Personality and Social Psychology*, *49*, 607~627

Stelnberg, R. J. (1986). *Intelligence Applied: Understanding and Increasing Your Intellectual Skills*. San Diego: Harcourt, Brace, Jovanovich

Sternberg, R. J. (1988). *The Triarchic Mind: A New Theory of Human Intelligence*. New York: Viking

Sternberg, R. J. (Ed.). (1988a). *The Nature of Creativity: Contemporary Psychological Perspectives*. Cambridge University Press

Sternberg, R. J. (1988b). *The Triangle of Love*. New York: Basic

Sternberg, R. J. (1996). *Successful Intelligence*. New York: Simon & Schuster

Sternberg, R. J. (1997). *Thinking Styles*. Cambridge University Press

Sternberg, R. J. & Davidson, J. E. (Eds.). (1995). *The Nature of Insight*. Cambridge, MA: MIT Press

Sternberg, R. J., Ferrari, M., Clinkenbeard, P. & Grigorenko, E. L. (1996). Identification, Instruction, and Assessment of Gifted Children: A Construct Validation of a Triarchic Model. *Gifted Child Quarterly*, *40*, 129~137

Sternberg, R. J. & Lubart, T. I. (1991). An Investment Theory of Creativity and Its Development. *Human Development*, 34, 1~32

Sternberg, R. J. & Lubart, T. I. (1992). Buy Low and Sell High: An

Investment Approach to Creativity. *Current Directions in Psychological Science*, *1* (*1*), 1~5

Sternberg, R. J. & Lubart, T. I. (1995). *Defying the crowd: Cultivating creativity in a culture of conformity*. New York: Free Press

Sternberg, R. J. & Lubart, T. I. (1996). Investing in Creativity. *American Psychologist*, *51*, 677~688. Suler, J. R. (1980). Primary Process Thinking and Creativity. *Psychological Bulletin*, *88*, 144~165

Torrance, E. P. (1974). *Torrance Tests of Creative Thinking*. Lexington, MA: Personnel Press

Vernon, P. E. (Ed.). (1970). *Creativity: Selected readings*. Baltimore, MD: Penguin

von Oech, R. (1983). *A Whack on the Side of the Head*. New York: Warner

von Oech, R. (1986). *A Kick in the Seat of the Pants*. New York: Harper & Row

Wallach, M. A. & Kogan, N. (1965). *Modes of Thinking in Young Children: A Study of the Creativity-intelligence Distinction*. New York: Holt, Rinehart & Winston

Wehner, L., Csikszentmihalyi, M. & Magyari-Beck, I. (1991). Current Approaches Used in Studying Creativity: An Exploratory Investigation. *Creativity Research Journal*, *4*(*3*), 261~271

Weisberg, R. W. (1986). *Creativity, genius, and other myths*. New York: Freeman

Weisberg, R. W. (1993). *Creativity: Beyond the Myth of Genius*. New York: Freeman

Werner, H. & Kaplan, B. (1963). *Symbol Formation*. Hillsdale, NJ: Erlbaum

Woodman, R. W. & Schoenfeldt, L. F. (1989). Individual Differences in Creativity: An Interactionist Perspective. In J. A. Clover, R. R. Ronning & C. R. Reynolds (Eds.), *Handbook of Creativity* (pp.77~92). New York: Plenum

第2章

Addison, J. (1983). On Genius. In R. S. Albert(Ed.), *Genius and Eminence* (pp.3~5). Oxford: Pergamon. (Original work published 1711)

Albert, R. S. (1969). The Concept of genius and Its Implications for the Study of Creativity and Giftedness. *American Psychologist*, 24, 743~753

Albert, R. S. (1975). Toward a Behavioral Definition of Genius. *American Psychologist*, *30*, 140~151

Albert, R. S. (1980). Genius. In R. H. Woody (Ed.), *Encyclopedia of Clinical Assessment* (Vol.2). San Francisco: Jossey-Bass

Albert, R. S. (1994). The Contribution of Early Family History to the Achievement of Eminence. In N. Colangelo, S. G. Assouline and D. I. Arnbroson (Eds.) *Talent Development* (pp.311~360). Dayton: Ohio Psychological Press

Albert, R. S. (1996, Fall). Some Reasons Why Creativity Often Fails to Make it Past Puberty and into the Real World. *New Directions in Child Development*, No.72, 43~56

Albert, R. S. (1998). Mathematical Giftedness and Mathematical Genius. In A. Steptoe (Ed.), *Genius and the Mind* (pp. 111 ~ 140). Oxford: Oxford University Press

Albert, R. S. (in press). The Achievement of Eminence as an Evolutionary Strategy. In M. A. Runco (Ed.), *Creativity Research Handbook* (Vol. 2). Cresskill, NJ: Hampton

Albert, R. S. & Runco, M. A. (1989). Independence and Cognitive Ability in Gifted and Exceptionally Gifted Boys. *Journal of Youth and Adolescence*, *18*, 221~230

Amabile, T. M. (in press). In M. A. Runco & R. S. Albert (Eds.), *Theories of creativity* (rev. ed.). Cresskill, NJ: Hampton

Bacon, F. (1605). *Advancement of Learning*. Oxford: Oxford University Press

Baer, J. (1995). Generality of Creativity Across Performance domains. *Creativity Research Journal*, *4*, 23~29

Barron F. (1953). Complexity-simplicity as a Personality Dimension. *Journal of Abnormal and Social Psychology*, *48*, 163~172

Barron, F. (1955). The Disposition Toward Originality. *Journal of Abnormal and Social Psychology*, *51*, 478~485

Barron, F. (1995). *No Rootless Flower. An Ecology of Creativity*. Cresskill, NJ: Hampton

Becker, M. (1995). Nineteenth Century Foundations of Creativity Research. *Creativity Research Journal*, *8*, 219~229

Bloom, B. S. (1985). *Developing Talent in Young People*. New York: Ballantine

Boorstin, D. J. (1992). *The Creators: A History of Heroes of the Imagination*. New York: Random House

Boring, E. G. (1929). *A History of Experimental Psychology*. New York: Century

Braun, E. T. H. (1991). *The World of Imagination*. Savage, MD: Rowman & Littiefteld

Brody, N. (1992). *Intelligence* (2nd ed.). New York: Academic

Bronowski, J. (1951). *The Common Sense of Science*. London: Methuen

Bronowski, J. & Mazlish, B. (1960). *The Western Intellectual Tradition*. London: Hutchinson

Bullough, V., Bullough, B. & Mauro, M. (1981). History and Creativity: Research Problems and some Possible Solutions. *Journal of Creative Behavior*, *15*, 102~116

Campbell, D. T. (1960). Blind Variation and Selective Retention in Creative thought as in Other Knowledge Processes. *Psychological Review*, *67*, 380~400

Child, I. L. (1972). *Esthetics*, *Annual Review of Psychology*, *23*, 669~694

Cox, C. M. (1926). *Genetic Studies of Genius: Vol. 2. The Early Mental Traits of Three Hundred Geniuses*. Stanford, CA: Stanford University Press

Cropley, A. J. (1966). Creativity and Intelligence. British Journal of Educational Psychology, *36*, 259~266

Darwin, C. (1859). On the Origin of Species by Means of Natural Selection. London: Murray

Dennett, D. C. (1995). *Darwin's Dangerous Idea.* New York: Touchstone

Dudek, S. Z. (in press). Art and Aesthetics. In M. A. Runco (Ed.), *Creativity Research Handbook* (Vol.2). Cresskill, NJ: Hampton

Dudek, S. Z. & Hall, W. (1991). Personality consistency: Eminent architects 25 years later. *Creativity Research Journal*, *4*, 213~232

Eisenberger, R. & Cameron, J. (1996). Detrimental Effects of Rewards: Reality or Myth? *American Psychologist*, *51*, 1153~1166

Ellenberger, H. F. (1970). *The Discovery of the Unconscious*. New York: Basic

Engell, J. (1981). *The Creative Imagination: Enlightenment to Romanticism*. Cambridge, MA: Harvard University Press

Erikson, E. (1950). *Childhood and Society*. New York: Norton

Feist, G. J. & Runco, M. A. (1993). Trends in the Creativity Literature: An Analysis of Research in the *Journal of Creativity Behavior* (1967 ~ 1989). *Creativity Research Journal*, *6*, 271 ~ 286

Freud, S. (1953). *The Interpretation of Dreams* (vols.4 ~ 5 in the Standard Edition.) London: Hogarth (Original work published 1900)

Freud, S. (1958). *The Relation of the Poet to Day-dreaming.* In B. Nelson (Ed.), *On Creativity and the Unconscious* (pp.44 ~ 54). New York: Harper & Row (Original work published 1908)

Freud, S. (1961). *The Ego and the Id* (vol.19 of the Standard Edition). London: Hogarth (Original work published 1923)

Freud, S. (1953). *Leonardo da Vinci and a Memory of His Childhood* (vol.2 in the Standard Edition). London: Hogarth (Original work published 1910)

Galton, F. (1869). *Hereditary Genlus.* New York: Macmillan

Galton, F. (1874). *English Men of Science: Their Nature and Nurture.* London: Macmillan

Galton, F. (1883). *Inquiries into Human Faculty.* London: Macmillan

Gardner, H. (1994). *Creating minds.* New York: Basic

Gardner, H. (in press). Is there a Moral Intelligence? An Essay in Honor of Howard Gruber. In M. A. Runco, R. Keegan & S. Davis (Eds.), *Festschrtft for Howard Gruber Cresskill*, NJ: Hampton

Gray, C. E. (1966). A Measurement of Creativity in Western civilization. *American Anthropologist*, *68*, 1384 ~ 1417

Gruber, H. E. (1996). The Life Space of a Scientist: The Visionary Function and other Aspects of Jean Piaget's Thinking. *Creativity Research Journal*, *9*, 251 ~ 265

Guilford, J. P. (1950). Creativity. *American Psychologist*, *5*, 444 ~ 454

Guilford, J. P. (1970). Creativity: Retrospect and Prospect. *Journal of Creative Behavior*, *5*, 77~87

Helson, R. (1968). Generality of Sex Differences in Creative Style. *Journal of Personality*, *36*, 33~48

Helson, R. (1971). Women Mathematicians and the Creative Personality. *Journal of Consulting and Clinical Psychology*, *36*, 210~220

Helson, R. (1996). In Search of the Creative Personality. *Creativity Research Journal*, *9*, 295~306

Hughes, H. S. (1953). *Consciousness and Society*. New York: Vintage

James, W. (1992). William James on Exceptional Mental States: The 1896 Lowell Lecture. In R. S. Albert (Ed.), *Genius and Eminence* (2nd ed., pp.41~52). Oxford: Pergamon (Original work published 1896)

Kaufman, P. (1926). *Essays in Memory of Barrett Wendell*. Cambridge, MA: Harvard University Press

Kroeber, A. (1944). *Configurations of Cultural Growth*. Berkeley: University of California Press

Kubie, L. S. (1961). *Neurotic Distortion of the Creative Process*. New York: Noonday

MacKinnon, D. W. (1963). Creativity and Images of the Self. In R. W White (Ed.), *The study of Lives* (pp.251~278). New York: Atherton

MacKinnon, D. W. (1970). The Personality Correlates of Creativity: A Study of American Architects. In P. E. Vernon (Ed.), *Creativity* (pp.289~311). Harmondsworth: Penguin

MacKinnon, D. W. (1992). The Highly Effective Individual. In R. S. Albert (Ed.), *Genius and Eminence* (2d ed., pp.179~193). Oxford: Pergamon

Martindale, C. (1992). *The Clockwork Muse*. New York: Basic

Mednick, S. A. (1962). The Associative Basis of the creative process. *Psychological Review*, *69*, 202~232

Minton, H. L. (1988). Charting Life History: Lewis M. Terman's Study of the Gifted. In J. G. Morawski (Ed.), *The Rise of Experimentation in American Psychology* (pp.138~160). New Haven, CT: Yale University Press

Muller, J. Z. (1995). *Adom Smith in His Time and Ours*. Princeton, NJ: Princeton University Press

Mumford, M. D. & Gustafson, S. G. (1988). Creativity Syndrome: Integration, Application, and Innovation. *Psychological Bulletin*, *103*, 27~43

Nalin, M. (1956). *The Artist as Creator* Baltimore: Johns Hopkins University Press

Naroll, R., Benjamin, E. C., Fohl, F. K., Fried, R. E., Hildreth, R. E. & Schaefer, J. M. (1971). Creativity: Cross-historical Pilot Study. *Journal of Cross-Cultural Psychology*, *2*, 181~188

Oclise, R. (1990). *Before the Gates of Excellence. The Determinants of Creative Genius*. Cambridge University Press

Pearson, K. (1930). *The Life, Letters, and Labours of Francis Galton* (vols 1~3). Cambridge University Press

Prickett, S. (1996). *Origins of Narrative: The Romantic Appropriation of the Bible*. Cambridge University Press

Roe, A. (1952). *The Making of a Scientist*. New York: Dodd, Mead

Roe, A. (1970). A Psychologist Examines Sixty-four Eminent Scientists. In P. E. Vernon (Ed.), *Creativity* (pp.43~51). Harmondsworth: Penguin

Runco, M. A. (1986). Divergent Thinking and Creative Performance in Gifted and Nongifted Children. *Educational and Psychological Measurement*, *46*, 375~384

Runco, M. A. (1993). Operant Theories of Insight, Originality, and Creativity. *American Behavioral Scientist*, *37*, 54~67

Runco, M. A. & Albert, R. S. (1986). The Threshold Hypothesis Regarding Creativity and Intelligence: An Empirical Test with Gifted and Nongifted Children. *Creative Child and Adult Quarterty*, *11*, 212~218

Runco, M. A. & Richards, R. (in press). *Eminent Creativity*, *Everyday Creativity*, *and Health*. Norwood. NJ: Ablex

Schneider, S. F. (1996). Random Thoughts on Leaving the Fray. *American Psychologist*, *51*, 715~721

Shapin, S. (1996). *The Scientific Revolution*. Chicago: University of Chicago Press

Simonton, D. K. (in press). In M. A. Runco & R. S. Albert (Eds.), *Theories of Creativity* (rev. ed). Cresskill, NJ: Hampton

Singer, J. L. (1981~1982). Towards the Scientific Study of Imagination. *Imagination*, *Cognition and Personality*, *1*, 5~28

Sorokin, P. A. (1947). Society, Culture, and Personality. New York: Cooper Square

Sternberg, R. J. & Lubart, T. I. (1996). Investing in Creativity. *American Psychologist*, *51*, 677~688

Terman, L. M. (1906). Genius and Stupidity: A Study of the Intellectual Processes of Seven "Bright" and Seven "Stupid" Boys. *Pedagogical Seminary*, *13*, 307~373

Terman, L. M. (1917). The Intelligence Quotient of Francis Galton in Childhood. *American Journal of Psychology*, *28*, 209~215

Terman, L. M. (1924). The Mental Tests as a Psychological Method. *Psychological Review*, *31*, 93~117

Terman, L. M. & Chase, J. M. (1920). The Psychology, Biology, and Pedagogy of Genius. *Psychological Bulletin*, *17*, 397~409

Vaillant, G. E. (1977). *Adaptation to life*. Boston: Little, Brown

Wallach, M. A. (1983). What do Tests Tell Us About Talent? In R. S. Albert (Ed.), *Genius and Eminence* (pp.99~113). Oxford: Pergamon

Wallach, M. A. & Kogan, N. (1965). *Modes of Thinking in Young Children*. New York: Holt, Rinchart & Winston

Willerman, L. (1986). *The Psychology of Individual and Group Differences*. San Francisco: Freeman

Wilson-Given, C. (1996). *An Illustrated History of the Late Medieval England*. Manchester: Manchester University Press

第3章

Albert, R. 5. (1975). Toward a Behavioral Definition of Genius. *American Psychologist*, *30*, 140~151

Amabile, T. M. (1979). Effects of external evaluation on artistic creativity. *Journal of Personality and Social Psychology*, *37*, 221~233

Amabile, T. M. (1982). Social Psychology of Creativity: A Consensual Assessment Technique. *Journal of Personality and Social Psychology*, *43*, 997~1013

Amabile, T. M. (1983). *The Social Psychology of Creativity*. New York: Springer-Verlag

Amabile, T. M. (1988). A Model of Creativity and Innovation in Organizations. In B. M. Staw & L. L. Cummings (Eds.), *Research in Organizational Behavior* (Vol.10, pp.123~167). Greenwich, CT: JAI Press

Amabile, T. M. (1996). *Creativity in Context: Update to the Social*

Psychology of Creativity. Boulder, CO: Westview

Amabile, T. M., Conti. R., Coon, H., Lazenby, J. & Herron, M. (in press). Assessing the Work environment for Creativity. *Academy of Management Journal*

Amabile, T. M. & Gryskiewicz, N. (1989). The Creative Environment Scales: The Work Environment Inventory. *Creativity Research Journal*, *2*, 231~254

Ainabile, T. M., Hennessey, B. A. & Grossman, B. S. (1986). Social Influences on Creativity: The Effects of Contracted-for Reward. *Journal of Personality and Social Psychology*, *50*, 14~23

Amabile, T. M., Hill, K. C., Hennessey, B. A. & Tighe, E. M. (1994). The Work Preference Inventory: Assessing Intrinsic and Extrinsic Motivational Orientations. *Journal of Personality and Social Psychology*, *66*, 950~967

Amabile, T. M., Phillips, E. & Coffins, M. A. (1994). Person and Environment in Talent Development: The Case of Creativity. In N. Colangelo, S. G. Assouline & D. L. Ambroson (Eds.), *Talent Development: Proceedings from the 1993 Henry B. and Jocelyn Wallace National Research Symposium on Talent Development* (pp.265~277). Unionville, NY: Trillium

Anastasi, A. & Schaefer, C. E. (1969). Biographical Correlates of Artistic and Literary Creativity in Adolescent Girls. *Journal of Applied Psychology*, *53*, 267~273

Anastasi, A. & Schaefer, C. E. (1971). Note on the Concepts of Creativity and Intelligence. *Journal of Creative Behavior*, *5*, 113~116

Bachelor, P. (1989). Maximum Likelibood Confirmatory factor-analytic Investigation of Factors Within Guilford's Structure-of-Intellect Model. *Journal of Applied Psychology*, *74*, 797~804

Baer, J. (1993a). *Divergent Thinking and Creativity: A Task-specific Approach*. Hillsdale, NJ: Erlbaum

Baer, J. (1993b, December/January). Why You Shouldn't Trust Creativity Tests. *Educational Leadership*, 80~83

Baer, J. (1994a). Divergent Thinking is not a General Trait: A multi-domain Training Experiment. *Creativity Research Journal*, *7*, 35~36

Baer, J. (1994b). Performance Assessments of Creativity: Do They Have long-term stability? *Roeper Review*, *17*, 7~11

Baer, J. (1994c, October). Why You *Still* Shouldn't Trust Creativity Tests. *Educational Leadership*, 72~73. Baer, J. (1996). Does Artistic Creativity Decline During Elementary School? *Psychological Reports*, *78*, 927~930

Barron, F. & Harrington, D. M. (1981). Creativity, Intelligence, and Personality. *Annual Review of Psychology*, *32*, 439~476

Basadur, M. S. & Finkbeiner, C. T. (1985). Measuring Preference for Ideation in Creative Problem-solving Training. *Journal of Applied Behavioral Science*, *21*(*1*), 37~49

Basadur, M. S., Graen, G. B. & Green, S. G. (1982). Training in Creative Problem Solving: Effects on Ideation and Problem Finding in an Applied Research Organization. *Organizational Behavior and Human Performance*, *30*, 41~70

Basadur, M. S., Graen, G. B. & Scandura, T. A. (1986). Training Effects on Attitudes Toward Divergent Thinking Among Manufacturing Engineers. *Journal of Applied Psychology*, *71*, 612~617

Basadur, M. & Hausdorf, P. A. (1996). Measuring Divergent Thinking Attitudes Related to Creative Problem Solving and Innovation Management. *Creativity Research Journal*, *9*, 21~32

Basadar, M. S., Wakabayashi, M. & Graen, G. B. (1990). Individual

Problem Solving Styles and Attitudes Toward Divergent Thinking Before and after Training. *Creativity Research Journal*, *3*, 22~32

Baxter, C. P., Shavelson, R. J., Goldman, S. R. & Pine, J. (1992). Evaluation of Procedure-based Scoring for Hands-on Science Assessment. *Journal of Educational Measurement*, *29*, 1~17

Begley, S. (1995, March 27). Gray matters. *Newsweek*, pp.48~54

Besemer, S. P. & O'Quin, K. (1986). Analyzing creative products: Refinement and Test of a Judging Instrument. *Journal of Creative Behavior*, *20*, 115~126

Besemer, S. P. & O'Quin, K. (1993). Assessing Creative Products: Progress and Potentials. In S. G. Isaksen, M. C. Murdock, R. L. Firestien & D. J. Treffinger (Eds.), *Nurturing and Developing Creativity: The Emergence of a Discipline* (pp.331~349). Norwood, NJ: Ablex

Besemer, S. P. & Treffinger, D. J. (1981). Analysis of Creative Products: Review and Synthesis. *Journal of Creative Behavior*, *15*, 158~178

Callahan, C. M. (1991). The Assessment of Creativity. In N. Colangelo & G. A. Davis (Eds.), *Handbook of Gipted Education* (pp. 219 ~ 235). Boston: Allyn & Bacon

Cattell, R. B. (1963). The Personality and Motivation of the Researcher from Measurements of Contemporaries and from Biography. In C. W. Taylor & F. Barron (Eds.), *Scientific Creativity: Its Recognition and Development* (pp.119~131). New York: Wiley

Cattell, R. B. & Butcher, H. (1968). *The Prediction of Achievement and Creativity.* Indianapolis, IN: Bobbs-Merrill

Cattell, R. B., Eber, H. W. & Tatsuoka, M. M. (1970). *Handbook for the Sixteen Personality Questionnaire* (*16 PF*). Champaign, IL: Institute for

Personality and Ability Testing

Ceci, S. J. (1990). *On Intelligence ... more or Less: A Bioecological Treatise on Intellectual Development*. Englewood Cliffs, NJ: Prentice-Hall

Chand, I. & Runco, M. A. (1992). Problem Finding Skills as Components in the Creative Process. *Personality and Individual Differences*, *14*, 155~162

Clapham, M. M. (1996). The Construct Validity of Divergent Scores in the Structure-of-Intellect Learning Abilities Test. *Educational and Psychological Measurement*, *56*, 287~292

Cline, V. B., Richards, J. M., Jr. & Abe, C. (1962). The Validity of a Battery of Creativity Tests in a High School Sample. *Educational and Psychological Measurement*, *22*, 781~784

Colangelo, N., Kerr, B., Hallowell, K., Huesman, R. & Gaeth, J. (1992). The Iowa Inventiveness Inventory: Toward a Measure of Mechanical Inventiveness. *Creativity Research Journal*, *5*, 157~163

Cooper, E. (1991). A Critique of Six Measures for Assessing Creativity. *Journal of Creative Behavior*, *25*, 194~204

Cramond, B. (1993). The Torrance Tests of Creative Thinking: From Design Through Establishment of Predictive Validity. In R. F. Subotnik & K. D. Arnold (Eds.), *Beyond Terman: Contemporary Longitudinal Studies of Gifiedness and Talent* (pp.229~254). Norwood, NJ: Ablex

Cramond, B. (1994, October). We can Trust Creativity Tests. *Educational Leadership*, 70~71

Cramond, B., Martin, C. E. & Shaw, E. L. (1990). Generalizability of Creative Problem Solving Procedures to Real-life Problems. *Journal for the Education of the Gifted*, *13*, 141~155

Cronbach, L. J. (1968). Intelligence? Creativity? A Parsimonious

Reinterpretation of the Wallach-Kogan Data. *American Educational Research Journal*, *5*, 491~511

Cropley, A. J. (1972). A five-year Longitudinal Study of the Validity of Creativity Tests. *Developmental Psychology*, *6*, 119~124

Csikszentmihalyi, M. (1988). Society, culture, and person: A Systems View of Creativity. In R. J. Stern-berg (Ed.), *The Nature of Creativity: Contemporary Psychological Perspectives* (pp.325~339). Cambridge University Press

Csikszentmihalyi, M. & Getzels, J. W. (1971). Discovery-oriented Behavior and the Originality of Creative Products: A Study With Artists. *Journal of Personality and Social Psychology*, *19*, 47~52

Dacey, J. S. (1989). *Fundamentals of Creative Thinking*. Lexington, MA: Lexington Books

Davis, G. A. (1971). Instruments Useful in Studying Creative Behavior and Creative Talent. Part 2, Noncommercially Available Instruments. *Journal of Creative Behavior*, *5*, 162~165

Davis, G. A. (1973). *Psychology of Problem Solving: Theory and Practice*. New York: Basic

Davis, G. A. (1989). Testing for Creative Potential. *Contemporary Educational Psychology*, *14*, 257~274

Davis, G. A. (1992). *Creativity is Forever* (3rd ed.). Dubuque, IA: Kendall/Hunt

Dennis, W. (1956). Age and Productivity Among Scientists. *Science*, *123*, 724~725

Dombroski, T. W. (1979). *Creative Problem-solving: The Door to Progress and Change*. Hicksville, NY: Exposition

Domino, G. (1970). Identification of Potentially Creative Persons from the Adjective Check List. *Journal of Consulting and Clinical Psychology*, *35*, 48~51

Domino, G. (1994). Assessment of Creativitywith the ACL: An Empirical Comparison of Four Scales. *Creativity Research Journal*, *7*, 21~33

Dominowski, R. L. &Dallob, P. (1995). Insight and Problem Solving. In R. J. Sternberg & J. E. Davidson (Eds.), *The Nature of Insight* (pp. 33 ~ 62). Cambridge, MA: MIT Press

Dunbar, S. G., Koretz, D. M. &Hoover, H. D. (1991). Quality Control in the Development and Use of Performance Assessment. *Applied Measurement in Education*, *4*, 289~303

Eisen, M. L. (1989). Assessing Differences in Children with Learning Disabilities and Normally Achieving Students with a New Measure of Creativity. *Journal of Learning Disabilities*, *22*, 462~464

Feldhusen, J. F. & Clinkenbeard, P. R. (1986). Creativity Instructional Materials: A Review of Research. *Journal of Creative Behavior*, *20*, 153~182

Feldman, D. H., Csikszentmihalyi, M. &Gardner, H. (1994). *Changing the World: A Framework for the Study of Creativity*. Westport, CT: Praeger

Finke, R. A. (1995). Creative Insight and Preinventive Forms. In R. J. Sternberg & J. E. Davidson (Eds.), *The Nature of Insight* (pp. 255 ~ 280). Cambridge, MA: MIT Press

Fox, L. H. (1985). Review of Thinking Creatively with Sounds and Words. In J. V. Mitchell, Jr. (Ed.), *Ninth Mental Measurements Yearbook* (pp. 1622 ~ 1623). Lincoln: University of Nebraska Press

Fox, M. N. (1981). Creativity and Intelligence. *Childhood Education*, *57*, 227~232

Frois, J. P. &Eysenck, H. J. (1995). The Visual Aesthetic Sensitivity Test

Applied to Portuguese Children and Fine Arts Students. *Creativity Research Journal*, *8*, 277~284

Fuchs-Beauchamp, K. D., Karnes, M. B. & Johnson, L. J. (1993). Creativity and Intelligence in Preschoolers. *Gifted Child Quarterly*, *37*, 113~117

Gardner, H. (1983). *Frames of Mind: The Theory of Multiple Intelligences*. New York: Basic

Gardner, H. (1988a)

Creative Lives and Creative Works: A Synthetic Scientific Approach. In R. J. Stern-berg (Ed.), *The Nature of Creativity: Contemporary Psychologicat Perspectives* (pp.298~321). Cambridge University Press

Gardner, H. (1988b). Creativity: An Interdisciplinary Perspective. *Creativity Research Journal*, *1*, 8~26

Gardner, H. (1993a). *Creating Minds*. New York: Basic

Gardner, H. (1993b). *Multiple Intelligences: The Theory in Practiee*. New York: Basic

Gardner, H. & Nemirovsky, R. (1991). From Private Intuitions to Public Symbol Systems: An Examination of the Creative Process in Georg Cantor and Sigmund Freud. *Creativity Research Journal*, *4*, 1~21

Gedo, J. E. & Gedo, M. M. (1992). *Perspectives on Creativity: The Biographical Method*. Norwood, NJ: Ablex

Getzels, J. W. & Jackson, P. W. (1962). *Creativity and Intelligence: Explorations with Gifted Students*. New York: Wiley

Ghiselin, B. (1963). Ultimate Criteria for Two Levels of Creativity. In C. W. Taylor & F. Barron(Eds.), *Scientific Creativity: Its Recognition and Development* (pp.3~43). New York: Wiley

Gough, H. G. (1979). A Creative Personahty Scale for the Adjective Check

List. *Journal of Personality and Social Psychology*, *37*, 1398 ~ 1405

Gowan, J. C. (1971). The Relationship Between Creativity and giftedness. *Gifted Child Quarterly*, *15*, 239 ~ 244

Gruber, H. E. (1981). *Darwin on Man: A Psychological Study of Scientific Creativity* (2d ed.). Chicago: University of Chicago Press

Gruber, H. E. & Davis, S. N. (1988). Inching Our Way up Mount Olympus: The Evolving-systems Approach to Creative Thinking. In R. J. Sternberg (Ed.), *The Nature of Creativity: Contemporary Psychological Perspectives* (pp.243 ~ 270). Cambridge University Press

Guilford, J. P. (1957). Creative Abilities in the Arts. *Psychological Review*, *64*, 110 ~ 118

Guilford, J. P. (1967a). Creativity: Yesterday, Today, and Tomorrow. *Journal of Creative Behavior*, *1*, 3 ~ 14

Guilford, J. P. (1967b). *The Nature of Human Intelligence*. New York: McGraw-Hill

Guilford, J. P. & Christensen, P. R. (1973). The One-way Relation Between Creative Potential and IQ. *Journal of Creative Behavior*, *7*, 247 ~ 252

Guilford, J. P. & Hoepfner, R. (1966). Creative Potential is Related to Measures of IQ and Verbal Comprehension. *Indian Journal of Psychology*, *41*, 7 ~ 16

Haier, R. J. & Benbow, C. P. (1995). Sex Differences and Lateralization in Temporal Lobe Glucose Metabolism During Mathematical Reasoning. *Developmental Neuropsychology*, *11*, 405 ~ 414

Haier, R. J., Siegel, B., Tang, C., Abel, L. & Buchsbaum, M. S. (1992). Intelligence and Changes in Regional Cerebral Glucose Metabolic Rate Following Learning. *Intelligence*, *16*, 415 ~ 426

Hall, W. & MacKinnon, D. W. (1969). Personality Inventory Correlates of Creativity Among Architects. *Journal of Applied Psychology*, *53*, 322~326

Hargreaves, D. J., Galton, M. J. & Robinson, S. (1996). Teachers' Assestments of Primary Children's Classroom Work in the Creative Arts. *Educational Research*, *38*, 199~211

Harrington, D. M. (1975). Effects of Explicit Instructions to "be Creative" on the Psychological Meaning of Divergent Thinking Test Scores. *Journal of Personality*, *43*, 434~454

Hattie, J. (1980). Should Creativity Tests be Administered Under Testlike Conditions? An Empirical Study of Three Alternative Cooditions. *Journal of Educational Psychology*, *72*, 87~98

Hattie, J. & Rogers, H. J. (1986). Factor Models for Assessing the Relation Between Creativity and Intelligence. *Journal of Educational Psychology*, *78*, 482~485

Helson, R. (1971). Women Mathematicians and Creative Personality. *Journal of Consulting and Clinical Psychology*, *36*, 210~220

Hennessey, B. A. (1994). The Consensual Assessment Technique: An Examination of the Relationship Between Ratings of Product and Process Creativity. *Creativity Research Journal*, *7*, 193~208

Hennessey, B. A. & Amabile, T. M. (1988a). The Conditions of Creativity. In R. J. Steinberg (Ed.), *The Nature of Creativity: Contemporary Psychological Perspectives* (pp.11~38). Cambridge University Press

Hennessey, B. A. & Amabile, T. M. (1988b). Story-telling: A Method for Assessing Children's Creativity. *Journal of Creative Behavior*, *22*, 235~246

Hill, K. (1991). *An Ecological Approach to Creativity and Motivation: Trait and Environmental Influences in the College Classroom.* Unpublished Ph. D.

Disseitation. Braodeis University, Waltham, MA

Hocevar, D. (1976). Dimensionality of Creativity. *Psychological Reports*, *39*, 869~870

Hocevar, D. (1979a). A Comparison of Statistical Infrequency and Subjective Judgment as Criteria in the Measurement of Originality. *Journal of Personality Assessment*, *43*, 297~299

Hocevar, D. (1979b, April). *The Development of the Creative Behavior Inventory*. Paper Presented at the Annual Meeting of the Rocky Mounuin Psychological Association. (ERIC Document Reproduction Service No. ED 170~350)

Hocevar, D. (1979c). Ideational Fluency as a Confounding Factor in the Measurement of Originality. Journal *of Educational Psychology*, *71*,191~196

Hocevar, D. (1979d). The Unidimensional Nature of Creative Thinking in Fifth Grade Children. *Child Study Journal*, *9*, 273~277

Hocevar, D. (1981). Measurement of Creativity: Review and Critique. *Journal of Personality Assessment*, *45*, 450~464

Hocevar, D. & Bachelor, P. (1989). A Taxonomy and Critique of Measurements Used in the Study of Creativity. In J. A. Glover, R. R. Ronning & C. R. Reynolds (Eds.), *Handbook of Creativity* (pp. 53 ~ 75). New York: Plenum

Hocevar, D. & Michael, W. B. (1979). The Effects of Scoring formulas on the Discriminant vahdity of tests of divergent thinking. *Educational and Psychological Measurement*, *39*, 917~921

Hoepfner, R. & Hemenway, J. (1973). *Test of Creative Potential*. Hollywood, CA: Monitor. Holland, J. L. (1959). Some Limitations of Teacher Ratings as Predictors of Creativity. *Journal of Educational Psychology*, *50*,

219 ~ 223

Holland, J. L. & Nichols, R. C. (1964). Prediction of Academic and Extracurricular Achievement in College. *Journal of Educational Psychology*, *55*, 55 ~ 65

Holland, J. L. & Richards, J. M., Jr. (1965). Academic and Nonacademic Accomplishment: Correlated or Uncorrelated? *Journal of Educational Psychology*, *56*, 165 ~ 174

Horn, J. L. (1976). Human Abilities: A Review of Research and Theory in the Early 1970S. *Annual Review of Psychology*, *27*, 437 ~ 485

Houtz, J. C. & Krug, D. (1995). Assessment of Creativity: Resolving a mid-life crisis. *Educational Psychological Review*, *7*, 269 ~ 300

Howieson, N. (1981). A Longitudinal Study of Creativity 1965 ~ 1975. *Journal of Creative Behavior*, *15*, 117 ~ 134

Hunsaker, S. L. & Callahan, C. M. (1995). Creativity and Giftedness: Published Instrument Uses and Abuses. *Gifted Child Quarterly*, *39*, 110 ~ 114

Isask. M. I. & Just, M. A. (1995). Constraints on Thinking in Insight and Invention. In R. J. Steinberg & J. E. Davidson (Eds.), *The Nature of Insight* (pp.281 ~ 325). Cambridge, MA: MIT Press

Isaksen, S. G. & Treffinger, D. J. (1985). *Creative Problem-solving: The Basic Course*. Buffalo, NY: Bearly Limited

Jackson, P. W. & Messick, S. (1965). The Person, the Product, and the Response: Conceptual Problems in the Assessment of creativity. *Journal of Personality*, *33*, 309 ~ 329

James, L. R., Ellison, R. L., Fox, D. G. & Taylor, C. W. (1974). Prediction of Artistic Performance from Biographical Data. *Journal of Applied Psychobgy*, 59, 84 ~ 86

Johnson, L. D. (1985). Creative Thinking Potential: Another Example of U-shaped Development? *Creative Child and Adult Quarterly*, *10*, 146~159

Kaltsounis, B. (1971). Instruments Useful in Studying Creative Behavior and Creative Talent. Part 1, Commercially Available Instruments. *Journal of Creative Behavior*, *5*, 117~126

Kaltsounis, B. (1972). Additional Instruments Useful in Studying Creative Behavior and Creative Talent. Part 3, Non-commercially Available Instruments. *Journal of Creative Behavior*, *6*, 268~274

Kaltsounis, B. & Honeywell, L. (1980). Additional Instruments Useful in Studying Creative Behavior and Creative Talent. Part 4, Noncommercially Available Instruments. *Journal of Creative Behavior*, *14*, 56~67

Kasof, J. (1995). Explaining creativity: The Attributional Perspective. *Creativity Research Journal*, *8*, 311~366

Khatena, J. (1982). Myth: Creativity is too Difficult to Measure! *Gifted Child Quarterly*, *26*, 21~23

Kirton, M. J. (1976). Adaptors and innovators: A Description and Measure. *Journal of Applied Psychology*, *61*, 622~629

Kirton, M. J. (1981). A reanalysis of Two Scales of Tolerance to Ambiguity. *Journal of Personality Assessment*, *45*, 407~414

Kirton, M. J. (Ed.). (1992). *Adaptors and Innovators: Styles of Creativity and Problem Solving*. London: Routledge

Kivton, M. J. & McCarthy, R. (1988). Cognitive Climate and Organizations. *Journal of Occupational Psychology*, *61*, 175~184

Kogan, N. & Pankove, E. (1974). Long-term Predictive Validity of Divergent-thinking Tests: Some Negative Evidence. *Journal of Educational Psychology*, *66*, 802~810

Larson, G. E., Haier, R. J. & Hazen, K. (1995). Evaluation of a "Menta Effort" Hypothesis for Correlations Between Cortical Metabolism and Intelligence. *Intelligence*, *21*, 267~278

Lehman, H. C. (1953). *Age and Achievement*. Princeton, NJ: Princeton University Press

Linn, R. L. & Burton, E. (1994). Performance-based Assessment: Implications of Task Specificity. *Educational Measurement: Issues and Practices*, *13* (*1*), 5~8, 15

Linn, R. L., Burton, E., DeStefano, L. & Hanson, M. (1996). Generalizability of New Standards Project 1993 Pilot Study Tasks in Mathematics. *Applied Measurement in Education*, *9*, 201~214

Ludwig, A. M. (1992). The Creative Achievement Scale. *Creativity Research Journal*, *5*, 109~124

Lynott, D. J. & Woolfolk, A. E. (1994). Teachers' Implicit Theories of Intelligence and Their Educational Goals. *Journal of Research and Development in Education*, *27*, 253~264

MacKinnon, D. W. (1962). The Nature and nurture of Creative Talent. *American Psychologist*, *17*, 484~495

MacKinnon, D. W. (1965). Personality Correlates of Creativity. In M. J. Aschner & C. E. Bish (Eds.), *Productive Thinking in Education* (pp.159~171). Washington, DC: National Education Association

MacKinnon, D. W. (1975). IPAR's Contribution to the Conceptualization and Study of Creativity. In I. A. Taylor & J. W Getzels (Eds.). *Perspectives in Creativity* (pp.60~89). Chicago: Aldine

MacKinnon, D. W. (1978). *In Search of Human Effective-ness: Identifying and Developing Creativity*. Buffalo, NY: Creative Education Foundation

Mahajan, V. & Peterson, R. A. (1985). *Models for Innovation Diffusion*. Newbury Park, CA: Sage

Maltzmann, I., Brooks. L., Bogartz, W. & Summers, S. (1958). The Facilitation of Problem-solving by Prior Exposure to Uncommon Responses. *Journal of Experimental Psychology*, *56*, 399~406

Martinsen, ф.(1993). Insight Problems Revisited: The Influence of Cognitive Styles and Experience on Creative Problem Solving. *Creativity Research Journal*, *8*, 291~298

Martinsen, ф. (1995). Cognitive Styles and Experience in Solving Insight Problems: Replication and Extension. *Creativity Research Journal*, *6*, 435~447

Mayer, R. E. (1995). The Search for Insight: Grappling with Gestalt Psychology's Unanswered Questions. In R. J. Sternberg & J. E. Davidson (Eds.), *The Nature of Insight* (pp.3~32). Cambridge, MA: MIT Press

McPherson, J. H. (1963). A Proposal for Establishing Ultimate Criteria for Measuring Creative Output. In C. W. Taylor & E. Barron (Eds.), *Scientific Creativity: Its Recognition and Development* (pp.24~29). New York: Wiley

Mednick, M. T. & Andrews, E. M. (1967). Creative Thinking and Level of Intelligence. *Journal of Creative Behavior*, *1*, 428~431

Mednick, S. A. (1962). The Associative Basis for the Creative Process. *Psychological Review*, *69*, 220~252

Mednick, S. A. & Mednick, M. T. (1967). *Remote Associates Test Examiner's Manual*. Boston: Houghton Mifflin

Meeker, M. (1969). *The Structure-of Intellect: Its Interpretation and uses.* Columbus, OH: Charies & Merrill

Meeker, M. & Meeker, R. (1982). *Structure-of-Intellect Learning Abilities Test: Evaluation, Leadership, and Creative Thinking*. El Segundo, CA: SOI

Institute

Meeker, M., Meeker, R. & Roid, G. H. (1985). *Structure-of Intellect Learning Abilities Test (SOI-LA) Manual.* Los Angeles: Western Psychological Services

Mendelsohn, G. A. (1976). Associational and Attentional Processes in Creative Performance. *Journal of Personality*, *44*, 341~369

Merten, T. (1995). Factors Influencing Word-association Responses: A Reanalysis. *Creativity Research Journal*, *8*, 249~263

Milgram, R. M. & Hong, E. (1994). Creative Thinking and Creative Performance in Adolescents as Predictors of Creative Attainments in Adults: A follow-up Study After 18 Years. In R. F. Subotnik & K. D. Arnold (Eds.), *Beyond Terman: Contemporary Longitudinal Studies of Giftedness and Talent* (pp.212~228). Norwood, NJ: Ablex

Milgram, R. M. & Milgram, N. A. (1976). Creative Thinking and Creative Performance in Israeli Students. *Journal of Educational Psychology*, *68*, 255~259

Milgram, R. M. & Rabkin, L. (1980). Developmental Test of Mednick's Associative Hierarchies of Original Thinking. *Developmental Psychology*, *16*, 157~158

Nicholls, J. G. (1983). Creativity in the Person Who Will Never Produce Anything Original or Useful. In R. S. Albert (Ed.), *Genius and Eminence* (pp.265~279). Oxford: Pergamon

O'Boyle, M. W., Benbow, C. P. & Alexander, J. E. (1995). Sex Differences, Hemispheric Laterality, and Associated Brain Activity in the Intellectually Gifted. *Developmental Neuropsychology*, *11*, 415~443

Okuda, S. M., Runco, M. A. & Berger, D. E. (1991). Creativity and the Finding and Solving of Real-world Problems. *Journal of Psychoeducational*

Assessment, *9*, 45~53

Oldham, G. R. & Cummings, A. (1996). Employee Creativity: Personal and Contextual Factors at Work. *Academy of Management Journal*, *39*, 607~634

O'Quin, K. & Besemer, S. P. (1989). The Development, Reliability, and Validity of the Revised Creative Product Semantic Scale. *Creativity Research Journal*, *2*, 267~278

Osborn, A. A. (1963). *Applied Imagination* (3rd ed.). New York: Scribner's

Parnes, S. J., Noller, R. B. & Biondi, A. M. (1977). *Guide to Creative Action*. New York: Scribner's

Pearlman, C. (1983). Teachers as an Informational Resource in Identifying and Rating Student Creativity. *Education*, *103*, 215~222

Pegnato, C. W & Birch, J. W. (1959). Locating Gifted Children in Junior High Schools: A Comparison of Methods. *Exceptional Children*, *25*, 300~304

Plucker, J. A. (1993). *Gaining Acceptance for Creativity: A General Framework of Articulation.* Unpublished manuscript

Plucker, J. A. (1994a). *Creating Minds* [book review]. *Gifted Child Quarterly*, *38*, 49~51

Plucker, J. A. (1994b). Reconceptualizing Creativity education. *Gifted Education Press Quarterly*, *8*(*1*), 7~12. (Available from Gifted Education Press, P. O. Box 1586, Manassas, VA 20108)

Reis, S. M. & Renzulli, J. S. (1994). The Assessment of Creative Products in Programs for Gifted and Talented Students. *Gfted Child Quarterly*, *35*, 128~134

Renzulli, J. S. (1976). *New Directions in Creativity*. New York: Harper & Row

Renzulli, J. S. (1985). Review of Thinking Creativity in Action and Movement. In J. V. Mitchell, Jr. (Ed), *Ninth Mental Measurements Yearbook* (pp.1619~1621). Lincoln: University of Nebraska Press

Renzulli, J. S. (1991). *A General Theory for the Development of Creative Productivity Through the Pursuit of Ideal Acts of Learning*. Paper Presented at the Biennial Meeting of the World Congress for the Gifted and Talented, The Hagne, the Netherlands

Renzulli, J. S. (1994). *Schools for Talent Development: A Practical Plan for Total School Improvement.* Mansfield Center, CT: Creative Learning Press

Renzulli, J. S., Hartman, R. K. & Callahan, C. M. (1981). Teacher Identification of Superior students. In W. B. Barbe & J. S. Renzulli (Eds.), *Psychology and Education of the Gifted* (3rd ed., pp. 151 ~ 156). New York: Irvington

Renzulli, J. S., Owen, S. V. & Callahan, C. M. (1974). Fluency, Flexibility, and Originality as a Function of Group Size. *Journal of Creative Behavior*, *8*, 107~113

Rickards, T. J. (1994). Creativity from a Business School Perspective: Past, Present, and Future. In S. G. Isaksen, M. C. Murdock, R. L. Firestien & D. J. Treffinger (Eds.), *Understanding and Recognizing Creativity: The Emergence of a Discipline* (pp.331~368). Norwood, NJ: Ablex

Rimm, S. B. (1983). *Preschool and Kindergarten Interest Descriptor*. Watertown, WI: Educational Assessment Service

Roe, A. (1952). The Psychologist Examines 64 Eminent Scientists. *Scientific American*, *187* (5), 21~25

Rogers, E. M. (1983) *Diffusion of Innovations* (3rd ed.). New York: Free Press

Root-Bernstein, R. S., Bernstein, M. & Gamier. H. (1995). Correlations Between Avocations, Scientific Style, Work Habits, and Professional Impact of Scientists. *Creativity Research Journal*, *8*, 115～137. Rosen, C. L. (1985). Review of Creativity Assessment Packet In J. V. Mitchell, Jr. (Ed.), *Ninth Mental Measurements Yearbook* (p.1621). Lincoln: University of Nebraska Press

Rotter, D. M., Langland, L & Berger, D. (1971). The Validity of Tests of Creative Thinking in Seven-year-old Children. *Gifted Child Quarterty*, *4*, 273～278

Rubenson, D. L. (1990). The Accidental Economist. *Creativity Research Journal*, *3*, 125～129. Rubenson, D. L. & Runco, M. A. (1992). The Psychoeconomic Approach to Creativity. *New Ideas in Psychology*, *10*, 131～147

Runco, M. A. (1984). Teachers' Judgments of Creativity and Social Validation of Divergent Thinking Tests. *Perceptual and Motor Skills*, *59*, 711～717

Runco, M. A. (1985). Reliability and Convergent Validity of Ideational Flexibility as a Function of Academic Achievement. *Perceptual and Motor Skills*, *61*, 1075～1081

Runco, M. A. (1986a). The Discriminant Validity of Gifted Children's Divergent Thinking Test Scores. *Gifted Child Quarterly*, *30*, 78～82

Runco, M. A. (1986b). Divergent Thinking and Creative Performance in Gifted and Nongifted Children. *Educational and Psychological Measurement*, *46*, 375～384

Runco, M. A. (1986c). Maximal Performance on Divergent Thinking Tests by Gifted, Talented, and Nongifted Children. *Psychology in the Schools*, *23*, 308～315

Runco, M. A. (1987a). The Generality of Creative performance in Gifted and Nongifted Children. *Gifted Child Quarterly*, *31*, 121~125

Runco, M. A. (1987b). Interrater Agreement on a Socially Valid Measure of Students' Creativity. *Psychological Reports*, *61*, 1009~1010

Runco, M. A. (1989a). The Creativity of Children's Art. *Child Study Journal*, *19*, 177~189

Runco, M. A. (1989b). Parents' and Teachers' Ratings of the Creativity of Children. *Journal of Social Behavior and Personality*, *4*, 73~83

Runco, M. A. (1991). The Evaluative, Valuative, and Divergent Thinking of Children. *Journal of Creative Behavior*, *25*, 311~319

Runco, M. A. & Albert, R. S. (1985). The Reliability and Validity of Ideational Originality in the Divergent Thinking of Academically Gifted and Nongifted Children. *Educational and Psychological Measurement*, *45*, 483~501

Runco, M. A. & Albert, R. S. (1986). The Threshold Theory Regarding Creativity and Intelligence: An Empirical Test with Gifted and Nongifted Children. *Creative Child and Adult Quarlerty*, *11*, 212~218

Runco, M. A. & Bahleda, M. D. (1986). Implicit Theories of Artistic, Scientific, and Everyday Creativity. *Journal of Creative Behavior*, *20*, 93~98

Runco, M. A. & Basadur. M. (1993). Assessing Ideational and Evaluative Skills and Creative Styles and Attitudes. *Creativity & Innovation Management*, 2, 166~173

Runco, M. A. & Chand, I. (1994). Problem Finding, Evaluative Thinking, and Creativity. In M. A. Runco (Ed.), *Problem Finding, Problem Solving, and Creativity* (pp.40~76). Norwood, NJ: Ablex

Runco, M. A. & Chand, I. (1995). Cognition and Creativity. *Educational Psychology Review*, *7*, 243~267

Runco, M. A., Johnson, D. J. & Bear, P. K. (1993). Parents' and Teachers'

Implicit Theories of Children's Creativity. *Child Study Journal*, *23*, 91~113

Runco, M. A., McCarthy, K. A. & Svenson, E. (1994). Judgments of the Creativity of Artwork from Students and Professional Artists. *Journal of Psychology*, *128*, 23~31

Runco, M. A. & Mrax, W(1992). Scoring Divergent Thinking Tests Using Total Ideational Output and a Creativity Index. *Educational and Psychological Measurement*, *52*, 213~221

Runco, M. A., Noble, E. P. & Luptak, Y. (1990). Agreement Between Mothers and Sons on Ratings of Creative Activity. *Educational and Psychological Measurement*, *50*, 673~680

Runco, M. A. & Okuda, S. M. (1988). Problem Finding, Divergent Thinking, and the Creative Process. *Journal of Youth and Adolescence*, *17*, 211~220

Runco, M. A. & Okuda, S. M. (1991). The Instructional Enhancement of the Flexibility and Originality Scores of Divergent Thinking Tests. *Applied Cognitive Psychology*, *5*, 435~441

Runco, M. A., Okuda, S. M. & Thurston, B. J. (1987). The Psychometric Properties of Four Systems for Scoring Divergent Thinking Tests. *Journal of Psychoeducational Assessment*, *2*, 149~156

Runco, M. A. & Pezdek, K. (1984). The Effect of Television and Radio on Children's Creativity. *Human Communications Research*, *11*, 109~120

Runco, M. A. & Smith, W. R. (1992). Interpersonal and Intrapersonal Evaluations of Creative Ideas. *Personality and Individual Differences*, *13*, 295~302

Runco, M. A. & Vega, L. (1990). Evaluating the Creativity of Children's Ideas. *Journal of Social Behavior and Personality*, *5*, 439~452

Schaefer, C. E. & Anastasi, A. (1968). A Biographical Inventory for Identifying Creativity in Adolescent Boys. *Journal of Applied Psychology*, *52*, 42~48

Shapiro, R. J. (1970). The Criterion Problem. In P. E. Vernon (Ed.), *Creativity* (pp.257~269). New York: Penguin

Shaywitz, B. A., Shaywitz, S. E., Pugh, K. R., Constable, R. T., Skudlarski, P., Fulbright, R. K., Bronen, R. A., Fletcher, J. M., Shankweiler, D. P., Katz, L. & Gore, J. C. (1995). Sex Differences in the Functional Organization of the Brain for Language. *Nature*, *373* (*6515*), 607~609

Siegel, S. M. & Kaemmerer, W. F. (1978). Measuring the Perceived Support for Innovation in Organizations. *Journal of Applied Psychology*, *63*, 553~562

Simonton, D. K. (1979). Multiple Discovery and Invention: Zeitgeist, Genius, or Chance? *Journal of Personality and Social Psychology*, *37*, 1603~1616.

Simonton, D. K. (1984a). Creative Productivity and Age: A Mathematical Model Based on a Two-step Cognitive Process. *Developmental Review*, *4*, 77~111

Simonton, D. K. (1984b). Melodic Structure and Note Transition Probabilities: A Content Analysis of 15, 618 Classical Themes. *Psychology of Music*, *12*, 3~16

Simonton, D. K. (1986a). Biographical Typicality, Eminence, and Achievement Style. *Journal of Creative Behavior*, *20*, 14~22

Simonton, D. K. (1986b). Presidential Personality: Biographical Use of the Gough Adjective Check List. *Journal of Personality and Social Psychology*, *51*, 1~12

Simonton, D. K. (1988a). Creativity, Leadership, and Chance. In R. J. Steraberg (Ed.), *The Nature of Creativity: Contemporary Psychological Perspectives* (pp.386~426). Cambridge University Press

Simonton, D. K. (1988b). *Scientific Genius: A Psychology of Science*. Cambridge, MA: Harvard University Press

Simonton, D. K. (1994). *Greatness: Who Makes History and Why.* New York: Guilford

Smith, J. M. & Schaefer, C. E. (1969). Development of a creativity scale for the Adjective Check List. *Psychological Reports*, *34*, 755~758

Snow, R. E. & Yalow, E. (1982). Education and Intelligence. In R. J. Sternberg (Ed.), *Handbook of Human Intelligence* (pp.493~585). Cambridge University Press

Speedie, S. M., Treffinger, D. J. & Houtz, J. C. (1976). Classification and Evaluation of Problem Solving Tasks. *Contemporary Educational Psychology*, *1*, 52~75

Starko, A. J. (1995). *Creativity in the Classroom: Schools of Curious Delight*. New York: Longman

Stein, M. (1974). *Stimulating Creativity*, *vol.1*. New York: Academic

Stein, M. (1975). *Stimulating Creativity*, *vol.2*. New York: Academic

Sternberg, R. J. (1985a). *Beyond 10*. Cambridge University Press

Sternberg, R. J. (1985b). Implicit Theories of Intelligence, Creativity, and Wisdom. *Journal of Personality and Social Psychology*, *49*, 607~627

Sternberg, R. J. (1987). Implicit Theories: An Alternative to Modeling Cognition and Its Development. In J. Bisanz, C. J. Brainerd & R. Kail (Eds.), *Formal Methods in Developmental Psychology* (pp. 155 ~ 192). New York: Springer-Verlag

Sternberg, R. J. (1988a). A Three-facet Model of Creativity. In R. J. Sternberg (Ed.), *The Nature of Creativity* (pp.125~147). Cambridge University Press

Steinberg, R. J. (1988b). *The Triarchic Mind: A New Theory of Human Intelligence*. New York: Penguin

Steinberg, R. J. (1990). Wisdom and Its Relation to Intelligence and Creativity. In R. J. Sternberg (Ed.), *Wisdom* (pp. 142 ~ 159). Cambridge University Press

Steinberg, R. J. (1993). The Concept of "Giftedness": A Pentagonal Implicit Theory. In G. R. Bock & K. Ackrill (Eds.), *The Origins and Development of High Ability* (pp.5~21) New York: Wiley

Steinberg, R. J., Conway, B. E., Ketron, J. L. & Bernstein, M. (1981). People's Conception of Intelligence. *Journal of Personality and Social Psychology*, *41*, 37~55

Steinberg, R. J. & Davidson, J. E. (1992). Problem Solving. In M. C. Aikin (Ed.), *Encyclopedia of Educational Research* (Vol.3, pp.1037~1045). New York: Macmillan

Steinberg, R. J. & Lubart, T. L. (1991). An Investment Theory of Creativity and Its Development. *Human Development*, *34*, 1~31

Steinberg, R. J. & Lubart, T. I. (1992). Buy Low and Sell High: An Investment Approach to Creativity. *Current Directions in Psychological Science*, *1*, 1~5

Steinberg, R. J. & Lubart, T. I. (1995). *Defying the Crowd: Cultivating Creativity in a Culture of Conformity*. New York: Free Press

Tannenbaum, A. J. (1983). *Gifted Children: Psychological and Educational Perspectives*. New York: Macmillan

Taylor, C. W. (1964). Widening Horizons in Creativity. New York: Wiley

Taylor, C. W. (1988). Various Approaches to and Definitions of Creativity. In R. J. Sternberg (Ed.), *The Nature of Creativity: Contemporary Psychological Perspectives* (pp.99~121). Cambridge University Press

Taylor, C. W. & Barron. F. (1963a). Preface. In C. W. Taylor & F. Barron (Eds.), *Scientific Creativity: Its Recognition and Development* (pp. xiii ~ xix). New York: Wiley

Taylor, C. W. & Barron, F. (Eds.). (1963b). *Scientific Creativity: Its Recognition and Development*. New York: Wiley

Taylor, C. W. & Ellison, R. L. (1966). *Alpha Biological Inventory*. Salt Lake City. UT: Institute for Behavioral Research

Taylor, C. W. & Ellisoo, R. L. (1967). Predictors of Scientific Performance. *Science*, *155*, 1075~1079

Taylor, C. W. & Holland, J. (1964). Predictors of Creative Performance. In C. W. Taylor (Ed.). *Creativity: Progress and Potential* (pp.15~48). New York: McGraw-Hill

Taylor, C. W. & Williams, F. E. (Eds.). (1966). *Instructional Media and Creativity*. New York: Wiley. Taylor, D. W. (1960). Thinking and Creativity. *Annals of the New York Academy of the Sciences*, *91*, 108~127

Thompson, B. & Anderson, B. V. (1983). Construct Validity of the Divergent Production Subtests from the Structure-of-Intellect Learning Abilities Test. *Educational and Psychological Measurement*, *43*, 651~655

Torrance, E. P. (1962). *Guiding Creative Talent*. Englewood Cliffs; NJ: Prentice-Hall

Torrance, E. P. (1965). *Rewarding Creative Behavior* Englewood Cliffs; NJ: Prentice-Hall. Torrance, E. P. (1967). The Minnesota Studies of Creative

Behavior: National and international extersions. *Journal of Creative Bahavior*, *1*, 137~154

Torrance, E. P. (1968). A Longitudinal Examination of the Fourth Grade Slump in Creativity. *Gifted Child Quarterly*, *12*, 195~199

Torrance, E. P. (1969). Prediction of Adult Creative Achievement Among High School Seniors. *Gifted Child Quarterly*, *13*, 223~229

Torrance, E. P. (1971). Stimulation, Enjoyment, and Originality in Dyadic Creativity. *Journal of Educational Psychology*, *62*, 45~48

Torrance, E. P. (1972a). Can We Teach Children to Think Creatively? *Journal of Creative Behavior*, *6*, 114~143

Torrance, E. P. (1972b). Career Patterns and Peak Creative Achievements of Creative High School Students 12 Years Later. *Gifted Child Quarterly*, *16*, 75~88

Torrance, E. P. (1972c). Predictive Validity of the Torrance Tests of Creative Thinking. *Journal of Creative Behavior*, *6*, 236~252

Torrance, E. P. (1972d). Predictive Vahdity of "Bonus" Scoring for Combinations on Repeated Figures Tests of Creative Thinking. *Journal of Psychology*, *81*, 167~171

Torrance, E. P. (1974). *Torrance Tests of Creative Thinking: Norms-technical Manual*. Lexington, MA: Ginn

Torrance, E. P. (1976). Creativity Testing in Education. *Creative Child and Adult Quarterly*, *1*, 136~148. Torrance, E. P. (1979). Unique Needs of the Creative Child and Adult. In A. H. Passow (Ed.), *The Gifted and Talented: Their Education and Development.* 78th NSSE Yearbook (pp. 352~371). Chicago: National Society for the Study of Education

Torrance, E. P. (1981a). Empirical Validation of Criterion-referenced Indicators of Creative Ability Through a Longitudinal Study. *Creative Child and*

Adult Quarterly, *6*, 136～140

Torrance, E. P. (1981b). Predicting the Creativity of Elementary School Children (1958～1980) -and the Teacher Who, "Made a Difference." *Gifted Child Quarterty*, *25*, 55～62

Torrance, E. P. (1981c). *Thinking Creatively in Action and Movement*. Bensenville, IL: Scholastic Testing Service

Torrance, E. P. (1982). Misperceptions about Creativity in Gifted Education: Removing the Limits on Learning. In S. N. Kaplan, A. H. Passow, P. H. Phenix, S. M. Reis, J. S. Reazulli, I. S. Soto, L. H. Smith, E. P. Torrance & V. S. Ward, *Curriculum for the Gifted: Selected Proceedings Ofthefirst National Conference on Curricula for the Gifred/Talented* (pp. 59～74). Veatura, CA: Office of the Ventura County Superinteadent of Schools

Torrance, E. P. (1988). The Nature of Creativity as Manifest in Its Testing. In R. J. Sternberg (Ed.), *The Nature of Creativity: Contemporary Psychological Perspectives* (pp.43～75). Cambridge University Press

Torrance, E. P. (1995). Insights about Creativity: Questioned, Rejected, Ridiculed, Ignored. *Educational Psychology Review*, *7*, 313～322

Torrance, E. P. & Ball, O. E. (1984). *Torrance Tests of Creative Thinking: Revised Manual*. Bensenville, IL: Scholastic Testing Services

Torrance, E. P. & Gupta, R. K. (1964). *Programmed Experiences in Creative Thinking*, *Final Report on Title VII Project to the U. S. Office of Education*. Minneapolis: Bureau of Educational Research. University of Minnesota

Torrance, E. P. & Khatena, J. (1970). What Kind of Person are You? *Gifted Child Quarterty*, *14*, 71～75

Torrance, E. P., Khatena, J. & Cunnington, B. F. (1973). *Thinking Creatively with Sounds and Words*. Bensenville, IL: Scholastic Testing Service

Torrance, E. P. & Safter, H. T. (1989). The Long Range Predictive Validity of the Just Suppose Test. *Journal of Creative Behavior*, *23*, 219~223

Torrance, E. P., Tan, C. A. & Allman, T. (1970). Verbal Originahty and Teacher Behavior: A Predictive Vahdity Study. *Journal of Teacher Education*, *21*, 335~341

Torrance, E. P. & Wu, T. H. (1981). A Comparative Longitudinal Study of the Adult Creative Achievement of Elementary School Children Identified as Highly Intelligent and as Highly Creative. *Creative Child and Adult Quarterly*, *6*, 71~76

Treffinger, D. J. (1989). *Student Invention Evaluation Kit: Field Test Edition*. Sarasota, FL: Center for Creative Learning

Treffinger, D. J. & Poggio, J. P. (1972). Needed Research on the Measurement of Creativity. *Journal of Creative Behavior*, *6*, 253~267

Tushman, M. L. & Moore. W. L. (Eds.). (1988). *Readings in the Management of Innovation* (2d ed.). New York: HarperBusiness

Wakefield, J. F. (1985). Towards Creativity: Problem Finding in a Divergent-thinking Exercise. *Child Study Journal*, *15*, 265~270

Wakefield, J. F. (1991). The Outlook for Creativity Tests. *Journal of Creative Behavior*, *25*, 184~193

Walberg, H. J. (1988). Creativity and Talent as Learning. In R. J. Steinberg (Ed.), *The Nature of Creativity: Contemporary Psychological Perspectives* (pp.340~361). Cambridge University Press

Wallace, D. B. & Gruber, H. E. (Eds.). (1989). *Creative People at Work*. New York: Oxford University Press

Wallach, M. A. (1976, January-February). Tests Tell Us Little about Talent. *American Scientist*, 57~63

Wallach, M. A. & Kogan, N. (1965). *Modes of Thinking in Young Children:*

A Study of the Creativity-intelligence Distinction. New York: Holt, Rinehart & Winston

Wallach, M. A. & Wing, C. W, Jr. (1969). *The Talented Student: A Validation of the Creativity-intelligence Distinction.* New York: Holt, Rinehart & Winston

Ward, W. C. (1968). Creativity in Young Children. *Child Development*, *39*, 737~754

Wasik, J. L. (1974). Teacher Perceptions of Behaviors Associated with Creative Problem Solving Performance. *Educational and Psychological Measurement*, *34*, 327~341

Weisberg, R. W. (1993). *Creativity: Beyond the Myth of Genius*. New York: Freeman

Welsh, G. S. & Barron, F. (1963). *Barron-Welsh Art Scale.* Palo Alto, CA: Consulting Psychologists Press

Westberg, K. L. (1991). The Effects of Instruction in the inventing Process on Students' Development of Inventions. *Dissertation Abstracts International*, *51* (University Microfilms No. 9107625)

Williams, F. E. (1979). Assessing Creativity Across William's "Cube" Model. *Gifted Child Quarterly*, *23*, 748~756

Williams, F. E. (1980). *Creativity Assessment Packct*. Buffalo, NY: DOK Publishers

Witt, L. A. & Beorkrem, M. N. (1989). Climate for Creative Productivity as a Predictor of Research Usefulness and Organizational Effectiveness in an R&D Organization. *Creativity Research Journal*, *2*, 30~40

Yamada, H. & Tam, A. Y. -W. (1996). Prediction Study of Adult Creative Achievement: Torrance's Longitudinal Study of Reativity Revisited. *Journal of*

Creative Behavior, *30*, 144 ~ 149

Yamamoto, K. & Chimbidis, M. E. (1966). Achievement, Intelligence, and Creative Thinking in Fifthgrade Children: A Correlational Study. *Merrill-Palmer Quarterly*, *12*, 233 ~ 241

Zuboff, S. (1988). *In the Age of the Smart Machine*. New York: Basic

第4章

Adams, J. (1979). *Conceptual blockbusting* (2nd ed.). New York: Norton.

Albert, R. S. (1978). Observations and Suggestions Regarding Giftedness, Familial Influence, and the Achievement of Eminence. *Gifted Child Quarterly*, *22*, 201 ~ 211

Albert, R. S. (1994). The Contribution of Early Family History to the Achievement of Eminence. In N. Colangelo, S. Assouline & D. L. Ambroson (Eds.), *Talent Development* (Vol.2, pp.311 ~ 360). Dayton: Ohio Psychology Press

Albert, R. S. (in press). What the Study of Eminence Can Teach Us. *Creativity Research Journal*

Albert, R. S. & Runco, M. A. (1986). The Achievement of Eminence: A Model of Exceptionally Gifted Boys and Their Families. In R. J. Steinberg and J. E. Davison (Eds.), *Conceptions of Giftedness* (pp. 332 ~ 357). Cambridge University Press

Amabile, T. M. (in press). Within you, without you: Towards a Social Psychology of Creativity, and Beyond. In M. A. Runco & R. S. Albert (Eds.), *Theories of Creativity* (rev. ed.). Cresskill, NJ: Hampton

Amabile, T. M., Goldfarb, P. & Brackfield, S. C. (1990). Social Influences on Creativity: Evaluation, Coaction, and Surveillance. *Creativity Research*

Journal, *3*, 6~21

Baker-Sennett. J. & Ceci, 5. (1996). Clue-efficiency and Insight: Unveiling the Mystery of Inductive Leaps. *Journal of Creative Behavior*, *30*, 153~172

Baltes, P., Staudinger, U. M., Maercker, A. & Smith, J. (1995). People Nominated as Wise: A Comparative Study of Wisdom-related Knowledge. *Psychology and Aging*, *10*, 155~166

Barron, F. (1995). *No Rootless Flower. An Ecology of Creativity*. Cresskill, NJ: Hampton. (Original work Published 1963)

Basadur, M. (1994). Managing the Creative Process in Organizations. In M. A. Runco (Ed.), *Problem Solving*, *Problem Finding*, *and Creativity* (pp.237~268). Norwood, NJ: Ablex

Basadur, M., Wakabayashi, M. & Graen. C. B. (1990). Individual Problem Solving Styles and Attitudes Toward Divergent Thinking Before and After Training. *Creativity Research Journal*, *3*, 22~32

Baughman, W. A. & Mumford, M. D. (1995). Process Analytic Models of Creative Capacities: Operations Influencing, the Combination and Reorganization Process. *Creativity Research Journal*, *8*, 37~62

Bowers, K. S., Regher, C., Balthazard, C. & Parker, K. (1990). Intuition in the Context of Discovery. *Cognitive Psychology*, *22*, 72~110

Buinham, C. A. & Davis, K. C. (1969). The 9-dot Problem: Beyond Perceptual Organization. *Psychonomic Science*, *17*, 321~323

Chand. I. & Runco. M. A. (1992). Problem Finding Skills as Components in the Creative Process. *Personality and Individual Differences*, *14*, 155~162

Csikszentmihalyi, M. (in press). The Domain of Creativity. In M. A. Runco & R. S. Albert (Eds.), *Theories of Creativity* (rev. ed.). Cresskill, NJ: Hampton

Csikszentmihalyi, M. & Cetzels, J. W. (1970). Concern for Discovery: An Attitudinal Component of Creative Production. *Journal of Personality*, *38*, 91~105

Davidson, J. E. & Steinberg, R. J. (1983). The Role of Insight in Intellectual Giftedness. *Gifted Child Quarterly*, *28*, 58~64

Davis, G. A. (1992). *Creativity is Forever* (3rd ed.). Dubuque, IA: Kendall/Hunt

Davis, S., Keegan, R. & Gruber, H. E. (in press). Creativity as Purposeful Work: The Evolving Systems Approach. In M. A. Runco (Ed.), *Creativity Research Handbook* (Vol.2) Cresskill, NJ: Hampton

Elbert, T., Pantev, C., Wienbruch, C., Rockstroh, B. & Taud, E. (1995, October 13). Increased Cortical Representation of the Fingers of the Left Hand in String Players. *Science*, *270*, 305~307

Epstein, R. (in press). Generativity Theory and Creativity. In M. A. Runco & R. S. Albert (Eds.), *Theories of Creativity* (rev. ed.). Cresskill, NJ: Hampton

Epstein, R., Kirshnit, C., Lanza, R. P. & Rubin, L. (1984). Insight in the Pigeon: Antecedents and Determinants of an Intelligence Performance. *Nature*, *308*, 61~62

Eysenck, H. (1993). Creativity and Personality: Suggestions for a Theory. *Psychological Inquiry*, *4*, 147~178

Finke, R. A. (1990). *Creative Imagery: Discoveries and Inventions in Visualization*. Hillsdale, NJ: Erlbaum

Finke, R. A. (in press). *Mental Imagery and Visual Creativity* In M. A. Runco (Ed.), *Creativity Research Handbook* (Vol.1, pp.183~202). Cresskill, NJ: Hampton

Finke, R. A. & Slayton, K. (1988). Explorations of Creative Visual Synthesis in Mental Imagery. *Memory and Cognition*, *16*, 252~257

Gardner, H. (1994). More on Private Intuitions and Public Symbol Systems. *Creativity Research Journal*, *7*, 265~275

Gardner, H. (in press). Is There a Moral Intelligence? *Creativity Research Journal*

Gendrop, S. (1996). Effect of an Intervention in Synectics on the Creative Thinking of Nurses. *Creativity Research Journal*, *9*, 11~19

Getzels, J. W. (1975). Problem Finding and the Inventiveness of Solutions. *Journal of Creative Behavior*, *9*, 12~18

Ghiselin, B., Rompel, R. & Taylor, C. (1964). A Creative Process Checklist: Its Development and Validation. In C. Taylor (Ed.), *Widening Horizons in Creativity* (pp.19~33). New York: Wiley

Glover, J. & Cary, A. L. (1976). Procedures to Increase Some Aspects of Creativity. *Journal of Applied Behavior Analysis*, *9*, 79~84

Goetz, E. M. & Baer, D. M. (1973). Social Control of Form Diversity and the Emergence of New Forms in Children's Blockbuilding. *Journal of Applied Behavior Analysis*, *6*, 209~217

Goetz, E. M. & Salmonson, M. M. (1972). The Effects of General and Descriptive Reinforcement of Creativity in Easel Painting. In C. B. Semb (Ed.), *Behavior Analysis in Education* (pp. 53~61). Lawrence: University of Kansas Press

Greenfield, P., Ceber, B., Beagles-Roos, J., Farrar, D. & Cat, I. (1981, April). *Television and Radio Experimentally Compared: Effects of the Medium on Imagination and Transmission of Content*. Paper Presented at the Meeting of the Society for Research in Child Development, Boston, MA

Greeno, J. C. (1989). A Perspective on Thinking. *American Psychologist*, *44*, 134~141

Gruber, H. E. (1981). On the Relation Between "Aha" Experiences and the Construction of Ideas. *History of Science*, *19*, 41 ~ 59

Gruber, H. E. (1988). The Evolving Systems Approach to Creative Work. *Creativity Research Journal*, *1*, 27 ~ 51

Guilford, J. P. (1968). *Creativity, Intelligence, and Their Educational Implications*. San Diego, CA: EDITS/Knapp

Harrington, D. M. (1975). Effects of Explicit Instructions to be Creative on the Psychological Meaning of Divergent Test Scores. *Journal of Personality*, *43*, 434 ~ 454

Heinzen, T. (1989). On Moderate Challenge Increasing Ideational Creativity. *Creativity Research Journal*, *2*, 223 ~ 226

Hennessey, B. A. (1989). The Effect of Extrinsic Constraint on Children's Creativity When Using a Computer. *Creativity Research Journal*, *2*, 151 ~ 168

Hennessey, B. A. & Zbikowski, S. M. (1993). Immunizing Children Against the Negative Effects of Reward: A Further Examination of Intrinsic Motivation Training Techniques. *Creativity Research Journal*, *6*, 297 ~ 307

Holman, J., Goetz, E. M. & Baer, D. M. (1977). The Training of Creativity as An Operant and An Examination of its Generalization Characteristics. In B. C. Etzel, J. M. LeBlanc & D. M. Baer (Eds.), *New Developments in Behavioral Research: Theory, Method, and Application* (pp. 441 ~ 447). New York: Wiley

Holmes, F. (1996). Research Trails and the Creative Spirit: Can Historical Case Studies Integrate the Short and Long Timescales of Creative Activity? *Creativity Research Journal*, *9*, 239 ~ 249

Hoppe, K. & Kyle, N. (1990). Dual Brain and Creativity. *Creativity Research Journal*, *3*, 146 ~ 157

Houtz, J. C., Jambor, S. O., Cifone, A. & Lewis, C. D. (1989), Locus of Evaluation Control, Task Directions, and Type of Problem Effects on Creativity. *Creativity Research Journal*, 2, 118~125

Howe, R. (1992). Uncovering the Creative Dimensions of Computer-based Graphic Design Products. *Creativity Research Journal*, 5, 233~243

Hyman, R. (1961). On Prior Information and Creativity. *Psychological Reports*, 9, 151~161

Hyman, R. (1964). Creativity and the Prepared Mind: The Role of Information and Induced Attitudes. In C. W. Taylor (Ed.), *Widening Horizons in Creativity* (pp.69~79). New York: Wiley

Isen, A. M., Daubman, K. A. & Nowicki, C. P. (1987). Positive Affect Facilitates Creative Problem Solving. *Journal of Personality and Social Psychology*, 52, 1122~1131

Isen, A. M., Johnson, M. M., Mertz, E. & Robinson, C. F. (1985). The Influence of Positive Affect on the Unusualness of Word Associations. *Journal of Personality and Social Psychology*, 48, 1413~1426

James, K. (1995). Coal Conflict and Originality of Thinking. *Creativity Research Journal*, 8, 285~290

Jausovec, N. (1989). Affect in Analogical Transfer. *Creativity Research Journal*, 2, 255~266

Jausovec, N. (1994). Metacognition in Creative Problem Solving. In M. A. Runco (Eds.), *Problem Solving, Problem Finding, and Creativity* (pp.77~95). Norwood, NJ: Ablex

Jausovec, N. & Bakracevic, K. (1995). What Can Heart Rate Tell Us about the Creative process? *Creativity Research Journal*, 8, 11~24

Jay, E. & Perkins, D. (in press). Creativity's Compass: A Review of

Problem Finding. In M. A. Runco (Ed.), *Creativity Research Handbook* (vol.1). Cresskill, NJ: Hampton

Kasof. J. (in press). Creativity and Breadth of Attention. *Creativity Research Journal*

Keegan, R. T. (1996, Summer). Creativity from Childhood to Adulthood: A Difference of Degree and not Kind. *New Directions for Child Development* (No. 71, pp.57~66). San Francisco: Jossey-Bass

Kohler, W. (1925). *The Mentality of Apes*. London: Rootledge & Kegan Paul

Kramer, M., Tegan E. & Knauber, J. (1970). The Effect of Presets on Creative Problem Solving. *Nursing Research*, *19*, 303~310

Kris, E. (1952). *Psychoanalytic Explorations in Art*. New York: International Universities Press

Lazarus, R. S. (1991). Cognition and Motivation in Emotion. *American Psychologist*, *46*, 352~367

Li, J. (1997). Creativity in Horizontal and Vertical Domains. *Creativity Research Journal*, *10*, 103~132

Ludwig, A. (1995). *The Price of Greatness*. New York: Guilford

MacKinnon, D. (1965). Personality and the Realization of Creative Potential. *American Psychologist*, *20*, 273~281

MacKinnon, D. (1983). The Highly Effective Individual. In R. S. Albert (Ed.), *Genius and Eminence: A Social Psychology of Creativity and Exceptional Achievement* (pp.114~127). Oxford: Pergamon. (Original Work Published 1960)

Martindale, C., Anderson, K., Moore, K. & West, A. N. (1996). Creativity, Oversensitivity, and Rate of Habituation. *Personality and Individual Differences*, *20*, 423~427

Martindale, C. & Armstrong, J. (1974). The Relationship of Creativity to Cortical Activation and Its Operant Control. *Journal of Genetic Psychology*, *124*, 311~320

Martindale, C. & Greenough, J. (1973). The Differential Effect of Increased Arousal on Creative and Intellectual Performance. *Journal of Genetic Psychology*, *123*, 329~335

Martindale, C. & Hasenfus, N. (1978). EEG Differences as a Function of Creativity, Stage of the Creative Process, and Effort to be Original. *Biological Psychology*, *6*, 157~167

Martinsen, O. (1995). Cognitive Styles and Experience in Solving Insight Problems: Replication and Extension. *Creativity Research Journal*, *8*, 291~298

Martinsen, O. & Kaufmann, C. (1991). Effect of Imagery, Strategy and Individual Differences in Solving Insight Problems. *Scandinavian Journal of Educational Research*, *35*, 69~76

Maslow, A. H. (1971). *The Farther Reaches of Human Nature*. New York: Viking

Mednick, S. A. (1962). The Associative Basis for the Creative Process. *Psychological Review*, *69*, 200~232

Meline, C. W. (1976). Does the Medium *Matter*? *Journal of Communication*, *26*, 81~89

Mendelsohn, G. (1976). Associative and Attentional Processes in Creative Performance. *Journal of Personality*, *44*, 341~369

Mendelsohn, G. & Griswold, B. (1964). Differential Use of Incidental Stimuli in Problem Solving as a Function of Creativity. *Journal of Abnormal and Social Psychology*, *68*, 431~436

Mendelsohn, G. & Griswold, B. (1966). Assessed Creative Potential,

Vocabulary Level, and sex as Predictors of the Use of Incidental Cues in Verbal Problem Solving. *Journal of Personality and Social Psychology*, *4*, 423~431

Mendelsohn, G. & Lindholm, E. (1972). Individual Differences and the Role of Attention in the Use of Cues in Verbal Problem Solving. *Journal of Personality*, *40*, 226~241

Metcalfe, J. (1986). Feeling of Knowing in Memory and Problem Solving. *Journal of Experimental Psychology: Learning, Memory, and Cognition*, *12*, 288~294

Moore, M. (1994). In M. A. Runco (Ed.), *Problem Finding, Problem Solving, and Creativity* (pp.3~39). Norwood, NJ: Ablex

Moran, J. D. & Lion, E. Y. (1982). Effects of Reward of Creativity in College Students at Two Levels of Ability. *Perceptual and Motor Skills*, *54*, 43~48

Mumford, M. D. (1984). Age and Outstanding Occupational Achievement: Lehman Revisited. *Journal of Vocational Behavior*, *25*, 225~244

Mumford, M. D. & Gustafson, S. B. (1988). Creativity Syndrome: Integration, Application, and Innovatioin. *Psychological Bulletin*, *103*, 27~43

Mumford, M. D., Mobley, M. L., Uhlman, C. E., Reiter-Palmon, R. & Doares, L. (1991). Process Analytic Models of Creative Thought. *Creativity Research Journal*, *4*, 91~122

Mumford. M. D., Reiter-Palmon, R. & Redmond, M. R. (1994). Problem Construction and Cognition: Applying Problem Representations in Ill-defined domains. In M. A. Runco (Ed.), *Problem Finding, Problem Solving, and Creativity* (pp.3~39). Norwood, NJ: Ablex

Mumford, M. D., Supinski, E. P., Baughman, W. A., Costanza, D. P. & Threlfall, K. V. (in press). Process-based Measures of Creative Problem-solving

Skills. Part 5, Overall Prediction. *Creativity Research Journal*

Murray, H. A. (1959). Vicissitudes of Creativity. In H. H. Anderson (Ed.), *Creativity and Its Cultivation* (pp.203~221). New York: Harper

Nunnally, J. C. (1976). *Psychometric Theory* (2nd ed). New York: McGraw-Hill

Okuda, S. M., Runco, M. A. & Berger, D. E. (1991). Creativity and the Finding and Solving of Real-world Problems. *Journal of Psychoeducational Assessment*, *9*, 45~53

Pennebaker, J. W., Kiecolt-Glaser, J. K. & Glaser, R. (1997). Disclosure of Trauma and Immune Functioning: Health Implications for Psychotherapy. In M. A. Runco & R. Richards (Eds.), *Eminent Creativity*, *Everyday Creativity*, *and Health* (pp.287~302). Norwood, NJ: Ablex

Pesut, D. J. (1990). Creative Thinking as a Self-regnlatory Metacognitive Process: A Model for Education, Training and Further Research. *Journal of Creative Behavior*, *24*, 105~110

Pryor, K. W., Hoag, R. & O'Reilly, J. (1969). The Creative Porpoise: Training for Novel Behavior. *Journal of the Experimental Analysis of Behavior*, *12*, 653~661

Rickards, T. & deCock, C. (in press). Understanding Organizational Creativity: Towards a Multi-paradigmatic Approach. In M. A. Runco (Ed.), *Creativity Research Handbook* (vol.2). Cresskill, NJ: Hampton

Rogers, C. R. (1961). On *Becoming a Person*. Boston, MA: Houghton Muffin

Root-Berustein, R. S., Berustein, M. & Carnier, H. (1993). Identification of Scientists Making Long-term, High-impact Contributions, with Notes on Their Methods of Working. *Creativity Research Journal*, *6*, 320~343

Rosnow, R. L. & Rosenthal, R. (1997). *People Studying People*. New York: Freeman

Rothenberg, A. (1990). Creativity, Health, and Alcoholism. *Creativity Research Journal*, *3*, 179~202

Rothenberg. A. & Hausman, C. (in press). Metaphor and Creativity. In M. A. Runco (Ed.), *Creativity Research Handbook* (Vol. 2). Cresskill, NJ: Hampton

Rubenson, D. L. & Runco, M. A. (1992). The Psychoeconomic Approach to Creativity. *New Ideas in Psychology*, *10*, 131~147

Runco, M. A. (1985). Reliability and Convergent Validity of Ideational Flexibility as a Function of Academic Achievement. *Perceptual and Motor Skills*, *61*, 1075~1081

Runco, M. A. (1986). Maximal Performance on Divergent Thinking Tests by Gifted, Talented, and Nongifted Children. *Psychology in the Schools*, *23*, 308~315

Runco, M. A. (1989). The Creativity of Children's Art. *Child Study Journal*, *19*, 177~189

Runco, M. A. (1991). *Divergent Thinking*. Norwood, NJ: Ablex

Runco, M. A. (1992a). Children's Divergent Thinking and Creative Ideation. *Developmental Review*, *12*, 233~264

Runco, M. A. (1992b). *Creativity as An Educational Objective for Disadvantaged Students*. Storrs, CT: National Research Center on the Gifted and Talented

Runco, M. A. (1993). Operant Theories of Insight, Originality and Creativity. *American Behavioral Scientist*, *37*, 59~74

Runco, M. A. (1994a). Cognitive and Psychometric Issues in Creativity

Research. In S. G. Isaksen. M. C. Murdock, R. L. Firestien & D. J. Treffinger (Eds.), *Understanding and Recognizing Creativity* (pp. 331～368). Norwood, NJ: Ablex

Runco, M. A. (1994b). Conclusions Concerning Problem Finding, Problem Solving, and Creativity. In M. A. Runco (Ed.), *Problem Finding, Problem Solving, and Creativity* (pp.272～290). Norwood, NJ: Ablex

Runco, M. A. (1994c). Creativity and Its Discontents. In M. P. Shaw & M. A. Runco (Eds.), *Creativity and Affect* (pp.102～123). Norwood, NJ: Ablex

Runco, M. A. (1996, Summer). Personal Creativity: Definition and Developmental Issues. *New Directions for Child Development*, No.*72*, pp.3～30

Runco, M. A. & Albert, R. S. (1985). The Reliability and Validity of Ideational Originality in the Divergent Thinking of Academically Gifted and Nongifted Children. *Educational and Psychological Measurement*, *45*, 483～501

Runco, M. A. & Albert, R. S. (in press). *Theories of Creativity* (rev. ed.). Cresskill, NJ: Hampton

Runco, M. A. & Basadur, M. (1993). Assessing Ideational and Evaluative Skills and Creative Styles and Attitudes. *Creativity and Innovation Management*, *2*, 166～173

Runco, M. A. & Chand, I. (1994). Problem Finding, Evaluative Thinking, and Creativity. In M. A. Runco (Ed.), *Problem Finding, Problem Solving, and Creativity* (pp.40～76). Norwood, NJ: Ablex

Runco, M. A. & Charles, R. (1993). Judgments of Originality and Appropriateness as Predictors of Creativity. *Personality and Individual Differences*, *15*, 537～546

Runco, M. A., Ebersole, P. & Mraz, W. (1991). Self-actualization and Creativity. *Journal of Social Behavior and Personality*, *6*, 161～167

Runco, M. A., Eisenman. R. & Harris, S. (1997). *Explicit Instructions for Originality and Appropriateness*. Unpublished Manuscript

Runco, M. A., Johnson, D. & Gaynor, J. R. (in press). The Judgmental Bases of Creativity and Implications for the Study of Gifted Youth. In A. Fishkin, B. Cramond & P. Olszewski-Kubilius (Eds.), *Creativity in Youth: Research and Methods*. Cresskill, NJ: Hampton

Runco, M. A. & Nemiro, J. (1996). *Instructions and Creative Performance*. Unpublished Manuscript

Runco, M. A. & Okuda, S. M. (1991). The Instructional Enhancement of the Ideational Originality and Flexibility Scores of Divergent Thinking Tests. *Applied Cognitive Psychology*, *5*, 435 ~ 441

Runco, M. A., Okuda, S. M. & Thurston, B. J. (1991). Environmental Cues and Divergent Thinking. In M. A. Runco (Ed.), *Divergent Thinking* (pp.79 ~ 85). Norwood, NJ: Ablex

Runco, M. A. & Pezdek, K. (1984). The Effect of Television and Radio on Children's Creativity. *Human Communications Research*, *11*, 109 ~ 120

Runco, M. A., Reiter-Palmon, R., Smith, W., Seino, S. (1997). *Procedural and Conceptual Explicit Instructions and Creative Thinking*. Unpublished Manuscript

Runco, M. A. & Richards, R. (Eds., 1998), *Eminent Creativity, Everyday Creativity, and Health*. Norwood, NJ: Ablex

Runco, M. A. & Sakamoto, S. O. (1996). Optimization as a Guiding Principle in Research on Creative Problem Solving. In T. Helstrup, G. Kaufmann & K. H. Teigen (Eds.), *Problem Solving and Cognitive Processes: Essays in Honor of Kjell Raaheim* (pp.119 ~ 144). Bergen, Norway: Fagbokforlaget Vigmostad & Bjorke

Saracho, O. (1992). Preschool Children's Cognitive Style and Play and Implications for Creativity. *Creativity Research Journal*, *5*, 35~47

Schaffner, K. (1994). Discovery in Biomedical Science: Logic or Intuitive Genius? *Creativity Research Journal*, *4*, 351~363

Shapiro, R. J. (1970). The Criterion Problem. In P. E. Vernon (Ed.), *Creativity* (pp.257~269). New York: Penguin

Sheldon, K. (1995). Creativity and Goal Conflict. *Creativity Research Journal*, *8*, 299~306

Simon, H. A. & Chase, W. (1973). Skill in Chess. *American Scientist*, *61*, 394~403

Simonton, D. K. (in press). Historiometric Studies of Creative Genius. In M. A. Runco (Ed.), *Creativity Research Handbook* (Vol. 2). Cresskill, NJ: Hampton

Singer, J. & Singer, D. (in press). Imagining Possible Worlds to Confront and Create Realities. In M. A. Runco (Ed.), *Creativity Research Handbook* (Vol.2). Cresskill, NJ: Hampton

Skinner, B. F. (1975). *About Behaviorism*. New York: Knopf

Smith, G. J. W. (1990). Creativity in Old Age. *Creativity Research Journal*, *3*, 249~264

Smith, G. J. W. & Van der Meer, G. (1994). Creativity Through Psychosomatics. *Creativity Research Journal*, *7*, 159~170

Smith, G. J. W. & Van der Meer, G. (1997). Perception and Creativity. In M. A. Runco (Ed.), *Creativity Research Handbook* (Vol. 1). Cresskill, NJ: Hampton

Smith, K. L. R., Michael, W. B. & Hocevar, D. (1990). Performance on Creativity measures with Examination-taking Intended to Isduce High or Low

Levels of Test Anxiety. *Creativity Research Journal*, *3*, 265~280

Sneed, C. & Runco, M. A. (1992). The Beliefs Adults and Children Hold about Television and Video Games. *Journal of Psychology*, *126*, 273~284

Stohs, J. H. (1992). Intrinsic Motivation and Sustained Art Activity Among Male Fine and Applied Artists. *Creativity Research Journal*, *5*, 245~252

Stokes, T. F. & Baer, D. M. (1977). An Implicit Technology of Generalization. *Journal of Applied Behavior Analysis*, *10*, 349~367

Tobias, S. (1985). Test Anxiety: Interference, Defective Skills, and Cognitive Capacity. *Educational Psychologist*, *20*, 135~142

Toplyn, G. & Maguire, W. (1991). The Differential Effect of Noise on Creative Task Performance. *Creativity Research Journal*, *4*, 337~347

Torrance, E. P. (1974). *The Torrance Tests of Creative Thinking*. Bensenville, IL: Scholastic Testing Services

Tweney, R. D. (1996). Presymbolic Processes in Scientific Creativity. *Creativity Research Journal*, *9*, 163~172

Vosburg, S. (in press). Mood and Unconstrained Idea Production. *Creativity Research Journal*. Voss, H. G. (1977). The Effect of Experimentally Induced Activation on Creativity. *Journal of Psychology*, *96*, 3~9

Wallace, E. (1991). The Genesis and Microgenesis of Sudden Insight. *Creativity Research Journal*, *4*, 41~50

Wallace, D. & Gruber, H. E. (1989). *Creative People at Work: Twelve Cognitive Case Studies*. New York: Oxford University Press

Wallach, M. A. (1970). Creativity. In P. A. Mussen (Ed.), *Manual of Child Psychology* (Vol.1, pp.1211~1271). New York: Wiley

Wallach, M. A. & Kogan, N. (1965). *Modes of Thinking in Young Children*. New York: Holt, Rinehart & Winston

Wallas, G. (1926). *The Art of Thought*. New York: Harcourt, Brace, Jovanovich

Ward, W. C. (1969). Creativity and Environmental Cues in Nursery School Children. *Developmental Psychology*, *1*, 543~547

Ward, W. C., Kogan, N. & Pankove, E. (1972). Incentive Effects in Children's Creativity. *Child Development*, *43*, 669~676

Weber, R. (1996). Toward a Language of Invention and Synthetic Thinking. *Creativity Research Journal*, *9*, 353~367

Weisberg, R. W. (1992). Metacognition and Insight during Problem-solving: Comment on Metcalfe. *Journal of Experimental Psychology: Learning, Memory, and Cognition*, *18*, 426~431

Weisberg, R. W. & Alba, J. W. (1981). An Examination of the Alleged Role of Fixation in the Solution of Several Insight Problems. *Journal of Experimental Psychology: General*, *110*, 169~192

Wikstrom, B. M., Ekvall, G. & Sandstrom, S. (1994). Stimulating the Creativity of Elderly Women through Works of Art. *Creativity Research Journal*, *7*, 171~182

Zajonc, R. B. (1980). Feeling and Thinking: Preferences Need No Inferences. *American Psychologist*, *35*, 151~175

第5章

Arnheim, R. (1962). *The Genesis of a Painting: Picasso's*. Berkeley: University of California Press

Barrett, P. H., Gautrey, J., Herbert, S., Kohn, D. & Smith, S. (Eds.). (1987). *Charles Darwin's Notebooks, 1836 ~ 1844*. Ithaca, NY: Cornell University Press

Barron, F. & Harrington, D. M. (1981). Creativity, Intelligence, and Personality. *Annual Review of Psychology*, *32*, 439~476

Blake, W. (1790/1946). The Marriage of Heaven and Hell. In A. Kazin (Ed.), *The Portable Blake* (pp.249~266). New York: Viking

Bringuier, J. C. (1980). *Conversations with Jean Piaget*. Chicago: University of Chicago Press (Original work published 1977)

Csikszentmihalyi, M. (1988). Where Is the Evolving Milieu? A Response to Gruber (1981). *Creativity Research Journal*, *1*, 60~67

Csikszentmilhalyi, M. (1994). The Domain of Creativity. In D. H. Feldman, M. Csikszentmihalyi &H. Gardner (Eds.), *Changing the World, a Framework for the Study of Creativity* (pp.154~155). London: Praeger

Darwin, C. (1837a). On Certain Areas of Elevation and Subsidence in the Pacific and Indian Oceans, as Deduced from the Study of Coral Formations. *Proceedings of the Geological Society of London*, *21*, 552~554. (Presented May 31, 1837)

Darwin, C. (1837b). On the Formation of Mould. *Transactions of the Geological Society of London*, *1840*, 505~509. (Read November i. 1837)

Darwin, C. (1859). *On the Origin of Species*. London: Murray

Darwin, C. (1882). *The Formation of Vegetable Mould Through the Action of Worms, with Observations on Their Habits*. London: Murray

de Vries, L. (1971). *Victorian Inventions*. New York: McGraw-Hill

Dyson, F.(1979). *Disturbing the Universe*. New York: Harper

Engels, K. (1894). *Herr Eugen Duehring's Revolution in Science*. New York: International Publishers

Feldman D. H., Csikszentmihalyi, M. & Gardner, H. (19~). *Changing the World: Aframeworkforthe Study of Creativity*. London: Praeger

Franklin, M. B. (1994). Narratives of Change and Continuity: Women Artists Reflect on Their Work. In M. B. Franklin & B. Kaplan (Eds.), *Development and the Arts: Critical Perspectives* (pp.165~191). Hillsdale, NJ: Erlbaum

Gablik, S. (1984). *Has Modernism Failed?* New York: Thames & Hudson

Galton, F. (1883). *Inquiries into Human Faculty and Its Development.* London: Dent

Gardner, H. (1993). *Creating Minds: An Anatomy of Creativity Seen through the Lives of Freud, Einstein, Picasso, Stravinsky, Eliot, Graham, Gandhi.* New York: Basic

Ginsburg, H. P. (1997). *Entering the Child's Mind: The Clinical Interview in Psychological Research and Practice.* New York: Oxford

Gruber, H. E. (1978). Darwin's "Tree of Nature" and other Images of Wide Scope. In J. Wechsler (Ed.), *On Aesthetics in Science*, 121~142. Cambridge, MA: MIT Press

Gruber, H. E. (1981). *Darwin on Man: A Psychological Study of Scientific Creativity* (rev. ed.). Chicago: University of Chicago Press. (Original work published 1974)

Gruber, H. E. (1982). Foreword. In J. M. Broughton & D. J. Freeman-Moir (Eds.), *The Cognitive-development Psychology of James Mark Baldwin* (pp.xv–xx). Norwood, NJ: Ablex

Gruber, H. E. (1988). The Evolving Systems Approach to Creative Work. *Creativity Research Journal*, *1*, 27~51

Gruber, H. E. (1994). On Reliving the *Wanderjahr*. The Many Voyages of the *Beagle*. *Journal of Adult Development*, *1*, 47~69

Gruber, H. E. (1995). Insight and Affect in the History of Science. In R. J.

Sternberg & J. E. Davidson (Eds.), *The Nature of Insight* (pp. 397~431). Cambridge, MA: MIT Press

Gruber, H. E. (1996a). The Life Space of a Scientist: The Visionary Function and Other Aspects of Jean Piaget's Thinking. *Creativity Research Journal*, *9*, 251~266

Gruber, H. E. (1996b). Starting Out: The Early Phases of Four Creative Careers-Darwin, van Gogh, Freud, and Shaw. *Journal of Adult Development*, *3*, 1~6

Gruber, H. E. (1998). Book Review of Howard Gardner's: *Creating Minds: An Anatomy of Creativity Seen through the Lives of Freud*, *Einstein*, *Picasso*, *Stravinsky*, *Eliot*, *Graham and Gandhi. Journal of Creative Behavior*, *30*, 213~227

Gruber, H. E. & Wallace, D. B. (1993). Special Issue: Creativity in the Moral Domain. *Creativity Research Journal*, *6*, (*1&2*), 1~200

Guilford, J. P. (1950). Creativity. *American Psychologist*, *5*, 444~454

Hamburger, M. (Ed. and Trans.). (1952). *Beethoven: Letters and Journals and Conversations*. New York: Pantheon

Hanscombe, G. & Smyers, V. L. (1987). *Writing for Their Lives: The Modernist Women*, *1910~1940*. London: Women's Press

Hyde, L. (1983). *The Gift: Imagination and the Erotic Life of Property*. New York: Dover

James, W. (1950). *The Principles of Psychology* (2 vols.). New York: Dover (Original work published 1890)

Keegan, R. T. & Gruber, H. E. (1983). Love, Death and Continuity in Darwin's Thinking. *Journal of the History of the Behavioral Sciences*, *19*, 15~30

Keller, E. F. (1983). *A Feeling for the Organism: The Life and Work of*

Barbara McClintock. San Francisco：Freeman

Lewin, K. (1935). *A Dynamic Theory of Personality: Selected Papers*. New York：McGraw-Hill

Marnyama, M. (1963). The Second Cybernetics：Deviation-amplifying Mutual Causal Processes. *American Scientist*, *51*, 164～179

Michotte, A., Thinès, G. & Crabbé, G. (1964). Les Compléments Amodaux des Structures Perceptives (Amodal Complements of Perceptual Structures). *Studia Psychologica*. Louvain：University of Lou-vain

Miller, A. I. (1984). *Imagery in Scientific Thought Creating Twentieth-century Physics*. Boston：Birkhauser

Miller, A. I. (1996). Metaphors in Creative Scientific Thought. *Creativity Research Journal*, *9*, 113～130

Moore, J. R. (1985). Darwin of Downe：The Evolutionist as Squarson-naturalist. In D. Kohn, *The Darwinian Heritage* (pp. 435～482). Princeton, NJ：Princeton University Press

Murray, H. A. & Kluckhohn, C. (Eds.). (1950). *Personality in Nature, Society, and Culture*. New York：Knopf

Ochse, R. (1990). *Before the Gates of Excellence: The Determinants of Creative Genius*. Cambridge University Press

O'Reilly, W. G. & Holmes, F. L. (1994). Creativity and Discovery. An Introduction to the Special Issue. *Creativity Research Journal 7 (3&4)*, 221～223. (Special Issue of *Creativity Research Journal*, Sponsored by the Royal Society of Medicine, London, October 1989)

Osowski, J. V. (1989). Ensembles of Metaphor in the Psychology of William James. In D. B. Wallace & H. E. Gruber (Eds.), *Creative People at Work* (pp.127～145). New York：Oxford

Pais, R. S. (1982). "*Subtle is the Lord...*" *the Science and the Life of Albert Einstein*. New York: Oxford University Press

Piaget, J. (1987). *Possibility and Necessity* (2 vols.). Minneapolis: University of Minnesota Press. (Original work published 1981)

Schweber, S. S. (1985). The Wider British Context in Darwin's Theorizing. In D. Kohn (Ed.), *The Darwinian Heritage* (pp. 35 ~ 70). Princeton, NJ: Princeton University Press

Schweber, S. S. (1994). *QED and the Men Who Made it. Dyson, Feynman, Schwinger and Tomonaga*. Princeton, NJ: Princeton University Press

Sternberg, R. J. & Davidson, J. E. (1995). *The Nature of Insight* Cambridge, MA: MIT Press

Titchener, E. B. (1909). *Lectures on the Experimental Psychology of the Thought Processes*. New York: Macmillan

Wallace, D. B. (1989a). Studying the Individual: The Case Study Method and Other Genres. In D. B. Wallace & H. E. Gruber (Eds.), *Creative People at Work: Twelve Cognitive Case Studies* (pp.25 ~ 43). New York: Oxford University Press

Wallace, D. B. (1989b). Stream of Consciousness and Reconstruction of Self in Dorothy Richardson's *Pilgrimage*. In D. B. Wallace & H. E. Gruber (Eds.), *Creative People at Work: Twelve Cognitive Case Studies* (pp. 147 ~ 169). New York: Oxford University Press

Wallace, D. B., Gruber, H. E. (Eds.). (1989). *Creative People at Work: Twelve Cognitive Case Studies*. New York: Oxford University Press

Wallas, G. (1926). *The Art of Thought*. New York: Harcourt Brace

Weisberg, R. W. (1993). *Creativity: Beyond the Myth of Genius*. New York: Freeman

Wertheimer, M. (1945). *Productive Thinking*. New York: Harper

Westfall, R. S. (1980). *Never at Rest: A Biography of Isaac Newton*. Cambridge University Press

Wimpenny, N. (1994). The Development of Vincent van Gogh's Creative Belief Systems Preceding His Commitment to Art. Unpublished Student Paper, Teachers College, Columbia University

Wittgenstein, L. (1969). *On Certainty*. New York: Harper & Row

Wolpert, L. & Richards, A. (1988). *A Passion for Science*. New York: Oxford University Press

Woolf, V. (1957), *A Room of One's Own*. New York: Harcourt, Brace, Jovanovich (Original work published 1929)

第6章

Abt, H. A. (1983). At What Ages did Outstanding American Astronomers Publish Their Most Cited Papers. *Publications of the Astronomical Society of the Pacific*, *95*, 113~116

Adams, C. W. (1946). The Age at Which Scientists do Their Best Work. *Lsis*, *36*, 166~169

Albert, R. S. (1971). Cognitive Development and Parental Loss among the Gifted, the Exceptionally Gifted and the Creative. *Psychological Reports*, *29*, 19~26

Albert, R. S. (1980). Family Positions and the Attaitnment of Eminence: A Study of Special Family Positions and Special Family Experiences. *Gifted Child Quarterly*, *24*, 87~95

Amabile, T. M. (1996). *Creativity in Context*. Boulder, CO: Westview

Arieti, S. (1976) *Creativity: The Magic Synthesis*. New York: Basie

Barron, F. X. (1969). *Creative Person and Creative Process*. New York: Holt, Rinehart & Winston

Barron, F. X. & Harrington, D. M. (1981). Creativity, Intelligence, and Personality. *Annual Review of Psychology*, *32*, 439~476

Beard, G. M. (1874). *Legal Responsibility in Old Age*. New York: Russell

Berry, C. (1981). The Nobel Scientists and the Origins of Scientific Achievement. *British Journal of Sociology*, *32*, 381~391

Bliss, W. D. (1970). Birth Order of Creative Writers. *Journal of Individual Psychology*, *26*, 200~202

Boor, M. (1990). Reliability of Ratings of Movies by Professional Movie Critics. *Psychological Reports*, *67*, 243~257

Boor, M. (1992). Relationships among Ratings of Motion Pictures by Viewers and Six Professional Movie Critics. *Psychological Reports*, *70*, 1011~1021

Bradburn, N. M. & Berlew, D. E. (1961). Need for Achievement and English Economic Growth. *Economic Development and Cultural Change*, *10*, 8~20

Bramwell, B. S. (1948). Galton's *Hereditary Genius* and the Three Following Generations Since 1869. *Eugenics Review*, *39*, 146~153

Brannigan, A. & Wanner, R. A. (1983a), Historical Distributions of Multiple Discoveries and Theories of Scientific Change. *Social Studies of Science*, *13*, 417~435

Brannigan, A. & Wanner, R. A. (1983b). Multiple Discoveries in Science: A Test of the Communication Theory. *Canadian Journal of Sociology*, *8*, 135~151

Bullough, V., Bullough, B. & Mauro, M. (1978). Age and Achievement:

A Dissenting View. *Gerontologist*, *18*, 584～587

Bullough, V. L., Bullough, B., Voight, M. & Kluckhohn, L. (1971). Birth Order and Achievement in Eighteenth Century Scotland. *Journal of Individual Psychology*, *27*, 80

Candolle, A. de (1873). *Histoire des Sciences et des Savants Depuis Deux Siecles*. Geneva: Georg

Cattell, J. M. (1903). A Statistical Study of Eminent Men. *Popular Science Monthly*, *62*, 359～377

Cattell, J. M. (1910). A Further Study of American Men of Science. *Science*, *32*, 633～648

Cattell, R. B. (1963). The Personality and Motivation of the Researcher from Measurements of Contemporaries and from Biography. In C. W. Taylor & F. Barron (Eds.), *Scientific Creativity: Its Recognition and Development* (pp.119～131). New York: Wiley

Cerulo, K. A. (1984). Social Disruption and Its Effects on Music: An Empirical Analysis. *Social Forces*, *62*, 885～904

Cerulo, K. A. (1988). Analyzing Cultural Products: A New Method of Measurement. *Social Science Research*, *17*, 317～352

Cerulo, K. A. (1989). Variations in Musical Syntax: Patterns of Measurement. *Communication Research*, *16*, 204～235

Clark, R. D. & Rice, G. A. (1982). Family Constellations and Eminence: The Birth Orders of Nobel Prize Winners. *Journal of Psychology*, *110*, 281～287

Cole, J. R. & Cole, S. (1972). The Ortega Hypothesis. *Science*, *178*, 368～375

Cortés, J. B. (1960). The Achievement Motive in the Spanish Economy between the 13th and 18th Centuries. *Economic Development and Cultural*

Change, *9*, 144~163

Cox, C. (1926). *The Early Mental Traits of Three Hundred Geniuses*. Stanford, CA: Stanford University Press

Csikszentmihaly, M. (1990). The Domain of Creativity. In M. A. Runco & R. S. Albert (Eds.), *Theories of Creativity* (pp.190~212). Newbury Park, CA: Sage

Davies, E. (1969, November). This Is the Way Crete Went-Not with Bang But a Simper. *Psychology Today*, pp.43~47

Davis, H. T. (1941). *The Analysis of Economic Time Series*. Bloomington, IN: Principia

Davis, R. A. (1987). Creativity in Neurological Publications. *Neurosurgery*, *20*, 652~663

Davis, W. M. (1986). Premature Mortality among Prominent American Authors Noted for Alcohol Abuse. *Drug and Alcohol Dependence*, *18*, 133~138

Dennis, W. (1954a). Bibliographies of Eminent Scientists. *Scientific Monthly*, *79*, 180~183

Dennis, W. (1954b). Predicting Scientific Productivity in Later Maturity from Records of Earlier Decades. *Journal of Gerontology*, *9*, 465~467

Dennis, W. (1954c). Productivity among American Psychologists. *American Psychologist*, *9*, 191~194

Dennis, W. (1955). Variations in Productivity among Creative Workers. *Scientific Monthly*, *80*, 277~278

Dennis, W. (1956). Age and Productivity among Scientists. *Science*, *123*, 724~725

Dennis, W. (1966). Creative Productivity between the Ages of 20 and 80 Years. *Journal of Gerontology*, *21*, 1~8

Derks, P. L. (1989). Pun Frequency and Popularity of Shakespeare's Plays. *Empirical Studies of the Arts*, *7*, 23~31

Derks, P. L. (1994). Clockwork Shakespeare: The Bard Meets the Regressive Imagery Dictionary. *Empirical Studies of the Arts*, *12*, 131~139

Diamond, A. M., Jr. (1980). Age and the Acceptance of Cliometrics. *Journal of Economic History*, *40*, 838~841

Diemer, G. (1974). Greativity Versus Age. *Physics Today*, *27*, 9

Donovan, A., Laudan, L. & Laudan, R. (Eds.). (1988). Scrutinizing Science: *Empircal Studies of Scientific Change.* Dordrecht: Kluwer

Dressler, W. W. & Robbins, M. C. (1975). Art Styles, Social Stratification, and Cognition: An Analysis of Greek Vase Painting. *American Ethnologist*, *2*, 427~434

Eisenstadt, J. M. (1978). Parental Loss and Genius. *American Psychologist*, *33*, 211~223

Eisenstadt, J. M., Haynal, A., Rentchnick, P. & De Senarelens, P. (1989). *Parental Loss and Achievement.* Madison, CT: International Universities Press

Ellis, H. (1926). *A Study of British Genius* (rev. ed.). Boston: Houghton Mifflin

Elms, A. C. (1994). *Uncovering Lives: The Unedsy Alliance of Biography and Psychology*. New York: Oxford University Press

Eysenck, H. J. (1995). *Genius: The Natural History of Creativity.* Cambridge University Press

Farnsworth, P. R. (1969). *The Social Psychology of Music* (2nd ed.). Ames: Lowa State University Press

Faust, D. & Meehl, P. E. (1992). Using Scientific Methods to Resolve Questions in the History and Philosophy of Science: Some Illustrations. *Behavior*

Therapy, *23*, 195~211

Fogel, R. W. (1964). *Railroads and American Economic Growth.* Baltimore: Johns Hopkins University Press

Fogel, R. W. & Engerman. S. L. (1974). *Time on the Cross.* Boston: Little, Brown

Freud, S. (1964). *Leonardo da Vinci and a Memory of His Childhood* (A. Tyson, Trans.). New York: Norton. (Original work published 1910)

Galton, F. (1869). *Hereditary Genius: An Inguiry into Its Laws and Consequences.* London: Macmillan

Galton, F. (1874). *English Men of Science: Their Nature and Nurture.* London: Macmillan

Gieryn, T. F. & Hirsh, R. F. (1983). Marginality and Innovation in Science. *Social Studies of Science*, *13*, 87~106

Goertzel, M. G., Goertzel, V. & Goertzel, T. G. (1978). *Three hundred eminent Personalities: A Psychosocial Analysis of the Famous.* San Francisco: Jossey-Bass

Gray, C. E. (1958). An Analysis of Graeco-Roman Development: The Epicyclical Evolution of GraecoRoman Civilization. *American Anthropologist*, *60*, 13~31

Gray, C. E. (1961). An Epicyclical Model for Western Civilization. *American Anthropologist*, *63*, 1014~1037

Gray, C. E. (1966). A Measurement of Creativity in Western Civilization. *American Anthropologist*, *68*, 1384~1417

Green, G. S. (1981). A Test of the Ortega Hypothesis in Criminology. *Criminology*, *19*, 45~52

Haefele, J. W. (1962). *Creativity and Innovation.* New York: Reinhold

Han, H. (1989). Linear Increase Law of Optimum age of Scientific Creativity. *Scientometrics*, *15*, 309~312

Harrison, A. A. & Kroll, N. E. A. (1985~1986). Variations in Death Rates in the Proximity of Christmas: An Opponent Process Interpretation. *Omega: Journal of Death and Dying*, *16*, 181~192

Harrison, A. A. & Kroll, N. E. A. (1989~1990). Birth Dates and Death Dates: An Examination of Two Base Line Procedures and Age at Time of Death. *Omega: Journal of Death and Dying*, *20*, 127~137

Harrison, A. A. & Moore, M. (1982~1983). Birth Dates and Death Dates: A Closer Look. *Omega: Journal of Death and Dying*, *13*, 117~125

Hasenfus, N., Martindale, C. & Birnbaum, D. (1983). Psychological Reality of Cross-media Artistic Styles. *Journal of Experimental Psychology: Human Perception and Performance*, *9*, 841~863

Hayes, J. R. (1989). *The Complete Problem Solver* (2nd ed.): Hillsdale. NJ: Erlbaum

Helmreich, R. L., Spence, J. T. & Thorbecke, W. L. (1981). On the Stability of Productivity and Recognition. *Personality and Social Psychology Bulletin*, *7*, 516~522

Hermann, D. B. (1988). How Old Were the Authors of Significant Research in Twentieth Century Astronomy at the Time of Their Greatest Achievements? *Scientometrics*, *13*, 135~138

Hudson, L. (1958). Undergraduate Academic Record of Fellows of the Royal Society. *Nature*, *182*, 1326

Hull, D. L., Tessner, P. D. & Diamond, A. M. (1978). Planck's Prineiple: Do Younger Scientists Accept New Scientific Ideas with Greater Alacrity than Older Scientists? *Science*, *202*, 717~723

Huntington, E. (1938). *Season of Birth: Its Relation to Human Abilities*. New York: Wiley

Inhaber, H. (1977). Scientists and Economic Growth. *Social Studies of Science*, *7*, 514~526

Inhaber, H. & Przednowek, K. (1976). Quality of Research and the Nobel Prizes. *Social Studies of Science*, *6*, 33~50

Jackson, J. M. & Padgett, V. R. (1982). With a Little Help from My Friend: Social Loafing and the LennonMeCartney Songs. *Personality and Social Psychology Bulletin*, *8*, 672~677

Karlson, J. I. (1970). Genetic Association of Giftedness and Creativity with schizophrenia. *Hereditas*, *66*, 177~182

Kaulins, A. (1979). Cycles in the Birth of Eminent Humans. *Cycles*, *30*, 9~15

Kaun, D. E. (1991). Writers die Young: The Impact of Work and Leisure on Longevity. *Journal of Economic Psychology*, *12*, 381~399

Kavolis, V. (1964). Economic Correlates of Artistic Creativity. *American Journal of Sociology*, *70*, 332~341

Klingemann, H. D., Mohler, P. P. & Weber, R. P. (1982). Cultural Indicators Based on Content Analysis: A Secondary Analysis of Sorokin's Data on Fluctuations of Systems of Truth. *Quality and Quantity*, *16*, 1~8

Knapp, R. H. (1962). A Factor Analysis of Thorndike's Ratings of Eminent Men. *Journal of Social Psychology*, *56*, 67~71

Kroeber, A. L. (1944). *Configurations of Culture Growth*. Berkeley: University of California Press

Kuo, Y. (1986). The Growth and Decline of Chinese Philosophical Genius. *Chinese Journal of Psychology*, *28*, 81~91

Kuo, Y. (1988). The Social Psychology of Chinese Philosophical Creativity: A Critical Synthesis. *Social Epistemology*, *2*, 283~295

Lehman, H. C. (1943). The Longevity of the Eminent. *Science*, *98*, 270~273

Lehman, H. C. (1947). The Exponential Increase of Man's Cultural Output. *Social Forces*, *25*, 281~290

Lehman, H. C. (1953). *Age and Achievement*. Princeton, NJ: Princeton University Press

Lehman, H. C. (1958). The Chemist's Most Creative Years. *Science*, *127*, 1213~1222

Lehman, H. C. (1962). More about Age and Achievement. *Gerontologist*, *2*, 141~148

Lehman, H. C. (1963). Chronological Age Versus Preseat-day Contributions to Medical progress. *Gerontologist*, *3*, 71~75

Lehman, H. C. (1966a). The Most Creative Years of Engineers and Other Technologists. *Journal of Genetic Psychology*, *108*, 263~270

Lehman, H. C. (1966b). The Psychologist's Most Creative Years. *American Psychologist*, *21*, 363~369

Lehman, H. C. & Witty, P. A. (1931). Scientific Eminence and Church Membership. *Scientific Monthly*, *33*, 544~549

Lester, D. (1991). Premature Mortality Associated with Alcoholism and Suicide in American Writers. *Perceptual and Motor Skills*, *73*, 162

Lindauer, M. S. (1992). Greativity in Aging Artists: Contributions from the Humanities to the Psychology of Old Age. *Creativity Research Journal*, *5*, 211~231

Lindauer. M. S. (1993a). The Old-age Style and Its Artists. *Empirical Studies and the Arts*, *11*, 135 ~ 146

Lindauer, M. S. (1993b). The Span of Creativity among Long-lived Historical Artists. *Creativity Research Journal*, *6*, 231 ~ 239

Lotka, A. J. (1926). The Frequency Distribution of Scientific Productivity. *Journal of the Washington Academy of Sciences*, *16*, 317 ~ 323

Lowe, J. W. G. & Lowe, E. D. (1982). Cultural Pattern and Process：A Study of Stylistic Change in Women's dress. *American Anthropologist*, *84*, 521 ~ 544

Ludwig, A. M. (1990). Alcohol Input and Creative Output. *British Journal of Addiction*, *85*, 953 ~ 963

Ludwig, A. M. (1992a). Creative Achievement and Psychopathology：Comparison Among Professions. *American Journal of Psychotherapy*, *46*, 330 ~ 356

Ludwig, A. M. (1992b). The Creative Achievement Scale. *Creativity Research Journal*, *5*, 109 ~ 124

Ludwig, A. M. (1995). *The Price of Greatness: Resolving the Creativity and Madness Controversy*. New York：Guilford

Lyons, J. (1968). Chronological Age, Professional Age, and Eminence in Psychology. *American Psychologist*, *23*, 371 ~ 374

Mackavey, W. R., Malley, J. E. & Stewart, A. J. (1991). Remembering Autobiographically Consequential Experiences：Content Analysis of Psychologists's Accounts of Their Lives. *Psychology and Aging*, *6*, 50 ~ 59

Mackinnon, D. W. (1978). *In Search of Human Effectiveness*. Buffalo, NJ：Creative Education Foundation

Manniche, E. & Falk, G. (1957). Age and the Nobel Prize. *Behavioral Science*, *2*, 301 ~ 307

Marchetti, C. (1980). Society as a Learning System: Discovery, Invention, and Innovation Cycles. *Technological Forecasting and Social Change*, *18*, 267~282

Martindale, C. (1972). Father Absence, Psychopathology, and Poetic Eminence. *Psychological Reports*, *31*, 843~847

Martindale, C. (1973). An Experimental Simulation of Literary Change. *Journal of Personality and Social Psychology*, *25*, 319~326

Martindale, C. (1975). *Romantic Progression: The Psychology of Literary History*. Washington, DC: Hemisphere

Martindale, C. (1984a). Evolutionary Trends in Poetic Style: The Case of English Metaphysical Poetry. *Computers and the Humanities*, *18*, 3~21

Martindale, C. (1984b). The Evolution of Aesthetic Taste. In K. J. Gergen & M. M. Gergen (Eds.), *Historical Social Psychology* (pp. 347~370). Hillsdale, NJ: Erlbaum

Martindale, C. (1986a). Aesthetic Evolution. *Poetics*, *15*, 439~473

Martindale, C. (1986b). The Evolution of Halian Painting: A Quantitative Investigation of Trends in Style and Content from the Late Gothic to the Rococo Period. *Leonardo*, *19*, 217~222

Martindale, C. (1990). *The Clockwork Muse: The Predictability of Artistic Styles*. New York: Basic

Martindale, C. (1995). Fame More Fickle than Fortune: On the Distribution of Literary Eminence. *Poetics*, *23*, 219~234

Martindale, C. & Uemura, A. (1983). Stylistic Evolution in European Music. *Leonardo*, *16*, 225~228

Matossian, M. K. & Schafer, W. D. (1977). Family, Fertility, and Political Violence, 1700~1900. *Journal of Social History*, *11*, 137~178

McClelland, D. C. (1961). *The Achieving Society*. New York: Van Nostrand

McClelland, D. C. (1975). *Power: The Inner Experience*. New York: Irvington

McGuire, W. J. (1976). Historical Comparisons: Testing Psychological Hypotheses with Cross-era Data. *International Journal of Psychology*, *11*, 161 ~ 183

Meehl, P. E. (1992). Cliometric Metatheory: The Actuarial Approach to Empirical, History-based Philosophy of Science. *Psychological Reports: Monograph Supplement*, *71*, 339 ~ 467

Merton, R. K. (1961). Singletons and Multiples in Scientific Discovery: A Chapter in the Sociology of Science. *Proceedings of the American Philosophical Society*, *105*, 470 ~ 486

Messerli, P. (1988). Age Differences in the Reception of New Scientific Theories: The Case of Plate Tectonics Theory. *Social Studies of Science*, *18*, 91 ~ 112

Mills, C. A. (1942). What Price Glory? *Science*, *96*, 380 ~ 387

Moulin, L. (1955). The Nobel Prizes for the Sciences from 1901 ~ 1950: An Essay in Sociological Analysis. *British Journal of Sociology*, *6*, 246 ~ 263

Naroll, R., Benjamin, E. C., Fohl, F. K., Fried, M. J., Hildreth, R. E. & Schaefer, J. M. (1971). Creativity: A Cross-historical Pilot Survey. *Journal of Cross-Cultural Psychology*, *2*, 181 ~ 188

Ohlsson, S. (1992). The Learning Curve for Writing Books: Evidence from Professor Asimov. *Psychological Science*, *3*, 380 ~ 382

Oromaner, M. (1977). Professional Age and the Reception of Sociological Publications: A test of the Zuckerman-Merton hypothesis, *Social Studies of*

Science, *7*, 381~388

Oromaner, M. (1985). The Ortega Hypothesis and Influential Articles in American Sociology. *Scientometrics*, *7*, 3~10

Over, R. (1982). The Durability of Scientific Reputation. *Journal of the History of the Behavioral Sciences*, *18*, 53~61

Over, R. (1988). Does Scholarly Impact Decline with Age? *Scientometrics*, *13*, 215~223

Over, R. (1989). Age and Scholarly Impact. *Psychology and Aging*, *4*, 222~225

Over, R. (1990). The Scholarly Impact of Articles Published by Men and Women in Psychology Journals. *Scientometrics*, *18*, 71~80

Padgett, V. & Jorgenson, D. O. (1982). Superstition and Economic Threat: Germany, 1918~1940. *Personality and Social Psychology Bulletin*, *8*, 736~741

Peterson, R. A. & Berger, D. G. (1975). Cyeles in Symbol Production: The Ease of Popular Music. *American Sociological Review*, *40*, 158~173

Porter, C. A. & Suedfeld, P. (1981). Integrative Complexity in the Correspondence of Literary Figures: Effects of Personal and Societal Stress. *Journal of Personality and Social Psychology*, *40*, 321~330

Post, F. (1994). Creativity and Psychopathology: A Study of 291 World-famous Men. *British Journal of Psychiatry*, *165*, 22~34

Pressey, S. L. & Combs, A. (1943). Acceleration and Age of Productivity. *Educational Research Bulletin*, *22*, 191~196

Price, D. (1963). *Little Science*, *Big Science*. New York: Columbia University Press

Price, D. (1965). Networks of Scientific Papers. *Science*, *149*, 510~515

Price, D. (1978). Ups and Downs in the Pulse of Science and Technology. In

J. Gaston (Ed.), *The Sociology of Science* (pp.162~171). San Francisco: Josscy-Bass

Quetelet, A. (1968). *A Treatise on Man and the Development of His Faculties*. New York: Franklin. (Reprint of 1842 Edinburgh translation of 1835 French original)

Rainoff, T. J. (1929). Wave-like Fluctuations of Creative Productivity in the Development of West European Physics in the Eighteenth and Nineteenth centuries. *Isis*, *12*, 287~319

Raskin, E. A. (1936). Comparison of Scientific and Literary Ability: A Biographical Study of Eminent Scientists and Men of Letters of the Nineteenth Century. *Journal of Abnormal and Social Psychology*, *31*, 20~35

Richardson, J. & Kroeber, A. L. (1940). Three Centuries of Women's Dress Fashious: A Quantitative Analysis. *Anthropological Records*, *5*, 111~150

Root-Bernstein, R. S. (1989). *Discovering*. Cambridge, MA: Harvard University Press

Root-Bernstein, R. S., Bernstein, M. & Garnier, H. (1993). Identification of Scientists Making Longterm, High-impact Contributions, with Notes on Their Methods of Working. *Creativity Research Journal*, *6*, 329~343

Rosengren, K. E. (1985). Time and Literary Fame. *Poetics*, *14*, 157~172

Runyan, W. M. (1982). *Life Histories and Psychobiography*. New York: Oxford University Press

Rushton, J. P. (1984). Evaluating Research Eminence in Psychology: The Construct Validity of Citation Counts. *Bulletin of the British Psychological Society*, *37*, 33~36

Schachter, S. (1963). Birth Order, Eminence, and Higher Education. *American Sociological Review*, *28*, 757~768

Schmookler, J. (1966). *Invention and Economic Growth*. Cambridge, MA: Harvard University Press

Schneider, J. (1937). The Cultural Situation as a Condition for the Achievement of Fame. *American Sociological Review*, *2*, 480~491

Schubert, D. S. P., Wagner, M. E. & Schubert, H. J. P. (1977). Family Constellation and Creativity: Firstborn Predominance among Classical Music Composers. *Journal of Psychology*, *95*, 147~149

Sears, R. R., Lapidus, D. & Cozzens, C. (1978). Content Analysis of Mark Twain's Novels and Letters as a Biographical Method. *Poetics*, *7*, 155~175

Sheldon, J. C. (1979). Hierarchical Cybernets: A Model for the Dynamics of High Level Learning and Cultural Change. *Cybernetica*, *22*, 179~202

Sheldon, J. C. (1980). A Cybernetic Theory of Physical Science Professions: The Causes of Periodic Normal and Revolutionary Science between 1000 and 1870 A.D. *Scientometrics*, *2*, 147~167

Sicoli, C. M. L. (1995). Life Factors Common to Women Who Write Popular Songs. *Creativity Research Journal*, *8*, 265~276

Silverman, S. M. (1974). Parental Loss and Scientists. *Science Studies*, *4*, 259~264

Simon, J. L. & Sullivan, R. J. (1989). Population Size, Knowledge Stock, and Other Determinants of Agricultural Publication and Patenting: England, 1541~1850. *Explorations in Economic History*, *26*, 21~44

Simonton, D. K. (1975a). Age and Literary Creativity: A Cross-cultural and Transhistorical Survey. *Journal of Cross-Cultural Psychology*, *6*, 259~277

Simonton, D. K. (1975b). Interdisciplinary Creativity over Historical Time: A Correlational Analysis of Generational Fluctuations. *Social Behavior and Personality*, *3*, 181~188

Simonton, D. K. (1975c). Invention and Discovery among the Sciences: A P-technique Factor Analysis. *Journal of Vocational Behavior*, *7*, 275~281

Simonton, D. K. (1975d). Sociocultural Context of Individual Creativity: A Transhistorical Time-series Analysis. *Journal of Personality and Social Psychology*, *32*, 1119~1133

Simonton, D. K. (1976a). Biographical Determinants of Achieved Eminence: A Multivariate Approach to the Cox Data. *Journal of Personality and Social Psychology*, *33*, 218~226

Simonton, D. K. (1976b). The Causal Relation between War and Scientific Discovery: An Exploratory Cross-national Analysis. *Journal of Cross-Cultural Psychology*, *7*, 133~144

Simonton, D. K. (1976c). Do Sorokin's Data Support His Theory?: A Study of Generational Fluctuations in Philosophical Beliefs. *Journal for the Scientific Study of Religion*, *15*, 187~198

Simonton, D. K. (1976d). Ideological Diversity and Creativity: A Re-evaluation of a Hypothesis. *Social Behavior and Personality*, *4*, 203~207

Simonton, D. K. (1976e). Interdisciplinary and Military Determinants of Scientific Productivity: A Crosslagged Correlation analysis. *Journal of Vocational Behavior*, *9*, 53~62

Simonton, D. K. (1976f). Philosophical Eminence, Beliefs, and Zeitgeist: An Individual-generational Analysis. *Journal of Personality and Social Psychology*, *34*, 630~640

Simonton, D. K. (1976g). The Sociopolitical Context of Philosophical Beliefs: A Transhistorical Causal Analysis. *Social Forces*, *54*, 513~523

Simonton, D. K. (1977a). Creative Productivity, Age, and Stress: A Biographical Time-series Analysis of 10 Classical Composers. *Journal of*

Personality and Social Psychology, *35*, 791~804

Simonton, D. K. (1977b). Eminence, Creativity, and Geographic Marginality: A Recursive Strnctural Equation Model. *Journal of Personality and Social Psychology*, *35*, 805~816

Simonton, D. K. (1978a). Independent Discovery in Science and Technology: A Closer Look at the Poisson Distribution. *Social Studies of Science*, *8*, 521~532

Simonton, D. K. (1978b). Intergenerational Stimulation, Reaction, and Polarization: A Causal Analysis of Intellectual History. *Social Behavior and Personality*, *6*, 247~251

Simonton, D. K. (1979). Multiple Discovery and Invention: Zeitgeist, Genius, or Chance? *Journal of Personality and Social Psychology*, *37*, 1603~1616

Simonton, D. K. (1980a). Techno-scieatific Activity and War: A Yearly Time-series Analysis, 1500~1903 A.D. *Scientometrics*, *2*, 251~255

Simonton, D. K. (1980b). Thematic Fame and Melodic Originality in Classical Music: A Multivariate Computer-content Analysis. *Journal of Personality*, *48*, 206~219

Simonton, D. K. (1980c). Thematic Fame, Melodic Originality, and Musical Zeitgeist: A Biographical and Transhistorical Content Analysis. *Journal of Personality and Social Psychology*, *38*, 972~983

Simonton, D. K. (1983a). Dramatic Greatness and Content: A Quantitative Study of Eighty-one Athenian and Shakespearean Plays. *Empirical Studies of the Arts*, *1*, 109~123

Simonton, D. K. (1983b). Formal Education, Eminence, and Dogmatism: The Curvilincar Relationship. *Journal of Creative Behavior*, *17*, 149~162

Simonton, D. K. (1983c). Intergenerational Transfer of Individual Differences in Hereditary Monarchs: Genes, Role-modeling, Cohort, or Sociocultural Effects? *Journal of Personality and Social Psychology*, *44*, 354~364

Simonton, D. K. (1983d). Psychohistory. In R. Harré & R. Lamb (Eds.), *The Encyclopedic Dictionary of Psychology* (pp.499~500). Oxford: Blackwell

Simonton, D. K. (1984a). Artistic Creativity and Interpersonal Relationships Across and within Generations. *Journal of Personality and Social Psychology*, *46*, 1273~1286

Simonton, D. K. (1984b). Creative Productivity and Age: A Mathematical Model Based on a Two-step Cognitive Process. *Developmental Review*, *4*, 77~111

Simonton, D. K. (1984c). Generational Time-series Analysis: A Paradigm for Studying Sociocultural Influences. In K. Gergen & M. Gergen (Eds.), *Historical Social Psychology* (pp.141~155). Hillsdale, NJ: Erlbaum

Simonton, D. K. (1984d). *Genius, Creativity, and Leadership: Historiometric Inquiries*. Cambridge, MA.: Harvard University Press

Simonton, D. K. (1984e). Is the Marginality Effect all that Marginal? *Social Studies of Science*, *14*, 621~622

Simonton, D. K. (1984f). Leaders as Eponyins: Individual and Situational Determinants of Monarchal Eminence. *Journal of Personality*, *52*, 1~21

Simonton, D. K. (1984g). Melodic Structure and Note Transition Probabilities: A Content Analysis of 15, 618 Classical Themes. *Psychology of Music*, *12*, 3~16

Simonton, D. K. (1984h). Scientific Eminence Historical and Contemporary: A Measurement Assessment. *Scientometrics*, *6*, 169~182

Simonton, D. K. (1985). Quality, Quantity, and Age: The Careers of 10 Distinguished Psychologists. *International Journal of Aging and Human Development*, *21*, 241~254

Simonton, D. K. (1986a). Aesthetic Success in Classical Music: A Computer Analysis of 1935 Compositions. *Empirical Studies of the Arts*, *4*, 1~17

Simonton, D. K. (1986b). Biographical Typicality, Eminence, and Achievement Style. *Journal of Creative Behavior*, *20*, 14~22

Simonton, D. K. (1986c). Multiple Discovery: Some Monte Carlo Simulations and Gedanken Experiments. *Scientometrics*, *9*, 269~280

Simonton, D. K. (1986d). Multiples, Poisson Distributions, and Chance: An Analysis of the Brannigan Wanner Model. *Scientometrics*, *9*, 127~137

Simonton, D. K. (1986e). Popularity, Content, and Context in 37 Shakespeare Plays. *Poetics*, *15*, 493~510

Simonton, D. K. (1986f). Stochastic Models of Multiple Discovery. *Czechoslovak Journal of Physics*, *B 36*, 138~141

Simonton, D. K. (1987a). Musical Aesthetics and Creativity in Beethoven: A Computer Analysis of 105 Compositions. *Empirical Studies of the Arts*, *5*, 87~104

Simonton, D. K. (1987b). Developmental Antecedents of Achieved Eminence. *Annals of Child Development*, *5*, 131~169

Simonton, D. K. (1988a). Age and Outstanding Achievement: What do We Know after a Century of Research? *Psychological Bullelin*, *104*, 251~267

Simonton, D. K. (1988b). Gahonian Genius, Kroeberian Configurations, and Emulation: A Generational Time-series Analysis of Chinese Civilization. *Journal of Personality and Social Psychology*, *55*, 230~238

Simonton, D. K. (1988c). *Scientific Genius: A Psychology of Science.*

Cambridge University Press

Simonton, D. K. (1989a). Age and Creative Productivity: Nonlinear Estimation of an Informationprocessing Model. *International Journal of Aging and Human Development*, *29*, 23~37

Simonton, D. K. (1989b). Shakespeare's Sonnets: A Case of and for Sigle-case Historiometry. *Journal of Personality*, *57*, 695~721

Simonton, D. K. (1989c). The Swan-song Phenomenon: Last-works Effects for 172 Classical Composers. *Psychology and Aging*, *4*, 42~47

Simonton, D. K. (1990a). History, Chemistry, Psychology, and Genius: An Intellectual Autobiography of Historiometry. In M. Runco & R. Albert (Eds.). *Theories of Creativity* (pp.92~115). Newbury Park, CA: Sage

Simonton, D. K. (1990b). Lexical Choices and Aesthetic Success: A Computer Content Analysis of 154 Shakespeare Sonnets. *Computers and the Humanities*, *24*, 251~264

Simonton, D. K. (1990c). *Psychology*, *Science*, *and History: An Introduction to Historiometry*. New Haven, CT: Yale University Press

Simonton, D. K. (1991a). Career Landmarks in Science: Individual Differences and Interdisciplinary Contrasts. *Developmental Psychology*, *27*, 119~130

Simonton, D. K. (1991b). Emergence and Realization of Genius: The Lives and Works of 120 Classical composers. *Journal of Personality and Social Psychology*, *61*, 829~840

Simonton, D. K. (1991c). Latent-variable Models of Posthumous Reputation: A Quest for Galton's G. *Journal of Personality and Social Psychology*, *60*, 607~619

Simonton, D. K. (1991d). Personality Correlates of Exceptional Personal

Influence: A Note on Thorndike's (1950) Creators and Leaders. *Creativity Research Journal*, *4*, 67~78

Simonton, D. K. (1992a). Gender and Genius in Japan: Feminine Eminence in Masculine Culture. *Sex Roles*, *27*, 101~119

Simonton, D. K. (1992b). Leaders of American Psychology, 1879~1967: Career Development, Creative Output, and Professional Achievement. *Journal of Personality and Social Psychology*, *62*, 5~17

Simonton, D. K. (1992c). The Social Context of Career Success and Course for 2026 Scientists and Inventors. *Personality and Social Psychology Bulletin*, *18*, 452~463

Simonton, D. K. (1994a). Computer Content Analysis of Melodic Structure: Classical Composers and Their Compositions. *Psychology of Music*, *22*, 31~43

Simonton, D. K. (1994b). *Greatness: Who Makes History and Why*. New York: Guilford

Simonton, D. K. (1995a). Behavioral Laws in Histories of Psychology: Psychological Science, Metascience, and the Psychology of Science. *Psychological Inquiries*, *6*, 89~114

Simonton, D. K. (1995b). Drawing Inferences from Symphonic Programs: Musical Attributes Versus Listener Attributions. *Music Perception*, *12*, 307~322

Simonton, D. K. (1996). Individual Genius and Cultural Configurations: The Case of Japanese Civilization. *Journal of Cross-Cultural Psychology*, *27*, 354~375

Simonton, D. K. (1997a). Achievement Domain and Life Expectancies in Japanese Civilization. *International Journal of Aging and Human Development*, *44*, 103~114

Simonton, D. K. (1997b). Creative Productivity: A Predictive and

Explanatory Model of Career Trajectories and Landmarks. *Psychological Review*, *104*, 66～89

Simonton, D. K. (1997c). Foreign Influence and National Achievement: The Impact of Open Milieus on Japanese Civilization. *Journal of Personality and Social Psychology*, *72*, 86～94

Simonton, D. K. (1997d). *Genius and Creativity: Selected Papers*. Greenwich, CT: Ablex

Simonton, D. K. (1997e). Imagery, Style, and Content in 37 Shakespeare Plays. *Empirical Studies of the Arts*, *15*, 15～20

Sorokin, P. A. (1937～1941). *Social and Cultural Dynamics* (4 vols.). New York: American Book

Sorokin, P. A. & Mertoa, R. K. (1935). The Course of Arabian Intellectual Development, 700～1300 A.D. *Isis*, *22*, 516～524

Stariha, W. E. & Walberg, H. J. (1995). Childhood Precursors of Women's Artistic Eminence. *Journal of Creative Behavior*, *29*, 269～282

Sternberg, R. J. & Davidson, J. E. (Eds.). (1995). *The Nature of Insight*. Cambridge, MA: MIT Press

Sternberg, R. J. & Lubart, T. I. (1995). *Defying the Crowd*. New York: Free Press

Stewart, J. A. (1986). Drifting Continents and Colliding Interests: A Quantitative Application of the Interests Perspective. *Social Studies of Science*, *16*, 261～279

Stewart, L. H. (1977). Birth Order and Political Leadership. In M. G. Hermann (Ed.), *The Psychological Examination of Political Leaders* (pp.205～236). New York: Free Press

Suedfeld, P. (1985). APA Presidential Addresses: The Relation of

Integrative Complexity to Historical, Professional, and Personal Factors. *Journal of Personality and Social Psychology*, *47*, 848~852

Suedfeld, P. & Bluck, S. (1993). Changes in Integrative Complexity Accompanying Significant Life Events: Historical Evidence. *Journal of Personality and Social Psychology*, *64*, 124~130

Suedfeld, P. & Piedrahita, L. E. (1984). Intimations of Mortality: Integrative Simplification as a Predictor of Death. *Journal of Personality and Social Psychology*, *47*, 848~852

Sulloway, F. J. (1996). *Born to Rebell: Birth Order, Family Dynamics, and Creative Lives*. New York: Pantheon

Terman, L. M. (1917). The Intelligence Quotient of Francis Galton in Childhood. *American Journal of Psychology*, *28*, 209~215

Terman, L. M. (1925). *Mental and Physical Traits of a Thousand Gifted Children*. Stanford, CA: Stanford University Press

Terman, L. M. & Oden, M. H. (1959). *The Gifted Group at Mid-life*. Stanford, CA: Stanford University Press

Terry, W. S. (1989). Birth Order and Prominence in the History of Psychology. *Psychological Record*, *39*, 333~337

Thorndike, E. L. (1936). The Relation between Intellect and Morality in Rulers. *American Journal of Sociology*, *42*, 321~334

Thorndike, E. L. (1950). Traits of Personality and Their Intercorrelations as Shown in Biography. *Journal of Educational Psychology*, *41*, 193~216

Veblen, T. (1919). The Intellectual Preeminence of Jews in Modern Europe. *Political Science Quarterly*, *34*, 33~42

Visher, S. S. (1947). Starred Scientists: A Study of Their Ages. *American Scientist*, *35*, 543, 570, 572, 574, 576, 578, 580

Walberg, H. J., Rasher, S. P. & Parkerson, J. (1980). Childhood and Eminence. *Journal of Creative Behavior*, *13*, 225~231

Walters, J. & Gardner, H. (1986). The Erystallizing Experience: Discovering an Intellectual Gift. In R. J. Sternberg & J. E. Davidson (Eds.), *Conceptions of Giftedness* (pp. 306 ~ 331). Cambridge: Cambridge University Press

Weisberg, R. W. (1994). Genius and Madness? A Quasi-experimental Test of the Hypothesis that Manicdepression Increases Creativity. *Psychological Science*, *5*, 361~367

Whaples, R. (1991). A Quantitative History of the *Journal of Economic History* and the Eliometric Revolution. *Journal of Economic History*, *51*, 289~301

White, R. K. (1931). The Versatility of Genius. *Journal of Social Psychology*, *2*, 460~489

Winter, D. G. (1973). *The Power Motive*. New York: Free Press

Woods, F. A. (1906). *Mental and Moral Heredity in Royalty*. New York: Holt

Woods, F. A. (1909). A New Name for a New Science. *Science*, *30*, 703~704

Woods, F. A. (1911). Historiometry as an Exact Science. *Science*, *33*, 568~574

Woods, F. A. (1913). *The Influence of Monarchs*. New York: Macmillan

Woodward, W. R. (1974). Scientific Genius and Loss of a Parent. *Science Studies*, *4*, 265~277

Yuasa, M. (1974). The Shifting Center of Scientific Activity in the West From the Sixteenth to the Tweatieth Century. In N. Shigeru, D. L. Swain & Y. Eri

(Eds.), *Science and Society in Modern Japan* (pp.81~103). Tokyo: University of Tokyo Press

Zhao, H. (1984). An Intelligence Constant of Scientific Work. *Scientometrics*, *6*, 9~17

Zhao, H. & Jiang, G. (1985). Shifting of World's Scientific Center and Scientists's Social Ages. *Scientometrics*, *8*, 59~80

Zhao, H. & Jiang, G. (1986). Life-span and Precocity of Scientists. *Scientometrics*, *9*, 27~36

Zusne, L. (1976). Age and Achievement in Psychology: The Harmonic Mean as a Model. *American Psychologist*, *31*, 805~807

Zusne, L. (1985). Contributions to the History of Psychology: No. 38. The Hyperbolic Structure of Eminence. *Psychological Reports*, *57*, 1213~1214

Zusne, L. (1986~1989), Some Factors Affecting the Birthday-deathday Phenomenon. *Omega: Journal of Death and Dying*, *17*, 9~26

Zusne, L. (1987). Contributions to the History of Psychology: No. 45. Coverage of Contributors in Histories of Psychology. *Psychological Reports*, *61*, 343~350

Zusne, L. & Dailey, D. P. (1982). History of Psychology Texts as Measuring Instruments of Eminence in Psychology. *Revista de Historia de la Psicologia*, *3*, 7~42

第7章

Amabile, T. (1983). *The Social Psychology of Creativity*. New York: Springer-Verlag

Berlyne, D. E. (1971). *Aesthetics and Psychobiology*. New York: Appleton-Century-Crofts

Bjorklund, D. P. & Kipp, K. (1996). Parental Investment Theory and Gender Differences in the Evolution of Inhibition Mechanisms. *Psychological Bulletin*, *120*, 163~188

Blake, W. (1906). Letter to Thomas Butts. In A. G. B. Russell (Ed.). *The Letters of William Blake.* London: Methuen. (Original work published 1803)

Bowers, K. S. & Keeling, K. R. (1971). Heart-rate Variability in Creative Functioning. *Psychological Reports*, *29*, 160~162

Britain, A. W. (1985). Creativity and Hemisphere Functioning: A Second Look at Katz's Data. *Empirical Studies of the Arts*, *3*, 105~107

Bullough, V., Bullough, B. & Mauro, M. (1981). History and Creativity: Research Problems and some Possible Solutions. *Journal of Creative Behavior*, *15*, 102~116

Coren, S. & Schulman, M. (1971). Effects of an External Stress on Commonality of Verbal Associates. *Psychological Reports*, *28*, 328~330

Cropley, A. J., Cassell, W. A. & Maslany, C. W. (1970). A Biochemical Correlate of Divergent Thinking. *Canadian Journal of Behaviarai Science*, *2*, 174~180

Dentler, R. A. & Mackler, B. (1964). Originality: Some Social and Personal Determinants. *Behavioral Science*, *9*, 1~7

Dewing, K. & Battye, G. (1971). Attention Deployment and Non-verbal Fluency *Journal of Personality and Social Psychology*, *17*, 214~218

Dimond, S. & Beaumont, J. G. (1974). Experimental Studies of the Hemisphere Function in the Human Brain. In S. Dimond & J. C. Beaumont (Eds.), *Hemisphere Function in the Human Brain* (pp. 48~88). New York: Halsted

Duffy, E. (1962). *Activation and Behavior* New York: Wiley

Dykes, M. & McGhie, A. (1976). A Comparative Study of Attentional Strategies in Schizophrenics and Highly Creative Normal Subjects. *British Journal of Psychiatry*, *128*, 50~56

Eysenck, H. (1995). *Genius: The Natural History of Creativity*. Cambridge University Press

Farley, F. (1985). Psychobiology and Cognition: An Individual Differences Model. In J. Strelau, F. Farley & A. Gale (Eds.), *The Biological Bases of Personality and Behavior* (Vol.1 pp.1~36). Washington, DC: Hemisphere

Flechsig, P. E. (1896). *Gehirn und Seele*. Leipzig: Veit

Florek, H. (1973). Heart Rate During Creative Ahility. *Studia Psychologia*, *15*, 158~161

Fromm, E. (1978). Primary and Secondary Process in Waking and in Altered States of Consciousness. *Journal of Altered States of Consciousness*, *4*, 115~128

Galin, D. (1974). Implications for Psychiatry of Left and Right Cerebral Specializations: A Neurophysinlogical Context for Unconscious Processes. *Archives of General Psychiatry*, *31*, 572~583

Galton. F. (1962). *Hereditary Gentus: An Inquiry into Its Laws and Consequences*. Cleveland: World Publishing. (Original work published 1869)

Gazzaniga, M. S. & Hillyard, S. A. (1971). Language and Speech Capacity of the Right Hemisphere. *Neuropsychologia*, *9*, 273~280

Ghiselin, B. (Ed.). (1952). *The Creative Process*. Berkeley: University of California Press

Goodwin, F. K. & Jamison, K. R. (1990). *Manic-depressive Illness*. New York: Oxford University Press

Gur, R. C. & Raynor, J. (1976). Enhancement of Creativity via Free-imagery and Hypnosis. *American Journal of Clinical Hypnosis*, *18*, 237~249

Haier, R. J. (1993). Cerebral Glucose Metabolism and Intelligeace. In P. A. Vernon (Ed.), *Biological Approaches to the Study of Human Intelligence* (pp.317~332). Norwood, NJ: Ablex

Haier, R. J., Siegel, B., Tang, C., Abel, L. &Buchsbaum, M. S. (1992). Intelligence and Changes in Regional Cerebral Glucose Metabolic Rate Following Learning. *Intelligence*, *16*, 415~426

Harkins, J. D. & Macrosson, W. K. (1990). Creativity Training: An Auessment of a Novel Approach. *Journal of Business and Psychology*, *5*, 143~148

Harnad S. (1972). Lateral Saceades and the Nondominant Bemisphere, *Perceptual and Motor Skills*, *34*, 653~654

Hebb, D. O. (1955). Drives and the C. N. S (conceptual nervous system). *Psychological Review*, *62*, 243~253

Helmholtz, H. von (1896). *Vorträge und Reden.* Brunswick, Germany: Friedrich Vieweg

Heston, L. L. (1966). Psychiatric Disorders in Foster Home Reared Children of Schizophrenic Mothers. *British Journal of Psychiatry*, *112*, 819~825

Hines, D. & Martindale, C. (1974). Induced Lateral Eye Movements and Creative and Intellectual Performance. *Perceptual and Motor Skills*, *39*, 153~154

Hoppe, K. (1977). Brains and Psychoanalysis. *Psychoanalytic Quarterly*, *46*, 220~224

Horton, D. L. . Marlowe. D. & Crowne, D. (1963). The Effect of Instructional Set and Need for Social Approval on Commonality of Word Association Responses. *Journal of Abnormal and Social Psychology*, *66*, 67~72

Houston, J. P. & Mednick, S. A. (1963). Creativity and the Need for Novelty. *Journal of Abnormal and Social Psychology*, *66*, 137~141

Hudson, L. (1975). *Human Beings: The Psychology of Human Experience*. New York: Anchor

Hudspith, S. (1985). *The Neurological Correlates of Creative Thought*. Unpublished Ph. D. Dissertation, University of Southern California, Los Angeles, California

Hull, C. L. (1943). *Principles of Behavior*. New York: Appleton-Century-Crofts

Huttenlocher, P. R. (1979). Synpatic Density in Human Frontal Cortex: Developmental Changes and Effects of Aging. *Brain Research*, *163*, 195~205

Jarvik, I. F. & Chadwick, S. B. (1973). Schizophrenia and Survival. In M. Hammer, K. Salzinger & S. Sutton (Eds.), *Psychopathology*, (pp.138~150). New York: Wiley

Jaynes, J. (1976). *The Origin of Consciousness in the Breakdown of the Bicameral Mind*. New York: Houghton Mifflin

Kaltsounis, B. (1972). Effect of Sound on Creative Performance. *Psychological Reports*, *34*, 653~654

Kamiya, J. (1969). Operant Control of EEG Alpha Rhythm and Some of Its Reported Effects on Consciousness. In C. Tart (Ed.), *Altered States of Consciousness* (pp.507~517). New York: Wiley

Karlsson, J. L. (1968). Genealogical Studies of Schizophrenia. In D. Rosenthal & S. S. Kety (Eds.), *The Transmission of Schizophrenia* (pp.201~236). Oxford: Pergamon

Katz, A. N. (1983). Creativity and Individual Differences in Asymmetrical Cerebral Hemispheric Functioning. *Empirical Studies of the Arts*, *1*, 3~16

Katz, A. N. (1986). The Relationship Between Creativity and Cerebral Hemisphericity for Creative Architects, Scientists, and Mathematicians. *Empirical*

Studies of the Arts, *4*, 97~108

Kennett, K. F. & Cropley, A. J. (1973). Serum Uric Acid: A Biochemical Correlate of Divergent Thinking. Paper Presented at the Annual Conference of the British Psychological Society, London

Koestler, A. (1964). *The Act of Creation*. New York: Macmillan

Kris, E. (1952). *Psychoanalytic Explorations in Art*. New York: International Universities Press

Krop, H. D., Alegre, C. E. & Williams, C. D. (1969). Effects of Induced Stress on Convergent and Divergent Thinking. *Psychological Reports*, *24*, 895~898

Lindgren, H. C. & Lindgren, F. (1965). Brainstorming and Orneriness as Facilitators of Creativity. *Psychological Reports*, *16*, 577~583

Lindsley, D. B. (1960). Attention, Consciousness, Sleep and Wakefulness. In J. Field (Ed.), *Handbook of Physiology: Section 1. Neurophysiology* (pp.156~183). Washington, DC: American Physiological Society

Lombroso, C. (1895). *The Man of Genius*. London: Walter Scott

Lykken, D. T. (1981). Research with Twins: The Concept of Emergenesis. *Society for Psychophysical Research*, *19*, 361~372

Lynn, S. J. & Rhue, J. W. (1986). The Fantasy-prone Person: Hypoosis, Imagination, and Creativity. *Journal of Personality and Social Psychology*, *51*, 404~408

Maddi, S. R. (1965). Motivational Aspects of Creativity. *Journal of Personality*, *33*, 330~347

Maddi. S. R. & Andrews, S. (1966). The Need for Variety in Fantasy and Self Description. *Journal of Personality*, *34*, 610~625

Martindale, C. (1971). Degeoeration, Disinhibition, and Genius. *Journal of the History of the Behavioral Sciences*, *7*, 177~182

Martindale, C. (1972). Femininity, Alienation, and Arousal in the Creative Personality. *Psychology*, *9*, 3~15

Martindale, C. (1977). Creativity, Consciousness, and Cortical Arousal. *Journal of Altered States of Consciousness*, *3*, 69~87

Martindale, C. (1981). *Cognition and Consciousness*. Homewood, IL: Dorsey

Martindale, C. (1989). Personalicy, Situation, and Creativity. In J. A. Glover, R. R. Ronning & C. R. Reynolds (Eds.), *Handbook of Creativity* (pp.211~228). New York: Plenum

Martindale, C. (1990). Creative Imagination and Neural Activity. In R. Kunzendorf & A. Sheikh (Eds.), *Psychophysiology of Mental Imagery: Theory, Research, and Application* (pp.89~108). Amityville, NY: Baywood

Martindale, C., Anderson, K., Moore, K. & West, A. N. (1996). Creativity, Oversensitivity, and Rate of Habituation. *Personality and Individual Differences*, *20*, 423~427

Martindale, C. & Armstrong, J. (1974). The Relationship of Creativity to Cortical Activation and Its Operant Control. *Journal of Genetic Psychology*, *124*, 311~320

Martindale, C. & Dailey, A. (1996). Creativity, Primary Process Cognition, and Personality. *Personality and Individual Differences*, *20*, 409~414

Martindale, C. & Greenough, J. (1973). The Differential Effects of Increased Arousal on Creative and Intellectual Performance. *Journal of Cenetic Psychology*, *123*, 329~335

Martindale, C. & Hasenfus, N. (1978). EEG Differences as a Function of Creativity, Stage of the Creative Process, and Effort to be Original. *Biological*

Psychology, *6*, 157~167

Martindale, C. & Hines, D. (1975). Creativity and Cortical Activation During Creative Intellectual, and EEG Feedback Tasks. *Biological Psychology*, *3*, 71~80

Martindale, C., Hines, D., Mitchell, L. & Covello, E. (1984). EEG Alpha Asymmetry and Creativity. *Personality and Individual Differences*, *5*, 77~86

McNeil, T. F. (1971). Prebirth and Postbirth Influence on the Relationship Between Creative Ability and Recorded Mental Illness. *Journal of Personality*, *39*, 391~406

Mednick, S. A. (1962). The Associative Basis of the Creative Process. *Psychological Review*, *69*, 220~232

Meisels, M. (1967). Test Anxiety, Stress, and Verbal Behavior. *Journal of Consulting Psychology*, *31* 577~582

Mendelsohn, G. A. (1976). Associative and Attentional Processes in Creative Performance. *Journal of Personality*, *44*, 341~369

Moore, G. (1959). *Confessions of a Young Man*. New York: Capricorn. (Original work published 1886)

Morel, B. A. (1857). *Traité des Dégénérescences Physiques*, *Intellectuelles et Morales de l'espèce Humaine*. Paris: Baillière

Nichols, R. C. (1978). Twin Studies of Ability, Personality, and Interests. *Homo*, *29*, 158~173

Nordau, M. (1895). *Degeneration*. Londom: Beinemann

Osgood, C. E. (1960). Some Effects of Motivation on Style on Encoding. In T. A. Sebeok (Ed.), *Style in Language* (pp.293~306). Cambridge, MA: MIT Press

Parks, R. W., Loewenstein, D. A., Dodrill, K. L., Barker, W. W.,

Yoshii, F., Chang, J. Y., Emran, A., Apicella, A., Sheramata, W. & Duara, R. (1988). Cerebral Metabolic Effects of a Verbal Fluency Test: A PET Scan Study. *Journal of Clinical and Experimental Neuropsychology*, *10*, 565~575

Penfield, W. & Roberts, L. (1958). *Speech and Brain Mechanisms*. Princeton. NJ: Princeton University Press

Poincaré, H. (1913). *The Foundations of Science*. Lancaster, PA: Science Press

Ribot, T. (1906). *Essay on the Creative Imagination*. London: Kegan Paul

Schultz, D. P. (1965), *Sensory Restriction: Effects on Behavior*. New York: Academic

Seamon, J. G. & Gazzaniga, M. S. (1973). Coding Strategies and Cerebral Laterality Effect. *Cognitive Psychology*, *5*, 249~256

Suler, J. (1980). Primary Process Thinking and Creativity. *Psychological Bulletin*, *88*, 155~165

Talbot, E. S. (1898). *Degeneracy: Its Causes, Signs, and Results*. New York: Scibner's

Trapp, E. & Kausler, D. (1960). Relationship Between MAS Scores and Association Values of Nonsense Syllables. *Journal of Experimental Psychology*, *59*, 233~238

Uemura, A. K. (1980). *Individual Differences in Hemispheric Lateralization*. Unpublished Ph. D. Dissertation, University of Maine, Oroao

Wallas, O. (1926). *The Art of Thought*. New York: Harcourt, Brace. & World

Waller, N. G., Bouchard, T. J., Lykken, D. T., Tellegen, A. & Blacker, D. M. (1993). Creativity, Heritability, Familiality: Which Word does not Belong? *Psychological Inquiry*, *4*, 235~237

Weber, J. P. (1969). *The Psychology of Art*. New York: Delacorte

Weckowicz, T., Fedora, O., Mason, J., Radstaak, D., Bay. K. & Yonge. K. (1975). Effect of Marijuana on Divergent and Convergent Production Cognitive Tests. *Journal of Abnormal Psychology*, *84*, 386~398

West, R. L. (1996). An Application of Prefrontal Cortex Function Theory to Cognitive Aging. *Psychological Bulletin*, *120*, 272~292

Wild, C. (1965). Creativity and Adaptive Regression. *Journal of Personality and Social Psychology*, *2*, 161~169

Worrell, J. & Worrell, L. (1965). Personality Confliet, Originality of Response and Reeall. *Journal of Consulting Psychology*, *29*, 55~62

Wyspiantski, J. O., Barry, W. F. & Dayhaw, L. T. (1963). Brain Wave Amplitude and Creative Thinking. *Revue de l'Université d'Ottawa*, pp. 260~276

Yerkes, R. M. & Dodson, J. D. (1908). The Relation of Strength of Stimulus to Rapidity of Habit Formation. *Journal of Comparative and Neurological Psychology*, *18*, 459~482

Zajone, R. (1965). Social Facilitation. *Science*, *149*, 269~274

第8章

Amabile, T. (1983). *The Social Psychology of Creativity*. New York: Springer-Verlag

Bloom, H. (1994). *The Western Canon: The Books and School of the Ages*. New York: Riverhead

Boden, M. A. (1991). *The Creative Mind: Myths and Mechanisms*. New York: Basic

Boden, M. A. (1994). What is Creativity? In M. A. Boden (Ed.), *Dimensions of Creativity* (pp.75~117). Cambridge, MA: MIT Press

Bonner, J. T. (1980). *The Evolution of Culture in Animals.* Princeton, NJ: Princeton University Press

Boorstin, D. J. (1994). *The Creators: A History of Heroes of the Imagination.* New York: Vintage

Bradshaw, C. (1996). "To Fly Is Everything": A Virtual Museum of the Invention of the Airplane, http://hawaii. cogsci. uiuc. edu/invent/airmuseum. html

Brandon, R. N. & Burian, R. M. (Eds.), (1984). *Genes, Organisms, Populations: Controversies over the Units of Selection.* Cambridge, MA: MIT Press

Cairns, J., Overbaugh, J. & Miller, S. (1988). The origin of Mutants. *Nature*, *335*, 142~145

Campbell. D. (1960). Blind Variation and Selective Retention in Creative Thought as in other Knowledge Processes. *Psychological Review*, *67*, 380~400

Cheney, D. L. & Seyfarth, R. M. (1990). *How Monkeys See the World.* Chicago: University of Chicago Press

Churchiand, P. M. (1995). *The Engine of Reason, the Seat of the Soul: A Philosophical Journey into the Brain.* Cambridge, MA: MIT Press

Cochrane, E. (1996). Viva Lamark: A Brief History of the Inheritance of Acquired Characteristics. Aeon, 2: http://www.ames.net/aeon/article/vivalam. htm

Cosmides, L. & Tooby, J. (1992). Cognitive Adaptations for Social Exchange. In J. H. Barkow, L. Cosmides & J. Tooby (Eds.), *The Adapted Mind: Evolutionary Psychology and the Generation of Culture* (pp. 162 ~ 228). New York: Oxford University Press

Csikszentmihalyi, M. (1988). Socicty, Culture, and Person: A Systems

View of Creativity. In R. J. Stem-berg (Ed.), *The Nature of Creativity: Contemporary Psychological Perspectives* (pp.325~339). Cambridge: Cambridge University Press

Darwin, C. (1859). *On the Origin of Species*. London: John Murray. Harvard University Press Issued a Facsimile of the 1st Edition, with an Introduction by Ernst Mayr, staffing in 1964

Darwin, C. (1871). *The Descent of man, and Selection in Relation to Sex*. London: John Murray. Princeton University Press Issued a Facsimile of the 1st Edition, with an Introduction by John Tyler Bonner and Robert M. May, Starting in 1981

Dasgupta, S. (1994). *Creativity in Invention and Design: Computational and Cognitive Explorations of Technological originality*. Cambridge: Cambidge University Press

Dawkins, R. (1976). *The selfish gene*. Oxford: Oxford University Press. A revised edition appeared in 1989

Dawkius, R. (1986). *The Blind Watchmaker*. New York: Norton

Dennett. D. C. (1995). *Darwin's Dangerous Idea: Evolution and the Meanings of Life*. New York: Simon & Schuster

Dennett, D. C. (1996). *Kinds of Minds: Toward an Understanding of Consciousness*. New York: Basic.

Diamond, J. (1992). *The Rise and Fall of the Third Chimpanzee: The Evolution and Future of the Human Animal*. London: Vintage

Diamond, J. (1995). The Evolution of Human Inventiveness. In M. F Murphy & L. A. J. O'Neill (Eds.), *What is life? The Next Fifty Years: Speculations on the Future of Biology* (pp. 41 ~ 55). Cambridge: Cambridge University Press

Dobzhansky, T. (1937). *Genetics and the Origin of Species*. New York: Columbia University Press

Donald, M. (1993). Human Cognitive Evolution: What We Were, What We Are Becoming. *Social Research*, *60*, 143~70

Eldredge, N. (1989). *Time frames: The Evolution of Punctuated Equilibria*. Princeton. NJ: Princeton University Press

Fagen, R. (1981). *Animal Play Behavior* New York: Oxford University Press

Feldman, D. H. (1988). Creativity: Dreams, Insights, and Transformations. In R. J. Steinberg (Ed.), *The Nature of Creativity: Contemporary Psychological Perspectives* (pp.271~297). Cambridge: Cambridge University Press

Findlay, C. S. (1991). Fundamental Theorem of Natural Selection under Gene-culture Transmission. *Proceedings of the National Academy of Sciences of the United States of America*, *88*, 4874~4876

Findlay, C. S. & Lumsden, C. J. (1988). The Creative Mind: Toward an Evolutionary Theory of Discovery and Innovation. *Journal of Social and Biological Structures*, *11*, 3~55

Fisher, R. A. (1930). *The Genetical Theory of Natural Selection*. Oxford: Clarendon

Freedman, R. (1991). *The Wright Brothers: How They Invented the Airplane*. New York: Scholastic

Gardner, H. (1992). *Multiple Intelligences: The Theory in Practice*. New York: Basic

Gardner, H. (1993). *The Creators of the Modern Era*. New York: Basic

Goodwin, B. C. (1994). *How the Leopard Changed Its Spots: The Evolution of Complexity*. New York: Scribner's

Goodwin, B. C. (1995, May 19). Neo-Darwinism Has Failed as an Evolutionary Theory. The THES, http: Ilthesis. newsint. co. uk/ SPECIAL/ goodwin. html

Gould, S. J. & Eldredge, N. (1977). Punctuated Equilibria: The Tempo and Mode of Evolution Reconsidered. *Paleobiology*, *3*, 115~151

Gould, S. J. & Lewontin, R. C. (1979). The Spandrels of San Marco and the Panglossian Paradigm: A Critique of the Adaptationist Programme. *Proceedings of the Royal Society of London*, *B 205*, 581~598

Gruber, H. E. & Davis, S. N. (1988). Inching Our Way up Mount Olympus: The Evolving-systems Approach to Creative Thinking. In R. J. Steinberg (Ed.), *The Nature of Creativity: Contemporary Psychological Perspectives* (pp.243~70). Cambridge: Cambridge University Press

Haldane, J. B. S. (1932). *The Causes of Evolution*. London: Longmans, Green

Hamblin, R. L., Jacobsen, R. B. & Miller, J. L. L. (1973). *A Mathematical Theory of Social Change*. New York: Wiley-Interscience

Hofstadter, D. (1995). *Fluid Concepts and Creative Analogies: Computer Models of the Fundamental Mechanisms of Thought*. New York: Basic

Kaplan, D. & Glass, L. (1995). *Understanding Nonlinear Dynamics*. New York: Springer-Verlag

Kauffman, S. A. (1993). *The Origins of Order: Self-organization and Selection in Evolution*. New York: Oxford University Press

Kearney, R. (1988). *The Wake of the Imagination*. Minneapolis, MN: Minneapolis University Press

Keller, E. F. (1992). Between Language and Science: The Question of Directed Mutation in Molecular Genetics. *Perspectives in Biology and Medicine*,

35, 292～306

King, D. (1996). An Interview with Professor Brian Goodwin. *GenEthics News*, *11*, 6～8. Also at http://www.peak.org/-armstroj/goodwin.html

Kreindler, D. M. & Lumsden, C. J. (1994). Extracting a Narrative's Causal Gist. *Journal of Experimental Child Psychology*, *58*, 227～251

Langley, P., Simon, H., Bradshaw, C. L. & Zytkow, J. M. (1987). *Scientific Discovery: Computational Explorations of the Creative Process*. Cambridge, MA: MIT Press

Lansdown, J. (1991). Chaos, Design and Creativity. In A. J. Crilly, R. A. Earnshaw & H. Jones (Eds.), *Fractals and Chaos* (pp.212～224). New York: Springer-Verlag

Lumsden, C. J. (1984). Parent-offspring Conflict over the Transmission of Culture. *Ethology and Sociobiology*, *5*, 111～129

Lumsden, C. J. (1985). Color Categorization: A Possible Concordance Between Genes and Culture. *Proceedings of the National Academy of Sciences of the United States of America*, *82*, 5805～5808

Lumsden, C. J. (1989). The Gene's Tale. *Biology and Philosophy*, *4*, 495～502

Lumsden, C. J. & Wilson, E. O. (1981). *Genes, Mind, and Culture: The Coevolutionary Process*. Cambridge, MA: Harvard University Press

Maynard Smith, J. (1982) *Evolution and the Theory of Games*. Cambridge University Press

Mayr, E. (1970). *Populations, Species, and Evolution*. Cambridge, MA: Belknap Press of Harvard University Press

McCorduck, P. (1991). *Aaron's Code: Meta-art, Artsficial Intelligence, and the Work of Harold Cohen*. New York: Freeman

Minksy, M. (1986). *The Society of Mind.* New York: Simon & Schuster

Penrose, R. (1994). *Shadows of the Mind: A Search for the Missing Science of Consciousness*. New York: Oxford University Press

Perkins. D. (1981). *The Mind's Best Work.* Cambridge, MA: Harvard University Press

Perkins, D. (1994). Creativity: Beyond the Darwinian Paradigm. In M. A. Boden (Ed.), *Dimensions of Creativity* (pp.119~142). Cambridge, MA: MIT Press

Perkins, D. (1995). Insight in Minds and Genes. In R. J. Steinberg & J. E. Davidson, (Eds.), *The Nature of Insight* (pp.495~533). Cambridge, MA: MIT Press

Petroski, H. (1994). *The Evolution of Useful Things*. New York: Vintage

Pfeiffer, J. E. (1982). *The Creative Explosion: An Inquiry into the Origins of art and Religion.* New York: Harper & Row

Raff, R. A. (1996). *The Shape of Life: Genes, Development, and the Evolution of Animal form*. Chicago: University of Chicago Press

Randall, W. L. (1995). *The stories We Are: An Essay on Self-creation.* Toronto: University of Toronto Press

Shermer, M. (1993). The Chaos of History: On a Chaotic Model that Represents the Role of Contingency and Necessity in Historical Sequences. *Nonlinear Science Today*, *2*(1), 3~13

Simonton, D. K. (1988). *Scientific Genius: A Psychology of Science.* Cambridge University Press

Simonton, D. K. (1993). Blind Variations, Chance Configurations, and Creative Genius. *Psychological Inquiries*, *4*, 225~228

Sniegowski, P. D. & Lenski, R. E. (1995). Mutation and Adaptation: The

Directed Mutation Controversy in Evolutionary Perspective. *Annual Review of Ecology and Systematics*, *26*, 553~578

Steinberg, R. J. (1985). *Beyond IQ: A Triarchic Theory of Human Intelligence*. Cambridge University Press

Steinberg, R. J. (Ed.). (1988). *The Nature of Creativity: Contemporary Psychological Perspectives*. Cambridge University Press

Sternberg, R. J. & Davidson, J. E. (Eds.). (1995). *The Nature of Insight*. Cambridge, MA: MIT Press

Sternberg, R. J. & Lubart, T. I. (1995). An Investment Perspective on Creative Insight. In R. J. Sternberg & J. E. Davidson (Eds.), *The Nature of Insight* (pp.535~558). Cambridge, MA: MIT Press

Tattersall, I. (1993). *The Human Odyssey: Four Million Years of Human Evolution*. New York: Prentice-Hall

Tobias, P. V. (1971). *The Brain in Hominid Evolution*. New York: Columbia University Press

Tobias, P. V. (1979). *Evolution of Human Brain, Intellect and Spirit*. First Abbie Memorial Lecture., University of Adelaide, South Australia, October 12. Adelaide: Information Office of the University of Adelaide

Trivers, R. L. (1985). *Social Evolution*. Reading, MA: Benjamin-Cummings

Tudge, C. (1996). *The Time Before History. 5 Million Years of Human Impact*. New York: Scribners

Williams, C. C. (1966). *Adaptation and Natural Selection*. Princeton, NJ: Princeton University Press

Williams, C. C. (1992). *Natural Selection: Domains, Levels, and Challenges*. New York: Oxford University Press

Wilson, D. S. (1980). *The Natural Selection of Populations and Communities*. Menlo Park, CA: Benjamin

Wilson, E. O. (1975). *Sociobiology: The New Synthesis*. Cambridge, MA: Belknap Press of Harvard University Press

Wilson, E. O. (1978). *On Human Nature*. Cambridge, Mass.: Harvard University Press

Wright, S. (1968). *Evolution and the Genetics of Populations* (Vols.1~4). Chicago: University of Chicago Press

Wynne-Edwards, V. C. (1962). *Animal Dispersion in Relation to Social Behavior* Edinburgh: Oliver & Boyd

第9章

Abra, J. (1988). *Assaulting Parnassus: Theoretical Views of Creativity*. Lanham, NY: University Press of America

Alhert, R. (1990). Identity, Experiences, and Career Choice among the Exceptionally Gifted and Emiment. In M. Ruoco & R. Alhert (Eds.), *Theories of Creativity* (pp.13~34). Newbury Park, CA: Sage

Amabile. T. (1983). *The Social Psychology of Creativity*. New York: Springer-Verlag

Amabile, T. (1985). Motivation and Creativity: Effects of Motivational Orientation on Creative Writers. *Journal of Personality and Social Psychobgy*, *48*, 393~399

Amahile, T. (1990). Within You, without You: The Social Psychology of Creativity, and Heyond. In M. Runco & R. Albert (Eds.), *Theories of Creativity* (pp.61~91). Newbury Park, CA: Sage

Bamberger, J. (1991). *The Mind Behind the Musical Ear. How Children*

Develop Musical Intelligence. Cambridge. MA: Harvard University Press

Barron, F. (1953). Complexity-simplicity as a Personality Dimaision. *Journal of Abnormal and Social Psychology*, *48*, 393~399

Bloom, B. (Ed.). (1985). *Developing Talent in Young People*. New York: Ballantine

Brannigan, A. (1981). *The Social Basis of Scientific Discoveries*. Cambridge University Press

Campbell, R., Brown, N. & DiBello, A. (1992). The Programmer's Hurden: Developing Expeitise in Computer Programming. In J. Hoffman (Ed.). *The Psychology of Expertise* (pp.269~294). New York: Springer-Verlag

Case, R. & Okamoto, Y. (1996). The Role of Central Conceptual Structures in the Development of Children's Thought. *Monographs of the Society for Research in Child Development*, *61*, nos.1~2

Chi. M., Glaser, R. & Farr, M. (Eds.). (1988). *The Nature of Expertise*. Mahway, NJ: Erlbaum

Cole, M. (1992). Context, Modularity, and the Cultural Constitution of Development. In L. Winegar & J. Valsiner (Eds.), *Children's Development within Social Context* (Vol.2, pp.5~31). Hillsdale, NJ: Erlbaum

Cox, J., Daniel, N. & Boston, B. (1985). *Educating Able Learners: Programs and Practices*. Austin: University of Texas Press

Csikszentmihalyi, M. (1988a). Motivation and Creativity: Toward a Synthesis of Structural and Energistic Approaches to Cognition. *New Ideas in Psychology*, *6*, 159~176

Csikszentmihalyi, M. (1988b). Society, Culture, and Person: A Systems View of Creativity, in R. Sternberg (Ed.), *The Nature of Creativity* (pp.325~339). Cambridge: Cambridge University Press

Csikszentmihalyi, M. (1990). The Domain of Creativity. In M. A. Bunco & B. S. Albert (Eds.), *Theories of Creativity* (pp.190~212). Newbusry Park, CA: Sage

Csikszentimhalyi, M. (1994). Memes Versus Genes: Notes from the Culture Wars. In D. Feldimn, M. Csikszenunibalyi & H. Gardner (Eds.), *Changing the World: A Framework for the Study of Creativity* (pp.159~172). Westport, CT: Greenwood

Csikszentmihalyi, M. & Robinson, R. (1986). Culture, Time and the Development of Talent. In R. Sternberg & J. Davidson (Eds.), *Conceptions of Giftedness* (pp.264~284). Cambridge University Press

Eisenstadt, J. M. (1978). Parental Loss and Genius. *American Psychologist*, *33*, 211~223

Ericsson, K. A. (Ed.). (1996). *The Road to Excellence: The Acquisition of Expert Performance in Time Arts and Sciences. Sports and Games.* Mahwah, NJ: Erlbaum

Ericsson, K. A. & Charness, N. (1994). Expert Performance: Its Structure and Acquisition. *American Psychologist*, *49*, 725~747

Feidhusen, J. F. & Goh, B. E. (1995). Assessing and Accessing Creativity: An Interpretive Review of Theory, Research, and Development. *Creativity Research Journal*, *8*, 231~247

Feldman, D. H. (1971). Map Understanding as a Possible Crystallizor of Cognitive Structures. *Americans Educational Research Journal*, *8*, 485~501

Feldman, D. H. (1974). Universal to Unique: A Developmental View of Creativity and Eduction. In S. Rosner & L. Abt (Eds.), *Essays in Creativity* (pp.45~85). Croton-on-Hudson, NY: North River Press

Feldman, D. H. (1980). *Beyond Universals in Cognitive Development.*

Norwood. NJ：Ablex

Feldman, D. H. (Ed.). (1982). *Developmental Approaches to to Gifiedness and Creativity*. San Francisco：Jossey-Bass

Feldman, D. H. (1986). How Development Works. In I. Levin (Ed.), *Stage and Structure: Reopening Time Debate* (pp.284~306). Norwood. NJ：Ablex

Feldman, D. H. (1988). Creativity：Dreams, Insights, and Transformations. In B. Steinberg (Ed.), *The Nature of Creativity* (pp. 271 ~ 297)：Cambridge University Press

Feldnman, D. H. (1989a). Creativity：Proof that Development Occurs. InW Damon (Ed.), *Child Development Today and Tomorrow* (pp. 240 ~ 260). San Francisco：Jossey-Bass

Feldman, D. H. (1989b). Universal to Umnique：Toward a Cultural-genetic Epistemology. *Archive (he Psychohogie*, *56*, 271~279

Feldman, D. H. (1990). Four Frames for the Study of Creativity. *Creativity Research Journal*, *2*, 104~111

Feldman, D. H., with Goldsmith, L. T. (1991). *Nature's Gambit: Child pro Digies and the Development of Human Potential*. New York：Teachers College Press

Feldman, D. H. (1992). Has There Been a Paradigm Shift in Gifted Education? In N. Colangelo, S. Assouline & D. Ambroson (Eds.), *Talent development: Proceedings from the 1991 Henry B. and Jocelye Wallace National Research Symposium on Talent Development* (pp. 89 ~ 94). Unionville, NY：Trillium

Feldman, D. H. (1994a). *Beyond Universals in Cognitive Development* (2nd ed.). Norwood, NJ：Ablex

Feldman, D. H. (1994b). Child Prodigies：A Distinctive form of Giftedness.

Gifted Child Quarterly, *37*, 188～193

Feldman, D. H. (1995). Learning and Development in Nonuniversal Theory. *Human Developmnent*, *38*, 315～321

Feldman, D. H., Csikszentmibalyi, M. & Gardner, H. (1994). *Changing Time World: A Framnework for the Study of Creativity*. Westport, CT: Greenwood

Feldman, D. H. & Piirto, J. (1994). Parenting Talented Children. In M. Bornstein (Ed.), *Handbook of Parenting* (pp.285～304). Mahwah, NJ: Erlbaum

Fine, M. J. & Carlson, C. (Eds.), (1992). *The Handbook of Family-school Intervention: A Systems Perspective*. Needham Heights, MA: Allyn & Bacon

Fischer, K. W., Knight, C. C. & Van Parys, M. (1993). *Analyzing Diversity in Developmental Pathways*. In R

Case & W. Edelstein (Eds.), *The New Structuralism in Cognitive Development. Theory and Research on Individual Pathways* (pp.33～56). Basil: Kaiger

Garcia, R. (1987). Sociology of Science and Sociogencsis of Knowledge. In B. Inbelder, D. deCaprona & A. Comus-Wells (Eds.), *Piaget Today* (pp. 125～140). Mahway. NJ: Erlbaum

Gardner, H. (1983/1993). *Frames of Mind*. New York: Basic

Gardner, H. (1988). Creative Lives and Creative Works: A Synthetic Scientific Approach. In R. Sternberg (Ed.), *The Nature of Creativity* (pp.298～324). Cambridge University Press

Gardner, H. (1989). Creativity: An Interdisciplinary Perspective. *Creativity Research Journal*, *1*, 8～26

Gardner, H. (1993). *Creating Minds: An Anatomny of Creativity Seen Through the Lives of Freud, Einstein Picasso, Stravinsky, Eliot, Graham, and*

Gandhi. New York：Basic

Geertz. C.（1973）. *The Interpretation of Cultures*. New York：Basic

Getzels, J. W. & Csikszentmihalyi, M.（1976）. *The Creative Vision: A Longitudinal Study of Problem Finding in Art*. New York：Wiley

Goldsmith, L. T.（1990）The Timing of Talent：The Facilitation of Early Prodigious Achievement. In M. Howe（Ed.）, *Encouraging the Development of Exceptional Skills and Talents*（pp. 17～31）. Leicester：British Psychological Society

Gruber, H. & Davis, S.（1988）. Inching Our way up Mount Olympus：The Evolving Systems Approach to Creative Thinking. In R. Sternberg（Ed.）, *The Nature of Creativity*（pp.243～270）. Cambridge University Press

Guilford, J. P.（1950）. Creativity. *American Psychologist*, *5*, 444～454

Guilford, J. P.（1970）. Creativity：*Retrospect and Prospect. Journal of Creative Behavior*, *4*, 149～163

Hunt, J. McV.（1961）. *Intelligence and Experience*. New York：Ronald

Jeffrey, L. R.（1989）. Writing and Rewriting Poetry：William Wordsworth. In D. Wallace & H. Gruber（Eds.）, *Creative People at Work*（pp.69～89）. New York：Oxford University Press

Jenkins-Friedman, R.（1992）. Families of Gifted Children and Youth. In M. Fine & C. Carolson（Eds.）, *The Handbook of Famuily-school Intervention: A Systems Perspective*（pp.175～186）. Needham Heights. MA：Allyn & Bacon

Jones, E.（1961）. *The Life and Works of Sigmund Freud*. New York：Basic

Karmiloff-Smith, A.（1992）, *Beyond Modularity: A Developmental Perspective on Cognitive Science*. Cambridge, MA：MIT Press

Kasof, J.（1995a）. Explaining Creativity：The Attributional Perspective. *Creativity Research Journal*, *8*, 311～366

Kasof, J. (1995b). Social Determinants of Creativity: Status Expectations and the Evaluation of Original Products. *Advances in Group Processes*, *12*, 167~220

Keil, F. (1984). Mechanisms in Cognitive Development and the Structure of Knowledge. In R. Sternberg (Ed.), *Mechanisms of Cognitive Development* (pp.81~99). San Francisco: Freeman

Keil, F. (1989). *Semantic and Conceptual Development*. Cambridge. MA: Harvard University Press

Langley, P., Simon, H., Braduhaw, C. L. & Zytkow, J. M. (1987). *Scientific Discovery*. Cambridge, MA: MIT Press

Lave, J. (1991). Situated Learning in Communities of Practice. In L. Resnick, J. Levine &D. Teasly (Eds.), *Perspectives in Socially Shared Cognition* (pp.63~82). Washington, DC: American Psychological Association

Mackenzie, V. (1988). *The Boy Lama*. New York: Harper & Bow

Mackinnon, D. (1962). The Personality Correlates of Creativity: A Study of American Architects. *Proceedings of the Fourteenth Congress of Applied Psychology*, *2*, 11~39

McFadden, B. D. (1992, February 4). Youngest Grandmaster ever is 15, ferocious (and female). *New York Times*, pp.14~15

Medawar, P. (1969). *Induction and Intuition*. Philadelphia: American Philosophical Society

Miller, A. (1981). *Drama of the Gifted Child*. New York: Doubleday

Miller, A. (1989). *The Untouched Key: Tracing Childhood Trauma in Creativity and Destructiveness*. New York: Doubleday

Minuchin, P. (1985). Families and Individual Development: Provocations from the Field of Family Therapy. *Child Development*, *56*, 289~302

Nisbet, R. A. (1969). *Social Change and History*. New York: Oxford University Press

Nisbet, R. A. (1979). *History of the Ideas of Progress*. New York: Oxford University Press

Ochse, R. (1990). *Before the Gates of Excellence: The Determinants of Creative Genius*. Cambridge University Press

Perkins, D. (1988). The Possibility of Invention. In R. Sternberg (Ed.), *The Nature of Creativity* (pp.362~385). Cambridge University Press

Piaget, J. (1970). Piagetis Theory. In P. Mussen (Ed.), *Carmichael's Manual of Child Psychology* (Vol.1, pp.703~732). New York: Wiley

Piaget, J. (1971). The Theory of Stages in Cognitive Development. In D. Freen, M. Ford & G. Flamer (Eds.), *Measurement and Piaget* (pp.1~11). New York: McGraw-Hill

Piaget, J. (1975). *The Development of Thought: The Equilibration of Cognitive, Structures*. New York: Viking

Piaget J. (1982). Creativity. In J. M. Gallagher & D. K. Reid (Eds.), *Time Learning Theory of Piaget and Inhelder* (pp.221~229). Monterey, CA: Brooks-Cole

Piaget, J. & Garcia, R. (1983). *Psychogenese et Histoire des Sciences*. Paris: Flammarion

Piattelli-Palmerini, M. (1980). *Language and Learning: The Debate Between Jean Piaget amsd Noam Chomsky*. Cambridge. MA: Harvard University Press

Piirto, J. (1992). *Understanding those Who Create*. Dayton: Ohio Psychology Press

Rogoff, B. (1990). *Apprenticeship in Thinking: Cognitive Development in*

Social Context. New York：Oxford University Press

Ryan, F. (1996, July). He Feels the Shape of the Past, *Parade Magazine*, pp.13～15

Shweder, R. A. & LeVine, R. A. (Eds.). (1984). *Culture Theory: Essays on Mind, Self, and Emnotion*. Cartridge University Press

Siegler, R. S. & Munakata, Y. (1993, Winter). Beyond the Immaculate Transition：Advances in the Understanding of Change. *Newesletter of the Society for Research in Child Development*, pp.3～13

Simon, H. A. (1986). What We Know About the Creative Process. In R. Kuhn (Ed.), *Frontiers in Creativity and Innovative Management* (pp.3～20). Cambridge, MA：Ballinger

Simon. H. A. & Chase, W. (1973). Skill in Chess. *American Scientist*, *61*, 364～403

Simonton, D. K. (1984). *Genius, Creativity, and Leadership*. Cambridge, MA：Harvard University Press

Simonton, D. K. (1988). Creativity, Leadership, and Chance. In R. Sternberg (Ed.), *The Nature of Creativity* (pp.386～426). Cambridge University Press

Simonton, D. K. (1990). History, Chemistry, Psychology, and Genius：An Intellectual Autobiography of Historiometry. In M. Runco & B. Albert (Eds.), *Theories of Creativity* (pp.92～115). Newbury Park, CA：Sage

Simonton, D. K. (1992). The Child Parents the Adult：On Getting Genius from Giftedness. In N. Colangelo. S. Assouline & D. Ambroson (Eds.), *Talent Development: Proceedings from the 1991 Henry B. and Jocelyn Wallace National Research Symposium on Talent Development* (pp.278～297). Unionville, NY：Trillium

Simonton, D. K. (1996). Creative Expertise: A Life-span Developmental Perspective. In K. Ericcson (Ed.), *The Road to Excellence: The Acquisition of Expert Performance in the Arts and Sciences, Games and Sports* (pp.227~253). Mahwah, NJ: Eribaum

Skinner, B. F. (1972). A Behavioral Model of Creation. In B. F. Skinner (Ed.), *Cumulative Record A Selection of Papers* (pp.345, 350~355). Englewood Cliffs, NJ: Prentice-Hall

Sloboda, J. A. (1996). The Acquisition of Musical Performance Expertise: Deconstructing the "talent" Account of Individual Differences in Musical Expressivity. In K. Ericcson (Ed.), *The Road to Excellence: The Acquisition of Expert Performance in the Arts and Sciences, Sports and Games* (pp.107~126). Mahwals, NJ: Lawrence

Sternberg. R. (1996). Costs of Expertise. In K. Ericcson (Ed.), *The Road to Excellence: The Acquisition of Expert Performance in the Arts and Sciences, Sports Arsd Games* (pp.347~354). Mahwah, NJ: Lawrence

Sternberg, R. & Lubart, T. (1995). *Defying the crowd: Cultivating Creativity in a Culture of Conformity*. Glencoc, IL: Free Press

Sternberg, R. & Lubart, T. (1996). Investing in Creativity. *American Psychologist*, *51*, 677~688

Strauss, S. (Ed.). (1988). *Ontogeny, Phytogeny, and Historical Development*. Norwood. NJ: Ablex

Torrance, E. P. (1962). *Guiding Creative Talent*. Englewood Cliffi. NJ: Prentice-Hall

Torrance, B. P. (1988). The Nature of Creativity as Manifest in Its Testing. In B. J. Sternberg (Ed.), *The Nature of Creativity* (pp. 43 ~ 75). Cambridge University Press

Vygoisky, L. (1934/1962). *Thought and Language*. Cambridge, MA: MIT Press

Vygotsky, L. (1978). *Mind in Society*. Cambridge. MA: Harvard University Press

Wallace, D. & Gruber, H. (Eds.). (1989). *Creative People at Work*. New York: Oxford University Press

Wallach, M. (1971). *The Creativity-intelligence Distinction*. New York: General Learning Press

Wallach, M. (1985). Creativity Testing and Giftedness. In F. Horowitz & M. O'Brien (Eds.), *The Gifted and the Talented: Developmental Perspectives* (pp.99~132). Washington, DC: American Psychological Association

Wallach, M. & Wing, C. (1969). *The Talented Student. A Validation of the Creativity-intelligence Distinction*. New York: Holt, Rinehart & Winston

Walters, J. & Gardner, H. (1986). The Crystallizing Experience: Discovering an Intellectual Gift. In R. Sternberg & J. Davidson (Eds.), *Conceptions of Giftedness* (pp.306~331). Cambridge University Press

Winner, E. (1996). The Rage to Master. The Decisive Role of Talent in the Visual Arts. In K. Ericcson (Ed.), *The Road to Excellence: The Acquisition of Expert Performance in the Arts and Sciences, Sports and Games* (pp.255~301). Mahwah, NJ: Erlbaum

第10章

Amabile, T. M. (1983). *The Social Psychology of Creativity*. New York: Springer-Verlag

Ashcraft, M. H. (1978). Property Norms for Typical and Atypical Items from 17 Categories: A Description and Discussion. *Memory & Cognition*, *6*, 227~232

Barsalou, L. W. (1983). Ad Hoc Categories. *Memory & Cognition*, *11*, 211~227

Barsalou, L. W. (1987). The Instability of Graded Structure: Implications for the Nature of Concepts. In U. Neisser (Ed.), *Concepts and Conceptual Development: Ecological and Intellectual Factors in Cate Gorization* (pp.101~140). Cambridge University Press

Barsalou, L. W. (1991). Deriving Categories to Achieve Goals. In G. H. Bower (Ed.), *The Psychology of Learning and Motivation: Advances in Research and Theory* (Vol.27, 1~64). New York: Academic

Basala, G. (1988). *The Evolution of Technology*. Cambridge University Press

Bateson, G. (1979). *Mind and Nature*. London: Wildwood House

Baughman, W. A. & Mumford, M. D. (1995). Process-analytic Models of Creative Capacities: Operations Influencing the Combination and Reorganization Processes. *Creativity Research Journal*, *8*, 37~62

Becker, A. H. (in press). Emergent and Common Features Influence Metaphor Interpretation. *Metaphor and Symbolic Activity*

Bowers, K. S., Regehr, G., Balthazard, C. & Parker, K. (1990). Intuition in the Context of Discovery. *Cognitive Psychology*, *22*, 72~109

Bransford, J. D. & Stein, B. S. (1984). *The Ideal Problem Solver*. New York: Freeman

Cacciari, C., Levorato, M. C. & Cicogna, P. (1997). Imagination at Work: Conceptual and Linguistic Creativity in Children. In T. B. Ward, S. M. Smith & J. Vaid (Eds.), *Creative Thought: An Investigation of Conceptual Structures and Processes* (pp.145~177). Washington, DC: American Psychological Association

Cheng, P. C. -H & Simon, H. A. (1995). Scientific Discovery and Creative

Reasoning with Diagrams. In S. M. Smith, T. B. Ward & R. A. Finke (Eds.), *The Creative Cognition-approach* (pp.205~228). Cambridge, MA: MIT Press

Chomsky, N. (1972). *Language and Mind*. New York: Harcourt. Brace. Jovanovich

Clement, J. (1989). Learning Via Model Construction and Criticism: Protocol Evidence on Sources of Creativity in Science. In G. Glover, R. Ronning, and C. Reynolds (Eds.), *Handbook of Creativity: Assessment, Theory and Research* (pp.341~381). New York: Plenum

Cohen, B. & Murphy, G. L. (1994). Models of Enoconts. *Cognitive Science*, *8*, 27~58

Condoor, S. S., Brock, H. R. & Burger, C. P. (1993, June). *Innovation Through Early Recognition of Critical Design Parameters*. Paper Presented at the Meeting of the American Society for Engineering Education. Urbana, IL

Donaldson, S. R. (1992). *The Real Story*. New York: Bantam

Dunbar, K. (1997). How Scientists Think: On-line Creativity and Conceptual Change in science. In T. B. Ward, S. M. Smith & J. Vaid (Eds.), *Creative Thought: An Investigation of Conceptual Structures and Processes* (pp.461~494). Washington, DC: American Psychological Association

Eysenck, H. J. (1995). *Genius: The Natural History of Creativity*. Cambridge University Press

Findlay, C. S. & Lumsden, C. J. (1998). The Creative Mind: Toward an Evolutionary Theory of Discovery and Invention. *Journal of Social and Biological Structures*, *11*, 3~55

Finke, R. A. (1990). *Creative Imagery: Discoveries and Inventions in Visualization*. Hillsdale. NJ: Erlbaum

Finke, R. A. (1995). Creative Realism. In S. M. Smith, T. B. Ward. & R.

A. Finke (Eds.), *The Creative Cognition Approach* (pp.301~326). Cambridge, MA: MIT Press

Finke, R. A. & Slayton, K. (1998). Explorations of Creative Visual Synthesis in Mental Imagery. *Memory & Cognition*, *16*, 252~257

Finke, R. A., Ward, T. B. & Smith S. M. (1992). *Creative Cognition: Theory, Research, and Applications*. Cambridge, MA: MIT Press

Freeman, J. (1993). *Mark Tansey*. San Francisco: Chronicle Books

Gagne, C. L. & Shoben, E. J. (1997). The Influence of Thematic Relations on the Comprehension of Nonpredicating Combinations. *Journal of Experimental Psychology: Learning. Memory, and Cognition*, *23*, 71~87

Gentner, D. (1989). The Mechanisms of Analogical Learning. In S. Vosniadou & a. Ortony (Eds.), *Simlarity and Analogical Reasoning* (pp.199~241). Cambridge University Press

Gentner, D., Brem, S., Ferguson, R., Wolff, P., Markman, A. B. & Forbus, K. (1997). Analogy and Creativity in the Works of Johannes Keplar. In T. B. Ward, S. M. Smith & J. Vaid (Eds.), *Creative Thought: An Investigation of Conceptual Structures and Processes* (pp.403~459). Washington, DC: American Psychological Association

Getzels, J. W. & Csikszentmihalyi, M. (1976). *The Creative Vision: A Longitudinal Study of Problem Finding in Art*. New York: Wiley

Glucksberg, S. & Keysar, B. (1990). Understanding Metaphorical Comparisons: Beyond Similarity. *Psychological Review*, *97*, 3~18

Guilford, J. P. (1968). *Intelligence, Creativity, and Their Educational Implications*. San Diego: Knapp

Hammer, M. & Champy. J. (1993). *Reengineering the Corporation*. New York: HarperBusioess

Hampton, J. A. (1987). Inheritance of Attributes in Natural Concept Conjunctions. *Memory & Cognition*, *15*, 55~71

Hampton, J. A. (1997). Emergent Attributes in Confined Concepts. In T. B. Ward, S. M. Smith & J. Vaid (Eds.), *Creative Thought: An Investigation of Conceptual Structures and Processes* (pp.83~110). Washington, DC: American Psychological Association

Hershman, D. J. & Lieb, J. (1988). *The Key to Genius*. Buffalo. NY: Prometheus

Holyoak, K. J. & Thagard, P. R. (1995). *Mental Leaps. Cambridge*, MA: MIT Press

Jansson, D. G., and Smith, S. M. (1991). Design Fixation. *Design Studies*, *12*, 3~11

Johnson-Laird, P. N. (1983). *Mental Models: Towards a Congnitive Science of Language, Inference, and Consciousness*. Cambridge, MA: Harvard University Press

Johnson-Laird, P. N. (1988). *The Computer and the Mind: An Introduction to Cognitive Science*. Cambridge, MA: Harvard University Press

Kaplan, C. A. & Simon, H. A. (1990). In Search of Insight. *Cognitive Psychology*, *22*, 374~419

Karmiloff-smith, A. (1990). *Constraints on Representational* Change: Evidence from Children's Drawing. Cognition, *34*, 57~83

Koestler, A. (1964). *The Act of Creation*. New York: Macmillan

Lubart, T. I. & Sternberg. R. J. (1995). An Investment Approach to Creativity. In S. M. Smith, T. B. Ward & R. A. Finke (Eds.), *The Creative Cognition Approach* (pp.269~302). Cambridge, MA: MIT Press

Luchins, A. S. & Luchins, E. H. (1959). *Rigidity of Behavior*. Eugene:

University of Oregon Press

Markman, A. B. & Gentner. B. (1993). Splitting the Differences: A Structural Alignment View of Similarity. *Journal of memory and Language*, *32*, 517~535

Marsh, R. L., Landau, J. D. & Hicks, J. L. (1996). How Examples may (and may not) Constrain Creativity. *Memory & Cognition*, *24*, 669~680

Mednick, S. A. (1962). The Associative Basis of the Creative Process. *Psychological Review*, *69*, 220~232

Metcalfe, J. (1986). Feelings of Knowing in Memory and Problem Solving. *Journal of Experimental Psychology: Learning*, *Memory*, *and Cognition*, *12*, 288~294

Metcalfe, J. & Wiebe. D. (1987). Intuition in Insight and Non-insight Problem Solving. *Memory & Cognition*, *15*, 238~246

Mobley, M. I., Doares, L. M. & Mumford M. D. (1992). Process Analytic Models of Creative Capacities: Evidence for the Combination and Reorganization Proccss. *Creativity Research Journal*, *5*, 125~155

Murphy, G. L. (1988). Comprehending Complex Concepts. *Cognitive Science*, *12*, 529~562

Novick, L. (1988). Analogical Transfer, Problem Similarity, and Expeitise. *Journal of Experimental Psycholoty: Learning*, *Memory*, *and Cognition*, *14*, 510~520

Ortony, A. (1979). Beyond Literal Similarity. *Psychological Review*, *86*, 161~180

Perkins, D. N. (1981). *The Mind's Best Work.* Cambridge, MA: Harvard University Press

Pinker, S. (1984). *Language Learnability and Language Development.*

Cambridge, MA: Harvard University Press

Rips, L. J. (1995). The Cuirent Status of Research on Concept Combination. *Mind and Language*, *10*, 72~104

Rosch, E. & Mervis, C. B. (1975). Family Resemblances: Studies in the Internal Structure of Categories. *Cognitive Psychdogy*, *7*, 573~605

Rosch, E., Mervis, C. B., Gray, W. D., Johnson, D. M. & Boyes-Braem, P. (1976). Basic Objects in Natural Categories. *Cognitive Psychology*, *8*, 382~439

Rossman, J. (1964). *Industrial Creativity: The Psychology of the Inventor*. New Hyde Park. NY: University Books

Rothenberg, A. (1979). *The Emerging Goddess*. Chicago: University of Chicago Press

Rothenberg, A. (1995). Creative Cognitive Processes in Kekule's Discoveary of the Structure of the Benzene Molecule. *American Journal of Psychology*, *108*, 419~439

Runco, M. A. & Chand, I. (1995). Cognition and Creativity. Educational *Psychology Review*, *7*, 243~267

Schooler, J. W. & Melcher, J. (1995). The Ineffibility of Insight. In S. M. Smith, T. B. Ward & R. A. Finke (Eds.), *the Creative Cognition Approach* (pp. 97~133). Cambridge, MA: MIT Press

Shepard, R. N. (1978). Extemalization of Mental Images and the Act of Creation. In B. S. Randhawa and W. E. Coffman (Eds.), *Visual Learning*, *Thinking*, *and Communication* (pp.133~189). New York: Academic

Shepard, R. N. & Feng, C. (1972). A Chronometric Study of Mental Paper Folding. *Cognitive Psychology*, *3*, 228~243

Sifonis, C. M. (1995). Scene Schemas and Creativity: Exaraioing the Influence of Schema Based Knowledge on the Creative Proccss. Unpublished

Master's Thesis, Texas A & M University, College Station, TX

Simonton, D. K. (1994). *Greatness: Who Makes History and Why*. New York: Guilford

Simonton, D. K. (1997). Creativity in Personality, Developmental, and Social Psychology: Any Links with Cognitive Psychology, In T. B. Ward, S. M. Smith & J. Vaid (Eds.), *Creative Thought: An Investigation of Conceptual Structures and Processes* (pp. 309 ~ 324). Washington, DC: American Psychological Association

Smith, E. E. & Osherson, D. N. (1984). Conceptual Combination with Prototype Concepts. *Cognitive Science*, *8*, 337~361

Smith, S. M. (1979). Remembering in and out of Context. *Journal of Experimental Psychology: Human Learning and Memory*, *5*, 460~471

Smith, S. M. (1995). Fixation, Incubation, and Insight in Memory and Creative Thinking. In S. M. Smith T. B. Ward & R. A. Finke (Eds.), *The Creative Cognition Approach* (pp.135~156). Cambridge, MA: MIT Press

Smith, S. M. & Blankenship, S. E. (1991), Incubation and the Persistence of Fixation in Problem Solving. *American Journal of Psychology*, *104*, 61~87

Smith, S. M. & Tindell. D. R. (1997). Memory Blocks in Word Fragment Completion Caused by Involuntary Retrieval of Orthographically Similar Primes. *Journal of Experimental Psychology: Learning, Memory and Cognition*, *23*, 355~370

Smith, S. M. & Vela, E. (1991). Incubated Reminiscence Erects. *Memory & Cognition*, *19*, 168~176

Smith, S. M., Ward, T. B. & Finke, R. A. (Eds.), (1995). *The Creative Cognition Approach*. Cambridge, MA: MIT Press

Smith, S. M., Ward, T. B. & Schumacher, J. S. (1993). Constraining Effects of Examples in a Creative Generation Task. *Memory & Cognition*, *21*, 837~845

Stemberg, R. J. & Lubart, T. I. (1991). An Investment Theory of Creativity and Its Development. *Human Development*, *34*, 1~31

Thagard, P. (1997). Coherent and Creative Conceptual Combinations In T. B. Ward, S. M. Smith & J. Vaid (Eds.), *Creative Thought: An Investigation of Conceptual Structures and Processes* (pp.129~141). Washington, DC: American Psychological Association

Thompson, A. L. & Klatzky, R. L. (1978). Studies of Visual Synthesis: Integration of Fragments into forms. *Journal of Experimental Psychology: Human Perception and Performance*, *4*, 244~263

Tourangeau, R. & Rips, L. (1991). Interpreting and Evaluating Metaphors. *Journal of Memory and Language*, *30*, 452~472

Tversky, B. & Hemenway, K. (1984). Objects, Parts, and Categories. *Journal of Experimental Psychology: General*, *113*, 169~193

Ward, T. B. (1993, November). *The Effect of Processing Approach on Category Exemplar Generation*. Paper Presented at the Meeting of the Psychooomic Society, Washington, DC

Ward, T. B. (1994). Structured Imagination: The Role of Conceptual Structure in Exemplar Generation. *Cognitive Psychology*, *27*, 1~40

Ward T. B. (1995). What's Old About New Ideas? In S. M. Smith, T. B. Ward & R. A: Finke (Eds.), *the Creative Cognition Approach* (pp.157~178). Cambridge, MA: MIT Press

Ward, T. B., Finke, R. A. & Smith, S. M. (1995). *Creativity and the Mind: Discovering the Genius Within*. New York: Plenum

Ward, T. B. & Sifonis, C. M. (1997). Task Demands and Generative Thinking: What Changes and What Remains the Same? *Journal of Creative*

Behavior, *31*, 245~259

Ward, T. B., Smith, S. M. & Vaid, J. (1997). Conceptual Structures and Processes in Creative Thought. In T. B., Ward, S. M. Smith & J. Vaid (Eds.), *Creative Thought: An Investigation of Conceptual Structures and Processes* (pp.1~27). Washington, DC: American Psychological Association

Weisberg, R. W. (1995). Case Studies of Creative Thinking: Reproduction Versus Restructuring in the Real World. In S. M. Smith, T. B. Ward & R. A. Finke (Eds.), *the Creative Cognition Approach* (pp.53~72). Cambridge, MA: MIT Press

Weisberg, R. W. (1986). *Creativity*, *Genius and Other Myths.* New York: Freeman

Weisberg, R. W. & Alba, J. W. (1981). An Examination of the Alleged Role of "fixation" in the Solution of Several "insight" Problems. *Journal of Experimental Psychology: General*, *110*, 169~192

Wilkenfeld, M. J. (1995). Conceptual Combination: Does Similaryity Predict Emergence? Unpublished Master's Thesis, Texas A & M University, College Station, TX

Wisniewski, E. J. (1996). Construal and Similarity in Conceptual Combination. *Journal of Memory and Language*, *35*, 434~453

Wisniewski, E. J. (1997). Conceptual Combination: Possibilities and Aesthetics. In T. B. Ward, S. M. Smith & J. Vaid (Eds.), *Creative Thought: An Investigation of Conceptual Structures and Processes* (pp.51~81). Washington, DC: American Psychological Association

第11章

Amabile, T. (1983). *The Social Psychology of Creativity*. New York:

Springer-Verlag

Amabile, T. (1996). *Creativity in Context*. Boulder, GO: Westview

Ambeim, R. (1962). Picasso's *Guernica*. Berkeley: University of California Press

Bloom, B. S. (1985). *Developing Talent in Young People*. New York: Ballantine

Boden, M. (1990). *The Creative Mind*. New York: Basic

Brown, R., and Hermstein, R. (1976). *Psychology*. Boston: Little, Brown

Bruner, J. S., Jolly, A., and Sylva, K. (Eds.). (1976). *Play*. London: Penguin

Csikszentmihalyi, M. (1990). *Flow*. New York: Harper-Collins

Csikszentmihalyi, M. (1996). *Creativity*. New York: Harper-Collins

Davidson, J., and Steinberg, R. (1984). The Role of Insight in Intellectual Giftedness. *Gifted Child Quarterly*, *28*, 58~64

De Croot, A. (1965). *Thought and Choice in Chess*. The Hague: Mouton

Freud, S. (1958). *Creativity and the Unconscious* (B. Nelson, Ed.). New York: Harper & Row

Gardner, H. (1993a). *Creating Minds*. New York: Basic

Gardner, H. (1993b). *Frames of Mind: The Theory of Multiple Intelligences*. New York: Basic

Gardner, H. (1993c). Five forms of Creativity: A Developmental Perspective. Paper Prepared for the Wallace National Symposium on Talent Development, University of Iowa, May 20. Published in N. Golangelo et al. (Eds.), *Proceedings* (317). Dayton: Ohio Psychology Press

Gardner, H. (1993d). *Multiple Intelligences: The Theory in Practice*. New York: Basic

Gardner, H. (1997-a). *Extraordinary Ininds*. New York: Basic

Gardner, H. (1997 – b). Norman Geschwind as a Creative Scientist. In O. Devinsky and S. Schachter (Eds.), *Behavioral Neurology and the Legacy of Norman Geschwind* (pp.47 ~ 52). New York: Raven

Gardner, H., and Nemirovsky, R. (1991). From Private Intuitions to Public Symbol Systems: An Examination of Creative Process in Georg Cantor and Sigmund Freud. *Creativity Research Journal*, *4*, 1 ~ 21

Gardner, H., and Wolf, C. (1988). The Fruits of Asynchrony: Creativity from a Psychological Point of View. *Adolescent Psychiatry*, *15*, 105 ~ 123

Getzels, J., and Csikszentmihalyi, M. (1976). *The Creative Vision*. New York: Wiley

Getzels, J., and Jackson, P. (1962). *Creativity and Intelligence*. New York: Wiley

Ghiselin, B. (1952). *The Creative Process*. New York: Mentor

Goertzel, V., and Goertzel, M. G. (1962). *Cradles of Eminence*. Boston: Little, Brown

Gruber, H. (1981). *Darwin on Man* (2nd ed.). Chicago: University of Chicago Press

Ginber, H. (1982). Piaget's Mission. *Social Research*, *49*, 239 ~ 264

Guilford, J. P. (1950). Creativity. *American Psychologist*, *5*. 445 ~ 454

Holmes, F. (1985). *Lavoisier and the Chemistry of Life*. Madison: University of Wisconsin Press

Jamison, K. (1993). *Touched with Fire: Manic Depressive Illness and the Artistic Temperament*. New York: Free Press

Jay, E. (1989). *Problem Finding: Understanding Its Nature and Mechanism*. Qualifying Paper, Harvard Graduate School of Education. Cambridge, MA

John-Steiner, V. (1985). *Notebooks of the Mind*. Albuquerque: University of

New Mexico Press

Kroeber, A. (1944). *Configurations of Cultural Growth*. Berkeley: University of California Press

Li, J., and Gardner, H. (1993). How Domains Constrain Creativity: The Case of Traditional Chinese and Western Painting. *American Behavioral Scientist*, *37(11)*, 94~101

Martindale, C. (1990). *The Clockwork Muse*. New York: Basic

Murray, E. L. (1986). *Imaginative Thinking and Human Existence*. Pittsburgh, PA: Duquesne University Press

Murray, H. A. (1938). *Explorations in Personality*. New York: Oxford University Press

Newell, A., and Simon, H. (1972). *Human Problem-solving*. Englewood Cliffs, NJ: Prentice-Hall

Poincaré, H. (1952). Mathematical Creation. In B. Ghiselin (Ed.), *The Creative Process*. New York: New American Library

Simonton, D. K. (1994). *Greatness*. New York: Guilford

Steinberg, R., and Lubart, T. (1991). An Investment Theory of Creativity and Its Development. *Human Development*, *34*, 1~31

Storr, A. (1988). *Solitude*. New York: Free Press

Torrance, E. P. (1962). *Guiding Creative Talent*. Englewood Cliffs, NJ: Prentice-Hall

Wallace, D., and Gruber, H. (1990). *Creative People at Work*. New York: Oxford University Press

第12章

Amabile, T. (1983). *The Social Psychology of Creativity*. New York:

Springer-Verlag

Amabile, T. (1989). *Growing up Creative: Nurturing a Lifetime of Creativity*. New York: Crown

Bailin, S. (1988). *Achieving Extraordinary ends: An Essay on Creativity*. Dordrecht: Kluwer Academic

Berliner, P. F. (1994). *Thinking in Jazz: The Infinite Art of Improvisation*. Chicago: University of Chicago Press

Bloom, B. S. (Ed.). (1985). *Developing Talent in Young People*. New York: Ballantine

Campbell, D. T. (1960). Blind Variation and Selective Retention in Creative Thought as in Other Knowledge Processes. *Psychological Review*, *67*, 380~400

Chase, W. G. & Simon, H. A. (1973). Perception in Chess. *Cognitive Psychology*, *4*, 55~81

Csikszentmihalyi, M. (1988). Society, Culture, Person: A Systems View of Creativity. In R. J. Steinberg (Ed.), *The Nature of Creativity* (pp.325~339). Cambridge University Press

Csikszentmihalyi, M. (1996). *Creativity: Flow and the Psychology of Discovery and Invention*. New York: HarpeiCollins

Davies, H. (1968). *The Beatles: An Authorized Biography*. New York: Random House

DeBono, E. (1968). *New Think: The Use of Lateral Thinking in the Generation of New Ideas*. New York: Basic

Dunbar, K. (1995). How Scientists Really Reason: Scientific Reasoning in Real-world Laboratories. In R. J. Steinberg & J. E. Davidson (Eds.), *The Nature of Insight* (pp.365~396). Cambridge, MA: MIT Press

Ericsson, K. A. & Charness, N. (1994) Expert Performance: Its Structure and Acquisition. *American Psychologist*, *49*, 725~747

Ericsson, K. A., Krampe, R. Th. & Clemens, T. -R. (1993). The Role of Deliberate Practice in Expert Performance. *Psychological Review*, *103*, 363~406

Eysenck, H. J. (1993). Creativity and Personality: Suggestions for a Theory. *Psychological Inquiry*, *4*, 147~178

Feldman, D. H. (1986). *Nature's Gambit: Child Prodigies and the Development of Human Potential*. New York: Basic

Frensch, P. A. & Steinberg, R. J. (1989). Expertise and Intelligent Thinking: When is it Worse to Know Better? In H. J. Steinberg (Ed.). *Advances in the Psychology of Human Intelligence* (Vol.5, pp.157~188). Hillsdale, NJ: Erlbaum

Gardner, H. (1993). *Creating Minds: An Anatomy of Creativity Seen Through the Lives of Freud, Einstein, Picasso, Stravinsky, Eliot, Graham, and Gandhi*. New York: Basic

Gruber, H. E. (1981). *Darwin on Man: A Psychological Study of Scientific Creativity* (2nd ed.). Chicago: University of Chicago Press

Guilford J. P. (1950). Creativity. *American Psychologist*, *5*, 444~454

Hausman. C. (1984). *Discourse on Novelty and Creation*. Albany: State University of New York Press

Hayes, J. R. (1989). Cognitive Processes in Creativity. In J. A. Clover, R. R. Ronning & C. R. Reynolds (Eds.), *Handbook of Creativity* (pp.135~145). New York: Plenum

James, W. (1880). Great Men, Great Thoughts, and the Environment. *Atlantic Monthly*, *46*, 441~459

James, W. (1908). *Talks to Teachers on Psychology*. New York: Henry Holt

Johuson-Laird, P. N. (1988). Freedom and Constraint in Creativity. In R. J. Sternberg (Ed.), *The Nature of Creativity: Current Psychological Perspectives* (pp.202~219). Cambridge University Press

Kemfeld, B. (1995). *What to Listen for in Jazz.* New Haven, CT: Yale University Press.

Koestler, A. (1964). *The Act of Creation.* New York: Macmillan

Kulkami, D. & Simon, H. A. (1988). The Processes of Scientific Discovery. The Strategy of Experimentation. *Cognitive Science*, *12*, 139~175

Langley, P., Simon, H. A., Bradshaw, G. L. & Zytkow, J. M. (1987). *Scientific Discovery: Computational Explorations of the Creative Process.* Cambridge, MA: MIT Press

Lewisohn, M. (1992). *The Complete Beatles Chronicle.* New York: Harmony

Luchins, A. S. & Luchins, E. H. (1959). *Rigidity of Behavior* Eugene: University of Oregon Press.

Martindale, C. (1995). Creativity and Connectionism. In S. M. Smith, T. B. Ward & B. A. Finke (Eds.), *The Creative Cognition Approach* (pp.249~268). Cambridge, MA: MIT Press

Mednick, S. A. (1962). The Associative Basis of the Creative Process. *Psychological Review*, *69*, 220~232. Olby, R. (1974). *The Path to the Double Helix: The Discovery of DNA*. Seattle: University of Washington Press

Owens, T. (1995). *Bebop: The Music and Its Players.* New York: Oxford University Press. Pariser, D. (1987). The Juvenile Drawings of Klee, Toulouse-Lautrec, and Picasso. *Visual Arts Research*, *13*, 53~67

Richardson, J. (1991). *A Life of Picasso: Vol.1.* 1881 –1906. New York: Random House

Runco, M. A. (1991). *Divergent Thinking*. Norwood, NJ: Ablex

Scheerer, M. (1963). Problem-solving. *Scientific American*, *208*, 118~128

Schoenberg, H. (1970). *The Lives of the Great Composers*. New York: Norton

Simonton, D. K. (1984). *Genius, Creativity, and Leadership*. Cambridge University Press

Simonton, D. K. (1988). Creativity, Leadership, and Chance. In R. J. Sternberg & J. E. Davidson (Eds.), *The Nature of Creativity: Current Psychological Perspectives* (pp.386~426). Cambridge, MA: MIT Press

Simonton, D. K. (1995). Foresight in Insight? A Darwinian Answer. In R. J. Sternberg & J. E. Davidson (Eds.), *The Nature of Insight* (pp. 465 ~ 494), Cambridge, MA: MIT Press

Steinberg, B. J. & Lubart, T. I. (1995). An Investment Perspective on Creative Insight. In B. J. Stern-berg & J. E. Davidson, (Eds.), *The Nature of Insight* (pp.535~558). Cambridge, MA: MIT Press

Tweney, B. D. (1989). Fields of Enterprise: On Michael Faraday's Thought. In D. B. Wallace & H. E. Gruber (Eds.), *Creative People at Work: Twelve Cognitive Case Studies* (pp.91~106). New York: Oxford University Press

Watson, J. D. (1968). *The Double Helix*, New York: Signet

Weisbeing, R. W. (1986). *Creativity: Genius and Other Myths*. New York: Freeman.

Weisbeing, R. W. (1988). Problem Solving and Creativity. In R. J. Steinberg (Ed.), *The Nature of Creativity: Contemporary Psychological Perspectives* (pp. 148~176). Cambridge, MA: MIT Press

Weisbeing, R. W. (1993). *Creativity: Beyond the Myth of Genius*. New York: Freeman.

Weisbeing, R. W. (1995a). Prolegomena to Theories of Insight in Problem Solving: A Taxonomy of Problems. In B. J. Steinberg & J. E. Davidson (Eds.), *The Nature of Insight* (pp.157~196). Cambridge, MA: MIT Press

Weisbeing, B. W. (1995b). Case Studies of Creative Thinking: Reproduction Versus Restructuring in the Real World. In S. M. Smith, T. B. Ward & R. A. Finke (Eds.), *The Creative Cognition Approach* (pp. 53 ~ 72). Cambridge, MA: MIT Press

Wertheimer, M. (1982). *Productive Thinking* (enlarged edition). Chicago: University of Chicago Press

Zaslaw, N. (1989). *Mozart's Symphonies: Context, Perfor Nane Practice, Reception*. New York: Oxford

第13章

Amabile, T. M. (1996). *Creativity in Context*. Boulder, CO: Westview

Andrews, F. M. (1975). Social and Psychological Factors Which Influence the Creative Process. In I. A. Taylor & J. W. Getzels (Eds.), *Perspectives in Creativity* (pp.117~145). Chicago: Aldine

Barron, F. (1963). *Creativity and Psychological Health*. Princeton, NJ: Van Nostrand

Barron, F. (1969). *Creative Person and Creative Process*. New York: Holt, Rinehart & Winston

Barron, F. & Harrington, D. M. (1981). Creativity, Intelligence, and Personality. *Annual Review of Psychology*, *32*, 439~476

Beittel K. R. (1964). Creativity in the Visual Arts in Higher Education: Criteria, Predictors, Experimentation and Their Interactions. In C. W. Taylor (Ed.), *Widening Horizons in Creativity*. New York: Wiley

Boden, M. (1991). *The Creative Mind: Myths and Mechanisms*. New York: Basic

Boden, M. (Ed.). (1994). *Dimensions of Creativity*. Cambridge, MA: MIT Press

Brown, R. T. (1989). Creativity: What Are We to Measure. In J. A. Glover, R. R. Ronning & C. R. Reynolds (Eds.), *Handbook of Creativity* (pp.3~32). New York: Plenum

Burt, C. L. (1970). Critical Notice, In P. E. Vernon (Ed.), *Creativity: Selected Readings* (pp.203~216). Baltimore: Penguin. (Reprinted from *British Journal of Educational Psychology*, *32*, 1962, 292~298)

Cattell, R. B. (1971). *Abilities: Their Structure, Growth and Action*. Boston: Houghton Muffin

Cox, C. M. (1926). *The Early Mental Traits of Three Hundred Geniuses*. Stanford, CA: Stanford University Press

Crovitz, H. E. (1970). *Galton's Walk: Methods for the Analysis of Thinking, Intelligence, and Creativity*. New York: Harper & Row

Csikszentmihalyi, M. (1988). Society, Culture, and Person: A Systems View of Creativity. In R. J. Sternberg (Ed.), *The Nature of Creativity* (pp.325~339). Cambridge University Press

Csikszentmihalyi, M. (1996). *Creativity*. New York: HarperCollins

Davidson, J. E. (1986). The Role of Insight in Giftedness. In R. J. Sternberg & J. E. Davidson (Eds.), *Conceptions of Giftedness* (pp.201~222). Cambridge University Press

Davidson, J. E. (1995). The Suddenness of Insight. In R. J. Sternberg & J. E. Davidson (Eds.), *The Nature of Insight* (pp.125~155). Cambridge, MA: MIT Press

Davidson, J. E. & Steinberg, R. J. (1984). The Role of Insight in Intellectual Giftedness. *Gifted Child Quarterly*, *28*, 58~64

Ericsson, K. A. (Ed.). (1996). *The Road to Excellence*. Mahwah, NJ: Eribaum

Ericsson, K. A. & Faivre, I. A. (1988). What's Exceptional about Exceptional Abilities? In I. K. Obler & D. Fein (Eds.), *The Exceptional Brain: Neuropsychology of Talent and Special Abilities* (pp. 436 ~ 473). New York: Guilford

Ericsson, K. A., Krampe, R. T. & Tesch-Rdmer, C. (1993). The Role of Deliberate Practice in the Acquisition of Expert Performance. *Psychological Review*, *100*, 363~406

Flescher, I. (1963). Anxiety and Achievement of Intellectually Gifted and Creatively Gifted Children. *Journal of Psychology*, *56*, 251~268

Frensch, P. A. & Sternberg, R. J. (1989). Expertise and Intelligent Thinking: When Is It Worse to Know Better? In R. J. Steinberg (Ed.), *Advances in the Psychology of Human Intelligence* (Vol.5, pp.157 ~ 158). Hillsdale, NJ: Eribaum

Gardner, H. (1983). *Frames of Mind: The Theory of Multiple Intelligences.* New York: Basic

Gardner, H. (1993). *Creating Minds*. New York: Basic

Gardner, H. (1995). *Leading Minds*. New York: Basic

Getzels, J. W. & Csikszentmihalyi, M. (1972). The Creative Artist as an Explorer. In J. McVicker Hunt (Ed.), *Human Intelligence* (pp.182 ~ 192). New Brunswick, NJ: Transaction Books

Getzels, J. W. & Jackson, P. W. (1962). *Creativity and Intelligence: Explorations with Gifted Students.* New York: Wiley

Glover, J. A., Ronning, R. R. & Reynolds, C. R. (Eds.). (1989). *Handbook of Creativity* New York: Plenum

Goodman, N. (1955). *Fact, Fiction, and Forecast*. Cambridge, MA: Harvard University Press

Gough, H. G. (1957). *California Psychological Inventory Manual*. Palo Alto, CA: Consulting Psychologists Press

Guilford, J. P. (1950). Creativity. *American Psychologist*, *5*, 444~454

Guilford, J. P. (1967). *The Nature of Human Intelligence*. New York: McGraw-Hill

Guilford, J. P. (1970). Creativity: Retrospect and Prospect. *Journal of Creative Behavior*, *4*, 149~168

Guilford, J. P. (1975). Creativity: A Quarter Century of Progress. In I. A. Taylor & J. W. Getzels (Eds.), *Perspectives in Creativity* (pp.37~59). Chicago: Aldine

Guilford, J. P. & Christensen, P. W. (1973). The One-way Relation Between Creative Potential and IQ. *Journal of Creative Behavior*, *7*, 247~252

Guilford, J. P. & Hoepfner, R. (1966). Creative Potential as Related to Measures of IQ and Verbal Comprehension. *Indian Journal of Psychology*, *41*, 7~16

Haensly, P. A. & Reynolds, C. R. (1989). Creativity and Intelligence. In J. A. Glover, R. R. Ronning & C. R. Reynolds (Eds.), *Handbook of Creativity* (pp.111~132). New York: Plenum

Hayes, J. R. (1989). Cognitive Processes in Creativity. In J. A. Glover, R. R. Ronning & C. R. Reynolds (Eds.), *Handbook of Creativity* (pp.135~145). New York: Plenum

Helson, R. (1976). Women and Creativity. In A. Rothenberg & C. R.

Hausman (Eds.), *The Creativity Question* (pp.242~250). Durham, NC: Duke University Press. (Reprinted from Women Mathematicians and the Creative Personality, Journal *of Consulting and Clinical Psychology*, *36*, 1971, 210~211, 217~220)

Herr, E. L., Moore, G. D. & Hasen, J. B. (1965). Creativity, Intelligence, and Values: A Study of Relationships. *Exceptional Children*, *32*, 114~115

Horn, J. L. & Cattell, R. B. (1966). Refinement and Test of the Theory of Fluid and Crystallized Intelligence. *Journal of Educational Psychology*, *57*, 253~270

Horn, J. L. & Knapp, J. R. (1973). On the Subjective Character of the Empirical Base of Guilford's Structure-of-Intellect model. *Psychological Bulletin*, *80*, 33~43

Intelligence and Its Measurement: A Symposium (1921). *Journal of Educational Psychology*, *12*, 123~147, 195~216, 271~275

Johnson-Laird, P. N. (1988). Freedom and Conatraint in Creativity. In R. J. Sternberg (Ed.), *The Nature of Creativity* (pp.202~219). Cambridge University Press

Langley, P., Simon, H. A., Bradshaw, G. L. & Zytkow, J. M. (1987). *Scientific Discovery: Computational Explorations of the Creative Processes*. Cambridge, MA: MIT Press

Lubart, T. I. (1994). Creativity. In R. J. Sternberg (Ed.), *Thinking and Problen Solving* (pp.290~332). San Diego: Academic

MacKinnon, D. (1962). The Nature and Nurture of Creative Talent. *American Psychologist*, *17*, 484~495

MacKinnon, D. (1967). The Highly Effective Individual. In R. L. Mooney & T. A. Razik (Eds.), *Explorations in Creativity* (pp. 55 ~ 68). New York:

Harper & Row

MacKinnon, D. (1975). IPAR's Contribution to the Conceptualization and Study of Creativity. In I. A. Taybr & J. W. Getzels (Eds.), *Perspectives in Creativity* (pp.60~89). Chicago: Aldine

McNemar, Q. (1964). Lost: Our Intelligence? Why? *American Psychologist*, *19*, 871~882

Mednick, M. T. & Andrews, F. M. (1967). Creative Thinking and Level of Intelligence. *Journal of Creative Behavior*, *1*, 428~431

Mednick, S. A. (1962). The Associative Basis of the Creative Process. *Psychological Review*, 69, 220~232

Merrifield, P. R., Gardner, S. F. & Cox, A. B. (1964). *Aptitudes and Personality Measures Related to Creativity in Seventh-grade Children.* Reports of the Psychological Laboratories of the University of Southern California: No. 28

Oclise, R. (1990). *Before the Gates of Excellence.* Cambridge University Press

Perkins, D. N. (1981). *The Mind's Best Work.* Cambridge, MA: Harvard University Press

Piers, E. V., Daniels, J. M. & Quackenbush, J. F. (1960). The Identification of Creativity in Adolescents. *Journal of Educational Psychology*, *51*, 346~351

Renzulli, J. S. (1986). The Three-ring Conception of Giftedness: A Developmental Model for Creative Productivity. In R. J. Sternberg & J. E. Davidson (Eds.), *Conceptions of Giftedness* (pp.53~92). Cambridge University Press

Roe, A. (1952). *The Making of A Scientist.* New York: Dodd, Mead

Roe, A. (1972). Patterns of Productivity of Scientists. *Science*, *176*,

940～941

Roe, A. (1976). Psychological Approaches to Creativity in Science. In A. Rothenberg & C. R. Hausman (Eds.), *The Creativity Question* (pp.165～175). Durham, NC: Duke University Press. (Reprinted from M. A. Coler & H. K. Hughes, Eds. [1963] *Essays on Creativity in the Sciences* [pp.153～154, 166～172, 177～182]. New York: New Yotk University Press)

Rothenberg, A. & Hausman, C. R. (Eds.). (1976). *The Creativity Question*. Durham, NC: Duke University Press

Rubenson, D. L. & Runco, M. A. (1992). The Psychoeconomic Approach to Creativity. *New Ideas in Psychology*, *10*, 131～147

Runco, M. A. (1987). The Generality of Creative Performance in Gifted and Nongifted Children. *Gifted Child Quarterly*, *31* (3), 121～125

Schubert, D. S. (1973). Intelligence as Necessary but not Sufficient for Creativity. *Journal of Genetic Psycholoy*, *122*, 45～47

Shouksmith, G. (1973). *Intelligence, Creativity and Cognitive Style*. London: Angus & Robertson

Simonton, D. K. (1976). Biographical Determinants of Achieved Eminence: A Multivariate Approach to the Cox Data. *Journal of Personality and Social Psychology*, *33*, 218～226

Simonton, D. K. (1994). *Greatness: Who Makes History and Why?* New York: Guilford.

Skager, R. W., Schultz, C. B. & Klein, S. P. (1967). Quality and Quantity of Accomplishments as Measures of Creativity. *Journal of Educational Psychology*, *56*, 31～39

Smith, I. L. (1970). IQ, Creativity, and the Taxonomy of Educational Objectives: Cognitive Domain. *Journal of Experimental Education*, *38* (*4*),

58～60

Smith, I. L. (1971). IQ, Creativity, and Achievement: Interaction and Threshold. *Multivariate Behavioral Research*, *6*(*1*), 51～62

Sternberg, R. J. (1982). Natural, Unnatural, and Supernatural Concepts. *Cognitive Psychology*, *14*, 451～488

Sternberg, R. J. (1985a). *Beyond IQ: A Triarchic Theory of Human Intelligence*. Cambridge University Press

Sternberg, R. J. (1985b). Implicit Theories of Intelligence, Creativity, and Wisdom. *Journal of Personality and Social Psychology*, *49*, 607～627

Sternberg, R. J. (1988). *The Triarchic Mind: A Theory of Human Intelligence*. New York: Viking

Sternberg, R. J. (1996). *Successful Intelligence*. New York: Simon & Schuster

Sternberg, R. J. (1997). What does it Mean to be Smart? *Educational Leadership*, *54*, 20～24

Sternberg, R. J. & Clinkenbeard, P. (1995). A Triarchic View of Identifying, Teaching, and Assessing Gifted Children. *Roeper Review*, *17*(*4*), 255～260

Sternberg, R. J. & Davidson, J. E. (1982, June). The Mind of the Puzzler. *Psychology Today*. pp.37～44

Sternberg, R. J. & Detterman, D. K. (Eds.). (1986). *What Is Intelligence? Contemporary Viewpoints on Its Nature and Definition*. Norwood, NJ: Ablex

Sternberg, R. J., Ferrari, M., Clinkenbeard, P. & Grigorenko, E. L. (1996). Identification, Instruction, and Assessment of Gifted Children: A Construct Validation of a Triarchic Model. *Gifted Child Quarterly*, *40*, 129～137

Sternberg, R. J. & Gastel, J. (1989a). Coping with Novelty in Human

Intelligence: An Empirical Investigation. *Intelligence*, *13*, 187~197

Sternberg, R. J. & Gastel, J. (1998b). If Dancers Ate Their Shoes: Inductivc Reasoning with Factual and Counterfactual Premises. *Memory and Cognition*, *17*, 1~10

Sternberg, R. J. & Lubait, T. I. (1991). An Investment Theory of Creativity and Its Development. *Human Development*, *34*(*1*), 1~32

Sternberg, R. J. & Lubart, T. I. (1995), *Defying the Crowd: Cultivating Creativity in a Culture of Conformity*. New York: Free Press

Sternberg, R. J. & Lubart, T. I. (1996). Investing in Creativity. *American Psychologist*, *51*(*7*), 677~688

Tetewsky, S. J. & Steinberg, R. J. (1986). Conceptual and Lexical Determinants of Nonentrenched Thinking. *Journal of Memory and Language*, *25*, 202~225

Torrance, E. P. (1962). *Guiding Creative Talent*. Englewood Cliffs, NJ: Prentice-Hall

Torrance, E. P. (1963). Explorations in Creative Thinking in the Early School Years: A Progress Report. In C. W. Taylor & F. Barron (Bds.), *Scientific Creativity: Its Recognition and Development* (pp.173~183). New York: Wiley

Torrance, E. P. (1974). *The Torrance Tests of Creative Thinking: Technical-norms Manual.* Bensenville, IL: Scholastic Testing Service

Torrance, E. P. (1975). Creativity Research in Education: Still Alive. In I. A. Taylor & J. W. Getzels (Eds.), *Perspectives in Creativity* (pp. 278~296). Chicago: Aldine

Wallach, M. & Kogan, N. (1965). *Modes of Thinking in Young Children*. New York: Holt, Rinehart & Winston

Wallach, M. & Kogan, N. (1972). Creativity and Intelligence in Children. In

J. McVicker Hunt (Ed.), *Human Intelligence* (pp.165～181). New Brunswick, NJ：Transaction Books

Weisberg, R. (1986). *Creativity, Genius and Other Myths*. New York：Freeman

Weisberg, R. (1988). Problem Solving and Creativity. In R. J. Steinberg (Ed.), *The Nature of Creativity* (pp.148～176). Cambridge University Press

Weisberg, R. W. (1993). *Creativity: Beyond the Myth of Genius*. New York：Freeman

Weisberg, R. W. & Alba, J. W. (1981). An Examination of the Alleged Role of "Fixation" in the Solution of Several "Insight" Problems. *Journal of Experimental Psychology: General*, *110*, 169～192

Yamamoto, K. (1984). Creativity and Sociometric Choice Among Adolescents. *Journal of Social Psychology*, *64*, 249～261

第14章

Albert, R. S. (1991). People, Processes, and Developmental Paths to Eminence：A Developmentalinteractional Model. In R. M. Milgram (Ed.), *Counseling Gifted and Talented Children: A Guide for Teachers, Counselors, and Parents* (pp.75～93). Norwood, NJ：Ablex

Albert, R. S. & Runco, M. (1987). The Possible Different Personality Dispositions of Scientists and Nonscientists. In D. N. Jackson and J. P. Rushton (Eds.), *Scientific Excellence* (pp.67～97). Beverly Hills, CA：Sage

Alter, J. B. (1989). Creativity Profile of University and Conservatory Music Students. *Creativity Research Journal*, *2*, 184～195

Amabile, T. (1996). *Creativity in Context*. New York：Westview

Amos, S. P. (1978). Personality Differences Between Established and Lessestablished Male and Female Creative Artists. *Journal of Personality Assessment*, *42*, 374~377

Andreasen, N. C. & Glick, L. D. (1988). Bipolar Affective Disorder and Creativity: Implications and Clinical Management. *Comprehensive Psychiotry*, *29*, 207~216

Arnold, K. D. (1992). Undergraduate Aspirations of Career Outcomes of Academically Talented Women: A Discriminant Analysis. *Roeper Review*, *15*, 169~175

Bachtold, L. M. (1976). Personality Characteristics of Women of Distinction. *Psychology of Women Quarlerly*, *1*, 70~78

Bachtold, L. M. & Werner, E. E. (1972). Personality Characteristics of Women Scientists. *Psychological Reports*, *31*, 391~396

Bachtold, L. M. & Werner, E. E. (1973). Personality Characteristics of Creative Women. *Perceptual and Motor Skills*, *36*, 311~319

Bakker, F. C. (1988). Personality Differences Between Young Dancers and Non-dancers. *Personality and Individual Differences*, *9*, 121~131

Bakker, F. C. (1991). Development of Personality in Dancers: A Longitudinal Study. *Personality and Individual Differences*, *12*, 671~681

Bamber, J. H., Bill, J. M., Boyd, F. E. & Corbett, W. D. (1983). In Two Minds: Arts and Science Differences at Sixth-form Level. *British Journal of Educational Psychology*, *53*, 222~233

Barron, F. (1963). *Creativity and Psychological Health*. New York: Van Nostrand

Barron, F. (1972). *Artists in the Making*. New York: Seminar Press

Barron, F. & Harrington, D. (1981). Creativity, Intelligence, and Personality. *Annual Review of Psychology*, *32*, 439~476

Barton, K. & Cattell, H. (1972). Personality Characteristics of Female Psychology, Science and Art Majors. *Psychological Reports*, *31*, 807~813

Benbow, C. P. (1988). Sex Differences in Mathematical Reasoning Ability in Intellectually Talented Preadolescents: Their Nature, Effects, and Possible Causes. *Behavioral and Brain Sciences*, *11*, 169~183

Benbow, C. P. & Lubinski, D. (1993). Psychological Profiles of the Mathematically Talented. Some Sex Differences and Evidence Supporting Their Biological Basis. In G. R. Bock and K. Ackrill (Eds.), *The Origins and Development of High Ability* (pp.44~66). Chichester: Wiley

Benbow, C. P. & Minor, L. L. (1986). Mathematically Talented Students and Achievement in the High School Sciences. *American Educational Research Journal*, *23*, 425~436

Benbow, C. P. & Stanley, J. C. (1982). Consequences in High School and College of Sex Differences in Mathematical Reasoning Ability: A Longitudinal Perspective. *American Educational Research Journal*, *19*, 598~622

Bloom, B. S. (1956). Report on Creativity Research at the University of Chicago. In C. W. Taylor (Ed.), *The 1955 University of Utah Research Conference on the Identification of Creative Scientific Talent*. Salt Lake City: University of Utah Press

Busse, T. V. & Mansfield, R. S. (1984). Selected Personality Traits and Achievement in Male Scientists. *Journal of Psychology*, *116*, 117~131

Butler-Por, N. (1993). Underachieving Gifted Students. In K. A. Heller, F. J. Monks & A. H. Passow (Eds.), *International Handbook of Research and Development of Giftedness and Talent* (pp. 649~688). Oxford: Pergamon

Buttsworth, L. M. & Smith, G. A. (1994). Personality of Australian Performing Musicians by Gender and by Instrument. *Personality and Individual*

Differences, *5*, 595~603.

Camp, G. C. (1994). A Longitudinal Study of Correlates of Creativity. *Creativity Research Journal*, *7*, 125~144

Cattell, R. B. & Drevdahl, J. E. (1955). A Comparison of the Personality Profile (16 PF) of Eminent Researchers with that of Eminent Teachers and Administrators, and the General Population. *British Journal of Psychology*, *46*, 248~261

Chambers, J. A. (1964). Relating Personality and Biographical Factors to Scientific Creativity. *Psychological Monographs: General and Applied*, *78*, 1~20

Cox, C. (1926). *Genetic Studies of Genius: Vol, 2. The Early Mental Traits of Three Hundred Geniuses.* Stanford, CA: Stanford University Press

Cramond, B. (1994). The Torrance Tests of Creative Thinking: From Design Through Establishment of Predictive Validity. In R. F. Subotnik & K. D. Arnold (Eds.), *Beyond Terman: Contemporary Longitudinal Studies of Gifiedness and Talent* (pp.229~254). Norwood, NJ: Ablex

Cross, P. G., Cattell, R. B. & Butcher, H. J. (1967). The Personality Pattern of Creative Artists. *British Journal of Educational Psychology*, *37*, 292~299

Csikszentmihalyi, M. & Getzels, J. W. (1973). The Personality of Young Artists: An Empirical and Theoretical Exploration. *British Journal of Psychology*, *64*, 91~104

Davids, A. (1968). Psychological Characteristics of High School Male and Female Potential Scienists in Comparison with Academic Underachievers. *Psychology in the Schools*, *3*, 79~87

Dellas, M. & Gaier, E. L. (1970). Idenlification of Creativity: The Individual. *Psychological Bulletin*, *73*, 55~73

Digman, J. M. (1990). Personality Structure: Emergence of the Five-factor model. *Annual Review of Psychology*, *41*, 417~440

Dollinger, S. J. & Clancy, S. M. (1993). Identity, Self, and Personality. Part 2, Glimpses Through the Autophotographic eye. *Journal of Personality and Social Psychology*, *64*, 1064~1071

Domino, G. (1974). Assessment of Cinematographic Creativity. *Journal of Personality and Social Psychology*, *30*, 150~154

Drevdahl, J. E. & Cattell, R. B. (1958). Personality and Creativity in Artists and Writers. *Journal of Clinical Psychology*, *14*, 107~111

Dudek, S. (1968). Regression and Creativity. *Journal of Nervous and Mental Disease*, *147*, 535~546

Dudek, S. Z., Bernèche, R., Bérubé, H. & Royer, S. (1991). Personality Determinants of the Commitment to the Profession of Art. *Creativity Research Journal*, *4*, 367~389

Dudek, S. Z. & Hall, W. B. (1991). Personality Consistency: Eminent Architects 25 Years Later. *Creativity Research Journal*, *4*, 1213~1231

Eiduson, B. T. (1958). Artist and Non-artist: A Comparative Study. *Journal of Personality*, *26*, 13~28

Eiduson, B. T. (1962). *Scientists: Their Psychological World*. New York: Basic

Erlckson, C. O., Gantz, B. S. & Stephenson, R. W. (1990). Logical and Construct Validation of a Shortform Biographical Inventory Predictor of Scientific Creativity. *Proceedings*, 78th *Annual Convention*, APA, 151~152

Eysenck, H. J. (1990). Biological Dimensions of Personality. In L. A. Pervin (Ed.), *Handbook of Personality Theory and Research* (pp. 244 ~ 276). New York: Guilford

Eysenck, H. J. (1993). Creativity and Personality: Suggestions for a Theory. *Psychological Inquiry*, *4*, 147~178

Eysenck, H. J. (1994). Creativity and Personality: Word Association, Origence, and Psychoticism, *Creativity Research Journal*, *7*, 209~216

Eysenck, H. J. (1995). *Genius: The Natural History of Creativity*. Cambridge University Press

Farmer, H. S. (1988). Predicting Who Our Future Scientists and Mathematicians Will Be. *Behavioral and Brain Sciences*, *11*, 190~191

Feist, G. J. (1989). [Creativity in Art and Science Students]. Unpublished Raw Data

Feist, G. J. (1991). Synthetic and Analytic Thought: Similarities and Differenccs Among Art and Science Students. *Creativity Research Journal*, *4*, 145~155

Feist, G. J. (1993). A Structural Model of Scientific Eminence. *Psychological Science*, *4*, 366~371

Feist, G. J. (1994). Personality and Working Style Predictors of Integrative Complexity: A Study of Scientists' Thinking About Research and Teaching. *Journal of Personality and Social Psychology*, *67*, 474~484

Feist, G. J. (1995, October). *Do hostile and arrogant Scientists Become Eminent or Are Eminent Scientists Likely to Become Hostile and Arrogant*. Paper Presented at the Annual Conference of the Society for Social Studies of Science, Charlottesville, VA

Feist, G. J. (in press). Affective States and Traits in Creativity: Evidence for Non-linear Relationships. In M. A. Runco (Ed.), *Creativity Research Handbook* (Vol.2.). Gresskill, NJ: Hampton

Feist, G. J. & Barron, F. (1996). [Longitudinal Study of 1950 Graduate students]. Unpublished Raw Data.

Feist, G. J. & Gorman, M. E. (1998). The Psychology of Science: Review and Integration of a Nascent Discipline. *Review of Ceneral Psychology*, *2*, 3~47

Fodor, E. M. (1995). Subclinical Inanifestations of Psycbosis-proneness, Ego-strength, and Creativity. *Personality and Individual Differences*, *18*, 635~642

Gantz, B. S. Erickson, C. O. & Stephenson, R. W. (1972). Some Determinants of Promotion in a Research and Devetopment Population. *Conference Proceedings for the 72nd Annual Convention of the American Psychological Association*. Washington, DC: American Psychological Association

Gardner, H. (1973). *The Arts and Human Development: A Psychological Study of the Artistic Process*. New York: Wiley

Garwood, D. S. (1964). Personality Factors Related to Creativity in Young Scientists. *Journal of Abnormal and Social Psychology*, *68*, 413~419

Getzels, J. W. (1987). Creativity, Intelligence, and Problem Finding: Retrospect and Prospect. In S. G. Isaksen (Ed.), *Frontiers of Creativity Research* (pp.88~102). Buffalo, NY: Bearly

Getzels, J. W. & Csikszentmihalyi, M. (1976). *The Creative Vision*. New York: Wiley

Ghiselin, B. (Ed.). (1952). *The Creative Process*. New York: Menter

Götz, K. O. & Götz, K. (1979). Personality Characteristics of professional Artists. *Perceptual and Motor Skills*, *49*, 327~334

Gough, H. G. (1961, February). *A Personality Sketch of the Creative Research Scientist*. Paper Presented at the Fifth Annual Conference on Personnel and Industrial Relations Research, UCLA, Los Angeles, CA

Gough, H. G. (1976). What Happens to Creative Medical Students? *Journal of Medical Education*, *51*, 461~467

Gough, H. G. (1987). *California Psychological Incentory: Administrators Guide.* Palo Alto, CA: Consulting Psychologists Press

Guastello, S. & Shissler, J. (1994). A Two-factor Taxonomy of Ereative Behavior. *Journal of Creative Behavior*, *28*, 211~221

Guilford, J. P. (1950). Creativity. *American Psychologist*, *5*, 444~454

Guilford, J. P. (1959). Traits of Creativity. In H. H. Anderson (Ed.), *Creativity and Its Cultication* (pp.142~161). New York: Harper

Guilford, J. P. (1987). A Review of a Quarter Century of Progress. In S. G. Isaksen (Ed.), *Frontiers of Creativity Research* (pp. 45 ~ 61). Buffalo, NY: Bearly

Hall, W. B. & MacKinnon, D. W. (1969). Personality Inventory Correlates of Creativity Among Architects. *Journal of Applied Psychology*, *53*, 322~326

Ham, S. & Shaughnessy, M. F. (1992). Personality and Scientific Promise. *Psychological Reports*, *70*, 971~975

Hammer, E. F. (1966). Personality Patterns in Young Creative Artists. *Adolescence*, *1*, 327~350

Hammond, J. & Edelmann, R. J. (1991). The Act of Being: Personality Characteristics of Professional Actors, Amateur Actors and Non-actors. In G. Wilson (Ed.), *Psychology and Performing Arts* (pp. 123 ~ 131). Amsterdam: Swets & Zeitlinger

Helmreich, R. L., Spence, J. T., Beane, W. E., Lucker, G. W. & Matthews, K. A. (1980). Making it in Academic Psychology: Demographic and Personality Correlates of Attainment. *Journal of Personality and Social Psychology*, *39*, 896~908

Helmreich, R. L., Spence, J. T. & Pred, R. S. (1988). Making It Without

Losing It: Type A, Achievement Motivation and Scientific Attainment Revisitied. *Personality and Social Psychology Bulletin*, *14*, 495~504

Helson, R. (1971). Women Mathematicians and the Creative Personality. *Journal of Consulting and Clinical Psychology*, *36*, 210~220

Helson, R. (1977). The Creative Spectum of Authors of Fantasy. *Journal of Personality*, *45*, 310~326

Helson, R. (1987). Which of Those Young Women with Creative Potential Became Productive? Part 2, From College to Midlife. In R. Hogan & W. H. Jones (Eds.). *Perspectives in personality* (Vol.2, pp.51~92). Greenwich, CN: JAI

Helson, R. & Crutchfield, R. S. (1970). Mathematicians: The Creative Researcher and the Average Ph. D. *Journal of Consulting and Clinical Psychology*, *34*, 250~257

Helson, R., Roberts, B. & Agronick, G. (1995). Enduringness and Change in Creative Personality and Prediction of Occupational Creativity. *Journal of Personality and Social Psychology*, *69*, 1173~1183

Holahan, C. K. & Sears, R. R. (1995). *The Gifted Group in Later Maturity*. Stanford, CA: Stanford University Press

Holland, J. (1960). The Prediction of College Grades from Personality and Aptitude Variables. *Journal of Educational Psychology*, *51*, 245~254

Holland, J. L. & Baird, L. L. (1968). The Preconscious Activity Scale: The Development and Validation of an Originality measure. *Journal of Creative Behavior*, *2*, 217~225

Hudson, L. (1958). Undergraduate Academic Record of Fellows of the Royal Society. *Nature*, *182*, 1326

Ikpaahindi, L. (1987). The Relationship Between the Needs for Achievement, Affiliation, Power, and Acientific Productivity Among Nigerian

Veterinary Surgeons. *Journal of Social Psychology*, *127*, 535～537

Isen, A., Daubman, K. A. & Nowicki, G. P. (1987). Positive Affect Facilitates Creative Problem Solving. *Journal of Personality and Social Psychology*, *52*, 1122～1131

Jamison, K. R. (1993). *Touched with Fire: Manic-depressive Illness and the Artistic Temperament*. New York: Free Press

John, O. P. (1990). The "Big Five" Factor Taxonomy: Dimensions of Personality in the Natural Language and in Questionnaires. In L. A. Pervin (Ed.), *Handbook of Personality Research and Theory* (pp. 66～100). New York: Guilford

Kemp, A. (1981). The Personality Structure of the Musician. Part Ⅰ, Identifying a Profile of Traits for the Performer. *Psychology of Music*, *9*, 3～14

Kline, P. & Lapham. S. L. (1992). Personality and Faculty in British Universities. *Personality and Individual Defferences*, *13*, 855～857

Kuhn, T. S. (1970). *The Structure of Scientific Revolutions* (2nd ed.). Chicago: University of Chicago Press

Lacey, L. A. & Erickson, C. E. (1974). Psychology of the Scientist. Part 31, Discriminability of a Creativity Scale for the Adjective Check List Among Scientists and Engineers. *Psychological Reports*, *34*, 755～758

Lindsay, B. (1978). Leadership Giftedness: Developing a Profile. *Journal for the Education of the Gifted*, *1*, 63～69

Lubinski, D. & Benbow, C. P. (1994). The Study of Mathematically Precocious Youth: The First Three Decades of A Planned 50-year Study of Intellectual Talent. In R. F. Subotnik & K.D. Arnold (Eds.), *Beyond Terman: Contemporary Longitudinal Studies of Giftedness and Talent* (pp. 255～281). Norwood, NJ: Ablex

Ludwig, A. M. (1995). *The Price of Greatness*. New York: Guilford

MacKinnon, D. W. (1960). The Highly Effective Individual. *Teachers College Record*, *61*, 367~378

MacKinnon, D. W. (1962). The Nature and Nurture of Creative Talent. *American Psychologist*, *17*, 484~495

MacKinnon, D. W. (1970). Creativity: A Multi-faceted Phenomenon. In J. Roslanksy (Ed.), *Creativity* (pp.19~32). Amsterdam: North-Holland

MacKinnon, D. W. (1978). *In Search of Human Effectiveness*. Buffalo, NY: Bearly

Magnusson, D. & Backteman, G. (1978). Longitudinal Stability of Person Characteristics: Intelligence and Creativity. *Applied Psychological Measurement*, *2*, 481~490

Mansfield, R. S. & Busse, T. V. (1981). *The Psychology of Creativity and Discovery: Scientists and Their Work*. Chicago: Nelson-Hall

Marchant-Haycox, S. E. & Wilson, G. D. (1992). Personality and Stress in Performing Artists. *Personality and Individual Differences*, *13*, 1061~1068

Marland, S. P., Jr. (1972). *Education of the Gifted and Talented*. Washington, DC: U. S. Government Printing Office

Martindale, C. (1975). *Romantic Progression: The Psychology of Literary History*. Washington, DC: Hemisphere

Martindale, C. (1981). *Cognition and Consciousness*. Homewood, IL: Dorsey

Martindale, C. & Armstrong, J. (1974). The Relationship of Creativity to Cortical Activation and Its Operant Control. *Journal of Genetic Psychology*, *124*, 311~320

Martindale, C. & Greenough, J. (1973). The Differential Effect of Increased

Arousal on Creative and Intellectual Performance. *Journal of Genetic Psychology*, *123*, 329~335

Martindale, C. & Hasenfus, N. (1978). EEG Differences as A Function of Creativity, Stage of the Creative Process and Effort to Be Original. *Biological Psychology*, *6*, 157~167

Martindale, C., Hines. D., Mitchell, L. & Covello, E. (1984). EEO Alpha Asymmetry and Creativity. *Personality and Individual Differences*, *5*, 77~86

McCrae, R. R. (1987). Creativity, Divergent Thinking, and Openness to Experience. *Journal of Personality and Social Psychology*, *52*, 1258~1265

McCrae, R. R. & John, O. P. (1992). An Introduction to the Five-factor Model and Its Applications. *Journal of Personality*, *60*, 175~215

McDermid, C. D. (1965). Some Correlates of Creativity in Engineering Personnel. *Journal of Applied Psychology*, *49*, 14~19

Mendelsohn, G. A. (1976). Associative and Attentional Processes in Creative Performance. *Journal of Personality*, *44*, 341~369

Milgram, R. M. & Hong, E. (1994). Creative Thinking and Creative Performance in Adolescents as Predictors of Creative Attainments in Adults: A Follow-up Study After 18 Years. In R. F. Subotnik & K. D. Arnold (Eds.). *Beyond Terman: Contemporary Longitudinal Studies of Giftedness and Talent* (pp.212~228). Norwood, NJ: Ablex

Mohan, J. & Tiwana, M. (1987). Personality and Alienation of Creative Writers: A Brief Report. *Personality and Individual Differences*, *8*, 449

Mumford, M. D., Costanza, D. P., Threlfall, K. V., Baughman, W. A. & Reiter-Palmon, R. (1993). Personality Variables and Problem-construction activities: An Exploratory Investigation. *Creativity Research Journal*, *6*, 365~389

Mumford, M. D. & Gustafson, S. B. (1988). Creativily Syndrome:

Integration, Application, and Innovation. *Psychological Bulletin*, *103*, 27~43

Ochse, R. (1990). *Before the Gates of Excellence: The Determinants of Creative Genius*. Cambridge University Press

Parloff, M. B. & Datta, L. (1965). Personality Characteristics of the Potentially Creative Scientist. *Science and Psychoanalysis*, *8*, 91~105

Parloff, M. B., Datta, L., Kleman, M. & Handlon, J. H. (1968). Personality Characteristics Which Differentiate Creative Male Adolescents and Adults. *Journal of Personality*, *36*, 528~552

Pufal-Struzik, I. (1992). Differences in Personality and Self-knowledge of Creative Persons at Different Ages: A Comparative Analysis. Special Issue: Geragogics: European Research in Gerontological Education. *Gerontology Geriatrics Education*, *13*, 71~90

Pyryt, M. C. (1992). The Fulfillment of Promise Revisited: A Discriminant Analysis of Factors Predicting Success in the Terman Study. *Roeper Review*, *15*, 178~179

Richards, R. L. (1994). Creativity and Bipolar Mood Swings: Why the Association? In M. P. Shaw & M. A. Runco (Eds.), *Creativity and Affect* (pp.44~72). Norwood, NJ: Ablex

Richards, R. L. & Kinney, D. K. (1990). Mood Swings and Creativity. *Creativity Research Journal*, *3*, 202~217

Richards, R. L., Kinney, D. K., Lunde, I., Benet, M. & Merzel, A. (1988). Creativity in Manicdepressives, Cyclothymes, Their Normal Relatives, and Control Subjects. *Journal of Abnonnal Psychology*, *97*, 281~289

Roco, M. (1993). Creative Personalities About Creative Personality in Science. *Revue Roumaine de Psychologic*, *37*, 27~36

Roe, A. (1952). *The Making of a Scientist*. New York: Dodd, Mead

Roe, A. (1953). A Psychological Study of Eminent Psychologists and Anthropologists, and A Comparison with Biological and Physical Scientists. *Psychological Monographs: General and Applied*, *67*, 1~55

Rosenthal, R. & Rosnow, R. L. (1991). *Essentials of Behavioral Research: Methods and Data Analysis* (2nd ed.). New York: McGraw-Hill

Rossman, B. B. & Horn, J. L. (1972). Cognitive, Motivational and Temperamental Indicants of Creativity and Intelligence. *Journal of Educational Measurement*, *9*, 265~286

Rothenberg, A. (1990). *Creativity and Madness: New Findings and Old Stereotypes.* Baltimore: Johns Hopkins University Press

Rothenberg, A. & Hausman, C. R. (Eds.). (1976). *The Creativity Question.* Durham, NC: Duke University Press

Runco, M. A. & Bahleda, M. D. (1986). Implicit Theories of Artistic, Scientific, and Everyday Creativity. *Journal of Creative Behavior*, *20*, 93~98

Rushton, J. P. (1990). Creativity, Intelligence, and Psychoticism. *Personality and Individual Differences*, *12*, 1291~1298

Rushton, J. P., Murray, H. G. & Paunonen, S. V. (1983). Personality, Research Creativity, and Teaching Effectiveness in University Professors. *Scientometrics*, *5*, 93~116

Rushton, J. P., Murray, H. G. & Paunonen, S. V. (1987). Personality Characteristics Associated with High Research Productivity. In D. Jackson & J. P. Rushton (Eds.), *Scientific Excellence* (pp.129~148). Beverly Hills, CA: Sage

Russ, S. (1993). *Affect and Creativity: The Role of Affect and Play in the Creative Process*. Hillsdale, NJ: Eribaum

Schaefer, C. E. (1969). The Self-concept of Creative Adolescents. *Journal of Psychology*, *72*, 233~242

Schaefer, C. E. (1973). A Five-year Follow-up Study of the Self-concept of Creative Adolescents. *Journal of Genetic Psychology*, *123*, 163~170

Shapiro, R. J. (1968). Creative Research Scientists. *Rsychologia Africana Monograph Supplement*, *4* (180)

Sheldon, K. M. (1995). Creativity and Self-determination in Personality. *Creativity Research Journal*, *8*, 23~36

Shelton, J. & Harris, T. L. (1979). Personality Characteristics of Art Students. *Psychological Reports*, *44*, 949~950

Simon, H. (1974). The Work Habits of Eminent Scientists. *Sociology of Work and Occupations*, *1*, 327~335

Simonton, D. K. (1988). *Scientific Genius: A Psychology of Science*. Cambridge University Press

Simonton, D. K. (1989). Chance-configuration Theory of Scieotific Creativity. In B. Gholson, W. R. Shadish, R. A. Neimeyer & A. C. Houts (Eds.), *Psychology of Science*. (pp.170~213). Cambridge University Press

Simithers, A. G. & Batcock, A. (1970). Success and Failure Among Social Scientists and Health Scientists at A Technological University. *British Journal of Educational Psychology*, *40*, 144~153

Stein, M. (1968). Creativity. In E. F. Borgatta & W. W. Lambert (Eds.), *Handbook of Personality Theory and Research* (pp.900~942), Chicago: Rand McNally

Sternberg, R. J. (1986). *The Triarchic Mind: A New Theory of Human Intelligence*. New York: Viking

Sternberg, R. J. (1988). A Three-facet Model of Creativity. In R. J. Sternberg (Ed.), *The Nature of Creativity* (pp.125~147). Cambridge University Press

Sternberg, R. J. & Lubart, T. (1995). *Defying the Crowd.* New York: Free Press

Sternberg, R. J. & Lubart, T. (1996). Investing in Creativity. *American Psychologist*, *51*, 677~688

Stohs, J. M. (1990). Young Adult Predictors and Midlife Outcomes of Male Fine Art Careers. *Career Development Quarterly*, *38*, 213~229

Storr, A. (1988). *Solitude: A Return to the Self.* New York: Free Press

Subotnik, R. F. & Arnold, K. D. (Eds.), (1994). *Beyond Terman: Contemporary Longitudinal Studies of Giftedness and Talent.* Norwood, NJ: Ablex

Subotnik, R. F., Duschl, R. A. & Sehmon, E. H. (1993). Retention and Attrition of Science Talent: A Longitudinal Study of Westinghouse Science Talent Search Winners. *International Journal of Science Education*, *15*, 61~72

Subotnik, R. F. & Steiner, C. L. (1992). Adult Manifestations of Adolescent Talent in Science. *Roeper Review*, *15*, 164~169

Terman, L. M. (1954). Scientists and Nonscientists in a Group of 800 Men. *Psychological Monographs*, *68*, Whole No, 378

Terman, L. M. (1955). Are Scientists Different? *Scientific American*, *192*, 25~29

Tomlinson-Keasey, C. & Keasey, C. B. (1993). Graduating from College in the 1930s: Terman Genetic Studies of Genius. In K. D Hulbert & S. D. Schuster (Eds.), *Women's Lives Through Time: Educated Women of the Twentieth Century* (pp.63~92). San Francisco: Jossey-Bass

Tomlinson-Keasey, C. & Little, T. D. (1990). Predicting educational attainment, Occupational Achievement, Intellectual Skill, and Personal Adjustment Among Gifted Men and Women. *Journal of Educational Psychology*,

82, 442~455

Trost, G. (1993). Prediction of Excellence in School, University and Work. In K. A. Heller, F. J. Monks & A. H. Passow (Eds.), *International Handbook of Research and Development of Giftedness and Talent* (pp. 325 ~ 336). Oxford: Pergamon

Van Zelst, R. H. & Kerr, W. A. (1954). Personality Self-assessment of Scientific and Technical Personnel. *Journal of Applied Psychology*, *38*, 145~147

Vernon, P. E. (Ed.). (1970). *Creativity*. Harmondsworth: Penguin

Walker, A. M., Koestner, R. & Hum, A. (1995). Personality Correlates of Depressive Style in Autobiographies of Creative Achievers. *Journal of Creative Behavior*, *29*, 75~94

Wallach, M. A. (1970). Creativity. In P. H. Mussen (Ed.), *Manual of Child psychology* (pp.1211~1272). New York: Wiley

Wills, G. I. (1983). A Personality Study of Musicians Working in the Popular Field. *Personality and Individual Differences*, *5*, 359~360

Wilson, G. D. (1984). The Personality of Opera Singers. *Personality and Individual Differences*, *5*, 195~201

Wilson, G. D. & Jackson, C. (1994). The Personality of Physicists. *Personality and Individual Differences*, *16*, 187~189

Winner, E. & Martino, G. (1993). Giftedness in the Visual Arts and Music. In K. A. Heller. F. J. Monks & A. H. Passow (Eds.), *International Handbook of Research and Development of Giftedness and Talent* (pp. 253 ~ 281). Oxford: Pergamon

Wise, L. L., Steel, L. & McDonald, C. (1979). *Origins and Career Consequences of Sex Differences in High School Mathematics Achievement*. Washington D. C: American Institute for Research

Wispe, L. G. (1963). Traits of Eminent American Psychologists. *Science*, *141*, 1256~1261

Woody, E. & Claridge. G. (1977). Psychoticism and Thinking. *British Journal of Social and Clinical Psychology*, *16*, 241~248

Zeldow, P. B. (1973). Replication and Extension of the Personality Profile of "Artists in the Making". *Psychologcial Reports*, *33*, 541~542

第15章

Abra, J. (1995). Do the Muses Dwell in Elysium? Death as a Motive for Creativity. *Creativity Research Journal*, *8*, 205~217

Albert, R. S. (1990). Identity, Experiences, and Career Choice Among the Exceptionally Gifted and Eminent. In M. A. Runco & R. S. Albert (Eds.). *Theories of Creativity* (pp.13~34). Newbury Park, CA: Sage

Amabile, T. M. (1979). Effects of External Evaluation on Artistic Creativity. *Journal of Personality and Social Psychology*, *37*, 221~233

Amabile, T. M. (1982a). Children's Artistic Creativity: Detrimental Effects of Competition in a Field Setting. *Personality and Social Psychology Bulletin*, *8*, 573~578

Amabile, T. M. (1982b). Social Psychology of Creativity: A Consensual Assessment Technique. *Journal of Personality and Social Psychology*, *43*, 997~1013

Amabile, T. M. (1983a). *The Social Psychology of Creativity*. New York: Springer-Verlag

Amabile, T. M. (1983b). Social Psychology of Creativity: A Componential Conceptualization. *Journal of Personality and Social Psychology*, *45*, 357~377

Amabile, T. M. (1985). Motivation and Creativity: Effects of Motivational

Orientation on Creative Writing. *Journal of Personality and Social Psychology*, *48*, 393~399

Amabile, T. M. (1987). The Motivation to be Creative. In S. Isaksen (Ed.), *Frontiers in Creativity Research: Beyond the Basics*. Buffalo. NY: Bearly

Amabile, T. M. (1988). A Model of Creativity and Innovation in Organizations, *Research in Organizational Behavior*, *10*, 123~167

Amabile, T. M. (1989). *Growing Up Creative. Buffalo*, NY: Creative Education Foundation

Amabile, T. M. (1993). Motivational Synergy: Toward New Conceptualizations of Intrinsic and Extrinsic Motivation in the Workplace. *Human Resource Management Review*, *3*, 185~201

Amabile, T. M. (1996). *Creativity in Context: Update to The Social Psychology of Creativity*. Boulder, CO: Westview

Amabile, T. M., Conti, R., Coon, H., Lazenby, J. & Herron, M. (1996). Assessing the Work Environment for Creativity. *Academy of Management Journal*, *39*, 1154~1184

Amabile, T. M. & Gitomer, J. (1984). Children's Artistic Creativity: Effects of Choice in Task Materials. *Personality and Social Psychology Bulletin*, *10*, 209~215

Amabile, T. M., Goldfarb, P. & Brackfield, S. (1990). Social Influences on Creativity: Evaluation, Coaction, and Surveillance. *Creativity Research Journal*, *3*, 6~21

Amabile, T. M. & Gryskiewicz, N. (1989). The Creative Environment Scales: The Work Environment Inventory. *Creativity Research Journal*, *2*, 231~254

Amabile, T. M. & Gryskiewicz, S. (1987). *Creativity in the R & D*

Laboratory. Technical Report No. 30. Greensboro, NC: Center for Creative Leadership

Amabile, T. M., Hennessey, B. A. & Grossman, B. S. (1986). Social Influences on Creativity: The Effects of Contracted for Reward. *Journal of Personality and Social Psychology*, *50*, 14~23

Amabile, T. M., Hill, K. G., Hennessey, B. A. & Tighe, E. (1994). The Work Preference Inventory: Assessing Intrinsic and Extrinsic Motivational Orientations. *Journal of Personality and Social Psychology*, *66*, 950~967

Amabile, T. M., Phillips, E. D. & Collins, M. A. (1996). *Creativity by Contract: Social Influences on the Creativity of Professional Artists*. Unpublished Manuscript, Brandeis University, Waltham, MA

Barron F. (1988). Putting Creativity to Work. In R. J. Sternberg (Ed.), *The Nature of Creativity* (pp.76~98). Cambridge University Press

Bartis, S., Szymanski, K. & Harkins, S. G. (1988). Evaluation and Performance: A Two-edged Knife. *Personality and Social Psychology Bulletin*, *14*, 242~251

Bellak, L. (1958). Creativity: Some Random Notes to A Systematic Consideration. *Journal of Projective Techniques*, *22*, 363~380

Berglas, S., Amabile, T. M. & Handel., M. (1981). *Effects of Evaluation on Children's Artistic Creativity*. Unpublished Manuscript, Brandeis University, Waltham, MA

Bruner, J. (1962). The Conditions of Creativity. In H. Gruber, G. Terrell & M. Wertheimer (Eds.), *Contemporary Appmaches to Creative Thinking* (pp.1~30). New York: Atherton

Calder, B. & Staw, B. (1975). Self-perception of Intrinsic and Extrinsic Motivation. *Journal of Personality and Social Psychology*, *31*, 599~605

Campbell, J. A. & Willis, J. (1978). Modifying Components of Creative Behavior in the Natural Environment. *Behavior Modification*, *2*, 549~564

Cangelosi, D. & Schaefer, C. E. (1992). Psychological Needs Underlying the Creative Process. *Psychological Reports*, *71*, 321~322

Carney, S. (1986). *Intrinsic Motivation in Successful Artists from Early Adulthood to Middle Age.* Ph. D. Dissertation, University of Chicago

Cheek, J. M. & Stahl, S. (1986). Shyness and Verbal Creativity. *Journal of Research in Personality*, *20*, 51~61

Conti, R. & Amabile. T. M. (1995, April). *Problem Solving Among Computer Science Students: The Effects of Skill, Evaluation Expectation and Personality on Solution Quality*. Paper Presented at the Meeting of the Eastern Psychological Association, Boston, MA

Conti, R., Amabile, T. M. & Pollak, S. (1995). The Positive Impact of Creative Activity: Effects of Creative Task Engagement and Motivational Focus on College Students' Learning. *Personality and Social Psychology Bulletin*, *21*, 1107~1116

Cox, C. (1926). *Genetic Studies of Genius: Vol.2. The Early Mental Traits of Three Hundred Geniuses*. Stanford, CA: Stanford University Press

Crutchfield, R. (1962). Conformity and Creative Thinking. In H. Gruber, G. Terrell & M. Wertheimer (Eds.), *Contemporary Approaches to Creative Thinking* (pp.120~140). New York: Atherton

Csikszentmihalyi, M. (1978). Intrinsic Rewards and Emergent Motivation. In M. Lepper & D. Green (Eds.), *The Hidden Costs of Reward* (pp.205~216). Hillsdale, NJ: Erlbaum

Csikszentmihalyi, M. (1988). Motivation and Creativity: Towards a Synthesis of Structural and Energistic Approaches to Cognition. *New Ideas in*

Psychology, *6*, 159~176

Csikszentmihalyi, M. (1990a). The Domain of Creativity. In M. A. Runco & R. S. Albert (Eds.), *Theories of Creativity* (pp.190~214). Newbury Park, CA: Sage

Csikszentmihalyi, M. (1990b). *Flow: The Psychology of Optimal Experience*. New York: Harper & Row

Csikszentmihalyi, M. & Csikszentmihalyi, I. S. (Eds.). (1988). *Optimal Experience: Psychological Studies of Flow in Consciousness.* Cambridge University Press

Csikszentmihalyi, M. & Robinson, R. (1986). Culture, Time, and the Development of Talent. In R. J. Sternberg & J. E. Davidson (Eds.), *Conceptions of Giftedness* (pp.285~305). Cambridge University Press

Deci, E. L. & Ryan, R. M. (1985). *Intrinsic Motivation and Self-determination in Human Behavior*. New York: Plenum

Eisenberger, R. & Cameron, J. (1995, September). *Detrimental Effects of Reward: Reality or Myth*? Paper Presented at the Meeting of the Society for Experimental Social Psychology, Washington, DC.

Eisenberger, R. & Selbst, M. (1994). Does Reward Increase or Decrease Creativity? *Journal of Personality and Social Psychology*, *66*, 1116~1127

Fairbain, W. R. D. (1938). Prolegomena to a Psychology of Art. *British Journal of Psychology*, *28*, 288~303

Freud, S. (1957). The Unconscious. In J. Strachcy (Ed. and Trans.), *The Standard Edition of the Complete Psychological Works of Sigmund Freud* (Vol.14, pp.166~204). London: Hogarth. (Original work published 1915)

Freud, S. (1959). Creative Writers and Day-dreaming. In J. Strachey (Ed. and Trans.), *The Standard Edition of the Complete Psychological Works of*

Sigmund Freud (Vol. 9, pp. 142 ~ 156). London: Hogarth. (Original work published 1908)

Gardner, H. (1993). *Creating Minds: An Anatomy of Creativity Seen Through the Lives of Freud, Einstein, Picasso, Stravinsky, Eliot, Graham, An Ghandi*, New York: Basic

Gedo, J. E. (1983). *Portraits of the Artist*. New York: Guilford

Gedo, J. E. (in press). Psychoanalytic Theories of Creativity. In Preparation for M. A. Runco (Ed.), *Handbook of Creativity Research* (Vol. 1). Cresskill, NJ: Hampton

Getzels, J. W. & Csikszentmihalyi, M. (1976). *The Creative Vision: A Longitudinal Study of Problemfinding in Art*. New York: Wiley-Interscicnce

Glover, J. A. (1980). A Creativity-training Workshop: Short-term, Long-term, and Transfer Effects. *Journal of Genetic Psychology*, *136*, 3 ~ 16

Golann, S. E. (1962). The Creativity Motive. *Journal of Personality*, *30*, 588 ~ 600

Greenberg, E. (1992). Creativity, Autonomy, and Evaluation of Creative Work: Artistic Workers in Organizations. *Journal of Creative Behavior*, *26*, 75 ~ 80

Greer, M. & Levine, E. (1991). Enhancing Creative Performance in College Students. *Journal of Creative Behavior*, *25*, 250 ~ 255

Gruber, H. E. (1986). The Self-construction of the Extraordinary. In R. J. Sternberg & J. E. Davidson (Eds.), *Conceptions of Giftedness* (pp. 247 ~ 263). Cambridge University Press

Gruber, H. E. & Davis, S. N. (1988). Inching Our Way Up Mount Olympus: The Evolving-systems Approach to Creative Thinking. In R. J. Sternberg (Ed.), *The Nature of Creativity* (pp. 143 ~ 169). Cambridge University Press

Halpin, G. & Halpin, G. (1973). The Effect of Motivation on Creative Thinking Abilities. *Journal of Creative Behavior*, *7*, 51~53

Harlow, H. F. (1950). Learning and Satiation of Response in Intrinsically Motivated Complex Puzzle Performance by Monkeys. *Journal of Comparative Physiological Psychology*, *43*, 289~294

Heinzen, T. E. (1989). On Moderate Challenge Increasing Ideational Creativity. *Creativity Research Journal*, *2*, 223~226

Heinzen, T. E., Mills, C. & Cameron, P. (1993). Scientific Innovation Potential. *Creativity Research Journal*, *6*, 261~269

Henle, M. (1962). The Birth and Death of Ideas. In H. Gruber, G. Terrell & M. Wertheimer (Eds.), *Contemproary Approaches to Creative Thinking* (pp.31~62). New York: Atherton

Hennessey, B. A. (1989). The Effect of Extrinsic Constraints on Children's Creativity While Using a Computer. *Creativity Research Journal*, *2*, 151~168

Hennessey, B. A. (1995). Social, Environmental, and Developmental Issues and Creativity. *Educational Psychology Review*, *7*, 163~183

Hennessey, B., Amabile, T. & Martinage, M. (1989). Immunizing Children Agains the Negative Effects of Reward. *Contemporary Educational Psychology*, *14*, 212~227

Hennessey, B. A. & Zbikowski, S. (1993). Immunizing Children Against the Negative Effects of Reward: A Further Examination of Intrinsic Motivation Training Techniques. *Creativity Research Journal*, *6*, 297~308

Hill, K. G., Amabile, T. M., Coon, H. M. & Whitney, D. (1994). *Testing the Componential Model of Creativity*. Unpublished Manuscript, Brandeis University, Waltham. MA

Hunt, J. McV. (1965). Intrinsic Motivation and Its Role in Psychological

Development. In D. Levine (Ed.), *Nebraska Symposium on Motivation* (Vol. 13). Lincoln: University of Nebraska Press

Johnson, R. A. (1974). Differential Effects of Reward Versus No-reward Instructions on the Creative Thinking of Two Economic Levels of Elementary School Children. *Journal of Educational Psychology*, *66*, 530~533

Klein, G. (1976). *Psychoanalytic Theory*. New York: International Universities Press

Koestler, A. (1964). *The Act of Creation*. New York: Dell

Koestner, R., Ryan, R. M., Bernieri, F. & Holt, K. (1984). Setting Limits on Children's Behavior: The Differential Effects of Controlling Versus Informational Styles on Intrinsic Motivation and Creativity. *Journal of Personality*, *52*, 233~248

Kris, E. (1952). *Psychoanalytic Explorations in Art*. New York: Internalional Universities Press

Kruglanski, A. W., Friedman, I. & Zeevi, G. (1971). The Effects of Intrinsic Incentives on Some Qualitative Aspects of Performance. *Journal of Personality*, *39*, 606~617

Lepper, M. & Greene, D. (1978). Overjustification Research and Beyond: Toward a Means-end Analysis of Intrinsic and Extrinsic Motivation. In M. Lepper & D. Greene (Eds.), *The Hidden Costs of Reward* (pp. 109 ~ 148). Hillsdale, NJ: Erlbaum

Lepper, M., Greene, D. & Nisbett, R. (1973). Undermining Children's Intrinsic Interest with Extrinsic Rewards: A Test of the "Overjustification" Hypothesis. *Journal of Personality and Social Psychology*, *28*, 129~137

Locurto, C. M. & Walsh, J. F. (1976). Reinforcement and Self-reinforcement: Their Effects on Originality. *American Journal of Psychology*, *89*,

281~291

MacKinnon, D. W. (1962). The Nature and Nurture of Creative Talent. *American Psychologist*, *17*, 484~495

Mansfield, R. S. & Busse, T. V. (1981). *The Psychology of Creativity and Discovery: Scientists and Their Work*. Chicago: Nelson Hall

Maslow, A. H. (1943). A Theory of Human Motivation. *Psychological Review*, *50*, 370~396

Maslow, A. H. (1959). Creativity in Self-actualizing People. In H. A. Anderson (Ed.), *Creativity and Its Cultivation* (pp.83~95). New York: Harper

Maslow, A. H. (1968). *Toward a Psychology of Being* (2nd ed.). Princeton, NJ: Van Nostrand Reinhold

McGraw, K. O. & McCullers, J. C. (1979). Evidence of a Detrimental Effect of Extrinsic Incentives on Breaking a Mental Set. *Journal of Experimental Social Psychology*, *15*, 285~294

Milgram, R. M. & Feingold, S. (1977). Concrete and Verbal Reinforcement in Creative Thinking of Disadvantaged Children. *Perceptual and Motor Skills*, *45*, 675~678

Newell, A., Shaw, J. C. & Simon, H. A. (1962). The Process of Creative Thinking. In H. Gruber, G. Terrell & M. Wertheimer (Eds.), *Contemporary Approaches to Creative Thinking* (pp.43~62). New York: Atherton

Ochse, R. (1990). *Before the Gates of Excellence: The Determination of Creative Genius.* Cambridge University Press

Perkins, D. N. (1988). The Possibility of Invention. In R. J. Sternberg (Ed.), *The Nature of Creativity* (pp.362~385). Cambridge University Press

Picariello, M. L. (1994). *Children's Perceptions of Autonomy in the Classroom: Implications for Intrinsic Motivation, Learning, and Creativity*. Ph. D.

Dissertation, Brandeis University, Waltham, MA

Pollak, S. (1992). *The Effects of Motivational Orientation and Constraint on the Creativity of the Artist.* Unpublished Manuscript, Brandeis University, Waltham, MA

Porter, L. & Lawler, E. E. (1968). *Managerial Attitudes and Performance.* Homewood, IL: Free Press

Roe, A. (1952). A Scientist Examines 64 Eminent Scientists. *Scientific American*, *187*, 21~25

Rogers, C. (1954). Towards a Theory of Creativity. *ETC: A Review of General Semantics*, *11*, 249~260

Rubenson, D. L. & Runco, M. A. (1992). The Psychoeconomic Approach to Creativity. *New Ideas in Psychology*, *10*, 131~147

Runco, M. A. (1994). Creativity and Its Discontents. In M. P. Shaw & M. A. Runco (Eds.), *Creativity and Affect* (pp.53~65). Norwood, NJ: Ablex

Runco, M. A. & Chand, I. (1995). Cognition and Creativity. *Educational Psychology Review*, *7*, 243~267

Ruscio, J., Whitney, D. & Amabile, T. M. (in press). Looking Inside the Fishbowl of Creativity: Verbal and Behavioral Predictors of Creative Performance. *Creativity Research Journal*

Ryan, R. M. & Grolnick, W. S. (1986). Origins and Pawns in the Classroom: Self-report and Projective Assessments of Individual Differences in Children's Perceptions. *Journal of Personality and Social Psychology*, *50*, 550~558

Segal, H. (1957). A Psycho-analytic Approach to Aesthetics. In M. Klein, P. Heiman & R. Money-kyrle (Eds.), *New Directions in Psychoanalysis* (pp.384~405). New York: Basic

Sharpe, E. F. (1930). Certain Aspects of Sublimation and Delusion. *International Journal of Psychoanalysis*, *11*, 12~23

Sharpe, E. F. (1950). Similar and Divergent Unconscious Determinants Underlying the Sublimations of Pure Art and Pure Science. In M. Brierly (Ed.), *Collected Papers on Psychoanalysis* (pp.137~154). London: Hogarth

Sternberg, R. J. (1988). A Three-facet Model of Creativity. In R. J. Sternberg (Ed.), *The Nature of Creativity* (pp.125~147). Cambridge University Press

Sternberg, R. J. & Lubart, T. I. (1991). An Investment Theory of Creativity and Its Development. *Human Development*, *34*, 1~32

Sternberg, R. J. & Lubart, T. I. (1992). Buy Low and Sell High: An Investment Approach to Creativity. *Current Directions in Psychological Science*, *1*, 1~5

Sternberg, R. J. & Lubart, T. I. (1995). *Defying the Crowd: Cultivating Creativity in a Culture of Conformity*. New York: Free Press

Sternberg, R. J. & Lubart, T. I. (1996). Investing in Creativity. *American Psychologist*, *51*, 677~688

Stockes, A. (1963). *Painting and the Inner World.* London: Tavistock

Storr, A. (1988). *Solitude: A Return to the Self.* New York: Ballantine

Szymanski, K. & Harkins, S. G. (1992). Self-evaluation and Creativity. *Personality and Social Psychology Bulletin*, *18*, 259~265

Taylor, D. W. (1960). Toward an Information Processing Theory of Motivation. In M. R. Jones (Ed.), *Nebraska Symposium on Motivation*, 1960. Lincoln: University of Nebraska Press

Torrance, E. P. (1962). *Guiding Creative Talent.* Englewood Cliffs, NJ: Prentice-Hall

Torrance, E. P. (1981). Predicting the Creativity of Elementary School Children (1958~1980) — And the Teacher Who Made a Difference. *Cifted Child Quarterly*, *25*, 55~62

Torrance, E. P. (1983). The Importance of Falling in Love with "Something." *Creative Child and Adult Quarterly*, *8*, 72~78

Torrance, E. P. (1987). Future Career Image as a Predictor of Creative Achievement in the 22-year Longitudinal Study. *Psychological Reports*, *60*, 574

Torrance, E. P. (1995). Insights About Creativity: Questioned, Rejected, Ridiculed, Ignored. *Educational Psychology Review*, *7*, 313~322

Vroom, V. (1964). *Motivation and Work*. New York: Wiley

Wallach, M. A. & Kogan, N. (1965). *Modes of Thinking in Young Childen*. New York: Holt, Rinehart & Winston

White, R. (1959). Motivation Reconsidered: The Concept of Competence. *Psychological Review*, *66*, 297~323

Woodman, R. W. & Schoenfeldt, L. F. (1989). Individual Differences in Creativity: An Interactionist Perspective. In J. A. Glover, R. R. Roaning & C. R. Reynolds (Eds.), *Handbook of Creativity* (pp.77~92). New York: Plenum

Woodman, R. W. & Schoenfeldt, L. F. (1990). An Interactionist Model of Creative Behavior. *Journal of Creative Behavior*, *24*, 10~20

第16章

Baer, J. (1993). *Creativity and Divergent Thinking*. Hillsdale, NJ: Erllbaum

Barron, F. (1969). *Creative Person and Creative Process*. New York: Holt, Rinehart & Winston

Barron, F. (1988). Putting Creativity to Work. In R. J. Sternberg (Ed.), *The Nature of Creativity* (pp.76~98). Cambridge University Press

Beattie. O. & Csikszentmihalyi, M. (1981). On the Socialization Influence of Books. *Child Psychology and Human Development*, *11*(*1*), 3~18

Bloom, B. (1985). *Developing Talent in Young People*. New York: Ballantine

Campbell, D. T. (1976). Evolutionary Epistemology. In D. A. Schlipp (Ed.), *the Library of Living Philosophers: Karl Popper*. La Salle, IL: Open Court

Coren, S. (1992). *The Left-handed Syndrome: The Causes and Sonsequences of Left-handedness*. New York: Free Press

Cox, C. (1926). *The Early Mental Traits of Three Hundred Geniuses*. Stanford, CA: Stanford University Press

Csikszentmihalyi, M. (1988a). Motivation and Creativity: Towrd a Synthesis of Structural and Coergistic Approaches to Cognition. *New Ideas in Psychology*, *6*(*2*), 159~176

Csikszentmihalyi, M. (1988b). Society, Culture, Person: Asystems View of Creativity. In R. J. Sternberg (Ed.), *The Nature of Creativity* (pp.325~339). Cambridge University Press

Csikszentmihalyi, M. (1988c). Solving a Problem is not Finding a New One: A Reply to Simon. *New Ideas in Psychology*, *6*(*2*), 183~186

Csikszentmihalyi, M. (1990). The Domain of Creativity. In M. A. Runco & R. S. Allbert (Eds.). *Theories of Creativity* (pp.190~212). Newbury Park, CA: Sage

Csikszentmihalyi, M. (1993). *The Evolving Self: A Psychology for the Third Millennium*. New York: HarperCollins

Csikszentmihalyi, M. (1996). *Creativity: Flow and the Psychology of Discovery and Invention*. New York: HarperCollins

Csikszentmihalyi, M. & Csikszentmihalyi, I. S. (1993). Family Influences on the Development of Giftedness. In *The Origins and Development of High Ability* (pp.187~206). Chichester: Wiley (Ciba Foundation Symposium 178)

Csikszentmihalyi, M. & Getzels, J. W. (1973). The Personality of Young Artists: An Empirical and Theoretical Exploration. *British Journal of Psychology*, *64*(1), 91~104

Csikszentmihalyi, M. & Getzels, J. W. (1988). Creativity and Problem Finding. In F. G. Farley & N. R. W. (Eds.), *The Foundations of Aesthetics, Art, and Art Education* (pp.91~106). New York: Praeger

Csikszentmihalyi, M., Getzels, J. W. & Kahn, S. P. (1984). *Talent and Achievement: A Longitudinal Study of Artists* (A report to the Spencer Foudation). Chicago: University of Chicago

Csikszentmihalyi, M., Rathunde, K. & Whalen, S. (1993). *Talented Teenagers: The Roots of Success and Failure*. Cambridge University Press

Csikszentmihalyi, M. & Sawyer, K. (1995). Shifting the Focus from Individual to Organizational Creativity. In C. M. Ford & D. A. Gioia (Eds.), *Creative Action in Organizations* (pp.167~172). Thousand Oaks, CA: Sage

Dawkins, R. (1976). *The Selfish Gene*. Oxford: Oxford University Press

Dunbar, K. (1993). Scientific Reasoning Strategies for Concept Discovery in a Complex Domain. *Cognitive Science*, *17*, 397~434

Durkheim, E. (1912/1967) *The Elementary Forms of Religious Life*. New York: Free Press

Einstein, A. & Infeld, L. (1938). *The Evolution of Physics*. New York: Simon & Schuster

Feldman, D. (1986). *Nature's Gambit: Child Prodigies and the Development of Human Potential*. New York: Basic

Feldman, D., Csikszentmihalyi, M. & Gardner, H. (1994). *Changing the Wold: A Framework for the Study of Creativity*. Westport CT: Praeger

Gardner, H. (1983). *Frames of Mind: The Theory of Multiple Intelligences*. New York: Basic

Gardner, H. (1993). *Creating Minds*. New York: Basic

Getzels, J. W. & Csikszentmihalyi, M. (1976). *The Creative Vision: A Longitudinal Study of Problem Finding in Art*. New York: Wiley

Gruber, H. (1988). The Evolving Systems Approach to Creative Work. *Creativity Research Journal*, *1*(1), 27~51

Guilford, J. P. (1967). *The Nature of Human Intelligence*. New York: McGraw-Hill

Harrington, D. M. (1990). The Ecology of Human Creativity: A Psychological Perspective. In M. A. Runco & R. S. Albert (Eds.), *Theories of Creativity* (pp.143~169). Newbury Park, CA: Sage

Hauser, A. (1951). *The Social History of Art*. New York: Vintage

Heydenreich, L. H. (1974). *Hprimo Rinascimento*. Milano: Rizzoli

Jablow, H. D. & Lieb, J. (1988). *The Key to Genius: Manic-depression and the Creative Life*. Buffalo, NY: Prometheus

Jacobson, A. C. (1912). Literary Genius and Manic Depressive Insanity. *Medical Record*, *82*, 937~939

Jamison, K. R. (1989). Mood Disorders and Petterns of Creativity in British Writers and Artists. *Psychiotry*, *52*, 125~134

Kao, G. (1995). Asian Americans as Model Minorities? A Look at Their Academic Performance. *American Journal of Education*, *103*, 121~159

Kasof, J. (1995). Explaining Creativity: The Attributional Perspective. *Creativity Research Journal*, *8* (4), 311~366

Kris, E. (1952). *Psychoanalytic Explorations in Art.* New York: International Universities Press

Kuhn, T. S. (1962). *The Structure of Scientific Revolutions.* Chicago: University of Chicago Press

Lombroso, C. (1891). *The Man of Genius.* London: Walter Scott

Magyari-Beck, I. (1988). New Concepts About Personal Creativity. *Creativity and Innovation Yearbook*, *I.* Manchester: Manchester Business School, pp.121~126

Martindale, C. (1989). Personality, Situation and Creativity. In R. R. J. Glover & C. R. Reynolds (Eds.). *Handbook of Creativity* (pp.211~232). New York: Plenum

Maslow, A. H. (1963). The Creative Attitude. *Structuralist*, *3*, 4~10

Mayr, E. (1982). *The Growth of Biological Thought.* Cambridge, MA: Belknap

Milgram, R. M. (1990). Creativity: An Idea Whose Time has Come and Gone? In M. A. Runco & R. S. Albert (Eds.), *Theories of Creativity* (pp.215~233). Newbury Park, CA: Sage

Mitchell, A. R. (1972). *Schizophrenia: The Meaning of Modness.* New York: Taplinger

Mockros, C. & Csikszentmihalyi, M. (in press). The Social Construction of Creative Lives. In R Purser & A. Montuorl (Eds.), *Social Creativity.* Creskill, NY: Hampton

Paul, D. (1993). *Left-handed Helpline*. Manchester: Dextral

Piaget, J. (1965). *The Moral Judgment of the Child.* New York: Free Press

Piechowski, M. J. (1991). Emotional Development and Emotional Giftedness. In N. Colangelo & G. A. Davis (Eds.), *Handbook of Gifted Education* (pp.285~306). Boston: Allyn & Bacon

Richards, R. (1990). Everyday Creativity, Eminent Creativity, and Health. *Creativity Research Journal*, *3*, 300~326

Runco, M. A. (1991). *Divergent Thinking*. Norwood, NJ: Ablex

Runco, M. A. (Ed.), (1995). *Problem Finding*. Norwood, NJ: Ablex

Russ, S. W. (1993). *Affect and Creativity*. Hilladale, NJ: Eribaum

Simon, H. A. (1985). *Psychology of Scientific Discovery*. Keynote Presentation at the 93rd Annual Meeting of the American Psychological Association, Los Angeles, CA

Simon, H. A. (1988). Creativity and Motivation: A Response to Csikszentmihalyi. *New Ideas in Psychology*, *6*(2), 177~181

Simonton, D. K. (1988). *Scientific Geniusw*. Cambridge University Press

Simonton, D. K. (1990). Political Pathology and Societal Creativity. *Creativity Research Journal*, *3*(2), 85~99

Simonton, D. K. (1991). Personality Correlates of Exceptional Personal Influence. *Creativity Research Journal*, *4*, 67~68

Simonton, D. K. (1994). *Greatness: Who Makes History and Why*. New York: Guilford

Stein, M. I. (1953). Creativity and Culture. *Journal of Psycfhology*, *36*, 311~322

Stein, M. I. (1963). A Transactional Approach to Creativity. In C. W. Taylor & F. Barron (Eds.). *Scientific Creativity* (pp. 217 ~ 277). New York: Wiley

Sternberg, R. J. & Lubart, T. I. (1995). *Defying the Crowd: Cultivating Creativity in a Culture of Conformity*. New York: Free Press

Therivel, W. A. (1995). Long-term Effect of Power on Creativity. *Creativity*

Research Journal, *8*, 173～192

Torrance, E. P. (1988). The Nature of Creativity as Manifest in Its Testing. In R. J. Sternbery (Ed.), *The Nature of Creativity* (pp. 43～75). Cambridge University Press

Wehner, L., Csikszentmihalyi, M. & Magyari-Beck, I. (1991). Curent Appsoaches Used in Studying Creativity：An Exploratory Investigation. *Creativity Research Journal*, *4* (3), 261～271

第 17 章

Adams, J. L. (1986). *Conceptual Blockbusting: A Guide to Better Ideas* (3rd ed.). New York：Addison Wesley. (Original work published 1974)

Amabile, T. M. (1982). Social Psychology of Creativity：A Consensual Assessment Technique. *Journal of Personality and Social Psychology*, *43* (5), 997～1013

Amabile, T. M. (1983). *The Social Psychology of Creativity*. New York：Springer-Verlag

Arieti, S. (1976). *Creativity: The Magic Synthesis*. New York：Basic

Aron, E. N. & Aron. A. (1982). An Introduction to Maharishi's Theory of Creativity：Its Empirical Base and Description of the Creative Process. *Journal of Creative Behavior*, *16*(1), 29～49

Aviram, A. & Milgram, R. M. (1977). Dogmatism, Locus of Control, and Creativity in Children Educated in the Soviet Union, the United States, and Israel. Psychological Reports, *40*(1), 27～34

Babock, B. A. (1993). At home, no Womens are Storytellers：Ceramic Creativity and the Politics of Discourse in Cochiti Pueblo. In S. Lavie, K. Narayan & R. Rosaldo (Ed.), *Creativity / Anthropology* (pp. 70～99), Ithaca,

NY: Cornell University Press

Barron, F. (1988). Putting Creativity to Work. In R. J. Sternberg (Ed.), *The Nature of Creativity* (pp.76~98). Cambridge University Press

Barron, F. & Harrington, D. M. (1981). Creativity Intelligence and Personality. *Annual Review of Psychology*, *32*, 439~476

Bascom, W. (1969). Creativity and Style in African Art. In D. P. Biebuyck (Ed.), *Tradition and Creativity in Tribal Art* (pp.98~119). Berkeley: University of California Press

Ben-Amos, P. (1986). Artistic Creativity in Benin Kingdom. *African Arts*, *19*(3), 60~63

Ben-Zeev, S. (1977). Mechanism by Which Childhood Bilingualism Affects Understanding of Language and Cognitive Structures. In P. A. Hornby (Ed.), *Bilingualism: Psychological*, *Social*, *and Educational Implications* (pp.29~55). New York: Academic

Berry, J. W., Poortings, Y. H., Segall, M. H. & Dasen, P. R. (1992). *Cross-cultural Psychology: Research and Applications*. Cambridge University Press

Biebuyck, D. P. (Ed.), (1969). *Tradition and Creativity in Tribal Art*. Berkeley CA: University of California Press

Blinco, P. M. (1992). A Cross-cultural Study of Task Persistence of Young Children in Japan and the United States. *Journal of Cross-cultural Psychology*, *22*(3), 407~415

Brenneis, D. (1990). Musical Imaginations: Comparative Perspectives on Musical Creativity. In M. A. Runco (Ed.), *Theories of Creativity* (pp.170~189). Norwood. NJ: Ablex

Chu, Y-K. (1970). Oriental Views on Creativity. In A. Angoff & B. Shapiro

(Eds.), *Psi Factors in Creativity* (pp. 35 ~ 50). New York: Parapsychology Foundation

Colligan, J. (1983). Musical Creativity and Social Rules in for Cultures. *Creative Child and Adult Quarterly*, *8*(1), 39 ~ 47

Csikszentmihalyi, M. (1988). Society, Culture, and Person: A Systems View of Creativity. In R. J. Sternberg (Ed.), *the Nature of Creativity* (pp.325 ~ 339). Cambridge University Press.

Gaines, R. & Price-Williams, D. (1990). Dreams and Imaginative Processes in American and Balinese Artists. *Psychiatric Journal of the University of Ottowa*, *15*(2), 107 ~ 110

Ghiselin, B. (1985). *The Creative Process*. Berkeley: University of California Press. (Original work published 1952)

Gruber, H. E. (1989). The Evolving Systems Approach to Creative Work. In D. B. Wallace & H. E. Gruber (Eds.), *Creative People at Work* (pp.3 ~ 24). New York: Oxford University Press

Hadamard, J. (1945). *An Essay on the Psychology of Invention in the Mathematical Field. Princeton*, NJ: Princeton University Press

Hallman, R. J. (1970). Toward a Hindu Theory of Creativity. *Educational Theory*, *20*(4), 368 ~ 376

Hughes, A. O. & Drew, J. S. (1984). A State Creative? *Papers in the Social Sciences*, *4*, 1 ~ 15

Jackson, P. W. & Messick, S. (1967). The Person, the Product, and the Response: Conceptual Problems in the Assessment of Creativity. In J. Kagan (Ed.), *Creativity and Learning* (pp.1 ~ 19). Boston: Houghton Mifflin.

Joncich, G. (1964). A Culture-bound Concept of Creativity: A Social Historian's Critique, Centering on A Recent American Research Report.

Educational Theory, *14*, 133~143

Jones, J. & Shea, J. (1974). Some Problems in the Comparison of Divergent Thinking Scores Across Cultures. *Australian Psychologist*, *9*(3), 47~51

Kavolis, V. (1964). Economic Conditions of Artistic Creativity. *American Journal of Sociology*, *70*, 332~341

Khaleefa, O. H., Eados, G., Ashria, I. H. (1996). Gender and Creativity in An Afro-arab Islamic Culture: The Case of Sudan. *Journal of Creative Behavior*, *30*(1), 52~60

Kogan, N. (1974). Creativity and Sex Differences. *Journal of Creative Behavior*, *8*(1), 1~14

Krippner, S. (1967). The 10 Commandments that Block Creativity. *Gifted Child Quarterly*, *11*(3), 144~156

Krippner, S. & Arons, M. (1973). Creativity: Person, Product of Process? *Gifted Child Quarterly*, *17* (2), 116~123, 129

Kristeller, P. O. (1983). "Creativity" and "Tradition." *Journal of the History of Ideas*, *44*, 105~114

Kuo, Y-Y. (1996). Taoisdic Psychology of Creativity. *Journal of Creative Behavior*, *30*(3), 197~212

Lakoff, G. & Johnson, M. (1980). *Metaphors We Live by*. Chicago: University of Chicago Press

Lambert, W. E. (1977). The Effect of Bilingualism on the Individual: Cognitive and Social Consequences. In P. A. Hornby (Ed.), *Bilingualism: Psychological, Social and Educational Implications*. New York: Academic

Lubart, T. I. (1994). Creativity. In R. J. Sternberg (Ed.), *Thinking and Problem Solving* (pp.289~332). New York: Academic

Lubart, T. I. & Sternberg, R. J. (1995). An Inverstment Approach to

Creativity：Theory and Data. In S. M. Smith, T. B. Ward & R. A Finke (Eds.), *The Creative Cognition Approach* (pp.271～302). Cambridge, MA：KIT Press

Ludwig, A. M. (1992). Culture and Creativity. *American Journal of Psychotherapy*, *46*(3), 454～469

MacKinnon, D. W. (1962). The Nature and Nurture of Creative Talent. *American Psychologist*, *12*, 484～495

Maduro, R. (1976). Artistic Creativity in a Brahmin Painter Community. *Research Monograpy 14*. Berkeley：Center for South and Southeast Asia Studies, University of California

Mann, L. (1980). Cross-cultural Studies of Small Groups. In H. C. Triandis & R. W. Brislin(Eds.), *Handbook of Cross-cultural Psychology: Vol. 5. Social Psychology* (pp.155～210). Boston：Allyn & Bacon

Mar'i S. K. & Karayanni, M. (1983). Creativity in Arab Culture：Two Decades of Research. *Journal of Creative Behavior*, *16*(4), 227～238

Marino, C. (1971). Cross-national Comparisons of Catholic-Protestant Creativity Differences. *British Journal of Social and Clinical Psychology*, *10*, 132～137

Maslach, C. (1974). Social and Personal Bases of Individuation *Journal of Personality and Social Psychology*, *29*(3), 411～425

Mason, J. H. (1988). The Character of Creativity：Two Traditions. *History of European Ideas*, *9*(6), 697～715

Mathur, S. G. (1982). Cross-cultural Implications of Creativity. *Indian Psychological Review*, *22*(1), 12～19

McDniels, T. L. & Gregory, R. S. (1991). A Framework for Structuring Cross-cultural Research in Risk and Decision Taking. *Journal of Cross-Cultural Psychology*, 22 (1), 103～128

Mohanty, A. K. & Babu, N. (1983). Bilingualism and Metalinguistic Ability Among Kond Tribals in Orissa, India. *Journal of Social Psychology*, *121*, 15~22

Ngub'usim, M-N. (1988). The Psychometric Function of Traditional African Riddles. *International Journal of Psychology*, *23*(4), 489~503

Ochse, R. (1990). *Before the Gates of Excellence*. Cambridge University Press

Onda, A. (1962). Zen and Creativity. *Psychologias*, *5*, 13~20

Patrick, C. (1935). Creative Thought in Poets. In R. Woodworth (Ed.), *Archives of Psychology*, *178*, 1~74

Patrick, C. (1935). Creative Thought in Artists. *Journal of Psychology*, *4*, 35~73

Poincare, H. (1921). *The Foundations of Science*. New York: Science Press

Raina, M. K. (1993). Ethnocentric Confines in Creativity Research. In S. G. Isaksen. M. C. Murdock, R. L. Firestein & D. J. Treffinger (Eds.), *Understanding and Recognizing Creativity: The Emergence of a Discipline* (pp. 435~453). Norwood, NJ: Ablex

Reber, A. S. (1985). *The Penguin Dictionary of Psychology*. New York: Penguin

Ribot, T. A. (1906). *Essay on the Creative Imagination*. Chicago: Open Court

Ricciardelli, L. A. (1992). Creativity and Bilingualism. *Journal of Creative Behavior*, *26*(4), 242~254

Rogoff, B. & Chavajay, P. (1995). What's Become of Research on the Cultural Basis of Cognitive Development? *American Psychologist*, *50* (10), 859~877

Rossman, J. (1931). *The Psychology of the Inventor*. Washington, DC:

Inventors Publishing

Rudowicz, E., Lok, D. & Kitto J. (1995). Use of Torrance Tests of Creative Thinking in an Exploratory Study of Creativity in Hong Kong Primary School Children: A Cross-cultural Comparison. *International Journal of Psychology*, *30*(4), 417~430

Saad, H. T. (1985). The Role of Individual Creativity in Traditional African Art: The Gwani (genius) Amongst Master Builders of Hausaland. *Nigeria Magazine*, *53*(4), 3~16

Sadowsky, G. R., Maguire, K., Johnson, P., Ngumba, W. & Kohles, R. (1994). World Views of White American, Mainland Chinese, Taiwanese, and African Students. *Journal of Cross-Cultural Psychology*, *25*(3), 309~324

Sarnoff, D. P. & Cole, H. P. (1983). Creativity and Personal Growth. *Journal of Creative Behavior*, *17*(2), 95~102

Sherr, J. (1982). The Universal Structures and Dynamics of Creativity: Maharishi, Plato, Jung, and Various Creative Geniuses on the Creative Process, *Journal of Creative Behavior*, *16*(3), 155~175

Shostak, M. (1993). The Creative Individual in the World of the! Kung San. In S. Lavie, K. Narayan & Silver, H. R. (1981). Calculating risks: The Socioeconomic Foundations of Aesthetic Innovation in an Ashanti Carving Community. *Ethnology*, *20*, 101~114

Simonton, D. K. (1984). *Genius, Creativity, and Leadership*. Cambridge, MA: Harvard University Press

Simonton, D. K. (1988). Creativity, Leadership, and Chance. In R. J. Sternberg (Ed.), *The Nature of Creativity* (pp.386~426). Cambridge University Press

Simonton, D. K. (1990). Political Pathology and Societal Creativity.

Creativity Research Journal, *3*(2), 85~99

Siaclair, E. C. (1971). Towards a Typology of Cultural Attitudes Concerning Creativity. *Western Canadian Journal of Anthropology*, 2(3), 82~89

Spindler, G. D. & Spindler, L. (1983). Anthropologists View American Culture. *Annual Review of Anthropology*, *12*, 49~78

Stein, M. I. (1953). Creativity and Culture. *Journal of Psychology*, *36*, 311~322

Sternberg, R. J. & Lubart, T. I. (1991). An Investment Theory of Creativity and its Development. *Human Development*, *34*, 1~31

Sternberg, R. J. & Lubart, T. I. (1995). *Defying the Crowd: Cultivating Creativity in a Culture of Conformity*. New York：Free Press

Straus, J. H. & Straus, M. A. (1968). Family Roles and Sex Differences in Creativity of Children in Bombay and Minneapolis. *Journal of Marrlage and Family*, *30*, 46~53

Tanwan, R. S. (1977). Measurement of Creativity Thinking and Their Use in India. *Indian Psychological Review*, *14*(2), 59~62

Torrance, E. P. (1974). Torrance Tests of Creative Thinking：Norms-technical Manual. Lexington, MA：Ginn

Trachtman, L. E. (1975). Creative People, Creative Times. *Journal of Creative Behavior*, *9*(1), 35~50

Triandis, H. C. (1996). The Psychological Measurement of Cultural Syndromes. *American Psychologist*, *51*(4), 407~415

Triandis, H. C., McCusker, C., Betancourt, H. Sumiko, I., Leung, K., Salazar, J. M., Setiadi, B., Sinha, J. B. P., Tezard, H. & Zaleski, Z. (1993). An Etic-emic Analysis of Individualism and Collectivism. *Journal of Cross-Cultural Psychology*, *24*(3), 366~383

Vernon, P. E. (1967). A Cross-cultural Study of "creativity tests" with 11-year-old Boys. *New Research in Education*, *1*, 135~146

Von Franz, M-L. (1995). *Creation myths* (rev. ed.), Boston: Shambhala.

Walberg, H. J. (1988). Creativity and Talent as Learning. In R. J. Sterngerg (Ed.). *The Nature of Creativity* (pp.340~361). Cambridge: Cambridge University Press

Wallas, G. (1926). *The Art of Thought*. New York: Harcourt, Brace

Whitney, K., Sagrestano, L. M. & Maslach, C. (1994). Establishing the Social Impact of Individuation. *Journal of Personality and Social Psychology*, *66*(6), 1140~1153

Whorf, B. L. (1956). *Language, Thought, and Reality: Selected Writings of Benjamin Lee Whorf* (J. Carroll, Ed.). Cambridge, MA: MIT Press

Wonder, J. & Blake, J. (1992). Creativity East and West: Intuition vs. Logic. *Journal of Creative Behavior*, *26*(3). 172~185

第 18 章

Abelson, R. P., (1973). The Structure of Belief Systems. In R. C. Schank & K. M. Colby (Eds.), *Computer Models of Thought and Language* (pp.287~340)

Beaudoin, L. P. & Sloman, A. (1993). A Study of Motive Processing and Attention. In A. Sloman, D. Hogg, G. Humphreys D. Partridge & A. Ramsay (Eds.), *Prospects for Artificial Intelligence* (pp.229~238). Amsterdam: IOS

Boden, M. A. (1972). *Purposive Explanation in Psychology*. Cambridge, MA: Harvard University Press

Boden, M. A. (1987). *Artificial Intelligence and Natural Man* (2nd. ed.). New York: Basic. (Original work published 1977)

Boden, M. A. (1990). *The Creative Mind: Myths and Mechanisms*. London:

Abacus; New York: Basic

Boden, M. A. (1991). Horses of a Different Color? In W. Ramsey, S. P. Stich & D. E. Rumelhart (Eds.), *Philosophy and Connectionist Theory* (pp.3~19). Hillsdale, NJ: Erlbaum

Boden, M. A. (Ed.). (1994). *Dimensions of Creativity*. Cambridge, MA: MIT Press

Boden, M. A. (Ed.). (1996). *The Philosophy of Artificial Life*. Oxford: Oxford University Press

Boden, M. A. & Hodgson, P. W. (in preparation). Creativity: An Interactive Experience (provisional title of CD-ROM)

Brannigan, A. (1981). *The Social Basis of Scientific Discoveries*. Cambridge University Press

Churchland, P. M. (1989). *A Neurocomputational Perspective: The Nature of Mind and the Structure of Science*. Cambridge, MA: MIT Press

Cliff, D., Harvey, L. & Husbands, P. (1993). Explorations in Evolutionary Robotics. *Adaptive Behavior*, 2, 71~108

Cliff, D. & Miller, G. F. (1997) Co-evolution of Pursuit and Evasion.: Part 2, Simulation Methods and Results. Submitted for Publication

Cohen, H. (1995). The Further Exploits of AARON Painter. In S. Franchi & G. Guzeldere (Eds.), *Constructions of the Mind: Artificial Intelligence and the Humanities*. Special Edition of *Stanford Humanities Review*, *4*(2), 141~160

Davey, A. (1978). *Discourse Production: A Computer Model of Some Aspects of a Speaker*. Edinburgh: Edinburgh University Press

Downs, J., Harrison, R. F. & Cross, S. S. (1995). A Neural Netwoek Decision-support tool for the Diagnosis of Breast Cancer. In J. Haltam (Ed.), *Hybrid Problems Hybrid Solutions* (pp.51~60). Oxford: IOS Press

Dreyfus, H. L. (1992). *What Computers Still Can't do.* Cambridge, MA: MIT Press

Dyer, M. G. (1983). *In-depth Understanding: A Computer Model of Integrated Processing for Narrative Comprehension.* Cambridge, MA: MIT Press

Evans, T. G. (1968). A Program for the Solution of a Class of Geometric Analogy Intelligence Test Questions. In M. L. Minsky (Ed.), *Semantic Information Processing* (pp.271~353). Cambridge, MA: MIT Press

Falkenhainer, B. (1990). A Unified Approach to Explanation and Theory Formation. In J. Shrager & P. Langley (Eds.), *Computational Models of Discovery and Theory Formation* (pp.157~196). San Mateo, CA: Morgan Kaufmann

Falkenhainer, B., Forbus, K. D. & Gentner, D. (1989). The Structure-mapping Engine: Algorithm and Examples. *Artificial Intelligence*, *41*, 1~63

Forbus, K. D., Gentner, D. & Law, K. (1994). MAC/FAC: A Model of Similarity-based Retrieval. *Cognitive Science*, *119*, 141~205

Franchi, S. & Guzeldere, G. (Eds.). (1995). *Constructions of the Mind: Artificial Intelligence and the Humanities.* Special Edition of *Stanford Humanities Review*, *4* (2) 1~345

French, R. (1995). *The Subtlety of Sameness*. Cambridge, MA: MIT Press

Gardner, H. (1993). *Creating minds: An Anatomy of Creativity Seen Through the Lives of Freud, Einstein, Picasso, Stravinsky, Eliot Graham, and Gandhi*. New York: Basic

Gentner, D. (1989). The Mechanisms of Analogical Learning. In S. Vosniadou & A. Ortony (Eds.), *Similarity and Analogical Reasoning* (pp.199~241). Cambridge University Press

Gordon, A., Edwards, P., Sleeman, D. & Kodratoff, Y. (1994). Scientific Discovery in a Space of Structural Models: An Example from the History of

Solution Chemistry, *Proceedings of the Sixteenth Annual Conference of the Cognitice Science Society*, pp.381~386. Hillsdale, NJ: Erlbaum

Guzeldere, G. & Franchi, S. (Eds.). (1994) *Bridging the Gap: Where Cognitive Science meets Uterary Criticism.* (*Herbert Simon and Respondents*). Special Supplement of *Stanford Humanities Review*, *4*(1), 1~164

Heerwagen, J. H. & Orians, G. H. (1993). Humans, Habitats, and Aesthetics. In S. R. Kellart & E. O. Wilson (Eds.), *The Biophilia Hypothesis* (pp.138~172) Washington, DC: Shearwater

Hersey, G. & Freedman, R. (1992). *Possible Palladian Villas* (*plus a few instructively impossible ones*). Cambridge. MA: MIT Press

Hofstadter, D. R. (1994). How Could a COPYCAT Ever be Creative? In T. Dartnall (Ed.), *Artificial Intelligence And Creativity: An Interdisciplinary Approach* (pp.405~424). Dordrecht: Kluwer Academic

Hofstadter, D. R. & FARG (Fluid Analogies Research Group). (1995). *Fluid Concepts and Creative Analogies: Computer Models of the Fundamental Mechanisms of Thought*. New York: Basic

Holland, J. H., Holyoak, K. J., Nisbett, R. E. & P. R. Thagard. (1986). *Induction: Processes of Inference*, *Learning*, *and Discovery. Cambridge*, MA: MIT-Press

Holyoak, K. J. & Barnden, J. A. (Eds.). (1994) Advances in Connectionist and Neural Computation Theory: Vol. *2*. *Connectionist Approaches to Analogy*, *Metaphor*, *and Case-based Reasoning*. Norwood, NJ: Ablex

Holyoak, K J. & Thagard, P. R. (1989). Analogical Mapping by Constraint Satisfaction. *Cognitive Science*, *13*, 295~356

Holyoak, K. J. & Thagard, P. R. (1994). *Mental Leaps: Analogy in Creative Thought*. Cambridge, Ma: MIT Press

Fohnson-laird, P. N. (1993). Jazz Improvisation: A Theory at the Computational Level. In P. Howell, R. West, and I.J. Cross (Eds.), *Representing Musical Structure* (pp.291~326). London: Academic

Karmiloff-Smith, A. (1992). *Beyond Modularity: A Developmental Perspective on Cognitive Science*. Cambridge, MA: MIT Press

Kolodner, J. (1993). *Case-based Reasoning. San Mateo*, CA: Morgan Kaufman

Koning, H. & Eizenberg, J. (1981). The Language of the Prairie: Frank Lloyd Wright's Prairie Houses. *Environment and Planning B*, *8*, 295~323

Kuhn, T. S. (1962). *The Structure of Scientific Revolutions*. Chicago: Chicago University Press

Kulkarni, D. & Simon, H. A. (1988). The Processes of Scientific Discovery: The Stnategy of Experimentation. *Cognitive Science*, *12*, 139~175

Langley, P. & Shrager, J. (Eds.). (1990). *Computational Models of Discovery and Theory Formation*. San Mateo, CA: Morgan Kaufmann

Langley, P., Simon, H. A., Bradshaw, G. L. & Zytkow, J. M. (1987). *Scientific Discovery: Computational Explorations of the Creative Process*. Cambridge, MA: MIT Press

Langton, C.J. (Ed.) (1995). *Artificial Life: An Overview*. Cambridge, MA: MIT Press

Lenat, D. B. (1977). The Ubiquity of Discovery. *Artificial Intelligence*, *9*, 257~286

Lenat, D. B. (1983). The Role of Heuristics in Learning by Discovery: Three Case Studies. In R. S. Michalski, J. G. Carbonell & T. M. Mitchell (Eds.), *Machine Learning: An Artificial Intelligence Approach* (pp.243~306). Palo Alto, CA: Tioga

Lenat, D. B. & Seely-Brown J. (1984). Why AM and EURISKO Appear to

Work. *Artificial Intelligence Journal*, *23*, 269～294

Lindsay, R., Buchanan, B. G., Feigenbaum, E. A. &Lederberg, J. (1980). *DENDRAL*, New York: McGraw-Hill

Longuet-Higgins, H. C. (1987). *Mental Processes: Studies in Cognitive Science*. Cambridge, MA: MIT Press

Longuet-Higgins, H. C. (1994). Artificial Intelligence and Musical Cognition. *Philosophical Transactions of the Royal Society of London*, *Series A*, *349*, 103～113. (Special issue on "Artificial Intelligence and the Mind: New breakthroughs or dead ends?" ed. M. A. Boden, A. Bundy &R. M. Needham.)

McCorduck, P. (1991). *Aaron's code*. San Francisco: Freeman

McGraw, G. E. (1995). *Letter Spirit: Part 1. Emergent High-level Perception of Letters Using Fluid Concepts*. Unpublished Doctoral Dissertation, Indiana University, Bloomington, IN.

Masterman, M. (1971). Computerized Haiku. In J. Reichardt (Ed.) *Cybernetics*, *Art*, *and Ideas* (pp.175～183). London: Studio Vista

Masterman, M. & McKinnon Wood, R. (1968). *Computerized Japanese haiku. In J. Reichardt* (*Ed.*), *Cybernetic Serendipity* (pp. 54～55). London: Studio International

Meehan, J. (1976). *The Metanovel: Writing Stories by Computer*. Unpublisbed Doctoral Dissertation, Technical Report 74, Yale University, New Havea, CT

Meehan, J. (1981). TALE-SPIN. In R. C. Schank &C. J. Riesbeck (Eds.), *Inside Computer Understanding: Five Programs Plus Miniatures* (pp.197～226). Hillsdale, NJ: Erlbaum

Miller, G. F. &Cliff, D. (1997) Co-evolution of Pursuit and Evasion. Part 1, Biological and Game Theoretic Foundations. Manuscript Submitted for Publication

Mitchell, M. (1993). *Analogy-making as Perception.* Cambridge, MA: MIT Press

Orians, G. H. & Heerwagen, J. H. (1992). Evolved Responses to Landscapes. In J. Barkow, L. Cosmides & J. Toobey (Eds.), *The Adapted Mind: Evolutionary Psychology and the Generation of Culture* (pp.555 ~ 580). Oxford: Oxford University Press

Popper, K. R. (1963). *Conjectures and Refutations: The Growth of Scientific Knowledge*, London: Routledge & Kegan Paul

Ray, T. S. (1992). An Approach to the Synthesis of Life. In C. G. Langton, C. Taylor, J. Doyne Farmer & S. Rasmussen (Eds.), *Artificial Life* (Vol. 2, pp.371 ~ 408). Redwood City, CA: Addison-Wesley

(Reprinted in M. A. Boden [Ed.], *The philosophy of artificial life* [pp.111 ~ 145]. Oxford: Oxford University Press. 1996)

Ray, T. S. (1994). An Evolutionary Approach to Synthetic Biology: Zen and the Art of Creating Life. *Artificial Life*, *1*, 179 ~ 210

Ritchie, G. D. & Hanna, F. K. (1984). AM: A Case Study in Al Methodology, *Artificial Intelligence Journal*, *23*, 249 ~ 263

Rowe, J. & Partridge, D. (1993). Creativity: A Survey of Al Approaches. *Artificial Intelligence Review*, *7*, 43 ~ 70

Rumelhart, D. E. & McClelland, J. L. (1986). *Parallel Distribuled Processing: Explorations in the Microstructure of Cognition* (2 vols.). Cambridge, MA: MIT Press

Ryan, M. -L, (1991). *Possible Worlds, Artificial Intelligence, and Narrative Theory*. Bloomington: Indiana Univerity Press

Schaffer, S. (1994). Making-up Discovery. In M. A. Boden (Ed.), *Dimensions of Creativity* (pp.13 ~ 51). Cambridge, MA: MIT Press

Schank, R. C. (1990). *Tell Ma A Story: A New Look at Real and Artificial Memory*. New York: Scribner's

Schank, R. C. & Abelson, R. P. (1977). *Scripts, Plans Goals, and Understanding*. Hillsdale, NJ: Erlbaum

Schank, R. C. & Childers, P. (1988). *The Creative Attitude: Learning to Ask and Answer the Right Questions*. New York: Macmillan

Schank, R. C. & Ricsbeck, C. (Eds.). (1981). *Inside Computer Understanding: Five Programs Plus Miniatures*. Hillsdale, NJ: Erlbaum

Searle, J. R. (1980). Minds, Brains, and Programs. Behavioral and Brain Sciences, *3*, 473~497. (Reprinted in M. A. Boden [Ed.], *The Philosophy of Artificial Intelligence* [pp.67~88]. Oxford: Oxford University Press, 1990)

Imon, H. A. (1994). Literary Criticism: A cognitive Approach. In G. Guzeldere & S. Franchi (Eds.), *Bridging the Gap: Where Cognitive Science Meets Literary criticism* (*Herbert Simon and Respondents*). Special Supplement of *Stanford Humanities Review*, *4*(1), 1~27

Simon, H. A. (1995). Machine Discovery [Special issue]. *Foundations of Science*, *1* (2), 171~200

Sims, K. (1991). Artificial Evolution for Computer Graphics. *Computer Graphics*, *25*(4), 319~328

Sims, K. (1994). Evolving 3D Morphology and Behavior by Competition. *Artificial Life*, *a*, 353~372

Sloman, A. (1987). Motives, Mechanisms, and Emotions. *Journal of Emotion and Cognition*, *1*, 217~233. (Reprinted in M. A. Boden [Ed.], *The Philosophy of Artificial Intelligence* [pp.231~247]. Oxford: Oxford University Press, 1990)

Smoliar, S. (Ed.). (1995). The Music Collection. *Artificial Intelligence*,

79, 341~398

Stiny, G. & Mitchell, W. J. (1978). The Palladian Grammar. *Environment and Planning. B*, *5*, 5~18

Thagard, P. R. (1992). *Conceptual Revolutions*. Princeton, NJ: Princeton University Press

Thompson, A. (1995). Evolving Electronic Robot Controllers that Exploit Hardware Resources. In F. Moran, A. Moreno, J. J. Merelo & P. Chacon (Eds.), *Advances in Artificial Life: Proceedings of the Third European Conference on Artificial Life* (pp.641~657). Berlin: Springer

Todd, S. & W. Latham (1992). *Evolutionary Art and Computers*. London: Academic

Turner, S. T. (1994). *The Creative Process: A Computer Model of Storytelling and Creativity*. Hillsdale, NJ: Erlbaum

Wright, I. P., Sloman, A. & Beaudoin, L. P. (in press). The Architectural Basis for Grief. *Philosophy*, *Psychiatry & Psychology*

Zytkow, J. M. (1995) Creating a Discoverer: Autonomous Knowledge Seeking Agent [Special issue]. *Foundations of Science*, *1*(2), 253~283

第 19 章

Amabile, T. M. (1983). *The social psychology of creativity*. New York: Springer-Verlag

Amabile, T. M. (1988). A Model of Creativity and Innovation in Organizations. In B. M. Staw & L. L.

Cummings (Eds.), *Research in Organizational Behavior* (Vol 10, pp.123~167). London: JAI

Amabile, T. M. (1996). *Creativity in Context: Update to the Social*

Psychology of Creativity. Boukler, CO: Westview

Bell. N. E. & Staw, B. M. (1989). People as Sculptors Versus Sculpture: The Roles of Personality and Personal Control in Organizations. In M. B. Arthur, D. T. Hall, B. S. Lawrence (Eds.), *Handbook of Career Theory* (pp.232~251) Cambridge University Press

Burns, T. & Stalker, G. M. (1961), *The Management of Innovation*. London: Tavistock

Coch, L. & French, J. R. P., Jr., (1948). *Human relations*. New York: Plenum

Csikszentmihalyi, M. (1988). Society, Culture, and Person: A Systems View of Creativity. In R. J. Sternberg (Ed.), *The Nature of Creativity* (pp. 325~339) Cambridge University Press

Csikszentmihalyi, M. (1994). Creativity. In R. J. Sternberg, *Encyclopedia of Human Intelligence* (pp.298~306). New York: Macmillan)

Davidson, J. E. & Sternberg, R. J. (1984). The Role of Insight in Intellectual Giftedness. *Gifted Child Quarterly*, *28*, 58~64

French, P. A. & Sternberg. R. J. (1989). Expextise and Intelligent Thinking: When is it Worse to Know Better? In R. J. Sternberg (Ed.), *Adrances in the Psychology of Human Intelligence* (Vol.5, pp.157~188). Ilillsdale, Nl: Erlbaum

Gardner, H. (1988a). Creative Lives and Creative works: A synthetic Scientific Approach. In R. J. Sternberg (Ed.), *The Nature of Creativity: Contemporary Psychological Perspectires* (pp. 298~321). Cambridge University Press

Gardner, H. (1988b). Greativity: An Interdisciplinary Perspective. *Creativity Research Journal*, *1*, 8~26

Gardner, H. (1994). *Creating minds*. New York: Basic

Gruber, H. E. (1981). *Darwin on Man: A Psychological Study of Scientific Creativity* (2nd ed.). Chicago: University of Chicago Press. (Original work published 1974)

Gruber, H. E. (1986). The Self-construction of the Extraordinary. In R. J. Sternberg & J. E. Davidson (Eds.), *Conceptions of Giftedness* (pp.247 ~ 263). Cambridge University Press

Gruber, H. E. (1988). The Evolving Systems Approach to Creative Work. *Creativity Research Journal*, *1*, 27 ~ 51

Guilford, J. P. (1956). Structure of Intellect. *Psychological Bulletin*, *53*, 267 ~ 293

Hisrich, R. D. (1990). Entrepreneurship/intrapreaeurship. *American Psychologist*, *45*(2), 209 ~ 222

Hollander, E. (1958). Conformity, Status, and Idiosyncrasy Credit. *Psychological Review*, *65*, 117 ~ 127

Hunt, E. B. (1995). *Will We be Smart Enough? A Cognitive Analysis of the Coming Workforce*. New York: Russell Sage

Hunter, J. E. & Schmidt, E. L. (in press). Intelligence and Job Performance: Economic and Social Implications. *Psychology*, *Public Policy*, *and Law*

Jaques, E. (1990). In Praise of Hierarchy. *Harvard Business Review*, *68* (January-February), 127 ~ 133

Kanter, R. M. (1983). *The Change Masters*. New York: Simon & Schaster

Kanter, R. M. (1984). Innovation: Our Only Hope for Times Ahead? *Sloan Management Review*, *25*, 51 ~ 55

Kanter, R. M. (1985). Supporting Innovation and Venture Development in Established Corporations. *Journal of Business Venturing*, *1*, 47 ~ 60

Kanter, R. M. (1986). Creating the Creative Environment. *Management Review*, *75*, 11~12

Kanter, R. M. (1988). When a Thousand Flowers Bloom: Structural, Collective, and Social Conditions for Innovation in Organizations. In B. M. Staw & L. L. Cummings (Eds.), *Research in Organizational Behavior* Vol. 10, pp.123~167. London: JAI

Kast, F. E. & Rosenzweig, J. E. (1972). General Systems Theory: Applications for Organization and Management. *Academy of Management Journal*, *15*(4), 447~465

Krantz, J. (1990). Lessons from the Field: An Essay on the Crisis of Leadership in Contemporary Organizations. *Journal of Applied Behavior Science*, *26*(1), 49~64

Kroeber, A. L. (1994). *Configurations of Culture Growth*. Berkeley: University of California Press

Kulkarni, D. & Simon, H. A. (1988). The process of Scientific Discovery: The Strategy of Experimentation. *Cognitive Science*, *12*, 139~175

Lubart, T. I. & Sternberg, R. J. (1988). Creativity: The Individual, the Systems, the Approach. *Creativity Research Journal*, *1*, 63~67

March, J. G. & Olsen, J. P. (1976). *Ambiguity and Choice in Organizations.* Bergen: Universitetsforlaget

McGregor, D. M. (1960). *The Human Side of Enterprise*. New York: MeGraw-Hill

Merton, R. K. (1957). *Social Theory and Social Structure*. New York: Free Press

Mitroff, I. I. (1987). *Business NOT as Usual: Rethinking Our Individual, Corporate, and Industrial Strategies for Global Competition.* New York: Jossey-

Bass

Orsburn, J. D., Moran, L., Musadwhite, E. & Zenger, J. H. (1994). Rewarding Work Teams. *Personnel Journal*, *73* (10), 43

Orsburn, J. D., Moran, L., Musselwhite, E, Zenger, J. H. & Perrin, C. (1990). *Self-directed Work Teams: The New American Challenge*. New York: Irwin

Ouchi, W. G. (1981). *Theory Z: How American Business Can Meet the Japanese Challenge*. New York: Addison-Wesley

Perrow, C. (1972), *Complex Organizations*. Glenview, IL: Scott, Foresman

Peters, T. J. & Waterman, R. H., Jr. (1982). Simultaneous Loose-tight Properties. In. T. J. Peters (Ed.), *In Search of Excellence: Lessons From America's Best-run Companies* (pp.85~115). New York: HarperCollins

Pinchot, G. (1985). *Intrapreneurship*. New York: Harper & Row

Rubenson, D. L. & Runco, M. A. (1992). The Psychoeconomic Approach to Creativity. *New Ideas in Psychology*, *10*, 131~147

Selznick, P. (1948). Foundations of the Theory of Organization. *American Sociological Review*, *13*, 25~35

Senge, P. M. (1990). *The Fifth Discipline*. New York: Doubleday

Simon, H. A. (1946). The Proverbs of Administration. *Public Administration Review*, *6*, 53~67

Simonton, D. K. (1984). Artistic Creativity and Interpersonal Relationships Across and Within Generations. *Journal of Personality and Social Psychology*, *46*(6), 1273~1286

Simonton, D. K. (1988). Quality and Purpose, Quantity and Chance. *Creativity Research Journal*, *1*, 68~74

Simonton, D. K. (1989). Multiple Discovery and Invention: Zeitgeist, Genius, or Chance? *Journal of Personality and Social Psychology*, *37* (9). 1603~1616

Smith, A. (1996). Of the Division of Labour, In J. M. Shafritz & J. S. Ott (Eds.), (1996), *Classics of Organization Theory*, (4th ed., pp. 40 ~ 45). Belmont, CA: Wadsworth (Original work published 1776)

Sternberg, R. J. (1987). Teaching Intelligence: The Application of Cognitive Psychology to the Improvement of Intellectual Skills. In J. B. Baron & R. J. Sternberg (Eds.), *Teaching Thinking Skills: Theory and Practice*(pp.182~218). New York: Freeman

Sternberg, R. J. (1988). Mental Self-government: A Theory of Intellectual Styles and Their Development *Human Development*, *31*, 197~224

Sternberg, R. J. (1997). *Thinking Styles*. Cambridge University Press

Sternberg, R. J. & Lubart, T. I. (1991). An investment theory of Creativity and Its Development. *Human Development*, *34*, 1~31

Sternberg, R. J. & Lubart, T. I. (1992). Buy Low and Sell High: An Investment Approach to Creativity. *Current Directions in Psychological Science*, *1* (1), 1~5

Sternberg, R. J. & Lubart, T. I. (1995a). *Defying the Crowd: Cultivating Creativity in a Culture of Conformity*. New York: Free Press

Sternberg, R. J. & Lubart, T. I. (1995b). Ten Tips Toward Creativity in the Workplace. In C.M. Ford & D.A. Gioia (Eds.), *Creative Action in Organizations: Ivory Tower Visions and Real World Voices* (pp.173~180). London: Sage

Sternberg, R. J. & Williams, W. M. (1996). *How to Develop Student Creativity*. Alexandria, VA: Association for Supervision and Curriculum Development

Torrance, E. P. (1987). *The Blazing Drive: The Creative Potential*. Buffalo, NY: Bearly

Torrance, E. P. (1988). Creativity as Manifest in Testing. In R. J. Sternberg (Ed.), *The Nature of Creativity* (pp.43~75). Cambridge University Press

Toynbee, A. J. (1936~1954). *A Study of History* (Vol. 1~10). Oxford: Oxford University Press

Weber, M. (1996). Bureaucracy. In J. M. Shafritz & J. S. Ott (Eds.), *Classics of Organization Theory*. (4tbed., pp.80~85). Belmont. CA: Wadsworth. (Original work published 1922)

Williamson, O. (1970). *Corporate Control and Business Behavior*. Englewood Cliffs. Nj: Prentice-Hall. Zuboff, S. (1988). The Limits of Hierarchy in an Informated Organization. In S. Zuboff (Ed.), *In the Age of the Smart Machine: The Future of Work and Power* (pp.165~190). New York: Basic

第 20 章

Adams, J. L. (1974) *Conceptual Blockbusting: A Guide to Better Ideas*. San Francisco: Freeman

Adams, M. J. (Coordinator). (1986). *Odyssey: A Curriculum for Thinking*. Watertown, MA: Mastery Education Corporation

Albert, R. S. (1975). Toward a Behavioral Definition of Genius. *American Psychologist*, *30*, 140~151

Allen, M. S. (1962). *Morphological Creativity*. Englewood Cliffs, Nj: Prentice-Hall

Amabile, T. M. (1979). Effects of External Evaluation on Artistic Creativity. *Journal of Personality and Social Psychology*, *37*, 221~233

Amabile, T. M. (1983). *The Social Psychology of Creativity*. New York:

Springer-Verlag

Amabile, T. M. (1990). Within You, Without You: Towards a Social Psychology of Creativity, and Beyond. In M. A. Runco & R. S. Albert (Eds.), *Theories of Creativity* (pp.61~91). Newbury Park. CA: Sage

Amabile, T. M. & Tighe, E. (1993). Questions of Creativity. In J. Brockman (Ed.), *Creativity* (pp.7~27). New York: Simon & Schuster

Andrews, G. R. & Debus, R. I. (1978). Persistence and the Causal Perception of Failure: Modifying Cognitive Attributions. *Journal of Educational Psychology*, *70*, 154~166

Baer, J. M. (1988). Long-term Effects of Creativity Training with Middle-school Students. *Journal of Early Adolescence*, *8*, 183~193

Barell, J. (1991). *Teaching for Thoughtfulness: Classroom Strategies to Enhance Intellectual Development*. New York: Longman

Baron, J. (1985). *Rationality and Intelligence*. Cambridge University Press

Baron, J. (1991). Beliefs About Thinking. In J. F. Voss, D. N. Perkins & J. W. Segal (Eds.), *Informal Reasoning and Education* (pp.169~186). Hillsdale, NJ: Erlbaum

Baron, J. (1994). *Thinking and Deciding* (2nd ed.) Cambridge University Press

Barron, F. (1968), *Creativity and Personal Freedom.* Princeton, NJ: Van Nostrand

Barron, F. (1969). *Creative Person and Creative Process*. New York: Holt, Rinehart & Winston

Barron, F. & Harrington, D. M. (1981). Creativity, Intelligence, and Personality. *Annual Review of Psychology*, *32*, 439~476

Basadur, M. (1994). Managing the Creative Process in Organizations. In M.

A. Runco (Ed.), *Problem Finding, Problem Solving, and Creativity* (pp.237 ~ 268). Norwood, NJ: Ablex

Bell, E. T. (1956). The Prince of Mathematicians. In J.R. Newman (Ed.), *The World of Mathematics* (pp. 295 ~ 339). New York: Simon & Schuster. (Original work published 1937)

Besemer, S. P. & Treffinger, D. J. (1981). Analysis of Creative Products: Review and Sysnthesis. *Journal of Creative Behavior*, *15*, 158 ~ 178

Boden, M. A. (1991). *The Creative Mind: Myths and Mechanisms.* New York: Basic

Bowers, K. S., Farvolden, P. & Mermigis, L. (1995). Intuitive Antecedents of Insight. In S. M. Smith, T. B. Ward & R. A. Finke (Eds.), *The Creative Cognition Approach* (pp.27 ~ 51). Cambridge, MA: MIT Press

Bransford, J. D. & Stein, B. S. (1984). *The Ideal Problem Solver. A Guide for Improving Thinking, Learning, and Creativity.* New York: Freeman

Bruner, J. S. (1962). The Conditions of Creativity. In H. Gruber, G. Terrell & M. Wertheimer (Eds.), *Contemporary Approaches to Creative Thinking* (pp.1 ~ 30). New York: Atherton

Calder, B. & Staw, B. (1975). Self-perception of Intrinsic and Extrinsic Motivation. *Journal of Personality and Social Psychology*, *31*, 599 ~ 605

Campbell, D. (1960). Blind Variation and Selective Retention in Creative Thought as in Other Knowledge Processes. *Psychological Review*, *67*, 380 ~ 400

Cantor, G. (1955). *Contributions to the Founding of the Theory of Transfinite Numbers.* (P. Jourdain, Trans.). New York: Dover. (Originally work published 1915)

Cattell, R. B. & Butcher, H. J. (1968). *The Prediction of Achievement and Creativity.* Champaign, IL: Institute for Personality and Ability Testing

Cattell, R. B. & Cattell, A. K. S. (1961). *Culture Fair Intelligence Test* (Scale 2, Forms A & B). Champaign, IL: Institute for Peisonality and Ability Testing

Chance, P. (1986). *Thinking in the Classroom*. New York: Teachers College Press

Covington, M. V., Crutchfield, R. S., Davies. L. & Olton, R. M. (1974). *The Productive Thinking Program: A Course in Learning to Think*. Columbus, OH: Merrill

Crawford, R. P. (1954). *Techniques of Creative Thinking*. New York: Hawthorn

Cropley, A. J. (1967). *Creativity*. London: Longmans

Cropley, A. J. (1992). *More ways than one: Fostering Creativity*. Norwood, NJ: Ablex

Crutchfield, R. S. (1962). Conformity and Creative Thinking. In H. Gruber, G. Terrell & M. Wertheimer (Eds.), *Contemporary Approaches to Creative Thinking* (pp.120~140). New York: Atherton

Csikszentmihalyi, M. (1988). Society, Culture, and Person: A Systems View of Creativity. In R. J. Sternberg (Ed.), *The Nature of Creativity* (pp.325~339). Cambridge University Press

Csikszentmihalyi, M.: (1996). *Creativity: Flow and the Psychology of Discovery and Invention*. New York: HarperCollins

Csikszentmihalyi, M. & Getzels, J. W. (1970). Concern for Discovery: An Attitudinal Component of Creative Productions. *Journal of Personality*, *38*, 91~105

Csikszentmihalyi, M. & Getzels, J. W. (1971). Discovery-oriented Behavior and the Originality of Creative Products: A Study with Artists. *Journal of*

Personality and Social Psychology, *19*, 47~52

de Bono, E. (1970). *Lateral Thinking: Creativity Step by Step*. New York: Harper & Row

de Bono, E. (1973). *CoRT Thinking*. Blanford, England: Direct Educational Services

de Bono, E. (1983). The Cognitive Research Trust (CoRT) Thinking Program. In W. Maxwell (Ed.), *Thinking: The Expanding Frontier*. Philadelphia: Franklin Institute Press

de Bono, E. (1992). *Serious Creativity: Using the Power of Lateral Thinking to Create New Ideas*. New York: HarperCollins

DeCharms, R. (1968). *Personal Causation*. New York: Academic

Deci, E. (1971). Effects of Externally Mediated Rewards on Intrinsic Motivation. *Journal of Personality and Social Psychology*, *18*, 105~115

Deci, E. (1972a). Intrinsic Motivation, Extrinsic Reinforcement, and Inequity. *Journal of Personality and Social Psychology*, *22*, 113~120

Deci, E. (1972b). The Effects of Contingent and Noncontingent Rewards and Controls on Intrinsic Motivation. *Organizational Behavior and Human Performance*, *8*, 217~229

Deci, E. (1975). *Intrinsic Motivation*. New York: Plenum

Deci, E. (1980). *The Psychology of Self-determination*. Lexington, MA: Heath

Deci, E. & Ryan, R. M. (1980). The Empirical Exploration of Intrinsic Motivational Processes. In L. Berkowitz (Ed.), *Advances in Experimental Social Psychology* (pp.39~80). New York: Academic

Deci, E. L. & Ryan, R. M. (1985). *Intrinsic Motivation and Self-determination in Human Behavior*. New York: Plenum

Dellas, M. & Gaier, E. L. (1970). Identification of Creativity: The Individual. *Psychological Bulletin*, *73*, 55~73

de Sanohez, M. A. & Astorga, M. (1983). *Provecto Aprendar a Pensar. Estudios Desus Efectos Sobre Unamuestra de Estudiantes Venezolanos.* Caracas, Venezuela: Ministerio de Education

Dewey, J. (1910). *How We Think.* Boston: Heath

Diehl, M. & Stroebe, W. (1986). Productivity loss in Brainstorming: Toward the Solution of a Riddle. *Journal of Personality and Social Psychology*, *53*, 497~509

Dominowski, R. L. (1995). Productive Problem Solving. In S. M. Smith, T. B. Ward & R. A Finke (Eds.), *The Creative Cognition Approach* (pp.73~95). Cambridge, MA: MIT Press

Dorninowski, R. L. & Jenrick, R. (1972). Effects of Hints and Interpolated Activity on Solution of an Insight problem. *Psychonomic Science*, *26*, 335~338

Dudek, S. Z. & Côté, R. (1994). Problem Finding revisited. In M. A. Runco (Ed.), *Problem finding, problem solving, and creativity* (pp. 130 ~ 150). Norwood, NJ: Ablex

Dunnette, M. d. (1964). Are Meetings any Good for Solving Problems? *Personnel Administration*, *27*, 12~29

Dunnette, M. D., Campbell, J. & Jastaad, K. (1963). The Effects of Group Participation on Brainstorming Effectiveness for Two Industrial Samples. *Journal of Applied Psychology*, *47*, 10~37

Dweck, C. S. (1975). The Role of Expectations and Attributions in the Alleviation of Learned Helplessness. *Journal of Personality and Social Psychology*, *45*, 165~171

Dweck, C. S. & Eliot, E. S. (1983). Achievement Motivation. In P. H.

Mussen (Ed.), *Handbook of Child Psychology* (Vol.4). New York: Wiley

Eberle, R. E. (1977). *SCAMPER*. Buffalo, NY: DOK

Ennis, R. H. (1985). Critical Thinking and the Curriculum. *National Forum*, *65*, 28~31

Ennis, R. H. (1987). A Taxonomy of Critical Thinking Dispositions and Abilities. In J. B. Baron & R. J. Sternberg (Eds.), *Teaching Thinking Skills: Theory and Practice* (pp.9~26). New York: Freeman

Ericsson, K. A. & Simon, H. A. (1980). Verbal Reports as Data. *Psychological Review*, *87*, 215~251

Eysenck, H. J. (1993). Creativity and Personality: A Theoretical Perspective. *Psychological Inquiry*, *4*, 147~178

Farnham-Diggory, S. (1972). *Cognitive Processes in Education*. New York: Harper & Row

Feldhusen, J. F. (1983). The Purdue Creative Thinking Program. In I. S. Sato (Ed.), *Creativity Research and Educational Planning* (pp. 41 ~ 46). Los Angeles: Leadership Training Institute for the Gifted and Talented

Feldhusen, J. F. & Kolloff, M. B. (1978). A three-stage Model for Gifted Education. *Gifted Child Today*, *1*, 3~5, 53~58

Feldhusen, J. F. & Treffinger, D. J. (1986). *Creative Thinking and Problem Solving in Gifted Education*. Dubuque, IO: Kendall/Hunt

Finke, R. A. (1990). *Creative Imagery: Discoveries and Inventions in Visualization*. Hillsdale. NJ: Erlbaum

Finke, R. A. & Slayton, K. (1988). Explorations of Creative Visual Synthesis in Mental Imagery. *Memory and Cognition 16*, 252~257

Finke, R. A., Ward, T. B. & Smith, S. M. (1992). *Creative Cognition: Theory, Research, and Applications*. Cambridge. MA: MIT Press

Freeman, J. (1983). Emotional Problems of the Gifted Child. *Journal of Child Psychology and Psychiatry*, *24*, 481~485

Frensch, P. A. & Sternberg, RJ. (1989). Expertise and intelligent thinking: When is it worse to know better? In R. J. Sternberg (Ed.), *Advances in the Psychology of Human Intelligence* (Vol 5, pp.157~188). Hillsdale, NJ: Erlbaum

Gallagher, J. J. (1975). *Teaching the Gifted Child* (2nd cd.). Boston: Allyn & Bacon

Gardner, H. (1989). *To Open Minds*. New York: Basic

Gardner, H. (1993a). *Creating Minds*. New York: Basic

Gardner, H. (1993b). Seven Creators of the Modern Era. In J. Brockman (Ed.), *Creativity* (pp.28~47). New York: Simon & Schuster

Gentner, D. & Grudin, J. (1985). The Evolution of Mental Metaphors in Psychology: A Ninety-year Retrospective. *American Psychologist*, *40*, 181~192

Getzels, J. W. (1982). The Problem of the Problem. In R. M. Hogarth (Ed.), *Question Forming and Response Consistency* (pp.37~44). San Francisco: Jossey-Bass

Getzels, J. W. & Csikszentmihalyi, M. (1975). From Problem Solving to Problem Finding. In I. A. Taylor & J. W. Getzels (Eds.) *Perspectives in Creativity* (pp.90~116). Chicago: Aldine

Getzels, J. W. & Csikszentmihalyi, M. (1976). *The Creative Vision: A Longitudinal Study of Problem Finding in Art*. New York: Wiley

Getzels, J. W. & Jackson, P. (1962). *Creativity and intelligence: Explorations with Gifted Students*. New York: Wiley

Getzels, J. W. & Smilansky, J. (1983). Individual Differences in Pupil Perceptions of School Programs. *British Journal of Experimental Psychology*, *53*, 307~316

Ghiselin, B. (Ed.). (1952). *The Creative Process*. Los Angeles: University of California Press

Ghiselin, B. (1963). Ultimate Criteria for Two Levels of Creativity. In C. W. Taylor &F. Barron (Eds.), *Scientific Creativity: Its Recognition and Development* (pp.30~43). New York: Wiley

Gilhooly, K. J. (1982). *Thinking: Directed, Undirected and Creative*. New York: Academic

Gilhooly, K. J. &Green. A. J. K. (1989). Learning Problem-solving Skills. In A. M. Colley &J. R. Beech (Eds.), *Acquisition and Performance of Cognitive Skills*. Chichester Wiley

Glover, J. A. (1977). Risky Shift and Creativity. *Social Behavior and Personality*, *5*, 317~320

Goertzel, M. G., Goertzel, V. & Goertzel, T. G. (1978). *Three Hundred Eminent Personalities*. San Francisco: Jossey-Bass

Golann, S. E. (1962). The Creativity Motive. *Journal of Personality*, *30*, 588~600

Golann, S. E. (1963). Psychological Study of Creativity. *Psychological Bulletin*, *60*, 548~565

Gordon, W. J. (1961). *Synectics*. New York: Harper

Gordon, W. J. (1966). *The Metaphorical Way of Learning and Knowing*. Cambridge, MA: Porpoise Books

Gordon, W. J. (1981). *The New Art of the Possible: The Basic Course in Synectics*. Cambridge, MA: Porpoise Books

Gordon, W. J. &Poze, T. (1972). *Teaching is Listening. Cambridge*, MA: SES Associates

Gordon, W. J. &Poze, T. (1975). *Strange and Familiar*. Cambridge, MA:

SES Associates

Gordon, W. J. & Poze, T. (1979). *The Metaphorical Way of Learning and Knowing*. Cambridge, MA: SES Associates

Gordon, W. J. & Poze, T. (1984). *Presenter's Manual for the SES Seminar for Teaching*. Cambridge, MA: SES Associates

Greene, D. & Lepper, M. (1974). Effects of Extrinsic Rewards on Children's Subsequent Intrinsic Interest. *Child Development*, *45*, 1141～1145

Grieve, F. G., Whelan, J. P., Kottke, R. & Meyers, A. W. (1994). Manipulating adults' Achievement Goals in a Spoit Task: Effects on Cognitive, Affective, and Behavioral Variables. *Journal of Sport Behavior*, *17*, 1～17

Gruber, H. E., Terrell, G. & Wertheimer, M. (1982). Preface. In. H. Gruber, G. Terrell & M. Wertheimer (Eds.), *Contemporary Approaches to Creative Thinking* (pp.ix-xiv). New York: Atherton

Guilford, J. P. (1950). Creativity, *American Psychologist*, *5*, 444～454

Guilford, J. P. (1964). Creative Thinking and Problem Solving. *Education Digest*, *29*, 21～31

Guilford, J. P. (1983). Transformsation: Abilities or Functions. *Journal of Creative Behavior*, *17*, 75～86

Guilford, J. P. & Hoepfner, R. (1971). *The analysis of intelligence*. New York: McGraw-Hill

Guilford, J. P. & Tenopyr, M. L. (1968). Implications of the Structure-of - Intellect Model for High School and College Students. In W. B. Michael (Ed.), *Teaching for Creative Endeavor. Bold New Venture* (pp.25～45). Bloomington: Indiana University Press

Hayes, J. R. (1989). *The Complete Problem Solver* (2nd ed.). Hillsdale, NJ: Erlbaum

Hayes, J. R. (1985). Three Problems in Teaching General Skills. In S. F. Chipman, J. W. Segal & R. Glaser (Eds.), *Thinking and Learning Skills: Vol 2. Research and Open Questions* (pp.391~405). Hillsdale, NJ: Erlbaum

Henle, M. (1962). The Birth and Death of Ideas. In H. Gruber, G. Terrell & M. Wertheimer (Eds.), *Contemporary Approaches to Creative Thinking* (pp.31~62). New York: Atherton

Hennessey, B. A. & Amabile, T. M. (1988). The Conditions of Creativity. In R. J. Sternberg (Ed.), *The Nature of Creativity* (pp. 11 ~ 38). Cambridge University Press

Hennessey, B. A., Amabile, T. M. & Martinage, M. (1989). Immunizing Children Against the Negative Effects of Reward. *Contemporary Educational Psychology*, *14*, 212~227

Herrnstein, R. J., Nickerson, R. S., de Sánchez, M. & Swets, J. A. (1986). Teaching Thinking Skills. *American Psychologist*, *41*, 1279~1289

Hidi, S. (1990). Interest and Its Contribution as a Mental Resource for Learning. *Review of Educational Research*, *60*, 549~571

Holton, G. (1973). *Thematic Origins of Scientific Thought*. Cambridge, MA: Harvard University Press

Holton, G. (1981). Einstein's Search for the Weltbild, *Proceedings of the American Philosophical Society*, *125*, 1~15

Houtz, J. C. (1994). Creative Problem Solving in the Classroom: Contributions of Four Psychological Approaches. In M. A. Runco (Ed.), *Problem Finding, Problem Solving, and Creativity* (pp.153~173). Norwood, NJ: Ablex

Houtz, J. C., Jambor, S. O., Cifone, A. & Lewis, C. D. (1989). Locus of Evaluation Control, Task Directions, and Type of Problem Effects on Creativity. *Creativity Research Journal*, 2, 118~125

Ironson, G. H. & Davis, G. A. (1979). Faking High or Low Creativity Scores on the Adjective Check List. *Journal of Creative Behavior*, *13*, 139~145

Isaksen, S. G. & Treffinger, D. J. (1985). *Creative Problem Solving: The Basic Course*. Buffalo, NY: Bearly

Jackson, P. W. & Messick, S. (1973). The Person, the Product, and the Response: Conceptual Problems in the Assessment of Creativity. In M. Bloomberg (Ed.), *Creativity: Theory and Research*. New Haven, CT: College and University Press

Jausovec, N. (1994). Metacognition in Creative Problem Solving. In M. A. Runco (Ed.), *Problem Finding*, *Problem Solving*, *and Creativity* (pp.77~95). Norwood, NJ: Ablex

Johnson, D. M. (1955). *The Psychology of Thought and Judgment*. New York: Harper & Brothers

Kanouse, D. E. (1972). Language, Labeling, and Attribution. In E. E. Jones, D. E. Kanouse, H. H. Kelley, R. E. Nisbett, S. Valins & B. Weiner (Eds.), *Attribution: Perceiving the Causes of Behavior* (pp. 121 ~ 136). Morristown, NJ: General Learning Press

Kay, S. (1991). The Figural Problem Solving and Problem Finding of Professional and Semiprofessional Artists and nonartists. *Creativity Research Journal*, *4*, 233~252

Kay, S. (1994). A Method for Investigating the Creative Thought Process. In M. A. Runco (Ed.), *Problem Finding*, *Problem Solving*, *and Creativity* (pp.116~129). Norwood, NJ: Ablex

Keynes (1956). Newton, the Man. In J. R. Newman (Ed.), *The World of Mathematics* (pp. 277 ~ 285). New York: Simon & Schuster. (Original work published 1942)

Kitchener, K. S. (1983). Cognition, Metacogaition, and Epistemic Cognition. *Human Development*, *26*, 222~232

Knapp, R. H. (1963). Demographic, Cultural and Personality Attributes of Scientists. In C. W. Taylor & F. Barron (Eds.), *Scientific Creativity: Its Recognition and Development* (pp.205~216). New York: Wiley

Koberg, D. & Bagnall, J. (1974). *The universal traveler: A Soft-systems Guidebook to Creativity, Problem Solving and the Process of Design*. Los Altos, CA: Kaufmann

Koestler, A. (1964) *The Act of Creation*. London: Hutchinson

Kohn, A. (1993). Choices for Children: Why and How to Let Students decide. *Phi Delta Kappan*, *75*, 8~20

Kruglanski, A. W., Friedman, I. & Zeevi, G. (1971). The Effects of Extrinsic Incentives on some Qualitative Aspects of Task Performance. *Journal of Personality*, *39*, 606~617

Langer, E. (1989). *Mindfulness*. Reading. MA: Addison-Wesley

Lepper, M., Greene, D. & Nisbett, R. (1973). Undermining Children's Intrinsic Interest with Extrinsic Rewards: A Test of The "overjustification" hypothesis. *Journal of Personality and Social Psychology*, *28*, 129~137

Lepper, M. R., Sagotsky, G., Dafoe, J. L. & Greene, D. (1982). Consequences of Superfluous Social Constraints: Effects of Young Children's Social Inferences and Subsequent Intrinsic Interest. *Journal of Personality and Social Psychology*, *42*, 51~65

Levine, M. (1987). *Effective Problem Solving*. Englewood Cliffs, NJ: Prentice -Hall

Lieberman, J. N. (1965) Playfulness and Divergent Thinking: An Investigation of Their Relationship at the Kindergarten Level. *Journal of Genetic*

Psychology, *107*, 219~224

Lipman, M. (1991). *Thinking in Education*. Cambridge University Press

Lipman, M., Sharp, A. M. & Oscanyan, F. (1980). *Philosophy in the Classroom.* Philadelphia: Temple University Press

Loveland, K. & Olley, J. (1979). The Effect of External Reward on Interest and Quality of Task Performance in Children of High and Low Intrinsic Motivation. *Child Development*, *50*, 1207~1210

Lubart, T. I. (1994). Creativity. In R. J. Sternberg (Ed.), *Thinking and Problem Solving* (pp.289~332). San Diego, CA: Academic

Lubart, T. I. & Sternberg, R. J. (1995). In S. M. Smith. T. B. Ward & Ronald A. Finke (Eds.), *The Creative Cognition Approach* (pp. 271~302). Cambridge, MA: MIT Press

Lundsteen, S. W. (1968). Language Arts in the Elementary School. In W. B. Michael (Ed.), *Teaching for Creative Endeavor. Bold New Venture* (pp.131~161). Bloomington: Indiana University Press

Mackinnon, D. W. (1962). The Nature and Nurture of Creative Talent. *American Psychologist*, *17*, 484~495

Mackinnon, D. W. (1965). Personality and the Realization of Creative Potential. *American Psychologist*, *20*, 273~281

Mackworth, N. H. (1965). Originality. *American Psychologist*, *20*, 51~66

Mandler, G. (1995). Origins and Consequences of Novelty. In S. M. Smith, T. B. Ward & R. A. Finke (Eds.), *The Creative Cognition Approach* (pp.9~25). Cambridge, MA: MIT Press

Mansfield, R. S. & Bussé, T. V. (1981). *The Psychology of Creativity and Discovery.* Chicago: NelsonHall

Mansfield, R. S., Bussé, T. V. & Krepelka, E. J. (1978). The Effectiveness of Creativity Training. *Review of Educational Research*, *48*, 517~536

Manuel, H. T (1962). *Tests of General Ability: Inter-American Series* (Spanish, Level 4, Forms A & B). San Antonio, TX: Guidance Testing Associates

Marjoram, T. (1988). *Teaching Able Children*. London: Kogan Page

McClelland, D. C. (1962). On the Psychodynamics of Creative Physical Scientists. In H. Gruber, G. Terrell & M. Wertheimer (Eds.), *Contemporary Approaches to Creative Thinking* (pp.141~174). New York: Atherton

McLeod. J. & Cropley, A. J. (1989). *Fostering Academic Excellence*. Oxford: Pergamon

Meadow, A., Parnes, S. J. & Reese, H. (1959). Influence of Brainstorming Instruction and Problem Sequence on a Creative Problem Solving Test. *Journal of Applied Psychology*, *43*, 413~416

Medawar, P. B. (1979). *Advice to a Young Scientist*. New York: Basic

Mednick, S. A. (1962). The Associative bias of the Creative Process. *Psychological Review*, *69*, 220~232

Metcalfe, J. (1986a). Feelings of Knowing in Memory and Problem Solving. *Journal of Experimental Psychology: Learning*, *Memory*, *and Cognition*, *12*, 288~294

Metcalfe, J. (1986b). Premonitions of Insight Predict Impending error. *Journal of Experimental Psychology: Learning*, *Memory*, *and Cognition*, *12*, 623~634

Metcalfe, J. & Weibe, D. (1987). Intuition in Insight and Non-insight Problem Solving. *Memory and Cognition*, *15*, 238~246

Michael, W. B. (Ed.), (1968). *Teaching for Creative Endeavor: Bold New Venture*. Bloomington: Indiana University Press

Mitchell, B., Stueckle, A. & Wilkens, R. F. (1976). *Conceptual Planning for Creative Learning*. Dubuque, IO: Kendall-Hunt

Mumford, M. D., Connelly, M. S., Baughman, W. A. & Marks, M. A. (1994). Creativity and Problem Solving: Cognition, Adaptability, and Wisdom. *Roeper Review*, *16*, 241~246

Mumford, M. D., Reiter-Palmon, R. & Redmond, M. R. (1994). Problem Construction and Cognition: Applying Problem Representations in ill-defined Domains. In M. A. Runco (Ed.), *Problem Finding, Problem Solving, and Creativity* (pp.3~39). Norwood, NJ: Ablex

Murray, H. G. & Denny, J. P. (1969). Interaction of Ability Level and Interpolated Activity in Human Problem Solving. *Psychological Reports*, *24*, 271~276

Necka, E. (1986). On the Nature of Creative Talent. In A. J. Cropley, K. K. Urban, H. Wagner & W. H. Wieczerkowski (Eds.), *Giftedness: A Continuing Worldwide Challenge* (pp.131~140). New York: Trillium

Newell, A., Shaw, J. & Simon, H. (1962). The Processes of Creative Thinking. In H. Gruber, G. terrell & M. Wertheimer (Eds.), *Contemporary Approaches to Creative Thinking* (pp.63~119). New York: Atherton

Newmann, F. M. (1991). Higher Order Thinking in the Teaching of Social Studies: Connections Between Theory and Practice. In J. F. Voss, D. N. Perkins & J. W. Segal (Eds.), *Informal Reasoning and Education* (pp. 381~400). Hillsdale, NJ: Erlbaum

Nicholls, J. G. (1972). Creativity in the Person Who Will Never Produce Anything Original and Useful: The Concept of Creativity as a Normally Distributed Trait. *American Psychologist*, *27*, 717~727

Nicholls, J. G. (1984). Achievement Motivation: Conceptions of Ability,

Subjective Experience, Task Choice, and Performance. *Psychological Review*, *49*, 529~538

Nickerson, R. S. (1990). Dimensions of Thinking: A Critique. In B. F. Jones & L. Idol (Eds.), *Dimensions of Thinking and Cognitive Instruction: Implications for Educational Reform* (Vol. 1, pp. 495~509). Hillsdale, NJ: Erlbaum

Nickerson, R. S. (1993). Communities of Inquiry: A Vision of What Reflective Education Could be. (Review of *Thinking in Education*, by M. Lipman, *American Journal of Psychology*, *106*, 620~632)

Nickerson, R. S. (1994a). Project Intelligence. In R. Sternberg, S. J. Ceci, J. Horn, E. Hunt, J. D. Matarazzo & S. Scarr (Eds.), *Encyclopedia of Intelligence* (pp.857~860). New York: Macmillan

Nickerson, R. S. (1994b). The Teaching of Thinking and Problem Solving. In R. J. Sternberg (Ed.), *Thinking and Problem Solving*, Vol. 12 of E. C. Carterette & M. Friedman (Eds.), *Handbook of Perception and Cognition* (pp.409~449). San Diego, CA: Academic

Nickerson, R. S., Perkins, D. N. & Smith, E. E. (1985). *The Teaching of Thinking*. Hillsdale, NJ: Erlbaum

Noller, R. B. (1977). *Scratching the Surface of Creative Problem Solving: A Bird's Eye View of CPS*. Buffalo, NY: DOK

Ochse, R. (1990). *Before the Gates of Excellence: The Determinants of Creative Genius*. Cambridge University Press

Okuda, S. M., Runco, M. A. & Berger, D. E. (1991). Creativity and the Finding and Solving of Real-world Problems. *Journal of Psychoeducatinal Assessment*, *9*, 45~53

Olton, R. M. & Crutchfield, R. S. (1969). Developing the Skills of

Productive Thinking. In P. Mussen, J. Langer & M. Covington (Eds.), *Trends and Issues in Developmental Psychology* (pp.68~91). New York: Holt, Rinehart & Winston

Orlick, T. (1986). *Psyching for Sport: Mental Training for Atheletes*. Champaign, IL: Leisure Press.

Osborn, A. (1953). *Applied Imagination*. New York: Scribner's

Osborn, A. (1963). *Applied Imagination: Principles and Procedures of Creative Thinking*. New York: Scribner's

Otis, A. S. & Lennon, R. T. (1977). *Otis-Lennon School Ability Test* (Intermediate Level 1, Form R). New York: Harcourt, Brace, Jovanovich

Parloff, M. D. & Handlon, J. H. (1964). The Influence of Criticalness on Creative Problem Solving. *Psychiatry*, *27*, 17~27

Parnes, S. J. (1963). The Deferment-of-judgment Principle: Clarification of the Literature. *Psychological Reports. 12*, 521~522

Parnes, S. J. (1981), *Magic of Your Mind*. Buffalo, NY: Bearly

Parnes, S. J. & Meadow, A. (1963). Devetopment of Individual Creative Talent. In C. W. Taylor & F. Barron (Eds.), *Scientific Creativity: Its Recognition and Development* (pp.311~320). New York: Wiley

Parnes, S. J., Noller, R. B. & Biondi, A. M. (1977). *A Guide to Creative Action*. New York: Scribners

Perkins, D. N. (1981). *The Mind's Best Work*. Cambirdge, MA: Harvard University Press

Perkins, D. N. (1988). Creativity and the Quest for Mechanism. In R. J. Sternbeig & E. E. Smith (Eds.), *The Psychology of Thought* (pp. 309~336). Cambridge University Press

Perkins, D. N. (1990). The Nature and Nurture of Creativity. In B. F.

Jones & L. Idol (Eds.), *Dimensions of Thinking and Cognitive Instruciton* (pp.415~443). Hillsdale, NJ: Erlbaum

Perkins, D. N. (1994). Creativity: Beyond the Darwinian Paradigm. In M. A. Boden (Ed.), *Dimensions of Creativity* (pp. 119 ~ 142). Cambridge, MA: MIT Press

Perkins, D. N. (1995). *Outsmarting IO: The Emerging Science of Learnable Intelligence*. New York: Free Press

Perkins, D. N., Farady, M. & Bushey, B. (1991). Everyday Reasoning and the Roots of Intelligence. In J. F. Voss, D. N. Perkins & J. W. Segal (Eds.), *Informal Reasoning and Education* (pp.83~106). Hillsdale, NJ: Erlbaum

Perkins, D. N., Jay, E. & Tishman, S. (1993). Beyond Abilities: A Dispositional Theory of Thinking. *Merrill-Palmer Quarterly*, *39*, 1~21

Perkins, D. N. & Laserna, C. (1986). Inventive Thinking. In M. J. Adams (Coordinator), *Odyssey: A Curriculum for Thinking*. Watertown, MA: Mastery Education Corporation

Peterson, C., Maier, S. F. & Seligman, M. E. P. (1993). *Learned Helplessness: A Theory for the Age of Personal Control*. New York: Oxford University Press

Poincaré, H. (1924). *The Foundations of Science*. New York: Science Press

Poincaré, H. (1952). Mathematical Discovery. In *Science and Method* (pp.46~63). Essays Collected and Translated by F. Maitland. New York: Dover. (Original publication date not given)

Polya, G. (1954). *Mathematics and Plausible Reasoning: Vol. 1. Induction and Analogy in Mathematics*. Princeton, NJ: Princeton University Press

Polya, G. (1957). *How to Solve it: A New Aspect of mathematical Method*. Garden City, NY: Doubleday. (Original Work Published 1945)

Pyszczynski, T. & Greenberg, J. (1991). Toward an Integration of Cognitive and Motivational Perspectives on Social Inference: A Biased Hypothesis-testing Model. In *Advances in Experimental Social Psychology* (pp. 297 ~ 340). New York: Academic

Reid, W. A. (1987). Institutions and Practices: Professional Education Reports and the Language of Reform. *Educational Researcher*, *16*(8), 10~15

Renzulli, J. S. (1977). *The Enrichment Triad Model*. Mansfield Center, CT: Creative Learning Press

Renzulli, J. S. (1986). The Three-ring Conception of Giftedness: A Developmental Model for Creative Productivity. In R. J. Sternberg & J. E. Davidson (Eds.), *Conceptions of Giftedness* (pp.53 ~ 92). Cambridge University Press

Renzulli, J. S. & Callahan, C. M. (1973). *New Directions in Creativity*. New York: Harper & Row

Ripple, R. E. & Dacey, J. (1967). The Facilitation of Problem Solving and Verbal Creativity by Exposure to Programmed Instruction. *Psychology in the Schools*, *4*, 240

Roe, A. (1952). A Psychologist Examines Sixty-four Eminent Scientists. *Scientific American*, *187* (5), 21 ~ 25

Roe, A. (1953). *The Making of a Scientist*. New York: Dodd, Mead

Rogers, C. (1970). Toward a Theory of Creativity. In P. E. Vernon (Ed.), *Creativity* (pp.137 ~ 151). New York: Penguin. (Original work published 1954)

Rossman, J. (1931). *The Psychology of the Inventor*. Washington, DC: Inventors Publishing

Rothenberg, A. (1990). *Creativity and Madness*. Baltimore, MD: Johns Hopkins University Press

Rubin, L. J. (1968). Creativity and the Curriculum. In W. B. Michael (Ed.), *Teaching for Creative Endeavor. Bold New Venture* (pp. 74 ~ 89). Bloomington: Indiana University Press

Ruggiero, V. R. (1984). *The Art of Thinking: A Guide to Critical and Creative Thought.* New York: Harper & Row

Runco, M. A. (1987). The Generality of Creative Performance in Gifted and Nongifted Children. *Gifted Child Quarterly*, *31*, 121 ~ 125

Runco, M. A. (1990). Implicit Theories and Ideational Creativity. In M. A. Runco & R. S. Albert (Eds.), *Theories of Creativity* (pp.234 ~ 252). Newbury Park, CA: Sage

Runco, M. A. (Ed.). (1994). Problem Finding, Problem Solving, and Creativity, Norwood, NJ: Ablex

Runco, M. A. & Chand, I. (1994). Problem Finding, Evaluaitve Thinking, and Creativity. In M. A. Runco (Ed.), *Problem Finding, Problem Solving, and Creativity* (pp.40 ~ 76). Norwood, NJ: Ablex

Runco, M. A. & Nemiro, J. (1994). Problem Finding, Creativity, and Giftedness. *Roeper Review*, *16*, 235 ~ 241

Runco, M. A. & Okuda, S. M. (1993). Reaching Creatively Gifted Children Through Their Learning Styles. In R. M. Milgram, R. Dunn & G. E. Price (Eds), *Teaching and Counseling Gifted and Talented Adolescents: An International Learning Style Perspective* (pp.103 ~ 115). New York: Praeger

Russell, B. (1984) The Greatness of Albert Einstein. In M. Gardner (Ed.), "*The sacred beetle" and Other Great Essays in Science*. New York: New American Library. (Original work published 1955)

Sanders, D. A. & Sanders, J. A. (1984). *Teaching Creativity Through Metaphor: An Integrated Brain Approach.* New York: Longman

Schooler, J. W. & Melcher, J. (1995). The Ineffability of Insight. In S. M. Smith, T. B. Ward & R. A. Finke (Eds.), *The Creative Cognition Approach* (pp. 97~133). Cambridge, MA: MIT Press

Schrag, F. (1987). Thoughtfulness: Is High School the Place for Thinking? *Newsletter of the National Center on Effective Secondary Schools*, 2, 2~4

Seligman, M. E. P. (1991). *Learned Optimism*. New York: Knopf

Seligman, M. E. P., Reivich, K., Jaycox, L. & Gillham, J. (1995). *The Optimistic Child: How Learned Optimism Protects Children From Depression.* New York: Houghton Mifflin

Shiba, S. (1989, July). Lessons in Quality. *Look Japan*, pp.32, 33

Simon, H. A. (1966). Scientific Discovery and the Psychology of Problem Solving. In R. G. Colodny (Ed.), *Mind and Cosmos: Essays in Contemporary Science and Philosophy* (pp.22~40). Pittsburgh, Pa: Pittsburgh University Press

Simon, H. A. (1986). The Information Processing Explanation of Gestalt Phenomena. *Computers in Human Behavior*, *2*, 241~255

Simonton, D. K. (1980). The Matic Fame, Melodic Originalitiy, and Musical Zeitgeist: A biographical and Transhistorical Content Analysis. *Journal of Personality and Social Psychology*, *38*, 972~983

Simonton, D. K. (1984). *Cenius, Creativity, and Leadership*. Cambridge, MA: Harvard University Press

Simonton, D. K. (1990). *Psychology, Science, and History: An Introduction to Historiometry*. New Haven, CT: Yale University Press

Singer, J. L. & Singer, D. L. (1976). Imaginative Play and Pretending in Early Childhood: Some Experimental Approaches. In A. Davids (Ed.), *Child Personalitiy and Psychopathology* (Vol.3, pp.69~112). New York: Wiley

Smith, S. M. (1995). Fixation, Incubation, and Insight in Memory and

Creative Thinking. In S. M. Smith, T. B. Ward & R. A. Finke (Eds.), *The Creative Cognition Approach* (pp.135~156). Cambridge, MA: MIT Press

Smith, S. M. & Blankenship, S. E. (1989). Incubation Effects. *Bulletin of the Psychonomic Society*, *27*, 311~314

Starko, A. J. (1989). Problem Finding in Creative Writing: An Exploratory Study. *Journal for the Education of the Gifted*, *12*, 172~186

Starko, A. J. (1995). *Creativity in the Classroom: Schools of Curious Delight*. New York: Longman

Stein, M. I. (1968). Creativity. In E. F. Borgatta & W. W. Lambert (Eds.), *Handbook of Personality Theory and Research* (pp.900~942). Chicago: Rand McNally

Stein, M. I. (1974). *Stimulating Creativity* (Vol.1). New York: Academic

Stein, M. I. (1975). *Stimulating Creativity*(Vol.2). New York: Academic

Sternberg, R. J. (1985). Implicit Theories of Intelligence, Creativity, and Wisdom. *Journal of Personality and Social Psychology*, *49*, 607~627

Sternberg, R. J. (1988). *The Nature of Creativity: Contemporary Psychological Perspecitives*. Cambridge University Press

Sternberg, R. J. & Lubart, T. I. (1991). An Investment Theory of Creativity and Its Development. *Human Development*, *34*, 1~31

Sternberg, R. J. & Lubart, T. I. (1992). Buy Low and Sell high: An Investment Approach to Creativity. *Current Directions in Psychological Science*, *1*, 1~5

Sternberg, R. J. & Lubart, T. I. (1995). *Defying the Crowd: Cultivating Creativity in a Culture of Conformity*. New York: Free Press

Sternberg, R. J. & Lubart, T. I. (1996). Investing in Creativity. *American Psychologist*, *51*, 677~688

Sternberg, R. J. & Williams, W. M. (in press). *How to Develop Student Creativity*. Alexandria, VA: Association for Supervision and Curriculum Development

Stevenson, H. W., Chen, C. & Lee, S-Y. (1993). Mathematics Achievement of Chinese, Japanese, and American Children: Ten Years Later. *Science*, *259*, 53~58

Tardif, T. Z. & Sternberg, R. J. (1988). What do We Know About Creativity. In R. J. Sternberg (Ed.), *The Nature of Creativity* (pp. 429~440). Cambridge University Press

Taylor, D. W., Berry, P. C. & Block, C. H. (1958). Does Group Participation When Using Brainstorming Facilitate or Inhibit Creative Thinking? *Administrative Science Quarterly*, *3*, 23~47

Taylor, I. A. (1975). An Emerging View of Creative Actions. In I. A. Taylor & J. W. Getzels (Eds.), *Perspectives in Creativity* (pp. 297~325). Chicago: Aldine

Thistlewaite, D. L. (1963). The College Environment as a Determinant of Research Potentiality. In C. W. Taylor & F. Barron (Eds.), *Scientific Creativity: Its Recognition and Development* (pp.265~271). New York: Wiley

Tishman, S., Jay, E. & Perkins, D. N. (1993). Teaching Thinking Dispositions: From Transmission to Enculturation. *Theory Into Practice*, *32*, 147~153

Torgeson, J. K. & Licht, B. G. (1983). The LD Child as an Inactive Learner: Retrospects and Prospects. In K. D. Gadow & L Bialer (Eds.), *Advances in Learning and Behavioral Disablities*. Greenwich. CT: JAI

Torrance, E. P. (1962). *Guiding Creative Talent*. Englewood Cliffs, NJ: Prentice-Hall

Torrance, E. P. (1965). *Rewarding Creative Behavior. Experiments in Classroom Creativity*. Englewood Cliffs, NJ; Prentice-Hall

Torrance, E. P. (1972). Can We Teach Children to Think Creatively? *Journal of Creative Behavior*, *6*, 114~143

Torrance, E. P. (1987). Can We Teach Children to Think Creatively? In S. G. Isaksen (Ed.), *Frontiers of Creativity Research: Beyond the Basics*. Buffalo, NY: Bearly

Torrance, E. P. (1988). *The Nature of Creativity as Manisfest in Its Testing*. In R. J. Sternberg (Ed.), *The Nature of Creativity*, Cambridge University Press

Torrance, E. P. & Myers, R. (1970). *Creative Learning and Teaching*. New York: Dodd, Mead

Treffinger, D. J. (1979). *Encouraging Creative Learning for the Gifted and Talented*. Ventura, CA: LTI

Treffinger, D. J., Isaksen, S. G. & Dorval, K. B. (1994). Creative Problem Solving: An Overview. In M. A. Runco (Ed.), *Problem Finding*, *Problem Solving*, *and Creativity* (pp.223~256). Norwood, NJ: Ablex

Treffinger, D. J., Isaksen, S. G. & Firestein, R. I. (1983). Theoretical Perspective on Creative Learning and Its Facilitation. *Journal of Creative Behavior*, *17*, 9~17

Treffinger, D. J., McEwen, P. & Wittig, C. (1989). *Using Creative Problem Solving in Inventing*. Honcoye, NY: Center for Creative Learning

Treffinger, D. J. & Ripple, R. E. (1969). Developing Creative Problem Solving Abilities and Related Attitudes Through Programmed Instruction. *Journal of Creative Behavior*, *3*, 105~110

Treffinger, D. J. & Ripple, R. E. (1971). Programmed Instruction in Creative Problem Solving: An Interpretation of Recent Research Findings.

Educational Leadership. *28*, 667～675

Treffinger, D. J., Speedie, S. M. & Bruner, W. D. (1974). Improving Children's Creative Problem Solving ability: the Purdue Creativity Project. *Journal of Creative Behavior*, *8*, 20～30

Ulam, S. M. (1976). *Adventures of a Mathematician*. New York: Scribner's

Wakefield, J. F. (1994). Problem Finding and Empathy in Art. In M. A. Runco (Ed.), *Problem Finding, Problem Solving, and Creativity* (pp.99～115). Norwood, NJ: Ablex

Waldrop, J. L. Olton, R. M., Bodwin, W. L., Covington, M. V., Klausmeier, H. J., Crutchfield, R. S. & Ronda, T. (1969). The Development of Productive Thinking Skills in Fifth-grade Children. *Journal of Experimental Education*, *37*, 67～77

Wallach, M. A. (1970). Creativity. In P. H. Mussen (Ed.), *Carmichael's Manual of Child Psychology* (Vol.1, pp.1211～1266): New York: Wiley

Wallach, M. A. & Kogan, N. (1965). *Modes of Thinking in Young Children*. New York: Holt, Rinehart & Winston

Wallas, G. (1945). *The Art of Thought*. London: C. A. Watts. (Original work published 1926)

Ward, T. B. (1995). What's Old About New Ideas? In S. M. Smith, T. B. Ward & R. A. Finke (Eds.), *The Creative Cognition Approach* (pp.157～178). Cambridge, MA: MIT Press

Weisberg, R. W. (1986). *Creativity, Genius and Other Myths*. New York: Freeman

Weisberg, R. W. (1988). Problem Solving and Creativity. In R. J. Sternberg (Ed.), *The Nature of Creativity* (pp.148～176). Cambridge University Press

Weisberg, R. W. (1933). *Creativity: Beyond the Myth of Genius*. New

York：Freeman

Weisberg, R. W. (1995). Case Studies of Creative Thinking：Reproduction Versus Restructuring in the Real World. In S. M. Smith, T. B. Ward & R. A. Finke (Eds.), *The Creative Cognition Approach* (pp.53~72). Cambridge, MA：MIT Press

Weisberg, R. W. & Alba, J. W. (1981). An Examination of the Alleged Role of "fixtion" in the Solution of Several "insight"

自主创新丛书

第一辑

《牛津创新手册》

作为学术界颇负盛名的牛津手册系列之一,《牛津创新手册》继承和发扬了这一手册系列的特点,为读者提供理解创新的综合性视角,是一部全面且权威的创新理论知识手册。

创新是一个多层面的现象,在快速发展的创新研究中,必然是各学科观点并存的。本书集几十年创新研究之大成,各章的作者都是所在研究领域的学术带头人,同时也是当今创新学界的权威,包括了经济学家、地理学家、历史学家、心理学家和社会学家。他们从各个角度对创新进行分析和定义,概括而全面地介绍了创新的研究成果,起到了正本清源的作用。

全书共 4 部分,包含 21 章经过精选的内容,每章聚焦于创新的某个特定方面,既有宏观的创新与经济增长、国家创新体系,又有中观的产业创新体系、区域创新体系,再到微观的创新网络、企业创新等,集中展示了创新领域多年来最优秀的学术成果。

《创新的先知:熊彼特传》

本书由哈佛大学商业史学者、普利策奖得主托马斯·麦克劳主笔。熊彼特是 20 世纪享有盛誉的世界著名经济学家,他对企业家精神和创新的强调,对资本主义、社会主义和民主的分析,以及他对经济思想史的梳理,无不影响深远。在中小企业大发展、技术不断创新的今天,重读熊彼特更具有十分重要的现实意义。本书以熊彼特一生的经历为线索,以熊彼特所处的时代背景为基础，以熊彼特的心路历程为依托，以熊彼特的感情生活为点缀，以熊彼特的学术贡献为旨归，以熊彼特的工作情况为补充，向读者讲述了熊彼特的主要思想是什么、他是如何提出这些思想的、他提出这些思想的依据是什么这三方面的问题，全面真实地展现了熊彼特波澜壮阔、别开生面的一生。

《研发组织管理：用好天才团队》（第三版）

随着人类的经济活动从生产商品转向生产信息，研发组织的作用变得越来越重要。本书探讨了改善研发组织生产力和促进业绩的各种途径，对如何制定研发组织战略、如何建立高效的研究开发机构、如何进行针对科学家的职业设计、如何领导研发组织、如何对待组织中的冲突、如何评价科学家的贡献、如何实现技术转移等问题作了分析。从跨文化的角度论述了美国、欧洲以及环太平洋国家和地区研发组织的不同形式和政策，并讨论了研发组织特有的战略规划要素。新版还增加了研发机构如何进行创新的内容。

《用户创新：提升公司的创新绩效》

在不断发展的计算机和通信技术的帮助下，用户越来越善于为自己开发新产品和新服务，并采取多种形式把这些成果向他人无偿公开。本书密切关注这种以用户为中心的创新系统，对这一现象进行了详尽阐述，解释了背后深层次的社会和经济因素。作者通过信息产品和物质产品领域的实例，提出制造商需要正视这一挑战，重新设计自身的创新流程，把握其中的机遇，通过各种可能的方式如提供设计工具箱，参与这一伟大的创新变革。作者还呼吁政府调整有关政策，以消除用户创新的障碍，发挥用户创新对社会福利的积极效应。

图书在版编目（CIP）数据

剑桥创造力手册 / (美) 罗伯特 · J.斯滕博格主编；
施建农等译. —上海：东方出版中心, 2021.3
ISBN 978-7-5473-1800-3

Ⅰ. ①剑… Ⅱ. ①罗… ②施… Ⅲ. ①创造教育－手
册 Ⅳ. ①G40-012

中国版本图书馆CIP数据核字（2021）第043673号

上海市版权局著作权合同登记：图字09-2021-0199号

剑桥创造力手册

主　　编　［美］罗伯特 · J. 斯滕博格
译　　者　施建农　等
丛书策划　刘　忠
本书策划　唐丽芳　潘灵剑
责任编辑　赵　明　戴浴宇
装帧设计　李　果

出版发行　东方出版中心
地　　址　上海市仙霞路345号
邮政编码　200336
电　　话　021- 62417400
印 刷 者　上海盛通时代印刷有限公司

开　　本　890mm × 1240mm　1/32
印　　张　27.25
字　　数　716千字
版　　次　2021年3月第1版
印　　次　2021年3月第1次印刷
定　　价　198.00元